JN438800

충동과 자기관리 제10판

David L. Watson · Roland G. Tharp 지음
정경미 · 이승아 · 조성은 · 최부열 옮김

Andover • Melbourne • Mexico City • Stamford, CT • Toronto • Hong Kong • New Delhi • Seoul • Singapore • Tokyo

Self-Directed Behavior: Self-Modification for Personal Adjustment

10th Edition

David L. Watson
Roland G. Tharp

Original edition © 2014 Wadsworth, a part of Cengage Learning.
Self-Directed Behavior: Self-Modification for Personal Adjustment 10th Edition by David L. Watson and Roland G. Tharp
ISBN: 9781285077093

This edition is translated by license from Wadsworth, a part of Cengage Learning, for sale in Korea only.

ISBN-13: 978-89-98521-39-4

Cengage Learning Korea Ltd.
14F YTN Newsquare
76 Sangamsan-ro Mapo-gu
Seoul 121-904 Korea
Tel: (82) 2 330 7000
Fax: (82) 2 330 7001

Cengage Learning is a leading provider of customized learning solutions with office locations around the globe, including Singapore, the United Kingdom, Australia, Mexico, Brazil, and Japan. Locate your local office at:
www.cengage.com/global

Cengage Learning products are represented in Canada by Nelson Education, Ltd.

For product information, visit **www.cengageasia.com**

Printed in Korea
1 2 3 4 19 18 17 16

역자 서문

9판이 출판되고 5년이 지났다. 교재로 사용하면서 잘못된 번역이 여기저기 보여 부끄러워하고 있던 차에, 반갑게도 10판의 소식이 들렸다. 내용이 변한 곳도 제법 있었고, 더 깔끔하고 매끄러워졌다. 저자들이 새 판을 내면서 연습과 노력의 중요성을 몸소 보여 준다. 존경할 일이다.

지난 5년간 '충동과 자기관리'라는 교양/전공 과목에서 몇백 명의 학생들을 대상으로 행동 변화를 시도했고, 이 시도가 과연 효과 있는지 연구도 진행했다. 이 교재가 있었기에 가능한 일이었다. 이 과정에서, 대학 과목은 평균 60% 학생의 행동을 변화시키고,[1] 주로 습관행동(예: 손톱 물어뜯기, 다리 떨기, 머리 뽑기, 욕하기 등)이나 운동 또는 식습관 변화(예: 삼시 세끼 먹기)에 효과가 있으며,[2] 특히 운동을 목표로 하면 다른 행동까지 좋아지는 효과를 가지며,[3] 학생들은 많이 간섭하면 행동이 더 잘 변한다는 것을 알게 되었다.[4] 더 중요한 것은 행동 변화 과정에서 이런 모든 행동의 근간이 되는 충동성이 줄어든다는 것이다.[5] 고무적이다. 이 책에서 주장하던 것이 증명된 셈이다.

---

1) 최부열, 정경미 (2011). 충동성 측정도구로서 지연 디스카운팅 과제의 상대적 유용성 평가. 한국심리학회지: 임상, 30(4), 845-869.

2) 양슬기, 정경미 (2013). 대학생 대상 자기관리 수업이 건강증진행동에 미치는 영향; 행동 유형을 중심으로. 한국심리학회지: 건강, 18(3), 499-519.

3) 서지현, 정경미 (2014). 자기관리 수업을 통한 충동성의 감소가 건강증진 행동 및 전반적인 다양한 자기통제 행동에 미치는 영향. 한국심리학회지: 건강, 19(4), 929-958.

4) Choi, J. H., & Chung, K. M. (2012). Effectiveness of a college-level self-management course on successful behavior change. *Behavior Modification*, *36*(1), 18-36.

5) Kim, J. H., & Chung, K. M. (2015). Delay discounting decreases in those changing behaviors successfully after a college-level self-management course. (In preparation).

1960년대 Walter Michel 박사의 마시멜로 실험을 시작으로 최근 Roy Baumeister 박사에 이르기까지, 수많은 연구들은 일관적으로 성공적인 적응과 생활, 그리고 행복을 위해서는 자기통제 능력의 향상이 매우 중요하다는 것을 보여 주었다. 그리고 이 책은 쉬워 보이지만 변화시키기 너무 어려운 자기통제 능력을 어떻게 발전시켜 갈 수 있는지에 대한 방법을 현실적이고, 매우 구체적으로, 차근차근 알려 준다.

먹고 싶은 음식을 참는 것, 하기 싫은 운동을 하는 것, 화가 나지만 참는 것, TV를 보고 싶지만 공부를 하는 것 등은 좀 더 나은 우리 삶을 위해 우리가 해야 하는 일이다. 그리고 우리는 동시에 알고 있지만 의지력이 부족해 실천하지 못한다고 생각한다. 이 책에서는 바로 그게 문제라고 지적한다. 이 책에서는 우리는 우리의 행동에 대해 잘 알지 못하며, 우리가 생각하는 의지력은 성격 특성이 아니고, 행동 변화는 단순히 생각 변화로 지속되는 것이 아님을 강조한다. 오히려, 행동 변화를 위해서는 철저한 분석이 필요하며, 구체적으로 계획해서 조금씩 성공하고, 이를 보상하면서, 그리고 실수를 인정하면서 천천히 가라고 조언한다.

지피지기면 백전백승이라 했다. 이제까지 실패했다면 여태까지 사용했던 방법은 효과가 없다고 보는 것이 맞다. 그리고 사람들은 변화에 저항한다. 하나 더, 모든 사람들에게 다 적용되는 행동 변화 방법은 없어 보인다. 믿든 안 믿든, 좋든 싫든 이 책에서 소개한 방법들은 연구를 통해 효과적으로 밝혀진 방법이다. 그래서 강조하고 싶다. 한 번쯤은 속는 셈치고 한 번 해보라고. 혹시 아는가? 정말 힘들었던 행동이 변화하는 기쁨을 맛볼 수도! 시도가 없다면 얻을 가능성은 전혀 없다.

이 책이 대학생뿐만 아니라 변화를 꿈꾸는 모든 사람들에게 희망이 되길 바란다. 그리고 이제까지의 경험으로 희망이 될 수 있음을 자신한다.

청명한 하늘 아래 시원한 바람이 부는 연세 동산에서

2015년 9월

역자 일동

저자 서문

이 책은 여러분에게 행동에 관한 일반적인 이론을 전달함으로써 자기분석 기술 계발을 연습하게 만들고, 자신의 목표를 성취하기 위한 구체적인 정보를 제공한다. 이 책의 가장 중요한 목표는 여러분이 더 큰 자기결정력, 더 조절된 '의지력', 자신의 삶에 대한 더 큰 통제력을 갖게 만드는 것이다.

이 책은 심리학 강의의 교재로 쓰일 수 있지만 교재로 국한되지는 않는다. 어떤 독자든 자기관리를 위해 이 책을 이용할 수 있으며, '선행 과목'은 필요치 않다. 심리치료 내지 상담치료를 받는 내담자들은 이 책을 자기변화 계획을 세우는 데 보조적으로 사용할 수 있다.

한 가지 부작용(?)은, 여러분이 이 책을 통해 행동과학에 관심을 갖게 될 수 있다는 점이다. 많은 사람들이 이 책에 대한 학습과 자기변화 과정에서 얻은 경험적 학습의 결과로 행동과학을 더 깊이 탐구하게 되었다.

자기분석, 자신의 가치 실행을 위한 자신만의 프로그램은 이 책의 내용을 습득하는 매개물이 될 것이다. 이 책을 읽는 동안 자기개선 프로젝트를 병행하길 권유한다. 여러분의 하루하루는 자신의 행동을 배우고 계발하는 실험이 될 것이다.

전문가에게 미리 알리는 사항

이 책의 10판은 이론과 연습에 과학적 근거를 둔 자기 적용 심리학(self-applied psychology)을 소개하려는 작가의 의지를 반영한다. 우리는 이 책이 학생들에게 자신에게 가장 중요한 실험실—자신의 인생 문제에 대한 실험실—에서 과학적 심리학의 원리를 배울 기회를 제공한다는 점에서 다른 자기계발서와는 차별화된다고 생각한다.

학생들은 개인적 문제해결을 위한 다양한 대처 기술도 배울 수 있을 것이다.

이런 목표를 달성하기 위해 우리는 일정한 기준을 세웠다. 즉, 자기관리 행동에 관련된 경험적 · 이론적 출판물 등 모든 중요한 최신 문헌을 포함하며, 요약과 해석의 정확성을 유지해 강사가 이 책을 교재로 선택하는 데 확신을 주고, 확고한 근거 자료를 통해서만 제안하며, 활발하고 확장되는 분야에 응집력을 제공할 수 있는 통합적 해석을 제공하려 했다. 또한 누구에게도 해가 되면 안 된다는 기준도 세웠다. 따라서 우리는 독자들이 전문적 지도 없이도 안전하게 사용할 수 있다는 확신이 들지 않는 새로운 치료적 기법은 다루지 않았다. 마지막으로 이전 판의 장점이었던 수월한 읽기를 유지하고자 노력했다.

자기관리 행동 분야는 자기행동 수정에서 시작되었으나 대리적이고 관찰적인 학습, 인지적 행동주의와 언어적 자기통제, 상상법 및 정보과학의 확산과 함께 발전되었다. 자기관리 행동 분야는 현재 기술 분석의 이론적 · 경험적 개념, 만족 지연, 학습된 자원력, 통제 이론, 재발 방지, 네오 비고츠키 식 발달 이론, 자기효능감, 몰입 이론, 의사결정, 귀인 이론, 자기조절, 행동경제학뿐만 아니라 감정 조절, 건강과 질병 행동, 교육 장면과 행동의 일반적인 자기조절, 그리고 가장 최근에는 델타 이론에까지 확대되었다. 이런 다양함은 자기관리를 더 응집력 있고, 이해 가능하고, 통합적이게 만드는 주요한 개념적 연결 고리를 제공했다.

최근에 심리학에서는 자기관리에 대한 이론적 연구가 직간접적으로 번성했다. 이론적 · 경험적 작업은 오른발과 왼발처럼 지식을 움직이게 한다. 초판 이래 4년 동안 이론의 왼발은 저만치 뛰어간 동안, 경험적 연구는 메타분석을 포함하는 세련된 형식의 디자인을 사용하여 기법들을 평가함으로써 발전을 이루었다. 자기관리는 이제 신뢰롭고 효과적인 이론 및 연구에 근거를 둔 과정으로 이루어진 성숙한 분야이다.

이 책에 대한 경험적 연구는 한결같이 긍정적이다. 강의에서 이 책을 사용하는 학생들은 66~84%의 확률로 자기변화 목표를 달성했으며(Brigham, 2002; Clements & Beidleman, 1981; deBortali-Tregerthan, 1984; Deffenbacher & Shephard, 1986; Dodd, 1986; Hamilton, 1980; Rakos & Grodek, 1984), 생활 방식이 대체적으로 개선되었음을 보고한다(Castro, 1987).

이 책은 학생들에게 최대한 유용하게 구성되었다. 각 장 서두의 학습목표를 통해 내용이 소개된다. 중요 개념은 고딕체로 강조되어 있으며, 각 장 말미의 특별 절은 이 책을 통틀어 자기관리의 연쇄적 단계를 보여 준다. 대부분의 장에 포함된 '일반적인 주제에 대한 조언'은 자기수정 계획을 빠르게 구성할 수 있도록 해준다.

감사의 글

이번 판에서 우리는 훌륭한 비평을 해준 캘리포니아 주립대학교(프레즈노)의 Greg Thatcher, 훔볼트 주립대학교의 Jennifer Taylor, 윌리엄앤드메리 대학의 Christy Porter, 조지아 주립대학교의 Sherry Broadwell에게 감사의 말을 전한다. 유용한 조언을 해준 Pamela Leahigh와 연구 보조를 훌륭히 해준 Bob Schock에게도 특별히 감사한다.

우리는 특히 지난 40년 동안 마노아의 하와이 대학교와 국내외에서 강의를 들은 학생들에게 가장 큰 감사를 보낸다. 학생들과 이들의 자기변화 프로젝트는 우리에게 많은 것을 가르쳐 주었고, 이 책을 쓸 수 있게 해주었다. 이 책에 기여한 학생들의 현재 나이는 20세부터 사회보장제도의 대상이 되는 연령대까지를 아우른다. 우리는 이들의 익명성을 보장하려 노력했지만, 자신인 줄 알아차린다면 우리의 감사하는 마음과 '익명의 학생'에게 표하는 경의를 받아 주길 바란다.

David L. Watson

Roland G. Tharp

인터넷을 통한 심화 연구

아래의 웹사이트에서 풍부한 심리학적 정보를 얻을 수 있다.

American Psychological Association	www.apa.org
Association for Psychological Science	www.psychologicalscience.org
Association for Behavioral and Cognitive Therapies	www.abct.org
APA Databases	www.psycinfo.com
Psychology Information Online	www.psychologyinfo.com

관심 있는 사람들은 자신이 변화하고 싶은 주제에 대해 인터넷에서 찾아볼 수 있다. *Authoritative Guide to Self-Help Resources in Mental Health* (Norcross, Santrock, Campbell, & Smith, 2003)라는 책에는 38가지 주제와 관련된 수많은 사이트의 목록과 평가가 담겨 있다. 다음은 우리의 경험과 그 책을 참고하여, 우리가 이 책에서 다룬 주제와 관련해 가장 추천할 만한 인터넷 사이트이다.

- **불안과 스트레스**

  범불안장애

  www.queendom.com/articles/mentalhealth/gad.html

  공황과 불안에 대한 교육 관리

  www.healthyplace.com/communities/anxiety/paems/index.html

  불안과 공황장애에 대한 인터넷 정보원

  www.algy.com/anxiety

▣ 자기주장

자기주장성

www.couns.uiuc.edu/brochures/assertiv.htm

당신은 자기주장적인가?

www.queendom.com/tests/minitests/fx/assertiveness.html

▣ 우울과 낮은 자존감

우울

www.nimh.nih.gov/healthinformation/depressionmenu.cfm

Wings of madness: 우울에 대한 정보, 최근 소식 및 지원

www.wingsofmadness.com

자존감이란 무엇인가?

www.positive-way.com/stopping%20your%20inner%20critic.htm

▣ 운동과 운동경기

'건강을 위한 운동'을 검색해 보거나 '달리기' 같은 특정 운동에 대해 검색해 본다.

▣ 다른 사람들과의 관계: 사회 불안, 사회 기술 및 이성교제

협력적 대화 기술(cooperative communications skills)

www.newconversations.net

▣ 흡연, 음주 및 약물 복용

중독에 대한 웹사이트(Web of Addictions)

www.well.com/user/woa

좋은 습관(HabitSmart)

www.habitsmart.com

▣ 학습과 시간 관리

톰슨 워즈워스 대학 성공 전략(Thomson Wadsworth College Success Solutions)

www.thomsonedu.corn/success

▣ 체중 감량과 과식행동

칼로리제한위원회(Calorie Control Council)

www.caloriecontrol.org

체중 감량

http://weightloss.about.com

다른 관점에 대해서 배우거나, 같은 주제로 고군분투하는 다른 사람들을 알게 되는 것은 큰 도움이 된다. 정신건강, 적응 및 자조에 대해 다루는 많은 웹사이트를 나열하고 평가한 책 두 권을 아래에 제시한다. 여러분의 관심 주제에 따라 그 주제들만을 심층적으로 다루는 웹사이트를 찾아보길 바란다.

- John M. Grohol (2000). *The Insider's Guide to Mental Health Resources Online*. New York: The Guilford Press.
- John C. Norcross et al. (2003). *Authoritative Guide to Self-Help Resources in Mental Health*. New York: The Guilford Press.

만약 강의자가 InfoTrac® College Edition을 사용하면, 학생은 컴퓨터를 통해 일주일 내내 하루 24시간 6,000여 종류의 학술지에 대한 검색이 가능하다. InfoTrac College Edition은 주요 검색어, 저자, 주제에 따라 검색이 가능하며, 초록과 전문을 모두 제공한다. 이는 이 수업뿐만 아니라 학생이 듣는 모든 수업에 유용한 도구이다. *American Scientist*, *American Journal of Community Psychology*, 그리고 *Psychological Record* 외 많은 학술지들이 포함되어 있다.

차례

역자 서문 … iii
저자 서문 … v
인터넷을 통한 심화 연구 … viii

제1장 자기조절 기술 1

- 자기조절 … 1
- 자기조절 기술 … 6
- 행동과 그 맥락 … 15
- 자기수정의 과정 … 17
- 자기수정은 실제로 효과적인가? … 24
- 요약 … 36
- 스스로 해보는 자기주도 계획: 1단계 … 38

제2장 사전계획: 성공을 위한 계획 41

- 변화를 위한 목표 구체화 … 42
- 연습 계획하기 … 52
- 자기효능감 … 56
- 유혹에 대처하기 … 64
- 변화의 득과 실 … 74
- 목표 설정하기 … 81
- 일반적인 주제를 위한 조언 … 86
- 요약 … 87
- 스스로 해보는 자기주도 계획: 2단계 … 90

제3장 자기 지식: 관찰과 기록 93

- 왜 자기 자신을 관찰하는가? … 93
- 구조화된 일기 … 96
- 빈도와 지속 시간 기록하기 … 104
- 정서의 강도 평가하기 … 111
- 기록의 실제 … 117
- 자기관찰의 반동적 효과 … 122
- 기록 시 문제점 해결하기 … 124
- 변화를 위해 계획하기 … 130
- 그래프 그리기 … 133
- 일반적인 주제를 위한 조언 … 137
- 요약 … 148
- 스스로 해보는 자기주도 계획: 3단계 … 150

제4장 자기조절 원리: 이론과 실제 151

- 조절 이론 … 152
- 사회적 구성주의: 타인조절과 자기조절 … 154
- 언어조절의 발달 … 156
- 조작적 이론: 결과 … 158
- 선행사건 … 166
- 반응적 행동과 조건형성 … 170
- 모델링 … 173
- 사회적 맥락에서의 자기지시 … 175
- 요약 … 176
- 스스로 해보는 자기주도 계획: 4단계 … 179

제5장 선행사건 181

- 선행사건 확인 … 182
- 오래된 선행사건 수정 … 190
- 새로운 선행사건 배치 … 198
- 일반적인 주제를 위한 조언 … 211
- 요약 … 221
- 스스로 해보는 자기주도 계획: 5단계 … 223

제6장 행동: 행동, 사고, 감정 225

- 새로운 사고와 행동으로 대체하기 … 226
- 불안과 스트레스 반응 대체하기 … 232
- 이완 … 238
- 새로운 행동 개발 … 248
- 조형법: 연속적 근접 … 260
- 일반적인 주제를 위한 조언 … 267
- 요약 … 277
- 스스로 해보는 자기주도 계획: 6단계 … 279

제7장 결과 281

- 즉각적인 수반성과 장기 지연 결과 간의 연결 … 284
- 강화물 발견 및 선택 … 286
- 강화물 분배를 위한 타인 활용 … 291
- 자기집행 결과 … 298
- 자기강화 기법 … 302
- 자기처벌 및 소거 … 316
- 자기수정 계획의 강화 … 321
- 일반적인 주제를 위한 조언 … 326
- 요약 … 335
- 스스로 해보는 자기주도 계획: 7단계 … 337

제8장 성공적인 계획 짜기 339

- A-B-C 요소들의 결합 … 339
- 좋은 계획의 요소 … 346
- 계획의 조정 … 350
- 변하 계획에 대한 평가 … 362
- 일반적인 주제를 위한 조언 … 367
- 요약 … 367
- 스스로 해보는 자기주도 계획: 8단계 … 369

제 9 장 문제해결과 재발 방지 371

- 문제해결 … 371
- 문제이해: 자기수정 시 공통적인 문제들 … 380
- 재발 방지 … 388
- 요약 … 401
- 스스로 해보는 자기주도 계획: 9단계 … 402

제 10 장 통제 유지 405

- 성과 유지를 위한 계획 … 406
- 종료 이후 … 414
- 자기지시적 행복 … 419
- 요약 … 426
- 스스로 해보는 자기주도 계획: 10단계 … 428

참고 문헌 … 429

찾아보기 … 461

제1장

자기조절 기술

"똑똑한 사람은 자기조절을 원한다. 아이는 사탕을 원한다."

Rumi(1207~1273), 페르시아의 신비주의 시인

✿ 개요

자기조절

자기조절 기술

행동과 그 맥락

자기수정의 과정

자기수정은 실제로 효과적인가?

요약

스스로 해보는 자기주도 계획: 1단계

자기조절

중요: 각 장의 도입부에는 그 장의 모든 주요 사항이 포함된 질문 형태의 학습목표가 제시된다. 각 장의 본문을 읽기 전에 학습목표를 읽으면 각 절에서 무엇을 배워야 하는지 알 수 있다. 다음의 질문에 모두 답할 수 있다면 이 장을 정복한 것이다.

학습목표

- 자기조절, 혹은 자기주도란 무엇인가?
- 이 책의 가장 좋은 학습 방법은 무엇인가?
- 자기조절의 강도 모델(strength model of self-control)은 무엇인가? 자기조절 피로란 무엇인가?
- 순수한 의지력과 계획된 자기통제의 차이는 무엇인가?

인간은 자신의 행동을 매 순간 조절한다. 너무 작게 말하거나 우물거려서 상대방이 잘 알아듣지 못하면 말하는 방법에 변화를 준다. 너무 빨리 뛰어 숨이 차면 속도를 줄인다. 제한 속도를 넘어 운전하다가 "딱지 떼일지 모르겠다."라는 생각이 들면 속도를 줄인다. 우리는 일상에서도 변화를 준다. 식사 중에 "많이 먹었어. 배가 부르군."이라고 생각하고 그만 먹는다. 혹은 친구와 대화 중에 "지루해 보이네. 주제를 바꿔야겠군." 하고 생각할 수 있다.

어떤 것을 조절한다는 것은 딱지를 떼이지 말 것 또는 지루하게 만들지 말 것 등의 원칙에 의한 통제나 조작을 의미한다. 우리는 좋은 성적 받기, 매력적인 사람 되기, 과식하지 않기 등의 다양한 목표를 달성하기 위해 행동을 조절한다. 적응을 하게 되는 것이다.

자기조절은 스스로를 통제하는 능력, 즉 행동과 내면적 과정을 통제할 수 있는 능력을 말한다.

자기지시(self-direction)와 **자기조절**(self-regulation)은 각각 어떤 하나의 다른 측면을 강조하는 용어이다. 우리는 생각, 기분, 충동, 행동을 자기지시한다. 우리는 자신의 자기수정을 주도하는 능력, 즉 자기통제력을 갖고 있다.

자기조절은 우물거리지 않고 명확하게 말할 때처럼 짧은 시간에 발생하기도 하며, 체중 감량을 위해 몇 달 동안 의식적으로 적게 먹고 운동을 늘리거나 더 효과적으로 공부하기 위해 대학 시절 내내 시간 관리를 하는 것처럼 장기간에 걸쳐 이루어지기도 한다.

자기조절 능력은 바람직한 결과를 얻을 수 있도록 행동을 이끈다. 우리는 친구가 지루해하지 않도록 화제를 바꾸고, 취하지 않도록 술잔을 내려놓는다. 성적 향상을 위해 더 많은 시간을 공부하며, 배우자를 기쁘게 하기 위해 경청하는 기술을 향상시킨다.

자기조절을 많이 할수록 더 좋은 결과가 생긴다. 누군가 '높은 자제력'을 가지고 있다는 말은 그가 다양한 상황에서 성공적으로 자기조절을 할 수 있다는 뜻이다. 학교에서, 식사시간에, 모임에서, 아플 때, 다른 사람들과 있을 때 말이다. 한 연구에서 1,000명의 아동을 아동기부터 32세에 이를 때까지 추적한 결과, 자제력이 높은 사람들은 더 건강하고, 범죄를 덜 저지르며, 약물 의존이 적고, 경제적으로 더 부유했다(Moffit et al., 2011). 자제력이 높은 사람은 학업 성취도가 높고, 덜 우울하거나 불안하며, 자존감이 더 높고, 더 만족스럽고 친밀한 관계를 누리며, 더 인기가 있다(Tangney, Baumeister, & Boone, 2004). 어떤 치료자들은 이제 우리 삶을 결정하는 데 자제력이 'IQ보다 더 중요하다'거나(Duckworth & Seligman, 2005), 개인 역량의 '잠재적 차원'이라고 말한다(Zimmerman & Kitsantas, 2005; **글상자 1-1**).

글상자 1-1 이 책의 학습 방법

각 장의 모든 절의 도입부에는 학습목표가 질문의 형태로 제시된다. 학습목표는 그 장의 모든 주요 사항을 포함한다. 이 질문에 대한 답을 찾아 공부하도록 한다. 질문에 답할 수 있으면, 내용을 충분히 익힌 것이다.

내용 학습을 위한 단계들은 다음과 같다(Robinson, 1970). 특히 전에 잘하지 못했던 경우, 다음 과정을 따른 학생의 성적이 향상되었다고 보고된다(Pintrich, McKeachie, & Yin, 1987).

각 절마다 다음의 과정을 따른다.

1. 개요를 파악하기 위해 각 절의 도입부의 학습목표 및 공부하고 있는 절에 해당하는 요약 내용을 읽는다.
2. 해당 절을 읽는다.
3. 요약 내용을 읽는다.
4. 해당 절에 대한 학습목표 질문에 답한다.

내용을 더 잘 기억하기 위해 그 내용을 생활과 연관 지어 본다. 예를 들어 이완 기법에 대해 읽고 있었다면, "이것을 내 생활에서 어떻게 적용할 수 있을까?" 하고 생각해 본다.

시험공부 중이라면 학습목표에 답해 보는 것으로 시험 연습을 한다. 책을 보고 답을 확인한다.

이 방법은 현재의 공부 방법에 비해 귀찮아 보일 수 있지만, 연구 결과에 따르면 책의 내용을 학습하기 위한 가장 좋은 방법이라고 한다(Kirschenbaum & Perri, 1982). 이 방법을 연습하다 보면 점점 더 익숙해질 것이다. 조금씩 발전시켜 나가도록 하자.

안 좋은 점은 하나도 없어 보인다. 높은 자제력은 지나칠 정도의 통제를 의미하는 것이 아니다(Tangney et al., 2004). 적절하고 필요할 때는 통제를 포기하는 것을 포함한다.

그렇다면 자제력을 어떻게 향상시킬 수 있을까? 자기조절은 어디에서 유래하는가? 연구와 이론은 자기조절이 비록 유전적 요소가 있을지 모르지만(Baumeister & Vohs, 2004) 학습된 기술이라고 본다(Peterson & Seligman, 2004). 아이들은 자라면서 자기조절을 배우고, 서로 다른 경험을 한다(Eisenberg, Smith, & Spinrad, 2011). 자기조절은 학습되는 것이기 때문에 한 개인 안에서도 상황에 따라 달라진다. 어떤 상황에서는 자기조절을 더 잘 배울 수 있고 다른 상황에서는 그렇지 않을 수 있다. 음식에 대해서는 자기조절이 잘되어 날씬하고 매력적인 신체를 가질 수 있지만 걱정과 긴장, 산란한 마음을 통제하는 것은 어려울지 모른다. 공부에 대해 쉽게 자기조절이 가능한 학생이라도 사회생활 면에서는 세련미나 통제력이 떨어질 수 있다.

우리는 어떤 행동에 있어서는 남보다 더 자기조절을 잘할 수 있다. 너무 많이 먹는다고 느끼면 식사에 대한 자기조절을 더 잘할 수 있길 바랄 것이다. 그러나 그런 기술을 가지고 있는가? 이 행동을 성공적으로 자기조절을 하는 사람이 신기해 보이는가? 몇 년 동안이나 식사를 조절하려고 노력한 사람은 날씬한 친구가 "그래, 한 2kg쯤 살이 찐 것 같아서 그만큼 뺐어."라고 하는 말을 들으면 입이 떡 벌어질 것이다.

우리 모두는 '그냥 그렇게' 도달할 수 없는 목표를 가지고 있다. 여러분은 필요하면 쉽게 공부를 더 할 수 있지만, 여러분의 날씬한 친구는 그렇게 하기 어려울 수도 있다. 스스로를 변화시킬 능력을 가졌다는 것은 자기조절을 성공적으로 할 수 있는 기술을 가졌다는 것이다. 그런 기술은 무엇인가? 그것이 의지력, 혹은 자제력의 발휘일까?

✿ 의지력과 자기통제

의지력 또는 자기통제: 우리는 이 단어들을 어떻게 정의하고 이해할 수 있을까? 두 가지 예를 통해 이 문제를 명확히 해보자.

의지력을 주먹을 꽉 쥐고 이를 악물고 유혹에 맞서, 원하지만 하면 안 되는 것을 거부하는 것으로 설명하는 이들이 있다. 예를 들면, 몇십 년간 순결을 지켜 왔던 마하트마 간디(Mahatma Gandhi)는 성(性)을 거부할 수 있는 능력을 보여 주기 위해 젊고 매력적인 여성 추종자들과 같이 잠을 자기도 했다. 그는 엄청난 의지력으로 모든 유혹을 제압했다. 그가 이를 악물었는지는 모르겠지만, 결과는 성공적이었다. 우리는 이를 자기통제, 혹은 신중하고 의도적인 의지력 발휘를 통해 얻은 성공이라고 부를 수 있을 것이다(Cervone, Mor, Orom, Shadel, & Scott, 2011).

두 번째 예로, 호메로스가 기원전 800년경에 쓴 『오디세이』에서 오디세우스와 선원들은 세이렌들의 유혹적인 노래 때문에 배가 바위에 부딪쳐 많은 선원들이 죽임을 당했던 해협을 항해하게 되었다. 오디세우스는 세이렌의 아름다운 노래를 듣고 싶었지만 너무 가까이 항해하는 것은 피하고 싶었다. 오디세우스는 선원들에게 자신이 아무리 놓아 달라고 애걸해도 그 해협을 지날 때까지 놓아 주지 말라고 지시했다. 그런 다음 선원들의 귀를 왁스로 막아 세이렌들의 노래를 듣지 않고 자신의 명령을 행하게 만들어 그 해협을 안전하게 빠져나갈 수 있었다(Ainslee, 1975). 이처럼 상황에 대한 사전 계획과 관리를 통해 유혹에 효과적인 대처전략을 실행하는 것은 선제적, 혹은 숙련된 자기통제라고 볼 수 있다.

최근 자기통제에 대해 매우 활발한 연구들이 이루어지면서, 의지력의 '강도 모델'(Baumeister, Vohs, & Tice, 2007; Hagger, Wood, Stiff, & Chatzisarantis, 2010)이라고 부르는 이론이 대두되었다. Kelly McGonigal은 이 이론을 한마디로 압축했다. "자제력은 근육과 같아서, 사용하면 피로해진다."(2012, p. 57) 만약 오랫동안 유혹에 견뎌야 한다면 여러분의 자제력은 점점 약해지고 결국 포기하게 될 것이다. 이 효과에는 여러 명칭이 있다. 우리는 **자기조절 피로**라고 부른다.

일례로, 한 연구에서 한 집단의 학생들에게 초콜릿칩 쿠키를 주고 먹으라고 지시했고, 두 번째 집단 학생들에게는 쿠키를 먹고 싶은 유혹을 참고 대신 무를 먹으라고 지시했다(Baumeister, Bratslavsky, Muraven, & Tice, 1998). 그러고 나서 두 집단은 풀 수 없는 수학 퍼즐, 즉 포기하지 않기 위해 자제력이 요구되는 좌절스러운 과제를 하도록 요구받았다. 그들은 얼마나 오랫동안 과제에 매달렸을까? 쿠키에 저항하는 데 자기통제 에너지를 사용해야 했던 그룹은 훨씬 더 빨리 포기했다. 그들의 자기통제 근육은 탈진한 것처럼 보였다. 신체적인 힘처럼 자제력도 한정된 자원이다(Muraven & Baumeister, 2000).

이 이론의 여러 가지 측면에 대해 흥미로운 결과를 보여 주는 수많은 연구들이 있다.

- 어려운 과제에 자제력을 소모하고 난 후에는 운동을 덜 했다(Ginis & Bray, 2010). 피곤하기 때문이다.
- 집단에 동조해야 할지 말지를 선택하고 나면, 즉 사회적 자제력이 요구되면, 더 많이 먹었다(Kahan, Polivy, & Herman, 2003).
- 감정을 억제하고 나면 먹는 것에 대한 통제를 덜 하게 된다(Vohs & Heatherton, 2000). 실험으로 자제력이 피로해진 사람들은, 그렇지 않은 사람들에 비해서 자신의 배우자에게 화가 날 때 더 폭력적으로 반응하는 경향이 있었다(Finkel, DeWall, Slotter, Oaten, & Foshee, 2009).
- 실험으로 자제력이 피로해진 사람들은 자신의 의견을 더 강하게 고수하고 다른 사람들의 관점이나 정보를 덜 참고했다(Fischer, Greitemeier, & Frey, 2008).
- 학교에서 어떤 수업을 들어야 할 것인가 혹은 어떤 물건을 살 것인가와 같은 의사결정을 하는 것만으로도 자제력이 소모되어 신체적으로 체력이 떨어지고, 더

꾸물거리며, 실패를 더 견디기 힘들어했다(Vohs et al., 2008).

결론: 자제력은 근육이 그렇듯, 사용할수록 약해진다. 그러므로 우리는 자제력에 지나치게 의지하지 않도록 상황을 조절해야 한다. 유혹에 강하게 맞서 버티기만 하는 것은 좋은 계획이 아니다. 그러나 자제력을 강하게 유지하기 위해 할 수 있는 것들은 많다. 상황에 성공적으로 대처할 수 있도록 자제력을 강화하기 위해 배울 수 있는 것들도 많다. 그것은 의지력의 문제가 아니라 기술의 문제이다.

예를 들어, 자기통제를 능숙하게 하는 사람들은 스스로를 엄청난 의지력이 필요한 상황에 처하지 않게 한다. 만약 누군가와 성관계를 하길 원하지 않는다면, 처음부터 함께 침대에 눕는 것은 좋은 생각이 아니다. 오디세우스는 자신의 자기통제가 실패할 것을 알았기 때문에 스스로를 묶어 두었다. 미리 손을 써서 자제력이 필요한 상황을 피했던 것이다.

연구에 따르면 유혹에 미리 대비하는 것은 자제력이 필요한 상황을 차단한다는 점에서 효과적이다(Gollwitzer & Oettingen, 2011). 그렇게 함으로써 자기조절 피로를 막을 수 있다. 만약 많은 사람들이 술을 많이 마시는 술자리에 가야 하는데 과음하고 싶지 않다면 어떻게 대처할지 미리 계획해야 한다. 아예 가지 않기, 일찍 일어나기, 마실 술잔의 수를 정해 놓기, 무알코올 음료수를 많이 마시기, 무알코올 음료수와 술을 번갈아 마시기, 술을 마시지 않는 사람들과 어울리기 등은 훌륭한 방법이다.

잘 계획된 좋은 자기조절 전략은 자제력에 대한 요구를 줄인다(Dvorak & Simons, 2009). 그리고 자기조절은 연습할수록 더 능숙해지고 쉬워지므로, 자기조절 피로가 점점 적어진다(Converse & DeShon, 2009). 사실 이 책은 여러분이 자제력에만 의존하지 않게 하는 방법을 가르치는 것이다. 제2장에서 여러분은 더 끈기 있게 목표를 추구하기 위해 각자에게 중요한 목표들로 계획을 세우는 방법을 배우게 된다. 제3장에서 우리는 자기인식이 계획에 있어 얼마나 도움이 되는지를 보여 줄 것이다. 그 이후 장들에서는 사전계획, 즉 상황을 미리 조절하는 것에 대해 다루어 여러분이 원하는 변화를 이루는 데 필요한 기술들을 익힐 수 있게 했다.

자기조절 기술

학습목표

- 자기조절을 기술이라고 생각하는 것의 의미는 무엇인가?

- 기술의 중요한 요소에는 어떤 것들이 있는가?
- 행동에 영향을 미치는 개인과 환경 간의 상호작용에 대해 설명하라.
- 이 책의 목적을 설명하라.

기술이란 지식과 연습을 통해 무엇을 잘할 수 있게 되는 능력이다. 어떤 사람이 남들이 연습하지 않는 동안 어떤 행동을 연습한다면 그 행동에 더 능숙해질 것으로 예상할 수 있다.

소질이 있다면 특정 기술을 더 쉽게 터득할 수 있지만, 어떤 경우든 기술은 습득되어야 하는 것이다. 하루에 6시간씩 피아노를 연습한 친구가 능숙한 연주가가 되는 것은 당연하다. 많은 위대한 음악가가 음악이 중요한 일상인 가정에서 나왔다는 사실도 놀랍지 않다. 기술을 함양할 기회는 음악적 기교 발달에 중요한 전제이다.

기술이라는 개념은 피아노나 테니스 혹은 스페인어 구사하기와 같이 특정 영역에서의 기술을 뜻한다. 숙련된 피아니스트가 언어에서도 능숙하리라고 기대하지는 않는다.

우리는 넓은 범주의 상황 모두에 적용되는 일반적 기술보다는 특정한 과제에 적용되는 구체적인 기술을 배운다(Campitelli & Gobet, 2011; Patrick, 1992). 자기조절 기술도 마찬가지여서 체중 조절에 능숙한 사람이라도 미루는 버릇을 없애는 데는 능숙하지 않을 수 있다. 학교에서 학습을 조절하는 데는 뛰어난 사람이라도 우울하게 만드는 부정적인 생각을 통제하는 데는 어려움이 있을 수 있다.

숙련의 의미는 과제가 바뀌어도 어떤 행동을 수행할 수 있다는 것이다(Fischer, 1980). 운동장의 한 지점에서만 골을 넣을 수 있는 선수를 숙련되었다고 하지 않는다. 다양한 속도와 위치에서 공을 받아 어떤 위치에서든 상대편 선수들 사이에서 공을 잘 찰 수 있어야 숙련된 선수이다.

자기조절은 의지력 '근육'에만 달린 문제가 아니다. 자기조절은 '즉각적이고 유혹적인 보상이 장기적 목표의 달성을 방해하지 않게 하는 예측과 지략을 포함한 기술'이다(Fischer, Levenkron, Lowe, Loro, & Green, 1982, p. 174). 오디세우스는 세이렌들의 유혹으로 자신의 장기 목표가 멀어지는 일이 없도록 확실히 했다. 다이어트를 하는 학생 중 한 명은 "저는 오랫동안 간디의 방식으로 유혹적인 음식을 뚫어져라 쳐다보면서 참으려고 노력하다 실패하곤 했음을 깨달았어요. 그래서 방법을 바꿔 스스로 주의를 다른 데로 돌리거나 자리를 피해서 유혹에 직면하지 않도록 했어요."라고 말했다. 그는 기술을 익힌 것이다.

자기조절 또는 자기지시가 기술이라면 수행해야 하는 행동과 수행이 이루어지는 상황 모두를 고려해야 한다. 자기조절의 목표는 특정 행동과 특정 상황에서 정의되어야 한다. 만일 운동장의 한 지점에서만 골을 넣을 수 있는데, 운동장에서 위치가 계속 바뀐다면 다양한 지점에서 공을 차는 연습이 필요할 것이다. 자기조절이 기술이라면 다양한 상황에서 기술을 연습해야 하고, 연습을 통해서만 기술 향상이 이루어질 것임은 당연하다.

✿ 무엇이 목표 도달을 방해하는가?

스스로를 변화시키고 싶을 때 무엇을 해야 하는가? 이에 대한 해답은 여태까지 목표를 달성하지 못하게 했던 요인이 무엇이라고 생각하는지에 달려 있다. 예를 들어, 다른 사람과 더 잘 지내고 싶지만 그러지 못했다면 무엇 때문인가?

캘빈(21세)은 돈이 필요하지만 몇 주 이상 직장을 다닌 적이 없다. 캘빈은 무엇인가 잘못되었다고 느낀다.

그러나 무엇이 잘못되었는가? 캘빈이 이 문제를 어떻게 생각하느냐가 이 문제에 어떻게 대처할지를 결정하는 데 영향을 미친다. 자기조절에서는 문제에 대해 여러 가지로 생각해 볼 수 있는 방법이 있으며, 각각 캘빈의 반응에 다른 영향을 끼친다.

예를 들어, 캘빈에게 필요한 모든 것이 단지 직장에서 성공적인 자신의 모습을 상상하는 '성공 그려 보기'라고 해보자. 상상하기만 하면 이루어진다. 마음속으로 그려 보기만 하면 된다고? 그렇게 쉬울 리가! 아니면 캘빈의 별자리 운이 나빠서라고 생각해 보자. 하지만 이 경우 그냥 기다려 보는 것 외에 달리 방도가 없다. 어떤 사람들은 시각화, 점성술, 유리구슬, 혹은 피라미드 같은 것들에 대해 재미로 이야기하길 좋아하지만, 인생의 중요한 문제에 직면했을 때에도 이런 방법을 진지하게 고려할까? 인생에서 무엇인가를 이루길 진정 원한다면 그렇지 않을 것이다. 셰익스피어가 『줄리어스 시저』에서 말하듯, "허물은 우리의 별자리 운에 있는 것이 아니라 우리 자신 안에 있다."

그렇다고 캘빈에게 성격적인 문제가 있는 것은 아니다. 개인적 강점과 약점에 대해 생각할 때는 그런 특성이 특정한 상황과 연관되어 있음을 고려하는 것이 좋다. 여자 친구와 함께 있는 상황에서 캘빈은 훌륭하다. 하지만 일하러 가야 하는 상황에서는 그렇지 못하다. 여러분은 '나는 과제를 해야 해' 상황에서는 해야 할 일들을 잘할 수 있지만 '나는 이 데이트에서 긴장하면 안 돼' 상황에서는 그렇지 못할 수도 있다.

많은 사람들이 상황이 자신에게 미치는 영향을 간과하고 대신 자신의 행동을 성격적 특질에 기인하는 것으로 설명한다(Nisbett & Ross, 1980). 이는 성격이 고정적이어서 어떤 상황에서든 항상 반영된다는 믿음에 근거한다. 사실, 현대 심리학에서는 우리의 행동이 상황에 따라 변한다고 본다(Mischel & Shoda, 1995). 우리의 성격은 항상 같지는 않으며, 상황이 바뀌면 행동도 바뀐다. 보통 따뜻하고 활발한 성격의 사람이라도 낯선 사회적 상황에서는 갑자기 수줍어하는 자신을 발견할 수도 있다. 이러한 현상에 대한 설명은 **그림 1-1**에 정리되어 있다.

여러분은 자신에 대해 '**나는 …할 때 …하다**'라는 식으로 생각하는 데 낯설 것이다. 대부분 '나는 …하다'라고 생각하고 일반적인 성격을 나타내는 특정한 단어나 개념을 채워 넣을 것이다. '나는…수줍다…겁이 없다…똑똑하다…불안정하다…행복하다'라고 생각한다. 이렇게 자신에 대해 설명할 수 있는 단어들은 수없이 많다.

스스로에 대해 이렇게 생각하는 방식은 행동에 대한 환경의 영향을 무시하게 만든다. 여러분은 항상 수줍어하지도 않고 항상 행복하지만도 않다. 이는 환경의 영향을 간과하는 것이다. 대부분 우리의 행동은 우리 자신과 환경 간의 상호작용이다.

'나는 …할 때 …하다'라고 생각하면 스스로에 대해 더 명확하게 설명할 수 있다. 예를 들어 "나는 파티에 있을 때 수줍어한다."(그러나 가족들과 있을 때는 그렇지 않다.), "나는 괴롭히는 아이들을 만나도 무서워하지 않는다."(그러나 교수님을 만나면 그렇지 않다.), "나는 흡연에 있어서 잘 참는 편이다."(그러나 디저트에 대해서는 그렇지 않다.)라는 식이다.

단순히 '나는 …하다' 대신 '나는 …할 때 …하다'로 생각하면 자신을 더 자세하고 정확하게 이해하게 된다(Mendoza-Denton, Ayduk, Mischel, Shoda, & Testa, 2001). '나는 …하다'만 사용하면 스스로를 일반적 · 전형적인 방식으로만 이해하지만, '나는 …할 때 …하다'를 사용하면 행동에 대해 더 정확한 이해가 가능해진다.

다이어트에 실패하는 사람들은 종종 자신의 성격, 혹은 약한 '의지력'을 탓하지만, 사실 원인은 아주 특정한 상황에 어떻게 반응하는가에 있다(Jeffrey, French, & Schmid, 1990). 그들은 대개 먹는 것을 잘 조절하지만, 아주 배고플 때에는 그렇지 못하다. 어떤 당뇨병 환자들은 건강에 좋지 않을 걸 알면서도 식이조절에 느슨해지는데, 성격이나 기질 때문은 아니다. 스트레스를 받거나 다른 사람들 때문에 먹어야 한다는 압박감을 느끼는 등의 상황적 요소가 그 원인일 수 있다(Goodall & Halford, 1992). 자기조절의 어려움은 특정 상황에서 필요한 기술을 분석함으로써 이해될 수 있다. 예를 들어 당뇨병 환자들은 먹기를 강요하는 사람들에게 어떻게 대처할 것인지를 배움으로써 자제력을 높일 수 있다.

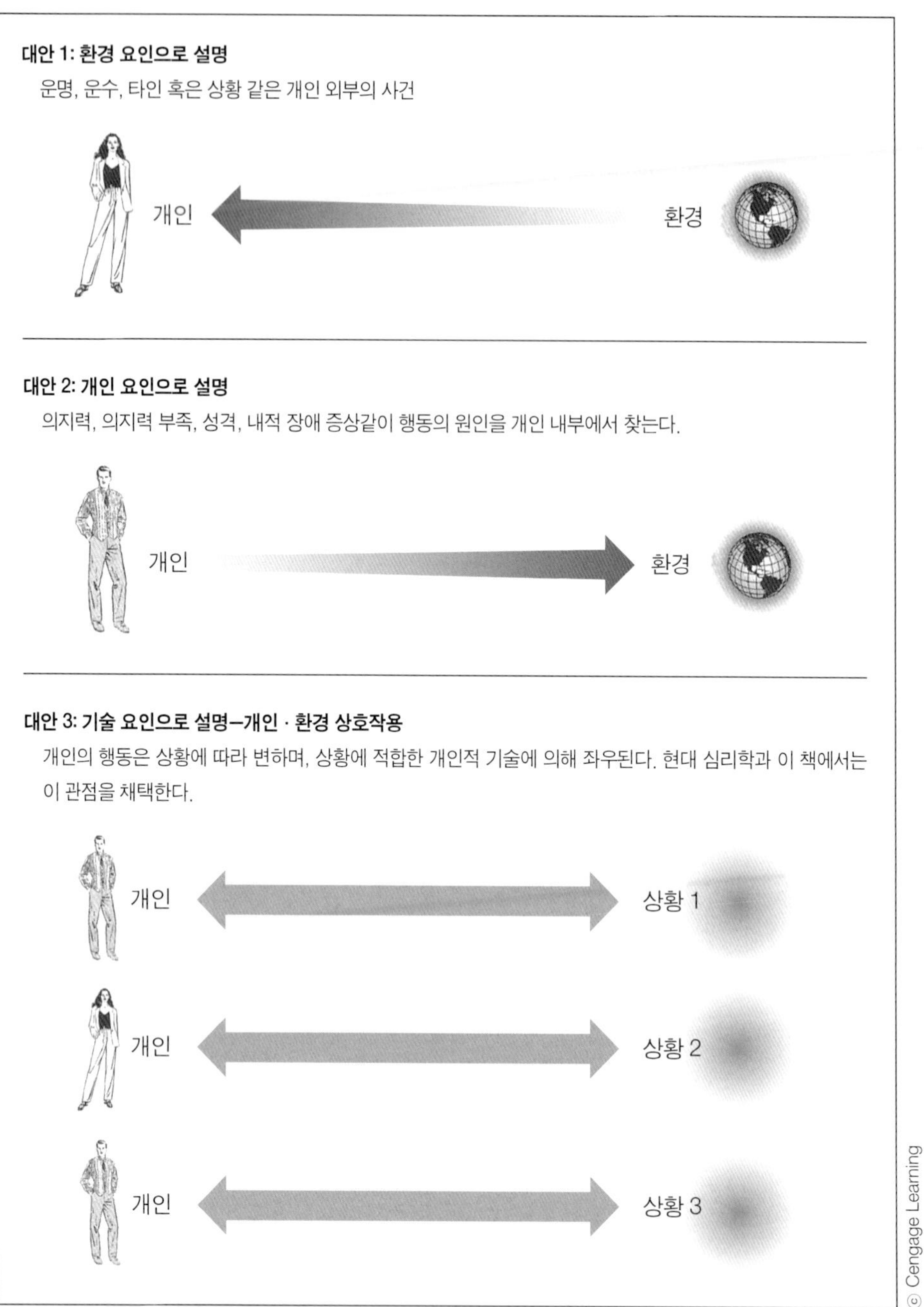

그림 1-1 개인과 환경의 관계에 대한 세 가지 관점

✿ 잘못 짝지은 과제 · 기술

어떤 기술로도 감당하기 어려운 과제가 있는 법이다. 제법 실력 있는 테니스 선수가 주(州) 챔피언을 상대하는 경우든, 음식 절제에 익숙하지 못한 사람 앞에 맛있는 먹을거리가 놓인 경우든 말이다. 각 개인이 가진 자기조절 기술로는 당면한 과제를 감당하지 못하는 경우가 있기 마련이다(Karoly, 1993; McFall & Dodge, 1982). 각자 기술 수준이 서로 다르기 때문에 어떤 사람에게 쉬운 과제가 다른 사람에게는 어려울 수 있다. 날씬한 친구는 2kg을 '그냥' 뺄 수 있어도 우리는 그러지 못한다. 어떤 과제는 우리가 아직 배우지 못한 기술을 필요로 한다.

우리 모두 평소의 자기조절 기술이 실패하는 경우를 경험한다. 이런 상황에서 우리는 더욱 의식적으로 자기규제를 한다(Karoley, 1993; Kirschenbaum & Flanery, 1984; Rosenbaum, 1988). 현재 하지 못하는 과제를 달성하기 위해 행동 변화에 계획적 · 지속적 노력을 기울이는 것을 **자기수정**(self-modification)이라 한다.

특정 상황에서 어떤 사람들은 다른 사람들보다 자기수정에 더 능숙하다. 예를 들면, 스트레스 상황에 처했을 때 스트레스를 얼마나 경험하는지보다 스트레스에 어떻게 대처하는지가 더 결정적이다(Schafer, 1992). 불안을 촉발하는 과제를 접했을 때 사용할 수 있는 적극적인 기술을 배우는 것은 실제로 불안을 예방한다(Barrios & Shigetomi, 1980). 학생들은 시험을 치를 때 불안을 느끼면 불안이 수행을 악화시킬 것임을 인식하고 침착해지는 데 몇 분을 할애할 것이다. 학생들은 침착해지자고 자기 자신에게 얘기하고, 차분한 생각을 하며, 불안을 일으킬 생각은 피하고 의식적으로 안정을 취할 것이다. 이는 학업적 성취 개선을 위한 학습 가능한 기술이다(Rosenbaum, 1983).

Mischel(1981)은 어떻게 아이들이 유혹적인 상황에 대처할 기술을 증진시켜 자기통제를 학습하는지를 보여 주었다. 아주 어린 아이들은 더 큰 아이들보다 유혹에 대처하는 데 어려움이 많다. 어린아이들은 못 하지만 더 큰 아이들은 할 수 있는 것은 무엇인가? 유혹에 잘 견디는 아이들은 마시멜로 같은 유혹 대상에 대해 '차가운(cool)' 생각을 사용한다. "마시멜로는 구름같이 보송하다."라고 말이다. 유혹을 잘 견디지 못하는 아이들은 유혹 대상에 대해 '뜨거운(hot)' 생각을 하는 경향이 있다. "마시멜로는 맛있고 쫄깃쫄깃해."처럼 말이다. '뜨거운' 생각은 유혹을 견디기 더 어렵게 만든다. 유혹을 잘 견디는 아이들은 또한 '뜨거운' 생각으로부터 스스로 주의를 분산시킨다. 즉, 유혹 대상에 대한 생각을 피하고 다른 관련 없는 것들에 대해 생각한다.

유혹을 물리치는 능력은 구체적 상황과 연관된(Barrios, 1985) 학습 가능한 기술

(Eisenberger & Adornetto, 1986)이다. 많은 사람들은 주로 아동기에 이런 기술을 의식하지 못하는 사이에 학습한다. 하지만 어른이 되면 특정 유혹에 대처하는 데 필요한 기술을 공부할 수 있으며—예를 들어, 만성적으로 과식하는 사람은 어떤 행동과 생각을 배워야 할까?—이런 기술을 습득할 수 있다. '전형적 사례'(글상자 1-2)는 학생 중 하나가 이 책을 토대로 어떻게 새로운 대처 기술을 학습했는지를 보여 준다.

글상자 1-2 전형적 사례 – 마음의 구속에서 자유로워지기: 엘리베이터에 대한 두려움 극복하기

A.S.는 야간에 자기변화 수업을 듣는, 작고 단단해 보이는 중년 남성이었다. 수업 초반에 그는 엘리베이터에 대한 강한 두려움을 없애고 싶지만 방법을 모르겠다고 이야기했다. 그의 학기 말 보고서의 요약은 다음과 같다.

> 내가 7살 때 난폭했던 나의 아버지는 잠자리 시간에 우리를 죽도록 두렵게 했다. 아버지는 불만에 차 크게 씩씩거리며 우리를 잡으러 복도를 건너왔다. 나는 옷장으로 달려가 숨곤 했는데, 한번은 문틈에 떨어진 막대기로 문이 잠겨 안에 갇히게 되었다. 아버지는 계속 다가오는데 나는 도망갈 곳 없이 어둠에 갇혀 있었다. 공포로 더 크게 소리 지를수록 아버지는 더 가까이 다가왔다.
>
> 형제들은 내가 어둠을 무서워하고 밀폐된 공간에 있는 것을 두려워한다는 것을 알게 되었다. 한번은 형제들이 놀리려고 어두운 창고에 나를 가두었다. 나는 죽을 것만 같았다. 내가 꺼내 달라고 애원할수록 그들은 더욱 웃어 댔다. 마치 어두운 관 속에 갇힌 기분이었다. 나는 문을 차고 두들기기 시작했고 몇 분 후 문이 부서졌다. 갑자기 문이 활짝 열리고 나는 밖으로 떨어졌다. 그 후부터 나는 닫힌 어두운 장소에 큰 두려움이 생겼다. 성인이 되었을 무렵부터 엘리베이터에 절대 타지 않았는데, 문이 닫히는 것과 불이 꺼질 것이 두려웠기 때문이었다. 나는 전화 수리공이란 좋은 직업을 가지고 있었는데, 엘리베이터의 전화를 고치는 일을 맡게 되자 그만두었다.
>
> 밀폐된 비행기를 타는 것도 문제가 되었다. 한번은 747기를 타고 디즈니랜드에 가기 위해 수면제 4알과 보드카 한 잔을 마셔야 했다. 사흘 후 깨어나 보니 나는 너츠베리팜(미국의 한 테마파크)에 있었고, 가족들은 화가 많이 나 있었다. 가족들은 16층에 있는 우리 방에 갈 때마다 내가 걸어 올라갈 때까지 10분씩이나 기다려야 했다. 내 아이들은 내가 미쳤다고 생각했다.
>
> 이 사건 때문에 나는 엘리베이터에 대한 두려움을 극복해야겠다고 마음

(다음 쪽에 계속)

먹었다. 어떻게 해야 할지 잘 몰랐지만 수업에서 배웠다. 첫째, 내가 얼마나 자주 엘리베이터에 대한 부정적인 생각을 하는지, 그리고 얼마나 자주 이를 피하기 위해 계단을 이용하는지 기록하기 시작했다. 매일 밤 엘리베이터에 대한 부정적인 생각을 없애는 연습을 했다. 엘리베이터에 대한 생각을 하면서 긴장을 푸는 연습도 했다.

둘째, 점차적으로 엘리베이터에 다가가기 시작했다. 구체적인 스케줄에 따라 실제 엘리베이터에 익숙해지는 연습을 했다. 1단계는 엘리베이터 안에 들어가 한 손은 문을 잡은 채 버튼을 누르고 나오는 연습이었다. 2단계는 한 손은 열림 버튼 위에 댄 채 문이 닫힐 때까지 기다렸다가 열림 버튼을 누르고 나오는 것이었다. 이 단계들에서 마음이 편안한 상태를 유지하면서 연습하려 노력했다. 3단계는 긴장 이완을 연습하고 두려운 생각에서 벗어나기 위해 구구단을 외우면서 한 층을 올라가는 것이었다.

또한 매일 각 단계를 최소한 세 번씩 상상으로 연습했다. 나는 24단계를 통과했으며 그날의 단계를 통과하면 나에게 매일 보상을 주었다.

프로젝트를 마칠 때쯤 나는 모든 엘리베이터를 탈 수 있게 되었다. 아직도 엘리베이터를 탈 때 완전히 편안한 것은 아니지만, 더 이상 타는 것을 피하지도, 내 가족을 창피하게 만들지도 않는다.

✿ 전형적 사례

이 책이 출간된 후 지난 40년 동안 우리는 자기변화 프로젝트를 실행하는 학생 수백 명의 사례를 소개했다. 그중 몇몇은 적어도 우리에게 매우 흥미롭고 유익해서, 이 책의 10판을 기념하여 매 장마다 그들의 전형적인 사례를 하나씩 넣었다. 여러분의 프로젝트에도 도움이 될 것이다.

✿ 이 책의 목적

이 책의 목표는 어려운 상황에서 기술을 향상시킬 방법을 알려 주는 것이다. 여기에는 자기수정을 위한 계획성 있는 노력이 요구된다. 이를 위해 새로운 행동, 대처 기술, 문제해결 기술 및 당면한 과제 사이를 적절하게 연관 짓는 데 사용될 지식의 학습이 이루어질 것이다.

"살을 빼고 싶으면 운동을 하루 60분으로 늘려라." 혹은 "학습 향상을 위해서 1주일에 8시간까지 공부 시간을 조금씩 늘려라."처럼 구체적인 문제해결을 위해 할 일이 무엇인지 알려 주지 않고 대신 왜 기본적인 기술을 가르칠까? 우선, 여러분은 현재 문제의 원인에 대해 인식하지 못하고 있을 수 있다. 또한 스스로를 변화시켜 가는 과정에서 새로운 문제가 나타날 수 있다. 기대하지 못한 이런 문제를 다루려면 일반적인 기술이 필요하다. 만약 특정 문제에 대한 특정 기술만 배운다면 미래에 생길 다양한 문제에 스스로 대처하는 법을 배우지 못할 것이다.

이 책의 목표는 자기조절의 과정에서 문제에 대처할 수 있는 일반적 기술을 가르치는 것이다. 오래된 격언이 맞다. 배고픈 사람에게 물고기를 주면 하루 식량을 해결해 주지만, 물고기 잡는 법을 가르쳐 주면 스스로 평생의 식량을 해결할 수 있게 해준다. 여러분이 자기조절 기술을 배우면 인생에서 더 잘 대처할 수 있을 것이다.

행동을 바꾼다든가 하는 정신적 기술은 다른 종류의 기술, 예를 들어 테니스에서 서브 넣기와 같은 원리로 작동한다. 즉, 기술은 지식에 기초하고, 학습되며, 연습을 통해 나아진다. 그리고 반복해야 한다(Adams, 1987; Patrick, 1992). 이 책에서 여러분에게 지식을 제공하는 것은 저자의 몫이고 이를 연습하는 것은 여러분의 몫이다.

성공은 여러분에게 달렸다. 이해를 위해서는 노력과 공부가 필요하며, 완벽은 연습을 요구한다. 사실, 기술 발달을 위해서는 일련의 단계를 거쳐야 하며, 이는 대처 기술이든 운동의 경기 기술이든 마찬가지이다(Adams, 1987).

첫째, 지식을 습득해야 한다. 좋은 역타(backhand)는 무엇인가? 긴장 이완을 위한 좋은 방법은 무엇인가? 노력에 보상을 해야 하는가?

둘째, 기술을 되풀이해서 연습해야 한다. 이 과정에서 실수를 하게 되어도 연습을 계속한다.

셋째, 기술이 매우 잘 연습되어 자동적이어야 한다.

각 장의 마지막에 구체적인 연습 과제를 제시했다. 이런 연습 과제를 수행하는 것이 중요하다. 자전거 타기를 배우는 사람처럼 실제로 타 보고 비틀거려도 보고 넘어져 보기도 해야 한다. '바로' 타기 위한 유일한 길은 연습이다.

이 책은 대부분의 교과서와 다르다. 단순히 공부해서 시험을 보는 것이 아니다. 자기변화를 위한 계획에 지식을 어떻게 사용할 수 있는지 알아보기 위해 책 내용을 자신에게 적용해 볼 필요가 있다. 필요한 것을 배우는 좋은 방법은 책에 실린 사례 연구를 꼼꼼히 읽는 것이다. 이 사례들은 여러분이 수행하는 연습 과제를 어떻게 해 나갈지에 대한 아이디어를 제공할 것이다. 다른 학생들이 자신의 자기조절 과제를 어떻게 했는지를 읽는 것은 도움이 된다(Ackerman, Goldstein, Shapiro, & Bargh, 2009).

테니스 선수가 어떻게 서브를 하는지 알아야 하는 것처럼 우선 지식이 필요하다.

스스로의 행동을 이해하는 방식 내지 관점에 대한 지식이 먼저 필요하다. 다음이 그 시작이다.

행동과 그 맥락

학습목표

- 선행사건, 행동, 결과는 무엇인가?
- 학습은 이 세 가지와 이들 간 관계에 어떤 영향을 미치는가?

수줍음이 많다면 모임에 낯선 사람들이 가득한 것을 보는 것만으로도 불편하게 느낄 것이다. 실제로 나쁜 일이 전혀 생기지 않아도 불안함을 느낄 수 있다. "아는 사람이 한 명도 없어!"라고 생각한다. 방에 가득한 낯선 사람들을 보는 것으로 불편한 감정과 생각이 촉발된 것이다. 여기는 여러분이 있을 곳이 아니라고 생각한다. 만약 도망친다면? 불안감은 곧바로 사라질 것이다. 안도감을 느끼고 이제 어디로 갈지 찾기 시작한다. 도피는 기분이 나아지는 결과를 가져온다.

불안한 상황에 대처할 수 있는 방법—도피—을 배우게 되었지만, 이는 장기적으로 다른 문제를 가져온다. 우리는 종종 단기적으로는 효과가 있지만 나중에 다른 문제를 초래하는 경우를 배운다. 글상자 1-2의 A.S.는 어둡고 밀폐된 공간을 두려워하여 그런 장소를 회피하는 것으로 두려움을 피하는 학습을 했지만 나중에 이것이 문제가 되었다.

무엇이 A.S.의 두려움을 촉발했는가? 엘리베이터를 보거나 생각함으로써 두려움이 생겼다. 그리고 도피의 결과, 두려움이 줄어들었다.

인간의 행동과 감정은 행동 전후 상황인 맥락에 놓여 있다. 상황은 두 요소, 즉 행동 전의 사건과 행동 후의 사건으로 나누어질 수 있다. 심리학에서는 이를 **선행사건**(antecedent)과 **결과**(consequence)라고 한다. 그림 1-2를 참조하라.

선행사건은 행동을 불러일으키는 사건이다. 선행사건은 특정한 방식으로 행동하도록 단서를 주거나 자극한다. 선행사건은 물리적 사건, 생각, 감정 혹은 내부 언어일 수 있다.

제한속도를 넘어 운전하다가 속도 측정기를 들고 있는 경찰관을 보았다면 속도를 줄이거나, "속도를 줄이는 게 좋겠어."라고 생각하거나, 불안감을 느끼거나, 혹은 친구가 "속도를 줄이는 게 좋겠어."라고 이야기할 것이다. 이 모두는 속도를 줄이는

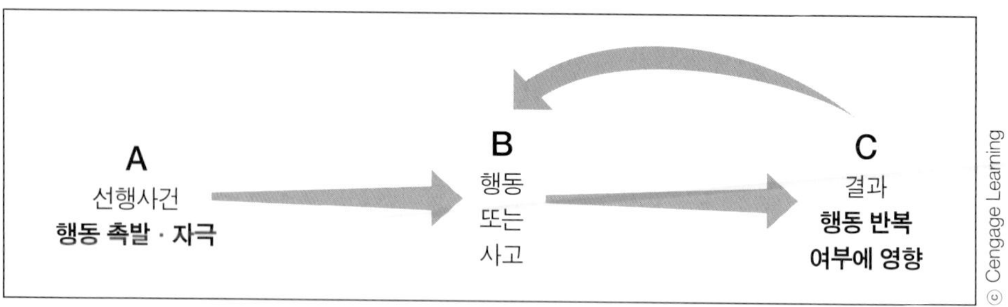

그림 1-2 선행사건, 행동 및 결과

행동에 대한 선행사건이다.

행동이란 여러분이 하고, 말하고, 생각하고, 느끼는 것을 말한다.

어떤 행동을 반복할지 아닐지는 결과의 영향을 받는다. 여러분이 속도를 재빨리 줄이지 못해서 딱지를 떼었다면 앞으로의 행동이 영향을 받을 것이고, 만약 제때 속도를 줄여서 딱지를 떼지 않았다면 그것 역시 미래의 행동에 영향을 준다. 결과는 당연히 기분에도 영향을 준다.

상황에 따른 영향—선행사건, 행동, 결과—은 유사한 상황에서의 학습 경험에 의해 영향을 받는다. 낯선 사람이 가득 찬 방에 들어설 때, 비슷한 상황에서 불안해지도록 학습된 사람은 도망친다. 방 안 가득한 낯선 이들에 대한 두려운 경험이 없는 사람은 "신난다! 파티구나!"라고 생각한다.

서로 다른 학습 경험은 선행사건이나 결과가 같더라도 다른 행동을 초래할 수 있다. 보통은 엘리베이터에 타면 몇 층에 갈 것인지 생각하지만, 글상자 1-2의 A.S.는 "난 죽을 거야!"라고 생각했다. A.S.가 어디서 엘리베이터에 대한 두려움을 학습했는지는 분명하다. 어릴 적 잠긴 옷장과 창고에서 학습한 것이다.

습관은 상황에 대한 자동적 반응이다(Bargh, 1997). 예를 들어 일단 한번 학습하면 생각하지 않고도 운전을 할 수 있게 된다. 나쁜 습관이 생겼다면 별 생각 없이 그 행동을 하게 되므로 원하는 변화를 만들기 위해서는 그 상황을 자동적이지 않게 만들어야 한다.

따라서 자기수정의 과정을 통해 구체적 상황에 대한 새로운 학습이 이루어져야 한다. 자신의 행동을 바꾸기 위해서는, 즉 행동에 대한 통제를 획득하거나 그 과정을 결정짓기 위해서는 특정 상황에 대한 새로운 기술을 배워야 한다.

자기수정의 과정

학습목표

- 목표행동이란 무엇인가?
- 일반적인 자기변화 프로그램의 단계에는 어떤 것들이 있는가?
- 변화의 방법을 이해하기 위해 A-B-C 패러다임을 어떻게 활용할 수 있는가?

계획-관찰-평가

성공적인 자기수정(self-modification)을 위해서는 특정한 필수 요소, 즉 자기 지식(self-knowledge), 계획 수립, 정보 수집, 새로운 정보를 토대로 한 계획의 수정이 포함되어야 한다. 정교한 자기수정에는 분명한 순서가 있다. 대부분의 자기수정 프로그램은 다음 단계를 거친다.

1. 목표를 정하고 그 목표를 달성하기 위해 변화하겠다는 서약을 한다. 변화시킬 행동을 구체화한다. 이 행동을 목표행동이라 한다.
2. 목표행동에 대해 관찰한다. 목표행동에 대한 일기를 쓰거나 그 행동을 얼마나 자주 하는지 기록한다. 목표행동을 촉발하는 선행사건과 행동을 보상하는 결과를 찾아내도록 한다.
3. 변화를 위한 계획을 세운다. 계획에는 원치 않는 행동으로 이어지는 생각을 바꾸고, 원치 않는 행동을 원하는 행동으로 점차 대체하며, 원하는 행동에 스스로 보상 주기가 포함된다. 그림 1-3과 그림 1-4를 참조하라.
4. 자신에 대해 더 알게 됨에 따라 계획을 조정한다. 행동에 대한 분석을 연습하면

(A) 선행사건	(B) 행동	(C) 결과
원하는 행동으로 이어지는 선행사건을 도입하고 원치 않는 행동으로 이어지는 선행사건을 제거함으로써 행동의 촉발 사건을 바꿀 수 있다.	원하는 행동을 연습하거나 원치 않는 행동을 대체함으로써 동작, 생각, 감정, 행동을 바꿀 수 있다.	원하는 행동을 강화하고 원치 않는 행동을 강화하지 않음으로써 행동에 따른 결과를 바꿀 수 있다.

그림 1-3 자기변화의 A-B-C

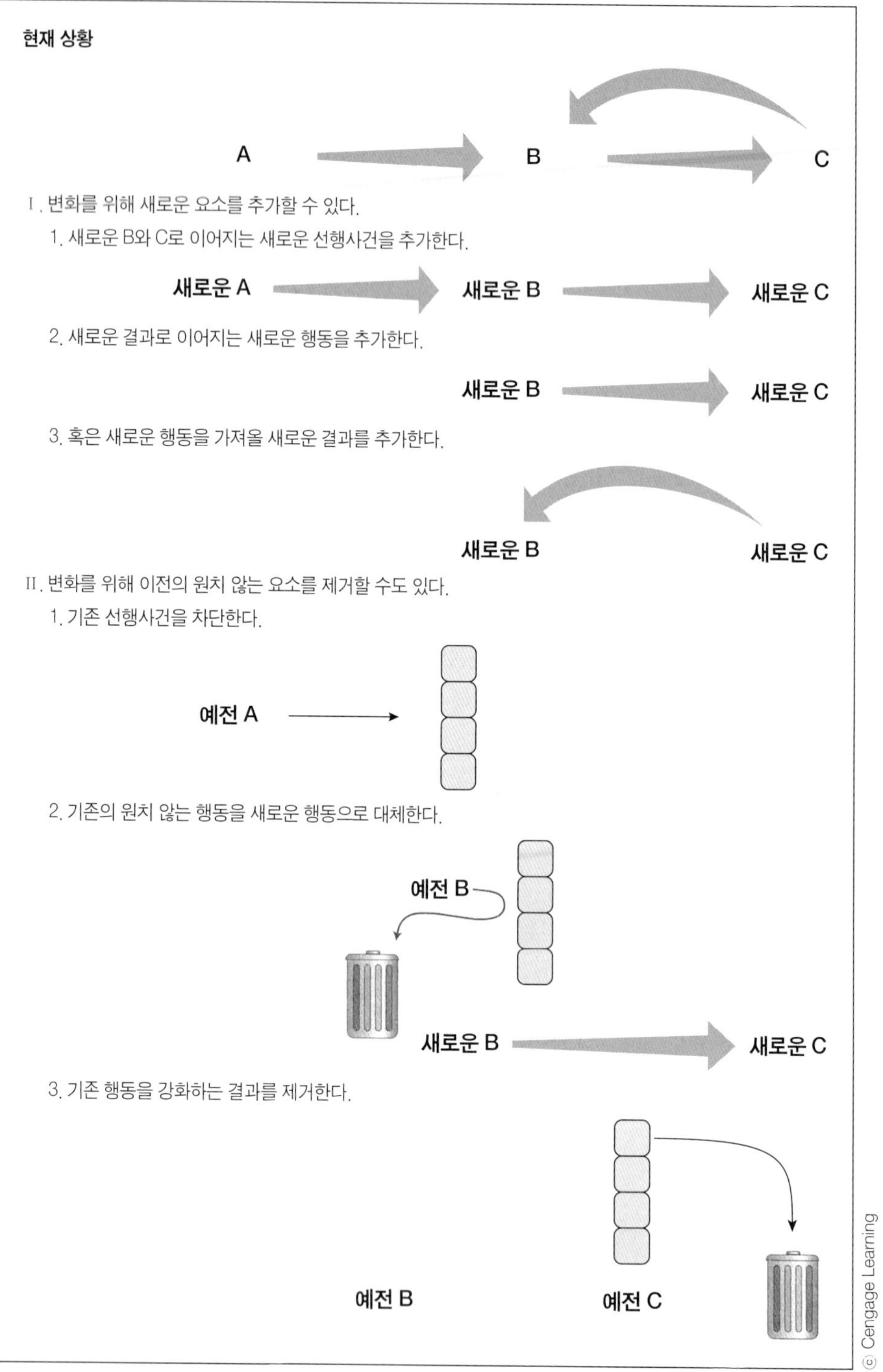

그림 1-4 새로운 A-B-C를 추가하거나 기존 것을 버림으로써 목표행동 수정하기

더 정교하고 효과적인 계획을 만들 수 있다.

5. 얻은 것을 유지하는 단계를 거친다.

✿ 자기변화 계획의 예시

다음은 이전 수업에서 자기변화 계획을 수행했던 어느 학생의 보고서이다. 학생의 이름은 메리이고 나이는 21살이었다. 메리의 경험과 함께 우리의 논평을 소개한다.

> 나는 잡담을 너무 많이 한다. 지루할 때, 친구나 가족과 함께 있을 때는 어디에서나 수다를 떤다. 난 이것이 끔찍한 버릇이라고 생각해 처음에는 내 인생에서 수다를 완전히 없애 버리고 싶었다. 그러나 이 생각에 대해 몇 명과 의논한 결과, 어떤 한 종류의 잡담, 즉 다른 사람에 대한 부정적인 이야기나 험담만이 내 기분을 나쁘게 한다는 사실을 깨달았다. 내 목표는 이런 험담을 줄이는 것이다.

메리는 자기수정의 첫 단계를 밟은 것이다. 즉, 모호한 불만족감을 구체적인 목표로 바꾸었다.

> 나는 3″×5″ 카드에 자료를 모아 항상 가지고 다니기 시작했다. 카드에는 날짜, 내가 대화한 사람, 다른 사람에 대해 부정적인 말을 한 횟수를 기록했다. 카드에 기록하는 것을 깜박할 때도 있어서 몇 번은 놓쳤지만, 나는 그 결과에 너무 놀라 충격을 받았다. 1주일에 다른 사람에 대한 안 좋은 얘기를 무려 98번—매일 약 14번—이나 했던 것이다! 횟수 기록으로 험담이 줄었음을 감안하면 실제로는 이보다 많았을 것이다.

메리는 자기수정의 두 번째 단계—관찰하기—를 밟은 것이다. 메리가 변화를 시도하기 전에 기록을 한 것은 잘한 일이다. 정보를 모으지 않고 개선을 시작하면 실패하기 쉽다. 메리가 스스로를 관찰하지 않았다면 성공적인 변화를 위한 충분한 정보를 얻지 못했을 것이다. 또한 횟수 기록이 자기수정 계획의 성공 혹은 실패를 가늠할 수 있게 해주었다.

> 나는 다른 사람에 대한 험담이 특정 상황에서 발생하는 것을 발견했다. 여동생이나 사촌과 있거나, 기분이 가라앉아 있거나 우울할 때 다른 사람을 험담하는 이유는 그렇게 하면 그들보다 내가 나아 보이기 때문이었다. 예를 들

> 어, 예쁜 여자를 보면 나는 "예쁘네. 근데 코가 너무 커."라고 얘기하거나, 잘생긴 남자를 보면 "귀엽네. 하지만 너무 작고 땅딸막해 보여."라고 말한다. 난 항상 다른 사람들의 흠을 잡는 것 같았다. 이렇게 하면 어쩐지 내가 다른 사람보다 우월한 것처럼 느껴졌다. 나는 속으로는 '이런 얘기 하면 안 되지만… 뭐, 곧 그만할 거야.'라고 생각했지만 절대 그만두지 못했다.

자기관찰은 목표행동이 특정한 상황 때문에 일어나거나 일어나지 않는다는 것을 깨닫게 해준다. 상황은 바꿀 수 있으므로 변화가 용이하다. 다음에 나오지만 이것이 메리가 한 일이다. 그런 상황을 발견하기 위해서 자기관찰이 이루어져야 한다는 사실을 명심하자. 메리는 이제 자기수정의 세 번째 단계를 밟은 것이다. 즉, 그녀는 변화를 위한 계획을 세웠다.

> 변화를 위한 나의 계획:
>
> 첫째, 나는 타인에 대한 험담을 줄이고 긍정적인 말을 하겠다고 결심했다. 나는 얼마나 그렇게 했는지 기록했다. 하루에 한 번 긍정적인 말을 하는 것으로 시작해 그 빈도를 점점 늘려 갔다.
>
> 둘째, 나는 스스로에게 지시를 내렸다. 험담하기 쉬운 상황에 있을 때면 "내가 잘나 보이기 위해서 다른 사람을 험담할 필요는 없어. 오히려 그러면 사람들이 나를 떠나고 자존심도 낮아져. 그러니까 그러지 말자."라고 생각했다.
>
> 셋째, 부정적인 말을 긍정적인 말로 대체했다. 무언가 안 좋은 얘기를 하기 시작할 때 스스로에게 "멈춰!"라고 말하고, 대신 그 사람에 대해 할 수 있는 좋은 말을 생각해 냈다.
>
> 넷째, 상상 연습을 통해 원하는 행동을 실수 없이 하는 것을 상상했다. 이것은 진부해 보이지만 정말 효과적이었다!
>
> 마지막으로, 계획의 모든 단계를 완수한 날마다 스스로에 대한 보상으로 용돈을 추가로 쓸 수 있게 하였다.

메리의 계획은 이런 점에서 훌륭했다.

1. 변화를 위해 여러 가지 기법을 사용했다.
2. 선행사건, 행동, 결과를 다루었다.
3. 행동을 점진적으로 변화시켰다.
4. 변화 가능성을 높이기 위해 추가적인 연습, 보상과 지시를 이용했다.

이 방법은 계획의 성공 가능성을 높이므로 잘된 것으로 볼 수 있다. 메리는 다음과 같이 덧붙였다.

> 계획은 실제로 효과가 있었다! 하루 평균 14회씩 하던 험담이 거의 사라졌고 하루 평균 1번이던 칭찬은 7번으로 늘어났다. 자기존중감이 생겼고, 나와 내 주변 사람들에 대해 좋게 느끼게 되었다. 스스로에 대해 더 많이 알게 되면서 내 생각과 행동을 내가 통제할 수 있다고 느끼게 되었다. 내 자신이 더 좋아졌다.

✿ 원칙 적용하기

메리의 자기수정 계획이 새해 결심과 차별되는 것은 무엇 때문일까? 자기수정은 더 잘하겠다는 결심 이상인가? "새로운 사람으로 거듭나겠어!" 혹은 "이제 정신 좀 차리자."라고 결심하고 그대로 따르는 경우도 있다. 그러나 항상 그렇게 쉬운 건 아니다. 예를 들어 메리는 몇 년 동안이나 자신의 나쁜 습관을 없애고자 했지만 그러지 못했다. 좋은 의도 외에 무언가가 더 필요하다. 행동 변화 원칙의 정확하고 의식적인 적용이 바로 그것이다.

메리는 세 가지의 변화를 꾀했다. 이전의 선행사건에 변화를 주었고 새로운 선행사건을 도입했다. 메리는 새로운 행동을 연습하고 그것으로 이전 행동을 대체했다. 그리고 행동의 결과에 변화를 주었다.

자기수정은 학습해야 하는 기술의 집합이다. 주요 사항을 알고 있는지 확인하기 위해 어느 학생의 첫 번째 자기수정 계획에 대한 다음의 보고서를 평가해 보자. 이것은 좋은 계획인가? 약점은 무엇인가?

잭은 25살의 졸업반 학생으로, 다음과 같이 기술했다.

> 나는 원래 '괜찮은' 몸을 갖고 있었지만 직장 일과 학교 일로 힘들어지면서 하루 종일 컴퓨터 앞이나 교실에 앉아 있다 보니 뚱뚱해졌다. 보통 하루에 세 끼를 먹고 어떤 때는 더 먹는다. 집에서 부엌을 할 때면 항상 간식을 달고 다니며 여기저기서 조금씩 먹는다. 거의 운동을 하지 않고, 운동을 하더라도 아주 가끔씩만 해서 몇 달씩 하지 않을 때도 있다. 난 왜 운동을 못 하는지 항상 변명거리를 만들어 낸다. 다른 할 일이 있거나 집 안에 먹을거리가 있어 운동을 하거나 바르게 먹을 마음이 생기지 않는다. 적어도 5kg은 빼고 싶

은데.

나는 음식 섭취와 운동에 대해서 매일 기록했다. 기록지에 무엇을 하고 무엇을 먹었는지, 뿐만 아니라 계획의 실행에 대한 나의 느낌도 적어 나갔다. 그리고 한 주가 끝날 때마다 몸무게를 쟀다. 5kg을 빼면 얼마나 기분 좋을지가 내게는 강화제였다.

나는 여자 친구와 함께 살고 있고 그녀도 내 행동수정을 돕고 싶어 했으므로 계획에 참여했다. 우리는 식품점에 갈 때면 쇠고기 대신 칠면조 고기를 사고 일반 우유 대신 저지방 우유를 사는 등, 몸에 좋은 음식을 사기 시작했다. 그와 함께 캐러멜 팝콘, 초콜릿, 포테이토칩같이 늘 먹던 인스턴트식품도 계속 샀다. 그래서 나는 그 두 가지를 다 먹었다.

내 여자 친구는 내가 조깅 시간을 줄이지 못하도록 같이 뛰어 주었다. 첫째 주는 성공적이어서 쉬지 않고 20분 동안이나 조깅을 할 수 있게 되었다. 이 계획이 망가진 것은 그다음 주에 쏟아진 장대비 때문이었다! 거의 2주 동안 매일 비가 내렸기 때문에 나는 조깅을 그만두었다.

얼마 후에 나는 이 계획 모두를 그만두었다. 거울을 보니 변한 건 아무것도 없었다.

잭의 계획에는 잘된 점과 잘못된 점이 있다. 잘된 점은 잭이 먹는 것과 운동을 기록하고 여자 친구의 도움을 구했다는 점이다. 그러나 문제점은 안 좋은 음식을 몸에 좋은 음식으로 대체하려는 노력이 없어 성공률을 낮췄다는 것이다. 잭은 자신의 식습관을 바꾸려고 노력하지 않았다. 또한 잭은 기존의 선행사건인 유혹적인 음식을 집에서 없애려고 하지 않았다. 그리고 건강한 식습관이나 조깅을 강화하는 효과적인 계획을 세우지 않았다. 몸무게가 빠질 때까지 기다려 거울 앞의 날씬한 모습을 보는 것은 너무 긴 만족지연이다. 마지막으로, 조깅하는 날 비가 온다든지 하는 불가피한 문제에 대한 대처계획을 세우지 않았다. 첫 번째 어려움이 닥쳤을 때 계획은 실패했다.

✿ 계획 조정하기와 바꾸기

잭이 체중 감량에 성공하려면 자기수정에 대해 더 배우면서 계획을 바꿔야 할 것이다. 사람들은 계획이 완벽하다는 자신감을 가지고 생각해서 시작하지만 시행을 하다 보면 조정이 필요함을 알게 된다. 효과적이지 않은 부분이 발견되면 계획을 수정해야 한다. 문제는 언제나 생기기 마련이다. 다음 사례에서처럼 계획 전체를 다시 세워야 하는 경우도 있다. 케이트는 공부를 충분히 하고 있지 않다고 생각했다.

> 나는 다른 많은 학생들과 마찬가지로 시험 직전이나 마감일이 다가와야만 공부를 한다. 난 매일 2시간씩 공부를 하면 좋아하는 활동—피자로 외식하기, TV 보기, 애완동물 새와 놀기—을 하는 것으로 스스로에게 보상을 주기로 했다. 대학원 입학을 원했으므로 공부 시간을 점차 하루에 3~4시간으로 늘리기로 계획했다. 하지만 공부를 안 해도 새에게 관심이 필요하다고 생각하면서 어찌 됐든 새와 놀았고, 피자를 먹으러 외출하거나 TV를 시청하지는 않았다.
>
> 내 계획은 금방 중단되었다. 피자를 먹으러 나가거나 TV를 보지만 않을 뿐 전혀 공부를 하지 않았기 때문이다. 이렇게 1주일이 지나고 기록하는 것마저 그만두었다. 원점으로 돌아간 것이다.
>
> 그러던 중 강의 시간에 교수님이 프로젝트에 대한 진행 보고서를 내라고 하자 다시 신경 쓰며 기록하기 시작했다. 기록을 통해 공부해야 할 때 드는 생각들이 공부하는 데 방해가 되고 있음을 깨달았다. 나는 "지금 이거 하기 싫어. … 정말 지금 하고 싶지 않아. … 너무 지루해." 같은 생각을 하고 있었던 것이다.
>
> 새로운 계획을 시작하기로 결심했다. 공부 시간 일정을 짜고 노력할 가치가 있는 보상을 생각해 볼 것이다. 더 중요한 것은 공부를 회피하게 만드는 생각들을 스스로 경계하는 것이다. 나는 정말 더 공부하고 싶다. 내 잠재력을 충분히 발휘하지 못하고 있기 때문에, 그리고 솔직히 말하면 현재의 성적으로는 대학원에 진학하지 못할 것이기 때문이다. 그러므로 그런 생각이 들 때마다 생각을 바꾸도록 노력할 것이다.

일단 계획을 시작하면 세부 사항을 바꿔야 하거나 케이트의 경우처럼 목표를 전체적으로 다시 세워야 할 경우가 있다. **가장 간단한 계획부터 시작하라. 그런 다음 성공을 방해하는 것이 무엇인지 찾아내라.** 이것이 케이트의 접근법이었다. 케이트는 공부하려 할 때 드는 생각이 공부를 방해하고 있음을 발견했다. 성공을 방해하는 요인은 계획을 어떻게 수정해야 하는지를 알려 준다. 케이트는 공부를 방해하는 생각들을 바꾸고자 했다.

그런데 여러분은 정말 스스로를 변화시킬 수 있는가? 이러한 기법을 사용하면 (그렇지 않았다면) 달성하기 힘들었을 목표를 달성할 수 있는가?

자기수정은 실제로 효과적인가?

학습목표

- 사람들은 자신의 행동에 심각한 문제가 있을 때 스스로를 바꿀 수 있을까? 예를 들어 보자.
- 연구에 따르면 이 책을 사용한 학생들의 성공에 대해 무엇을 알 수 있는가?
- 자기수정 계획이 효과적이지 않은 주요 원인은 무엇인가?
- 건강 및 교육 장면에서 자기수정을 사용한 예를 들어 보자.

행동에 꽤 심각한 문제가 있을 때 사람들은 스스로를 바꿀 수 있을까? 물론이다. 흡연이 암을 발생시킨다는 보건복지부 장관(first surgeon general)의 발표 후 1965~1975년에 약 2,900만 명의 미국인들이 담배를 끊었다(Prochaska, 1983). 금연한 사람들의 95%가 전문가의 도움을 받지 않았으며(Cohen et al., 1989), 심각한 알코올 문제가 있으면서 음주 조절을 배우는 사람 중 75%가 전문적 도움을 받지 않았다(Sobol, Cunningham, & Sobol, 1997). 베트남 전쟁에서 헤로인 중독자가 되어 돌아온 많은 참전 용사들도 스스로 중독에서 벗어날 수 있었다(Horn, 1972).

혼자의 힘으로 변화에 성공했던 사람들은 이 책에서 제시하는 것과 같은 전략을 사용했다. 연구 결과, 이런 자기조절 기술은 대체로 효과적인 것으로 밝혀졌다(Febbraro & Clum, 1998).

알코올 중독 같은 심각한 문제를 가진 사람들도 상당수 자기변화에 성공한다(Sobell & Sobell, 1998). 여기서 우리가 가르치는 기술은 심리치료사들이 내담자의 변화를 위해 제시한 효과적인 자기수정 방법이다(Keeley, Williams, & Shapiro, 2002). 수련 중인 심리치료사에게 자기수정 기술을 사용하도록 하면 내담자를 다루는 기술이 향상되는 것으로 나타났다(Bennett-Levy, 2001).

다음에서는 자기수정 기법이 폭넓게 적용됨을 보여 주기 위해 전문 의료 및 심리학 학술지에 실린 성공 사례들을 열거했다. 이 예들은 의식적 노력의 결과로 사람이 변할 수 있음을 보여 준다. 다음 목록은 영역을 막론하고 자기조절 기법이 우리 삶에 깊이 연관되어 있음을 보여 준다. 의학 분야의 연구만 해도 500개가 넘어서, 모든 사례의 목록을 전부 싣는 것은 불가능했다.

자기수정이 사용된 예는 다음과 같다.

- 폭식증을 동반한 완벽주의의 완화(Steele & Wade, 2008)
- 공황발작의 대처(Carbring et al., 2001; Gould, Clum, & Shapiro, 1993)

- 어둠에 대한 아동의 두려움 극복(Mikulas, Coffman, Dayton, Frayne, & Maier, 1986)
- 대학생(Tharp, Watson, & Kaya, 1974), 일반 환자(Hamilton & Waldman, 1983) 및 노인의 우울 극복(Rokke, Tomhave, & Jocic, 2000)
- 체조 수행 향상(Wolko, Hrycaiko, & Martin, 1993)
- 창의적 생산성 증가(Herren, 1989)
- 사회적 상황에서의 불안 대처(Rehm & Marston, 1968)
- 긁기, 손톱 깨물기, 머리 뽑기 같은 불안 습관 통제(Perkins & Perkins, 1976; Watson, Tharp, & Krisberg, 1972)
- 이갈이 제거(Pawlicki & Galotti, 1978)
- 수업 시간 발표 증진(Barrera & Glasgow, 1976)
- 쓰기, 읽기, 철자법, 어휘력 및 시험 응시 기술 개선(Watson, 2001)
- 운동 늘리기(Kau & Fischer, 1974; Sherman, Turner, Levine, & Walk, 1975)
- 동료들과의 갈등 감소(Maher, 1985)
- 발달장애가 있는 노동자의 생산성 향상(Christian & Poling, 1997)
- 부부치료에서 자기통제력 개선(Halford, Sanders, & Behrens, 1994)
- 학습 습관의 개선(Richards, 1976; Watson, 2001)

일반 출판사에서 자기수정 기법을 자세하게 설명한 책을 출판한 사례도 많다. 골프 선수인 잭 니클라우스는 정신훈련이나 모델 사용과 같이 이 책에서 제시하는 기법을 많이 사용했다. 닉 볼리테리 테니스 아카데미에서는 자기안내 지시문(self-guiding instruction)을 가르친다. 프루스트나 트롤로프 같은 유명 작가들은 더 많이 쓰고 잘 쓰기 위해 스스로 행동을 어떻게 통제했는지를 써 놓았다(Zimmerman, 1998). 미셸 몽테뉴(1533~1592)나 벤저민 프랭클린(1705~1790) 같은 역사적 인물들도 그들이 나쁜 습관을 고치고 좋은 습관을 만들기 위해 사용했던 방법들을 적어 놓았다. 성경에서도 자기수정의 사례들을 찾아볼 수 있는데, 「신명기」에는 부모가 아이에게 어떻게 모범이 될 수 있는지가 나와 있고, 「빌립보서」는 이완 기법에 대해 가르친다(Lasure & Mikulas, 1996).

물론 사례(case histories)도 어떤 방법에 대한 좋은 증거가 될 수 있지만, 모든 사례는 고유하고 그 결과를 일반화하는 데 한계가 있다. 과학적 증거를 찾아내는 것이 최선이다. 일반적으로 자기조절 기법을 배운 집단과 기법을 배우지 않은 집단을 비교하여 두 집단 사이에 자기조절 능력의 차이가 있는지를 본다.

미국에서는 1886년 '닥터 스마일'의 『행복한 가정과 이를 만든 마음들(*Happy Homes and the Hearts that Made Them*)』(Rosen, Glasgow, & Moore, 2002)이 출판된 이후부터 자조(self-help) 관련 서적들이 활발하게 출판되었다. 그러나 이 서적들은 주장에 대한 연구 증거를 제시하지 않는다. 몇몇 자조 서적은 개중 낫지만(Norcross et al., 2003 참조), 전혀 검증된 적이 없는 책들도 많다(Rosen et al., 2002).

최근 응용심리학에서는 과학적 근거가 유용성을 뒷받침하는 절차들만 가르치고 사용하려는 움직임이 있다(APA, 2006; Baker, McFall, & Shoham, 2008; Drickman, 2004). 과학적 지지 근거를 가지기 위해서는 이 책에서처럼 제시된 기법이 실제로 효과적이라는 증거가 있어야 한다. 단순한 사례 이상의 근거를 제공하기 위해 연구에서는 일반적으로 치료집단과 통제집단을 비교하는 방식을 사용한다.

자기조절 이론에 대한 과학적 증거가 있는가? 목표는 과학적으로 입증된 방법을 제시하는 것이다. 대학 강의에서 자기수정을 배운 집단과 통제집단 학생들은 시험 성적이 얼마나 다를까?

✿ 자기수정 강의에 대한 연구

심리학자들은 이 책의 내용을 읽은 학생들과 그렇지 않은 학생들 간의 개선 비율을 비교하는 실험을 했다. 그 결과는 어땠을까?

Brigham과 동료들(1994)은 규모가 큰 주립대학교에서 소수인종 학생들의 학습에 도움이 되는 학습 기술을 강의했다. 연구자들은 이 책의 이론을 토대로 소수인종 학생들의 수업 참여, 학습, 수업 밖에서 교수에게 말하기, 필기 및 기타 학습 활동에 대한 자기수정을 돕고자 했다. 통제집단인 학생들에게는 학업 문제에 대한 자기수정 방법을 훈련시키지 않았다. 그 결과 학업 기술에 대한 자기수정을 배운 학생들의 평균 학점은 2.10으로, 배우지 않은 학생들의 평균 학점 1.27보다 훨씬 높았다.

Felipe Castro(1987)는 UCLA에서 수년간 건강 증진에 대한 강의를 개설하고 이 책에 따른 절차를 가르쳤다. 이 절차를 배운 학생들은 배우지 않은 학생들에 비해 운동량을 더 늘리고 고칼로리 음식을 적게 먹었다. 또한 절차를 배운 학생들은 샐러드와 채소와 과일을 더 먹는 등 생활 방식에서의 다른 변화도 보였다. 그들은 건강에 더 좋은 방식으로 자기조절을 하게 되었다.

이스턴일리노이 대학교의 Dodd(1986)는 수년간 자기수정에 대한 강의를 하는 동안 학생의 70%가 학기 말에 이르면 변화 목표를 달성했다고 말했다. Scott Hamilton(1980)은 이 책을 사용해 72명의 학생들에게 자기변화 기술을 가르쳤다. 그는 학생의 83%가 자기변화 목표를 달성했다고 보고했다. 뉴질랜드에서 deBortali-Tregerthan(1984)은 자기수정을 배우려고 자원하지는 않았지만 심리학 수업의 일부로 들어야 했던 100명의 고등학생을 상대로 자기수정을 가르쳤다. 결과적으로 자기수정을 배운 학생의 66%가 목표행동 변화에 성공한 반면, 목표행동은 정했지만 기법을 배우지 않은 학생 중에서는 26%만이 성공했다.

클리블랜드 주립대학교의 Rakos와 Grodek(1984)는 자기수정 강의에서 이 책을 사용했다. 이 강의를 이 책을 사용하지 않은 강의와 비교한 결과는 다음과 같았다.

> 강의 수강자들은 목표행동의 개선을 보였고, 역기능적 태도와 부정적 평가에 대한 두려움 및 일반적인 자기통제 기술에서 유의미한 긍정적인 변화를 보고했다. 통제집단에서는 변화가 없었다는 사실은 이러한 성과가 이 강의 때문임을 보여 준다(p. 160).

다른 체계화된 보고도 비슷한 결과를 보여 준다(Barrera & Glasgow, 1976; Clement & Beidleman, 1981; Menges & Dobroski, 1977; Payne & Woudenberg, 1978). Deffenbacher와 Shepard(1989)는 6년 동안 콜로라도 주립대학교에서 스트레스 관리 수업을 가르쳤다. 수업은 주로 이 책의 내용을 바탕으로 했다. 수업이 끝난 후 학생들은 일반적으로 전보다 훨씬 덜 불안감을 느끼고, 덜 자주 화가 나며, 스트레스와 관련된 신체증상이 줄어들었다고 보고했다.

자기수정 기술을 사용한 학생의 2/3 이상이 변화에 성공적이었다. "학생들이 자기수정을 배울 수 있는가?"에 대한 답은 확실한 "그렇다."로 판명되었다.

물론, 자기수정이 항상 성공적이지는 않다(글상자 1-3 참조). 성공과 실패를 가르친 차이는 무엇인가? Perri와 Richards(1977)는 자기변화에 성공한 사람과 성공하지 못한 사람 간의 차이를 연구했다. 그들은 성공적인 사람들이 더 많은 기법을 더 오랫동안 사용함을 발견했다. 예를 들면, 여러 가지 기법을 사용하는 것은 흡연자들의 금연에 도움이 된다(Kamarck & Lichtenstein, 1988).

자기수정 기술을 사용하여 올바른 치위생 습관—하루 두 번 칫솔질과 치실 사용하기—을 배운 여대생들에게서도 유사한 결과가 보고되었다. 3개월 후 여대생들을 면담한 결과, 올바른 치위생 습관을 계속 따르고 있는 사람들은 서너 가지 자기수정 기술로 행동을 통제하고 있다고 보고했으나, 엄격한 칫솔질과 치실 사용 습관을 포기한 집단은 어떤 방법도 사용하고 있지 않았다(O'Neill, Sandgren, McCaul, & Glasgow, 1987). 유사하게, 다양한 자기수정 기술 습득이 학령기 아동의 학업 시간 행동을 개선

글상자 1-3 '작가 슬럼프'로 실패한 자기수정 사례

자기수정을 시도하는 모든 사람이 성공하는 것은 아니다. 그러나 성공적이지 못한 사례가 출판된 경우는 매우 적다. 다음은 그러한 보고서 중 하나이다.

「'작가 슬럼프'로 실패한 자기수정 사례
(The Unsuccessful Self-Treatment of a case of 'Writer's Block')」
Dennis Upper
매사추세츠 주 브록턴의 퇴역군인병원

참고문헌

____

____

이 보고서의 일부는 1973년 8월 30일 캐나다 몬트리올에서 개최된 제81회 미국심리학회 정기총회에서 발표되었음.

출처: "Unsuccessful Self-Treatment of a Case of 'Writer's Block,'" by Dennis Upper, 1974, *Journal of Applied Behavior Analysis*, 7. Copyright © 1974 Pergamon Press, Ltd. 허락하에 재인쇄함.

하는 데에 효과적이었다(Fantuzzo, Rohrbeck, & Azar, 1987).

사람들이 자기수정에 실패하는 이유는 기술 때문이 아니라 기술을 사용하지 않기 때문이다(Gould & Clum, 1993). 일례로, 한 연구에서 열린 공간에 대한 심한 두려움인 광장공포증을 가진 사람들을 위해 매뉴얼을 개발했다(Holden, O'Brien, Barlow, Stetson, & Infantino, 1983). 매뉴얼에는 대상자들이 광장공포증을 완화하기 위해 사용할 수 있는 기술들이 담겨 있었다. 한 집단의 대상자에게는 매뉴얼만 주고 스스로 변화하도록 두었는데, 그들이 기술을 사용하지 않았기 때문에 매뉴얼만으로는 행동 변화에 효과가 없음이 드러났다. 비슷한 예로 우울 환자에게 숙제로 자기수정에 관한 과제를 주었을 때 증상에 호전을 보인 사람들은 실제로 그 숙제를 한 사람들이었다(Neimeyer & Feixas, 1990).

이런 결과들은 놀랍지 않다. 기술을 배우고 싶다면 연습을 해야 하고, 연습하지 않으면 배우지 못하는 것은 당연하다.

그렇다고 모든 문제가 똑같이 다루기 쉽거나 어렵다는 뜻은 아니다. 어떤 문제는 상대적으로 바꾸기 쉽고 어떤 것은 더 어렵다(Polivy & Herman, 2002). 가장 성공적으로 영구적인 변화를 꾀할 수 있는 것에는 사회적 기술, 불안과 공포, 학업 습관, 우울 및 부모 양육 등이 있다. 흡연, 음주 및 체중 조절은 덜 성공적이다(Gould & Clum, 1993; Seligman, 1994). 하지만 모든 종류의 목표행동은 변화하기 위한 노력과 연습이 필요하며, 열심히 노력할수록 변화시키기 쉽다. 이 책의 방법을 사용한 사람들은 어려운 행동에도 '보통의' 성공을 보고한 반면, 그렇지 않은 사람들은 미약한 성공을 거두거나 전혀 성공하지 못했다(Gould & Clum, 1993).

이 책은 요술 방망이가 아니다. 노력을 하고 기술을 사용해야 한다. 그러지 않으면 단지 의지력에 기대어 요행을 바라는 것이다. 기술은 목표행동과 목적에 따라 달라지지만 성공 가능성을 높이기 위해서는 다음을 명심해야 한다.

기술을 사용하고,

가능한 한 많은 기술을 사용하며,

효과를 볼 만큼 충분히 오랫동안 사용해야 한다.

✿ 자기수정의 사용

심리 서비스 장면이나 의료 장면에서 자기수정은 변화를 위한 프로그램의 중요한 부분으로 여겨지고 있다(Creer, 2000; Endler & Kocovoski, 2000; Karoly, 1991; Marks, 1994). 개인이 무언가를 한다는 것은 자기조절을 통한 개선의 여지가 있다는 것이다.

의료 장면: 운동을 하거나 약을 먹는 등의 대부분의 의학적 '치료'는 사실 병원 밖에서, 환자의 손에 달려 있다고 해도 과언이 아니다. 예를 들어 가벼운 당뇨병 환자들은 본인이 식이조절이나 운동에 변화를 가져올 수 있는 한 약물 없이 치료가 가능하다. 의료 장면에서의 자기조절은 환자가 자신의 질환에 대처하기 위해 생활양식을 바꿔야 할 때 사용되며, 그러한 변화에는 운동, 명상, 음식 바꾸기, 통증 시 두려움을 덜 느끼는 것 등이 포함된다(Bandura, 2004, 2005; Maes & Karoly, 2005; Mithaug, Agran, Martin, & Wehmeyer, 2003; Petrie, Broadbent, & Meechan, 2003 참조).

이 책의 전판에서는 환자들에게 자기조절 기술을 가르쳐서 다양한 의학적 상태에 대처할 수 있게 하는 동료 심리학자들의 현명함에 경이를 표하면서 그 목록을 제시했다. 그러나 의료 장면에서 자기조절을 사용한 예를 일일이 나열하기에는 너무 많아졌다. 자기조절이 치료의 일부가 되는 것은 이제 흔한 일이다.

다양한 분야의 자기조절 사례를 열거하는 이유를 궁금해하는 이들도 있을 것이다. 우리는 이러한 사례들을 통해 모든 사람들이 마음을 열고 이 책에서 얻은 아이디어를 폭넓게 적용할 수 있게 되기를 바란다. 사례들을 읽고 여러분의 삶을 개선하기 위해 자기조절 아이디어를 어떻게 사용할 수 있을지 생각해 보자.

삶의 질과 관련하여:

- 유사 정신분열 문제로 고통받고 있는 사람들의 삶의 만족도 증가(Mezo & Heiby, 2004)
- 신체 활동 촉진(Saelens et al., 2000)
- 고식이섬유 식사 장려(Schnoll & Zimmerman, 2001)
- 대중 연설의 두려움 줄이기(Botella et al., 2007)
- 고위험 고령 운전자의 운전기술 향상(Owsley, Stalvey, & Phillips, 2003)
- 유아기 아동 부모의 부모교육(Morawska & Sanders, 2006)

정신보건 장면에서:

- 공황장애 치료(Febbraro, Clum, Roodman, & Wright, 1999; Gould & Clum, 1995)
- 타인에 대한 극심한 공포, 사회공포증 개선(Andersson et al., 2006)
- 우울 아동 돕기(Stark, Reynolds, & Kaslow, 1987)
- 일반적인 우울 치료(Jamison & Scogin, 1995; Newman, Szkodny, Lier, & Przeworski, 2011; Smith, Floyd, Scogin, & Jamison, 1997)
- 성기능장애 치료(van Lankveld, 1998)
- 강박행동장애 치료(Fritzler, Hecker, & Losee, 1997)
- 거미 공포증 같은 특정 공포증 치료(Ost, Stridh, & Wolf, 1998)
- 폭식장애 치료(Carter & Fairborn, 1998; Loeb, Wilson, Gilbert, & Labouvie, 2000; Traviss, Heywood-Everett, & Hill, 2011)

직장에서:

- 업무 지속성 독려(Sitzman & Ely, 2011)

- 직원의 효율성 증가 및 스트레스 감소(Goday & Brigham, 1999; Kagan, Kagan, & Watson, 1995)
- 장기실업자 구직 돕기(Kanfer, 1984)

학교에서:

- 10대의 규율 문제 자기통제 교육(Brigham, 1989)
- 자폐아의 사회 기술 개선과 문제행동 감소(Koegel, Koegel, Hurley, & Frea, 1992)
- 문제 청소년의 행동 개선(Ninness, Fuerst, Rutherford, & Glenn, 1991)
- 숙제하기 돕기(Olympia, Sheridan, Jenson, & Andrews, 1994)
- 학업 성취 저조 아동의 학업 분발 독려(Loper & Murphy, 1985; Stevenson & Fantuzzo, 1986)
- 정신지체 학생의 수행 수준 개선(Sowers, Verdi, Bourbeau, & Sheehan, 1985)
- 정신지체인의 자기조절 향상(Agran & Martella, 1991; Agran & Martin, 1987)

예방 차원에서:

- AIDS 위험 감소를 위한 콘돔 사용 장려(Horn & Brigham, 1996)
- 아이들의 흡연 압력에 대한 저항 교육(Gilchrist, Schinke, Bobo, & Snow, 1986)
- 금연(Curry, 1993), 금연 담배 끊기(Severson, Akers, Andrews, Lichtenstein, & Jerome, 2000) 및 임신 중 금연(Aaronson, Erschoff, & Danaher, 1985)

✿ 자기조절 학습

교육 심리학자들에 의해 학습 장면의 자기조절에 대한 연구가 폭발적으로 많이 이루어졌는데, 이를 자기조절 학습이라고 한다(Zimmerman & Schunk, 2001, 2004, 2011). 학생들은 학교에 적응해 가는 과정에서 많은 것들, 즉 수업에 집중하기, 숙제하기, 시험 준비하기, 특별 과제를 수행하고 보고서 쓰기 등을 배우게 된다. 이 모든 행동은 자기조절을 많이 요구하는데, 예를 들어 수업 시간에 주의집중을 하거나 공식을 정확하게 암기하거나 학기 말 과제를 위해 도서관 이용 시간을 계획하는 것들이다. 학업목표 성취를 위해 학생들이 배워야 하는 과정은 무엇인가?

Zimmerman과 Martinez-Pons(1986)는 학교에서 성공하기 위해 학생들이 배울 필요가 있는 기술을 10여 가지 넘게 찾아냈고, 이런 기술을 사용하는 학생이 그렇지 않은 학생에 비해 확실히 학교에서 훨씬 잘하고 있음을 발견했다. 여기서 질문, 여러분은 이런 기술을 얼마나 잘 사용하고 있는가?

스스로 솔직해지라. 현재 어떤 기술을 잘하며 어떤 기술은 더 노력해야 하는지 알아보려면 아래의 간단한 질문지를 채워 보라. 향상이 필요한 영역에서 자기수정 프로젝트를 고려해 보자. 이런 기술을 배우면 학교 성적을 올릴 수 있다(Hofer & Yu, 2003).

1. 체계화를 잘하는가? 예를 들어, 글을 쓰기 전에 개요를 잡는가?
2. 목표를 설정하고 달성하기 위한 계획을 세우는가? 예를 들어, 보고서를 마감일 최소 1주일 전부터 시작하는가?
3. 정보 수집에 능한가? 예를 들어, 보고서 작성 전에 도서관에서 조사를 하는가?
4. 공부할 때 주의가 산만해지는 것을 막으려고 노력하는가? 공부할 때 집중하려고 노력하는가?
5. 필요할 때 기억을 잘하려고 노력하는가? 예를 들어, 어학 수업에서 어휘 학습에 노력하는가?
6. 친구에게 도움을 청하는가? 예를 들어, 과제를 어떻게 할지 친구들과 이야기하는가?
7. 교수님의 도움을 받는가? 시험에서 다루어질 내용에 대해 교수님과 이야기하는가?
8. 시험 문제를 복기, 즉 시험 칠 때 몰랐던 것을 다시 찾아보고 익히는가?
9. 시험 전에 필기 내용을 공부하는가?
10. 시험 전에 책을 복습하는가?(글상자 1-4 참조)

글상자 1-4 '나와 내 선수들': 자기수정을 위한 완벽한 계획의 예

Tom Ciborowski와 'Adele'(하와이대학교)

이 책 모든 장 끝에는 자기수정 계획을 돕기 위한 단계가 제시되어 있다. 아래는 아델이 고(故) Tom Ciborowski 박사의 수업에서 수행한 자기수정 과제의 최종 보고서이다. 이 보고서는 아델이 이 책의 단계에 따라 수행한 자기수정 과정을 보여 준다. 잘된 과제가

(다음 쪽에 계속)

어떤 것인지 보고서의 내용을 자세히 읽어 보기 바란다.

제1장에 대해: 아델은 다음과 같이 적었다. "나는 평생 소리 지르는 문제가 있었다. 이는 어렸을 때 아버지와 대화하는 과정에서 시작되었다. 아버지는 청력이 안 좋아 말을 크게 했고, 결과적으로 우리 가족 모두가 아주 큰 소리로 말하게 되었다. 또한 우리 가족은 좌절하고 스트레스를 받을 때 목소리가 높아지는 경향이 있다. 2월에 나는 지원한 학교의 5, 6학년 여학생 농구팀의 코치로 임명되었다. 첫 번째로 떠오른 것은 내가 고등학생 때 코치가 우리에게 너무 소리를 질러 사기를 저하시켰던 것이었다. 이런 기억, 그리고 목소리 큰 우리 가족과의 경험 때문에 소리 지르기를 조절하는 것을 과제로 정했다.

제2장에 대해: "내 목표는 선수들에게 소리 지르지 않는 것이다. 어린 학생 중에는 드리블하거나 슛하는 것조차 모르는 학생도 있다는 것을 명심해야 한다. 내가 실망해서 화내는 것을 조절한다면 선수들의 동기와 자신감을 향상시키기가 쉬울 것이다. 내가 소리를 지르면 선수들은 잘 배우지 못하고 나를 싫어할 것이다."

제3장에 대해: 아델은 농구 연습 중 자신의 스트레스 수준을 1에서 10까지의 척도로 매일 기록했다. "스트레스가 아예 없는 날은 없기 때문에 그래프에 0 표시는 없었다." 아델은 스트레스 받는 이유를 기록했다. "난 공부를 많이 해야 했고, 내야 할 보고서도 많았으며, 중간고사가 다가오고 있었다." 또한 "학생들은 장난만 치고 아무도 내 말에 집중하지 않는 것 같았다."

팀 연습을 마칠 때마다 아델은 학생들과의 상호작용에 대해서도 일지를 썼다. 2월 10일에는 다음과 같이 적었다. "오늘은 우리 모두에게 힘든 하루였다. 슛 연습을 했는데 아이들이 열심히 하지 않고 포기하여 화가 많이 났다. 나는 학생들에게 배우기 싫으면 구석으로 가서 앉아 있으라고 말했다. 많은 학생들이 '난 할 수 없어요.' 또는 '공이 농구 골대까지 닿지 않아요.'라고 불평을 했다. 나는 학생들에게 노력하지 않을 거면서 왜 팀에 있느냐며 소리를 질렀다. 배우고 싶지 않은 사람을 가르치면서 내 시간을 낭비하고 싶지 않다고 말했다. 나는 침착함을 완전히 잃었고, 두통이 생겼으며 식욕을 잃었다. 스트레스 수준은 10이었다."

1주일 후 아델의 일지 내용은 이렇다. "학생들과 경기를 한판 했다. 학생들은 즐겁게 방어와 수비를 배웠다. 난 지난주만큼 스트레스를 받지 않았다. 즐길 수 있는 게임을 더 생각해 봐야 할 것 같다. 난 오늘 학생들에게 소리를 지르지 않았다. 문제가 있는지 다 함께 의논을 했고, 아이들에게 이해심 있는 코치라는 칭찬도 들었다!"

아델은 2개월간 모든 연습과 경기에 대한 일지를 썼다. 잘못된 점이 있을 때마다 아델은 선행사건과 자신의 행동을 바꾸기 위해 할 수 있는 것이 무엇인지 알아내려고 노력했다. 또한 아델은 2개월 동안 자신의 일일 스트레스 수준에 대한 그래프를 그렸다. 그림 1-5의 계획 전 단계를 참조하라.

(다음 쪽에 계속)

글상자 1-4 (계속)

제4, 5, 6, 7장에 대해: 변화를 위한 아델의 첫 번째 계획이다. 아델은 제4장에서 제7장까지 읽는 동안 자신의 행동을 관찰하고 기록하기를 계속했다. 그리고 효과적인 계획을 고안하는 일에 착수했다. 그녀는 다음과 같이 적었다. "그즈음 나는 왜 소리를 지르게 되는지 알게 되었다. 다양한 변수가 복합적으로 작용했는데, 하나는 내가 학생이라는 점이고, 또 하나는 선수들을 위한 경기와 전략을 생각해 내느라 심적으로 항상 분주했다는 점이었다. 또한 때때로 선수들은 내 설명을 잘 듣지 않았다. 좋지 않은 건강 상태, 두통 및 잘못된 식습관도 한몫했다. 하지만 가장 큰 스트레스 요인은 스트레스를 받는다는 기분과 끔찍한 심판이었다. 이 모든 것이 소리 지르기를 촉발했다. 어떤 날은 연습이 좋았고 어떤 때는 끔찍했는데, 그럴 때면 내 계획에 대해 생각하기도 전에 대부분의 선수들이 그만두고 싶어질 때까지 고함을 질렀다."

아델은 자신이 소리 지르는 것에 대한 장기적 및 단기적 선행사건에 대해 잘 파악하고 있다. "나는 마침내 소리를 지르지 않기 위한 계획을 생각해 냈다. 그것은 다음과 같은 5단계로 이루어져 있다.

(다음 쪽에 계속)

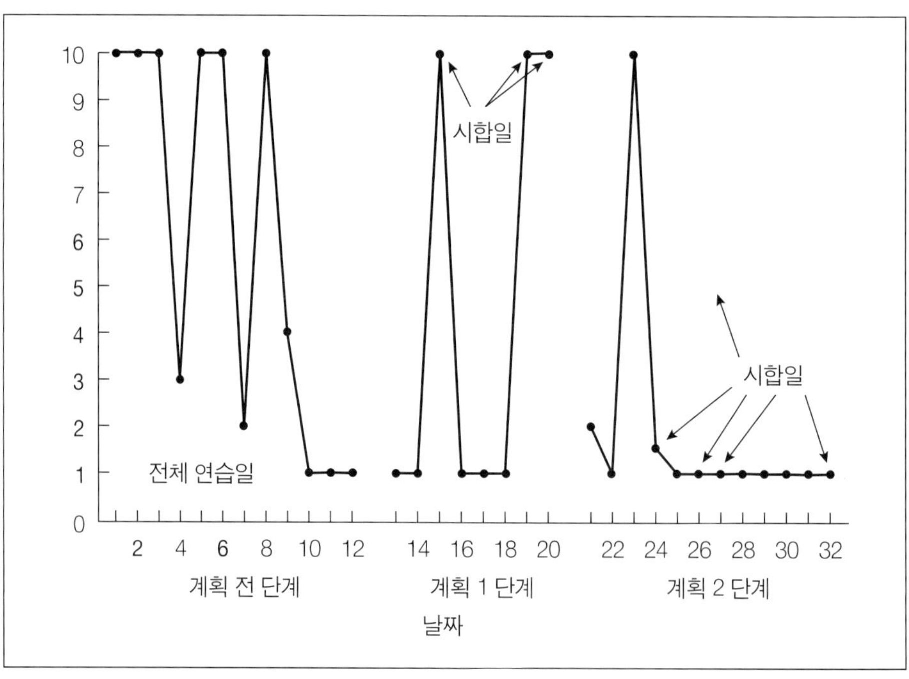

그림 1-5 아델의 스트레스 수준

1. 학생들이 말을 듣지 않을 때 내 스트레스와 절망감에 대해 인식한다.
2. 소리를 지르지 않고 내 실망감을 알리기 위해 학생들에게 자유투를 던지라고 차분히 말한다. 그런 후 학생들을 다시 지도하기 전에 다른 쪽 골대로 가서 자유투를 10회 던진다.
3. 자유투를 던지는 동안 학생들에게 소리 지르는 것의 결과—너무 소리를 지르면 학생들의 존경을 잃을 것이다—와 학생들의 경험이 적다는 점을 생각한다.
4. 자유투를 하나씩 던지기 전마다 긴장을 가라앉히기 위한 이완 연습을 한다.
5. 자유투 후에 다시 지도하러 돌아간다."

아델의 계획은 상황이 통제를 벗어나기 전에 '잠깐 멈추고' 소리 지르는 것을 이완으로 대체할 수 있게 했다. 아델은 소리를 지름으로써 생기는 원치 않는 결과에 대해서도 떠올렸다.

"이 계획은 효과적이었다. 선수들은 자신들이 너무 게으름을 부릴 때 말고는 내가 연습 도중 고함을 치지 않자 깜짝 놀랐다. 내 스트레스 수준이 올라가 소리 지르기 직전이라는 것을 의식하게 되면 나는 구석으로 가 팀장에게 연습을 부탁하고 그동안 마음을 가라앉혔다."

"내 계획에는 큰 허점이 하나 있었다. 경기 도중 자유투를 던질 수 없다는 점을 간과했던 것이다. 초반 경기에서 나는 계속해서 소리를 질러 댔다. 판정을 엉터리로 하는 심판들에게 윽박질렀고, 집중하지 않고 협동하지 않는다고 선수들을 야단쳤다. 나는 계속 소리를 질러 댔고 멈출 수가 없었다. 선수들은 지나치게 흥분한 나에게 말하기를 두려워했다."

아델이 보고한 허점은 전형적인 것이다. 생각지 못했던 점이 나타나고 계획 수정이 필요하다.

제8, 9장에 대해: 아델의 변화를 위한 두 번째 계획이다. 그녀는 다음과 같이 적었다. "결국 나는 경기 중에 지킬 수 있는 또 다른 계획을 생각해 냈다. 내가 소리를 지르기 시작하면 선수들 중 한 명이 내 셔츠를 잡아당겨 내가 소리를 지르기 시작했음을 알려 주었다. 그러면 나는 다시 다짐을 했다. 물론 선수들이 내게 말하길 두려워하거나, 내가 너무 화가 나 침착해지기 어려운 경우에는 성공하지 못했다. 하지만 이 계획을 따를 때 차분해지고 더 효율적인 코치가 될 수 있었다. 어떤 경우에는 선수들이 내 셔츠를 의자에 닿을 정도로 세게 당겨야만 했다는 점이 재미있다. 선수들은 그것이 마치 말의 고삐를 당기는 게임 같다고 얘기했다. 또한 경기 후에 나는 선수들에게 아이스크림을 사 줬다. 점점 더 소리 지르는 것이 통제되었고 긴장을 푸는 것도 잘하게 되었다. 연습일에는 전처럼 자유투 던지기와 이완 계획을 계속했다."

아델의 기록에서 보면 첫 번째 계획 전에는 그녀가 선수들에게 소리 지른 것이 연습일의 1/3에 해당했다. 첫 번째 계획 중에 아델은 8일 중 4일간(50%) 소리를 질렀으나

(다음 쪽에 계속)

글상자 1-4 (계속)

두 번째 계획 시작 후에는 12일 중 1일만(8.3%) 소리를 질렀다. 아델은 다음과 같이 적었다. "그렇다고 해서 내가 경기 도중 스트레스를 받지 않게 되었다는 것은 아니다. 나는 스트레스를 받았다. 하지만 스트레스를 통제할 수 있게 된 것이다."

아델의 스트레스도 줄었다. 그림 1-5를 보라. 프로그램의 후반부에 스트레스 수준이 유의미하게 감소했음을 볼 수 있다.

아델은 다음과 같이 결론 내렸다. "모든 선수들과 체육 감독 및 선수 부모들은 내 지도법을 칭찬했다. 그들은 선수들이 더 나은 선수 혹은 우승자가 되리라 기대하지 않았다. 우리 팀은 시즌에는 꼴등에서 두 번째였지만 시즌 후 토너먼트에서는 놀랍게도 3위에 올랐다. 나는 선수들의 성과에 기뻤고 선수들은 우승하게 되어 기뻐했다. 그리고 나는 다음 해에 코치를 다시 부탁받았다."

요약

자기조절

자기조절은 어떤 원칙에 의해 스스로의 행동을 통제하거나 관리하는 것을 의미한다. 우리는 자신의 생각, 행동, 감정 및 충동을 조절한다. 자기조절은 장기 혹은 단기로 이루어질 수 있으며, 자기조절을 잘할수록 원하는 목표에 더 가까워질 수 있다.

자기조절은 학습에 의한 기술이다. 우리는 어떤 상황에서는 다른 상황에서보다 자기조절을 잘할 수 있다.

자기조절의 강도 모델이란 자제력이 근육과 같다는 것이다. 즉, 사용하면 소모된다. 자기조절 피로가 시작되는 것이다. 이는 의지력, 즉 특별한 계획 없이 유혹에 저항하려는 노력을 발휘할 때 해당된다. 이 책에서 가르치는, 잘 계획된 자기조절은 의지력에 대한 요구를 줄임으로써 자기조절 피로를 피할 수 있게 한다.

자기조절 기술 및 이 책의 목적

자기조절은 기술이다. 기술에서 중요한 두 요소는 지식과 연습이다. 무엇을 해야 할지 파악한 다음 연습해야 한다. 이 책은 어려운 과제에서 여러분의 기술을 개선하기 위한 방법을 알려 주려는 데 목적이 있다. 과제는 자기조절을 위한 계획된 노력을 요구하기 때문이다.

행동과 그 맥락

한 개인의 행동, 생각 및 감정은 맥락—그 앞에 생긴 것들(선행사건)과 그 후에 오는 것들(결과)—속에 놓이게 된다. 이를 손쉽게 표현하는 것이 A-B-C, 즉 선행사건-행동-결과이다. 상황(A와 C)이 우리 행동(B)에 미치는 효과는 일생을 통해 계속되는 학습 경험에 의해 영향을 받는다.

자기수정의 과정

자기수정 과정에서 여러분은 구체적 상황에서 자신을 위한 새로운 학습을 하게 된다. 목표행동을 선택하고, 관찰하며, 심리학 원칙을 사용하여 계획을 수립하고, 자신에 대해 더 알게 되면서 계획을 수정한다.

새로운 선행사건을 도입하거나 이전의 선행사건을 피하는 것, 새로운 행동을 도입하거나 기존 행동을 새로운 것으로 대체하고, 원치 않는 행동에는 보상이 없도록 하는 방법을 통해 자기수정을 달성하게 된다.

자기수정은 실제로 효과적인가?

수많은 사람들이 흡연이나 과식 등 원치 않는 행동을 성공적으로 바꾸었으며, 성공적인 자기수정 사례들이 많이 출판되었다.

연구 결과, 이 책을 사용하는 학생들은 자기변화의 원칙을 배우고 과제를 성공적으로 수행할 수 있는 것으로 나타났다. 다양한 기술을 오랜 기간 사용하고 각 장 끝부분에 있는 연습절차를 따르면 성공의 가능성이 커진다. 실패의 가장 큰 원인은 기술을 제대로 사용하지 못했기 때문이다.

자기수정은 만성질환, 삶의 질과 연관된 문제, 업무 효율성 향상 및 스트레스 조절, 학생의 학습 효율성 향상 등을 위해 점점 더 많이 사용되고 있다. 본인의 학습기술 수준을 평가할 수 있는 설문지도 있다.

스스로 해보는 자기주도 계획: 1단계

시험을 잘 치를 만큼 이론을 아는 것과 그것을 일상에 적용할 만큼 잘 아는 것은 차이가 있다. 이처럼 더 나아간 단계에 이르기 위해서는 자기변화를 연습해야 한다.

개인적인 목표를 다섯 가지 적어 보자. 공부 더 하기, 데이트 더 하기, 운동 더 하기, 저축하기처럼 하길 원하는 것일 수도 있고, 과음, 욕설, TV 시청, 긴장이나 우울 등 그만두길 원하는 것이 될 수도 있다. 과제의 성공이 삶의 방식을 바꾸기도 한다. 그 결과는 약이나 수술만큼이나 여러분의 정신건강에 중요할 수 있다(Walsh, 2011). 그 예로 운동 더 하기, 체중 감량, 스트레스 조절, 사회적 관계 개선, 종교 혹은 사회봉사 활동 등이 있다.

하루 이틀 목록에 대해 고심해 보며 목표를 추가하거나 바꿔 보도록 한다. 다음에는 과제를 위한 한 가지 목표를 선택한다. 과제는 여러분의 가치에 부합하고 갈등을 줄이며 삶을 향상시키거나 기분 좋게 만드는 것으로 고른다(Little, Salmela-Aro, & Phillips, 2007). 목표는 수줍음 극복하기처럼 거창하고 장기적인 것일 수도 있고 단기적인 것일 수도 있으나, 어찌 됐든 여러분에게 중요한 것이어야 한다. 사소한 것을 바꾸는 과정에서는 많은 것을 배우지 못한다.

과제는 흥미로워야 한다. 흥미를 느껴야 다양한 기법을 사용하고, 더 많은 기술을 배우며, 더 열심히 노력하고, 더 많이 연습한다(Hidi & Ainley, 2008).

체중 감량 및 유지 혹은 공부 습관 개선처럼 생활의 변화를 요구하는 과제는 한 학기보다 더 걸릴 수 있다. 큰 목표는 세부 목표들로 나누어 한 번에 한두 가지씩 해결한다. 과체중이라면 습관적인 과식과 운동 부족을 해결하기 위해 많은 것을 바꿔야 할 것이다. 최종 목표에 중요한 측면을 선택해야 하는데, 예를 들어 운동을 늘리고 정크푸드를 줄이는 것부터 시작할 수 있다.

개인 과제의 성공은 우리를 기분 좋게 만들므로(Wiese, 2007), 성공할 가능성이 있다고 생각되는 과제부터 시작하라(Kanfer & Schefft, 1987). 이 책에서 이론을 배움에 따라 기술 수준이 증가할 것이며, 나중에는 지금 당장은 아주 어렵다고 느끼는 것들을 쉽게 할 수 있게 될 것이다.

여기서 제안하는 것의 일부는 여러분에게 낯설지 모른다. 중요하고 도전적인 과제의 경우 전에 해보지 않았던 것을 요구할 수 있다. 살빼기 수업에서 과체중인 한 여성은 "여태까지 갖지 못했던 것을 원한다면 지금까지 해보지 않았던 것을 해봐야 한다."라고 말했다(글상자 1-5).

글상자 1-5 **좋은 과제를 위한 조언**

자기변화 과제에서 좋은 점수를 받기 위해 무엇을 해야 하는가? 과제 수행의 정교함은 자기변화 과제의 성공이나 실패보다 중요하다. 어떻게 하면 정교한 계획을 세울 수 있는가? 정교함-혹은 복잡성-은 여러분이 시도한 기술의 수, 기술과 자기관찰 사이의 관계를 말한다.

어려운 과제를 하게 된다면 교수자는 이 과제가 여러분에게 어려운 과제라는 점을 알고 있어야 하며, 단순한 성공 여부가 아니라 정교함과 노력으로 평가해 줄 것에 동의해야 한다.

여기 우리가 학생들에게 주는 몇 가지 조언이 있다. 교수자는 추가적인 조언을 가지고 있을 수 있다.

1. 자세히 관찰한다. 자신을 조심스럽게 관찰하면 더 많은 기술을 사용할 수 있게 된다. 자기 행동에 대한 실제적인 A-B-C 관계를 배워야 한다. 목표행동을 용이하게 하거나 저해하는 상황을 찾아낸다. 계획을 바꾸더라도 과제 내내 적절한 기록을 지속한다.
2. 다양한 기술을 사용한다. 변화를 위한 다양한 기술들이 이 책의 A-B-C 제목하에 묶여 있다. 각 카테고리의 기술을 사용하도록 노력한다.
3. 효과적인 것과 효과적이지 않은 것을 발견하면서 계획을 수정한다. 기술을 창의적으로 사용한다. 아델이 실제 경기에서 이완을 위한 계획이 효과적이지 않음을 깨달았을 때 했던 것처럼 문제가 발생하면 계획을 수정하여 대처한다.
4. 일관적이어야 한다. 엄청난 노력이 차이를 만든다. 아델이 일지에 기록을 하고 소리 지르는 것을 통제하기 위해 여러 가지를 시도했음을 기억하자. 변화를 위한 노력을 계속하고, 자신의 A-B-C 관계를 파악함에 따라 계획을 수정한다.
5. 최종 보고서를 잘 체계화한다. 다음은 보고서를 위한 개요의 예이다.

   - 선택한 목표(제1, 2장)
   - 행동에 대한 관찰(제3장)
   - 변화를 위한 첫 번째 계획. 기술을 사용한다(제5, 6, 7장)
   - 결과(제8장). 변화를 위한 두 번째 계획(제8, 9장)
   - 첫 번째 계획을 성공하지 못했다면 재수정한다. 제5, 6, 7장에서 이론을 가져와 체계를 수정하거나 완전히 다른 새 체계를 도입한다(제9, 10장).
   - 최종 결론

제2장

사전계획: 성공을 위한 계획

"계획하기에 실패했다면, 실패하기로 계획한 것이다."

Weight Watchers® Leader

✿ 개요

변화를 위한 목표 구체화

연습 계획하기

자기효능감

유혹에 대처하기

변화의 득과 실

목표 설정하기

일반적인 주제를 위한 조언

요약

스스로 해보는 자기주도 계획: 2단계

여러분이 애팔래치아 트레일(Appalachian Trail)이나 퍼시픽 크레스트 트레일(Pacific Crest Trail)로 몇 주간 하이킹을 떠난다고 해보자. 많은 준비가 필요할 것이다. 지도를 보고, 야영지를 고르고, 여행서를 읽고, 보급품을 어떻게 마련할지 생각하고, 응급처치 물품을 준비하고, 짐을 쌌다가 무게를 줄이려고 풀었다가, 제일 좋은 장비를 고르고, 생각할 수 있는 모든 발생 가능한 문제들을 떠올려 보다가 스스로에게 묻기에 이른다. "너 진짜 가고 싶니?" 그러면 이번에는 행동 변화를 위한 여정을 준비한다고 생각해 보자(Marlatt & Gordon, 1985). 안내서는 이 책이다. 이 안내서는 최고의 여정을 제안하고, 위험한 경로를 경고하며, 짐을 어떻게 꾸릴지를 제안한다. 여러분은 여행할 마음의 준비가 되어 있어야 한다. 사전계획은 여러분의 여정을 더욱 쉽게 만들어 줄 것이다.

여행의 도전에는 늘 함정과 장애물이 있다. 신중한 여행자는 여행을 시작하기 전에 이것들을 미리 고려하여 즐거움뿐만 아니라 어려움에 대한 대처도 준비하여 떠난다. 고대 지도에서 미지의 영역들에는 '용들이 있다'고 알려져 있었고, 용맹한 여행자는 그 장소들을 피해 갈지, 칼을 뽑아 들고 갈지를 알고 있었다. 이 장에서는 지금까지의 여행보다 더 먼 여행을 준비하는 데 도움을 주고 용들을 진압하는 지도에 대해 조명한다.

목적지에 다다를 때까지 계속할 것인가? 이 장에서는 상황이 어려워질 때 견디기 쉽게 하는 행동들을 설명할 것이며, 이것들을 나중에 계획 전체에 포함시킬 것이다.

미래의 지도를 찾아보면 아주 중대한 첫 번째 질문에 직면한다. 정확히 어디로 갈 것인가? 출발하기 위해서는 목적지를 명확히 해야 한다. 목표를 결정하는 것이 이 장의 첫 과제이다.

변화를 위한 목표 구체화

학습목표

- 상황 속 행동을 구체화하기 위한 전략 세 가지는 무엇인가?
- 원하는 행동 대신 실제 하고 있는 행동이 무엇인지 알아야 하는 이유는 무엇인가?
- 바람직하지 않은 행동의 제거가 목표일 때 사용해야 할 전략은 무엇인가?
- 무엇을 할지 확신이 서지 않을 때 사용해야 할 전략 두 가지는 무엇인가?
- 행동 변화가 목표가 아닐지라도 어떤 행동 변화를 통해 목표를 이룰 수 있는지 설명해 보자.
- 자기변화 프로젝트 지속 시 목표가 바뀔 것이라고 예상할 수 있는 이유는 무엇인가?

우리 중 한 명이 몇 년 전 영국 도보 여행을 할 때, 요크셔(역주: 영국의 지역명)에서 '다트 펍'이라고 불리는 지역을 운 좋게 발견했다. 이 선술집들은 다트 게임으로 매우 유명한 곳으로, 손님들이 모두 게임을 관람하며, 선수들이 게임을 하고 있으면 모두가 숨죽이고 지켜본다. 각 펍에는 챔피언과 팀이 있고, 최고의 다트 선수와 요크셔 최고의 다트 펍을 가리기 위한 시합이 있다. 우리는 그곳에서 한 청년에게 말을 걸었는데, 심한 요크셔 억양 때문에 알아듣기가 매우 어려웠다. "나는 다트 선수권 대회에 나가고 싶어서 연습에 집중했어요. 몇 달 동안 매일 이곳에 와서 맥주를 마시며 3시간 정도 다트 연습을 했죠. 게임의 승패에 대해서는 생각해 본 적이 전혀 없어요. 단지 완벽한 자세을 만드는 데 집중했죠. 던질 때마다 스스로 '다트핀이 어디에 꽂혔지?'라고 묻는 대신, '제대로 던졌나? 손가락, 손, 팔을 제대로 유지했나? 집중했나?'라고 물었습니다. 이길 때도 있었고 질 때도 있었죠. 그건 중요하지 않았어요. 중요한 건 연습이었죠. 그리고 어느 날 문득, 내가 클럽 챔피언을 이겼다는 걸 깨닫게 되었어요."

연습과 개선에 대한 그의 목표는 다트핀이 꽂히는 지점이 아니라 그것을 던지는 방식이었다. 그는 챔피언이 되는 목표에 대하여 생각하지 않았다. 목표 달성을 위해 무엇을 할지에 대하여 생각했다. 연구에 따르면 그것이 가장 좋은 접근이다. 다이어트 중인 한 그룹의 사람들은 먹는 행동에 집중하게 하고, 다른 그룹 사람들은 결과인 체중 감량치에 집중하게 했을 때, 첫 번째 그룹이 더 많은 체중을 감량했다(Freund & Hennecke, 2011).

목표가 무엇이든 중요한 것은, 목표 달성을 위해 어떤 행동을 연습해야 하는가이다. 제1장의 끝 부분에서 작성했던 변화에 대한 목표 목록을 생각해 보자. 실행을 위한 목표는 무엇인가? 목표를 달성하기 위해서는 무엇을 해야 하는가? 예를 들어 목표가 '더 많은 친구들'이라면, 정확히 무엇을 실행해야 하는가?

✿ 상황 속 행동(Behaviors-in-Situations) 구체화하기

실행 목표들을 구체화하는 데 유용한 몇 가지 전략이 있다.

전략 1: 구체적인 예시 목록을 작성하라. 자기 자신에게 실망했다고 가정해 보자. "난 너무 이기적이야."라고 생각한다. 이 자기진술은 너무 모호하고 일반적이므로 무엇을 바꿔야 할지 알려 주지 않는다. 문제에 대해 구체적인 예를 제시하라. "나는 친구들과 함께 있을 때 너무 내 이야기만 해." 이는 행동과 그 행동이 일어나는 상황 모두를 구체화한다.

"난 너무 많이 먹어."도 역시 너무 모호하다. 당근을 많이 먹나? 식사 때마다 많이 먹나? "나는 아침과 점심은 적당히 먹는데 저녁에 과식하는 경향이 있어."라거나 "소풍이나 뷔페를 갈 때마다 너무 많이 먹어."가 더 나은 진술이다.

문제의 예들을 떠올려 보는 것은 그 행동이 일어나는 상황을 더 잘 알게 해준다. 샐리는 "나는 자기주장이 약해."라는 진술을 했다. 하지만 구체적인 예를 듦으로써 문제가 발생하는 상황의 구체적인 종류와 행동에 대해 막연했던 생각들을 명확한 진술로 바꾸었다. "내가 항상 내성적인 건 아니야. 새치기를 하려는 사람들이나 지나친 부탁을 하는 친구들에게는 잘 이야기할 수 있어. 그런데 동갑내기 남자가 데이트하자거나 사귀자고 하면 바라는 대로 이야기하기가 어려워." 이제 샐리는 문제가 일어나는 상황을 파악했고, 그런 상황에 반응하는 방식을 바꿀 수 있다.

전략 2: 문제의 세부 항목을 작성하라. 문제해결을 위해서는 반드시 세부 항목들에 신경을 써야 한다(D'Zurilla & Nezu, 1989). 이 세부 항목들을 표로 작성하라. 그런 다음 문제해결에 결정적이라고 보이는 것들을 골라 보라. 문제에 대한 우리의 생각은 대개 핵심에서 벗어나 있기 마련이므로, 세부 항목들을 나열해 보는 것은 어떤 목표를 세워야 하는지 정확히 파악하는 데 도움을 준다.

어떤 여성이 심각한 시험 불안을 치료하기 위해 심리치료를 받았다. 그녀는 대학교에서 복수 전공 과정을 밟고 있었는데, 최근 시험 때마다 심하게 긴장해서 성적이 아주 나빠졌다. 그녀가 나열한 첫 번째 문제는 공부할 시간이 충분하지 않다는 것이었다. 나머지는 아기 때문에 출석이 힘들고 때로는 시험에도 정시에 도착하지 못한다는 것이다. 치료자는 그녀의 시험 불안을 직접적으로 치료하는 대신, 학업 방해 요소에 대한 대처에 집중해 보라고 제안했다. 문제의 세부 항목들에 대한 대처 방법을 익힌 뒤, 그녀는 시험 불안이 감소되었음을 느꼈다(Mayo & Norton, 1980).

전략 3: 앉아서 생각만 하지 말고 실제로 행동을 관찰하라. '문제'에 대한 생각은 행동을 실제로 관찰하고 패턴에 대해 생각해 보기 전까지는 방향이 뚜렷하지 않을 것이다. 의사표현을 더 잘하고 싶어 했던 샐리는 스스로를 관찰하기 시작했다. 어떤 남자가 데이트를 청하자 바빠서 시간이 없으면서도 승낙하고는 "내가 너무 우유부단했나?"라고 생각했다. 그녀는 그렇다고 결론 내렸다. 또 한번은 그녀의 하숙집에 사는 한 남자가 그녀의 방에 무턱대고 들어왔는데, 그녀는 그에게 아무런 말도 하지 못했다. 또다시 그녀는 자신에게 "내가 또 할 말을 제대로 못 했나?"라고 물었다. 그녀는 자신의 문제가 일반적이라기보다는 특히 또래 남자들에게 의사표현을 잘하지 못하는 것임을 알게 되었다.

✿ 하고자 하는 행동을 하고 있지 않을 때

때때로 목표는 현재 하고 있지 않은 행동을 시작하는 것이다. 예를 들어, 공부를 하지 않기 때문에 대학에서 낙제하고 있다고 생각할지도 모른다. 무엇을 할 수 있는가? 행동이 일어나길 원하는 상황을 명시하라.

나의 목표는 ______________ 때, ______________이다.
(상황) (하고자 하는 것)

폴은 공부를 더 많이 하고 싶어 했다. 그는 공부할 수 있는 상황들을 기록하기 위해 일지를 적었다. 그 내용은 다음과 같았다.

수요일. 룸메이트가 외출했다. 방이 조용하다. 역사책을 꺼내어 숙제를 시작했다. TV에서 야구 경기를 하고 있다는 것이 생각나서 시청하기 시작했다. 이닝 사이에 공부해 보려 했지만 포기했다. 오후 내내 공부한 시간도 고작 5분이었다.

목요일. 공부하러 도서관에 갔다. 캐런을 만났다. 공부하지 않았다.

이 기록들은 공부할 수 있었던 두 가지 상황을 보여 준다. 또한 폴이 공부 대신에 무엇을 했는지를 보여 준다. 그는 단순히 '공부하지 않는' 것이 아니다. 그는 공부를 불가능하게 만드는 다른 행동들을 활발히 하고 있었다. 공부와 관련해서 그는 잘못된 행동들을 하고 있는 것이다.

전략 4: 바람직한 행동이 일어나고 있지 않은 현실과 상황뿐만 아니라, 원하는 행동 대신 일어나는 행동들 또한 기록하라. 폴이 만약 위의 공식을 채워 넣는다면 다음과 같았을 것이다.

나의 목표는 방 안에 있고 조용할 때, TV를 보는 대신 공부하는 것이다.
(상황) (하고자 하는 것)

또는

나의 목표는 도서관에 있을 때, 누군가에게 말을 거는 대신 공부하는 것이다.
(상황) (하고자 하는 것)

✿ 바람직하지 않은 행동 없애기

폴은 아마도 자신의 목표를 다음 두 가지 방식 중 하나로 표현할 것이다.

1. 나는 노닥거리기를 그만두고 공부를 더 하고 싶다.
2. 나는 공부해야 할 상황에서 공부를 더 하고 싶다.

두 번째 방식이 바람직하다. 왜냐하면 증가되어야 할 행동의 측면에서 목표를 표현하기 때문이다. 이는 어디에서 시작해야 하는지를 보여 준다.

전략 5: 전략은 항상 바람직한 행동을 증가시키는 것이어야 한다. 그만두고 싶은 행동을 하는 것이 문제라도 대안적 행동의 측면에서 문제를 명시하라. 행동을 단순히 없앨 수는 없다. 무언가가 항상 그 자리를 대신한다. 행동의 진공청소기는 없다. 따라서 없애고 싶은 행동을 대신할 대안적 행동을 발달시켜야 한다.

할 일을 자주 미룬다고 가정해 보자. 스스로에게 "미루지 말아야 해."라고 말한다. 그러나 실제로 해야 하는 것은 무엇인가? 특정 행동을 증가시켜야 한다. 곧 일을 미리 계획하기, 목표 · 하위 목표 그리고 그것들을 만족시킬 계획 만들기, 시작을 위한 작은 단계 정하기, 진행 기록하기, 일에 순위를 정하고 순위대로 행하기, 주의분산에 대처할 방안 계획하기, 수행의 부정적 요소들에 대처하기 등이다(Watson, 2001). 이것들이 증가시켜야 할 행동이다. 이런 것들을 하면서 자동적으로 미루기를 줄일 수 있을 것이다.

로라는 우울한 것이 불만이었다. 많은 상황들이 우울을 일으키는 것 같았다. 친구의 가벼운 비평, 고양이가 사라지는 것, 새 드레스에 커피를 쏟는 것 등 사소한 사건들이 그녀를 우울하게 만들었다. 구체적인 바람직한 대안을 생각해 보라고 했을 때, 그녀는 좋은 기분이 대안이라고 대답했다. 우리는 로라에게 기분을 좋아지게 하는 사건을 찾고 그것들을 늘리는 목표에 신경 쓰라고 조언했다. 예를 들어, 로라는 운동을 하면 기분이 좋아지는 것을 발견하고 운동을 늘리기로 계획했다. 그 과정에서 우울감이 줄어들었다.

데니즈는 처음에 좀 더 자기주장이 강하길 바란다고 했다. 그것은 정확히 무엇을 의미하는가? 자기주장이 강하면 무엇을 하게 될까? 그녀는 의사표현을 제대로 하지 못한 경험들을 기록했고, 각 상황에서 적당히 자기주장적이었다면 어떻게 행동할 수 있었는지 생각해 봤다. 이는 증가시키고 싶은 행동에 대한 아이디어를 제공했다. 다음은 그녀의 기록의 일부분이다.

상황: 오후 10시. 버디가 데이트하자고 전화했다.
내가 했던 행동: 거짓말을 하기 시작했다. "나 일해야 돼. 너무 바빠…." 그는 나보고 자기 아파트에 들르라고 했다. 뭐라고 말해야 할지 몰랐다. 결국 난 그를 만나

겠다고 말했다. (제길!)

내가 했어야 했던 행동: "안 돼, 버디, 난 너랑 있는 게 편치 않아. 우리는 어울리지 않아. 그러니 고맙지만 안 되겠어."라고 말했으면 좋았을 것이다.

상황: 오후 3시. 버스에서 한 남자가 내 옆에 앉아 그의 가방을 내 무릎에 놓았다. 나는 황당했다.

내가 했던 행동: 나는 뭐라 말해야 할지 몰랐다. 알아채지 못한 척하며 창문 밖을 보고 있었지만, 속으로는 '너 이 자식.'이라고 생각하고 있었다. 그는 대화를 시작했고, 나는 신경질적으로 짧게 대답했다.

내가 했어야 했던 행동: "실례합니다. 당신 가방 좀 내 무릎에서 치워 주시겠어요?"라고 말했어야 한다.

✿ 무엇을 할지 확신이 없을 때

당신이 어떤 목표를 달성하기 어렵고 그 이유를 잘 모르겠다고 가정해 보자.

전략 6: 목표로 연결될 사건들의 연쇄를 구체화하라. 목표에 도달하기 위해 무엇을 해야 하고, 무엇을 극복해야 하며, 무엇이 발생해야 하는가?

조앤은 시인이 되고 싶었으나 시작(詩作)이 절대 손에 안 잡히는 것 같아 불만이었다. 우리는 그녀에게 보통 영감을 받든 안 받든 작가들은 책상에 앉아 작문할 시간을 갖는다고 했고, 격일에 한 번 오로지 시만 쓸 시간을 정하라고 제안했다. 그녀는 동의했으나, 떠나려 할 때 되돌아와서는 "사실 지난주에 그렇게 해봤는데 시간표를 지킬 수 없었어요."라고 말했다. 그녀는 시를 쓰기도 전에 자신의 시가 사람들에게 어떻게 보일까 걱정한다고 했다. 이 두려움이 그녀의 작문을 방해하고 있었다.

여러분에게 일어나는 일들은 일련의 사건들의 결과이다. 일단 시작되기만 하면 반드시 어떤 결과로 이어지는 (여러분 자신 또는 다른 사람들의) 행동의 연쇄가 있다. 조앤의 경우가 그런 연쇄를 설명한다. 그녀는 작문 스케줄을 정하고, 정해진 시간에 앉아서, 시에 집중하며, 다른 사람들이 어떻게 반응할지 생각하지 않는 것이 필요했다.

자기수정 계획의 구상은 단순한 목표행동뿐만 아니라 목표행동을 가져올 행동들의 연쇄도 포함해야 한다.

목표가 밤에 자기 전에 아이스크림을 먹지 않는 것이라고 해보자. 어떤 사건들의 연쇄가 이 목표를 달성하도록 할까? 하나는 간단하다. 아이스크림을 사지 않는 것이다. 그러면 취침 시간에 먹으려 해도 아이스크림이 없을 것이다. 과식하는 사람들 중 일부는 자신을 유혹에 빠뜨릴 물건을 피하기 위해 쇼핑 목록에 있는 것만 구입함으로써 원치 않는 연쇄를 끊는다.

전략 7: 성공한 사람들을 관찰하고, 그들의 전략을 따라 해보라. 때때로 우리는 어떤 연쇄가 목표에 이르게 하는지 모른다. 켄은 '좀 더 사교적인 사람이 되고, 더 많은 친구를 사귀고' 싶었다. 그는 목표를 달성하기 위해 무엇을 해야 하는가? 어떤 사건들의 연쇄를 배워야 하는가? 그는 친구들 중 진짜 괜찮은 사람인 메리를 관찰하기로 결심했다. 그는 "그녀가 어떤지 압니까?"라는 질문으로 설명을 시작했다. "그녀는 다른 사람들의 이야기를 경청하더군요. 세계 챔피언급 경청자입니다. 그녀는 이야기를 들을 때 상대에게 완전히 집중합니다. 방을 둘러본다거나 끼어들거나 다른 사람들에게 문자를 보낸다거나 하지 않습니다. 듣기만 하지요. 그것이 그녀를 아주 매력적이고 괜찮아 보이게 합니다." 이제 그는 다른 사람들에게 호감을 사겠다는 목표에 이르게 할 사건들 중 하나인 경청을 알게 되었고, 그것을 자신의 사교적 행동에 추가할 수 있다.

배우고 싶은 것을 잘하는 타인을 관찰하는 것의 중요성은 아무리 강조해도 부족하다. 테니스 선수들은 이를 잘 알고 챔피언을 주의 깊게 관찰한다. 한 친구는 "TV에서 U.S. 오픈을 보고 나서, 선수들이 대부분 상대방을 힘이나 스피드로 압도하지 않는다는 것을 알게 되었어. 대신 날카로운 대각선 샷을 많이 하던걸. 설사 상대가 그것을 받아쳐도 다음 샷을 위한 위치에서는 벗어났으니 유리하더라. 그 방법을 내 게임에서 시도했더니 점수가 바로 상승했어."라고 말했다.

조언을 구하는 것보다 다른 사람들의 수행을 관찰하는 것이 더 낫다. 조언은 여러분이 무엇을 해야 할지 구체적으로 알려 주지 않을지도 모른다. "많이 먹지 마."라고 말하는 날씬한 친구는 아무 소용이 없다. 대신, 그 날씬한 친구를 관찰하는 것이 실제로 많은 도움이 될 수 있다. 어떤 과체중 학생이 날씬한 아내의 식사 관찰을 보고했다. "나는 매우 놀랐어요. 아내는 절대 더 먹지 않아요. 추수감사절이거나 음식이 아주 훌륭해도 절대로요."

관찰 시 결정적인 행동이 발생하지 않으면 '전문가'에게 그의 성공에 대해 물어야 하며, 질문은 구체적이어야 한다. "야, 너는 학기 리포트를 내면 항상 A야. 조사와 작문을 어떤 식으로 진행하니?" "음. 난 계획을 꼼꼼하게 짜."라고 모호하게 대답하면, 구체적으로 대답할 때까지 계속 질문하라. "나는 도서관 세션 두 개를 예약하고, 어떤 자료들이 가능한지에 대해 참고문헌 사서와 상의한 다음 초고를 작성하고, 교수님께 한번 검토하고 의견을 달라고 부탁드려." 이는 유용한 정보이다. 왜냐하면 좋은 기말

보고서를 쓸 수 있게 해주는 사건들의 연쇄를 기술하기 때문이다.

✿ 행동 변화가 목표가 아닐 때

전략 8: 설령 목표가 특정한 행동이 아닐지라도, 목표 달성은 특정 행동의 변화 또는 제거, 추가를 필요로 할 것이다. 이는 목표가 시를 많이 쓰는 것이든 아름다운 정원을 갖는 것이든 동일하게 적용된다. 문제를 지속시키는 오래된 행동을 없애야 하고, 목표 달성에 도움을 주는 새로운 행동을 발달시켜야 한다.

날씬한 몸매라는 목표가 행동은 아니지만, 이를 달성하기 위해서는 특정 행동들이 변화되어야 한다. 이 장에는 과체중 행동에 대한 예시가 많이 있는데, 그들은 집 안에 기름진 음식을 여분으로 준비해 두고, 버리기 아까워서 먹고, 접시에 음식을 지나치게 많이 담는다. 빨리 먹고, 책을 읽거나 TV를 보면서 먹고, 화났을 때 (살 안 찌는 다른 방법 대신에) 먹고, 하루에도 몇 번씩 먹는다(LeBow, 1981; Stuart & Davis, 1972). 그들은 몸무게를 거의 재지 않으며 운동을 충분히 하지 않는다. 아침을 자주 거르고 굶다가 한 번에 과식한다(Mayer, 1968). 장기적인 관점에서 몸무게를 줄이기 위해서는 이런 행동들을 바꿔야 할 것이다. 따라서 설령 목표가 '날씬해지기'처럼 행동적인 것이 아니더라도 목표에 도달하기 위해 행동을 변화시켜야 한다.

자신에 대해 관찰하기 시작하라. 하고 있는 것(또는 하지 않는 것)과 달성하길 원하는 목표 간의 관계가 보이기 시작하고 패턴을 알게 될 것이다. 의기소침해질 때마다 과식으로 반응한다는 것을 관찰할지 모른다. 또는 사회적 상황에서 남의 말을 듣지 않거나 끼어드는 등 남들을 불쾌하게 하는 행동을 한다는 것을 깨닫게 될지도 모르며, 더 매력적인 사람이 되기 위해 할 수 있는 것들을 찾아낼 수도 있다. 목표 달성을 방해하는 행동을 발견하고, 목표 달성을 도울 새로운 행동을 찾아라.

다음 두 가지 질문에 대한 답을 찾는다.

"나의 어떤 행동과 생각이 목표 달성을 방해하는가?"
"목표 달성을 위해 개발할 필요가 있는 행동은 무엇인가?"

✿ 이해가 높아짐에 따라 목표 재조명하기

자신의 생각 또는 행동이 도달하고자 하는 목표를 어떤 식으로 방해하는지 알게 됨에 따라, 일련의 자기발견을 경험하게 될 수도 있다. 마이클이라는 우리의 야간 수업 학생은 자주 우울해했다. 그는 우울을 어떻게 없앨지에 대해 막연한 아이디어만 가지고 자기변화 계획을 시작했다. 첫 단계는 우울을 야기하는 상황들을 기록하는 것이었다. 그는 기록을 통해 일상적인 좌절이 우울의 주요 원인이라는 것을 알게 되었다. 그러고 나서 마이클은 자신의 반응을 관찰했고, 일단 좌절하기만 하면 사소한 실망거리에도 우울해진다는 것을 깨달았다. 그는 자신을 계속 관찰하며, "어째서 좌절하면 기분이 이렇게 안 좋아질까?"라고 물었다. 그 답은 그가 좌절에 대해 곱씹는다는 것이었다. 아이가 잘못 행동하면, 그는 자신이 못난 아버지이고 못난 아이를 기른 책임이 있다고 몇 시간이고 생각했다. 그는 이런 생각이 자기패배적이며 지나치다고 결론지었다.

몇 주간의 자기관찰, 기록, 기록 분석 후에 마이클은 타개책을 만들었다. "줄곧 나는 모든 좌절이 나에게 동일한 영향을 미치는 것은 아닐 거라고 생각해 왔다. 내 아이가 문제의 진짜 근원이 아니다. 나의 자존감이 문제이다. 나는 내 자존감을 위협하는 좌절을 과장한다." 마이클은 '좌절된 자존감'이 어떻게 행동에 영향을 주는지 분석한 결과, 자신을 자주 상류층 사람들과 비교한다는 것을 깨달았다. 그는 영업직에 종사하기 때문에 상류층이 무엇을 성취하고 있는지 알았고, 자신은 그만큼 할 수 없기에 기분이 상했다. 그는 자신의 기준이 지나치게 높고, 자신을 리더들과 항상 비교하는 것이 자신을 불행하게 만들었다고 결론지었다. "나는 내가 최고가 아니면 소용이 없다고 생각하는 것 같다." 그래서 그는 비교할 대상을 바꿨다. 비슷한 수준의 사람들과 자신을 비교하기로 했다.

자기변화에 성공한 사람들은 자기변화 목표를 여러 번 고치면서 단계적으로 접근해 간다. 변화를 지지하거나 방해하는 행동과 자기 자신에 대해 더 많이 알게 됨에 따라 새로운 목표행동을 추가한다. 계발하려고 하는 기술을 많이 연습할수록 목표가 실제로 무엇을 요구하는지 더욱 잘 이해하게 될 것이다.

자기변화의 과정 동안 자신에게 다음 두 가지 질문을 던져 보라.

"내가 시작해야 할 목표는 무엇인가?"
"그 목표를 달성하기 위해 어떤 기술을 사용해야 하는가?"

이 질문들에 대한 답은 여러분이 자기관찰을 통해 자신의 행동에서 일정한 패턴을 발견함으로써 찾을 수 있다(글상자 2-1).

예를 들어 지속적인 체중 조절을 원하는 사람들은 식품에 기재된 영양 성분표를 읽고, 운동을 조금 하면서, 적게 먹으려는 노력으로 시작할 것이다. 그리고 자신의 식

글상자 2-1 전형적 사례: 자기수정 수업을 통한 우울증의 성공적인 자기수정

Hamilton과 Waldman(1983)은 중증 우울증을 성공적으로 개선한 알(Al)의 사례를 *Cognitive Therapy and Research* 지에 보고했다. 그의 사례에는 우리가 추천한 몇 가지 전략이 잘 활용되어 있다. 예를 들어 그는

- 구체적인 예시를 사용해 생각했고
- 문제의 세부적인 사항에 주의를 기울였으며
- 상황에 대한 행동적 목표를 명시했고
- 사건의 연쇄에서 문제의 선행요소를 알아내 연쇄를 바꾸었고
- 단순히 부정적 강화를 줄이는 대신 긍정적 강화를 늘렸으며
- 감정을 바꾸기 위해서는 행동과 사고를 바꿔야 한다는 것을 깨달았다.

알은 여러분이 듣는 수업처럼 자기변화 프로젝트를 실습하는 수업을 수강하는 20세 학생이었다. 그는 4년간 지속된 우울증을 공략하기로 마음먹었다. 그의 우울증은 극심한 가족 스트레스와 부모의 이혼, 어머니의 계속되는 비난에서 비롯되었다.

알은 종종 "성적이 나쁜 걸 보면 난 멍청하고 구제불능이에요."라는 식으로 자기비난을 하거나, 부족한 학습과 낮은 성적, 미숙한 시간 관리와 직업 목표 상실에 대해서도 비관적이었다. 이러한 부정적인 생각들은 가끔씩 4시간 가까이 지속되며 극심한 우울감으로 이어졌다.

알은 그 시간이 길든 짧든, 하루에 부정적인 생각을 하는 횟수를 적는 것을 시작으로, '우울하지 않음'을 0점, '극심한 우울감'을 6점으로 정해 매일 얼마나 우울했는지 기록했다. 그는 이렇게 18일간 기록을 해 나갔다. 이 기간 동안 하루 평균 부정적인 사고는 3.2회, 평균 우울도는 3점이었다.

그다음 14일 동안, 알은 자신을 우울하게 만드는 주제에 변화를 시도하여 우울감을 줄이려고 해보았다. 다양한 직업에 대해 알아본 것, 일일 학습목표를 달성한 것, 약속과 시간을 잘 지킨 것 등에 대해 스스로 보상했다. 한편 부정적인 생각과 기분을 기록하는 작업도 계속했다.

그 기간 동안 그의 부정적인 사고는 평균 2.8회로 줄어 작지만 개선을 보였으나 우울감은 평균 4점으로 심해졌다.

알은 곧 두 번째 공략을 시작했다. 새로운 자기수정 계획은 부정적 사고를 직접적으로 다루는 것이었다. 부정적인 생각을 시작할 때마다 촉발요인은 무엇인지, 그것이 얼마나 우울하게 만들었는지 기록하고 이성적으로 상황을 재평가했다. 그리고 자신에 대한 긍정적인 문장을 적어 즐거운 활동을 하면서 매일 다시 읽어 보거나, 스트레스 상황에서 이성적으로 최상의 해결책을 찾는 자신의 모습을 상상하기도 했다. 이러한 작

(다음 쪽에 계속)

글상자 2-1 **(계속)**

업은 70일 동안 계속되었다.

70일간 평균 부정적 사고는 더 줄었으며, 마지막 10일간 평균은 1회까지 줄어들었다. 기분 역시 좋아졌는데, 마지막 10일 동안 우울감을 느낀 적이 한 번도 없었다. 알의 룸메이트는 그가 훨씬 덜 우울해한다고 덧붙였다. 6개월 후 알은 다시 2주 동안 부정적인 생각을 했다고 기록했는데, 하루 평균 1회에 지나지 않았고 전혀 우울감을 느끼지 않았다. 그는 성공적으로 자신을 바꾼 것이다.

습관에 대해 더 알게 되면 아침 식사 먹기, 더 천천히 먹기, 저칼로리 음식 먹기, 혹은 조금 배고플 때 "배고파 죽겠어."라고 말하지 않기 등의 새로운 목표를 세운다. 그 이후의 목표에는 우울할 때 먹지 않기, 과자나 사탕 대신 과일 먹기, 운동 더 열심히 하기 등이 추가된다.

친구를 더 사귀는 것이 목표라면, 친목의 기회가 있는 상황에서 자신을 관찰하고 어떤 행동을 새로 하고 싶은지 구체화하는 것이 좋다. 다른 사람들과 있을 때 어떻게 행동하는가? 어떤 행동을 새로 할 수 있는가? 스트레스 조절이 목표라면 스트레스와 관련된 생각이나 행동을 관찰하는 것이 좋다. 스트레스를 느끼기 전과 느끼는 동안에 어떻게 생각하거나 행동하는가? 어떤 변화를 상상해 볼 수 있는가?

연습 계획하기

학습목표

- 왜 실수를 예상해야 하는가?
- 연습이 필요한 이유를 설명하라. 무엇을 연습해야 하는가?
- 변화 목표에 대한 기술 발달 태도를 취한다는 것의 의미는 무엇인가?
- 연습의 이점이 무엇이라고 믿는가? 자기조절을 배울 수 있다고 믿는가?

목표를 정했더라도 아직 자기변화 여행을 완벽하게 준비한 것은 아니다. 현명한 여행자는 앞으로 험난한 항해가 있을지도 모른다는 것을 알고 있으며, 어려움을 뚫고 나가기 위한 계획을 미리 세운다. 지도에 '용들이 있다'라고 표시한 지점들이다.

문제는 변화 목표에 대해 생각하는 방식 때문에 생길 수 있다. 어떤 행동은 바꾸기 힘들다고 믿을 수도 있고, 마음속 깊이 조금은 바꾸기를 원하지 않을 수도 있다. 성격의 일부분이 고정되어 있어 바꿀 수 없다고 믿기도 한다.

또한 문제는 예상치 못한 상황에서 튀어나올 수도 있다. 갑자기 의지력을 사용해야 할 경우, 자기조절 피로를 느껴 결심을 지키기 어려워질 수도 있다. 유혹은 예기치 않게 여러분을 급습하고, 여러분은 굴복한다.

하지만 모든 문제들에 대한 해결책이 여기 있다. 계속해서 살펴보자.

✿ 실수를 예상하라

실수할 것을 예상해야 한다. 때론 원치 않게 기존 행동이 나오기도 하고, 바람직한 새 행동을 하는 데 실패하기도 한다. 실수는 재앙도 아니고 여행을 실패로 만들지도 않는다. 여러분은 새로운 기술을 배우는 중이고 기술을 계발하려면 실수를 만회하는 연습을 해야 한다. 완벽으로 가는 여행은 항상 성공과 실패가 공존하는 길이다. 원치 않는 기존 행동이 오랫동안 자동적이었을 때, 방심하면 그 자동적 행동으로 쉽게 돌아간다. 오래된 습관은 쉽게 사라지지 않는다. 아마도 여러 번 실수를 하게 될 것이다. 따라서 질문은 "내가 실수를 할까?"가 아니다. 실수를 할 것이기 때문이다. 중요한 질문은 "내가 실수에 어떻게 대응해야 하는가?"이다. 실수 때문에 변화에 대한 시도를 중단하게 된다면 그것이야말로 재앙이다.

✿ 연습의 필요성: 기술 발달 태도

실수에 대한 가장 바람직한 태도는 새로운 행동을 계속 연습하는 것이다. 우쿨렐레나 스페인어를 배우고 있다면 연습해야 하고, 실수를 통해 연습하는 것은 당연하다. 제대로 음을 낼 수 없으면 다시 반복해야 한다. 변화를 위한 목표에 대해서도 다를 바가 없다. 이 장의 끝 부분에 기술된 '피트의 계획'에 등장하는 우리의 과체중 학생 피트는 평생 지속된 나쁜 식습관을 극복하기 위해 연습하고 또 연습해야 함을 알았다. 그래서 실수를 했을 때—그리고 이런 실수를 1,000번쯤 했지만—개의치 않고 계속해서 연습하기로 결심했다. 결국 그는 자신의 나쁜 습관을 바꾸는 데 성공해서 상당한 체중을 감량하고 유지했는데, 모두 그가 건강한 식습관을 계속 연습하고 실수했다는 이유로 포기하지 않았기 때문이었다.

향상과 실수에 대하여 **기술 발달 태도**(skills development attitude)를 취하라(Pintrich, 2000). 이는 원하는 행동(예컨대 식탁에서 떨어져 있기, 스트레스 받을 때 욕하지 않기, 우호적으로 미소 짓기, 운동하러 나가기)을 수행하려고 할 때마다 "성공이나 실수는 내게 무엇을 가르쳐 주는가? 내 기술 수준은 어떤가? 어느 부분을 더 연습해야 하는가?"라고 자문하는 태도를 갖는 것이다.

골프 실력을 키우려면 가져야 하는 태도는 이것이다. "어디 보자. 드라이브 연습을 좀 더 했으면 좋았겠지만, 드라이브와 퍼팅은 오늘 꽤 괜찮았어. 그런데 어프로치 샷이 엉망이었네. 다음 경기 전에 미리 좀 연습해 두는 게 좋겠어." 이것이 변화 목표를 위해 여러분이 가져야 하는 태도이다. 무언가 잘못되었다는 것은 단지 연습이 더 필요하다는 뜻이다.

여러분도 이렇게 생각하는가? 이렇게 생각하는 법을 배울 수 있을까?

✿ 연습의 이점에 대한 믿음들

사람들은 흔히 의지력이나 자기통제에 대해 말할 때 동사 '가지다(to have)'라는 표현을 쓴다. "나는 그것을 할 수 없어. 충분한 의지력을 가지고 있지 않아(don't have)." 또는 "그녀는 할 수 있어. 강한 의지력을 가지고 있어(has)." 이 표현은 의지력 및 자기통제력을 여러분이 가지고 있거나 가지고 있지 않은 실체처럼 보이게 한다. 최근 연구들은 이러한 이분법을 지지하지 않는다. 그러나 '충분한 의지력을 가지고 있지 않다(don't have)'고 믿으면 변화를 시도하지 않을 것이다.

반면에, 학습될 수 있다고 믿으면 연습하는 것이 당연하다. 여러분의 믿음은 자기 충족적 예언이다. 연습이 좋은 결과로 이어진다고 믿으면 연습하게 되고, 연습하면 좋아진다(Muis, 2007). 어떤 습관을 바꿀 수 있다고 믿으면 더 도전적인 목표들을 세우고, 더 끈기 있게 노력하며, 실수에도 그만두지 않도록 스스로를 독려한다(Dweck & Molder, 2005).

현재의 목표가 어떤 고정적인 특질에 기인하는 것으로 생각한다면 바꾸려는 노력은 의미가 없다. **그러나 현재의 어떤 결점도 단지 특정 영역의 기술 부족에서 시작된다고 믿는다면, 할 일은 분명하다. 기술을 배우는 데 집중하는 것이다. 실수는 연습이 더 필요하다는 피드백일 뿐이다.**

기술 발달 태도를 취하는 것이 실제로 변화 목표를 달성할 확률을 높여 준다는 연구들이 있다.

- 더 나은 경영 관리자가 되기 위해 공부하는 학생들 중에 그룹 관리 기술이 학습될 수 있다고 믿는 이들은 그렇지 않은 학생들에 비해 더 긍정적인 태도를 보였으며, 더 도전적인 목표를 세웠다(Tabernero & Wood, 1999). 그 결과, 더 많이 배웠다.
- 지능이 향상된다고 믿는 고등학생들은 수학 수업에서 점점 향상된 반면, 그렇지 않은 학생들은 향상을 보이지 않았다(Blackwell, Trzesniewski, & Dweck, 2007). 지능이 변하지 않는다고 믿는 대학생들은 학교에서 덜 노력했고, 그래서 성적이 좋지 않았다(Dweck & Master, 2008; Shell & Husman, 2001).
- 체중은 고정적이고 변하지 않는다고 믿는 사람들은 살을 빼려 열심히 노력하지 않았기 때문에 체중 감량에 덜 성공적이었다(Burnette, 2010). 식단을 지키는 데 실패하는 이유가 자제력이 부족해서라고 말하는 사람들은 식이조절을 그만둘 확률이 높다(Jeffery, French, & Schmid, 1990).
- 성격 특성이 변할 수 있다고 믿으면 사람들은 더 열심히 노력하고, 그래서 우울증, 자존감, 타인과의 관계, 인생 성취 등의 다양한 분야에서 향상을 보인다(Dweck, 2008).

결론: 변화가 가능하다고 믿으면, 계속해서 노력하기 때문에 실제로 변할 가능성이 높아진다. 성공은 그냥 '오지' 않는다. 여러분이 다가가야 한다.

변화가 불가능하다고 믿으면 아무것도 바꿀 수 없다.

여러분은 다음을 얼마나 믿고 있는가? (Dweck, 1999에서 각색)

1. 의지력을 아주 변화시킬 수는 없다.
   예 □ 아마도 □ 아니요 □
2. 새로운 것을 배울 수는 있으나 자기통제의 근본적인 수준은 바꿀 수 없다.
   예 □ 아마도 □ 아니요 □
3. 사람들은 일정한 양의 의지력을 가지고 있으며, 이에 대해 어떻게 할 수 없다.
   예 □ 아마도 □ 아니요 □

이런 (그릇된) 생각들을 믿고 있으면 자기변화를 시작하기 전부터 결과를 미리 단정 짓게 된다. 우리는 의지력을 배울 수 있으며, 어떤 상황에서는 더 많이 갖고 있다. 그것은 기술이지 정신적 실체가 아니다. 의지력을 '가지고 있다(have)'고 표현하는 것은 마치 누군가가 테니스를 잘 배웠기 때문에 테니스를 '가지고 있다(has)'라고 표현하는 것과 같다.

자기효능감

학습목표

- 자기효능감은 무엇인가? 우리의 행동에 어떤 영향을 미치는가?
- 바꾸고자 하는 행동과 관련된 자기효능감을 늘리기 위한 단계에는 어떤 것들이 있는가?

러시아의 헤비급 역도 선수로 몸집이 거대하고 힘이 장사인 레오니드 타라넨코(Leonid Taranenko)는 몇 년 동안 226.5kg 프리급 세계 기록을 보유했다. 그는 머리 위로 226.8kg을 들어올리기 위해 몇 번 시도했으나 실패했다. 세 번째 올림픽에서 다시 한 번 결승에 올랐고, 많은 이들은 그가 기록을 깨길 기대했다. 마지막 시도에서 다른 선수들이 모두 탈락하고, 타라넨코에게는 한 번의 기회가 남아 있었다. 그는 트레이너에게 "여기서 실패하면 득점은 없어. 나는 이미 이겼어. 226.5kg을 올려 줘. 내 기록은 유지할 수 있어."라고 말했다.

"그러지."라고 트레이너는 말했지만 실제로는 226.8kg을 올렸다. 타라넨코는 얼굴이 벌개지고 핏대가 서 긴장된 얼굴로 머리 위로 그 무게를 들어 올렸다. 그것은 세계 최고 기록이었고, 그 누구도 쉽게 깰 수 없는 것이었다. 사실 타라넨코는 자기가 들 수 있는 무게인 226.5kg을 들어 올리고 있다고 생각했기 때문에 해낼 수 있었던 것이다. 그는 할 수 있다고 믿는 것을 했다.

자기효능감(self-efficacy belief)은 어떤 과제를 수행하는 기술에 대한 자기평가를 말한다(Bandura, 1997). 자신에 대한 일반적인 믿음이 아니라, 특정한 과제와 관련된 구체적인 믿음이다. "내가 다이어트를 끝까지 해낼 수 있을까?"와 같은 질문처럼 추상적이지 않고, "내가 TV를 보는 동안 안 먹고 참을 수 있을까?"처럼 매우 구체적이다. 그것은 '예-아니요'의 문제가 아니라, 상황, 연습, 자기효능감에 따라 달라지는 '예-아마도-아니요'의 연속선상의 문제이다.

과제와 연관된 자기효능감이 높을 때, 더 열심히 노력하고, 더 나은 문제해결 방안을 사용하며, 더 주의집중을 하고, 더욱 끈기를 가지며, 실패가 닥쳐올 때 포기할 가능성도 더 낮다(Brown, 1991). 스스로 할 수 있다고 믿지 않으면 그것을 회피하거나, 또는 처리를 할 때 감정적이 되거나, 실패할 이유에 대해 미리 핑곗거리를 댄다(Maddux, 1991; Thompson, 1991).

수많은 연구들은 사람들이 스스로 어려운 목표행동을 변화시킬 수 있다고 믿을 때 실제로 성공할 가능성이 더 높아진다는 것을 보여 준다(Bandura & Locke, 2003;

Cervone & Scott, 1995; Cervone et al., 2011; Maddux, 2002). 예를 들면 다음과 같다(Bandura, 1992, 1997).

- 긴장성 두통을 극복할 수 있다고 믿는 사람들이 두통을 줄일 가능성이 더 높고, 스스로 어려운 수학 문제를 풀 수 있다고 믿는 아이들이 그렇게 할 가능성이 더 높으며,
- 폭력의 위협에 대응할 수 있다고 믿는 여성들이 실제 위협에 더욱 잘 대처할 수 있고,
- 고통을 견딜 수 있다고 생각하는 사람들이 더 잘 그럴 수 있으며,
- 임무 완수를 할 수 있다고 생각하는 운동선수들이 더 훌륭한 지구력과 체력을 보여 주고, 그래서 더 성공적이다.

이것 말고도 다음을 추가할 수 있다.

- 바쁜 스케줄에 잘 대처할 수 있다고 믿는 엄마들이 직장생활을 하면서 운동을 할 수 있었다(Jung & Brawley, 2011).
- 외상 후 스트레스 장애를 가진 사람들은 할 수 있다는 믿음이 있으면 부정적인 사고에 더 잘 대처했다(Cleslak, Benight, & Caden, 2008).
- 음악 전공 고등학생들은 할 수 있다고 믿을 때 주(州) 주최 경연에서 더 뛰어난 수행을 보였다(Hendricks, 2009).
- 공부할 때 미루는 버릇이 나아질 수 있다고 믿는 대학생들은 실제로 덜 미루는 것으로 나타났다(Klassen, Kraechunk, & Rajani, 2008).

무엇을 할 수 있다고 믿지 않으면, 실제로 잘할 수 있는 기술을 가지고 있더라도 수행이 떨어지는 경향이 있다. **자기효능감은 변화 계획의 시작과 지속 여부에 영향을 끼칠 수 있다**(Cervone, 2000). 예를 들어, 운동 계획 착수 여부는 스케줄을 따를 수 있는지 그리고 필연적인 장애물에 대처할 수 있는지에 대한 자기효능감의 영향을 받는다(Maddux & Gosselin, 2003; Rodgers & Sullivan, 2001).

자기효능감은 높일 수 있다. 한 연구에서 뱀을 극도로 두려워하는 사람들이 180cm짜리 버마비단뱀(*Burmese python*, 역주: 비단뱀의 한 종류)을 침착하게 다루는 법을 배웠다. 과제는 일련의 훈련이었다. 즉, 그들은 뱀에 다가가 만지는 데 두려워하지 않는 사람들을 관찰했고, 우리가 이 책에서 언급할 것과 동일한 종류의 기술 계발 기법을 사용했다. 먼저 뱀에 접근하고 점진적으로 만지고 노는 것을 배웠다(Bandura, Reese, & Adams, 1982). 다양한 단계 수행을 거치며 그들의 자기효능감이 높아졌고, 뱀

을 만질 수 있게 짜인 단계들을 수행하는 실제 능력 또한 증가하였다.

어떤 목표를 달성하기 위해 필요한 행동들을 연습하면 할 수 있다는 믿음이 증가한다. 요즘 몸 상태가 좋은 한 여학생은 다음과 같이 털어놓았다. "Weight Watchers 프로그램을 시작했을 때 그 사람들은 내 이상적 몸무게가 대략 60kg이라고 했어요. 그 당시 내 몸무게는 80kg이었어요. 나는 '말도 안 돼. 내가 60kg이 될 방법은 절대 없어.'라고 생각했지요. 그러나 10kg을 감량하여 70kg이 되고 나선, '오, 좋아, 할 수 있어. 해온 대로만 하면 돼.'라고 생각했어요. 종종 다이어트에 해이해지지만, 그때마다 나는 '그래, 나는 어떻게 할지 알아. 그리고 할 수 있어.'라고 기억하며 프로그램으로 되돌아갑니다." 그녀는 필요한 것을 할 수 있다고 믿었고 마침내 성공했다. 중요한 것은, 그녀가 스스로에게 "내가 60kg이 될 수 있을까?"라고 묻는 대신 "내가 살을 빼기 위해 해야 할 것들을 계속할 수 있을까?"라고 물었다는 것이다. 그녀는 최종 목표가 아니라 과정 수행에 초점을 맞췄다(Schunk, 2000).

물론 할 수 있다는 믿음이 모든 난관을 없애 주지는 않는다. 그러나 과정을 수행하는 능력에 대한 자신감은 난관 극복에 적극적으로 대처하게 만들어 주고 문제를 덜 감정적으로 다루게 한다. 또한 자신감은 발달시켜야 할 특정 기술에 대해 생각하도록 만들어, 상황이 더욱 힘들어질 때 더 박차를 가하도록 고무한다.

목표 달성을 위해 해야 할 일들을 할 수 있다고 믿는가? "목표에 도달할 수 있는가?"라고 묻지 **않고** 있음을 주목하라. 그보다 "필요한 과정을 수행할 수 있는가?"라고 묻고 있다. 다음 질문들에 답해 보라.

1. 이 책을 마지막까지 정독할 것인가? 즉, 내용에 대해 생각하고, 아이디어들을 자신에게 적용하며, 어떻게 아이디어를 적용하여 변화할 수 있는지 찾아내는 것을 말한다.

   예 □ 아마도 □ 아니요 □

2. 변화를 위하여 이 책의 아이디어들을 시도해 봐야 할 것이다. 이 책의 아이디어들을 평가하기에 앞서 우선 시도해 볼 수 있는가?

   예 □ 아마도 □ 아니요 □

3. 이 책에서 얻은 아이디어들을 자신의 자기수정 계획에 적용할 수 있도록 각 장의 마지막에 있는 연습을 수행할 것인가?

   예 □ 아마도 □ 아니요 □

4. 사람들은 때때로 어렵지 않거나 크게 수고스럽지 않을 때에만 변화하려는 의지를 보인다. 노력이 요구되더라도 변화를 위해 노력할 것인가?

예 □　　　아마도 □　　　아니요 □

✿ 자기효능감을 증대시키는 방법

다음은 변화를 일으킬 수 있다는 자신감을 높이기 위하여 취할 단계이다(Schunk & Ertmer, 2000; 글상자 2-2 참조).

글상자 2-2 절대 포기하지 말라: 불굴의 자기효능감

Everett Historical/Shutterstock

미국 제16대 대통령인 에이브러햄 링컨(Abraham Lincoln, 1809~1865)은 대통령에 당선될 가능성에 대해 높은 자기효능감을 가지고 있었음에 틀림없다. 수많은 실패를 겪어도 끊임없이 노력했기 때문이다. 포기하고 싶을 때 링컨의 이력을 떠올려 보라.

1832년 일리노이 주의회 낙선
1834년 주의회 당선
1838년 주의회 의장 낙선
1840년 주의회 선거인 낙선
1843년 국회 낙선
1846년 국회 당선
1848년 국회 낙선

(다음 쪽에 계속)

글상자 2-2 (계속)

1855년 U.S. 상원 낙선
1856년 부통령 낙선
1858년 U.S. 상원 낙선
1860년 미합중국 대통령 당선

많은 유명 인사들은 성공하기 전에 여러 번 실패를 경험한다. 예컨대 저명한 근대주의 작가인 거트루드 스타인(Gertrude Stein)은 어느 편집자가 한 작품을 실어 주기 전까지 20년 동안 시를 썼다. 빈센트 반 고흐(Vincent Van Gogh)는 그가 살아 있는 동안 단 한 작품만 팔렸지만 죽는 날까지 회화 활동을 계속했다. 고금을 막론하고 가장 유명한 화가들 중 한 명인 클로드 모네(Claude Monet)는 파리의 대표 예술전에 수년간 거절당했다. 에디슨은 백열전구를 발명해 내기까지 250번을 시도했다. 그리고 비틀스 역시 그들이 연락한 첫 두 음반사로부터 거절을 당했다(Bandura, 1994). *Bartlett's Quotations*의 편집인 크리스토퍼 몰리(Christopher Morley)가 말한 것처럼, "위대한 사람은 단지 노력을 열심히 하는 평범한 사람이다."

1. 위의 질문들에 '예' 또는 강하게 '아마도'라고 답할 수 있는 프로젝트를 선택하라. 할 수 없다고 믿는 것으로 시작하지 말라.

첫 프로젝트에서의 성공은 더욱 도전적인 영역들에서도 성공할 수 있다는 확신을 높여 준다. 80kg에서 마침내 60kg으로 감량한 줄리는 "나는 단지 음식 섭취량을 꾸준히 기록하려는 것부터 출발했다. 그것이 잘되어서 음식 몇 가지를 지방이 더 적은 것으로 바꾸었다. 놀랍게도 그것 또한 잘되었고, 그래서 '자, 이제 운동을 해봐야지. 내가 활동적일 수 있는지 봐야겠어.'라고 생각했다." 자신이 성공할 수 있다고 믿는 것부터 시작한 그녀의 결정은 현명했고, 그것은 더욱 어려운 일들도 할 수 있다는 믿음을 심어 주었다.

2. 변화의 최종 목표가 아니라 과정에 초점을 맞추라(Zimmerman & Kitsantas, 1996, 1997). "체중을 감량할 수 있을까?"라고 묻지 말고, "먹는 음식을 기록할 수 있을까? 간식 시간에 사탕 대신 과일을 먹을 수 있을까?"라고 물어보라. "더 괜찮고 더 많은 친구들을 사귈 수 있을까?"라고 묻지 말고, "사람들에게 미소 지으며 그들과 그들이 하는 일에 대해 관심을 가질 수 있을까?"라고 물어보라. "학점을 더 잘 받을 수 있을까?"라고 묻지 말고, "시간 관리 프로젝트의 단계들을 잘 할 수 있을까?"라고 물어보라.

기술 발달 태도(skills development attitude)를 갖도록 하라. 변화 과정에 집중하라. 최종 목표에 집중하지 말라. 이는 자기효능감을 점차로 조금씩 높일 것이다. 변화 과정에서 다음 단계를 생각하며 스스로 "나는 할 수 있다."라고 일깨워 보라.

과정의 단계들을 수행하라. 각 단계는 자기효능감을 조금씩 높여 줄 것이며, 연습을 많이 할수록 목표 달성에 필요한 과정을 수행할 수 있다는 믿음이 더 커질 것이다.

동일한 문제를 극복하려는 사람들을 알고 있다면 그들이 무엇을 하는지 이야기 나눠 보라. "어떤 식으로 운동하나요?", "어떤 식으로 공부하나요?" 이는 무엇을 실행할지에 대한 아이디어를 제공해 줄 것이다.

3. **과거 수행과 현재 계획 간의 차이를 구별하라**(Goldfried & Robins, 1982). 과거의 실패를 통해 어떤 행동은 불가능하다고 학습했을지도 모른다. 그러나 과거의 실패가 미래의 실패에 대한 예언은 아니다. 예전에는 갖고 있지 않았던 기술도 차츰 계발할 수 있다. 버마비단뱀을 다루는 것을 성공적으로 학습한 사람들은 모두 과거에는 뱀을 극도로 무서워했다. 연구자는 모델에 대한 관찰학습이나 목표에 대한 점진적 접근과 같은 기술을 사용했다. 이 기술은 제6장에서 상세히 다룰 것이다. 여러분은 전에는 해보지 못했던 것들을 할 수 있게 될 것이다.

때로 사람들은 자신이 목표 달성에 방해가 되는 '의지 박약'과 같은 성격적 특질을 가졌다고 생각하여 무언가를 할 수 없다고 걱정한다. 이런 부정적 판단은 대개 잘못된 것이며, 현실과는 동떨어진 것이다(Cervone, 2004). 기술을 시도해 볼 때까지 부정적 판단을 보류하라. 먼저 시도해 보고 그런 다음 평가하라.

4. 최종 목표가 아닌 과정에 집중하는 동안 제3장에서 제안한 것처럼 **과정을 기록으로 남겨 두라**. 자료는 작은 향상들을 보여 줄 것이고, 이는 변화에 대한 믿음을 증대시킬 것이다. 학생 중 하나는 이렇게 보고했다. "나는 30분도 채 공부해 본 적이 없었어요. 처음으로 성공했을 때, 그게 내 최종 목표는 아니었지만 난 깨달았죠. 이봐, 나는 나아지고 있어. 이게 그 시작이라고."

얼마나 보잘것없는지 상관하지 말고 성공에 주의를 기울이도록 하라. 4일 동안 공부하고 5일째에 하지 않았다고 '다 소용없어. 나는 할 수 없어.'라고 생각하지 말아야 한다. 4일간의 성공에 주목하고 이를 기반으로 이어 나가라. 다음번에 5일을 시도하라.

어떤 사람들은 성공보다 실패를 기억하는 경향이 있다. 실패를 예상하면 실패의 조짐만 찾게 된다. 성공의 징후를 찾으려 노력하면 믿음과 행동에도 긍정적인 영향을 준다. 여자들과의 관계를 개선하고 싶었던 조지는 다음과 같이 말했다.

> 저는 제가 항상 좋은 인상을 주지 못할 거라 생각했기 때문에 항상 그런 기색을 찾고 있었어요. 대화가 끊어지면 "아, 그녀가 지루해하는군." 또는 "내가 좋은 인상을 남기지 못하고 있네."라고 생각했지요. 그래서 대신 애써 긍정적인 신호를 찾으려고 노력했어요. 이제는 대화에 정적이 흐르면 "그녀가 긴장을 풀고 편안해하네, 좋아."라고 생각합니다.

5. 도전 상황에서 감정적이 된다고 해서 수행을 제대로 해내지 못함을 의미하지는 않는다(Maddux, 1991). 감정은 자기효능감을 비이성적으로 저하시킨다(Cervone & Scott, 1995). 우리는 종종 우리가 얼마나 감정적인지를 살펴보고 자기효능감의 수준을 판단한다(Pajares, 2008). 스스로 긴장하고 있음을 느끼면 할 수 없다고 생각한다. 하지만 사실 대개는 할 수 있다. 감정은 과거의 문제들을 반영하며, 현재 상황과는 맞지 않을 수 있다. 감정적이라고 반드시 능력에 비해 무리하고 있음을 의미하는 건 아니다. 이것들은 독립적인 개념이며, 긴장해도 할 일은 할 수 있다. 긴장은 그저 감정적으로 긴장되어 있음을 의미하는 것이지, 해낼 수 없음을 의미하지는 않는다.

용맹한 지도자 아서 왓슨(Arthur Watson)은 "용기란 두려워하지 않는 것이 아니라, 어떤 상태에서도 해내는 것을 의미한다."고 말하곤 했다. 우리는 일생의 수많은 도전 상황에서 이 격언을 스스로 되뇐다. "그래, 긴장되지만, 그래도 할 수 있어."

일반적인 기분 상태에서는 특정 능력에 자신감을 갖고 있을지 모르나, 기분이 침체되거나 불안해지면 자기의심이 강해진다. 이런 악영향은 물론 해소될 수 있다. "나는 지금 단지 기분이 가라앉아 있기(또는 불안하기) 때문에 스스로를 의심하고 있다. 마음이 차분할 때는 성공을 믿었다. 그것이 내가 가져야 할 믿음이다."

6. 큰 어려움이 예상되는 특정 상황의 목록을 작성하라. 자기주장을 잘하고 싶었던 로자는 '해야 할 것을 어렵게 만드는 상황'의 목록을 만들었다.

> 제일 쉬움: 낯선 사람들(예컨대 판매원) 대하기
> 비교적 쉬움: 학교 학생들 대하기
> 보통: 두 형제와 어머니 대하기
> 어려움: 상사 대하기
> 제일 어려움: 아버지 대하기

일단 이 목록을 작성하고 나자 전략이 분명해졌다. 쉬운 과제부터 시작하여 성공하고 기술을 습득한 후, 좀 더 어려운 과제에 부딪히는 것이다.

어려움이 예상되는 상황들에 순위를 매기면, 더 준비될 때까지 어려운 과제들을 보류할 수 있게 되며, 자기변화 계획 초반에 의욕을 상실하게 만드는 실패를 피할 수 있다. 또한 계획 초반의 실수가 적다. 로자가 아버지에게 자기주장을 잘하지 못하면 스스로, "그래, 아버지에게 의견을 강하게 말하기는 어렵다는 것도 이미 알고 있었어."라고 할 수 있다. 그러고 나면 좀 더 쉬운 다른 상황에서의 성공이 떠오를 수 있다. 이런 식으로 성공 가능성이 있는 계획을 단념할 가능성을 줄일 수 있다.

많은 계획에는 하위 계획이 필요하다. 체중을 감량하기 위해서는 운동을 늘리고, 기름진 음식을 줄이고, 천천히 먹기 등을 수행해야 한다. 학습 습관 개선을 위해서는 시간 관리, 학습 방식 변경, 학습 태도 변화 등이 필요하다. 좀 더 쉬운 하위 계획부터 시작하라.

직면한 각 상황들의 난이도를 측정하기 위해 로자가 사용했던 것과 같은 척도를 사용하라.

	상황
제일 쉬운 것	
상당히 쉬운 것	
보통인 것	
어려운 것	
제일 어려운 것	

예를 들면, 앤드루는 금연을 할 작정이다. 다음은 그가 척도를 어떤 식으로 채워 넣었는지를 보여 준다.

	상황
제일 쉬운 것	오후 중반의 흡연
상당히 쉬운 것	늦은 밤의 흡연
보통인 것	혼자 있을 때의 흡연
어려운 것	커피 또는 알코올을 동반한 흡연
제일 어려운 것	식후 흡연

이러한 분석은 스스로가 어떤 상황에 특히 더 통제력이 높은지를 깨닫게 해준다. 또한 통제력을 가장 잘 발휘할 수 있는 상황부터 시작하기를 권한다.

✿ 요약: 더 높은 자기효능감을 위한 6단계

1. 달성 가능한 목표를 선택하라.
2. 최종 목표가 아니라 변화의 과정에 집중하라. 기술 발달 태도를 유지하고, 단계들을 연습하며, 다른 사람들은 어떻게 하는지 유념하라.
3. 과거의 수행과 현재 상황 간의 차이를 구별하라.
4. 향상 정도를 기록하라. 사소한 향상에도 면밀한 주의를 기울이라.
5. 감정 때문에 수행을 그만두지 말라. 감정에 사로잡혀도 수행할 수 있음을 자각하라.
6. 상황을 난이도에 따라 순위를 매기고 쉬운 것부터 시작하라.

주춤할 때마다, 희망하는 변화를 이룰 수 없다는 생각이 들 때마다, 되돌아와 이 부분을 다시 읽어 보라. 이 아이디어들은 정말 효과적이다.

유혹에 대처하기

학습목표

- 자기조절 피로를 피하는 가장 좋은 방법은 무엇인가?
- 자제력에 대한 필요가 최소화된 프로젝트를 위한 시사점은 무엇인가?
- 하고 싶은 것(want)과 해야 하는 것(should) 간의 갈등을 설명해 보자.
- 갈등을 겪고 있다고 인정하는 것은 왜 유용한가?
- '딱 이번 한 번만'이라는 사고방식을 피해야 하는 이유는 무엇인가?

인간이 유혹에 저항한 역사는 아주 길다. 「로마서」 7장 15절에는 약 2,000년 전에 사도 바울이 "나는 내가 하는 일을 도무지 알 수가 없습니다. 내가 해야겠다고 생각하는 일은 하지 않고 도리어 해서는 안 되겠다고 생각하는 일을 하고 있으니 말입니다."라고 한 한탄이 적혀 있다.

자기변화 계획을 중단시킬 유혹은 분명히 생긴다. 공부하는 것이 어리석고, 운동이 지나치고, 담배가 매력적이라고 느껴질 때가 있다. 우리는 때로 자기조절 피로 때문에, 때로는 정말 포기하고 싶어 그만둔다. 노닥거리는 것이 공부보다 훨씬 재미있고, 과식은 긴장을 풀어 주며, 친구한테 소리를 지르면 카타르시스를 느낄 수 있다. 이러한 습관들이 장기적으로는 바람직하지 않더라도 말이다.

유혹에 대처할 방법이 있다면 자기수정 계획에 성공할 확률이 더 높아진다(Gollwitzer & Oettingen, 2011; Shiffman, 1982; Sobell & Sobell, 1995a). 이러한 계획은 유혹이 생기기 전에 만드는 것이 좋다. 그러면 유혹의 시기가 왔을 때 맞설 준비가 되어 있을 것이다.

✿ 자기조절 피로 피하기

제1장에서 우리는 계속해서 유혹에 저항해야 하면 오래지 않아 지쳐 포기하게 된다는 자기조절 피로에 대해 이야기했다. 뷔페의 디저트 코너 앞에서 서성이는 것은 문제를 애써 부르는 꼴이다. 금연했다는 것을 보여 주기 위해 담배를 가지고 다니는 것도 좋은 생각은 아니다. 공부할 시간에 TV를 켜는 것도 마찬가지로 위험하다. 자제력은 근육과 같다. 계속 사용하면 지친다. 유혹에 정면으로 맞서려고 하지 말라. 유혹에 어떻게 대처할지 항상 대비하라.

자제력 동원을 최소로 하는 계획이 가장 효과적이다.

유혹의 원천을 피하는 계획으로 바꾸는 것이 좋다. 분노 조절에 애쓰는 한 학생이 이야기하기를, "저는 사람들에게 정말 화가 나면 바로 폭발해 버렸어요. 그 자리에 그대로 멈춰서 점점 더 크게 화를 내기 일쑤였지요. 그러다가 내가 순전히 자제력에만 의존하고 있다는 걸 깨닫고는 방법을 바꿨어요. 그 자리를 피하는 걸로요. 가끔 제가 불쑥 일어나는 것이 무례해 보이진 않을까 생각했지만, 그 자리에서 화내는 것만큼 무례하지는 않으니 별 문제가 되지 않았어요. 그렇게 해서 갑자기 폭발하지 않았지요." 다이어트를 하는 한 학생도 비슷한 경험을 이야기했다. "전 거기에 서서, 진열된 맛있는 음식들을 보며 너무 많이 먹지 않으려고 노력했지만 한 번도 성공한 적은 없었어요. 항상 무너져서 과식하는 것으로 끝났지요. 그러다가 그 자리를 피하는 방법을 썼어요. '다른 곳으로 옮기자!'라고 생각하고 실제로 자리를 떠나 잠시 주의를 다른 곳으로 돌렸어요."

✿ 유혹에 미리 대처하는 방법

1. 유혹 상황을 피하라. 유혹당할 것 같은 장소에 가지 말라. 나중에 새롭게 갖춘 행동("나는 진저에일 마실래요.")이 어느 정도 자동적이 되면 그때서야 맥주를 퍼마시는

파티에 갈 수 있다. 어떤 사람들은 '진정한' 자제력을 보이는 방법은 오직 간디가 여자 수행원들 옆에서 잤던 것처럼 유혹을 정면으로 맞서 노려보는 것이라고 생각한다. 하지만 여러분의 용과 맞서 싸우기 위해서는 시간과 장소를 고르는 것이 현명하다. 이길 상황을 선택하여 시작하라.

2. **친구들에게 유혹하지 말라고 부탁하라.** 지나치게 술을 마시지 않으려고 노력 중인데 친구가 "술 한잔 살게."라고 말한다. 주변 사람들은 여러분을 오래된 습관에 말려들게 하거나 새로운 행동을 위태롭게 만들어 변화를 더욱 어렵게 할 것이다(Goodall & Halford, 1991).

친구에게 지원을 요청하라. 습관을 고치려고 노력 중이니 유혹당하지 않게 도와주면 고맙겠다고 설명하라. 할머니 같은 사람들은 때때로 사회적 책임과 환대로 유혹한다. 일단 그들에게 유혹하지 말라고 부탁해 놓으면 그저 부드럽게 웃으며 "고맙지만 사양할게요."라고 말할 수 있다. 여러분은 유혹하지 않고는 못 배길 것 같은 친구들은 잠시 동안 멀리하라.

3. **유혹의 정도를 최소화하라.** 술이나 과식을 줄이고자 하는 사람들은 약속 장소에 목마르거나 배고픈 상태로 도착하지 않도록 외출 전 물을 마시거나 음식을 조금 먹는 것이 좋다. 이는 음식과 음료수의 매력도를 줄인다. 어떤 여성은 배고파질 때마다 저지방 우유 한 잔을 마셔 허기를 줄임으로써 과식에 대한 유혹을 최소화할 수 있었다. 자신이 고기를 너무 많이 먹는다고 느끼는 한 남성은 지방 함유량을 생각하며, 고기를 먹으면 혈관에 지방을 바로 주사하는 것과 같다는 상상으로 유혹의 강도를 줄였다. 우리가 아는 다른 사람은 고칼로리의 유혹적인 음식을 보면 스스로에게 이렇게 이야기한다. "저건 독이야."

4. **유혹 상황에 처했을 때 주의를 딴 데로 돌려라.** 다양한 유혹 대처 방법들에 대한 연구는 이것이 가장 효과적인 방법 중 하나임을 보여 준다(Gollwitzer, Fujita, & Oettingen, 2004). 유혹으로부터 주의를 돌려 의지력에 대한 요구를 줄이는 것이다. 달콤하지만 살찌게 하는 선디 아이스크림이 앞에 있으면 식탁 맞은편에 앉은 사람, 앉은 의자, 이야깃거리 등 아이스크림을 제외한 어떤 것이든 떠올려 보라. 일어나서 잠시 산책을 하거나 화장실에 가도 좋다. 체중을 많이 감량한 한 남자는 우리에게 "저는 제 음식을 다 먹고는 테이블 위의 다른 음식을 쳐다보고 앉아 있다는 걸 깨달았어요. 쳐다보고 있다가는 곧 먹기 시작하지요. 그래서 나는 의식적으로 스스로에게 '쳐다보지 마. 눈길을 돌려.'라고 말합니다. 그래도 계속 쳐다보는 경우에는 일어나 방 안을 한 바퀴 돕니다."라고 말했다.

5. **유혹 상황에서 목표를 상기하라**(Graziano, 1975; Lazarus, 1971). 장기 목표를

되뇌는 것은 유혹에 저항하는 데 도움을 준다. 그레이스는 살을 빼고 더 건강해지기 위하여 조깅을 시작했다. 하지만 조깅을 하는 내내 "이건 너무 지루해. 그만 할래."라고 생각한다는 것을 깨달았다. 이러한 생각들은 자기패배적이었으므로, 그 대신 "나는 정말 더 날씬하고 건강해지고 싶어. 제일 좋은 방법은 조깅이니 꼭 해야 해. 포기하지 않을래."라고 다짐했다.

유혹이 닥칠 때 사용할 수 있도록 목표를 상기시키는 목록을 써 놓으라. 여기에 목표 달성의 모든 이점들을 포함시키도록 하라. "숙제를 다 마쳤을 때 기분이 너무 좋아. 날아갈 것같이!", "5kg을 감량하면 난 아주 멋져 보일 거야. 날씬하고 섹시하게!", "나는 새로운 친구 사귀는 걸 즐기게 될 거야. 그러니 수줍음을 극복하고 파티에 가는 보람이 있어."

원하지 않는 행동에 대한 지연된 처벌을 떠올려 보자. "그래, 지금 담배를 피우고 싶어. 하지만 장기적으로 봤을 때 그건 나를 죽이는 짓이야.", "그에게 핀잔을 주면 지금 당장은 기분이 좋을지도 모르지. 하지만 장기적으로는 친구 관계가 어려워질 것이고, 나는 친구를 잃고 싶지 않아.", "공부하지 않으면 지금 당장은 좋을지 몰라도 미래에는 그 대가를 치를 거야."

6. 다른 사람들에게 목표를 상기시켜 달라고 부탁하라. 유혹에 직면했을 때, 사전에 상기시켜 줄 사람에게 도움을 구하면 성공 가능성을 높일 수 있다(Passman, 1977). 다렐은 음주를 줄이려고 노력 중이었다. 오늘 밤, 그는 아내 티나와 파티에 갈 것이다. 다렐이 티나에게 "부탁 좀 할게. 오늘 밤 술을 많이 마시고 싶은 유혹에 시달리게 될 거야. 당신은 이제 내가 술을 줄이려는 걸 알지? 그러니 내가 두 번째 잔을 들고 있는 것을 보면, 나에게 정말 줄이길 원하냐고 물어봐 줄래?"라고 말한다. Weight Watchers(역주: 미국에서 다이어트 서비스를 제공하는 프랜차이즈 회사)나 Alcoholics Anonymous(역주: 미국에 있는 금주를 위한 자조 모임)와 같은 단체들이 이 기술을 사용한다.

다른 사람들에게 처벌해 달라고 부탁하는 게 아니다. 다렐은 두 번째 잔을 마시고 있다 해서 티나가 자신을 술고래라고 부르는 것은 싫다. 그는 단지 티나가 자신이 술을 많이 마시지 않기로 한 결심을 상기시켜 주길 원한다. 만약 상대방이 임무를 잘못 이해하여 처벌을 가하기 시작하면, 처벌이 아니라 목표를 떠올리게 해주길 요청한 것이라고 알려 준다.

이와 동시에 여러분이 상기시켜 주는 사람을 처벌하려고 하지는 않는지 주의해야 한다. "이게 세 번째 잔이라는 거 나도 알아! 난 바보가 아니라고!" 때로 사람들은 당혹스런 상호작용을 피하기 위해 암호를 만들어 낸다. 한 여학생의 남편은 다른 사람들과의 대화에서 그녀를 헐뜯는 경향이 있었고 남편은 그러지 않기로 동의했다. 하지만 그는 여전히 이따금 그 나쁜 습관을 되풀이했다. 그래서 상의하에 남편이 헐뜯는다고 느끼면 그녀가 그를 상기시켜 주기로 결정했다. 그러나 그녀는 다른 사람들 앞에서 "당신 지금 나를 헐뜯고 있어."라고 말하기가 어려웠다. 옆에 있던 사람들이 모두 당혹스러워했기 때문이다. 지금은 그가 헐뜯는다고 생각되면 그녀는 입술 언저리를 만진다. 남편만 이 메시지의 의미를 알고 다른 이들은 모른다.

7. '만약 … 그렇다면' 계획을 준비하라. 유혹당하고 있는 그 순간에는 즉각적으로 사용할 수 있는 대책이 큰 도움이 된다. 이것이 만약 … 그렇다면 계획이다(Gollwitzer, Fujita, & Oettingen, 2004). '만약'은 특정한 상황이며, '그렇다면'은 하려는 행동이다. 단지 목표에 도달하기 위해 다짐을 하는 것이 아니라, 만약 … 그렇다면이라는 마음가짐을 갖는다. "만약 상황 A가 발생하면, 나는 X을 할 것이다."

"파티에 갔을 때 주위를 둘러봤는데 아는 사람이 아무도 안 보이면, 음료수를 하나 들고 누구에게든 말을 걸기 시작할 것이다.", "담배 생각이 나면, 즉시 일어나 산책을 가겠다." 이러한 계획들은 유혹에 대한 대처를 더욱 쉽게 해준다.

효과적이기 위해서 만약 … 그렇다면 계획은 매우 구체적이어야 한다. 바람직한 형태는 "만약 유혹에 처한다면, 나는 대처할 것이다."가 아니라 "만약 유혹에 처한다면, 나는 다음의 두 가지 구체적 행동을 취할 것이다."이다.

만약 … 그렇다면 계획이 유용한 이유는 스트레스를 받는 동안 올바른 결정을 내려야 할 부담을 없애 주기 때문이다. 무엇을 할지는 이미 결정되었으니 그저 자동적으로 실행에 옮기면 된다. 만약 … 그렇다면 계획은 유혹에 저항하는 의지를 보여 준다. 만약 … 그렇다면 계획은 목표 달성을 위한 노력을 더 오랫동안 할 수 있게 하며, 성공 가능성을 높인다(이 책 참조).

따라서 할 일은 유혹을 미리 예측하고 그에 대처할 만약 … 그렇다면 계획을 만드는 것이다.

이는 유혹이 다가올 것을 예측하고 있다는 것을 의미한다. 거절에 대한 두려움으로 사회적 교류를 피하고 있었던 한 학생은 "좋아, 나는 이 파티에 참석할 거야. 아는 사람이 한 명도 없을지도 몰라. 전에는 바로 떠났지. 하지만 이제는 만약 … 그렇다면 계획을 행동으로 옮길 거야. 만약 아무도 모른다면, 음료 코너 쪽으로 가서 근처의 누군가에게 파티에 대한 말을 건네겠어."라고 생각했다.

만약 유혹에 굴복한다면, 그런 일이 두 번(혹은 세 번, 네 번) 다시 발생하지 않도록 노력하라. 딕은 다음과 같이 보고했다. "저는 약 1년 동안 과식을 자제하려고 노력했어요. 그런데 뷔페를 가면 매번 유혹에 무너졌지요. 그러고는 제가 간디와 여자들

글상자 2-3 유혹에 대처하는 일곱 가지 전략

1. 유혹 상황을 피하라.
2. 친구들에게 유혹하지 말라고 부탁하라.
3. 유혹의 정도를 최소화하라.
4. 유혹 상황에 처했을 때 주의를 딴 데로 돌려라.
5. 유혹 상황에서 목표를 상기하라.
6. 다른 사람들에게 목표를 상기시켜 달라고 부탁하라.
7. 만약 … 그렇다면 계획을 준비하라.

처럼 유혹에 대처하려 한다는 걸 깨달았어요. 유혹하는 뷔페를 정면으로 노려보고 이를 갈며 파스타와 디저트를 먹지 않고 쳐다보고 있었어요. 문제는, 제가 간디가 아니라는 거였죠. 결국 제가 그 유혹에 넘어가지 않으려면 만약 … 그렇다면 계획이 필요하다는 걸 깨달았어요. '뷔페에 가면, 과식을 피하기 위해 할 것이 있다.' 그렇게 해결의 실마리를 찾을 수 없었던 한 해를 보낸 후 계획을 세웠고, 그 계획은 효과적이었어요."(글상자 2-3)

✿ 하고 싶은 것과 해야 하는 것의 갈등

유혹은 피하고 싶기만 한 것은 아니다. 유혹이란, 우리의 일부는 유혹하는 그 대상을 원하고 있다는 뜻이다. 오랫동안 지속해 온 행동에는 어떤 이유가 있기 마련이다. 손톱을 물어뜯는 이들은 그 습관에서 편안함을 느낀다. 운동을 하지 않는 이들은 움직이지 않는 기쁨을 누린다. 성취를 적게 하는 사람들은 스케줄에 맞춰 일하지 않는 자유로움을 즐기는 것인지 모른다. 예컨대 문제성 음주는 사람들이 술 마시는 것을 좋아하기 때문에 시작된다(Baumeister, Heatherton, & Tice, 1994). 그들은 술을 마심으로써 긴장을 풀고, 지루함을 해소하고, 파티의 스타가 되는 걸 즐긴다. 그래서 술을 포기하면 무언가를 잃게 되는 것이다.

유혹은 단기 목표와 장기 목표 사이(Malott, 1989; Rachlin, 2000), 혹은 하고 싶은 것(want)과 해야 하는 것(should) 사이(Milkman, Rogers, & Bazerman, 2008)의 갈등을 의미한다. 때로 '자제력 있다'는 말은 미래에 원하는 것을 위해 지금 당장 원하는 것을 포기한다는 뜻이다(Logue, 1995, 1998). 미래에 더 좋은 직업을 가지게 해줄 좋은 대학

글상자 2-4 단기 목표와 장기 목표 간의 갈등

	단기 목표	장기 목표
행동 초과 (즐거움을 주지만 바라지 않는 행동)	바람	바라지 않음
행동 결핍 (고통을 주지만 바라는 행동)	바라지 않음	바람

출처: Rakos(1992), 개인적 교신.

성적을 위해서 지금 빈둥대는 것, 즉 당장의 즐거운 목표를 포기한다. 금연하고자 하는 사람은 미래에 건강해지려는 목표를 가진 사람이지만, 중독은 그들로 하여금 담배를 피우고자 하는 욕구를 만족시키는 단기 목표를 좇게 한다. 몸무게를 줄이고자 하는 사람도 비슷한 종류의 갈등을 겪는다. 장기적으로는 날씬해지고 싶지만 단기적으로는 먹기를 간절히 원하는 것이다. 글상자 2-4에는 이러한 종류의 상황이 예시되어 있다.

장기적으로는 그 행동을 그만두고자 할지라도 단기 목표를 선택하는 경우가 종종 있다. 이러한 행동은 성 바울에게처럼 이해 불가능해 보일 수도 있다. 그만두기를 원하면서도 왜 나는 계속하고 있는가?

특히 바꾸고자 하는 행동으로부터 얻는 것이 있다면, 이러한 일이 가능하다. 예를 들어 술은 종종 긴장감을 없애고 파티에서 '재미있는' 사람이 되는 데 사용된다. 때론 술꾼이 되지 않는 장기적인 목표보다 긴장 완화와 즐거움이라는 단기 목표를 선택하기 때문에 술을 포기하기 어렵다. '소울 푸드'라는 말도 있듯 먹는 것이 마음을 안정시켜 주기도 한다. 그래서 포기하기 어려운 것이다.

유혹에 저항하는 첫 번째 단계는 갈등을 겪고 있음을 인정하는 것이다. 원하지 않으면서 원할 수도 있다. 약물 남용자나 다이어트를 하는 사람들은 이를 아주 잘 안다. 욕망의 대상이 가까이 있을 때, 그것이 자신에게 나쁘다는 걸 알면서도 원한다. 이러한 경향을 극복하기 위해서는 우선 자신이 갈등을 겪고 있음을 인정해야 한다(Myrseth & Fishbach, 2009).

약물 남용자가 "나에겐 아무 문제가 없어. 그냥 취한 느낌을 즐기는 거지."라고 생각한다면, 약물 남용과 건강 사이의 갈등은 자각되지 못한 채 자기 개선의 기회는 사라진다. 분노조절을 해야 하는 사람이 "사람들한테 화를 내는 건 내 잘못이 아니야. 사람들이 나를 진짜 열받게 할 때가 있다고."라고 생각한다면 자기조절 프로젝트를 시작할 수 없다.

갈등이 있을 때 첫 번째 단계는 그것을 인정하는 것이다. 다음의 물음에 답해 보자.

그만두고자 하는 행동이 하고 싶어 하는 행동인가?

예 □ 아마도 □ 아니요 □

여러분의 대답이 '예'나 '아마도'라면, 축하한다. 여러분은 자기조절을 향한 첫 번째 단계를 마친 것이다.

두 번째 단계는 유혹에 넘어갈 때 스스로에게 뭐라고 하는지 깨닫는 것이다. 유혹에 무릎 꿇으며 "이번 한 번만이야. 별것 아니야."라고 이야기할 수도 있다. 하지만 앞으로 수없이 많은 '이번 한 번만'으로 이어지기 때문에 별것 아닌 게 아니다. 의사표현을 잘하고 싶어 하는 한 여성이 우리에게 이야기했다. "제가 자기주장을 펼치려고 할 때마다, 어떤 어려움에 부딪히거나 문제가 생겼어요. 그래서 포기했지요. 저는 '음, 다음에는 할 수 있을 거야.'라고 속으로 생각했어요. 그러다 어느 날 제가 아주 오랫동안 어려움에 처음 부딪힐 때마다 이런 식으로 포기했다는 걸 깨달았어요."

'이번 한 번만' 포기하는 것이 그다음, 또 다음, 또 그다음에도 포기하는 것으로 이어짐을 깨닫는다면, 덜 포기하게 된다(Fishbach & Converse, 2011). 오랫동안 포기해 왔다는 것은 변화의 가능성이 없다는 것이고 이는 큰 손실이다. 유혹에 항복하는 데 큰 비용이 따른다고 생각하면 '이번 한 번만' 포기하게 되는 일이 적다(Magen, Dweck, & Gross, 2008).

유혹에 맞닥뜨렸을 때 스스로에게 뭐라고 이야기하는지 잘 생각해 보자. 그 말이 이번 한 번에만 해당하는가? 유혹에 굴복해야 할 수많은 기회가 있다고 생각해 볼 수도 있다. "이번 한 번만이야. 그렇지만 앞으로 수백 번도 더 이렇게 포기해야 할 거야. 이번에 그만두면 앞으로 계속 포기하게 될 거야."(글상자 2-5와 글상자 2-6)

글상자 2-5 **유혹에 대처하기: 바람직한 금연 사례**

Suellen Rubin(카브릴로 대학)

캘리포니아 대학에서 심리학 입문을 수강하고 있는 30살의 학생 론은 남는 학점으로 자기수정 프로젝트를 실습하기로 결심했다. 그는 자기수정 기술을 사용하여 담배를 끊고

(다음 쪽에 계속)

글상자 2-5 (계속)

싫어서 신중하게 계획을 짰다. 그는 전에 음주를 성공적으로 통제하는 걸 배웠고, 그 경험이 담배도 끊을 수 있다는 자신감을 주었다.

론은 제3, 5, 6, 7장의 내용에 따라 유혹을 최소화하는 계획을 세웠다. 그는 우리가 추천한 유혹에 대처하는 몇 가지 기술을 사용했다.

- 그는 다시 담배를 피우고 싶은 유혹에 빠질 것을 알고 대처 계획을 세웠다.
- 유혹에 대응하는 데 친구들의 도움을 구했다.
- 공개적으로 변화를 약속했다.
- 그는 금연과 흡연 사이의 갈등을 느꼈음을 인정하고, 담배를 피우고 싶은 상황에서 대처 단계를 밟았다.
- 그는 순전히 자신의 자제력에만 기댈 수 없음을 알고 이를 대체할 방법을 마련했다. 일례로 자제력이 소진되지 않게 여러 장소에 담뱃갑을 놓아 두었다.

우선 그는 1주일 동안 담배를 피울 때마다 언제, 어디서, 어떤 기분으로 피우고, 어떤 결과가 있었지 관찰하며 일지를 기록했다. 그는 매일 평균 한 갑 반에서 두 갑을 피우고 있었다.

론은 하루에 담배를 한 개비씩 줄여 35일 동안 금연하기로 마음먹었다. 하루에 겨우 한 개비씩 줄여 나감으로써 금단 증상을 최소화할 수 있을 것으로 기대했다. 그는 오래전부터 원했던 오토바이를 구입하기 위해 모아 둔 돈(꽤 되는!)을 유보해 두기로 결정했다. 금연으로 모은 돈을 가지고 오토바이를 할부로 구입하려고 생각했다.

론은 담배를 많이 가지고 다니면 피울지도 모른다는 걸 알았기 때문에, 매일 정해진 개수의 담배만 가지고 다님으로써 그 유혹을 미리 방지했다. 그는 가슴 주머니에 담뱃갑을 가지고 다니는 대신, 플라스틱 백에 몇 개비만 가지고 다녔다. 나머지 담배는 친구에게 맡기거나 차 안에 보관하고, 몇 개의 주머니에 나눠 한 번에 할당량 이상 피우지 않도록 했다.

론은 강사와 친구들에게 계획을 공표했다. 매주 AA(Alcoholics Anonymous, 역주: 미국에 있는 금주를 위한 자조 모임) 회의에서 계획에 대한 상세한 의견을 나눴다. 모든 사람 앞에서 그는 담배를 피우고 싶은 유혹에 어떻게 대처할 것인지 이야기했다. 그리고 강사와 상의해서 성공할 때에만 학점을 받겠다고 약속했다.(강사는 이에 대해 확신이 없었지만 그렇게 약속했다.)

론은 또한 몇몇 새로운 행동을 사용했다. 자신이 보통 담배를 피우러 갈 때마다 오른손으로 가슴 주머니를 만진다는 걸 알게 되었다. 빈 주머니는 그가 이제 새로운 삶으로 가고 있다는 것을 상기시키는 역할을 했고, 그를 기분 좋게 만들었다. 매번 담배를

(다음 쪽에 계속)

찾으러 손을 뻗어 아무것도 없음을 확인할 때마다 기분이 좋았다. 그는 유혹에 잘 견디고 있었다.

론은 현실적인 목표를 세웠고 여러 하위 목표(매일 조금씩 줄이기)로 나눠 계속 성과를 보였다. 기록은 그가 좋아지고 있음을 보여 주었다. 한편, 많은 유혹이 있을 것을 알고 이에 대처하기 위해 미리 계획을 세웠다. 예를 들어, 하루 허용량만큼의 담배만 지니고 다녔고, 계획 추진에 친구들을 이용했다. 담배를 꺼내기 위해 가슴 주머니를 만지는 행동을 통해 최종 목표를 향해 나아가고 있음을 상기하도록 했다. 또한 친구들의 격려와 학점으로 금연에 대한 보상을 받을 수 있었다.

론은 오토바이를 살 수 있었고, 우리가 마지막으로 확인했을 때 1년 반 넘게 담배를 피우지 않고 있었다.

글상자 2-6 유혹에 대처하기

자제력에 대한 요구를 최소화하는 계획을 생각해 보자. 예를 들어 다음과 같다.

- 유혹에 빠질 것이 분명한 상황은 피하라.
- 친구들에게 유혹하지 말라고 부탁하라.
- 유혹의 정도를 최소화하라.
- 주의를 돌리도록 하라.

유혹하는 대상을 '원하지만 원하지 않는' 갈등에 빠졌다면 다음과 같이 하라.

- 갈등하고 있음을 인정하라.
- '이번 한 번만'이라고 생각하지는 않는지 돌아보고, 이 한 번이 앞으로 끝없는 '이번 한 번만'이 될 것임을 상기하라.

다음 질문에 답하라.

유혹에 넘어갈 때 자기 자신에게 '이번 한 번만'이라고 이야기한다는 것을 알아차릴 수 있겠는가?

예 □ 아마도 □ 아니요 □

그렇다면, '이번 한 번만'이 앞으로 수없이 계속 되풀이될 것이라는 생각을 해볼 수 있겠는가?

예 □ 아마도 □ 아니요 □

변화의 득과 실

학습목표

- 변화로 얻는 것과 잃는 것은 무엇인가? 이 질문에 대한 답을 알아야 하는 이유는 무엇인가?
- 변화의 계획과 실제 과정에서 밟아야 하는 단계를 설명하라.

모든 자기변화 계획에는 장기적 · 단기적 장점과 단점이 따른다. 변화에 대해 양가적으로 느끼는 것은 지극히 일반적이다. 자기수정 프로젝트의 초기에 자신의 양가적 가치를 알아내면 성공할 가능성이 높아진다. 스스로에게 물어보라. "이 변화로 무엇을 잃게 될까?"

✿ 목표에 대한 양면 가치: 변화의 득과 실

테루코는 처음에는 대학 성적이 낮아 걱정이라고 말했다. 그녀는 고등학교 수석 졸업생이었고 모든 이의 촉망을 받았다. 하지만 지금은 대부분 C학점을 받고 있었다. 그녀는 성적을 올리기 위한 자기변화 계획을 시작했으나 며칠 후 흐지부지되었다. 그녀는 말했다. "그거 아세요? 이런 게 정말 편해요. C를 받기 위해 공부를 할 필요가 전혀 없어요. 그리고 아버지가 늘 강요하던 제 능력의 최대치를 찾아낼 필요도 없어요. 그냥 설렁설렁해도 돼요. 지금으로서는 그게 제가 원하는 전부예요."

변화는 우리가 미처 대처할 준비가 되지 않은 새로운 상황을 가져올 수 있다. 샬럿은 20kg 정도 과체중이었는데 전년도에 거의 18kg을 감량했다. 그녀는 다음과 같이 설명했다.

> 골고루 살이 빠진 건 아니지만… 솔직히 전 가슴이 큰 편이거든요. 남자들은 제가 날씬해진 걸 좋아했지만 전 전혀 그렇지 않았어요. 남자들이 내 몸에 보내는 시선이 싫었어요. 그래서 다이어트를 그만뒀고 13kg 정도 다시 쪘어요. 이제 다시 뚱뚱하지만 성가시지 않아요.

글상자 2-7의 지침과 글상자 2-8의 사례를 참고하라. 변화에 대한 기대와 두려움을 나열해 보라. 예를 들어 운동을 하면 좋은 몸매를 가지고 자신감을 얻을 수 있다(이득). 하지만 동시에 땀투성이가 되거나 갑작스런 폭식을 할까 봐 걱정이다(손해)(Fanning, 1990). 더 열심히 운동하면 에너지 넘치고 기분 좋을 수 있겠지만, 날씨

글상자 2-7 자기변화 프로젝트의 득과 실

지시: 변화에 대한 단기 및 장기적인 득과 실을 생각한다. 자신과 타인에게 미치는 무형 및 유형의 효과를 모두 고려한다. 자신에 대해 어떻게 느낄 것이며 다른 사람들은 어떻게 느낄지 생각해 본다.

변화에 대한 단기적 이득:

____

____

____

변화에 대한 장기적 이득:

____

____

____

변화에 대한 단기적 손해(현 상태 그대로 머물러 있는 것에 대한 이득):

____

____

____

변화에 대한 장기적 손해:

____

____

____

가 나쁠 때, 혹은 사람들 앞에서 운동하는 것은 불편할 수 있다(Marcus, Rakowski, & Rossi, 1992). 변하지 않고 그대로 있는 것의 실세직 이득을 지시하고 이에 대해 생각해 보아라.

이러한 목록을 작성하는 사람들은 변화에 대한 계획에서 성공적일 확률이 더 높다(Janis, 1982; Kirschenbaum & Flanery, 1984).

목록을 일단 작성했으면 곁에 두라. 이따금 꺼내 보며 변하고 싶은 이유를 상기하라. 계획이 진행되면 이유를 까맣게 잊어버리게 되거나, 문제를 다루기 힘들어지면 변화해야 하는 이유들이 전처럼 중요하지 않게 느껴질 수도 있다. 계획 진행이 어려

글상자 2-8 금주의 득과 실

다음은 과음자가 음주를 줄이는 결정을 내리며 생각해 볼 수 있는 고려 사항을 적은 것이다(Curry & Marlatt, 1987).

1. 왜 음주를 자제해야 하는가?

단기적 고려 사항

득	실
술을 조절할 수 있다는 뿌듯함	오래된 습관을 고치는 것은 힘들다.
과음으로 인한 병에서 벗어남	과음자들로부터의 사회적 압박
긴장 감소	새로운 행동에 대한 어색함
돈 절약	
술을 가볍게 마시는 사람들의 인정	

장기적 고려 사항

득	실
자기통제 및 자신감 증가	과음자들과의 우정 손실
건강 개선	즐거움의 손실
숙취 없음	
체중 감량	
새로운 친구들과 취미	

(다음 쪽에 계속)

울 때 목록을 다시 읽어 보는 것은 계속 노력하기 위한 힘이 될 수 있다(Curry & Marlatt, 1987).

목록 작성이 어째서 도움이 되는가? 첫째, 변화에 대한 장애물을 예상할 수 있게 도와서 그것들을 극복하기 위한 계획을 세울 수 있게 해준다. 예를 들어 변화가 배우자를 불편하게 만든다면 조금씩 바쁘거나 불편감을 덜어 줄 방법을 상구한다. 미셸은 68kg을 감량하여 아주 매력적인 아내로 변신했다. 살 속에 아름다운 여자가 숨어 있었던 것이다. 하지만 그 결과가 남편에게 모두 긍정적인 것만은 아니었다. 그는 난생 처음으로 그녀와 함께 있는 괜찮은 남자들에게 질투를 느꼈다.

둘째, 목록은 여러분을 현실적으로 만든다. 즉, 원하는 것과 원하지 않는 것이 무엇인지, 원하는 것을 얻기 위해 현실적으로 무엇을 할 준비가 되어 있는지 알게 해준다. 땀 흘리는 게 싫은데 운동을 해야 한다는 것을 깨달으면 장애물과 타협하는 계획

2. 왜 과음을 지속하거나 다시 시작해야 하는가?

단기적 고려 사항

득	실
즉각적인 만족	과음으로 인한 병
과거 자아상과의 일관성	재정적 손실
과음자들로부터의 지지	사회적인 당혹감
무책임에 대한 변명	가볍게 음주하는 사람들의 비난
더 빠른 취침	협응 감퇴
증가된 개인적 힘 지각	상해 가능성

장기적 고려 사항

득	실
오래된 자아상과의 일관성	자부심 저하
과음자들과의 우정	재정적 손실
	건강 문제 증가
	대인관계 갈등
	업무 방해
	알코올에 대한 신체적 의존

을 만들 수 있다. 예컨대 수영을 해보는 것이다. 수영을 하면 땀이 나지 않는다.

셋째, 미리 계획하도록 만들어 준다. 현실적인 계획과 목표를 세우면 성공 가능성이 더욱 높아진다. 공부를 너무 안 해서 화가 날 것 같다면 미리 대처할 수 있다.

캠퍼스 밖에서 살고 있는 19살의 2학년생 라니는 다음과 같이 기록했다. "변화에 대한 득과 실을 나열하고 단점을 최소화하기 위한 행동은 매우 효과적이었다. 내 목표는 린다를 모델로 삼아 공부 시간을 늘리는 것이었다. 내가 낮에 사교 활동에 많은 시간을 소비하는 동안 린다는 학교에서 모든 공부를 마쳤다. 나도 역시 낮에 공부를 한다면 좀 더 효율적일 것이라고 생각했다. 하지만 변화의 단점을 나열하다가, 그렇게 하면 학교에서 친구들과의 시간이 모조리 없어진다는 것을 깨달았다. 린다는 나에게 좋은 모델이 아니었다. 그녀는 결혼했기 때문에 저녁에 집으로 돌아가면 남편과 내내 함께한다. 나는 혼자 살고 있어서 친목 활동이 낮에 이루어지며, 나는 정말이지 그것을 포기하고 싶지 않았다. 나는 저녁에 공부를 늘리는 것으로 계획을 변경했다. 이 효과는 대단했다!"

한 청년이 과음을 줄이기 위해 심리학자에게 상담을 받았다(Sobell & Sobell,

1995). 심리학자는 그에게 음주를 줄이는 것에 대한 득과 실을 적어 보라고 했고, 그는 음주를 줄이고 싶지 않다는 결론을 내렸다. "저는 술집에서 죽치고 있는 사람입니다. 술집에서 시간을 보내며 놀고 마시고 사교적인 활동도 많이 합니다. 술집에 있는 시간이 어마어마해요. 그러니 술을 줄이고 싶지 않습니다." 심리학자는 그에게 지금과 같은 음주량을 유지한다면 5년 후 어떻게 되어 있을지 자세히 묘사해 보라고 했다. 그는 "어느 의사의 진료실에 있겠죠."라고 답하고 술집에서의 사교 활동을 계속하는 대신 음주를 줄이는 계획을 착수했다. 그의 새로운 목표는 '음주를 그만두는 것'이 아니라 대신 '지나치게 마시지 않고 술집에서 재미있게 노는 방법을 배우는 것'이었다.

목록을 만들긴 했지만 정말 하기 싫다는 생각이 든다면 포기하기 전에 스스로에게 한 번 더 자문해 보자. 변하지 않으면 5년 뒤에는 어떻게 될까?

변하지 않고 이대로 있는 장점도 잃지 않으면서 변해서 얻는 이득도 얻을 수 있는 방법은 있는 걸까?

✿ 변화에 대한 사고의 단계

득과 실 사이의 균형은 변화를 위해 우리가 얼마나 준비되었는지 알려 준다. 모든 사람들이 동의하지는 않지만(Herzog, 2008; Littell & Girven, 2002), 이론가들은 사람들이 변화의 5단계를 거친다고 한다(DiClemente & Proschaska, 1998; Prochaska & DiClemente, 1992).

1. 변화에 관해 생각하지 않는 계획 전(precontemplation) 단계
2. 변화에 대해 인식하며 '다음 6개월 이내 언젠가' 변화를 해보겠다는 계획(contemplation) 단계
3. 다음 한 달 내 변화하기 위해 준비하는 준비(preparation) 단계
4. 변화가 일어나는 행동(action) 단계
5. 처음 목표들이 달성된 후 변화를 유지하는 유지(maintenance) 단계

어떤 사람들은 몇 년 혹은 일생 동안 초기 단계들 중 하나에 머물러 있을 수도 있다. 어떤 남자는 술을 너무 많이 마셔서 인생의 다른 즐거운 활동들에 대한 흥미를 잃어버렸는데도, 죽을 때까지 계획 전 단계에 머문 채 문제를 평생 인식하지 못할 수도 있다(Prochaska, DiClemente, & Norcross, 1992). 많은 흡연자들은 "6개월 이내에 끊

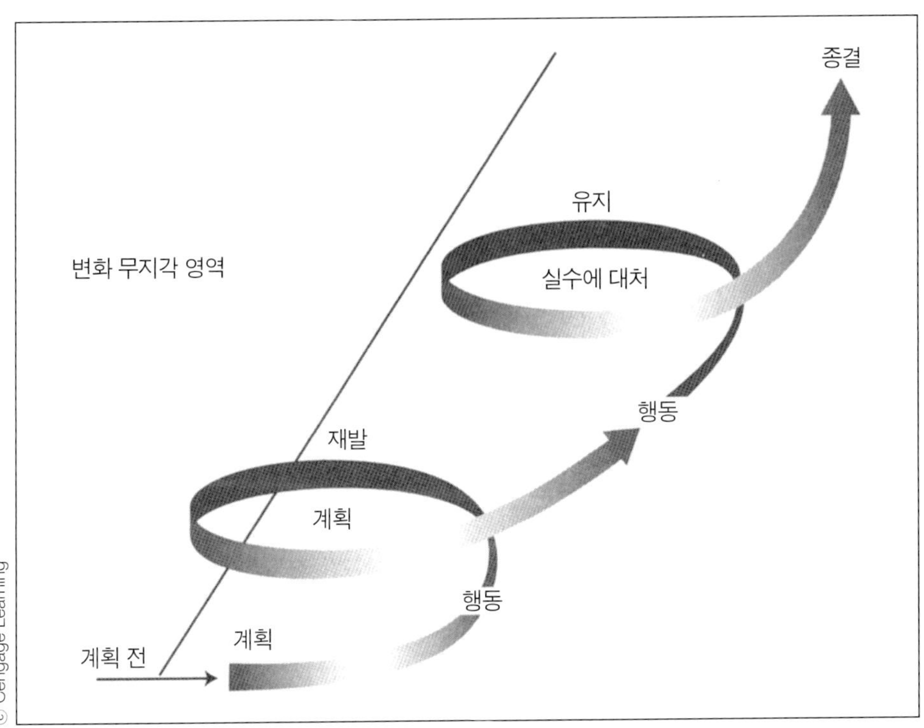

그림 2-1 변화의 나선형 과정

출처: Prochaska, DiClemente, & Norcross, 1992.

을 거야."라는 계획 단계에서 2년 혹은 그 이상을 머문다(Prochaska & DiClemente, 1984). 우리 친구들 중 한 명은 "한두 달 안에 운동을 시작해야 해."라는 말을 되풀이 한 지 3년이 되었다.

변화에 대한 사고의 과정은 대개 일직선으로 진행되지 않는다. **그림 2-1**을 보라. 계획 전 단계에서 계획, 준비, 행동 단계에 이르기까지 과정은 나선형에 좀 더 가깝다. 이는 재발이나 실수, 실패 후에 실망감으로 한동안 다시 변화에 대한 생각을 하지 않는 전 단계로 돌아가기 때문이다(Prochaska, DiClemente, & Norcross, 1992). 최종 변화로 가기까지 많은 사람들이 재발을 경험하므로 다음 단계로의 진전을 위협하는 예기치 못한 상황이나 실수에 대처하는 법을 익혀야 한다. 제8장과 제9장에 이런 문제들에 대처하는 방법에 대한 상세한 설명이 제시되어 있다.

변화가 가져오는 손실이 이득을 능가할 때 계획 전 단계에 머물며 변화를 생각하지 않는 경향이 있다. 하지만 변화의 이득과 손실 간의 균형이 예전과 달라지면 변화를 계획하기 시작할지 모른다. 어느 흡연자는 금연을 생각지 않은 채 몇 년을 보냈다.

그런데 계속 기침이 나서 의사를 방문하고 난 후 금연이 갖는 이득에 대해 생각하기 시작했다.

변화의 장점이 단점보다 절대적으로 많다고 느낄 때 균형이 붕괴되고 준비 및 행동 단계에 들어가게 된다. 소파에서 벗어나 운동을 시작한다면, 그것은 운동의 장점이 단점을 능가한다는 생각을 시작했기 때문이다(Marcus & Owen, 1992). 운동은 시간이 걸리고 피곤하지만 이러한 불편함은 운동으로 좀 더 에너지 넘치고, 기분이 좋아지고, 스트레스를 덜 받고, 몸매가 예뻐진다는 것으로 상쇄된다.

스스로를 준비 및 행동 단계로 이끌기 위해서는 다음 두 가지를 생각해야 한다.

1. 변화의 이득이 정말 많은 이유
2. 단점이 생각했던 만큼 많지 않은 이유

예를 들어 운동의 비용에 초점을 맞추고 있다면 반대로 이득에 초점을 맞추고, 결국 비용은 그렇게 많이 들지 않을 것이라고 생각해야 한다.

앞으로 되돌아가서 변화의 득과 실을 적은 목록을 다시 보라. 이득이 처음보다 더욱 강력해진 이유를 생각해 볼 수 있는가? 손실이 처음보다 실제로 약해진 이유를 생각해 볼 수 있는가? 중요한 개인적인 이유들을 생각해 보라(Curry, Wagner, & Grothaus, 1990). 예를 들어, 담배를 끊음으로써 삶을 주도한다는 느낌이 생기고, 다른 사람들이 더 이상 걱정하지 않을 것이기 때문에 끊는 이익이 더 크다. 변화의 이득이 처음 생각했던 것보다 실제로 더 강력하고 손실은 더 미약한 이유를 알 수 있다면 변화에 필요한 일들을 해낼 가능성이 높아진다.

많은 자조기술 책들이 '10일 안에 5kg 감량'이라는 식으로 어려운 목표를 쉽게 이야기한다. 그런 말에 넘어가지 말라. 변화의 가능성에 대해 비현실적이어서는 안 된다(Herman & Polivy, 2011; Polivy & Herman, 2000, 2002). 중요한 변화는 이루기 어렵고, 포기하지 않는 것만이 목표를 이루게 할 것이다(Trottier, Polivy, & Herman, 2008). 목표를 달성하고, 몇 년 동안이나 지속된 나쁜 버릇을 좋은 것으로 대체하는 일은 가능하지만 이는 반복된 연습과 수많은 시행착오를 동반한다. 이 장의 끝 부분에 실린 피트의 변화 계획은 18kg 가까이 몸무게를 줄이고 유지하기 위해 필요한 것들을 배우는 데 말 그대로 수년간 그가 어떻게 노력했는지 보여 준다.

목표 설정하기

학습목표

- 단기적 · 장기적 목표는 계획에 있어 각각 어떤 역할을 하는가?
- 하위 목표를 세우는 장점은 무엇인가?
- 하위 목표는 어떤 특징을 가져야 하는가?
- 변화 목표가 자신의 중요한 가치와 연결되어야 하는 이유는 무엇인가?
- 변화를 원하는지 자문해야 하는 이유는 무엇인가?
- 자기계약은 무엇인가?

자기수정 계획에서는 목표를 설정해야 한다. 목표가 없으면 시작할 수 없다. 요기 베라(Yogi Berra)가 말했던 것처럼, "어디로 가고 있는지 모른다면 어딘가 다른 곳에 도착할 것이다." 장기 목표와 단기 목표가 모두 없으면 노력을 하지 않게 된다. 단기 목표는 여행을 시작하게 하며, 장기 목표는 여행을 계속하게 한다(Locke & Latham, 1990, 1994, 2002, 2006). 목표는 우리의 동기와 끈기를 높이고, 주의를 집중하게 하며 감정에 영향을 준다(Zimmerman, 2008).

최종 목표를 구체적으로 진술한 다음, 그것을 한 번에 하나씩 수행할 수 있는 하위 목표로 쪼개라. 퍼트리샤의 장기 목표는 배우자인 릭과의 관계를 좀 더 평등하게 바꾸는 것이었다. 여기에는 누가 집안일을 하는지, 누가 결정을 내리는지, 누가 양육을 맡는지 등의 문제들이 포함되었다. 그녀는 일상생활과 관련된 문제 중 하나에 의사표현을 명확히 하는 것을 첫 번째 하위 목표로 정했다. 이는 특정한 상황에서 어떻게 행동할지에 대한 것이었다. "예기치 않을 때 릭이 나에게 다가오면 '릭, 제발 갑자기 나를 만지지 말아 줘. 그건 나를 놀라게만 하고 하나도 즐겁지 않아.'라고 말할 것이다."

하위 목표의 좋은 점은, 장기 목표는 당장 달성이 어려워도 하위 목표는 가능하다는 것이다(Stock & Cervone, 1990). 하위 목표들은 쉽게 달성할 수 있으므로 자기효능감을 가지게 된다. 시도할 만한 가치가 있어 보이는 것이다. 퍼트리샤는 릭과의 결혼 생활을 완벽하게 평등하게 만들려면 오랜 시간이 걸릴 것임을 알고 있었다. 그러나 한편으로는, 놀라게 하지 말라고 부탁하는 하위 목표는 그리 어렵지 않다는 것도 알고 있었다. 피트의 체중 감량 계획에서 그의 최종 목표는 몸무게를 줄이고 식이와 운동 패턴을 바꾸어 다시 살찌지 않도록 하는 것임을 알 수 있는데, 여기에는 간식 바꾸기, 디저트 먹는 횟수 줄이기, 뷔페에서 전과 다르게 먹기, 운동 횟수 늘리기, 야식 먹지 않기 등의 여러 가지 하위 목표가 포함되어 있다. 날씬이 피트가 되기 위한 여정에서 20여 개의 하위 목표들과 수많은 하위-하위 목표들이 달성되었다.

상위의 장기 목표만 좇는 것은 좌절로 이르는 길이다. 몸무게가 108kg에 달하는 우리 동료 중 한 명은 의사로부터 80kg까지 감량해야 한다고 들었다. 80kg은 그의 현재 체중에서 너무 까마득한 수치였기 때문에 그는 시도조차 해보지 않았다. 목표가 지나치게 동떨어져 있었다. 그는 2~3kg 감량을 먼저 시도해 봤어야 한다. 목표가 '유명한 작가'였던 한 여성은 자신이 전혀 글을 쓰지 않는다는 사실을 깨달았다. 문제는 이야기 하나 쓰기 같은 하위 목표를 설정하지 않았으며, 큰 목표는 지나치게 까마득해 보여 매혹적인데도 불구하고 시도할 가치가 없었다는 것이다. 늑장 부리는 사람들도 같은 문제를 가지고 있다. 즉시 도달할 수 있는 하위 목표가 없고, 따라서 시작할 이유가 없다. 목표가 전 과목 A학점을 받는 것인데 현재 C학점을 받고 있다면, 장기 목표가 너무 멀어 지향할 의미가 없다. 우리는 구체적이지 않고 추상적이고 먼 목표를 세워 지금 당장 움직이지 않는 경향이 있다(McCrea, Liberman, Trope, & Sherman, 2008).

그러므로 하위 목표를 설정하라. 화를 조절하는 방법을 익히고 싶었던 한 여성은 남편에게 매우 화가 나면 일단 아무 말 없이 방에서 나오는 것을 하위 목표로 삼았다. 우정을 더욱 두텁게 하길 원했던 한 학생은 열심히 듣는 사람이 되자는 하위 목표로 시작했다. A학점을 많이 받고 싶었던 한 학생은 한 과목에서 A를 받는 하위 목표로 시작했고, 그것을 그 과목의 다음 시험에서 A를 받는다는 하위 목표로 다시 쪼갰다.

구체적인 목표와 하위 목표("나는 1주일에 적어도 10시간 공부하겠다.")**가 일반적인 것**("나는 공부를 더 많이 하겠다.")**보다 낫다**(Cervone, Jiwani, & Wood, 1991; Kirschenbaum, 1985). 경영 관리자들은 직원들에게 '최선을 다하라'고 강요하면서 동기를 부여하고 있다고 생각한다. 하지만 연구에 따르면 매우 구체적인 목표를 설정하는 것("다음 달에는 생산을 5% 늘리자.")이 더욱 효과적이다(Locke & Latham, 2002). 더 명확하기 때문이다. '최선을 다하라'라는 목표는 모호하므로 그것을 그렇게 하고 있는지 아닌지 확실하지 않지만, '5%'는 아주 명확하므로 그것을 하고 있는지 아닌지 알 수 있다. 비슷하게, '성적을 잘 받고 싶다'는 애매하지만 '절반은 A를 받겠다'는 명확하다.

구체적인 하위 목표는 목표 달성을 위한 과정을 상기시켜 준다. '다음 시험에서 A 받기'라는 하위 목표를 세우면 이어서 "그러기 위해서 무엇을 해야 할까? 교과서를 복습할까? 필기를 다시 볼까? 애들에게 퀴즈를 내 달라고 부탁할까?"라고 생각하게 된다.

구체적이되 융통성을 위한 여유는 남겨 두도록 하라. 목표를 특정한 시간이나 장소에 묶어 두지 말라. 중요한 건 최종적인 결과이지, 언제 어디서 수행했는지가 아니다. "금요일 저녁 6시 30분부터 8시 20분까지 공부할 거야."보다 "1주일에 10시간 공부할 거야."라고 정하는 게 낫다. 특정 목표를 달성하지 못하면 자제력이 없으니 그만둬야 한다고 생각할지도 모른다. 반면에, 목표가 주당 일정한 시간을 공부하는 것이라면 금요일 밤에 공부할 수 없게 되더라도 토요일 오후에 따라잡을 수 있다(Baumeister et al., 1994).

첫 번째 단계를 비현실적으로 높게 잡지 말아야 한다. "공부 시간을 500% 늘리겠다."는 맥 빠지는 목표이다. 달성 가능한 것부터 시작하라. 그러나 균형을 잘 잡아야 한다. 목표는 약간 도전적이어야 하기 때문이다. 그렇지 않으면 동기부여가 되지 않는다(Locke & Latham, 1990, 2002).

"나는 이번 주에 15분 공부할 거야."는 공부하게 할 만큼 도전적이지 않다. 물론, 우리는 자신에게 도전적인 것을 선택해야 한다. 누구에게는 쉬운 것이 다른 사람에게는 어려울 수 있기 때문이다.

요약하면, 하위 목표는 구체적이며 도달 가능해야 하지만 도전적이며 융통성이 있어야 한다.

잠깐! 계속하기 전에 종이와 펜을 꺼내 최종 목표를 적어 보라. 그런 다음 달성 가능한 하위 목표를 만들어 보라. 이 부분에 약간 공을 들여야 한다. 여러분은 여정을 위한 준비를 하고 있기 때문이다.

장기 목표가 '사람들에게 지나치게 화내지 말기'였던 한 남자는 "내 계획은 화낼 법한 다양한 상황들을 살펴보고, 화를 통제하기 쉬워 보이는 순서에 따라 순위를 매기는 것이었다. 나는 쉬운 것들부터 시작할 것이고, 어떤 경우라도 대처할 수 있을 때까지 범위를 확장시켜 나갈 것이다."라고 말했다.

✿ 자기수정 목표를 인생 목표에 연관시키기

지금 자신의 행동이 자신의 가치에 위배된다는 것을 알면 변화가 쉽다. Miller와 Rollnick(1991)은 비 오는 날 두 아이를 집으로 데리고 오는 동안 담배를 몹시 피우고 싶었던 한 남자의 예를 들었다. 그는 길 건너 열려 있는 상점을 보고 뛰어 건너가 담배를 사 오는 동안 두 아이를 빗속에 세워 두었다. 나중에 그는 자신이 아이들을 비에 젖게 내버려 두었다는 사실에 소름이 끼쳤고, 즉시 담배를 포기했다. 아이들을 보호

한다는 중요한 가치를 저버렸기 때문에 그의 행동은 스스로를 질리게 만들었다.

자기수정 목표를 인생의 더 큰 목표에 연결시킴으로써 성공 가능성을 높일 수 있다. 목표가 인생 전반의 목표와 부합할 때 수행할 가능성이 더 높다(Karoly, Ruehlman, Okun, Lutz & Fairholme, 2005).

Ford(1992)는 많은 연구들을 살펴본 뒤, 우리 대부분이 인생에서 얻으려고 애쓰는 목표를 크게 다음의 네 가지 범주로 나눌 수 있다고 보았다.

1. 행복 또는 안정과 같은 긍정적 정서 경험
2. 긍정적인 자기평가
3. 타인에게 보살핌을 받고 인정받는, 타인과 소통하는 감정
4. 신체적으로 활동적이고 활기참

이 중에서 여러분에게 중요한 것은 무엇인가? 자신의 변화 프로젝트를 떠올려 보라. 중요한 가치를 상기하고 변화 목표에 연결시키면 성공의 확률이 높아진다(Logel & Cohen, 2012). 도넛을 하나 먹겠다는 사소한 결정은 활동적이고 활기찬 사람이 되겠다는 가치를 위반하는 결정으로 생각해 보면 훨씬 중요해진다. 친구에게 소리 지르는 '지극히 쉬운' 결정은 다른 사람과 함께한다는 중요한 가치를 위반하는 것으로 볼 때 더욱 중대한 것이 된다. 자기변화 노력을 중요한 가치와 연결시켜 두면 이와 어울리는 결정을 하게 된다.

더 많은 친구들과 가까운 친구들을 만들고 싶었던 한 학생은 자신이 3번에 초점을 맞추고 있지만, 목표 달성을 통해 다른 영역들에서도 역시 이득을 얻게 될 것임을 깨달았다. 그는 다음과 같이 기록했다.

더 많은 친구들이 있으면…

1. 나는 더 행복해질 것이다.
2. 내가 좀 더 호감이 가는 사람이 되기 때문에 나 자신을 좋아할 것이다.
3. 다른 사람과 소통한다고 확실히 느낄 것이다.
4. 어쩌면 여자 친구가 생길지도 모른다.
5. TV 시청 대신에 친구들과 많은 활동을 할 것이기 때문에 좀 더 활기찬 사람이 될 것이다.

잠깐! 여러분의 프로젝트는 가장 중요한 가치와 어떻게 연결되어 있는가? 이 질문에 대한 대답을 적어 보라. 그리고 기억하라.

✿ 변화하려는 노력을 하는가?

이 장에 있는 목록과 답을 완성한 후, 그것을 전체적으로 살펴보라. 이게 원하는 여행인가? 자기변화 목표가 노력하고 싶은 목표인가? 이 방식으로 바꾸고 싶은가 (Ajzen, 1991; Ajzen & Fishbein, 1980; Ford, 1989)? 필요한 것을 하지 않으면 변화 목표를 달성하지 못할 것이다(Gonzalez, Schmitz, & DeLaune, 2006; Lefforge, Donohue, & Strada, 2006). 변화에 대해 듣는 것만으로는 안 된다. 변화를 위해 움직여야 한다. 열심히 생각만 하는 것으로는 부족하다. 계획하고 문제를 해결해야 한다. 준비되었는가?

다음 질문에 답해 보자.

나는 목표에 도달하기 위해 필요한 노력을 할 것이다.

예 □ 아마도 □ 아니요 □

만약 '예'라고 말할 수 없다면 몇 가지 방법이 있다.

이 장에서 관련 내용을 다시 읽고 각 단계에서 요구되는 작업을 수행하라. 예를 들어 목표에 도달할 수 있다고 믿지 않는다면 자기효능감에 착수하라. 변화를 원하는지 확신이 들지 않는다면 목표에 대한 양가감정을 분석해 보라. 여기 훌륭한 발견이 있다. 곧, 된다고 믿으면 하게 되고, 실제로 해보면 된다고 믿게 된다(Westra, Dozois, & Marcus, 2007). 노력하고 싶은 목표를 고르라. 큰 변화를 원하지 않는다면 그 일부를 바꾸는 것을 고려하라. 예를 들어 한 학생은 운동은 늘릴 수 있지만 저지방 식단은 자신이 없다고 말했다.

✿ 자기계약

원하는 자기변화 목표를 선택한 뒤 그것을 서면화하라. 계획의 각 요소들을 자기계약(self-contract)으로 만들라. 목표와 계획들을 가능한 한 분명하게 적어 보라. 이 책의 제3장에서 제8장에 걸쳐 더 많은 세부 항목들을 추가할 것이다. 계약의 첫 단락에는 마음가짐을 적어야 한다. "내가 선택한 목표를 달성하기 위해 필요한 행동 변화를 기꺼이 수행할 것이며, 책에서 제안한 단계들을 착수할 것이다. 설사 1시간 넘게 걸릴지라도 이 장의 마지막에 있는 2단계에 제시된 작업을 하겠다." 그런 다음 정말 할 마음이 있다면, 서명하라.

이게 정말 도움이 될까? 그렇다. 여러 연구들에서 자기변화 프로젝트를 하는 한 집단은 자기계약을 작성하게 했고 다른 집단은 그냥 두었다. 결과적으로 계약에 서명한 사람들의 성공 가능성이 높았다(Griffin & Watson, 1978; Putnam, Finney, Barkley, & Bonner, 1994). 자기계약은 그 자체만으로 모든 유혹을 물리쳐 주지 않지만 자기조절 과정에서 사용할 수 있는 효과적인 방법이다.

계약을 공개적으로 게시할 수도 있다. 학습, 음식 조절, 자기표현 등 다양한 자기주도적 프로젝트들은 공개를 통해 이득을 얻었다. 대학 미식축구 대표팀의 라인배커들은 그들의 목표가 라커룸에 게시되었을 때 포지셔닝과 태클 동작에 향상을 보였다(Ward & Carnes, 2002).

일반적인 주제를 위한 조언

이 책의 대부분의 장들은 '일반적인 주제를 위한 조언'이라는 절로 끝나는데, 이는 각 장에서 논의된 아이디어들을 가장 흔한 유형의 자기수정 프로젝트에 어떻게 적용할 수 있는지 보여 주기 위함이다. 각 프로젝트를 위해 유용한 정보들이 이 조언 절에 포함된다. 자기주도적 행동의 수업에서 흔히 제기되는 주제의 목록은 다음과 같다.

- 불안 및 스트레스
- 자기주장
- 우울 및 낮은 자존감
- 운동 및 체육
- 대인관계: 사회 불안과 사회적 기술
- 흡연, 음주, 약물 복용
- 학습 및 시간 관리
- 체중 감량 및 과식

우리는 각각의 주제에 대한 조언을 통해 아이디어들을 제안하지만, 이것이 장(章) 전체에서 제시되는 원리들을 읽고 생각하는 것을 대신할 수는 없다.

글상자 2-9 피트의 변화 계획

한 중년의 과체중 남성은 몇 년 전 우리 수업을 듣고 살을 뺐다가 다시 쪘다가를 몇 번이나 반복한 후, 식이와 운동습관을 바꿔 체계적으로 체중 조절을 하려고 결심했다. 그는 이 책의 아이디어를 이용했다. "하루도 빠짐없이 매일 걷는다든가 하는 방법으로 살을 빼고 다시 찌지 않는 사람들의 사례를 읽고 저는 효과적으로 보이는 모든 방법을 배워야겠다고 결심했지요. 음식 종류, 섭취량, 운동량 같은 것들을 바꿔야 했어요. 몇 년 동안 익숙했던 나쁜 습관을 바꾸려면 수없이 연습해야 한다는 걸 파악했고, 많은 시행착오를 겪으리라는 것도 알 수 있었어요. 그렇지만 포기하면 뚱뚱한 채로 남을 것이 분명하니 어떤 실수에도 포기하지 않았어요. 잃을 게 뭐가 있었겠어요? 제가 했던 모든 노력들을 전부 다 기록하기 시작했어요. 물론 쉬운 목표부터 시작해서 점점 더 어려운 것들로 옮겨갔지요. 제가 성공한 첫 번째 변화는 휴식시간에 먹던 사탕을 과일로 바꾼 거였어요."

피트는 다음과 같은 우리의 조언을 따랐다. 실수를 예상할 것, 쉬운 것부터 시작할 것, 나쁜 행동을 좋은 것으로 바꿀 것.

그 후 그는 기본적인 갈등에 부딪혔다. 과식을 좋아한다는 것이었다. 그는 이를 조금씩 개선하며 미리 계획함으로써 유혹에 저항하고자 했다. 몇 년이나 걸렸지만 결국 피트는 18kg을 감량했고, 10년 가까이 이를 유지하고 있다.

피트가 했던 것들이 이 장에 적절한가? 그는 행동을 바꾸는 데 집중했고, 차근차근 자기효능감을 쌓아 갔으며, 많은 연습이 필요함을 깨달았고, 여러 하위 목표를 설정했고, 유혹을 물리치기 위해 노력했으며, 갈등을 잘 해결했다.

우리에게 흥미로웠던 것은 피트가 그 수년간 모든 프로젝트들에 대해 상세히 기록했다는 점이었다. 그 기록들 덕분에 여러분에게 식습관을 조절한 사례에 대해 자세히 알려 줄 수 있었다. 그래서 이제부터 각 장에서 체중 조절에 대한 조언을 할 때는 피트의 계획을 조금씩 싣기로 하겠다.

요약

변화를 위한 목표 구체화

특정한 상황에서 특정한 행동에 대해서 구체화된, 잘 정의된 목표가 필요하다. 다음 문장을 완성할 수 있어야 한다.

나의 목표는 ______________ 때, ______________을 변화시키는 것이다.
(상황) (생각, 행동, 감정)

상황 속 행동을 구체화하기 위해 다음의 전략들을 사용해 보라.

1. 구체적인 예시 목록을 작성하라.
2. 문제의 세부 항목을 작성하라.
3. 스스로를 관찰하라.
4. 바람직한 행동 대신 어떤 행동이 일어나는지 기록하라.

설사 원치 않는 행동의 제거가 목표일지라도,

5. 전략은 항상 바람직한 행동을 증가시키는 것이어야 한다.

만약 무엇을 할지 확실치 않다면,

6. 목표로 연결될 사건들의 연쇄를 구체화하라.
7. 같은 목표를 이루는 데 성공한 사람들을 관찰하라.

그리고 설령 목표가 행동의 변화가 아닐지라도,

8. 목표에 도달하는 데에는 특정 행동의 변화가 필요하다.

문제가 복잡하면 자기이해가 깊어짐에 따라 목표 달성이 가까워진다.

연습 계획하기

실수를 범할 것을 예상하고 있어야 하며, 이를 성격 탓으로 돌려서는 안 된다. 실수에 대한 가장 좋은 반응은 계속해서 새로운 행동을 연습하는 것이다. 새로운 기술을 익히려면 연습이 필요하다.

바꾸고자 하는 행동이 여러분이 가진 어떤 고정적인 특성에서 비롯된다면 변화하려는 노력은 부질없는 것이다. 반대로, 현재의 어떤 결점이라도 단순히 특정 영역의 기술이 부족해서라고 생각한다면 목표는 단순해진다. 그 기술을 배우는 데 집중하는 것이다.

자기효능감

자기효능감은 어떤 과제를 처리하는 데 얼마나 능숙한지에 대한 자기 자신의 평가이다. 자기효능감을 높이기 위한 단계는 다음과 같다.

1. 달성 가능한 목표를 선택하라.
2. 최종 목표가 아닌 변화의 과정에 집중하라.
3. 과거의 수행과 현재 상황 간의 차이를 구별하라.
4. 사소한 향상에도 면밀한 주의를 기울이라.
5. 한낱 감정 때문에 수행을 그만두지 말라. 감정에 사로잡혀도 수행할 수 있음을 깨달아야 한다.
6. 상황을 난이도에 따라 순위 매기고 쉬운 것부터 시작하라.

유혹에 대처하기

항상 유혹에 대처할 계획을 가지고 있어야 한다. 자제력에 대한 요구를 최소화하는 계획은 자기피로를 줄이기 때문에 가장 효과적이다.

유혹에 대처하는 전략:

1. 유혹 상황을 피하라.
2. 친구들에게 유혹하지 말라고 부탁하라.
3. 변화를 공개적으로 약속하라.
4. 유혹의 정도를 최소화하라.
5. 유혹 상황에 처했다면 주의를 다른 곳으로 돌려라.
6. 만약 … 그렇다면 계획을 준비하라.

자기조절 시 발생하는 많은 문제들은 단기 목표와 장기 목표 간의 갈등으로 생각될 수 있다. 유혹은 양자 간의 갈등, 또는 '원하는 것'과 '해야 하는 것' 사이의 갈등을 반영한다. 장기적으로는 '원치 않는' 행동일지라도 단기적으로는 원하는 것일 수 있고, 바람직한 행동은 장기적으로는 그럴지라도 단기적으로는 그다지 매력적이지 않을 수 있다.

갈등을 겪고 있음을 인정하라. 원치 않으면서도 원할 수도 있다. 두 번째 단계는 유혹에 항복할 때 스스로에게 뭐라고 합리화하는지 밝히는 것이다. '이번 한 번만'이라고 외치는 것은 큰 실수이다. 앞으로도 계속 '이번 한 번만'이라고 말할 것이기 때문이다.

❧ 변화의 득과 실

사람들은 때때로 변화에 대해 양가적이다. 얻는 만큼 잃는 것도 있기 때문이다. 변화의 장점과 단점을 나열해 보면 깨끗한 머리로 자신이 진정 변하길 원하는지 평가할 수 있다.

많은 사람들이 변화의 과정에서 겪는 일련의 단계는 다음과 같다.

계획 전 단계: 변화에 대해 생각하지 않는 계획 이전의 단계
계획 단계: 다음 6개월의 변화에 대해 계획하는 단계
준비 단계: 1개월 내의 변화에 대해 준비하는 단계
행동 단계
유지 단계: 변화를 유지하기 위해 실수에 대처하는 단계

준비 단계와 행동 단계로 넘어가기 위해 변화의 장점이 처음보다 더 강력해지고 단점은 약해진 이유를 생각해 보자.

❧ 목표 설정하기

목표를 만들고 이를 하위 목표로 나누라. 어떻게 달성할지 계획하라. 도달 가능하고, 도전적이고, 하나 이상의 방식으로 달성 가능한 융통성이 있는 구체적 하위 목표들을 만들어 보라. 목표들을 더 광범위한 인생 목표에 연관시키도록 하라.

"변화에 필요한 작업, 생각, 계획을 기꺼이 하려 하는가?"가 중요하다.

자기변화를 달성하기 위해 필요한 작업을 구체화하는 자기계약을 작성하고, 수행할 각오가 되어 있으면 그것에 서명하라.

❦ 스스로 해보는 자기주도 계획: 2단계

제3장으로 넘어가기 전에 문제를 구체화하고, 연습을 계획하고, 자기효능감을 높이고, 유혹에 대처하고, 변화의 득과 실을 평가하기 위해 여기 제시된 연습문제를 풀어 보라. 이 '대단한 과제'에 대해 불평하는 학생들도 있다. 하지만 과거의 나쁜 습관들을 극복하기 위해서는 생각이 필요하다. 내용을 따라가며 생각을 하고 있었다면 이미 과제의 반은 해낸 것이다.

✿ 파트 1: 목표 구체화

감소나 증가를 원하는 '상황 속 행동'의 형태로 목표를 구체화하라. 설령 원치 않는 행동을 줄이는 게 목적이어도, 원치 않는 것과 양립할 수 없는 어떤 다른 행동을 늘리는 것을 목표로 삼아야 한다. 문제를 상황 속 행동으로 진술할 수 없다면 이 장에 있는 각각의 절차를 한 단계씩 밟는다.

✿ 파트 2: 장애물 예상

실수를 범할 때 무엇을 할지 계획하라. 유혹 상황들에 대처하기 위한 계획을 설계하라. 유혹을 받을 때 스스로를 상기시켜 줄 목록을 작성하라. 원치 않는 행동에 대한 지연된 처벌은 무엇인가? 상기시켜 달라고 부탁할 사람들의 목록을 작성하라. 유혹 상황을 위한 만약 … 그렇다면 계획을 만들어 보라.

앞서 언급한 자기효능감에 대한 질문들에 답하라. 단계들을 수행하면서 자기효능감을 증대시킬 계획을 만들어 보라. 예를 들어 원하는 행동을 수행하는 데 어려움이 예상되는 상황들을 나열하고 난이도에 따라 순위를 매겨 보라. 비관적이지 않은 문장을 사용하라.

변화에 대한 득과 실의 목록을 작성하라. 무엇을 얻게 되는가? 무엇을 잃게 되는가? 변화에 대한 장기 및 단기의 득과 실은 무엇인가? 변화의 득이 실보다 더 강력한 이유를 고민해 보라.

✿ 파트 3: 목표 설정

최종 목표에 이르는 하위 목표들을 수립하고 이를 달성하기 위해 계획하라. 목표를 달성하는 것이 왜 인생 목표의 성공을 앞당기는지에 대한 이유를 써 보라.

자기계약을 맺는다. 우선 목표를 구체화하고, "선택한 목표를 달성하는 데 필요하므로 행동을 기꺼이 변화시키려 하고, 책에서 제안하는 단계들을 수행할 것이다." 라는 진술을 포함하라. 계약에 서명하라. 자기약속은 자기수정 절차가 필요한 중요한 목표를 가지고 시작함을 의미한다.

제3장

자기 지식: 관찰과 기록

"너 자신을 알라."
Socrates, 그리스 철학자(기원전 469~399)

"관심이 가는 곳에 에너지가 흐른다."
Winner's Camp(하와이의 청소년 리더십 교육기관)

"보는 것만으로 많은 것을 관찰할 수 있다."
Yogi Berra, 미국 야구선수(1925~)

✿ 개요

왜 자기 자신을 관찰하는가?
구조화된 일기
빈도와 지속 시간 기록하기
정서의 강도 평가하기
기록의 실제
자기관찰의 반동적 효과
기록 시 문제점 해결하기
변화를 위해 계획하기
그래프 그리기
일반적인 주제를 위한 조언
요약
스스로 해보는 자기주도 계획: 3단계

왜 자기 자신을 관찰하는가?

학습목표

- 정확한 자기관찰을 가로막는 장애물은 무엇인가?
- 자기변화의 성공이 정확한 자기관찰에 달린 이유는 무엇인가?

- 왜 작은 변화에 주목해야 하는가?

소크라테스는 옳았다. 자신을 아는 것은 좋은 일이다. 그러나 그것이 자동적으로 되는 건 아니라는 설명은 빠뜨렸다. 이를 방해하는 것들이 있기 때문이다(Wilson, 2009). 우리가 실제로 무엇을 했는지 비디오를 돌려 볼 수도 없고, 자기 자신에 대해 생각해 보는 것도 정확하지 않다.

우리 인간은 과거를 항상 정확하게 기억하지는 않는다(Ross & Conway, 1986; Wilson & Dunn, 2004). 주의를 충분히 기울이지 않을 때도 있고(Robins & John, 1997), 어떤 사건에 주의를 기울이면서 동시에 똑같이 중요한 다른 사건에는 그렇지 못할 때도 있다(Mann & Ward, 2007). 때로 기억은 그 당시의 감정에 영향을 받는다(Eich, 1995; Martin & Tesser, 1996). 기분이 좋았으면 맑은 날로 기억한다. 또 우리는 기억할 만한 것을 기억한다(Libby, Eibach, & Gilovich, 2005). 말하자면 존이 거기에 있었고 말을 많이 했으니, 그 말을 한 사람은 존이 틀림없다는 식이다. 심지어 우리는 거짓 기억을 만들어 내고 그것이 사실이라고 믿기도 한다(Loftus, 2004). 우리 동료 중 한 명은 친구들과 함께한 어떤 즐거웠던 여행에서의 모험담을 자주 이야기하곤 했으나, 몇 년이 지나 자신의 기억이 실제로는 불가능했음을 깨달았다. 그 '모험'을 하고 있어야 했을 때 실제로는 다른 곳에 있었기 때문이다.

그러므로 인과관계에 대한 자기평가는 부정확할 때가 많다(Nisbett & Ross, 1980). 우리는 자주 자신의 행동에 대한 잘못된 결론에 도달한다(Gilovich, 1991; Wilson & LaFleur, 1995). 실제로는 아주 서투른 것에 대해 자신의 기술 수준을 과대평가하는 경향은 놀라울 정도이다(Dunning, Johnson, Ehrlinger, & Kruger, 2003). 우리는 자신이 저지르는 건강의 위협적인 요소를 과소평가하고, 교육 수준과 업무 능력을 과대평가한다(Dunning, Heath, & Suls, 2004). 우리는 모두 '평균 이상'이다.

물론 정확하게 기억하고 싶지 않을 때도 있다. 한 연구에서는 연구자가 체중을 줄이고자 하는 사람들에게 어느 정도 먹는지에 대해 물어보았다. 많은 이들은 "사실 난 많이 먹지 않아요. 신진대사가 느릴 뿐이죠."라고 대답했다. 그 후 이틀간 그들에게 먹은 것들을 전부 기억해서 적어 보라고 했다. 목록을 확인해 본 결과, 그들은 정말 과식하지는 않았다. 하지만 그들의 기억이 정확했을까? 이후 연구자는 그들이 먹었다고 '기억한' 음식들로 구성한 식사를 하도록 했다. 그러자 구성원 모두 한 사람도 빠짐없이 체중이 줄어들기 시작했다(Stunkard, 1958).

우리가 믿고 있는 것과 실제는 항상 일치하지만은 않는다. 이는 삶의 나쁜 부분은 잊고 좋은 것을 기억하도록 만들어 주기 때문에 우리에게 유리하게 작용한다

(Brown, 1991). 하지만 스스로를 변화시키고자 할 때는 좋은 부분과 나쁜 부분, 흉한 부분까지 현실을 정확히 알아야 한다. '현실 검증'은 모든 변화 계획의 핵심이다(Wiser, Goldfried, Raue, & Vakoch, 1995). 자기 자신을 속속들이 정확하게 볼 필요는 없지만, 변화시키고자 하는 부분에 대해서는 냉철한 시각을 가져야 하며 그렇지 않으면 변화에 실패하게 된다. "자기통제에 가장 심각한 장애물은 바로 자신의 행동에 대한 잘못된 인식이다."(Rachlin, 2000, p. 145) 문제를 해결하려면 문제를 찾아내야 한다(Rueda, Posner, & Rothbart, 2010).

우리는 정확해야 할 뿐만 아니라 작은 변화도 알아차릴 수 있어야 한다. 변화는 갑작스럽고 극적이기보다는 느리고 점진적이다. 꼼꼼히 기록하지 않으면 작은 진전이나 계속되는 실수를 발견하기 어렵다. 그래서 피드백이 중요하다. 일례로 한 실험에서 실력향상을 원하는 대학 육상선수들을 두 그룹으로 나누었다. 한 그룹에게는 한 번 뛸 때마다 기록을 알려 주었고 다른 그룹에게는 알려 주지 않았다. 두 그룹은 오후 내내 모두 10번씩 뛰었다. 자신의 기록을 모르는, 즉 피드백을 받지 못한 선수들은 초반에 뛴 것보다 더 빨리 달리지 못했다. 그러나 피드백을 받은 그룹의 선수들은 모두 후반으로 갈수록 점점 더 빨리 뛰었다. 그들은 기록을 더 빨리 뛰기 위한 정보로 사용했던 것이다(Patrick, 1992).

자기관찰은 우리로 하여금 점차적으로 향상될 수 있도록 하는 정보－피드백－를 제공한다. 경과에 대한 지속적 평가는 기술 계발에 절대적으로 필수적이며(Ericsson, Krampe, & Tesch-Romer, 1993), 성공적인 변화 계획의 주 요소이다(Kazdin, 1993). "진리를 알지니 진리가 너희를 자유롭게 하리라."(「요한복음」 8장 32절) 진실을 알면 새로 계발하는 기술을 올바르게 적용할 수 있다(Forsterling & Morgenstern, 2002). 골프공을 치는 연습을 하는데 공이 왼쪽으로 치우쳐 날아간다면, 바르게 고치기 위해 그렇다는 사실을 알아야 할 것이다. 먹은 것을 정확하게 기록하는 당뇨병 환자들은 병을 더 성공적으로 다스리는 것으로 나타났다(Rawson, O'Neal, & Dunlosky, 2011).

스스로를 변화시키기 위해서는 자기가 무엇을 하고 있는지를 알고 있어야 한다. '자신을 아는' 것은 새로운 것을 배우는 과정이다. 이 장에서는 행동, 사고, 느낌, 그리고 특정 상황과 이들의 관계에 대한 정보를 습득하는 일련의 기술을 다룬다. 변화를 위한 가장 중요한 계획을 선택하고 설계하기 위해서는 자신의 행동과 그 행동이 나타나는 특정한 상황에 대한 세밀한 기록이 필요하다. 이어지는 장(章)에서는 자기주도적 변화 계획을 설계하기 위해 이러한 정보들을 어떻게 사용하는지 학습할 것이다.

구조화된 일기

학습목표

- 구조화된 일기에는 무엇을 기록하는가?
- 선행사건에는 무엇을 기록할 것인가?
- 행동에는 무엇을 기록할 것인가?
- 결과에는 무엇을 기록할 것인가?
- 목표행동이 일어난 후 바로 기록하면 어떤 점이 좋은가?
- 구조화된 일기의 요점은 무엇인가?

구조화된 일기는 변화의 목표에 대한 꾸준한 기록과 동시에 그것의 선행사건과 결과를 포함한다. 일기의 내용은 선행사건, 행동, 결과의 세 가지 범주로 나뉜다. 신문방송학과 학생들은 이야기를 명료하게 쓰기 위해서 다섯 가지의 질문—누가? 언제? 어디서? 무엇을? 왜?—에 대답해야 한다고 배운다. 훌륭한 구조화된 일기를 쓸 때도 같은 질문들에 대답해야 한다. 기록은 어떤 상황이 여러분의 목표에 영향을 미치는지를 보여 준다.

표적에서부터 시작하도록 하자. 행동(B) 아래에는 변화 목표인 행동, 사고, 또는 느낌을 기입한다. 그런 다음 행동에 선행하는 선행사건과 행동에 뒤따르는 결과를 적는다.

선행사건(A)	행동(B)— 행동, 사고, 또는 감정	결과(C)
언제 일어났는가? 누구와 같이 있었는가? 무엇을 하고 있었는가? 어디에 있었는가? 자신에게 뭐라고 말하고 있었는가? 무슨 생각을 하고 있었는가? 어떤 느낌을 가지고 있었는가? 어떤 행동을 하고 있었는가?	자신에게 뭐라고 말하고 있었는가? 무슨 생각을 하고 있었는가? 어떤 느낌을 가지고 있었는가?	결과로 어떤 일이 일어났는가? 유쾌했는가, 불쾌했는가?

손톱을 물어뜯는 버릇을 없애고자 하는 레스라는 친구를 예로 들어 보자. 레스는

손톱을 물어뜯는 행동의 선행사건과 결과를 꾸준히 기록해 나갔다. 다음은 그의 일기 중 일부이다.

선행사건(A)	행동(B)	결과(C)
버스를 기다린다.	손톱 물어뜯기	다른 사람들이 볼까 부끄러워진다.
수업을 들으며 앉아 있다.	손톱 물어뜯기	동일
침대에 누워 생각한다.	손톱 물어뜯기	제발 그만둘 수 있었으면 하고 바란다.
읽는다.	손톱 물어뜯기	동일
스트레스를 받는다.	손톱 물어뜯기	뭔가 나에게 할 것을 주었으면 좋겠다.

레스는 "나는 스트레스를 받을 때 손톱을 물어뜯는다는 것은 알고 있었지만, 내가 다른 상황에서도 그랬다는 것을 알고는 깜짝 놀랐다. 손톱 물어뜯기는 머리는 무엇인가에 집중하고 있으나 손가락은 그렇지 않을 때 나타난다."라고 적었다. 이러한 사실을 알고 난 후, 레스는 그런 상황에서 손톱을 물어뜯지 않는 계획을 세우는 단계로 넘어갈 수 있었다.

목표가 원하지 않는 행동을 그만두는 데 있다면, 언제 그 행동이 나타나는지, 즉 A-B-C 패턴을 파악하는 것이 중요하다. 예를 들어 과식하는 사람들은 항상 그런 것이 아니라 특정한 상황에서만 많이 먹는다. 통제력을 얻으려면 문제를 일으키는 상황을 가려내야 한다. A-B-C 패턴을 찾는 것은 그만두고 싶은 행동이 쉽게 나타나는 고위험 상황을 밝히는 것뿐만 아니라(Sobell & Sobell, 1995), 유혹 상황에 대한 새로운 대처방식으로 다시 나쁜 습관에 지지 않게 돕는다(Gollwitzer, Fujita, & Oettingen, 2004).

다음은 마이크의 구조화된 일기 중 일부이다. 그의 목표는 자녀를 때리는 행동을 그만두고 비신체적인 훈육 방법을 사용하는 것이었다. 그는 아이들을 혼낸 후에 이렇게 썼다.

선행사건(A)	행동(B)	결과(C)
4/3. 토요일 아침 식사 때. 아이들이 말다툼을 계속했다.	두 아이의 엉덩이를 때렸다.	아이들을 오히려 더 화나게 만들었다.

4/6. 지쳐서 퇴근했다. 아들이 나에게 말대꾸를 했다.	아이를 때리려고 했으나 멈추었다. 대신 1시간 동안 밖으로 나가지 못하게 했다.	기분이 꽤 괜찮았다. 아들을 때리지 않았다는 사실에 기뻤다. 아들은 밖으로 나가지 못하는 동안 조용히 있었다.
4/10. 도라(아내)와 말다툼을 했다. 그 후 차 안에서 아이들이 말다툼을 하기 시작했다.	아이들의 엉덩이—사실은 뺨—를 때렸다.	나들이를 완전히 망쳐 버렸다. 나는 죄책감을 느꼈고, 가족들은 기분이 나빴다.

마이크는 자신의 일기를 통해 아이들을 때리지 않을 때 더 기분이 좋다는 것을 발견할 수 있었다. **그림 3-1**을 보라. 그는 또한 자신이 아이들을 때리는 것이 단순히 아이들의 행동에 의해 결정되는 것만은 아님을 알아차렸다. 아내와의 말다툼 또는 힘든 하루를 보낸 후의 축 처지는 기분 등이 그의 행동에 영향을 미치고 있었다. 마이크는 자신의 느낌과 행동 모두에 주의를 기울임으로써 그만두기를 원하는 행동이 무엇에 의해 나타나는지 볼 수 있게 되었다. 마이크가 단지 아이들을 때렸을 때만 기록한 것이 아니라—그에 상응할 정도로 중요한—비폭력적인 훈육 방법을 사용했을 때에도 기록했다는 것을 주목하라.

유용한 조언: 과거의 사건을 재구성할 때는 중요한 세부사항을 빠뜨리기 쉽다. 그러므로 문제행동이 나타났을 때 가능한 빨리 기록하라. 마이크가 아이들을 때리기 전의 사건을 다음 날에야 기록했다면 피곤한 상태로 퇴근한 것이나 아내와 말다툼한 것이 아이들의 양육에 영향을 미치고 있음을 깨닫지 못했을 것이다. 문제가 되는 목표행동을 했거나, 바람직한 행동을 하는 데 실패했다는 것을 알아차리면 바로 구조화

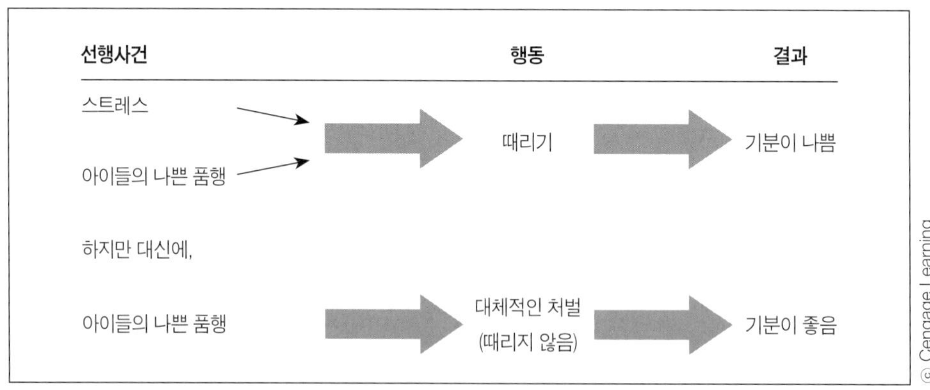

그림 3-1 선행사건, 행동, 결과 간의 관계: 마이크의 자녀 훈육에 대한 사례

된 일기를 작성하는 것이 좋다. 물리적 장소, 사회적 상황, 생각, 다른 사람들의 반응을 자세히 적어 보라.

일기에서 배우라. 대학생인 에벌린은 자기주장을 더 확실히 할 필요가 있다고 느꼈지만, 언제 어떤 상황에서 그래야 하는지에 대해서는 확실치 않았다. 그녀는 자기주장을 펼칠 수 있었지만 그렇게 하지 못했던 때와 잘했을 때가 언제인지 일기에 기록했다.

선행사건(A)	행동(B)	결과(C)
오후 11:30. 거의 잠들 때쯤 에드에게서 전화가 왔다. 그는 끝없이 얘기하기 시작했다.	너무 늦은 시간이고 그가 따분하게 하여 나는 화가 나지만 아무 말도 하지 않는다.	그는 한 20분 정도 말한다.
다음 날 점심. 직장으로 걸어가는 길에 에드가 보여서 대화를 피했다. 그가 내게 전화를 한다. 난 그냥 내 길을 간다. 그가 내 팔을 잡는다. 그가 나에게 점심을 먹자고 제안한다.	먼 곳을 응시하며 "잘 모르겠어…, (침묵) 그래."라고 말한다.	우린 점심을 먹는다. 그가 다음에 또 만나자고 이야기한다.
폴리는 내가 절대 보지 않겠다고 마음먹은 영화를 같이 보고 싶어 한다. 그녀는 내가 자기와 영화를 보러 간 지 너무 오래되었다고 불평한다.	나는 "나 정말 안 될 것 같아. 좀 쉬어야 할 것 같아."라고 말한다. 하지만 못 이기고 나간다.	영화는 정말 별로였다.
오후 1:00. 질을 만나러 갔다. 우리는 사실 조깅을 하기로 했지만 그녀는 나중에 하기를 원한다.	나는 나중에는 일을 해야 해서 못한다고 말했다.	
오후 6:00. 친언니가 우리 집에 와서 조카를 좀 돌봐 달라고 부탁한다.	나는 그녀에게 늦하셨나고 말했다. 친구들과 외출할 계획이 있다.	

사나흘간의 관찰로 패턴이 드러났다. 다른 사람들이 에벌린에게 어딘가를 가자고 하면, 별다른 약속이 없는 경우 그녀는 가고 싶지 않아도 같이 가 주었다. 특별히 계획이 있는 경우에는 가지 않았다. "그러나 왜 난 약속이 있어야만 안 간다고 할 수

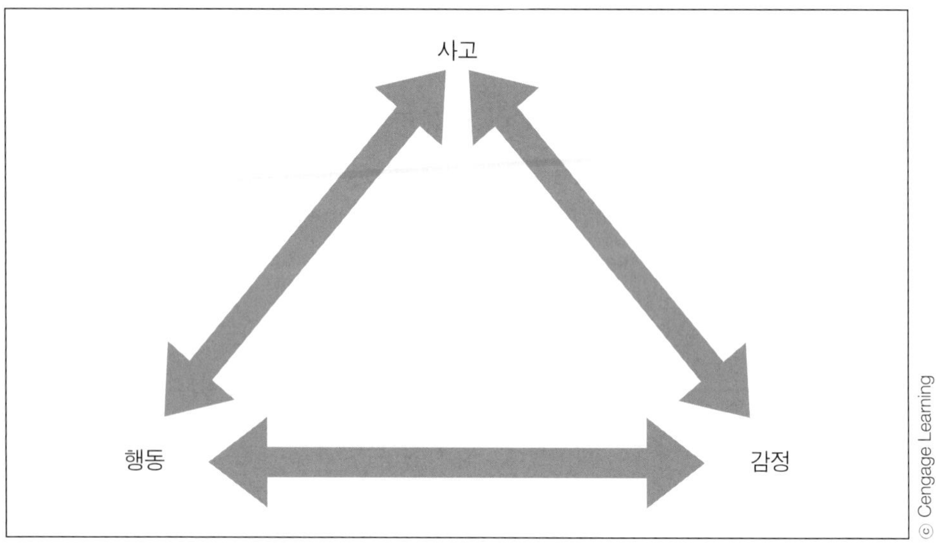

그림 3-2 일방통행인 도로는 없다. 사고, 행동, 감정은 목표행동, 선행사건, 또는 그것의 결과가 될 수 있다.

있지? 잠을 충분히 자고 싶어서? 특별한 일이 없어도 싫으면 거절해야 할 필요가 있다."라고 그녀는 적었다.

이미 지적했듯 에벌린의 목표는 분명해 보였다. 하지만 구조화된 일기를 쓰기 전까지는 분명하지 않았다.

✿ 행동, 사고, 감정 기록하기

사고, 감정, 행동은 문제에 대한 선행사건 또는 목표행동 그 자체가 될 수 있다. 그러므로 이것들은 차트의 A 또는 B열 모두에 기록될 수 있다. 사고가 행동으로 이어질 수 있고, 행동이 사고로 이어질 수 있으며, 감정은 두 가지 모두로 이어지기도, 두 가지 모두 감정으로 이어질 수도 있다. 마음에 일방통행은 없다. 그림 3-2를 보라. 우리는 감정, 사고, 행동 세 가지를 모두 기록할 수 있다.

사고, 감정, 행동 간의 관계에 대한 예가 하나 있다. 나이 든 여성인 마티나는 학위를 마친 후 다시 대학으로 돌아갔다. 꽤 잘하고 있었는데도 불구하고, 그녀는 '자존감이 바닥'이라는 불안감으로 괴로워하고 있었다. 어떤 때는 이 문제가 나쁜 기분으로 나타났고, 또 어떤 때는 원치 않는 행동으로 나타나기도 했다. 그녀는 일기에 다음과 같은 기록을 남겼다.

선행사건(A)	행동(B)	결과(C)
같은 수업을 듣는 친구가 수업 토론 중 아주 좋은 코멘트를 했다.	"쟤는 정말 똑똑해. 난 저렇게 표현하지 못해."라고 생각했다.	그러므로 난 코멘트가 있었음에도 불구하고 아무 말도 하지 않았다. 내가 바보같이 느껴졌다.
일어나서 "할 일이 너무 많아! 난 언제나 이걸 다 따라잡을 수 있을까?"라고 생각했다.	그러고는, "이건 고작 학부인데. 난 대학원에서는 절대 잘할 수 없을 거야."라고 생각하며 대학원에서 지쳐 버리는 상상을 했다.	우울해졌다. 계획을 바꿔 대학원에 진학하지 않는 것을 생각해 보았다.
컴퓨터에 필기를 옮기고 있었다. 저번 학기에 공부했던 내용을 타이핑해야 하는데 정확히 기억할 수 없었다.	"맙소사, 배워야 할 게 정말 많다. 난 이 모든 걸 절대로 다 기억하지 못할 거야."라고 생각하며 대학원에서 중요한 시험을 볼 때 알아야 할 내용을 기억하지 못하는 상상을 했다.	낙심했다.
수업 중이었다. 교수가 내용을 마치 컴퓨터처럼 빨리 이야기했다.	"난 절대로 저 모든 것들을 다 기억하지 못할 거야. 지난 학기에 배운 것들도 기억하지 못하는걸. 난 절대 박사가 될 수 없을 거야."라고 생각했다. 실제로 지도교수를 찾아가서 대학원 진학에 대한 계획을 바꾸는 것에 대해 이야기했다.	우울해졌고, 몇 시간 동안 정말 기분이 좋지 않았다.

1주일하고도 반이라는 시간을 이런 식으로 보낸 후, 마티나는 지나치게 일반화된 자기비난, 자신과 다른 이들에 대한 부정적인 비교가 자신을 낙심시킨다는 것을 깨달았다. "저는 세 가지 부정적인 생각을 발견했어요. 이것들이 저를 기분 나쁘게 만들기도 하고, 수업 중에 질문을 하지 않거나 계획을 포기할 생각을 하게 만들어 오히려 문제를 키우고 있었지요." 이제 그녀는 이런 부정적인 사고에서 벗어날 계획을 실행에 옮길 수 있게 되었다. 우리는 그녀의 사고가 어떤 때는 나쁜 기분으로 이어지고, 또 어떤 때는 변화시켜야 하는 행동으로 이어진다는 것에 주목해야 한다.

사고는 시각적일 수 있으며 또한 언어적일 수 있다. 때로 마티나의 사고는 그녀 자신에게 말하는 식의 형태로 나타났으며—"쟤는 정말 똑똑해. 나는 저렇게 표현하지 못해."—때로는 대학원에서 지쳐 버리는 등 영화의 짧은 장면처럼 상상의 형태로 머릿속을 스쳐 지나가기도 했다.

조언: 사고나 상상이 나타나면 가능한 한 신속하게 기록하라. 즉시 구조화된 일기에 기록하지 않으면, 중요한 세세한 부분들을 모두 기억하기 어려워지며, 사고와 상상이 행동과 감정에 어떠한 영향을 미치는지를 알기 위해서는 세밀한 정보가 필요하다.

✿ 일기가 말해 주는 것

구조화된 일기를 꾸준하게 쓰는 것이 중요한 이유는 어떤 상황이 행동에 영향을 주는지 파악하는 데 도움이 되기 때문이다. 일기를 쓰면 무엇이 바뀌어야 할지 알 수 있다. 행동 패턴을 파악하기까지 시간과 인내가 필요하며, 몇 차례 일기를 써야 할 수도 있다. 이 분석은 목표행동 자체에서 그에 영향을 주는 특징으로 관심을 돌리게 한다.

이 과정에 대한 예를 살펴보자. 초등학교 교사인 질은 자신의 우울감 패턴을 관찰했다. 그녀는 이렇게 적었다.

> 나는 뜰에서 정원을 가꾸고 있었는데, 이 활동은 나를 무척 행복하게 만들었다. 그러나 어느 날 불편함을 느끼기 시작했고, 멈춰 서서 왜 그런지 생각해 보았다. 그 불편함은 언뜻 우울감 같았지만 우울하기 전부터 시작되었다. 그러다 바로 직전에 이런 상상을 하고 있었다는 사실을 기억해 냈다. 나는 다음 학기 초에 시작될 교실에 있고, 이제까지 가르쳤던 3학년이 아닌 5학년을 가르치고 있었다(실제로 그럴 예정이고). 교실은 난장판이었다. 아이들은 아무것도 이해하지 못하고 행동도 엉망이었는데, 엎친 데 덮친 격으로 복도에서 교장 선생님이 걸어오는 소리가 들렸다. 교장 선생님은 문 앞에서 나를 노려본다. … 나는 이런 상상을 자주 한다. 이런 상상에 대한 이름—'나의 무능력에 대한 상상'—도 만들었다. 나는 이러한 것들이 나를 우울하게 만든다고 믿는다. 그러므로 나는 무능력과 관련된 상상을 할 때마다 기록을 하고, 어떤 때 이런 상상이 시작되는지를 찾아내고 이로부터 벗어날 수 있도록 노력할 것이다.

그녀는 '무능력에 대한 상상'을 일기의 중간 열로 옮기고, 각 사건의 선행사건과 결과를 기록했다.

원치 않는 행동, 감정 또는 사고로 이끄는 사건이 무엇인지 주목하라. 당신 자신에게 "목표행동이 나타나기 바로 직전에 무엇이 일어났는지를 파악하라." 하고 되뇌라. 질은 자신이 우울해지기 직전에 무슨 생각을 하고 있었는지를 깨달았다.

체중 조절이 목표인 한 남성은 하루에 최대 1,800kcal만 섭취하겠다고 결심했다. 그러나 그는 매일 그 이상을 먹는다는 사실을 깨달았다. 그래서 하루에 정해 놓은 양보다 많이 먹게 될 때, 무엇을 하고 느끼고 생각했는지를 파악해 보기로 했다. 이 방법으로 그는 자신의 사고 패턴을 파악할 수 있었다. "그래, 이번 한 번만이야. 몇백 칼로리 더 먹는다고 해서 문제가 되지는 않을 거야." 하지만 거의 매일 이런 식이었기 때문에 문제가 되었다. 그는 꾸준히 기록함으로써 패턴을 발견할 수 있었다.

꾸준한 기록을 통해 특정 행동의 원인에 대해서 생각해 볼 수 있게 된다. 자신의 약점을 과도하게 일반화하고, 자주 타인들과 비교해 자신을 폄하했던 마티나는 이렇게 말했다.

> 나는 자기평가에 있어서 현실적이라고 생각했지만 실은 그렇지 않았다. 아직 학부생인데 나 자신을 대학원생, 교수와 비교하고 있었다. 그들과 나이가 비슷하기 때문에 비교한 것이었지만, 그들은 나보다 훨씬 더 많은 훈련을 거쳤기 때문에 이는 현실적이지 않은 비교였다. 언젠가는 나도 그들만큼 잘하게 될 것이다.

잠깐! 변화를 시도하려면 먼저 생각해야 한다. 앞서 제시된 내용들을 어떻게 사용할 수 있을지 잠시 멈추고 생각해 보라. 스스로를 위해 짧은 메모를 해보라. 상황, 선행사건, 또는 결과에 대해 배움으로써 어떻게 행동을 변화시킬 수 있을까?

예시: "음, 나는 머리카락을 그만 뽑고 싶어. 이 책의 내용을 어떻게 적용할 수 있을까? 음… 일기를 꾸준히 써서 머리를 뽑는 것의 선행사건이나 결과가 무엇인지를 알아봐야 할 것 같아. 그래, 내가 머리를 뽑을 때마다 이런 식으로 일기장에 기입해야겠어. 난 무엇을 발견하게 될까?"

인터넷에서 포르노를 보는 '불건전한' 시간을 줄이는 것이 목적이었던 피터는, "그래, 내가 포르노 사이트를 클릭하기 전에 무슨 일이 일어나는지, 즉 내가 무슨 생각을 하고 있었는지, 물리적 상황은 어땠는지, 그러고 나서 어떤 일이 일어나는지 같은 것들을 꾸준히 기록해 봐야겠어."라고 다짐했다.

빈도와 지속 시간 기록하기

학습목표

- 무엇을 얼마나 많이, 오래 하는지 알고 싶을 때 어떻게 하는지 예를 들어 보라.
- 성공과 실패 모두를 기록하는 것이 중요한 이유는 무엇인가?

때로 표적의 A와 C를 아는 대신에, 얼마나 많이 또는 얼마나 오래 그 행동을 하는지에 대해 알고자 하기도 한다.

단순 셈하기: 빈도 또는 지속 시간

가장 손쉬운 기록 방법은 얼마나 자주 하는지 '빈도'를 세는 것이다. 할은 엘리베이터를 사용하는 대신 3층 높이의 계단을 걸어 올라가는 운동을 하고자 했다. 그는 사무실 문 안쪽에 종이를 한 장 붙여 놓고, 매일 계단을 사용했는지를 표시했다.

계단 오르기	
월요일	✔ ✔ ✔
화요일	✔ ✔ ✔ ✔
수요일	✔ ✔ ✔
목요일	✔ ✔ ✔ ✔
금요일	✔ ✔ ✔

레이는 음주 횟수를 1주일에 총 12회를 넘지 않겠다고 정하고 관련된 책(Miller & Munoz, 2005)의 조언에 따라 방에 종이를 붙여 놓고 매일 기록해 나갔다.

일요일	✔
월요일	✔ ✔
화요일	
수요일	✔ ✔
목요일	
금요일	✔ ✔ ✔
토요일	✔ ✔ ✔

데비는 어휘력 수준을 높이고자 했다. 모르는 단어를 접했을 때 그 단어를 공책에 적고, 나중에 뜻을 사전에서 찾아보기로 했다. 사전의 안쪽에 차트를 만들어 놓았다(글상자 3-1).

찾아본 단어의 수					
월요일	✔	월요일	✔	월요일	✔✔
화요일	✔✔	화요일		화요일	✔
수요일	✔	수요일		수요일	
목요일	✔✔✔	목요일	✔✔	목요일	✔
금요일	✔	금요일	✔	금요일	✔✔✔

글상자 3-1 **전형적 사례: 목표행동을 하는 시간**

한 젊은이가 성적이 낮다고 불평했다(1977년판의 사례). "공부를 안 해서 그래." 냉소적인 지도교수는 단언했다.

"그렇게 말씀하실 줄 알았어요." 학생이 대꾸했다. "그렇지 않아요. 전 도서관에 매일 2시간씩 있었습니다." 지도교수는 이렇게 생각했다. "음… 이 친구에게 공부 머리가 있던가? 그런 것 같긴 한데." 그 친구가 머리가 나쁘지 않다면 문제는 공부 방식에 있을 터였다. "공부를 어떻게 하는지 말해 보게." 그는 그 학생에게 도서관에 있는 동안 실제로 책을 읽는 시간을 얼마나 되는지 등의 몇 가지 관찰을 해보라고 조언했다. "책을 읽기 시작하는 시간과 끝내는 시간을 모두 기록하게. 책을 내려놓고 나서 무엇을 하는지도." 학생은 그게 몇 분간이든 공부를 시작하는 시간과 중단하는 시간을 모두 기록했다. "11:00 책을 폄. 11:10 걱정만 하고 있음을 깨달음. 11:15 다시 책을 봄. 11:20 아빠에게 낙제했다고 말해야 하는 상황을 상상함."

학생이 발견한 것은 놀라웠다. 그는 실제로 '공부' 시간의 75%를 다른 것을 하는 데 썼던 것이다. 그는 책을 보고 있었지만 읽지는 않았고, 낙제에 대해 걱정하고 두려워하느라, 주변을 두리번거리느라 시간을 낭비했다. 이렇게 그의 첫 자기변화 프로그램이 시작되었다. 실제로 공부하는 시간을 늘리는 것이 그의 목표였다.

몇 년 뒤 이와 비슷한 사례로 모린은 실제로 공부에 할애한 시간과 공부하려고 '준비한' 시간을 기록하기로 했다. 후자에는 어떤 과목을 공부할지 결정하는 데 걸리는 시간, 책상에 앉아서 친구와 수다 떠는 시간, 다른 생각을 하는 시간, 소설책 읽는 시간 등이 포함되었다.

(다음 쪽에 계속)

글상자 3-1 (계속)

기록은 다음과 같다.

	모린이 공부한 시간(단위: 분)				
	월요일	화요일	수요일	목요일	금요일
준비한 시간	45	30	35	50	0
실제 공부한 시간	15	10	20	30	0

이와 같은 꼼꼼한 기록은 목표행동을 실제로 하는 것과 관련된 다른 행동을 하는 것을 구분하게 해준다. 즉, '목표행동을 하는 시간'이 얼마나 되는지 보여 준다. 목표행동 대신 무엇을 하고 있는지, 그것이 목표를 어떻게 방해하는지 알아낼 수 있다. 모린의 사례처럼, 여러분 역시 상당 시간을 목표행동 이외의 것을 하는 데 소모하고 있음을 깨달을 수 있다. '공부가 가능한 시간'은 공부 시간이 아니다. 다작하는 작가들은 글 쓰는 시간을 엄격하게 기록하며, 전화통화 또는 커피를 타는 시간 등은 그 안에 포함하지 않는다.

모린은 행동의 지속 시간을 기록했다. 지속 시간의 기록은 시간의 길이가 문제일 때 바람직하다. 어떤 학생들은 자신이 쉬운 과목에는 많은 시간을 투자하고 어려운 과목에는 시간을 충분히 할애하지 않는다는 것을 발견하고, 각각 쉬운 과목과 어려운 과목을 공부하는 데 시간을 얼마나 쓰는지 기록했다(Richards, 1985). 시험공부를 할 때 많은 학생들은 자신이 모르는 내용보다는 이미 알고 있는 내용을 공부하는 데 더 많은 시간을 소비하고, 이 점이 시험에 악영향으로 작용한다(Lan, 1980). 이미 알고 있는 부분을 공부하면 안심은 되지만 시험 준비에는 최고의 전략이라고 할 수 없다.

자기변화 프로젝트를 진행하고 있는 사람들은 여러 가지 행동들의 빈도를 계산해 보았을 것이다. 다음의 내용을 보면 여러분의 프로젝트에 대한 아이디어를 얻을 수 있을 것이다.

- 한 중국인 교환학생은 미국인과 더 많이 이야기할수록 영어실력이 늘 것이라고 생각했다. 그래서 매일 영어로 말하는 시간을 기록했다.
- 한 남성은 일일 운동 시간을 분으로 기록했다. 다른 사람은 매주 몇 km를 달렸는지 적는다.
- 불필요하거나 정말 간절히 원하지는 않는 물건에 돈을 '버리고' 있다고 느끼는 한

고등학생은 매일 충동구매 유혹을 느낄 때마다 표시한다.

- 한 학생은 비디오게임을 하는 시간을 제한하고 싶어 게임 시간을 기록하기 시작했다.
- 한 사려 깊은 시민은 집과 차의 에너지 소비량을 매달 기록했다.
- 어떤 과체중 남성은 천천히 먹으면 과식을 줄일 수 있다는 생각으로 자신의 먹는 속도를 쟀다(Britt & Singh, 1985).
- 음주량을 줄이고 싶어 하는 한 중년 남성은 매주 마신 술잔의 수를 기록했다(Miller & Munoz, 2005).
- 어떤 학부생은 하루에 몇 번이나 씹는 담배를 씹는지 기록한다.
- 한 남성은 사무실 벽에 차트를 만들어 놓고, 매달 청구서의 요금을 잘 납부했는지를 기록한다.
- 한 학생은 수업 출석 여부를 매일 기록했다. 이후에 그는 수업에서의 발표 횟수를 기록한다.
- '자기 자신에 대해 너무 비관적'이라고 느끼는 어떤 젊은 여성은 자신에 대해 긍정적인 생각을 하는 횟수를 기록한다.
- 어떤 아버지는 자녀들과 보내는 시간을 기록한다.
- 다이어트를 하는 사람은 정크푸드를 먹을 때와 식사 사이의 간식, 잠들기 전에 먹는 야참 등을 빠짐없이 기록한다.
- 학생은 1주일에 몇 번이나 부모님에게 좋은 말을 건넸는지를 세어 본다.
- 한 학생은 매일 요가를 했는지 표시한다.

기록에는 종이와 연필을 사용할 수도 있고, 전자기기나 금전지출을 위한 mint.com이나 체중 조절을 위한 Weight Watchers® 같은 온라인 사이트를 이용할 수도 있다.

빈도나 지속 시간을 기록함으로써 목표행동의 선행사건과 결과에 대한 아이디어를 얻기도 한다. 트렌트는 자신이 얼마나 자주 조깅을 하는지 알고 싶었다. "전에는 1주일에 서너 번 나가곤 했시요. 그런데 추수감사절 이후로는 거의 안 나가요." 그는 욕실 벽에 종이를 붙여 두고 조깅을 한 날을 표시했다. 그 종이는 다음과 같다.

	조깅			
	1주차	2주차	3주차	4주차
일요일		✔		✔
월요일				
화요일	✔	✔	✔	✔
수요일				
목요일			✔	✔
금요일				
토요일	✔	✔	✔	✔

트렌트는 자신이 1주일에 몇 번이나 조깅을 했는지를 알 수 있었고, 자기 스스로에게 그것이 충분한지 물어보았다. 하지만 표는 이보다 더 많은 정보를 주었다. 그냥 한번 훑어보는 것만으로도 트렌트는 자신이 월요일, 수요일, 또는 금요일에는 절대 나가지 않는다는 사실을 알 수 있었다. 반면 화요일과 토요일에는 조깅하고자 하는 목표를 완수할 수 있었다. 이러한 관찰은 "왜 나는 월요일, 수요일, 금요일에는 조깅을 하지 않는 걸까?"라는 의문과 "어떤 요소가 화요일, 토요일에는 조깅을 할 수 있게 하는 걸까?"라는 또 다른 의문을 제기하게 했다.

✿ 긍정적 · 부정적 자기기록

긍정적 자기기록이란 작은 성공도 모두 기록하는 것을 말하며, 부정적 자기기록은 실패를 기록하는 것이다(Kirschenbaum, 1994).

실패만 기록하는 것은 맥 빠지는 일이다. 우울했던 때나 자신에 대해 부정적인 생각을 모두 줄줄이 기록하는 것은 자기 자신을 더 부정적으로 보게 만들 수 있다. 자신에 대해 낙담한 나머지 변하고자 하는 시도를 그만둘 수도 있다. 반면에 성공을 기록하는 것은, 그게 최종 목표에 비해 사소한 것일지라도, 점점 나아지고 있다는 자신감을 가지게 하고 목표에 도달할 능력이 있다는 믿음, 자기효능감을 높여 준다.

트레이시는 회사 근처에 간식 차가 올 때마다 지방 많은 머핀을 사 먹는 걸 그만두지 못해 문제였다. 그녀는 날마다 음식 일지에 '오전 10시. 브랜머핀'이라고 적었다.

"그 빌어먹을 머핀 앞에서는 어쩔 도리가 없다. 그걸 보는 순간 낚아챈다."

그러나 여섯 번째 날 그녀는 이렇게 생각했다. "이건 말도 안 돼!" 그리고 머핀 대신 바나나를 골랐다. 그녀는 자랑스럽게 음식 일지에 바나나라고 적었다. 마침내 한 번 성공했다! 그리고 며칠 동안 다시 머핀을 집어 들었지만 그녀는 생각했다. "이제는 내 자신을 조절할 수 있어. 과일을 집는 건 시간문제야." 1주일 후 그녀는 자신이 매일 머핀 대신 사과나 바나나를 하나씩 먹는다는 것을 깨달았다.

긍정적인 행동과 부정적인 행동을 함께 기록하라(Johnston-O'Connor & Kirschenbaum, 1986). 그래야 문제점뿐만 아니라 진전사항도 볼 수 있다. 아이들을 때리는 일을 그만두고 싶은 어머니는 때린 횟수뿐만 아니라 때리지 않은 횟수와 긍정적인 반응을 보인 횟수도 함께 기록해야 한다. 6일간 다이어트를 잘 하다가 다음 날 과식했다면 그건 부끄러워하더라도 6일 동안 잘 지킨 것에 대해서는 자랑스러워해야 한다. 다이어트를 하는 사람들은 실패한 날에만 지나치게 집착하고(Ferguson, 1975), 필요 이상으로 낙담한다. 우울한 사람들 역시 이와 유사하게 인생의 즐거운 일들을 보지 못하고 놓치는 등 지각의 왜곡으로 고통을 받는다. 낮은 자존감과 우울증에 대한 최근 치료법 중 하나는 내담자들이 자신에게 생긴 좋은 일들에 주목하게 하고 나쁜 것에만 초점을 맞추지 않도록 가르친다(Beck, 2011).

실제로 실패만을 기록하는 사람들의 경우에는 총체적인 자기관찰을 멈출 가능성이 높으며(Kirschenbaum & Tomarken, 1982), 이는 자기수정 계획을 실패로 만들 수 있다. 자신에 대한 '비관적' 사고를 줄이고자 했던 한 여성은 자신에 대한 긍정적인 사고를 세밀히 기록해 나감으로써 낙담하지 않고 변화 계획을 지속할 수 있었다.

초기에는 성공이 사소할 수 있으나 그래서 더 기록해야 한다. "음, 지난주 중 딱 하루만 계획된 시간만큼 공부를 했던 것은 사실이지만, 화요일에는 정말 잘했어. 이제는 조금씩 더 해 나가면 되는 거야.

잠깐! 더 읽어 나가기 전에, 자신이 얼마나 자주 또는 얼마나 오래 목표행동을 하는지 기록할 수 있는 방법에 대해 잠시 생각해 보라. 실패에만 초점을 맞출 것이 아니라 성공을 기록하는 방법을 생각해 내야 한다. 이 장의 끝 부분에 있는 3단계에 도달했을 때 일을 보다 쉽게 진행할 수 있을 것이다.

스티븐은 여자 친구와의 무의미한 말다툼을 줄이고자 한다. 그는 매일 다투는 횟수를 세면 되겠다고 생각했다. 그러나 그다음 "하지만 부정적인 것에만 초점을 두지 않고 우리가 기분 좋게 대화하는 횟수도 셀 거야. 그리고 잘 대처하는 횟수는 늘리고 바보 같은 말다툼은 줄이면 되겠지."라고 생각한다(글상자 3-2).

글상자 3-2 덕의 기술: 초기 미국인의 자기수정

Georgios Kollidas/Shutterstock

벤저민 프랭클린—정치가, 과학자, 발명가이자 작가—은 사람의 행동을 변화시키는 데 꾸준한 기록이 얼마나 중요한지 알고 있었다. 그는 집필하고자 했던 『덕의 기술(*The Art of Virtue*)』에서 과식하지 않기 또는 과음하지 않기(그의 말을 빌리자면, '절제'), 다른 사람이 말하게 두기, 순서대로 정리하기, 목적 달성하기, 쓰레기 적게 만들기 등의 목표를 달성하는 방법에 대해 기술하고자 했다(Knapp & Shodahl, 1974). 『덕의 기술』은 결국 책으로 나오지 않았지만, 프랭클린은 이 책에 나오는 것과 매우 유사한 자기관찰 기술을 사용하여 자기수정 기록이 담긴 일기를 남겼다.

처음에 프랭클린은 그가 덕이라고 부른 목표행동의 목록을 만들었다. 그는 각각의 표적에 대한 성공과 실패를 기록했다. 다음은 그의 기록지 중 하나의 예이다.

	일	월	화	수	목	금	토
평정 유지하기							
다른 사람이 말하게 두기	×	×		×		×	
순서대로 정리하기	××	×	×		×	×	×
목적 달성하기			×			×	
쓰레기를 적게 만들기		×			×		

그는 한 번에 한 세트의 행동들에 대해 다루었는데, 목표에 도달하지 못했을 때 ×를 쓰는 방법을 사용했다. (참고: 이건 좋은 방법이 아니었다. 그는 이 책의 긍정적·부정적 기록에 관한 내용을 읽지 않았다. 그는 목표를 달성하지 못했을 때가 아니라 목표

(다음 쪽에 계속)

를 달성했을 경우를 표시했어야 했다.)

어쨌든 그는 성공적이었다고 말한다. "나는 내가 생각했던 것보다 많은 잘못을 하고 있었다는 사실에 놀랐으나, 이러한 것들이 점차 사라지는 것을 보고 만족감을 느꼈다." 그는 자기관찰을 통해 자신에 대해 배웠으며, 이를 스스로를 나아지게 하는 데 사용했다.

정서의 강도 평가하기

학습목표

- 평정 척도의 예를 들어 보라. 목표로 하는 정서 또는 감정을 평정하는 척도를 만드는 것의 장점은 무엇인가?
- 다양한 기록방법을 어떻게 결합시킬 수 있는가?

때때로 변화의 목표는 불안이나 우울과 같은 정서적 반응이 되기도 한다. 여러분은 덜 불안하거나 덜 우울하길 원할 수도 있다. 그러나 단순히 그런 감정을 느꼈는지 아닌지만 기록하지는 않을 텐데, 노력에 의해 감정이 어떻게 변하는지 알고 싶기 때문이다. 또 우리를 강렬한 반응—긍정적이든 부정적이든—으로 이끈 것은 무엇인지 찾아내야 어떻게 할 것인지 알 수 있다.

감정의 강도를 측정하려면 평정 척도를 사용한다. 사전에 정해 놓은 척도에 따라 각 사건에 숫자를 부여한다. 한 심리학자는 내담자에게 두려운 사고에 대처하려고 할 때 얼마나 괴로운지 측정해 보라고 지시했다(Kirk, 1989). 내담자는 이 척도를 사용하여 그녀가 얼마나 괴로워하는지를 평가했다.

0	1	2	3	4	5	6	7	8	9	10
전혀 괴롭지 않음					중간 수준으로 괴로움				내가 느낄 수 있는 최대치로 괴로움	

Baird와 Nelson-Gray(1999)는 불안 또는 우울과 관련하여 0%에서 100% 개념을 사용하는 평정 척도의 사용을 제안한다.

긴장

0%	20%	40%	60%	80%	100%
평온					공황

우울

0%	20%	40%	60%	80%	100%
전혀					매우

John Carlson(1995)은 스트레스 관리 수업에서 학생들에게 0과 10 사이에서 자신의 스트레스를 평가해 보라고 했다. 학생들은 스트레스를 감소시키려는 시도의 전과 후에 자신의 스트레스를 측정했다. 이는 전략이 처음에는 아주 조금이라고 하더라도, 효과가 있는지 알아볼 수 있게 한다. 또한 "더욱 큰 효과를 보기 위해서는 무엇을 하는 것이 좋을까?"라고 자문할 수도 있다. 다음은 한 학생의 기록의 예이다.

	스트레스 관리 전	스트레스 관리 후
월요일	7	3
화요일	9	6
수요일	3	2
목요일	6	3
금요일	3	2
토요일	9	7
일요일	3	2

이 학생은 스트레스 수준이 9나 10으로 매우 높을 때 스트레스 관리 방법을 사용했지만 6이나 7 이하로 내려가지 않았다. 그런데 모든 방법을 1회 이상씩 동원했더니 스트레스가 더 줄어들었다. 자신의 스트레스 수준을 평가함으로써 그녀는 이전에는 몰랐던 것들을 배울 수 있었다.

평정을 통해 자신에 대한 흥미로운 사실들을 배울 수 있다. 예를 들어, 자신의 에너지 또는 긴장 수준을 평가하는 사람들은 과식, 흡연 등 바람직하지 않은 행동들이 사실은 자신의 에너지를 증가시키거나 긴장을 감소시키기 위한 노력이라는 것을 발견할 수도 있다(Thayer, 1989; Thayer, Peters, Takahasi, & Birkhead-Flight, 1993). 이런 지식은 부작용 없이 동일한 좋은 효과—에너지 증가, 긴장 감소—를 가져다주는 대체행동을 시작할 수 있도록 도와준다.

자신의 목표가 정서 상태를 변화시키는 것일 때, 불편감이 바로 완전한 편안함으로 바뀌지는 않을 것이다. 다음 사례에서 볼 수 있듯이 안락함을 평가함으로써 점차 나아지고 있음을 알 수 있다.

스튜어트의 목표는 행복감을 높이고 우울감을 낮추는 것이었다(Tharp, Watson, & Kaya, 1974). 그는 다음과 같은 9점 평정 척도를 사용했다.

+4 매우 행복
+3 행복
+2 좋은 느낌
+1 어느 정도 긍정적 느낌
0 중립
−1 어느 정도 부정적 느낌
−2 나쁜 느낌
−3 슬픔
−4 매우 우울

(참고: 10점 척도를 사용하는 것이 나았을 뻔했다. 잘 모르겠으면 10점 또는 100점 척도를 사용하라.)

스튜어트는 하루 네 번, 식사 때와 자기 전에 자신의 감정을 평가했다. 더불어 그는 우울하게 만드는 선행사건에 대해서도 기록했다. 이틀간의 기록은 다음과 같았다.

시간	평정	비고
아침	+1	기분이 괜찮았다.
점심	−2	기분이 가라앉았다. 존을 만났는데 내가 농구팀에 들어가지 못한 것에 대해 그가 '웃기는' 말들을 했기 때문이다.
저녁	−1	
취침 시간	−3	베벌리(여자 친구)와 말다툼을 했다.
아침	0	
점심	−1	시험을 봐야 했다. 성적이 떨어지고 있어 걱정이 되었다.
저녁	−3	내가 너무 걱정을 많이 해서 베벌리는 내가 '편집증적이고 비합리적'으로 변해 간다고 말했다.
취침 시간	−3	오늘이 어서 끝났으면 좋겠다는 생각뿐이다.

스튜어트는 다음과 같이 보고했다. "내 기분은 타인, 즉 친구들, 직장 동료, 여자 친구의 승인과 정적 강화에 너무 의존한다. 이견, 대립, 논쟁은 긴장과 좌절을 준다. 문제는 내가 이것들을 지나치게 곱씹으며 분노하거나 몹시 우울해진다는 것이다." 반응을 기록함으로써 그는 어떠한 종류의 사건들이 자신을 기분 나쁘게 만드는지 찾아냈고, 이러한 것에 대한 자신의 반응을 바꾸려는 단계를 밟기 시작했다. 다른 날 그의 기록은 다음과 같다.

시간	평정	비고
아침	+1	
점심	−1	작은 진전이 있었다. 베벌리와 또 말다툼을 했지만, 전보다 차분했고 지나치게 흥분하지 않았다.
저녁	−1	시험 성적은 좋지 않았지만, 나는 공부를 늘리기 위한 계획을 시작했다.
취침 시간	+1	랜디가 내가 기분이 더 좋아진 것 같아 보인다고 말했다. 효과가 나타나고 있다!

우울 정도에 대해 평정하고자 한다면 하루에 네 번 이상을 기록해야 한다. 불안을 평가하고자 한다면 불안하게 하는 상황에 직면할 때마다 평가해야 한다. 예를 들어 이성과의 대화에서 불안을 줄이려고 한다면, 오전에 말할 기회가 두 번 있을 경우 두 번 평가를 해야 하고, 그 후 직장에 있는 몇 시간 동안은 평정을 하지 않고 퇴근 후와 기숙사에서 활동할 때 몇 번의 평정을 또 해보아야 한다.

정서에 영향을 주는 선행사건을 발견할 때마다 즉각적으로 기록해야 한다는 것을 잊지 말자. 그것은 자신을 변화시키는 데 아주 중요한 정보이다. 어떤 사람이 다른 사람들보다 여러분을 더 긴장시킨다면, 불안을 덜 느끼게 하는 사람이 가지고 있는 특성이 무엇인지를 파악하기 위해 이 사실을 알고 싶을 것이다. 일례로 로드리고는 '평범한' 여학생들과 대화를 할 때는 차분했지만, '세련된' 여학생들과 대화할 때는 긴장하게 된다고 보고했다.

자신의 행동에 대해 더 많이 알게 되면 특정한 목표 달성에 중요한 특징을 측정하기 위해 척도를 수정하라. 대중 앞에서 말할 때 긴장감 극복하기가 목표였던 한 남성은 1, '완벽히 평온함'에서 5, '공황'의 범위를 가진 척도로 시작했다. 몇 번의 경험을 기록하면서 그는 자신이 척도의 중간 점수를 자주 사용한다는 것을 알고는 척도를 10점 척도로 확장했다. '수업 시간에 발표하기'는 9점, '할당된 발표하기'는 3점, '발표 준비하기'는 5점, '발표하려고 기다리기'는 8점이었다.

✿ 기록 유형 결합하기

여러분의 기록에 도움이 되기 위해 구조화된 일기, 횟수 기록, 정서 평정 등의 방법을 결합한 네 가지 기록법을 소개한다.

두통 일지(headache diary): 여러분이 이 책에서 배우고 있는 것과 똑같은 기술을 상담으로 배우고 있는 청소년들이 편두통을 줄이기 위해 이 방법을 사용했다(Lascelles, Cunningham, McGrath, & Sullivan, 1989). 그들은 스트레스에 대처하는 부정적/긍정적 방식을 모두 기록하고 그 결과 어떤 기분이었는지 평가했다.

스트레스 상황: ______________________________
부정적 사고: ______________________________
긴장 수준 평가: 1 2 3 4 5 6 7 8 9 10
대처 전략: ______________________________
대처한 자신에 대한 칭찬: ______________________
결과적인 긴장 수준: 1 2 3 4 5 6 7 8 9 10

두뇌 볼링(brain power bowling): 시작 자세의 일곱 가지 요소를 얼마나 잘 갖췄는지 평가하는 기록 양식이다(Kirschenbaum, 1984). 기록지는 다음과 같다.

0 = 잘되지 않음
1 = 좋음
2 = 매우 좋음
3 = 훌륭함

____ 발의 위치: 매번 동일한 시작점에 선다.
____ 자세: 어깨를 펴고, 팔꿈치는 엉덩이 쪽으로 당기고, 무릎은 편하게 한다.
____ 그립: 매 샷마다 동일한 그립, 엄지와 손바닥의 위치를 정확하게 한다.
____ 스팟: 지점을 조준하고, 공이 그쪽으로 가는지를 지켜본다.
____ 어프로치: 2~3초간의 여유를 가진 후 일직선으로 걷는다.
____ 푸시어웨이: 팔꿈치를 단단히 고정하고, 몸 근처에서 곧게 진자 유형의 스윙을 한다.
____ 마무리 자세: 앞발이 정면을 향해 있도록 하고, 몸의 균형을 맞추고 정면을 바라본다.

우울: 우리 학생들 중 하나는 사람들이 자신을 좋아하지 않는다는 생각을 없애 우울을 줄이려는 목표를 세웠다. 그래서 그녀는 자신의 부적 사고를 사람들이 자신을 좋아했던 상황으로 대체하기로 결심했다. 그녀는 10점 평정 척도를 사용하여 자신의 감정을 기록했으며, '사람들이 나를 싫어한다는 생각을 사람들이 나를 좋아했던 때의 기억으로 성공적으로 바꾼 횟수'를 세었다. 그리하여 그녀는 자신의 감정 평가와, 자

신의 감정을 변화시킨 횟수 평가를 결합했다.

사회적 평가 불안: 미치는 구조화된 일기와 자신의 정서적 반응 평가를 결합시켰다. 그는 다음과 같이 기록했다. "나는 자의식이 매우 강한데, 특히 다른 사람들의 주의를 끌고 있거나 또는 나에게 중요한 사람, 즉 모든 사람들에 의해 평가되고 있을 때 더 그렇다. 나는 행동을 하기 전에 내 행동이 가져올 결과에 대해 너무 많이 생각하고, 발생 가능한 부정적 결과에 초점을 맞추는 경향이 있다. 그래서 초조해지고 행동의 타이밍을 놓쳐 어색해 보이는 문제가 있다."

미치는 다른 사람들을 심하게 의식할 때의 선행사건—물리적 환경, 다양한 환경에서의 사고, 감정, 행동—과 자신의 행동의 결과를 기록해 보기로 했다. 여기 그의 기록 중 눈에 띄는 예들이 있다.

선행사건:	차들 앞을 지나며 길을 건넘.
사고:	모든 사람들이 나를 보고 있을 거라고 생각함, 내 자세가 나쁘고 경직되었다고 느낌.
행동:	진짜 의식적이 되었고, 내 예상처럼 부자연스럽게 걸음.
결과:	멍청하게 느껴짐.
선행사건:	길을 가던 중 멋진 여자를 봄.
사고:	(기억이 안 남.)
행동:	미소를 짓고 싶었으나 그녀가 지나갈 때 땅을 바라봄.
결과:	여자들은 자신감 있는 남자를 좋아한다는 것을 알기에 내가 바보같이 느껴짐.
선행사건:	아침 수업 때 칠판의 글씨가 잘 안 보임.
사고:	손을 들고 말할 때 웅얼거리는 내 모습—미치, 이 얼간이—이 상상됨.
감정:	심장이 매우 빨리 뛰기 시작함. −1로 평가. (그는 +2, +1, 0, −1, −2의 평정 척도를 사용하고 있었다.)
행동:	스스로에게 차분하라고 말을 한 후 손을 듦.
결과:	처음엔 너무 긴장됐지만 질문을 해서 기뻤음.
선행사건:	저번 학기 지리 수업 때 친해질 기회가 없었던 여학생을 봄. 그녀가 나를 정면으로 쳐다봄.
사고:	(기억이 안 남.)
행동:	난 웃지 않았음(난 내 미소를 싫어한다). 그녀가 날 다시 볼 거라고 생각했지만 그러지 않음.
결과:	기분이 좋지 않았지만….
행동:	의도적으로 일어나서, 나가는 그녀를 잡고 말을 걸기 시작함.
결과:	긴장했음. −1이라고 평가. 하지만 노력을 했다는 사실에 기쁨.

선행사건:	도서관에서 어떤 여학생이 앉아 있는 테이블에 왔음.
사고:	(기억이 안 남.)
행동:	그곳에 바로 앉기 불편하여 괜찮은 모습인지 확인하고자 화장실에 다녀옴. 돌아와서 자리에 앉아 내 파일을 봄.
사고:	나의 단점에 대해 생각하기 시작함. 그녀에게 말을 걸면 나쁜 인상을 심어 줄 것 같다는 생각이 들었음.
감정:	−2
행동:	아무 말도 하지 않음.
결과:	실망한 채로 자리를 떠남.
선행사건:	수업 중 선생님이 코멘트를 받기 위해 강의실을 한번 돌겠다고 함.
감정:	심장이 뛰기 시작하고 허둥댐. −2라고 평가.
행동:	뭐라고 말할지 연습하기 시작함.
결과:	괜찮게 끝났지만 나의 긴장에 대해 너무 화가 남.

미치가 성공과 실패를 모두 기록했음에 주목하라. 아주 중요한 사실이다. 또한 감정을 기록함으로써 긴장했을 때에도 수행을 할 수 있다는 사실을 알게 되었음에 유의하자. 그가 나중에 덧붙이기를 이렇게 해서 자신감이 늘고 긴장감이 줄었다고 한다.

그의 사례는 우리가 지난 몇 년간 본 것들 중 가장 고무적이었다. 사람들은 종종 너무 긴장해서 못 할 거라고 믿었던 것을 해내기도 하는데, 이런 사실을 알면 긴장을 줄이는 데 도움이 된다.

잠깐! 행동에서 어떤 것을 평정해야 하는가? 강도가 문제의 일부인 경우, 이에 대한 평정이 이루어져야 한다. 잠시 멈추고 어떻게 척도를 만들지 고민해 보라. 이 장의 끝에 있는 과제를 계획하는 데 도움이 될 것이다.

기록의 실제

학습목표

- 목표행동이 나타났을 때 가능한 한 즉시 기록해야 하는 이유는 무엇인가?
- 기록을 더 손쉽게 할 수 있는 방법은 무엇인가?
- 문자 보관 기록은 어떻게 사용하는가?
- 자기관찰의 네 가지 규칙은 무엇인가?

글상자 3-3 기록을 위한 온라인 사이트

어떤 목표행동이든 기록할 수 있도록 도와주는 온라인 사이트들이 있다. QuantifiedSelf.com에 접속하면 놀랍도록 다양한 주제에 대한 아이디어를 얻을 수 있을 것이다. Lifehacker.com를 보면 삶의 여러 부분들을 기록하는 데 초점을 맞춘 새로운 생활 방식을 제안한 사람들도 있다. 특정한 목표를 다룬 무료 사이트로는 감정을 기록하는 Moodscope.com, 돈과 관련된 Mint.com, 시간 관리에 대한 RescueTime.com, 다이어트를 위한 webMD가 있다. 자기주장, 사회 불안, 운동 등 어떤 것이든 검색해 보라. 그러면 적합한 사이트를 찾을 수 있을 것이다.

목표행동 발생 직후 즉시 기록하라. 하루가 끝날 때 얼마나 많이, 또는 얼마나 오래 목표행동이 지속되었는지 기록하는 경우가 많다. 이는 정확하지 않다. 목표행동이 나타나면 하던 일을 멈추고 바로 기록하라(Epstein, Webster, & Miller, 1975). 또한 하루가 끝날 때 그날 전체의 우울 또는 불안 수준을 기록하는 것을 피하라. 지나치게 부정적이기 쉽다.

애써 적을 필요가 없다고 생각하는 경우도 있다. 머리로 기억하면 되니까. 그렇지 않다. 바로 기록하지 않으면 그 기록이 쓸모없다는 것을 알게 될 것이다(**글상자 3-3**).

자기수정을 가르쳐 보면 요지부동인 학생들이 있다. 자신이 무엇을 하고 있는지 확실히 알고 있기 때문에 기록을 할 필요가 없다고 확신하는 친구들이다. 여러분이 그중 하나라면 다음을 한번 시도해 보라(Brown, 1987). 예컨대 피운 담배 개비수, 먹은 음식 등 뭐든지 여러분의 목표행동을 며칠 동안 얼마나 할지 예상치를 적고, 그런 다음 같은 시간 동안 실제로 기록하여 그 정확도를 비교해 본다. 이 경험으로 여러분은 추정이 부정확하다는 사실에 결국 동의하게 될 것이라고 확신한다. 이밖에도 기록이 제공해 주는 선행사건과 결과에 대한 정보를 얻을 수 없을 것이다. 한번 해보라.

✿ 무엇을 기록하는가?

두뇌 볼링에서는 볼링 선수가 쓰러뜨린 핀의 개수를 기록하지는 않는다. 대신 볼링을 칠 때의 행동들에 대한 기록을 한다. 발을 어디에 두었고 손은 어디에 있었는가? 이는 중요한 점을 지적한다. 어떤 목표에 대한 향상 정도를 기록할 수 있지만, 기록 시 관심을 둬야 하는 부분은 이를 헤쳐 나가는 **과정**이다(Zimmerman & Kitsantas, 1996). 스트라이크의 횟수와 쓰러뜨린 핀의 수를 기록하지 말라. 자세가 얼마나 좋았는지를 기록하라.

이와 유사하게, 체중을 감량하고자 하는 사람은 자주 체중을 재서 목표를 향한 경과를 알아볼 수 있으나, 정작 기록해야 하는 것은 먹은 음식과 운동의 양과 종류이다. 운동과 먹은 음식의 기록을 통해 체중 감량이라는 목표에 더 가까이 다가갈 수 있다. 또 다른 예로, 성적을 올리려는 학생은 당연히 시험과 보고서 점수에 관심을 두겠지만, 정작 기록해야 하는 것은 좋은 성적을 받기 위해 수행해야 하는 행동이다. 즉, 시간 관리, 좋은 공부 절차, 적절한 시험 준비 등이다.

과정에 주의를 집중하여 과정을 향상시킬 수 있다면 목표는 실현될 것이다. 한 연구에서는 여고생 집단에게 어떻게 프로 수준으로 다트 던지기를 할 수 있을지를 가르쳤다(Zimmerman & Kitsantas, 1996). 절반은 "다트가 다트판의 어디에 꽂혔는가?"에 초점을 맞추게 했다. 목표는 물론 가운데에 명중하는 것이었다. 나머지 절반은 "내 팔꿈치가 내 몸 가까이 있는가? 내가 다트를 가볍게 잡았는가? 내 팔이 어떻게 움직이는지를 알고 있었는가?" 등에 초점을 맞추도록 했다. 간단히 말해 두 번째 집단은 목표에 도달하는 과정과 이를 향상시키는 데 초점을 맞추었던 것이다. 두 번째 집단의 여학생들이 첫 번째 집단보다 더 능숙하게 다트 던지기를 할 수 있었다. 과정에 초점을 맞춘다! 과정을 꾸준히 기록하고, 향상시키도록 노력하라.

✿ 쉽게 기록하는 법

기록 도구는 휴대가 간편하고 접근이 용이해야 한다. 스마트폰이나 다른 전자기기에 기록에 사용할 앱(application)을 다운받을 수 있다. 일일 기록이나 주간 기록을 쉽게 할 수 있다는 장점이 있다. 3″×5″ 카드 또는 주머니, 가방이나 공책에 쉽게 들어가는 종이를 사용하는 경우도 많다.

평소 생활 패턴에 기록하기를 끼워 넣으라. 기록을 일과로 만들어 스스로에게 상기시킬 수 있도록 하라. 예를 들면 다음과 같다.

- 시간 관리—달력에 메모하기
- 충동적 소비—지갑 안에 종이 카드 넣어 놓기, 스마트폰의 앱 사용
- 과도한 TV 시청—TV를 보는 의자 옆에 기록지 두기

- 너무 늦게 잠드는 것—침대 옆에 기록지 두기
- 공부하지 않음—공책에 기록, 또는 공부하는 장소에 기록지 두기
- 과식—부엌 식탁 위, 주머니, 항상 휴대하는 기기에 종이 카드 보관
- 간식—부엌 또는 냉장고 문 앞에 기록지 두기
- 운동하기—운동 물품을 두는 옷장에 기록지 놓기
- 사교적 활동—가방 또는 주머니에 항상 카드를 두거나 휴대전화에 기입하기

베르나는 직장 동료들 중 한 명과의 관계에 어려움을 겪고 있었다. 그녀는 그와 함께 있을 때 기억해야 할 다음 네 가지를 목록으로 만들었다. 말을 중간에 끊지 않고 듣기, 조금 무례한 말은 무시하기, 그에게 대답하기 전에 잠시 멈추기, 자신을 좌절시키는 그의 의도를 파악하려고 하지 않기. 그녀는 이 목록을 책상에 두었다. 그와 대화를 하게 될 것 같은 때 그녀는 그 목록을 한번 훑고, 그와 대화하며 지니고 있었다. 대화가 끝나면 바로 각각의 항목을 성공적으로 수행했는지 확인했다.

어떤 경우에는 팔목 계수기(시계처럼 차는 것) 또는 골프 계수기를 사용할 수 있다. 이는 긴장 또는 언어적 버릇과 같이 매우 자주 하는 행동인 경우에 유용하다. 예를 들어, 에드는 욕을 그만했으면 했는데 이런 일이 하루에 약 200번 정도 일어난다는 것을 발견했다. 그는 골프 계수기를 사용했다. 사용하기에 편리하다고 느끼는 것이라면 어느 종류든 상관없다.

기록하기 쉬울수록, 꾸준히 하게 된다.

기록할 때 무엇이 문제일지 예상할 수 있으면 문제가 발생했을 때 더 잘 다룰 수 있다. 우리 학생 중 한 명은 다른 사람들과 대화 시 떠오르는 특정 사고에 대해 기록하고자 했다. 대화할 때 카드에 메모를 하는 것은 왠지 바보 같아 보였다. 하지만 대화가 끝날 때까지 기다렸다간 기록을 빠뜨릴까 봐 걱정이 되었다. 그의 해결책은 기록하고자 하는 생각이 떠오를 때마다 동전 하나를 왼쪽에서 오른쪽 주머니로 옮기는 것이었다. 대화가 끝나고 상대방이 떠난 후, 그는 오른쪽 주머니에 있는 동전의 개수를 확인하여 대화 중에 얼마나 그 생각이 떠올랐는지 알 수 있었다. 그리고 메모 카드에 그 횟수를 기록했다.

특정 행동을 수행하는 횟수를 증가시키고자 했던 한 여성은 이쑤시개를 자신의 지갑에 넣어 놓고 한 번 나타날 때마다 지갑 속의 다른 칸에 옮겨 담았다. 어떤 흡연자는 하루를 30개비의 담배로 시작하여 집에 돌아왔을 때 얼마나 남았는지를 세었다.

만약 어떤 행동을 했는데 이를 기록할 도구가 없으면 임시방편을 마련하라. 손가락 관절을 꺾는 습관을 줄이고자 했던 사람은 해변에서 큰 나뭇잎을 주워 뚝뚝 소

리를 낼 때마다 작게 찢어 구멍을 냈다. 이후 그는 이것을 평소 기록하는 차트에 옮겼다. 점수 카드를 집에 두고 온 한 흡연자는 흡연을 위해 사용했던 성냥들을 모아서 피운 담배 개비의 수를 기록했다.

✿ 문자로 보관된 기록

실제로 진전이 있는지 알 수 있어야 한다. 특히 진도가 느릴 때는 더욱 그렇다. 그래서 가끔 한 걸음 물러나 큰 그림을 볼 필요가 있다. 매일 목표행동을 얼마나 수행하고 있는지 기록할 필요가 있지만, 큰 그림을 얻기 위해서는 이러한 정보를 좀 더 영속적인 보관용 자료로 바꿔야 한다.

긴장될 때 자신의 발과 다리의 살을 뜯는 버릇이 있던 한 여성은 아래와 같은 방법으로 셈을 해 나갔다.

	살 뜯기													
날짜	1	2	3	4	5	6	7	8	9	10	11	12	13	14
하루 횟수	7	9	11	8	4	8	12	7	10	7	9	2	9	2

기록 보관을 위해 그녀는 그래프를 만들어 자신의 방 벽에 붙여 놓았다. 그래프를 보면 조금씩 나아지고 있음을 알 수 있었고, 그렇지 않은 날에는 어떤 일이 있었는지 자문했다.

전문 작가를 꿈꾸는 한 여성은 매일 자신이 글을 쓴 시간과 쪽수를 적었다. 매 주말, 그녀는 시간을 총합하여 자신이 글을 쓰는 책상 바로 옆 벽에 붙어 있는 보관용 차트에 옮겼다.

	주당 글을 쓴 총 시간	주당 쓴 쪽수
1주차	14	5
2주차	17.5	20
3주차	17.5	19
4주차	15	22
5주차	9.5	9

어떤 사람들은 기록에 퍼센트의 개념을 사용하기도 한다. 예를 들어 자기주장을 확실히 한 경우가 어느 정도인지 퍼센트를 기록할 수도 있으며, 실제로 공부에 할애

한 '공부 시간'의 퍼센트를 기록할 수도 있다. 공부 시간을 비효율적으로 사용하는 많은 학생들에게는 실제 '목표행동'인 진정한 공부 시간을 기록하는 것이 도움이 되며, 이 경우 퍼센트의 증가를 목표로 삼을 수 있다. 즉, 목표행동 시간의 퍼센트를 증가시키고 공부하느라 준비하는 시간을 축소시킴으로써 총 소모 시간을 감소시키는 바람직한 결과를 가져온다(Watson, 2001).

때로 일일 관찰을 영구적인 기록과 결합시킬 수 있다. 예를 들어, 앨런은 차트를 악기와 함께 두어 필요할 때 쉽게 기록함으로써 일일 기록과 보관용 기록을 동시에 할 수 있었다.

꾸준한 기록과 기록의 보관은 각 개인의 행동과 상황에 맞게 구성되어야 한다. 여기에 설명된 다양한 체계가 자신에게 맞지 않는다면 적합한 것을 개발하라.

✿ 요약

자기관찰의 네 가지 규칙:

1. 행동이 나타난 후가 아니라 행동이 나타날 때 기록하라.
2. 기록은 정확하고 엄격히 하라. 목표와 관련된 모든 사건을 포함하라.
3. 기록 체계를 간단하게 만들고 이를 일과에 포함하라.
4. 기록은 문자로 남겨 두라.

다시 잠깐! 넘어가기 전에 자신의 기록을 위한 계획의 윤곽을 그려 본다. 이 장의 끝에서는 계획의 구체적인 형식을 만들게 될 것이다. 여러분의 계획은 위의 네 가지 규칙에 부합하는가?

자기관찰의 반동적 효과

학습목표

- 자기관찰이 반동적이라는 말은 무슨 뜻인가?
- 이 반응성을 어떻게 활용할 수 있을까?

행동은 관찰 시 변하기도 한다. 여러분의 행동을 면밀히 관찰하는 누군가가 있다고 생각해 보면 알 수 있을 것이다. 코치나 무용 선생님 또는 실험 강사가 "이제부터 너를 아주 열심히 지켜볼 거야."라고 말한다면, 아무도 자신을 관찰하고 있지 않을 때와는 행동이 달라질 것이다. 시선을 의식하게 됨을 느낄 것이다. 더욱더 조심하게 된다.

미치가 길을 건널 때 자신의 걷는 자세에 의식적이 되었던 것처럼 행동이 덜 매끄러워지거나 덜 자동적이게 될 것이다. 혹은 관객이 있을 때 연기자의 연기가 더욱 좋아지는 것처럼 향상될 수도 있다. 또한 이는 여러분이 자기 자신의 관찰자가 될 때 발생한다. 행동은 관찰에 '반동적'이며, 이를 심리학에서는 '반동성'이라고 한다(Baird & Nelson-Gray, 1999; Mace & Kratochwill, 1985). 반동성의 효과는 요인의 수에 따라 달라지지만(Critchfield & Vargas, 1991; Kirby, Fowler, & Baer, 1991; Quinn, Pascoe, Wood, & Neal, 2010 참조), 매우 흔해서 예상이 가능하다.

가끔 학생들은 자신의 문제가 '그냥 사라졌다'고 한다. "정기적으로 관찰을 기록해 나가기 시작했는데, 그러자 관찰하던 그 행동을 제가 그만둬 버린 거예요." 물론 이는 가장 바람직한 형태의 반동성이다. 관찰하고 기록하면 바람직하지 않은 행동은 사라지고 바람직한 행동은 증가하는 경향이 있다. 한 중년 남성은 "나는 독서할 때 수염을 뽑는 짜증 나는 버릇이 있었어요. 뽑을 때마다 기록하기 시작했더니 뽑는 일이 금세 없어졌어요."라고 말했다.

어떤 행동에 주의를 기울이면, 자기기록은 그 행동을 원하는 방향으로 변화시킨다(Fixen, Phillips, & Wolf, 1972; Lipinski, Black, Nelson, & Ciminero, 1975). 무언가를 하고 싶다면 기록하는 것으로 더 하게 만들 수 있고, 그만두길 바란다면 기록함으로써 줄일 수 있다. 한 연구에서는 자살에 대한 원치 않는 빈번한 사고에 대해 푸념하던 대학생들에게 그 생각에 대해 꾸준히 기록해 보라고 했다. 자기기록은 자살 사고의 빈도와 우울감을 줄였다(Clum & Curtin, 1993).

바람직한 습관을 새로 들일 때, 이 효과는 기록을 할 때만 나타난다. 기록을 중단하면 향상도 멈춘다(Holman & Baer, 1979; Maletzky, 1974). 파블로는 "나는 일일, 주간 운동을 꾸준히 기록해요. 기록을 하는 한 내가 꾸준하게 운동을 하고 있음을 알 수 있어요. 만약 기록을 그만두면 2~3일 안에 운동을 그만두게 될 겁니다. 옷장 문에 붙인 기록이 나를 운동하게 만드는 것 같아요."라고 이야기했다.

자기기록의 반동성은 이점이 될 수 있다. 한 학생은 이렇게 보고했다.

> 나는 때로 아내의 부엌일을 돕지 않는 것에 대한 죄책감에 사로잡힐 때가 있다. 하지만 나는 항상 무언가 해야 할 일이 있고, 요리와 설거지는 썩 내키지 않았기 때문에 그냥 계속 아무것도 하지 않았다. 이후 나는 부엌에 차트를

> 만들어 놓았다. 아내는 자신이 요리를 하거나 설거지를 했을 때 그 차트에 기입했고, 나 역시도 내가 요리를 하거나 치울 경우 차트에 기입했다. 나를 움직이게 하는 데는 1주일로 충분했다. 이제 나는 내 몫을 잘하고 있는지 주말마다 확인한다.

또 다른 학생은 이렇게 이야기했다.

> 나는 독서를 좋아하고 오랫동안 책을 더 많이 읽길 바랐다. 하지만 피곤한 몸을 이끌고 퇴근한 후 생각 없이 TV를 틀었다. 이후 나는 작은 노트를 하나 마련하여 내가 읽은 모든 책과 기사에 대한 목록을 작성하기 시작했다. 목록이 점차 늘어 가는 것이 매우 즐거웠다. 무언가를 읽고 노트에 기입하는 게 무척 즐거웠다. 목록을 꺼내 슬쩍 훑어보면 내가 얼마나 꾸준히 잘 하고 있는지를 볼 수 있었다. 나는 분명 전보다 더 많이 읽고 있는데, 독서를 기록하는 것이 나에게 의미가 있기 때문이다. 기분이 좋아진다.

반동성은 기록하는 시간대를 변화시킴으로써 증대시킬 수 있다(Rozensky, 1974). 이는 특히 그만두고자 하는 행동에 대해서 효과적이다. 이를테면, 체중을 조절하고자 하는 사람들은 음식을 먹기 전 또는 후에 기록할 수 있다. 전에 하는 것과 후에 하는 것에 차이가 있을까? 한 실험에서 한 그룹의 피험자들은 식후에 칼로리를 기록했고, 다른 이들은 반대로 식전에 기록했다. 그 결과 식전에 기록했던 사람들이 더 적게 먹었다(Bellack, Rozensky, & Schwartz, 1974). 우리가 도왔던 체중 감량 수업에서는 먹은 후가 아니라 먹으면서 기록한 사람들이 더 적게 먹었다.

기록 시 문제점 해결하기

학습목표

- 주의집중을 연습한다는 것은 어떤 의미인가? 이는 어떤 상황에서 유용한가?
- 무의식적으로 한 행동은 어떻게 기록할까?
- 다른 많은 일들이 벌어지는 상황에서 발생한 행동은 어떻게 기록할까?
- 한 일을 기록하고 싶지 않거나 빠뜨렸다고 가정해 보자. 첫 번째 계획은 무엇이 되어야 하는가?
- 신뢰도란 무엇인가? 어떻게 높일 수 있는가?

✿ 무의식적 행동

어떤 목표행동은 정확히 기록하기 어려운데, 이는 그 행동에 면밀히 주의를 집중하고 있지 않기 때문이다. TV를 시청하거나 책을 읽으면서 아무 생각 없이 얼굴을 뜯는 자신을 발견할 수도 있다. 지나치게 큰 소리로 말한다든지 과식하는 행동들은 자동적이어서 의식하지 못하기도 한다. 그러나 기록이 정확하지 않으면 변화를 위한 계획을 실행에 옮기기가 어렵다.

어떻게 하면 주의를 집중할 수 있을까? 제일 먼저 할 일은 의식적으로 주의를 집중하며 일부러 문제행동을 반복하는 것이다. 이 역설적인 처방은 매우 합리적이다. 이는 주의를 집중하는 연습이 된다. 일단 습관적인 목표행동에 주의를 집중하는 법을 학습하게 되면 그 행동을 제거하는 계획을 시작할 수 있다.

손마디 관절을 습관적으로 꺾는 개릿은 매일 아침과 저녁 각 5분씩 자신의 행동 하나하나에 집중하며 일부러 손마디를 꺾었다. 그는 자신이 손가락을 꺾을 때 주의집중하는 법을 학습했다.

대학교 2학년 학생 한 명은 수면 시 자신의 팔을 긁는 버릇이 생겼다. 너무 심해져서 때때로 아침에 일어났을 때 팔에서 피가 나기도 했다. 자는 동안 어떻게 주의를 집중할 수 있었을까? 그 학생은 매일 밤 잠들기 전에 일부러 주의를 집중해서 자신의 팔을 몇 분간 긁었다. 이때는 깨어 있었으므로 피가 날 때까지 긁을 위험은 없었다. 하지만 침대에 누워 졸린 상태였기 때문에 실제 잠들어 있을 때와 상황은 비슷했다. 그녀는 긁기를 대체하는 방법을 사용하기 시작했다. 처음에는 자신의 팔을 문질렀고, 그다음에는 살짝 두드렸으며, 마지막에는 만지기만 했다. 며칠간 연습한 후, 그녀는 더 이상 자면서 긁지 않게 되었다(Watson, Tharp, & Krisberg, 1972). 이 사례는 18개월 후와 그다음 7년 후에 추적 조사되었다. 처음 18개월간 그녀는 두 번의 재발을 경험했으며 그때마다 문제를 바로잡기 위해 자기수정을 사용했다. 다음의 7년간 그녀의 증상은 재발하지 않았고 한밤에 긁지 않게 되었다. 우리는 20년 후 그녀를 우연히 만났는데 그 문제는 그녀의 기억에서 거의 사라진 후였다.

무의식적으로 일어나는 행동을 다루는 또 다른 방법은 친구들에게 목표행동이 나타날 때마다 지적해 달라고 부탁하는 것이다. "내가 내 얼굴을 뜯는 것을 보면 지적해 줘. 난 정말 그만두고 싶어." 하지만 상기시켜 주는 것이 처벌이 되지 않게 하라. 그렇지 않으면 문제행동을 수정하는 것이 아니라 처벌 자체에 신경을 쓰게 된다. 아내가 "에드! 당신 과식하고 있어!"라고 말했을 때, 에드는 부끄럽기도 하고 신경질도 났다. 그래서 그녀는 "자기야, 당신 지금…?"으로 중요한 단어를 생략하는 식으로 바꾸었다.

어떤 사람들은 습관적으로 자신에게 주의를 집중하지 않는다(Buss, 1980). 여러분이 이런 사람들 중 하나라면 최소한 자신의 행동에 대한 좋은 기록을 얻기 위해 자기인식을 증대시키는 단계들을 밟아 나가야 할 것이다. 자기인식을 증대시킬 수 있는 방법은 적어도 세 가지가 있다. (1) 녹음기를 통해 자신의 목소리를 듣는다. (2) 자신의 모습을 비디오로 촬영한다. (3) 거울 앞에서 행동한다(Wegner & Guiliano, 1983).

솔라나는 자신이 친구들이 이야기할 때 중간에 말을 끊어 친구 관계를 유지하는 데 어려움을 겪는다는 사실을 깨달았다. 그녀는 지금껏 자신 또는 타인의 말에 별로 신경을 쓰지 않고 자주 그래 왔다. "전 머릿속에 있는 말은 그대로 뱉어 버려요." 그녀의 첫 과제는 자신이 말을 하고 있을 때를 인식하는 것이었기 때문에, 주의를 집중하고 화장실 거울을 마주 보며 말을 하는 연습을 했다. 그녀는 자신이 말을 하고 있을 때 자각하기를 바랐다. 이후 그녀는 말하는 대신 친구들의 말을 듣는 연습을 했다.

✿ 기록하기에 너무 바쁘거나 산만한가?

때로 여러분은 무언가를 하느라 너무 바빠 문제행동이 나타나는 즉시 그것을 기록하기 어려울 수 있다. 또는 다른 이들과 함께 있는 상황이라 공책을 꺼내 기입하는 것이 부끄러울 수도 있다. 아내와 사별한 한 남성은 새로운 관계를 찾고 있었는데, 그는 자신이 결혼에 대한 이야기를 너무 서둘러서 동반자가 될 수도 있는 사람들을 놓치고 있다는 사실을 발견했다. 그는 서두르지 않는 방법을 배워서 관계를 발전시키고 싶었다. 그의 성급한 행동은 주로 여성을 만나고 있을 때 나타났는데, 그는 그 상황에서 기록지를 꺼내 기록하고 싶지 않았다. 하지만 그는 사건들을 기억하여 나중에 기록하려고 대안을 생각해 냈다. 그는 몇 개의 마른 콩을 주머니에 넣어 놓고, 자신의 대화가 너무 결혼으로 흘러가면 조심스럽게 콩 한 알을 '표적 주머니'에 넣으며 자기 자신에게 "이걸 기억해 놓았다가 이후에 기록하자."라고 말했다. 이 방법은 나중에 구체적인 것들을 기억해 낼 수 있도록 해주었고, 그는 그 기록을 바탕으로 상황들을 보다 잘 해결하기 위한 계획을 개발할 수 있었다.

대학에서 외로움을 느끼던 한 젊은 여성은 처음 사람들을 만났을 때 그들에 대한 자신의 부정적 의견이 자신을 외롭게 만드는 주된 원인 중 하나라고 생각했다. "나는 그들을 평가하고, 채 알기도 전에 그들이 부족하다고 생각해요. 정말 나쁜 버릇이지만, 나는 다른 사람이 말하는 아주 사소한 것에도 매우 비난하며 '얼간이군.'이라는 생각을 해요." 이러한 사고들을 기록하기 위해 그녀는 펜을 핸드백 한쪽에서 다른 한쪽으로 옮겨 그 사건을 나중에 다시 상기할 수 있도록 했다. 그리고 가능한 한 늦지 않게 일어났던 사건들을 구조화된 일기에 기입했다.

기억 단서를 하루가 끝날 때까지 가지고 있지 말라. 일시적 기억 단서는 가능한 한 빨리 사건의 총체적인 기록으로 전환하라.

✿ 기록을 위한 자기주도 계획

어쩌면 관찰 그 자체가 여러분을 불편하게 할 수도 있다. 사람들은 알고 싶지 않기 때문에 기록하지 않는다. 흡연자들은 자신이 얼마나 흡연을 하는지 알고 싶어 하지 않는다. 과체중인 사람들은 자신이 하루에 얼마나 먹는지 직면하고 싶어 하지 않는다. 사회적으로 미숙한 이들은 자신이 때때로 얼마나 무례한지 알아보길 피한다. 이런 경우는 드물지 않으며, 이러한 상황에 있다면 기록을 관두고 싶을 것이다. 하지만 이때야말로 정확한 기록에 초점을 맞춰야 하는 때이다. 기록은 여러분이 처해 있는 갈등을 인식하도록 해준다. 담배를 끊고자 하지만 흡연을 즐기고 있는 현실, 살을 빼고 싶지만 먹는 걸 사랑하는 현실. 원치 않는 행동에 대해서는 단순히 기록을 집어치우는 쪽을 택하는 경우가 많다. 먹지만 적지는 않는다. 담배를 피우지만 적지는 않는다. 하지만 원치 않는 행동은 계속될 것이다.

여러분은 꾸준한 기록을 위해 자기주도 전략을 사용해 볼 수 있다. 자기기록은 그 자체로 행동이며, 이는 다른 행동들과 동일한 원리를 따른다. 자기변화의 첫 단계인 이 부분에서 실패한다면 자기기록 자체를 자기향상의 첫 번째 목적으로 삼는 것이 가장 적절하다. 정확히 기록하기를 첫 번째 목표행동으로 만들라. 여기서는 기록 시 발생하는 문제를 해결하기 위해 사용할 수 있는 네 가지 기술을 제시하고자 한다.

1. 꾸준히 기록하는 것이 너무 어려워 보일 때는 한 번에 한 가지 항목을 기록한다 (Hayes & Nelson, 1986). 간단한 계획으로 시작하여 이에 익숙해지도록 하고, 그 후에 보다 자세히 만들도록 하라. 직장 동료 중 한 사람과 어울리는 데 어려움을 겪던 베르나를 떠올려 보라. 그녀는 그 사람과의 관계에 있어 네 가지 다른 측면을 기록할 필요가 있었으나 이는 매우 복잡했다. 그래서 그녀는 한 측면-그의 불친절한 말 무시하기-에 대해서만 기록하기로 했다. 이것을 며칠간 실행에 옮긴 후에 그녀는 두 번째 측면-그의 말 경청하기-을 추가했다. 그로부터 또 며칠 후, 그녀는 두 가지를 함께 기록할 수 있게 되었다. 그래서 그 후 세 번째, 네

번째 항목을 차례로 추가했다.

2. 기록을 상기시켜 주는 단서를 제공하라(Heins, Lloyd, & Hallahan, 1986). 파월은 매일 밤 자신의 공부에 대한 기록을 하고자 했으나 기록하는 것을 잊어버렸다. 그는 손목시계의 알람이 밤 11시 30분에 울리게 설정하여 기록지에 기입하는 것을 상기시킬 수 있도록 했다.

   꾸준히 기록하기 위한 또 다른 단서로 자신 자신을 활용할 수도 있다. 재니스는 점심을 먹기 위해 줄을 서서 기다릴 때, "먹은 걸 기록해야 한다는 것을 기억하자."라고 중얼거렸다. 엠마누엘라는 공부 중 잠시 쉬고자 할 때, 스스로에게 "언제 공부를 시작하고 끝냈는지를 꼭 적어서 얼마나 공부했는지 알 수 있도록 하자."라고 말했다. 체중을 감량하고자 했던 할은 음식 섭취 기록을 냉장고에 붙여 놓고 저녁에 간식을 먹은 경우 꼭 적을 수 있도록 했다. 제5장에서도 보겠지만, 자기지시는 자신의 행동을 통제하는 강력한 방법이다.

3. 다른 사람으로 하여금 여러분이 성실하게 기록하고 있는지를 검사하게 하라. 실제 기록을 다른 사람에게 보여 줄 필요는 없다. 꾸준히 기록하고 있음을 알려 주기만 하면 된다. 예컨대 음주를 줄이고 싶어 하던 한 젊은 남성은 자신의 기록을 통해 하루 평균 9병의 맥주를 마셨음을 확인하고는 몹시 속상했다. 그의 첫 반응은 기록을 그만두는 것이었다. 그러나 그는 술을 줄이고 싶어 했기 때문에 친구에게 매일 아침 전날 기록을 했는지를 물어봐 달라고 부탁했다.

4. 기록을 한 것에 대해 자기 자신에게 상을 주라(Stuart & Davis, 1972). 수년간 과체중이었던 한 여성은 체중을 감량하려면 무엇을 먹었는지 꾸준히 기록해야 할 필요가 있다는 사실을 깨달았다. 처음에는 이것이 무거운 짐처럼 느껴졌기에, 그녀는 자신이 섭취한 음식에 대해 꾸준히 기록했을 때 자신에게 5달러를 주어 취미 생활에 쓸 수 있도록 했다. 이것이 습관이 되자, 그녀는 운동을 하는 것에 대해 스스로에게 보상을 주는 것으로 바꾸었다.

✿ 목표는 신뢰도

자기관찰의 정확성, 즉 신뢰도에 대해서도 고려해야 한다. 자기기록을 할 때 "내가 모든 행동을 빠짐없이 기록하고 있는가? 매번 같은 일이 일어날 때마다 같은 방식으로 기록하고 있는가?"라고 자문해 보라. 사람들은 자기기록을 할 때 종종 부정확하고 일관적이지 못하다(Nelson, 1977). 그러나 일관적이지 못하면 자기 자신에 대해 충분히 알 수 없어 효과적인 변화 계획을 세우기 힘들다. 특히 어떤 행동을 얼마나 자주 하는지 매번 기록하지 않고 어림잡은 수치는 신뢰하기 어렵다(Farmer & Nelson-Gray, 1990; Nelson-Gray et al., 1990). 기억하라. 새로운 기술을 익히려면 이로 인해 향상되고 있다는 결과에 대한 정보가 필요하다(Patrick, 1992).

어떻게 시작할 것인지, 혹은 실제로 변하고 있는지 아닌지를 알기 위해서는 비교적 정확한 기록과 자기관찰 자료가 있어야 한다. 집에 있을 때 간식을 너무 많이 먹는다고 생각하지만, 실제로 문제행동은 TV를 보거나 혼자 있을 때에만 일어난다면 자기변화를 위한 계획은 성공적이지 않을 것이다. 문제행동의 A-B-C 패턴을 밝히는 것은 필수적이다. 실제로 1주일에 몇 시간이나 공부하는지 모른다면 작지만 분명한 진전이 있어도 알아차리지 못할 것이고, 장기적으로는 효과적이었을 자기변화 계획을 중단해 버릴 수도 있다.

관찰의 신뢰도를 높이는 몇 가지 전략이 여기 있다.

1. 행동이 나타날 때 바로 관찰하라.
2. 목표행동을 구체적으로 정의해야 실제로 발생했는지 아닌지 구분할 수 있다.
3. 주의를 집중하고, 필요하면 집중하는 연습을 하라.
4. 사용하기 번거롭지 않고 간편한 기록 도구를 마련하라.
5. 기록을 상기시킬 단서를 활용하라. 예를 들어 기록 도구를 문제행동이 발생하는 곳에 두거나, 기록할 것을 잊지 않도록 자기지시한다.
6. 필요하다면 다른 사람들에게 기록을 상기시켜 달라고 부탁하라.
7. 자기보상 계획으로 기록을 촉진한다.

(이 책의 제5~7장에서 목표행동의 선행사건, 행동, 결과에 대해 더 배우기 전까지 무엇을 관찰해야 하는지 정확히 모를 수도 있다.)

잠깐! 자기수정 프로젝트가 실패하는 주요 원인 중 하나는 좋은 기록의 부재이다. 꾸준한 기록이 어려울 것이라고 예상되면, 앞에서 언급되었던 제안들 중 하나 또는 그 이상을 사용하라.

줄은 체중을 줄이고 싶어 했지만 한편으로는 자신이 과식을 매우 즐긴다는 것도 알고 있었기 때문에 자신이 먹은 음식을 매일 기록하고 싶지는 않았다. 너무 당연하게도, 자기변화 계획을 시작했을 때 그는 기록에 실패했다. 몇 주 후 그는 자신이 얼마나 먹는지, 어떤 상황에서 과식을 하는지를 알지 않고서는 절대로 체중을 감량할 수 없다는 사실을 깨달았다. 그는 항상 가지고 다니는 작은 3″×5″ 노트에 섭취 기록을 적기로 하고, 스스로에게 "기록하자. 먹는 걸 조절할 수 있어야 해!"라고 상기시켰으며, 아내에게 매일 저녁 식사 때 자신이 기록을 하고 있는지 물어봐 달라고 부탁했다. 이러한 단계들은 그가 통제력을 가질 수 있도록 도와주었다.

변화를 위해 계획하기

학습목표

- 기저선 기간이란 무엇인가?
- 기저선 기간은 얼마나 길어야 하는가?

이제 여러분은 우리가 엄밀히 말하는 기저선 기간의 단계에 와 있다. 기저선은 시작점으로, 경과를 평가하기 위해 사용된다. 자기관찰은 하되 변화를 위한 다른 노력은 하지 않는다. 여러분의 첫 기록은 미래의 변화를 평가할 때 비교하는 기저선이 된다.

마리는 새로운 직장에서 의사표현을 잘하고 싶어 변화 계획을 시작했다. 그녀는 우선 자기주장을 할 기회가 있었던 경우와 실제로 그렇게 했을 때를 모두 기록했다. 기록을 보면 직장에서 첫 2주 동안 그녀는 한 번밖에 목소리를 내지 못했지만, 그 후 기회가 있을 때마다 점점 더 잘하게 되었다. 원하는 정도까지는 아니었지만 분명한 변화가 있었던 것이다.

항상 기저선이 필요한 것은 아니다. 목표행동이 전혀 나타나지 않는다면 기록하려고 노력할 의미가 없다. 전혀 공부를 하지 않는데 목표가 공부하는 것이라면 이미 '0'이라는 기저선을 가지고 있는 것이다. 그러나 이런 상황에서도 자기관찰을 하는 것은 가치가 있다. 공부하지 않는 이유를 밝히기 위해서이다. 자기관찰 기간에 하는 "내가 공부를 할 수 있는 기회는 언제인가?", "공부 대신 나는 무엇을 하는가?", "공부를 방해하는 생각은 무엇인가?" 등의 질문은 변화를 위한 계획을 세우는 데 유용하다.

후안은 "이런 식의 기록을 통해 뭔가를 깨달았다고 생각하지 않지만 적어도 내가 논다는 것을 발견했어요. 공부하려고 자리에 앉으면 스스로에게 'TV에서는 뭘 하고 있지?'라고 묻고, 잠깐 확인만 하려고 TV를 켰다가 공부는 전혀 하지 않은 채 TV를 시청하며 끝이 나요. 또는 '샐이 지금 뭐 하고 있는지 궁금하네.'라는 생각을 하고 그에게 전화하고 공부를 하지 않더라고요."라고 보고했다.

일반적으로 변화를 시도하기 전에 자기관찰을 해보는 것이 최선의 방법이다. 더 깊은 자기이해를 통해 얻는 이득은 시작을 미루는 데서 오는 단점을 덮고도 남는다.

✿ 얼마나 오래 기저선 자료를 수집해야 하는가?

기저선 기간은 분명한 패턴을 보일 때까지 지속해야 한다. 1주일 이하로는 안정적인 기저선을 얻을 가능성이 낮다. 활동은 매일 변화하고, 상당히 자주 나타나는 행동이라 하더라도 일관된 패턴이 나타나기 위해서는 며칠이 필요하다.

어떤 행동들은 절대 안정적인 기저선을 보이지 않는다. 예컨대 불평하기 또는 분노 폭발은 상당히 가변적인데, 이러한 것들은 적어도 어느 정도는 다른 사람들의 행동이 자신을 얼마나 자극하는가에 달려 있기 때문이다.

여러분은 스스로에게 "내가 기저선 자료를 수집하는 이 며칠 또는 몇 주간이 나의 평소 생활을 대표할 수 있는가?"라고 질문해 봐야 한다. 예를 들어 공부 시간을 계산하는데 지난주가 중간고사였다면 그 주는 평범한 주였다고 생각할 수 없으므로 그 자료는 측정을 위해 사용해서는 안 될 것이다. 여러분이 파티에서 흡연을 더 많이 하는데 지난 3일간 세 번의 파티에 참석했다면, 그 시기는 평균적으로 얼마나 흡연을 하는지를 측정하는 기저선 자료로 사용되서는 안 된다. 그 기록은 피해야 할 선행사건을 알려 준다. 금연하려면 파티에 가지 말라.

어쩌면 여러분은 어떤 행동을 하는 일일 또는 주당 평균 횟수를 알고자 할 수도 있다. 일례로 한 주에 평균 몇 분간 공부하는지 알아낼 수도 있고, 하루에 평균 몇 개비의 담배를 피우는지, 또는 매주 운동하는 평균 시간을 알 수도 있다. 날마다 변동이 있는 것은 흔한 일이며, 큰 그림을 위해서는 평균이 필요하다.

일단 평균을 알면 변화 계획과 함께 점차적으로 향상되고 있는지 여부를 알 수 있다. 중요한 변화는 보통 단번에 나타나는 것이 아니라 점진적으로 나타난다. 단 몇 주만으로는 운동량을 크게 늘일 수는 없다. 평균을 알면 목표를 향해 진전하고 있는지 알 수 있다.

이런 목적에서 그래프는 매우 유용하다. **그림 3-3**은 상당히 안정된 기저선의 예를 보여 주고 있다. 그래프에서 흡연자의 담배 개비 수가 매일 조금씩 달라지는 것을 확인할 수 있다. 처음 며칠만으로는 패턴을 분명히 알 수가 없다. 그러나 11일째 되는 날, 그의 일일 평균이 25개비 정도 된다는 것이 분명히 나타난다. 물론 흡연하게 만드는 선행사건을 아직 밝혀야 하지만, 그는 자신의 평균을 알기 때문에 변화를 위한 계획을 시작할 수 있다.

그림 3-4는 한 대학생이 매일 밤 공부한 시간을 보여 주고 있다. 첫째 주에 그녀의 스케줄에는 많은 변동이 있었기 때문에, 그 주 마지막에는 자신의 주당 공부 시간에 대한 대략적인 아이디어만 얻을 수 있었다. 그러므로 최소 한 주를 더 기저선 기간

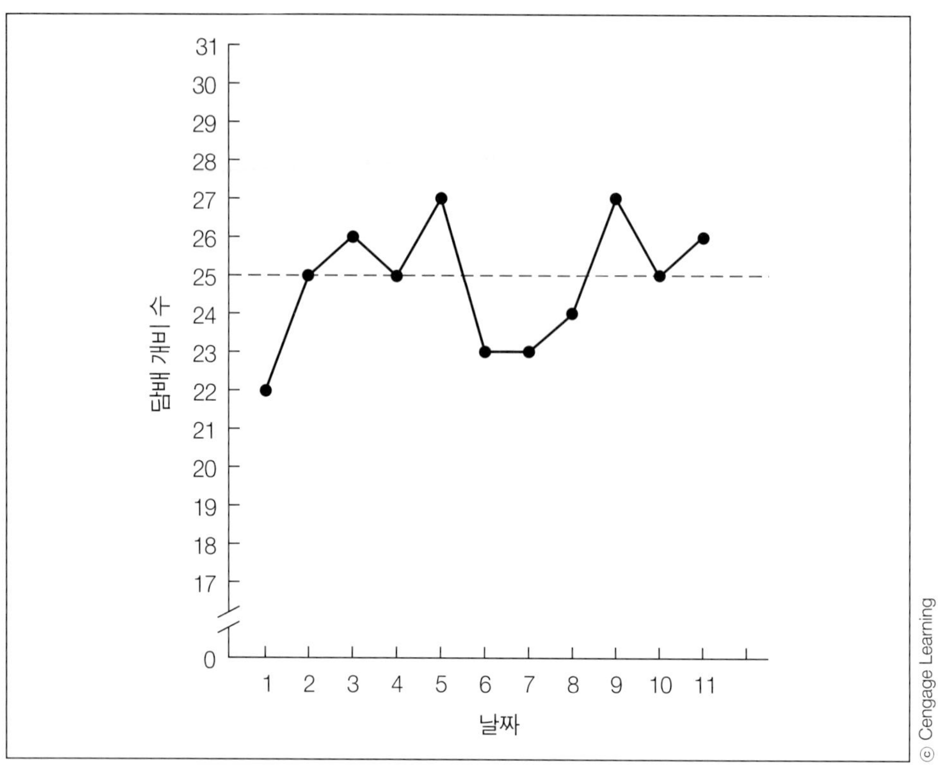

그림 3-3 하루에 피운 담배 개비 수

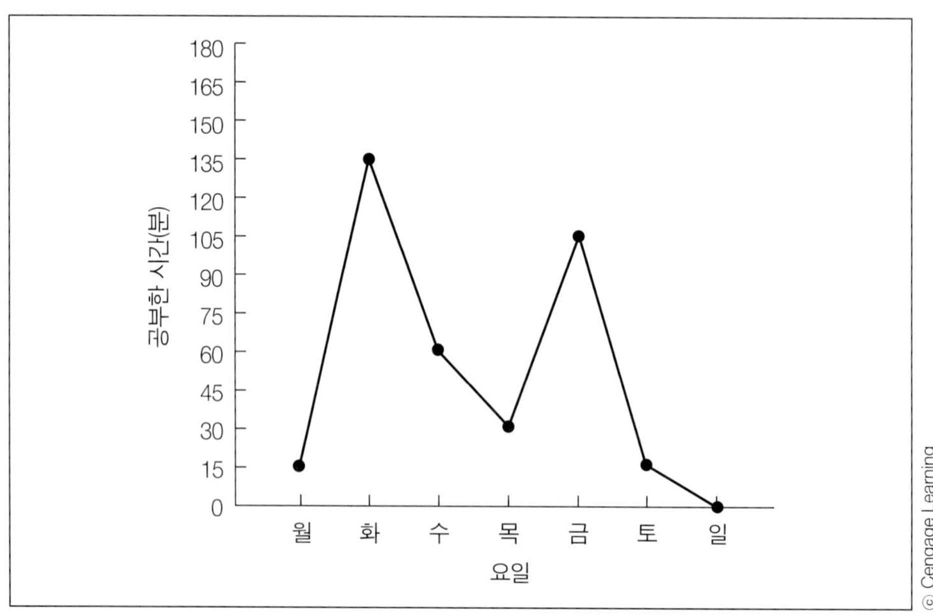

그림 3-4 일일 공부 시간

으로 지속시킬 필요가 있다. 이 기간 동안 그녀는 공부할 기회가 언제 나타나고 이를 방해하는 것은 무엇인지 확인할 수 있다.

그렇다면 그래프는 어떻게 그리는가?

그래프 그리기

학습목표

- 자기변화 수행 시 개인기록은 어떻게 그래프로 만들 수 있는가?
- 가로축에는 무엇을 넣는가?
- 세로축에는 무엇을 넣는가?

몇 주간 매일 관찰 자료를 모으다 보면 막바지에 이르러 쌓여 있는 많은 자료를 한 번에 해석하기가 매우 어렵다. 이럴 때 그래프를 그려 보면 경과가 어떤지 쉽게 알아볼 수 있다.

그래프를 그리는 컴퓨터 프로그램도 있으며, 단순히 숫자만 입력하면 되기도 한다. 하지만 이러한 프로그램을 사용하지 못할 경우를 위해 여기에 그 방법을 하나하나 소개한다.

말린은 공부량을 늘리고 싶었다. 한 학기 동안 그녀는 우선 매주 몇 시간씩 공부하는지 기록했다. 다음이 그 기록이다. 8, 9¼, 9¾, 9½, 9½, 10¼, 10¾, 10, 8, 9½, 10¼, 11, 8½, 12¼, 10¼.

이렇게 긴 숫자의 나열만 가지고는 공부량이 늘어났는지 아닌지 알아보기가 어렵다. 그러나 그래프를 그리면 한 학기 동안 진척이 있었는지 쉽게 알 수 있다.

그래프 용지의 밑단에 먼저 **가로축**을 그리고 16개의 눈금을 그려 하나를 1주로 표시한다. 그리고 가로축의 0점에서 시작하는 수직선을 그은 후, 같은 간격으로 14개의 눈금을 그려 한 칸을 그녀가 1주 동안 공부한 1시간으로 친다.(그녀의 최대 목표는 14시간이다.) 이를 세로축이라고 한다.

일반적으로 가로축에는 시간 단위—분, 일, 주—를 넣고 세로축에는 목표행동을 넣는다. 두 축이 만나는 점이 0점이 된다. **그림 3-5**는 말린의 그래프이다.

말린의 기록에는 그 학기의 16주 중 15주간 매주 공부한 총시간이 적혀 있다. 1주차에는 8시간을 공부했다. 그녀는 가로축의 1주차에 해당하는 눈금에서부터 쭉 올라가서 세로축의 '8시간'에 해당하는 눈금과 나란한 지점에 점을 찍었다. 그리고 똑같은

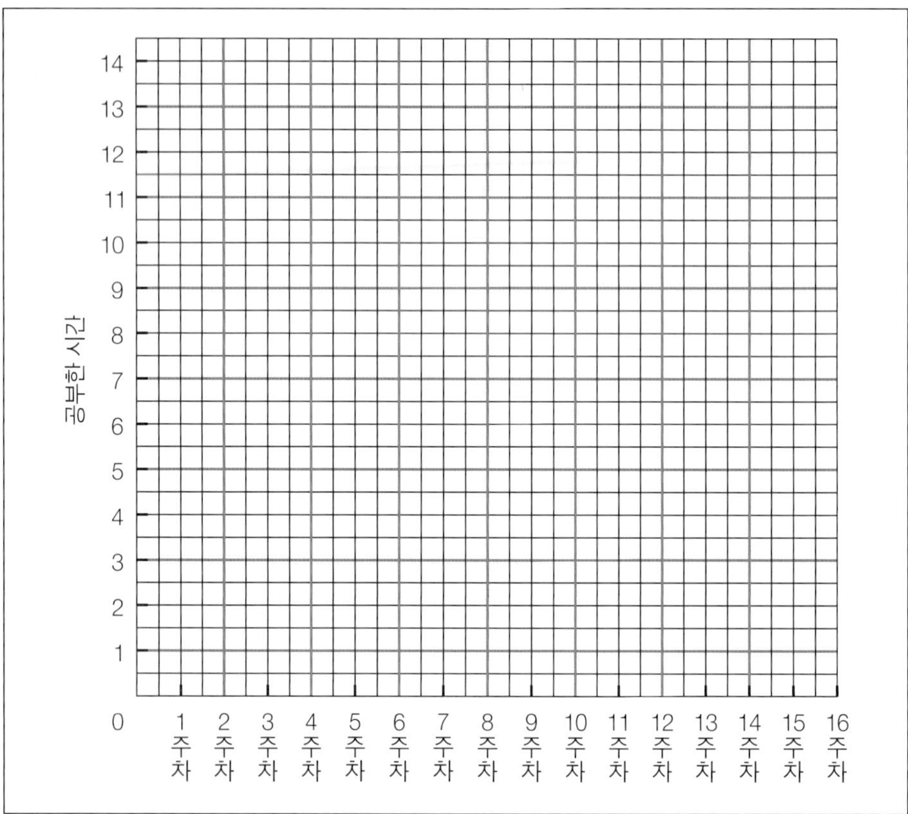

그림 3-5 그래프의 가로축과 세로축

절차로 모든 주와 그 주의 총 공부 시간이 만나는 점을 찾아 15주에 해당하는 모든 기록을 그래프 위에 표시했다. 예를 들어 8주차의 공부 시간은 10¾이었다. **그림 3-6**의 그래프에는 모든 점이 찍혀 있다.

변화를 좀 더 분명히 보기 위해서 말린은 그래프 위의 모든 점을 선으로 연결했다. 이렇게 완성된 그래프는 **그림 3-7**에 실려 있다. 이 그래프에는 가로축과 세로축 상의 모든 눈금에 숫자를 적고, 각각 '학기 중 해당 주'와 '공부 시간'으로 값을 넣었다.

일반적으로는 **그림 3-6**과 **그림 3-7**처럼 각 축의 눈금에는 숫자만 적고 그 옆에 각 숫자가 의미하는 것이 무엇인지 기재한다.

가끔 세로축에 모든 숫자를 표시해야 할 필요가 없을 때도 있다. 다이어트 중이고 한 학기 동안 몸무게가 67kg에서 61kg 사이를 왔다 갔다 한다고 생각해 보자. 이럴 경우 세로축의 시작점을 0kg부터 61kg까지 전부 다 표시하는 것은 바보 같은 짓이다. 대신 0에서 시작하지 않았음을 알리는 물결(~) 표시를 넣는다(**그림 3-8** 참조).

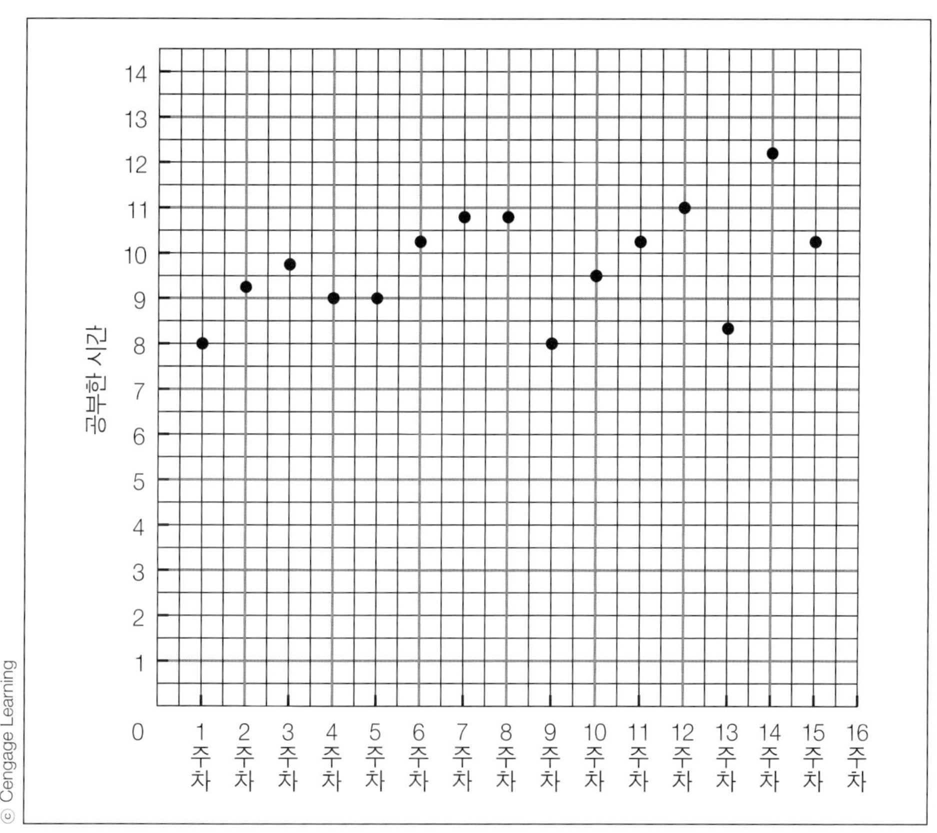

그림 3-6 주당 총 공부 시간을 점으로 표시한 그래프

✿ 그래프 활용하기

그래프를 통해 말린은 자료를 명확하게 이해할 수 있었다. 그녀의 패턴은 일반적인 개선을 보여 주는 것으로 9주차와 13주차를 제외하면 느리지만 꾸준한 변화를 나타냈다. 그 기간의 자료를 다시 검토해 본 결과, 두 주 모두 며칠 동안 아팠다는 사실을 발견했다. 그녀는 시간 관리 계획이 비교적 성공적이었다고 결론 내리고 다음 학기에도 계속하겠다고 결심했다.

다음 학생의 예처럼 하나의 그래프에 하나 이상의 행동을 기록하는 것도 가능하다. 톰은 수업 시간에 발표하는 횟수를 늘리고 싶었다. 그는 자신의 말이 멍청하거나 하찮게 들릴까 봐 다른 사람들 앞에서 말하는 것을 어려워했다. 이러한 두려움은 특히 대규모 수업에서 심해졌는데, 자신의 말이 수많은 사람의 시간을 빼앗을 만한 가치가 있어야 한다고 생각했기 때문이었다.

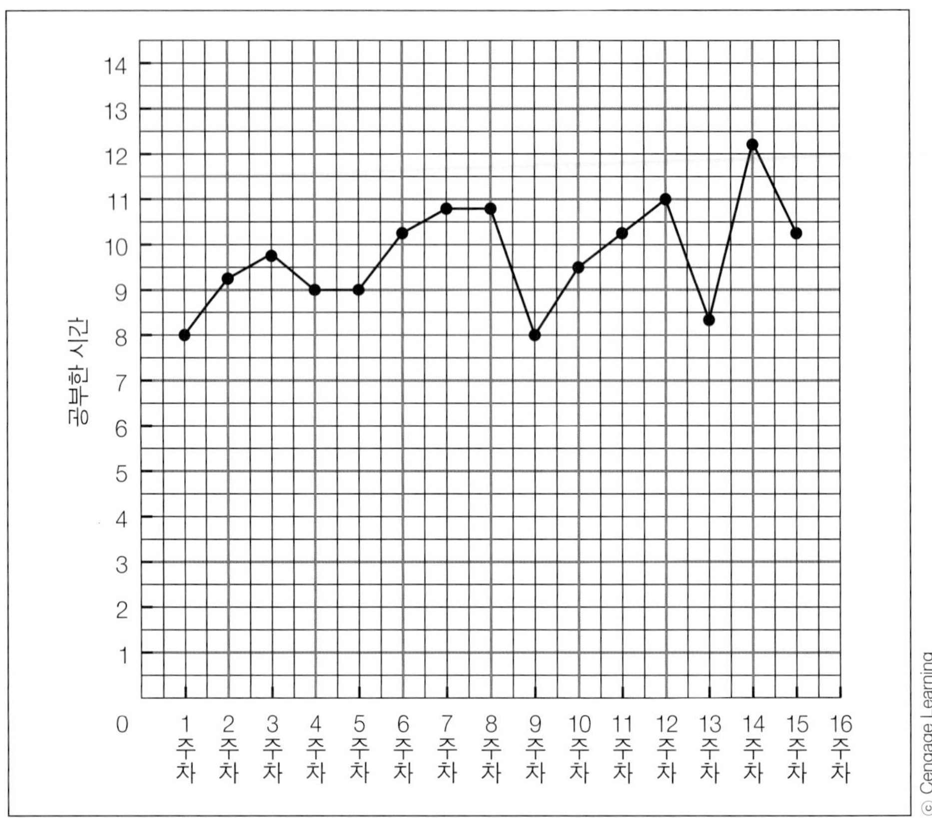

그림 3-7 점들을 선으로 연결해서 시간에 따른 변화를 보여 주는 완성된 그래프

톰은 먼저 작은 수업에서 연습하고 괜찮아지면 더 큰 수업에서 시도하기로 결정했다. 그의 목표는 적어도 하루에 한 번 수업 시간에 발표를 하는 것이었다. "저의 강화물은 밴드에서 연주하는 것이었어요. 그건 두 가지 이유로 정말 강력했어요. 저는 기타 치는 것을 정말 좋아하고, 연주에 안 나가면 팀원들이 제 목을 비틀어 버릴 수도 있거든요."

표 3-9는 톰의 그래프이다. 여기서 톰이 학교 가는 날만 포함했음에 주의하라. 그래서 토요일과 일요일은 빠져 있다. 그는 항상 공책을 가지고 다녔으므로 발표할 때마다 표시하는 건 쉬운 일이었다.

톰의 그래프는 작은 수업에서 발표하는 데 있어서 급격한 발전이 있음을 보여 준다. 첫 번째 날부터 발표하기 시작했고 4일째에 그가 '끊임없는 참여'라고 말한 수준에 이르렀다. 대부분의 사람들은 톰이 두 번째 단계인 '대규모 수업에서 발표하기'에서 그랬듯 좀 더 느린 변화를 보인다. 그래프를 보면 진전이 있기는 하지만 중간에 후

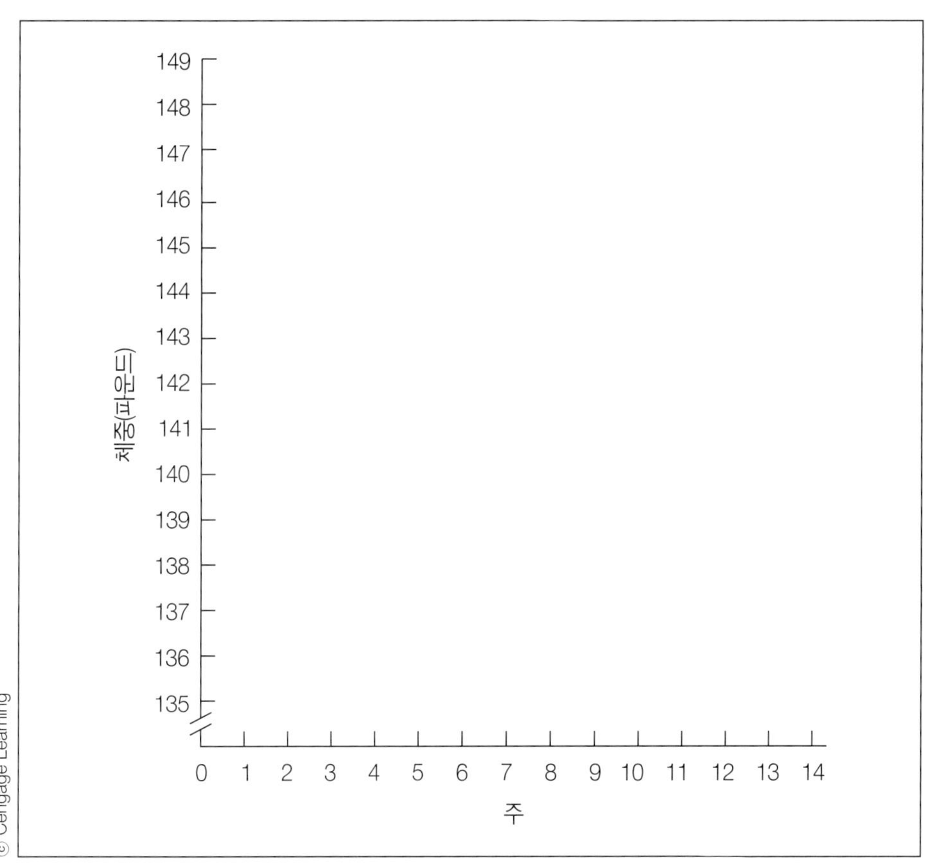

그림 3-8 체중 기록을 위한 기본 그래프 양식

퇴, 즉 수업에서 아무 말도 하지 않은 날도 있음을 알 수 있다. 그래프는 특히 이런 상황에서 유용하다. 그래도 발전이 있음을 알려 주기 때문이다.

일반적인 주제를 위한 조언

이 책 몇몇 장(章)의 끝 부분에 나오는 '일반적인 주제를 위한 조언'에서는 연구자들과 임상가들이 발견한, 변화를 이끄는 데 유용한 아이디어를 제공하고자 한다. 또한 특정 주제에 대한 금기 사항, 이러한 방법들로 접근해서는 안 되는 목표들에 대해서도 기술할 것이다. 여러분의 상황이 이 금기에 해당한다면 자기주도 기술을 학습하기 위해 다른 주제를 고를 것을 권유한다.

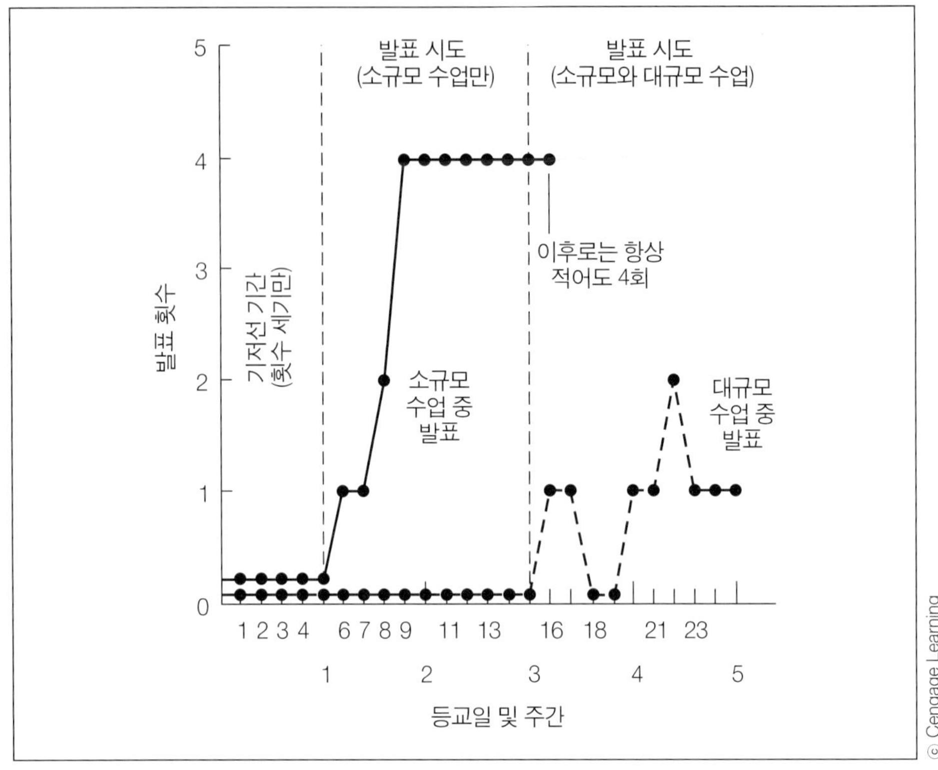

그림 3-9 수업에서 발표하기

✿ 불안과 스트레스

여러분을 불안하게 만드는 상황, 선행사건은 무엇인가? 시험이나 사회적 상황 등의 특정한 상황인가? 상황을 기록하고 그때의 감정을 평가하라(Deffenbacher, 1981). 예를 들어 0이 긴장이 없음을 의미하고 10이 최대한의 긴장을 의미하는, 0에서 10으로 이루어진 평정 척도를 사용하라. 불안 정도를 기록함으로써 그 불안 수준이 낮아질 수도 있다(Hiebert & Fox, 1981). 불안을 촉발하는 상황을 찾기 위해 구조화된 일기를 작성하라.

상황에 대해 살필 때, 불안의 단서가 될 수 있는 자신의 사고와 반응을 메모하라. 시험으로 인해 불안해지는 사람들은 시험에 대해서는 덜 생각하고 그보다는 불안이나 실패에 대한 결과를 더 많이 생각하는 경향이 있다(Wine, 1980). 그들은 자신이 해결해야 할 과제가 아닌 위협에 주의를 집중한다. 사회적 상황에서 두려움을 느끼는 사람들도 이와 같은데, 자신이 나쁜 인상을 주지는 않을까 너무 걱정하고 다른 사람들에게는 거의 주의를 두지 않는 것이다(Watson & Friend, 1969).

자기관찰 시 실패 가능성에 더 집중할 필요는 없다. 이미 지나치게 많이 그렇게 하고 있기 때문이다(Spurr & Stopa, 2002; Woody & Rodriguez, 2000). 밝혀야 하는 것은 지나친 걱정불안을 초래하는 요소이다. 그래야 해결할 수 있다.

스트레스를 받는다면 문제 상황에 직면했을 때 일지를 작성해 보라. 자신의 사고, 감정, 손의 땀 또는 빠른 심장박동과 같은 신체적 반응, 그리고 그와 연관된 자신의 행동을 기록하라(Meichenbaum, 1985).

중요: 편안한 마음을 가지기 위해 하는 것들을 모두 기록하여, 점점 더 긴장을 줄여 보자. 불안한 사람들은 대체로 자신의 불안을 건드리는 사건을 다른 사건보다 더 잘 알아차린다(Sarason, Pierce, & Sarason, 1996). 이는 불안할 때는 불안감을 일으키는 것에만 집중하는 대신 기분 좋게 만드는 사건을 기록하려고 노력해야 함을 시사한다.

금기! 공황발작 또는 이해할 수 없는 심각한 수준의 불안은 다루지 말라. 공황발작의 선행사건을 파악하기는 어려우며 전문적인 도움이 필요하다. 다룰 수 있을지 확실하지 않으면 교수 또는 상담사와 먼저 상담한다.

✿ 자기주장

자기주장적인 사람은 (1) 사회적 상황에서 적절하게 행동하고, (2) 정직하며, (3) 다른 사람들의 감정과 안녕을 고려하면서도 자신의 사고와 느낌을 직접적으로 표현할 수 있다(Rimm & Masters, 1979). 자기주장은 공격성과는 다르다. 예의를 잃지 않으면서도 적절하고 정직하게 자기주장을 할 수 있다. 어떤 사람들은 자신의 이익에 대해 주장하지 못하고, 그로 인해 이용당한 기분, 괴롭힘 당한 기분, 또는 착취당한 기분이 들기 때문에 평생을 분노와 실망으로 보낸다. 그러나 아직도 많은 사람들(특히 여성들)은 다른 이들이 자신을 싫어하거나, 너무 '공격적'이어서 자신을 꺼릴 것이라는 두려움 때문에 자기주장을 확실히 하는 것에 대해 양가적인 감정을 가지고 있다.

더욱 효과적으로 자기주장을 하기 위해서는 첫째로 자신이 의사표현을 잘 했다고 느낀 사건을 기록해야 한다. 둘째로 자기주장을 펼칠 수 있었지만 하지 못했던 특정한 상황을 적는다. 또한 무엇을 했는지와 그 결과도 함께 기록한다. 이후에 그 대신 무엇을 할 수 있었는지를 적어 본다.

왜 자기주장을 하지 못하는가? 자기주장을 늘리기 위해 두 가지 목표를 설정할 수 있다(Mizes, Morgan, & Buder, 1987). 첫째, 적절하게 자기주장을 하려면 어떻게 행동해야 하는지를 모를 수 있다. 무엇을 해야 하는지 확실하게 알지 못하거나, 잘못을 저지를까 봐 두려울 수도 있다. 자기주장을 하는 대신 무엇을 했는가? 둘째, 자기주장에 대한 개인적인 생각이 행동을 방해했을 수도 있다. 어떤 결과가 두려운가?

구조화된 일기는 자기주장을 펼치지 못하는 이유를 찾게 도움을 줄 것이다. 다음에 열거되는 것들 중에 해당되는 것이 있는지 찾아보라. 어떻게 하는지 모름, 불안, 일어날 수 있는 재앙적인 결과에 대한 걱정, 실제 다른 사람들의 반응.

자기주장은 사회적 기술이다. 아래의 사회 기술에 대한 설명에서 도움을 찾을 수 있다.

✿ 우울과 낮은 자존감

이는 자기 가치가 낮다는 느낌, 낙담, 부정적 기분, 경도의 우울증을 포함한다. 제1장에서는 우울증의 자기수정 사례를 보고했으며, 일반적 전략은 그와 유사하다.

자신에 대해 어떻게 생각하느냐는 기분에 의해 좌우된다. 기분은 기억과 삶을 바라보는 관점에 영향을 미친다. 나쁜 기분은 일상에서 무엇에 주목하는지를 좌우한다(Dunn, Dalgleish, Lawrence, & Ogilvie, 2007; Kohn, Lafreniere, & Gurevich, 1991; Strauman, 1992). 부정적인 것을 더 민감하게 알아차리기 마련이다. 또한 기분은 하루에 일어난 사건 중 무엇을 기억하느냐에도 영향을 미친다(Eich, Rachman, & Lopatka, 1990; Rohde, Lewinsohn, & Seeley, 1990). 역시 부정적인 것을 더 잘 기억한다. 어떤 사람들은 부정적인 사건에 더 잘 반응하고 기억하며(Swann, Wenzlazff, & Tafarodi, 1992), 자기 자신뿐만 아니라 모든 것을 부정적으로 바라본다(Jorgensen & Richards, 1989; Malle & Horowitz, 1995). 기분이 시각을 어둡게 하는 것이다. 심지어 그들은 이러한 부정적인 관점이 현실적이며(Ackerman & DeRubeis, 1991; Epstein, 1992) 자신에 대한 진정한 통찰을 준다고 느낀다(Lyubomirsky & Nolen-Hoeksema, 1993). 여러분이 우울하다면 여러분의 자기조망은 현실적으로 느껴지겠지만, 실제로는 십중팔구 비현실적으로 비관적일 것이다(Brown, 1991).

우울 또는 불안은 자신의 내면 상태, 기분, 또는 어두운 사고에 지나치게 연연하게 한다(Wood, Saltzberg, & Goldsamt, 1990; Wood, Saltzberg, Neale, Stone, & Rachmiel, 1990). 자기관찰은 이런 식의 유쾌하지 않은 반추로의 초대가 아니다.

절대로 자신이 지각한 부적합성 또는 부정적인 특성에 초점을 맞추지 말라(Kuiper & Olinger, 1986). 여러분은 이미 그렇게 많이 해왔을 것이고, 그렇게 하는 것은 자존감을 더욱 낮추기만 할 뿐이다.

긍정적인 자기관찰을 기록하고(Gauthier, Pellerin, & Renaud, 1983; Layden, 1982) 하루 중의 **긍정적** 사건을 적어 보라(Rehm, 1982).

매일 최소 네 번 이상 기분을 평정하라. 이를 위해 척도를 사용하라. 유쾌한 시간을 포함해서 분명 생각했던 것보다 자주 기분이 변화함을 발견할 것이다. 하루 종일 나쁘기만 한 것은 매우 드문 일이나(Rehm, 1982), 우울감을 느낄 때 우리는 때때로 나쁜 부분들만 기억하기도 한다. 더 좋았던 부분에 대해서 기록하는 것은 이러한 그릇된 기억을 바로잡아 줄 것이다.

우울의 원인은 몇 가지가 있다(Heiby, 1987). 어떤 사람들은 특수한 기술, 예컨대 다른 이들과 잘 어울리기 위한 능력을 계발해야 하고, 다른 이들은 자신에 대한 부정적인 사고를 제거해야 한다(Heiby, 1986). 우울한 사람들을 괴롭히는 사고에는 자신의 행동에 대한 과도하게 높은 기준으로 인한 자기비판 또는 죄에 대한 정신적인 자기처벌, 하나의 실패를 전체적인 자아 개념에 과잉일반화하는 것 등이 있다(Carver & Ganellen, 1983).

변화의 계획에 대한 목표를 특정한 문제에 맞출 수 있다면 성공 확률을 더 높일 수 있다(McKnight, Nelson, Hayes, & Jarrett, 1984). 그러한 생각을 일으키는 선행사건을 밝히고, 이를 줄이는 방법을 실천하는 것이 최상의 전략이다.

금기! 자해 또는 자살에 대한 생각을 가지고 있거나, 일상생활에 지장을 줄 정도로 심각한 우울증을 겪고 있다면 이 주제를 시도해서는 안 된다. 책에 나와 있는 절차들은 상담사나 심리치료사가 제안하는 것들이지만, 심각한 우울증은 전문가의 지침을 필요로 한다.

✿ 운동과 운동선수

운동을 하기 위해 필요한 선행사건은 무엇인가? 현재 운동을 방해하는 것은 무엇인가? 예를 들어 일과에 운동을 어떻게 추가할 수 있을까? 스스로에게 어떤 변명을 하는가? 이러한 질문들에 대한 답을 찾을 필요가 있다.

수년간 우리 중 한 명은 기호 체계를 사용하여 운동에 대한 일일 기록지를 작성했다.

VB 배구를 한 날

Ten 테니스를 친 시간
R 조깅을 한 거리(마일)
su 윗몸일으키기를 한 횟수
pu 팔굽혀펴기를 한 횟수
G 그립 운동을 한 횟수
Sw 수영을 한 거리(야드)

그는 이 코드를 매일 기입했다. 다음은 전형적인 하루의 기록이다. R 2.5, su 30, pu 10. 또 다른 날은 Sw 300, G 60과 같은 식이었다. 이는 압축된 형식으로 기록할 수 있도록 돕는다. 이 기록을 옷장 문에 붙여 놓는다든지 하여 향상 정도를 매일 자세히 살필 수 있다. 우리는 기록만으로도 운동을 하게 만든다는 사실을 이미 살펴보았다. 반동적인 것이다.

여러 해가 지나면서 운동의 유형이 변할 수도 있다. 새로운 코드들이 개발되었다. 새로운 체계는 Wts인데 이는 근력 운동에 소모한 시간을 의미하며, B는 자전거를 탄 거리(마일) 또는 그에 소요한 시간을, W는 걸은 거리(마일) 또는 걷는 데 소요한 시간, Sw는 수영을 의미한다. 쉽게 기록할 수 있도록 만드는 것이 중요하다.

✿ 대인관계: 사회 불안과 사회적 기술

다양한 문제들, 다른 사람들과 어울리지 못하는 것, 부끄러움, 의사소통 개선 필요성 등이 이 범주에 속하지만 모두 다른 사람들이 여러분에게 어떤 영향을 주는지 관찰하고 사회적인 상황을 다루는 기술을 익히는 것을 필요로 한다. 여러분이 사회적으로 어떻게 행동하는지 세부 사항, 즉 A-B-C 패턴을 기록하라.

대개 사람들과 같이 있을 때보다 그 후에 기록을 하려고 할 것이다. 그러나 너무 오래 끌지는 말아야 한다. 기억이 왜곡될 수 있기 때문이다. 사회적으로 불안할 때에는 좋은 것보다 나쁜 것을 기억하기 쉽다는 사실에 주의하라(Antony, 2004; Morgan, 2009).

긍정적인 사회적 상호작용은 꼭 기록해야 한다. 상황이 어땠는가? 그때 어떤 생각이 들었는가? 나중에 읽어 보면 이런 경험을 더 하고 싶어질 것이다. 사회 기술을 익히려면 작은 발전에 주목해야 한다. 그래야 점점 더 큰 성공으로 이어진다.

다른 사람들과 함께 있을 때 자기 자신의 행동에만 집중한 나머지 상대방에게 무신경해지는 실수를 범하지 말아야 한다. 일반적으로 우리는 사회적으로 불안해지면 실수할지도 모를 가능성에 지나치게 집중하는 경향이 있다(Vassiopoulos & Watkins, 2009). 좋은 인상을 만드는 가장 좋은 방법 중 하나는 다른 사람에게 주의를 집중하는, 즉 흥미를 보이는 것이다. 다른 사람이 자신을 어떻게 생각할지에 대해 너무 연연하지 말라. 부끄러움을 타는 많은 사람들은 그것에 대해 지나치게 걱정한다(Hope, Rapee, Heimberg, & Dombeck, 1990).

선행사건을 발견하는 것은 부끄러움을 이해하는 데 있어 매우 중요한데, 이는 부끄러움을 타는 사람들이 자주 사회적 상황을 회피하기 때문이다. 회피하게 만드는 선행사건들, 즉 물리적 상황, 사회적 상황, 생각은 무엇인가? 나는 좋은 인상을 줄 수 없을 거라고 스스로에게 이야기하지는 않는가? 또는 다른 사람이 자신에 대해 부정적인 생각을 하고 있을 것이라고 추측하지는 않는가?

사회적 상황 속에서 자신이 무엇을 했는지 적어 보고, 그 대신에 어떻게 할 수 있었을지 적어 본다. 이는 계발하려고 하는 행동이 무엇인지를 알게 해줄 것이다. 부정적인 것뿐만 아니라 긍정적인 사회적 행동도 꼭 기록하라.

다른 사람과의 문제에는 종종 듣지 않기, 느끼는 바를 말하지 않기, 욕하기, 아예 소통하지 않기, 등의 의사소통에 관련된 것들과 문제의 해결방식에 관련된 것들, 즉 해결책이 없거나, 빈약한 해결책 등이 있다. 목표행동에 대한 구체적인 내용을 기록할 때 이러한 면들을 주의해서 살펴보도록 하라.

✿ 흡연, 음주, 약물

자기변화의 목표로 문제성 음주를 선택하는 데 망설이지 말라. 연구는 행동적인 자기통제 전략이 다른 접근들에 비해 더욱 효과적이라고 보여 주고 있다(Walters, 2000). 처해 있는 상황을 기록하고, 음주에 푹 빠져 있을 때의 정서적 상태를 평가하라(Marlatt, 1982). 남용의 선행사건과 결과를 기록하라. 언제 너무 많이 흡연 또는 음주를 하는가? 남용하기 전에 자기 자신에게 뭐라고 얘기하는가? 그로 인해 무엇을 얻는가?

왜 남용하는지와 얼마나 자주 남용하는지를 찾아내려고 노력해야 한다. 특정 상황 또는 기분이 탐닉으로 이끌 수 있다. 예컨대 커피를 마시고 있을 때 담배를 피운다. 긴장이 될 때 술을 마신다. 이후에 이러한 정보들을 변화를 위한 계획을 세우는 데 사용할 수 있을 것이다(O'Connor & Stravynski, 1982). 일례로 안정을 취하려고 남용한다는 것을 알게 되면 다른 방법으로 안정을 도모하는 방법을 배우는 계획을 시행할 수 있다. 또는 어떤 상황이 가장 유혹적인지를 발견하여 그러한 상황을 피할 수도 있다(Marlatt & Gordon, 1981).

저항할 수 있었던 때도 꼭 기록하라. 담배를 피우고 싶었는데 그 충동을 억제했다면 이를 기록하라(O'Banion, Armstrong, & Ellis, 1980). 작은 변화도 변화이므로 주목해야 한다.

일단 끊고 난 후에도 기록을 지속하는 계획을 세우라. 이것은 계속 절제할 수 있도록 돕는다(Kamarck & Lichtenstein, 1988).

단순히 이전에 시도했다가 실패한 적이 있다고 해서 금연하려는 노력을 피하려고 하지 말라. 많은 사람들이 세 번에서 다섯 번 정도의 시도 후에야 결국 그만둔다(DiClemente, 1994). 30여 일 동안 불안의 증가, 집중의 어려움, 신경질, 불면 등을 경험할 수도 있다(Hughes, 1992).

니코틴 대체재가 필요할까? 과거에는 니코틴 껌이나 패치 등을 자기조절 전략의 일환으로 추천했고(Cepeda-Benito, Reynoso, & Erath, 2004), 의사들도 일상적으로 처방했지만, 최근 한 연구에 따르면 장기적으로는 니코틴 대체재를 사용하는 이점이 없음이 밝혀졌다(Alpert & Biener, 2012). 이러한 것들을 사용하면 행동습관은 바꿀 수 있으나 그 후에도 여전히 중독에서 벗어나려는 노력을 해야 한다는 것이다. 새로운 약이 개발되었을 수도 있으니 여러분의 주치의가 최신 연구 경향에 밝다면 물어보길 권한다.

어떤 흡연자들은 담배를 끊으면 과도하게 체중이 불어날 것이라고 걱정한다. 체중 감량과 금연 두 가지 모두에 대한 계획을 병행하는 것을 피해야 할 이유는 없다. 두 가지 모두 서로에게 악영향을 끼치지 않을 것이다(Spring et al., 2004).

✿ 공부와 시간 관리

공부 시간의 통제는 대학에서 학업을 잘 수행하기 위하여 가장 중요한 단일 요소이며, SAT점수보다 더 중요하다(Watson, 2001), 바람직한 시간 관리를 배운 학생들은 그렇지 못한 학생들에 비해 대학 생활을 월등히 더 잘하므로 이러한 기술을 배울 가치가 있다.

전체적인 시간 관리 스케줄을 만들기 전에 현재 자신이 어떻게 시간을 사용하고 있는지를 알 필요가 있다. 일지를 준비하고, 활동이 바뀌는 시간과 끝나는 시간을 기록한다. 작은 스케줄러를 구입하거나 자기만의 일지를 만든다. 활동을 시작할 때와 끝날 때를 기록하라. 예를 들면 다음과 같다.

오전 7:00 일어나서 학교 갈 준비를 했다.
오전 7:42 아침을 먹는 동안 TV를 시청했다.
오전 8:15 집에서 출발했다.

공부에 대해서는 공부하고자 하는 자세로 있었던 시간과 실제로 공부에 투자한 시간을 기록하라. 이것은 목표행동에 소요하는 시간의 비율이 어느 정도인지를 알 수 있게 해준다. 많은 학생들은 자신의 목표행동이 공부 시간에도 거의 나타나지 않는다는 사실에 놀란다. 공부하지 않은 시간에 대신 무엇을 했는지와 그 결과도 함께 기록한다. 예를 들어 공부를 하고자 했지만 TV를 보거나 친구와 대화하지는 않았나?

실제 공부 행동을 기록하라. 공부의 질은 그 양만큼 중요하다. 읽고 밑줄을 치는가? 필기를 하는가? 학습을 향상시키는 공부 기술이 제1장의 **글상자 1-1**에 제시되어 있다. 또한 시험을 보는 것과 관련하여 제2장의 **글상자 2-6**도 참고하라. 공부의 과정, 여러분이 향상시키길 원하는 것에 초점을 맞추고, 성적에 대해서는 걱정하지 말라. 기술을 향상시키면 성적은 따라올 것이다.

✿ 체중 감량과 과식

피트의 변화 계획은 실제로 효과적이었으며, 종합적인 장기 체중 관리 계획의 좋은 예이다.

피트가 옳았다. 살을 빼고 유지하려면 적어도 세 가지 변화에 성공해야 한다. 그 세 가지는 운동, 살찌는 음식 줄이기, 체중 기록하기이다(Fletcher, 2003; Wing & Klem, 2002).

그러려면 어떻게 해야 할까? 우선 먹는 것을 기록해야 한다. 체중 감량의 첫 번째 열쇠는 자기관찰이다. 자기관찰을 하지 않고서는 먹는 것을 조절하기란 불가능하다(Latner & Wilson, 2007). 음식 일지는 자기조절에 필수적인 정보를 제공한다. 과체중인 사람들은 자신의 하루 섭취량을 상당히 과소평가하는데, 특히 체중이 많이 나가는 사람들이 이러한 오류를 가장 범하기 쉽다(Klesges, Eck, & Ray, 1995). 대다수 사람들은 자신이 하루에 섭취하는 칼로리를 2,000kcal 정도 과소평가한다(Chedd-Angier, 1994).

체중 감량에 성공한 사람들은 자신이 섭취하는 음식과 그 이유에 대해 꾸준히 자기관찰을 했다(Hollis, Gullion, Stevens, et al., 2008; Stroebe, 2008). 한 연구에서 (위험한) 크리스마스 기간 동안에 먹은 음식을 기록하지 않은 과체중인 사람들은 기록을 했던 사람들에 비해 57배나 체중이 증가했다(Baker & Kirschenbaum, 1993, 1998).

피트처럼 가끔은 기록은 집어치우고 먹고 싶은 충동을 느낄 것이다. 그러나 기록하기 가장 싫을 때는 기록이 가장 필요할 때이다. 기록하기 싫다는 것은 뭔가 잘못되고 있다는 뜻이기 때문이다. 그리스의 철학자 에픽테토스(기원후 55~135)는 이렇게 말했다. "자기를 이기려면 자신에게 정직해야 한다."(글상자 3-4 참조)

글상자 3-4 **피트의 변화 계획**

제2장에 소개된 피트는 식습관을 조절하여 살을 빼려는 장기 프로젝트를 시작했다. 그는 몇 년간 자신에 대한 자료를 모았고 20kg을 감량하는 데 성공했다. 마지막으로 우리가 확인했을 때 그는 그 몸무게를 10년 넘게 유지하고 있었다. 그가 우리에게 해준 이야기의 일부가 이것이다. 우리의 평가는 일반적 주제에 대한 조언에 실었다.

"진짜로 살을 빼려면 많은 걸 바꿔야 한다는 걸 알았어요. 하지만 한 번에 너무 많은 것에 압도되기는 싫었습니다. 그래서 쉬운 것부터 시작했어요. 한 번에 과제 한두 개는 괜찮을 거라 생각했고 결국 모두 완수했지요. 제 식습관 중에는 제가 보기에도 어이없는 것들이 있더군요. 그래서 얼마나 자주 그러는지 기록하기 시작했어요. 안 좋은 걸 뻔히 알면서 고칼로리 디저트를 자주 먹는다던가 하는 것이었지요. 내가 얼마나 자주 이런 짓을 하지? 그래서 몇 주 동안 디저트 먹는 걸 기록했어요. 이럴 수가! 저는 1주일에 평균 5번이나 디저트를 먹고 있더라고요. 살이 안 빠지는 건 당연했죠."

"좋은 점은 기록하는 것만으로 디저트 먹는 횟수가 줄거나 조금만 먹게 되었다는 거예요. 그래서 이 방법을 몇 번씩 썼지요. 매번 빵을 너무 많이 먹는다든지 하는 식습관에 문제가 발견될 때마다 열심히 기록했어요. 그러면 그것만으로 종종 개선되었지요."

"또 아침에 일어날 때마다 몸무게를 재기 시작했어요. 여기에 찬반논란이 있다는 것은 알지만 저 같은 경우에는 몸무게가 조금 늘었다는 걸 알면 바로 조심하게 될 거라고 생각했어요. 제가 잘 하고 있을 때에도 몸무게가 늘면 저는 스스로에게 '실망하지 마. 원래 기복이 있기 마련이니까. 그냥 물을 많이 마셨기 때문일 거야.'라고 말하고 포기하지 않았습니다."

"금세 저는 디저트를 먹는 횟수뿐만 아니라 좀 더 일반적으로 제가 무엇을 얼마나 먹는지 알 필요가 있다는 걸 깨달았죠. 사실 마음속 깊이 디저트뿐만 아니라 너무 많이 먹고, 건강하게 먹지 않는 게 문제라는 걸 알고 있었거든요."

"그래서 먹는 음식을 전부 일지에 기록하기 시작했어요. 무엇을 어떤 상황에서 먹었는지 적었습니다. 아침 식사 같은 특정한 상황에서는 항상 건강하게 먹는다는 걸 발견했어요. 반대로 늦은 밤에 TV를 볼 때는 과자나 아이스크림 같은 고칼로리 간식을 한 그릇씩 먹고, 뷔페에 갈 때마다 너무 많이 먹고, 감자튀김이 나오면 항상 전부 다 먹는

(다음 쪽에 계속)

다는 것도요."

"음식 일지에 무엇을 먹었는지 적는데 익숙해지기까지는 연습이 필요했지만 얼마가 지나자 꽤 정확하게 적을 수 있었어요. 그래서 무엇을 먹었는지 뿐만 아니라 대략 얼마나 먹었는지도 기록하기 시작했지요. 그러자 두 가지 문제가 발견되었어요. 가끔 안 좋은 음식을 먹는다는 것과 좋은 음식이라도 너무 많이 먹는다는 거였죠."

"제가 먹는 양을 과소평가한다는 게 밝혀져서 이를 바로잡아야 했어요. 많이 먹고는 싶지만 인정하기 싫어하는 것처럼 보였죠. 그러려면 나중에서야 뭘 먹었는지 떠올리고 적는 걸 그만둬야 했어요. 항상 뭔가를 빠뜨렸거든요. 그래서 제 자신에게 먹고 나서 바로 적어야 한다고 계속해서 이야기했습니다."

"저는 음식의 칼로리에도 주의를 기울이기 시작했고, 크게 놀랐어요. 예를 들면 그래놀라가 일반 시리얼보다 칼로리가 훨씬 높다는 걸 몰랐거든요. 맙소사. 전 엄청난 칼로리를 섭취하고 있는 셈이었어요. 하지만 결국, 전 승리했어요."

식사의 선행사건, 즉 시간, 물리적 장소, 사회적 상황을 학습하라(Campbell, Bender, Bennett, & Donnelly, 1981). 감정은 어땠으며, 어떤 장소에 있었는가? 사람들과 함께였는가 또는 혼자였는가? 과식하기 직전에 스스로에게 어떤 말을 했는가? 결과도 함께 기록한다. 그로 인해 무엇을 얻었는가? 여러분은 쉬기 위해서, 스트레스를 해소하고자, 축하하고자, 또는 지루함이나 우울에서 벗어나고자 먹을 수 있다. 만약 그렇다면 이를 찾아내어 이후에는 다른 방법으로 보상해야 한다.

예전부터 "얼마나 자주 체중을 재야 하는가?"라는 물음에 대한 논쟁이 있어 왔다. 최신 연구에 따르면 매일 체중을 재는 것이 가장 좋다. 다시 살찌는 것을 막아 주기 때문이다(Butryn, Phelan, Hill, & Wing, 2007; Wing Tate, Gorin, Raynor, Fave, & Machan, 2007).

한 가지 문제는 매일 체중을 재면 가끔은 낙담하기 쉽다는 것이다. 어제 정말 건강하게 잘 먹었다고 생각했는데 오늘 0.5kg이 늘었다면? 그 정도는 매일 오르락내리락할 수 있고 체중이 계속 줄기만 하는 것이 아님을 이해해야 한다.

체중이 얼마나 나가는지가 아니라 식사를 조절하는 과정에 초점을 맞추어야 한다. 다시 살이 찌지 않기 위해 매일 체중을 잰다. 하지만 그날그날 가장 중요한 질문은 "식단과 운동을 어떻게 하고 있는가?"가 되어야 한다. 과식의 선행사건과 결과를 밝히고, 건강한 식단을 위해 일지를 적는다면 체중은 분명히 줄어들 것이다.

금기! 정말 체중을 줄일 필요가 없는 경우에는 체중 감량을 시도하지 말라. 순전히 미용상의 이유로 과도하고 불필요한 다이어트를 하는 경향이 만연하므로, 다이어트를 시작하기 전에 아주 주의 깊게 정말 체중을 감량할 필요가 있는지를 생각해야 한다. 미용상의 다이어트는 신경성 거식증 또는 폭식증을 일으키는 심리적 문제를 유발할 수 있다. 다이어트를 자기변화의 주제로 선택하기 전에 정말 체중을 줄일 필요가 있는지에 대해 친구 또는 의사와 상담을 하길 권한다. 다이어트 대신에, 예컨대 운동을 늘린다든지 하여 건강의 위험 없이 몸매를 변화시킬 수도 있다.

요약

왜 자기 자신을 관찰하는가?

자기관찰은 자기조절의 첫 요소이다. 의도적인 자기변화에서 자신을 관찰하는 이유는 과거를 정확히 기억하지 못하기 때문이며, 관찰은 점진적인 향상을 알아챌 수 있도록 정보를 제공해 주기 때문이다. 문제를 해결하려면 주의를 기울여야 한다.

구조화된 일기

행동을 통제하는 상황은 행동의 선행사건과 결과로 나눌 수 있다. 두 가지를 파악하기 위해서는 행동과 그것의 선행사건, 결과를 기록하는 구조화된 일기를 작성해야 한다.

선행사건(A)	행동(B)	결과(C)
언제 일어났는가? 누구와 같이 있었는가? 무엇을 하고 있었는가? 어디에 있었는가? 자기 자신에게 뭐라고 말하고 있었는가?	행동, 사고, 감정	결과로 어떤 일이 일어났는가? 유쾌했는가 또는 불쾌했는가?

사건이 일어나자마자 가능한 한 빨리 기록을 해야 한다. 일기는 어떤 상황이 행동, 사고, 감정에 영향을 주는지를 알려 줄 것이다. 이 기록들을 가지고 어떻게 상황을 통제하여 변화시킬 수 있을 것인지를 생각해 보라.

빈도와 지속 시간 기록하기

무언가를 하는 데 소요된 시간을 기록하거나 그것을 한 횟수를 센다.

초반에는 성공이 드물지만 성공과 실패를 모두 기록하라.

자기관찰을 어떻게 진행시킬 것인지에 대한 계획을 세우라. 문제가 생길 수 있음을 예상하고, 그것들을 어떻게 해결할 것인지를 생각한다.

정서의 강도 평가하기

평정 척도로 사건의 강도를 측정할 수 있다. 이것은 특히 감정과 정서를 기록할 때 유용하다. 평정 척도를 실제 행동 빈도를 세는 것과 함께 복합적으로 사용하는 것이 좋다.

기록의 실제

목표 자체뿐만 아니라 무슨 목표를 가지고 있든지 간에 그 목표로 이끄는 행동이라면 모두 기록하라.

자기관찰의 네 가지 규칙:

1. 행동이 나타난 후가 아니라 행동이 나타날 때 기록하라.
2. 기록은 정확하고 엄격히 하라. 목표와 관련된 모든 사건들을 포함하라.
3. 기록 체계를 간단하게 만들고 이를 일과에 포함하라.
4. 기록은 문자로 남겨 두라.

자기관찰의 반동적 효과

때로는 행동을 기록하는 것 자체가 변화를 일으키기에 (만약 그 변화가 원하는 것이라면) 충분할 수 있다.

기록 시 문제점 해결하기

아무 생각 없이 문제행동을 한다면 주의를 집중하면서 그 행동을 하는 연습을 해서 그 행동이 나타날 때마다 주의를 전환할 수 있도록 한다. 다른 사람들에게 목표행동이 나타날 때마다 지적해 달라고 부탁하라. 만약 행동을 즉각적으로 기록하기 어렵거나 실용적이지 못할 경우에는 표시를 할 만한 방법을 만들고 나중에 기록하도록 한다.

자기관찰에 실패할 경우, 변화를 위한 첫 번째 계획은 자기관찰의 정확성을 증가시키기 위한 체계를 만드는 것이다. 한 번에 한 가지만 기록하라. 적절한 시기에 기록을 할 수 있도록 스스로에게 지시를 내리라. 꾸준히 기록하는 데 대해서 스스로 보상을 주고, 다른 이들에게 자신이 기록을 하고 있는지 확인해 달라고 부탁하라.

신뢰도는 구체적인 정의, 세심한 집중, 간편한 기록 절차, 기록을 상기시키는 단서, 연습에 의해 향상된다.

❧ 변화를 위해 계획하기

계획을 실행에 옮기기 전에 기록한 자료들은 이후의 측정과 비교할 수 있는 기저선의 역할을 한다. 패턴이 안정될 때까지 기저선 기록을 계속해야 하며, 적어도 1주일 정도 기저선을 구할 필요가 있다. 자기변화를 위한 계획은 안정적이고 신뢰로운 기저선에 도달하기 전에는 시작할 수 없다. 왜냐하면 그때서야 비로소 문제에 대해 알고 정확한 원인을 파악할 수 있기 때문이다.

❧ 그래프 그리기

자료를 그래프로 만들면 흐름을 쉽게 볼 수 있다.

❦ 스스로 해보는 자기주도 계획: 3단계

이제 여러분은 2단계에서 선택했던 특정 상황에서의 행동에 대한 자기관찰을 시작해야 한다. 자기관찰을 위해 구조화된 일기, 빈도 계산, 평정 척도, 또는 세 가지를 결합해서 사용하라.

기록은 쉽게 할 수 있도록 하고, 하루 일과에 잘 맞추어 넣도록 한다. 바로 변화를 시도하려고 하지 말고, 일단은 나타나는 목표행동을 관찰하라. 기저선 기록을 적어도 1주일간 수집하라. 가능한 한 정확해야 한다.

그리고 1주일이 지나면 여러분은 아마 바로 행동 변화를 시작할 것이다. 그러나 다음 5개 장(章)의 내용을 읽으며 계획을 다듬으라. 이 부분에는 여러분이 알아야 할 행동원리와 변화기술이 소개되어 있다.

쉽게 써 놓았지만, 효과적인 자기관찰 체계를 만들고 이행하기 위해서는 많이 계획하고 생각해야 한다. 이것은 정말 가치가 있는 일이다. 거의 모든 성공적인 자기변화 계획은 적절한 자기관찰에서부터 시작된다.

제4장

자기조절 원리: 이론과 실제

✿ 개요

조절 이론
사회적 구성주의: 타인조절과 자기조절
언어조절의 발달
조작적 이론: 결과
선행사건
반응적 행동과 조건형성
모델링
사회적 맥락에서의 자기지시
요약
스스로 해보는 자기주도 계획: 4단계

여러분은 자기변화의 몇 가지 단계를 지나왔다. 목표를 정했고, 조정해야 할 행동들을 확인했고, 현재의 행동을 기록하기 시작했다. 이는 의미 있는 단계들이다. 목표 수립과 자기관찰만으로 행동 변화가 시작되기도 한다. 무슨 이유에서인지 모르지만 오직 기록만으로 예전에 변화시킬 수 없었던 문제행동이 변한다는 사실은 사람들을 놀라게 한다. 한때 이 사실은 심리학자들을 곤혹스럽게 했지만 지난 25년간 심리학자들은 이 미스터리를 풀었다.

이 장에서는 자기주도적 행동을 설명하는 주요 심리 이론들을 살펴볼 것이다. 지난 20여 년 동안 자기주도적 행동 분야에서는 과학적인 진보를 위해 꼭 필요한 이론적 발전이 활발하게 이루어졌다. 그러나 다양한 이론 중 어느 것도 그 하나로만 모든 자기변화의 실제적 문제들을 설명하기에는 불충분하다. 그것들은 상호 보완적으로 작용하여 개인 목표를 달성하는 방법을 이해하고 나아가도록 이끌어 준다.

조절 이론

학습목표

- 인공두뇌학에서 자기통제 시스템의 네 가지 기본 요소는 무엇인가?
- 인공두뇌학 이론의 한계는 무엇인가?
- 조절 이론은 인공두뇌학을 향상시키기 위해 어떤 시도를 하는가?

조절 이론(regulation theory)은 본래 인공두뇌학(cybernetics)에서 유래된 심리학의 중심 이론이다(Wiener, 1948). 인공두뇌학 또는 자기조절의 과학은 물리학에서 사회학에 이르기까지 현대 과학 사조에 주요한 영향을 미쳤다. 또한 자동조종장치에서 자동조율 통신기기에 이르기까지 모든 자기조절식 기계의 작동 방식을 만들어 냈다. 또한 인공두뇌학은 각기 초점은 다르나 인공두뇌학의 기초 원리를 공유하고 있는 자기조절에 대한 다수의 심리 이론들에 영향을 미쳤다(Carver, 2004; Carver & Scheier, 2001; Kanfer & Stevenson, 1985; Miller, Galanter, & Pribram, 1960; Mithaug, 1993).

가정 난방 시스템의 자동온도조절장치는 인공두뇌학 이론에서 논의되는 메커니즘을 보여 주는 간단한 예이다. 자동온도조절장치에는 몇 안 되는 부품과 기능이 있다. 희망 온도 표시를 위한 **기준 세트**(standard set), 실제 온도에 반응하는 **감지기**(sensor), 실제 온도와 목표 온도를 비교하는 장치인 **비교측정기**(comparator), 그리고 마지막으로 **활성기**(activator)가 그것이다. 실제 온도와 희망 온도가 불일치하면 활성기는 회로를 차단하여 난방을 작동시키거나 회로를 열어 난방을 중지하게 된다. 따라서 실제 온도와 희망 온도 간의 알맞은 조화가 유지된다. 이러한 몇 가지 요소들이 바로 자동안내 로켓부터 가정 로봇까지 모든 자기조절식 기계의 핵심이다.

인간 행동의 자기조절 역시 동일한 요소를 가지고 있다. 우리는 각자 행동에 대한 **기준**(standards)을 가지고 있다. 우리의 행동이 실제 어떤지 보기 위한 **감각**(sensors)이 있다. 이 둘 사이를 **비교**(comparisons)하고, 불일치를 지각하게 될 때 변화를 **촉진한다**(activate). 이제 왜 자기주도를 위한 첫 단계인 기준 수립과 관찰 수집이 현저한 변화를 가져오는지를 알 수 있을 것이다. 관찰을 하고 그것들을 기준과 비교하면 변화가 활성화될 것이다. 단순히 문제 영역에 **주의**(attending)를 기울이는 것으로 관찰과 비교를 촉진할 수 있다. 활성화의 또 다른 근원은 **감정**(emotion)이다. 행동을 기준에 비교할 때, 호의적인 비교는 낙관 및 행복감을 가져오고, 실망적인 비교는 좌절, 낙심, 우울과 같은 부정적인 감정을 초래한다. 이는 차례로 차후의 목표 수립, 특히 기준에 대한 상승 또는 하락에 영향을 미친다(Carver, 2004; Mischel & Ayduk, 2004).

대부분의 자기조절 목표는 관찰자료를 수집하고 그것을 목표에 비교하는 것 이상으로 복잡하지 않은 간단한 계획으로도 달성 가능하다. 성적을 올리고 싶은 학생은 휴대전화의 스톱워치를 이용하여 실제 공부 시간을 기록할 수 있다. 공부하는 동안 스트레칭을 하려고 일어나거나, 화장실에 가거나, 커피를 사러 나가거나, 낮잠을 잘 때는 언제든지 멈출 수 있다. 그리고 돌아오면 다시 시작 버튼을 누르기만 하면 된다. 도서관에 갈 때마다 2시간씩 공부하겠다는 기준을 세웠는데 현재 공부 시간이 고작 44분밖에 안 되는 걸 발견한다면 그것만으로 누군가는 목표를 채우기 위해 변화를 시작할 수도 있다.

이 이론은 모든 인간 행동을 이해하는 데 매우 강력한 도구이다. 심지어 변화 없는 행동도 설명이 가능하다. 예를 들어 우리는 특정한 상황들에서는 많은 행동이 효과적으로 조절되지 않는, 인공두뇌학의 용어로는 '변화가 예상되지 않는 상황'을 안다. 그러한 상황들은 기준이 없거나, 스스로의 행동에 대하여 인식하지 못하거나, 기준과 비교하지 않거나, 행동을 기준에 맞추려는 시도가 불가능할 때 등이다.

조절 이론가들은 인공두뇌학 개념을 얼마나 응용하는지 '정도'에 차이가 있다. 영향력 있는 사회심리학자인 Carver와 Scheier(2010)는 인공두뇌학 개념을 자신들의 자기조절 이론 분석의 중심점으로 삼았다. 자기조절 이론의 영향력 있는 학자인 Kanfer(1975)는 보상, 처벌, 학습, 사고에 대한 고찰을 통합시켰다. Karoly(1993)는 체계론의 요소들을 추가했다. Mithaug(1993)은 '비교'와 '활성화' 사이의 다양한 반응들을 설명하기 위하여 문제해결(problem solving)을 강조했다. 한편 급진적 행동주의자, 정신분석가, 인본주의 심리학자와 같은 학자들은 인공두뇌학 개념을 전혀 사용하지 않는다.

인공두뇌학 이론의 문제는 무엇일까? 우선, 심리와 행동 체계는 기계보다 훨씬 더 복잡하다는 것이다. 자동온도조절장치는 개방과 폐쇄 둘 중 하나로 작동한다. 그러나 사람은 기준과 실제가 일치하지 않을 때 수많은 대안 중에 하나를 선택해야 하고, 인공두뇌학적 조절 이론으로는 다양한 선택을 설명할 수 없다.

두 번째 문제는, 복잡한 인간 행동에서 '기준' 또는 목표란 목표에 점차 가까워짐에 따라, 혹은 목표가 수반하는 결과를 깨달아 감에 따라 끊임없이 조정된다는 것이다. 즉, 의도, 상상, 예견, 가치는 기준을 계속 진화시킨다. 어떤 인공두뇌학자들은 '피드포워드(feed-forward)' 메커니즘을 논의하는데, 감각들은 자기관찰 데이터를 비교 기준에 '피드백(feed-back)'하지만 또한 수정된 목표에 '피드포워드'한다(Ford, 1987). 자동조절 미사일과 같이 복잡한 기계에는 회로 속에 '피드포워드' 메커니즘이 짜여 있다(Karoly, 1995).

인공두뇌학 이론의 세 번째 문제는 활성화가 항상 가능하지 않다는 것이다. 어쩌면 우리는 자신의 행동을 기준에 맞추는 활동이 무엇인지 배운 적이 없을지도 모른다. 뒤에 소개될 기타 이론들은 대체행동이 학습되고 유지되는 방법을 다룬다.

끝으로, 자기주도적 변화의 관점에서 인공두뇌학이 제대로 설명하지 못하는 점이 있다. **모든 인간 행동이 자기조절적이지는 않다**는 것이다. 이는 특히 타인에 의하여 행동이 조절되는 어린아이들에게 잘 나타나며, 어른들에게서도 다수 관찰된다. 어떤 행동은 자신이 아니라 환경의 조절하에 있다. 매우 자기결정적인 사람들에게서도 행동은 그것이 발생하는 환경과 밀접하게 관련되어 있다.

모든 이론은 고유의 한계를 지니지만 인공두뇌학 이론은 여전히 우리가 살아가는 상황과 활동의 구조를 이해하기 위한 분명하고 강력한 모델이다. 우리 자신을 바꾸기 위해 하나의 체계를 바꿔야 할 때가 있다. 실제로 다수의 자기조절은 우리를 통제하는 환경을 통제하는 것이다.

그러므로 자기조절 원리의 이해에 대한 다음 단계는 타인조절과 자기조절 간의 관계를 검토하는 것이다. 이 관계는 **사회적 구성주의**(social constructivism)의 초점이다.

사회적 구성주의: 타인조절과 자기조절

학습목표

- 새로운 행동을 습득할 때 어떤 발달 단계를 거치는가?
- 음성하 언어란 무엇인가?
- 학습된 자원력이란 무엇인가?
- 규칙 지배적 행동이란 무엇인가?

사회적 구성주의는 모든 행동이 발달함에 따라 다음의 과정을 거친다고 강조한다. (1) 타인에 의한 통제, (2) 자신에 의한 통제, (3) 자동화. 따라서 모든 행동들과 사람들은 자기조절적이기만 한 것은 아니다. 자기조절은 타인들의 도움이 필요한 시점과 자동화로 더 이상 조절 혹은 도움이 필요하지 않은 시점 사이에 위치한 발달 단계이다. 매우 자기실현적인 어른에게조차 새로운 학습 행동은 동일한 과정을 거친다 (Tharp, 2012).

운전을 배울 때 어땠는지 회상해 보라. 강사가 옆에 있다. 교차로에 가까워질수록 차가 많아지고, 여러분은 앞 차와의 안전거리 유지에 온 신경을 쓰고 있다. 교차로로부터 20m쯤 떨어진 곳에서 신호등이 파란불에서 노란불로 바뀌었다. "멈춰요!"라고 강사가 말한다. "통과하기에 시간이 충분치 않아요." 여러분은 천천히 안전하게 멈춘다.

다음 교차로에 가까워지며 신호등을 유심히 쳐다본다. 노란불로 바뀌었을 때, 스스로에게 "멈춰!"라고 말하며 멈출 가능성이 높다. 어쩌면 소리 내어 혼잣말을 할지도 모른다. 대부분은 '정신적' 메시지인 음성하 언어(subvocal speech)를 사용할 것이다. 어느 쪽이든 이는 원만하고 안전하게 정차할 수 있게 도와주는 자기지시, 즉 자기조절이다. 곧 여러분에게는 조절이 더 이상 필요 없게 된다. 노란불에서 브레이크를 밟는 것이 매우 자동화되어 강사도 자기지시도 없이 '그냥' 멈출 수 있게 된다.

자기수정 계획을 통해 발달시키는 새로운 행동들도 동일한 과정을 거칠 것이다. 대부분의 경우, 이 책이나 강사 혹은 다른 조언자 중 하나가 필요한 규제나 도움, 또는 타인에 의한 '통제'를 제공할 것이다. 과정의 두 번째 단계는 스스로의 자기조절 행동으로 나타날 것이다. 기준을 고치거나, 관찰 방법을 고안하거나, 자기지시를 사용하는 것 등이 이에 해당된다. 마지막 단계에서는 새로운 행동이 자동차 운전처럼 자동화되고, 운전할 때만큼이나 생각이 거의 필요 없게 될 것이다.

이 행동 발달 단계는 현대 발달심리에서 폭넓게 다뤄진다(Rogoff, 1982; Rogoff & Lave, 1984; Tharp, Estrada, Dalton, & Yamauchi, 2000; Tharp & Gallimore, 1988; Vygotsky, 1978). 이 책에서는 이 이론의 세부 사항을 모두 다루지는 않는다. 요점은 여러분의 레퍼토리에 추가되는 새로운 능력은 어떤 외부 요소에 의한 조절을 통해 자기조절을 거친다는 것이다. 능력이 완전히 발달되면 행동은 자신이나 그 이외의 것의 의식적 조절의 영역에서 벗어나는 자동성을 갖게 된다.

완전히 발달된 자동적인 행동은 주위 세상의 얽매임에서 전적으로 해방되어 자유로워지는가? 전혀 그렇지 않다. 행동은 완전히 자동화되면 환경 속 선행사건 단서의 통제 아래에 놓인다. 그러나 자동적 행동이 여러분의 기준을 만족시키지 않는다면 언제라도 그것을 자기조절 아래로 다시 가져올 수 있다. 이는 행동에 주의를 기울임으로써 가능하다. 단순히 주의를 기울임으로써 습관이 된 자동적 연쇄를 깨뜨릴 수 있다. 고도로 숙련된 바람직한 행동이 주의를 받아 깨질 수 있는 것처럼, 바람직하지 않은 자동적 행동 역시 주의에 의해 깨뜨릴 수 있다. 그것이 이 책에서 신중하고 체계적인 자기관찰이 왜 그렇게 중요한지 강조하는 또 하나의 이유이다. 자기관찰은 주의의 재집중을 동반하고, 주의는 자동적 행동을 깨뜨리며, 이는 다시 자기변화의 조건을 제공한다. 물론 자기조절이 일단 환경과 행동 간의 바람직한 조화를 만들어 내면 행동은 새로운 환경 자극의 통제하에 놓일 것이다. 즉, 다시 자동화될 것이다. 이 되풀이되는 순환은 자기주도적이고 심리적으로 안정된 사람의 전형적인 양상이다(Karoly & Kanfer, 1982).

언어조절의 발달

학습목표

- 타인에 의한 언어적 통제가 자기통제로 바뀌는 과정에 대하여 기술하라.
- 음성하 언어가 '지하로 숨는다'는 의미는 무엇인가?

행동 통제의 가장 일반적인 방법은 언어를 통한 것이다. 우리는 "소대, 정지!"와 같은 지시, "운전면허증 좀 보여 주십시오!"나 "소금 좀 건네주세요."와 같은 요청, "좋은 영화일 것 같아. 그런데 오늘은 아주 피곤해서…."와 같은 힌트 주기, "좋아, 좋아. 오른쪽으로 살짝 더. 그게 나아…."와 같은 지시를 한다. 사람들의 일상생활에 수많은 예가 있다. 모든 형식의 선행사건 중 언어(구어와 문어 모두)는 우리 행동에 가장 강력하고 즉각적인 영향을 미친다. 물론, 우리가 언제나 언어가 지시하는 대로 따르는 것은 아니다. 거절하거나, 무시하거나, 논쟁하거나, 분개하거나, 비웃기도 한다. 그러나 이 역시 언어의 효과이다. 언어는 우리의 반응에 전반적이고 불가피한 영향을 끼친다. 일련의 사건들을 나열하는 동안, 타인의 언어가 바람직한 행동이든 문제 있는 행동이든 여러분의 많은 행동에 대한 즉각적인 선행사건을 대표한다는 걸 깨달을 것이다. 대부분의 인간 환경은 여러모로 언어적 환경이며, 환경은 대부분 언어를 통해 행동을 통제한다.

'스스로에게 말하기' 혹은 자기주도적 언어(self-directed speech)는 흔히 (제정신이라면) 우스꽝스러워 보인다. 거리에서 혼잣말을 중얼거리는 노인이나 정신병원에 있는 환자가 떠오르지 않는가? 사실, 자기주도적 언어는 흔하고 유용하며, 대부분 매우 적응적이고 일상적이고 정상적이다. 그러나 많은 성인들의 자기주도적 언어는 음성하적(subvocal)이다. 소리 없이, 즉 '속으로' 이야기하든 소리 내어 이야기하든 그 효과는 동일하다.

어린아이가 성장할 때 부모의 첫 과제는 그들을 언어 사회로 끌어들이는 것이다. 아이들은 언어에 집중하고 사용하는 것을 배운다. 심리학자 Luria(1961)와 Vygotsky(1965, 1978)는 이 발달 과정을 구체적으로 연구하여 아동의 나이에 따른 개략적인 단계를 알아냈다. 이 단계 순서를 다음의 예로 설명하겠다.

"휴지통을 엎지 마라!" 아버지가 두세 살배기 아이에게 소리친다. 하지만 너무 늦었다. 바닥에 쓰레기가 널브러졌다. 아버지는 휴지통을 제 위치로 세우고는 다시, 이번에는 좀 더 상냥하게 말한다. "이제 휴지통을 엎지 마라." 다음 날, 아이는 휴지통에 다가가 신나게 차려는 자세를 취한다. 그러다 중간에 멈칫한다. 아이는 "휴지통을 엎지 마라!"라고 말하며 지나친다. 아이는 한동안 휴지통이 보이면 그 말을 소리 내어 중얼댈 것이다. 더 시간이 지나면 아버지는 자신에게 소리 없이 이야기하느라 실룩대는 아이의 입술을 볼 것이다. 결국 말의 자취는 사라지고 아이는 휴지통을 지나칠 뿐이다. 자기 언어의 외부 증거는 사라졌다. 음성하 언어 자체는 사라지고 행동이 '자동화'된 것이다.

타인에 의한 통제를 자기통제로 옮길 때, 영아들은 어른의 언어를 모방하고 통합한다. 먼저 아버지가 "차지 마!"라고 말한다. 그다음 아이는 강세와 억양을 모방하며 똑같이 말한다. 아이 행동의 통제권은 부모로부터 아이에게로 넘어간다. 하지만 언어 지시에 의한 통제라는 점에서는 똑같다는 점에 주목하라. 누가 말했든 "차지 마!"라는 선행사건은 아이 행동에 영향을 미친다. 아이들이 자기통제를 위해 소리 내어 자기지시를 모방하는 것은 정상적이다(Tharp, Gallimore, & Calkins, 1984; Vygotsky, 1965, 1978).

그런데 대략 5세 정도의 나이가 되는 시점에서, Vygotsky(1965)의 비유를 빌리면 이 자기통제적 언어는 '지하로 숨는다(goes underground).' 즉, 자기통제적 언어는 더욱 조용하고 빠른 압축된 형태의 음성하 언어가 된다. 많은 심리학자들은 이때 사고가 발달되기 시작한다고 주장한다. 생각은 음성하적 언어로 볼 수 있기 때문이다. 언어가 '지하로 숨기' 전 아동의 초기 발달 단계에서 아이는 말로 표현하는 자기지시를 통해 과제를 더욱 효과적으로 수행한다(Luria, 1961).

심지어 성인이 되어도 선행사건으로서의 자기주도적 언어의 위력은 사라지지 않는다. 단지 자주 사용되지 않을 뿐이다. 자기주도적 언어(음성적 또는 음성하적)는 행동을 통제하는 강력한 선행사건이다. 특히 새롭거나 스트레스를 받는 상황에서 그렇다. 처음 가보는 낯선 도시에서 운전하고 있는데 노란불이 지금까지의 경험보다 길거나 짧다면 다시금 혼잣말을 할 필요가 있을지도 모른다. 어떤 이유에서든 행동의 유연한 흐름이 방해를 받을 때 의식적인 자기조절이 작동된다(Kanfer & Karoly, 1972). 우리는 어려운 상황에서 자기 언어를 더 많이 사용한다. 이는 우리의 자동적 행동이 더 이상 우리의 기준에 부합하지 않을 때 그것을 '구출하는' 하나의 방법이다.

매우 두렵거나, 우울하거나, 대처하기 어려운 상황에서는 혼잣말을 할 것이다.

이 자기 언어는 아마도 중얼거림이나 스쳐 지나가는 '마음속 언어'의 형태로 '지하(underground)'에 있을 가능성이 높다. 어떤 방식이든 언어적 선행사건은 어려움에 대한 반응에 강력한 영향을 끼친다. 많은 사람들이 "이런 상황에서는 웃음거리가 될게 분명해."라고 생각하며 주저하는 태도를 버리지 못하고 외롭고 우울하게 자리에서 떠난다.

강력한 언어적 자기조절의 형태는 심리학자들이 규칙 지배적 행동(rule-governed behavior)이라 부르는 것이다(Hayes, 1989). 사람들은 흔히 타인에게 배우거나 자신의 경험에서 나온 규칙을 취함으로써 행동에 대한 규칙을 스스로 만든다. 이것들은 항상 친절하고 성실하라는 것과 같이 높은 윤리 개념의 일반적인 규칙일 수 있다. 어떤 규칙들은 늘 일찍 일어나고 일을 미루지 말라는 것과 같이 일과와 관계된다. 심지어 아이들도 숙제를 할 때나 어려운 과제를 할 때 스트레스를 극복하기 위해 규칙을 큰 소리로 혼잣말하기도 한다(Berk, 1986). 각 규칙은 언어적 진술의 형태를 취하고 있으며, 사건 해석의 지표임과 동시에 실제 행동과 비교할 수 있는 기준이 된다. 이 규칙들은 행동에 강력한 영향력을 행사하며 기타 다른 것들의 영향력을 차단한다(Catania, Matthews, & Shimoff, 1990). 이 책에 소개된 자기변화 과정들에서 자기수립 규칙들은 매우 중요한 역할을 담당한다.

자기관찰 시 문제 상황에 부딪히면 자기 자신을 꼼꼼히 관찰하라. 스스로에게 어떤 말을 하는지 살펴보라. 혼잣말은 지시로 작용한다.

자기지시의 원리 중 첫 번째는 다음과 같다. 이 장에서는 이 원리들을 계속 다룰 것이며, 모든 내용은 글상자 4-1에 정리해 놓았다.

원리 1: 유년기에서 성년기에 이르기까지 타인조절 및 자기조절은 행동에 강력한 지표로 작용한다.

조작적 이론: 결과

학습목표

- 조작적 행동이란 무엇인가? 무엇이 조작적 행동에 영향을 미치는가?
- 정적 강화물이란 무엇인가?
- 부적 강화물이란 무엇인가?
- 수반성의 개념에 대하여 설명하라.

글상자 4-1 자기조절의 원리

원리 1: 유년기에서 성년기에 이르기까지 타인조절 및 자기조절은 행동에 강력한 지표로 작용한다.
원리 2: 조작적 행동은 그 결과들의 작용이다.
원리 3: 정적 강화물은 추가될 때 행동을 유지하고 강화하는 결과를 말한다.
원리 4: 부적 강화물은 상황에서 제거됨으로써 행동을 강화하는 결과를 말한다.
원리 5: 처벌받은 행동은 덜 발생하게 될 것이다.
원리 6: 강화를 철회하면 행동은 약화될 것이다.
원리 7: 간헐적 강화는 소거에 대한 저항력을 증가시킨다.
원리 8: 대부분의 조작적 행동은 결국 선행자극 또는 단서에 의해 좌우되는데, 그 중 가장 중요한 것이 자기주도적 진술이다.
원리 9: 선행사건은 불쾌한 사건이 곧 닥쳐온다는 단서나 신호일 수 있다. 이는 회피행동을 유발할 가능성이 높다.
원리 10: 조건형성을 통하여 선행사건은 자동적 반응을 유발하게 되는데, 반응은 정서일 경우가 많다.
원리 11: 많은 행동은 다른 누군가(모델)의 행동을 관찰하고 모방함으로써 학습된다.
원리 12: 친구와 동료는 강력한 영향과 도움을 제공한다.

- 도피학습과 회피학습에 대하여 기술하라. 차이점은 무엇인가?
- 처벌이 행동의 빈도를 어떻게 바꾸는가?
- 처벌의 두 가지 유형은 무엇인가?
- 부적 강화와 처벌의 차이점은 무엇인가?
- 소거란 무엇인가?
- 소거에서 간헐적 강화의 효과는 무엇인가?
- 부적응적 행동을 간헐적 강화 개념을 적용하여 어떻게 설명하는가?

결과에 의해 영향을 받는 행동을 조작적 행동(operant behaviors)이라고 한다. 사전에서는 **조작하다**(to operate)를 '행동을 수행하다, 작용하다, 효과를 일으키다'로 정의한다. 여기서 효과란 결과를 말한다. 조작적 행동을 통해 우리는 활동하고, 작용하고, 우리 자신과 환경에 효과를 일으킨다. 효과, 즉 결과를 통해 환경은 다시 한 번 우리에게 작용한다. 우리의 많은 행동은 조작적이다. 조작적 행동은 우리가 일상이라는 천을 짜낼 때 행하는 모든 복잡한 것들을 포함한다. 나쁜 습관은 없애고 싶은 조작적 행동이다. 하고 있지 않지만 하기를 바라는 행동은 계발하고 싶은 조작적 행동이다. 조작적 행동은 그 행동의 결과로 인해 변화된다. 즉, 학습되거나 학습되지 않는다.

원리 2: 조작적 행동은 그 결과들의 작용이다.

타이핑, 말하기, 쓰기, 공부, 먹기, 키스, 또는 현악 4중주 작곡하기 등 무엇을 배우는가에 상관없이, 우리의 기술은 따라오는 결과에 의해 강화되거나 약화된다. 예를 들면 말을 배우는 아이는 혼나기보다 칭찬을 받으면 더욱 말을 잘하게 될 것이다. 작곡가는 첫 번째 작곡에 따르는 결과에 따라 두 번째 4중주를 쓸 수도 있고 안 쓸 수도 있다.

✿ 행동을 강화하는 결과

행동의 강도란 특정 행동이 실행될 확률을 말한다. 행동의 확률을 나타내는 가장 실용적인 지수는 빈도(frequency)이다. 우리는 보통 빈도를 보고 행동의 강도를 유추한다. 즉, 그 행동이 얼마나 많이 일어나는지 세어 본다. 이것이 이 책의 자기관찰에 대한 단원에서 행동의 빈도를 세어 볼 것을 강조한 이유이다.

✿ 강화물

만약 결과가 행동을 강화한다면 그것을 강화물(reinforcer)이라 부른다.

원리 3: 정적 강화물(positive reinforcer)은 추가될 때 행동을 유지하고 강화하는 결과를 말한다.

정적 강화물은 키스, 음식, 돈, 칭찬, 오토바이를 타는 기회 등일 수 있다. 한 사람에게 정적 강화물인 것이 다른 사람에게도 정적 강화물인 것은 아니다. 어린 소년이 아버지에게 자기가 그린 그림을 보여 준다. "너무 예쁘구나, 얘야." 아버지가 아들을 칭찬한다. "너무 마음에 든다. 이건 뭘 그린 거니?" 아이에게 관심을 주며 묻는다. 아버지의 칭찬과 관심은 아이가 이후 그림을 계속 그리고 아버지에게 보여 줄 가능성을 증가시킨다.

정적 강화물은 상황에 추가될 때 그에 앞서는 행동이 다시 일어나도록 만드는 모든 것이다. 첫 번째 작곡 활동이 정적으로 강화되면 작곡가가 두 번째 4중주를 만들 가능성이 더 높아진다. 이 정적 강화물은 하나 또는 그 이상의 결과들로 이루어져 있다. 관객의 갈채, 완성된 작품을 감상하는 기쁨, 작품이 높은 기준에 부합할 때의 만족감 등. 비평가나 친구들로부터의 칭찬이 정적 강화 효과를 가진다는 것을 주목하라. 이와 같이 언어는 선행사건과 마찬가지로 결과로도 작용한다.

원리 4: 부적 강화물(negative reinforcer)은 상황에서 제거됨으로써 행동을 강화하는 결과를 말한다.

밖에 있는데 폭우가 쏟아진다면 비를 맞지 않으려고 우산을 쓸 것이다. 우산을 쓰는 행동은 이처럼 몸이 젖는 불쾌한 결과를 제거해 줌으로써 부적으로 강화된 것이다. 불쾌한 상황을 제거하는 행동은 강화된다. 즉, 그 행동이 다시 일어날 가능성이 높아진다.

친구에게 이야기하고 있는 어떤 사람을 떠올려 보라. 친구가 지루해 보인다. 그가 어느 특정 주제에 대해 얘기할수록 친구는 더 지루해 보인다. 그래서 그는 새로운 주제로 바꾼다. 곧바로 친구는 덜 지루해 보인다. 주제를 바꾸는 행동은 친구가 더 이상 지루해하지 않다는 사실에 의해 부적으로 강화된다.

정적 강화물처럼, 한 사람에게 부적 강화물인 것이 다른 이에게도 그런 것은 아니다. "어떤 이의 고기는 다른 사람의 독이다."라는 말이 이 개념을 나타낸다.

✿ 수반성

행동 강화를 위한 강화물에 필요한 조건은 **수반성**(contingency)이란 개념으로 설명된다. 강화물로 작용하는 모든 자극은 반드시, 그리고 오직 특정 반응 후에 일어나야 한다. 행동 수행 여부에 상관없이 보상을 받는다면, '보상' 자극은 행동을 실제로 강화하지 않을 것이다. 사실 그것은 아무런 영향도 주지 못한다. 대신에 행동 수행에 의해서만 보상을 받는다면 그 행동은 강화될 것이다. 즉, 다시 일어날 가능성이 더 높아진다. 강화물뿐만 아니라 수반관계(contingent relationship)도 중요하다. 동일한 원리가 차후 논의할 처벌에도 적용된다. 강화와 처벌 둘 다 기능을 하기 위해서는 반드시 수반적이어야 한다.

✿ 도피와 회피

부적 강화의 원리는 우리가 어떻게 불쾌한 결과들에 대한 도피(escape) 또는 회피(avoidance)를 배우는지를 설명한다. 옴짝달싹 않는 아이에게 엄마가 "이리로 와."라고 말했다고 가정해 보자. 아이는 오지 않는다. 엄마는 다가가 아이를 찰싹 때린다. 아이는 그래도 오지 않는다. 엄마는 다시 손을 올린다. 아이는 오고, 엄마는 손을 내린다. 순응함으로써 아이는 두 번째로 맞는 것을 도피 또는 회피했다.

도피학습(escape learning)은 불쾌한 결과를 끝내는 행동을 말한다. 엄마는 아이가 말을 듣고 따라올 때까지 계속 때린다. 반면, 회피학습(avoidance learning)은 불쾌한 결과가 일어날 가능성을 차단하는 행동과 관련된다. 다음번에 엄마가 "이리로 와."라고 말할 때 아이는 이전처럼 맞기를 회피하며 순응한다. 도피학습에서는 불쾌가 실제로 가해지지만 회피학습에서는 회피된다. (도피와 회피 둘 다 학습을 위한 방법이다. 하지만 나중에 논의될 때리기 등의 처벌에는 의도치 않은 결과인 역효과가 따른다.)

자신의 행동을 분석할 때, 분명히 눈에 보이는 보상이 따르지 않는 행동을 하는 자신을 발견할지도 모른다. 사람들은 때때로 이러한 행동들을 '동기가 없는 것'이라고 생각하나 그것들은 회피행동일 가능성이 높다. 예컨대 혼자인 것이 다른 무엇을 강화하지 않더라도 친구들이 많은 장소를 떠나 혼자 있는 것을 선호할 수도 있다. "나는 무엇에 반응하는 거지?"라고 물을 수 있다. 이는 아마 회피행동일 것이다. 잘 학습된 회피행동의 중요한 특성은 감정을 동반하지 않고, 무심하게 일어난다는 것이다. 그런 행동은 불안에 의해 동기 부여되지 않는다. 그 행동에 주의를 기울이지 않으면, 그런 행동이 불편을 회피하려고 시작되었고 이제 자동적이라는 것을 전혀 깨닫지 못할 것이다.

✿ 결과 강화

결과 분석은 변화 계획의 중요한 부분이다. 원하는 행동에 대하여 정적으로 강화를 받고 있을 수도 있고, 원하는 행동을 어렵거나 불가능하게 만드는 행동에 대하여 정적 강화를 받고 있을지도 모른다. 한 학생은 자기분석에 다음과 같이 기록했다. "나는 룸메이트에게 더욱 친절해졌으면 좋겠고 우리 사이의 어려움들을 우호적으로 해결할 수 있길 바란다. 그러나 나는 늘 자제심을 잃고 그에게 고함을 친다. 끔찍한 것은 그러한 행동이 강화받고 있다는 것이다. 그가 양보한다!"

결과가 행동을 어떻게 강화하는지(정적, 부적) 이해하면 행동 변화를 위해 더 나은 계획을 짤 수 있다. 자기변화 시 여러분은 때로는 새로운 행동을 학습한다. 과식하는 사람들은 먹는 대신에 새로운 방법으로 긴장을 극복하는 것을 배운다. 때로는 이미 어떻게 할지 알고 있는 활동에 대하여 강화를 받기도 한다. 예를 들어 손톱을 깨무는 사람이 손톱을 깨물지 않는 행동에 대해 강화받는 것이다.

행동의 수행이 강화에 의해 영향을 받는다는 것은 분명하다. 우리는 강화를 받은 행동을 더 한다.

✿ 처벌

원리 5: 처벌받은 행동은 덜 발생하게 될 것이다.

심리학자들은 두 가지 유형의 처벌을 구분한다. 첫 번째 유형에서는 행동이 행해진 후 어떤 불쾌한 사건이 발생한다. 예를 들면 한 아이가 버릇없이 말하고 그 즉시 부모에게 야단을 맞는다. 한 성인이 무례한 말을 하고 그 즉시 친구들로부터 비난을 받는다. 이런 비난이 앞으로 버릇없음과 무례함을 감소시키면 그 비난은 처벌이다.

두 번째 유형의 처벌에서는 행동이 행해진 후 유쾌한 것이 사라진다. 예를 들어, 부모와 놀고 있는 한 아이가 버릇없는 말을 한 후 방 안에 혼자 갇힌다. 한 남자가 무례한 말을 하자 친구들이 떠난다. 두 경우 모두 유쾌한 것－부모와 놀기, 친구들과 함께하기－의 손실이 앞선 행동을 처벌한다.

처벌과 부적 강화의 차이점은 무엇인가? 부적 강화에서는 불쾌함을 도피 또는 회피하는 것이 행동을 강화한다. 처벌에서는 행동 가능성이 두 가지 방식 중 하나로 줄어든다. (1) 불쾌한 사건이 행동에 뒤따르거나, (2) 행동이 일어난 뒤 유쾌한 사건이 철회된다.

다음은 부적 강화와 처벌의 차이점에 대하여 정리한 것이다.

	행동이 이끄는 것	미래 행동에 대한 효과
부적 강화	불쾌한 결과의 도피 또는 회피	행동이 강화된다.
처벌, 유형 1	불쾌한 사건	행동이 덜 발생할 것이다.
처벌, 유형 2	유쾌한 것의 손실	행동이 덜 발생할 것이다.

강화에서처럼, 처벌이 효과를 보이기 위해서는 행동에 수반되어야 한다는 것을 주의하라. 즉, 둘 다 행동이 있을 때만 일어나야 한다.

행동에서 처벌의 강력한 효과는 1세기가 넘도록 동물 실험에서 증명되어 왔다. 하지만 인간 행동에서 처벌의 효과는 여전히 의문스러우며 논쟁거리로 남아 있다(Axelrod & Apsche, 1983). 인간 행동을 조절하기 위해 처벌이 필요할까? 처벌은 분명한 단점을 지닌다. 강한 정서적 반응을 불러일으키고, 부작용이 다양하고 예측 불가능하며, 공격성을 일으킨다. 강한 처벌은 피해자와 가해자 모두를 잔인하게 만들 수 있다. 다른 사람을 '처벌하는 것'은 흔히 분노와 좌절을 표출하기 위한 정당화에 불과하다. 반면, 약한 처벌(과제를 하지 않은 학생들을 과제를 끝낼 때까지 쉬는 시간에 붙들어 두기, 신속하고 조용한 꾸짖음 또는 거부)은 모든 인간관계의 특성이고, 사회 기준과 수행 피드백에 대한 유용한 정보를 제공한다.

인간에 대한 처벌의 효과는 한 가지 매우 심각한 한계를 지닌다. 처벌 상황의 도피가 가능하다면 아무런 효과도 없다는 것이다(Azrin, Hake, Holz, & Hutchinson, 1965). 그리고 자유로운 사회에서 처벌은 단지 사과나 거짓말로 피해 갈 수 있다. 따라서 그 효과는 사람들에게 사과나 거짓말을 가르치는 것에 그칠 뿐이다.

자기주도적 행동 변화에 있어 처벌은 언제나 회피될 수 있다. 제7장에서 상세히 설명될 이런저런 이유들로, 처벌은 신중한 고려 후 자기수정 계획에 포함시킬 것을 강조한다. 소거와 같은 다른 학습 원리를 사용해도 비슷한 향상을 가져올 수 있다.

✿ 소거

어떤 행동에 대해 강화받았기 때문에 그 행동을 학습했다고 가정해 보자. 그런데 그 후의 행동에는 아무런 보상이 따르지 않았다. 강화된 적이 있었던 것이 더 이상 강화되지 않는다. 결과적으로 행동의 강도가 낮아진다. 이것을 소거(extinction)라고 한다.

원리 6: 강화를 철회하면 행동은 약화될 것이다.

두 사람이 몇 달 동안 행복하게 사귀었다. 그러나 새로운 양상이 나타나기 시작한다. 남자가 여자에게 전화하지만 집에 없다. 메시지를 남기지만 응답이 없다. 혹은 여자가 남자를 보러 들렀는데 남자가 관심을 보이지 않는다. 아, 인생은 변하고, 한때 강화되었던 행동들이 더 이상 그렇지 못하다. 남자는 앞으로 전화를 덜 하게 될 것이다. 또 여자가 찾아가는 일이 줄어들 것이다.

소거는 우리 주변에서 끊임없이 일어난다. 그것은 변화하는 세상에 우리의 행동을 순응시키기 위한 과정이다. 여자가 남자의 전화에 절대 답하지 않으면 남자는 전화 걸기를 영원히 그만둘 것이다. 여자도 재미없어하는 남자를 보기 위해 계속 들르고 싶지 않을 것이다. 더 이상 생산적이지 않은 행동들은 점차 줄어든다.

소거와 처벌은 상이하다. 소거에서는 행동에 수반적인 결과가 없다. 위의 예시에서 전화는 간단하게 무시되었다. 여자가 "더 이상 전화하지 마세요. 얘기하고 싶지 않아요."라고 했다면 그것은 전화하는 행동에 대한 처벌(punish)이다. 만약 여자가 단순히 전화에 답하지 않았다면, 즉 여자가 아무것도 하지 않았다면, 남자의 전화 거는 행동은 소멸될(extinguished) 것이다.

여자가 단순히 전화를 무시하면(소거) 무슨 일이 발생할지 상상해 보라. 분명히 처음에는 남자의 전화가 극도로 증가할(increase) 것이다. 그것은 이전에 강화된 행동의 초기 격발(burst)이라는 소거의 일반적 효과로, 이 격발은 곧 잠잠해진다.

원리 7: 간헐적 강화는 소거에 대한 저항력을 증가시킨다.

행동마다 강화가 뒤따르는 경우를 연속적 강화(continuous reinforcement)라고 한다. 이를 100% 강화 계획이라고 한다. 그러나 실제 생활에서 대부분의 행동은 연속해서 강화되지 않는다. 어떤 때는 강화되고, 다른 때는 그렇지 않다. 이를 간헐적 강화(intermittent reinforcement)라고 부른다.

예상할 수 있듯이, 연속적 강화는 새로운 학습을 빠르게 해준다. 그러나 간헐적 강화는 매우 흥미로운 효과가 있다. 즉, 행동을 소거에 저항적으로 만든다. 행동이 보다 천천히 약화되는 것이다. 무작위로 두 번 중 한 번 강화된 행동(50% 강화 계획)은 연속적 강화보다 강화가 사라졌을 때 더욱 오래 지속된다.

퇴짜 맞은 애인의 일화에서 여자가 남자의 전화를 받는 데 무심했다고 가정해 보자. 그래서 그의 전화는 아주 드물게 강화를 받았다. 그가 이렇게 간헐적으로 강화를 받았다는 것은 100% 강화를 받았을 때보다 그의 전화가 소거되는 데 더 오래 걸릴 것임을 의미한다.

여자의 비강화가 지속된다면 물론 결국 소거는 되겠지만 소거되기까지 시행 횟수는 이전 강화 계획의 영향을 받는다.

간헐적 강화의 이 효과는 부적응적 행동이 왜 지속되는지를 설명하기 때문에 자기변화에 중요하다. 어째서 뚜렷하게 강화되지 않거나 또는 심지어 원하지도 않는 것들을 하는 것일까? 어쩌면 행동을 계속하게 만드는 드문 강화(아마 50번이나 100번 중 한 번)를 지각하지 못한 것일 수 있다. 또는 과거에 부적응적 행동을 간헐적으로 강화받았고, 이제 그것들이 소거에 매우 저항적일 수 있다. 간헐적 강화의 효과를 깨닫지 못한 관찰자는 아마 이러한 행동에 대해 '고집 세거나' '어리석다'고 할 것이다. 자신 또는 다른 사람들의 많은 부적응적 행동은 간헐적 계획으로 강화되었기 때문에 없어지기 힘들다.

역설적이지만, 강화에서 소거로의 변화는 흔히 소거 '격발'—점차적인 쇠퇴가 시작되기 바로 전 행동의 급격한 증가—을 만든다. 여자가 전화에 응답하지 않을 때 처음에는 그가 더 자주 전화를 한다. 그런 다음 그의 전화 횟수가 점차 줄어들고 마침내 모두 소멸된다.

선행사건

학습목표

- 조작적 행동에서 단서 또는 선행사건의 역할은 무엇인가?
- 선행사건은 언제 행동에 대한 단서가 되는가?
- 회피행동을 유도하는 것은 무엇인가?
- 자극 통제란 무엇인가?
- 회피행동은 왜 쉽게 소거되지 않는가?

이제 **선행사건**(antecedents)의 개괄적인 고찰, 그리고 행동의 선행사건 통제가 어떻게 이루어지는가로 화제를 돌리겠다. 결과의 강도에 상관없이 행동은 결과만으로 자극받지 않는다. 결과는 어쨌든 행동이 완료된 후에 일어나기 때문이다. 반면, 선행사건은 행동을 위한 배경사건이다. 선행사건은 행동을 불러일으키거나 자극한다는 의미에서 행동을 통제한다. 선행사건이 결과적으로 강화되는 행동을 불러일으킬 때, 행동과 환경은 조화로운 균형 속에 있게 된다. 행동이 선행사건, 결과와 함께 단단히 통합되면 우리는 유연한 흐름을 경험한다. 그 어떤 생각이나 자기조절도 간섭하지 않으며 행동이 '자동적'이 된다.

선행사건과 정적 강화

일생에 걸쳐 우리 행동의 대부분은 단서(신호)에 의해 통제된다. 예를 들어, 벨이 울리거나 강사가 "오늘은 여기까지."라고 말할 때 학생들은 자리에서 떠나 문 쪽으로 움직인다. 모든 학생들은 교실에서 나가는 방법을 잘 알지만, 일반적으로 단서가 제공될 때까지 아무도 움직이지 않는다.

원리 8: 대부분의 조작적 행동은 결국 선행자극 또는 단서에 의해 좌우되는데, 그중 가장 중요한 것이 자기주도적 진술이다.

재미있는 것은 "우리가 어떻게 단서를 배우는가?"이다. 우리 삶에서 환경은 어느 때나 수많은 단서를 제공한다. 세상은 대화, 소리, 모습, 사건, 냄새 등 자극으로 가득 차 있고, 우리의 행동은 이 복잡성 속에서 조직화된다. 특정 행동을 불러내는 단서를 변별자극(discriminative stimuli)이라 한다. 이 유용한 전문 용어는 단서가 어떻게 작동하는지 이해할 수 있게 도와준다. 단서는 행동이 강화 또는 처벌받거나 받지 않을 조건들을 구분한다. 대학에서 강사가 "이제 끝."이라고 말할 때 밖으로 나갈 수 있음을 배운다. 또한 단서가 없을 때는 자리에 그냥 앉아 있는 게 더 현명하다는 것을 배운다. 어떻게 이런 변별을 배우는 것일까? 관찰을 통해서이다. 해산 전에 나간 학생들은 강사에게 혼나는 반면(꾸짖거나 눈살을 찌푸리며), 단서를 기다린 학생들은 전혀 혼나지 않는다. 다른 사람에게 무슨 일이 벌어지는지 관찰을 하거나 또는 스스로 경험하며 이를 알 수 있다. 이러한 경험을 기술하는 전문 용어가 바로 변별학습이다. 즉, 어떤 행동이 수반될지 결정하는 단서를 변별하는 학습이다.

행동이 어떤 선행사건(자극)이 있을 때 강화받고, 그 자극이 없을 때 강화받지 않으면, 그 선행사건(자극)은 그 행동의 단서가 된다. 자극과 행동이 일어나고 그 행동이 오로지 그 자극과 함께 일어날 때만 강화받으면, 그 자극은 그 행동의 단서가 된다.

불이 켜졌을 때 레버를 누르면 음식이 나와 배고픈 쥐를 강화하고, 불이 꺼져 있을 때 레버를 누르면 강화를 주지 않는 실험으로 이 과정을 연구할 수 있다. 쥐는 불이 켜져 있을 때만 레버를 누르도록 학습할 것이다. 우리의 일상생활 속에서 이런 과정은 끊임없이 발생한다. 예를 들어, 자주 데이트하는 연인은 언제 파티를 떠나야 할지 안다. 한 명이 매우 조용해지거나 날카롭게 행동하는 것과 같은 특정 단서를 줄 때, 상대방은 떠날 준비를 하도록 강화될 것이다. 그 단서가 없는 상황에서는 둘 중 어느 누구도 떠나는 것에 대한 강화를 받지 않는다.

✿ 회피행동과 소거에서 선행사건의 역할

불쾌한 결과를 회피하려면, 그 결과가 곧 일어날 것임을 알아차려야 한다. 회피행동은 그 상황의 선행사건, 즉 단서에 의해 유도된다. 만약 회피행동이 성공적이라면 불쾌한 결과는 일어나지 않는다.

원리 9: 선행사건은 불쾌한 사건이 곧 닥쳐온다는 단서나 신호일 수 있다. 이는 회피행동을 유발할 가능성이 높다.

10대 시절, 사회관계에서 미묘한 점들을 눈치채지 못하여 타인에게 자주 좋지 않은 인상을 줬다고 가정해 보자. 이는 아마 불쾌한 경험을 가져왔을 것이고, 점차 특정한 사회적 상황의 회피를 학습했을 것이다. 수줍음 타는 것이 그 예일 수 있다. 그리고 몇 년이 지난 지금 사회적 행동에 좀 더 익숙해졌다. 그러나 여전히 특정 종류의 사회 행사(파티, 댄스나 과거에 불쾌했던 상황 등)는 회피하고 있다. 실제로 불쾌한 사건이 더 이상 발생하지 않아도 이러한 선행사건을 계속해서 회피의 단서로 받아들인다. 왜 그런 것일까?

회피학습은 소거에 상당히 저항적이다. 왜냐하면 선행사건 자극이 회피행동을 유발하며, 회피반응을 학습한 사람은 불쾌한 결과가 더 이상 없다는 것을 학습할 기회가 없기 때문이다.

이는 '신경증적' 또는 부적응적 행동이 얼마나 잘 학습되는지를 보여 준다. 이전에, 예를 들자면 유아기 때, 특정 자극 속에서 처벌받은 적이 있기 때문에 다른 사람들이 보기에는 다소 '어리석어' 보이는 회피 습관을 반복하는 것이다. 회피행동을 통제하는 신호가 계속 작동하기 때문에 어쩌면 유쾌할지도 모를 상황을 회피하는 것이다.

회피행동은 종종 독으로 작용한다. 회피 단서에 대한 경계체계는 엄청난 주의집중을 요구하기 때문에 다른 사건이나 가능성을 미처 인식하지 못하기도 한다.

자기수정 기술 중 하나는 이전에 회피된 행동과 이제는 괜찮아 보이는 상황을 점차적으로 연결시키는 것이다. 그런 후에야 그 행동에 대하여 여전히 처벌받을지 아닐지를 알 수 있을 것이다.

✿ 자극 통제와 자동적 행동

사회적 구성주의는 타인에 의한 조절에서 시작되어 자기조절을 거쳐 자동적 자극 통제(stimulus control)에 이르는 발달 순서를 강조한다. 우리는 어떻게 부적응적인 자동적 행동을 줄이고 자기조절의 영향력 아래에 둘 수 있을까?

선행사건이 강화된 행동과 일관되게 연합될 때, 이른바 '행동에 대한 자극 통제'

를 얻는다. 이때 우리는 겉보기에는 자동적으로 반응한다. 능숙한 운전자는 더 이상 신호에 "멈춰!"라고 혼잣말을 하거나 음성하적으로 말하며 속도를 줄이지 않는다. 노래를 부르거나, 라디오를 듣거나, 어젯밤 영화에 대하여 생각하던 중이더라도 노란불이 나타나면 속도를 줄여 멈춘다. 지금까지 다양한 강화물과 연합되었기 때문에, 노란불은 정지 행동에 대한 자극 통제를 지닌다. 노란불에 멈추었기 때문에 충돌을 피하거나, 두려움을 피하거나, 운전 강사로부터 칭찬을 받거나, 스스로 쾌재를 부를 수 있었던 것이다. 일반적인 수행 과정에서는 특정 상황을 즉각적으로 인식하고 반응하는 것이 더 효율적이기 때문에 언어적 통제는 약해진다. 대부분의 상황에서 과도한 자기 언어는 수행을 방해할 수 있기 때문에 바람직하지 않다. ≪햄릿≫에서처럼 우리는 "사색의 창백한 그늘을 가진 병든 이"가 될 것이다. 자극 통제의 자동적 조종에 맡기는 것이 낫다.

상황이 바람직할 때 그냥 두는 게 낫다는 뜻이다. 유감스럽게도, 고치길 원하는 바람직하지 않은 행동 역시 자극 통제하에 있을 것이며, 이러한 경우에는 반드시 자극 통제를 깨고 다시 만들어야 한다. 어떤 사람들에게는 자극 통제가 바람직하지 않은 행동을 일으킴에도 불구하고, 매우 강력해서 저항하기가 거의 불가능해 보인다. 한 학생은 다음과 같이 기록했다.

> 나는 조금씩 몸무게를 줄이고 있지만 절대 저항할 수 없는 상황이 하나 있다. 같은 사무실에서 일하는 사람들이 킹베이커리의 도넛을 가져올 때이다. 정말이지 참을 수 없다. 출근할 때 킹베이커리 상자를 보자마자 나는 곤경에 처한다.

다수의 과체중자들도 같은 문제를 가지고 있다. 특정 음식이 있다는 것이 배고프든 아니든 자동적으로 먹게끔 자극한다. 그러므로 그들의 과제는 특정 음식 자극의 자동적 통제를 줄이는 것이다.

원하지 않는 자동적 조건으로부터 행동을 통제하는 중요한 전략은 기존 선행사건이 작용하려 할 때 새로운 선행사건으로 대체하는 것이다. 자기 언어적 선행사건을 사용하는 것은 '자동적' 단서 또한 자기지시적 언어일 때 특히 유용하다. 예를 들어, "나는 이것을 먹을 수밖에 없어."라고 말하는 대신 스스로 "나는 할 수 있어."라고 말한다.

심지어 자동적 연쇄가 없을 때에도 자극 통제를 자기수정 계획의 목표로 삼을 수 있다. 선행사건을 새로 설정하여, 원하는 행동이 선행사건하에 일어나도록 만들고, 강화가 뒤따르도록 계획한다. 이런 식으로 새로운 자동적 연쇄를 만들 수 있다. 일례로 좀 더 효율적으로 생활하고 싶어 하는 한 여학생은 다음과 같이 기록했다.

> 나는 늘 학교로 가는 버스에서 내리자마자 계획을 세운다. 이렇게 해서 계획 짜기를 선행사건의 통제하에 둔다. 나는 버스에서 내려 즉시 빈 교실을 찾아 몇 분 동안 하루에 대한 계획을 짠다. 그리고 스스로 계획 짜기에 대한 강화를 준다.

이 학생에게는 버스에서 내리는 것이 계획 짜기 수행에 대한 자극 통제가 되었다.

반응적 행동과 조건형성

학습목표

- 반응적 행동이란 무엇인가?
- 반응적 조건형성을 설명하라.
  - a. 고차적 조건형성이란 무엇인가?
  - b. 정서적 조건형성은 어떻게 발생하는가?
  - c. 반응이 조건형성된 후 선행사건 자극은 어떤 효과를 지니는가?

어떤 행동은 선행자극에 의해 자동적으로 통제된다. 즉, 모든 학습이 조작적 행동의 강화에 기초하는 것은 아니다. 이러한 자동적 행동에는 학습되지 않은 타고난 방아쇠 자극이 있다. 예를 들어, 무릎건을 약하게 치면 다리가 저절로 펴진다. 친다는 선행자극은 이 반응에 대한 통제를 가진다. 눈에 들어간 먼지는 눈 깜박임에 대한 통제자극이다. 입안의 우유는 거의 태어났을 때부터 자동적으로 침샘을 자극한다. 이렇게 통제적 선행자극이 존재하는 행동들을 **반사**(reflexes)라고 칭한다. 인간은 덜 복잡한 신경 체계를 가진 생물들보다 적기는 하지만 마찬가지로 반사 반응을 보이며 이는 중요하다.

반사 행동 중 하나를 설명할 작은 실험을 소개한다. 앞으로 며칠 동안 사람들에게 가끔씩 갑작스런 큰 소음으로 여러분을 놀라게 해달라고 부탁해 보라. 예를 들어, 친구에게 여러분이 예상하지 못할 때 갑자기 책으로 책상을 세게 내려치라고 한 다음 자신의 반응을 관찰하라. 움찔하고, 갑자기 뒤돌아보고, 눈을 깜박일 것이다. 이는 반사적 반응이다. 자극만으로 반사를 야기하기에 충분하다. 자극에 여러 번 익숙해져야만 그 행동이 사라질 것이다. 그러나 이 반응에 정서적인 요소도 있다는 것을 주목하라. 각성과 감정이 충만한 기분, 혹은 자극 후 몇 초 만에 최고조에 달했다가 점차 사라지는 작은 공포 반응 같은 불쾌감이 그것이다.

이 실험은 선행자극이 정서적 반응을 지배하는 통제에 대하여 설명한다. 이런 유형의 행동들에는 공통된 특징이 있다. 예를 들어, 주로 자율신경계(autonomic nervous system)에 의해 통제되며, 평활근(smooth muscles)과 관계가 있고, 같은 종(species)의 개체들 사이에서 매우 비슷하게 나타난다는 것이다. 이런 행동들은 본래 선행자극에 대한 반응으로 발생하기 때문에 간혹 반응적 행동(respondent behavior)이라 부른다.

모든 반응적 행동의 가장 중요한 특성은 선행자극이 행동을 일으킨다는 것이다. 반응에 대한 선행적 통제가 중요한 이유는 이러한 기본과정을 통해 많은 정서적 반응이 특정 선행사건과 연합되어 그로 인해 유도되기 때문이다.

수줍음이 많은 사람은 낯선 사람을 만났을 때 상당한 불안을 경험할 수 있다. 어떤 사람들은 폐쇄된 장소에 있으라고 하면 매우 초조해한다. 높은 곳이나 비행기, 뱀 등을 극도로 무서워하는 사람들도 있다. 이런 자극들은 어떻게 해서 사람의 반응에 대한 통제력을 얻고 불안과 같은 정서를 유발하는가?

이에 대한 답은 조작적 행동과 반응적 행동 모두에 대한 이해를 요구한다. 이 두 과정은 서로 얽혀 있다. 우리는 선행자극이 반응적 조건형성으로 사람의 반응을 통제하는 방식에 대하여 충분히 논의한 후 그 상호작용에 대하여 알아볼 것이다.

✿ 반응적 조건형성

반응적 조건형성(respondent conditioning)이란 어떤 반응을 이끌어 내는 자극이 그렇지 않은 자극과 동시에 발생함으로써 짝지어지는 것을 뜻한다. 유기체는 새로운, 즉 조건화된(conditioned) 자극이 있는 상태에서 원래의 자극에 자동적으로 반응하게 된다.

이렇게 여러 번 짝지어진 자극에 반응한 후에는 조건화된 새로운 자극만 있어도 원래의 자극에 반응했던 방식과 거의 동일하게 반응한다. 이런 식으로 본래 중립적이었던 선행사건(즉, 반응에 자극 통제가 없는 선행사건)으로 자동적 반응이 옮겨질 수 있다. 이전에 중립자극(neutral stimulus)이었던 것이 원래 자극 통제를 가지고 있던 선행사건과 연합됨으로써, 반응을 통제하는 자극인 조건자극(conditioned stimulus)이 된다. 새로운 자극 통제가 발달되는 것이다.

'상식심리학(commonsense psychology)' 수준에서 이 과정이 잘 이해된다. 레스토랑, 방, 공원 등 어떤 특정한 장소는 우리가 그곳에서 어떤 뉴스를 들었거나, 충격을 받았거나, 감정을 격하게 경험했기 때문에 강한 감정을 만들어 내는 힘을 가진다. 심지어 특정 계절의 공기가 갖는 느낌도 슬픔 또는 기쁨의 감정을 만들어 낼 수 있다. 이것들은 매우 개인적인 반응이고, 이전의 정서적 연합(강력한 사건에 의해 만들어진)으로부터 나온다. **반응적 조건형성**은 이 연합 과정에 대한 전문 용어이다.

이러한 과정은 단순 반사보다 훨씬 미묘해서 상식심리학 수준에서는 이해되기 어렵다. 방이나 레스토랑, 또는 공기가 감정을 유발하도록 일단 조건화되면, 그곳에서 발생하여 그 감정들과 연합되는 차후의 사건들 또한 그 감정을 유발할 수 있다. 그 '슬픈 레스토랑'에서 처음 만났던 새로운 지인을 다시 보게 되면, 새로운 장소일지라도 슬픈 감정을 느낄 것이다. 이러한 방식으로 정서적 반응은 삶에서 다양한 새로운 자극으로 전이된다. 새로운 경험을 할 때, 정서적 조건반응과 새 자극 사이에 새로운 연합이 일어나 새 자극이 원래의 정서적 반응을 유발하게 될지도 모른다.

'고전적 조건형성(classical conditioning)'이라 부르는 이 과정은 수십 년에 걸쳐 설명되었다. 최근의 연구들은 무조건(unconditioned) 자극과 조건(conditioned) 자극이 때맞추어 함께 제시되어야 할 필요가 있는지 의문을 제기하기 시작했다. 이러한 관점에서는 조건형성을 사고가 동반되지 않은 채 단순히 동시 발생으로 학습되는 맹목적인 과정이 아니라 오히려 학습자를 사건과 그 지각에 대한 반응 간의 관계를 발견하는 정보 탐구자로 본다(Rescorla, 1988). 제6장에서 특정 공포의 발달과 수정에 대하여 검토할 때 이 주제를 다시 언급하겠다.

원리 10: 조건형성을 통하여 선행사건은 자동적 반응을 유발하게 되는데, 반응은 정서일 경우가 많다.

일상적 상황에서 반응적 조건형성과 조작적 학습은 서로 얽혀 있다. 사건의 대부분은 행동적 · 정서적 요소를 둘 다 포함한다(DiCara, 1970; Miller, 1969; Staats, 1968). 운전면허 시험에 한 번 실패하고 두 번째 시도하려는 사람을 떠올려 보자. 그는 시험 장소로 걸어 들어가고(관찰 가능한 행동) 불안 또는 긴장을 경험하고 있다. 대부분의 중요한 환경적 상황들은 행동적 · 정서적 반응을 둘 다 일으킨다. 즉, 선행사건은 행동과 감정 모두에 영향을 끼친다.

✿ 반응적 조건형성과 언어

많은 조건자극은 말(언어)이다. 부모는 횡단보도에서는 "위험해!", 그리고 버너가 있을 때는 "뜨거워! 다친다!"라는 말을 통해 아이의 행동을 강화하면서("잘했어!") 언어에 대한 정서적 반응을 찬찬히 조건화한다. 위의 설명처럼, 조작적 행동과 정서반응은 둘 다 동일한 자극이 단서가 된다. 아이는 위험한 상황을 피하며 자극뿐만 아니라 말에 대한 정서반응을 발달시킨다. 마찬가지로 성인에게서도 정서반응은 종종 언어에 조건화된다. 우리가 거미 또는 뱀이 '유해'하다고 들으면 그것이 '무해'하다고 들을 때와는 감정적으로 다르게 반응한다.

이 효과는 스스로에게 언어를 사용할 때도 나타난다. 위험하거나 우울하다고 혼잣말을 하는 것은 실제로 그것을 경험하기 전에 공포 또는 우울을 일으킬 수 있다. 어떤 공포는 '인지적으로 학습'된다(Wolpe, 1981). 그러므로 많은 상황은 그 결과 때문이 아니라 그 상황에 대한 우리 나름의 정의 때문에 영향을 미친다.

Carver(2003)는 우리의 기준에 도달하지 못했을 때 경험하는 부정적 감정을 강조했다. 좌절과 실망은 "나는 이 상황을 극복할 수 없어."와 같은 전형적인 부정적 자기진술(self-statements)을 야기하며, 이는 실제로 긍정적인 자기진술보다 심장을 빨리 뛰고 호흡을 가빠지게 만든다(Schuele & Wiesenfeld, 1983). Goldfried(1979)는 적응적인 정서반응과 효과적인 문제해결을 위해 자기진술을 재정립하는 전략을 개발했다.

조작적 그리고 반응적 과정은 성인기와 노년기까지 계속해서 상호작용한다. 제5장부터 제7장을 통해 살펴볼 것처럼, 자기수정 계획이 효과를 거두려면 반드시 행동과 감정 모두를 고려해야 한다. 그것이 인생이기 때문이다.

모델링

학습목표

- 모델링을 통한 학습의 기본과정은 무엇인가?
- 보상 할인이란 무엇인가?

인간은 단순히 다른 사람이 무엇을 하는지 관찰함으로써 배울 때가 많다. 이를 모델링(modeling)을 통한 학습이라 한다.

원리 11: 많은 행동은 다른 누군가(모델)의 행동을 관찰하고 모방함으로써 학습된다.

골프, 댄스, 체스, 사랑과 분노의 표현, 심지어 공포 등이 모두 모델링을 통해 학습된다. 단순히 모델을 관찰함으로써 행동을 배운다. 이런 관찰학습으로 완전히 새로운 행동을 익히고 낡은 것을 수정할 수 있다.

바람직하거나 바람직하지 않은 행동 모두 이러한 방식으로 습득된다. 예를 들어, 여러분은 근면하고 야심 있는 부모 밑에서 자랐을 수 있다. 여러분은 이제 스스로에게 이런 특징이 있다는 것을 깨닫는다. 성을 잘 내며 실망했을 때 화를 폭발하는 경향이 있는 부모도 있다. 유감스럽게도 이 점을 자신에게서 발견한다. 물론, 우리 삶에서 수많은 사람들이 다양한 본보기가 된다. 지금의 행동은 어떤 한 사람의 복사본이 아니다. 오히려 우리는 한 사람에게서 조금, 또 다른 사람에게서 조금씩 배운 것을 혼합하여 유일한 자신을 만든다.

관찰을 통한 학습은 직접학습과 동일한 원리를 따른다. 모델의 행동에 대한 결과는 그 행동을 모방할지를 결정할 것이다. 모델의 강화된 행동은 강화될 것이고, 처벌된 행동은 약화될 것이다. 우리는 모델로부터 단서와 신호를 학습한다. 심지어 뱀 또는 거미와 같은 자극에 무서워하는 모델을 봄으로써 정서적 조건형성을 얻을 수 있다 (Ollendick & King, 1991; Rachman, 1977). 또한 우리가 두려워하는 자극 앞에서 모델이 침착하게 행동함을 봄으로써 적어도 어느 정도 침착함을 배운다는 증거가 있다.

자기수정 계획에서 새로운 행동을 발달시키기 위해 모델링 학습 능력을 사용할 수 있다. 데이트에 자신 없는 남자가 친구에게 더블데이트를 하자고 부탁했다. 그러면 그는 친구가 어떻게 행동하는지를 볼 수 있다. 이유를 알 수 없는 새 공포증을 가진 한 여성은 같은 문제가 없는 친구와 동행하여 친구가 공원 주변에 날아다니는 새들에 어떻게 대처하는지 지켜보았다.

이런 예들은 모델링으로 학습되는 행동이 다른 모든 행동과 동일한 발달 단계를 따름을 보여 준다. 데이트 행동과 새에 대한 긴장을 푸는 법을 배울 때, 두 사람 다 처음에는 타인(모델)으로 하여금 새로운 행동을 조절하게 했다. 곧 그들은 연습 및 자기강화가 포함된 자기수정 프로그램을 통하여 자기조절 단계로 이동할 수 있었다. 그리고 결국 그들은 자동적인 능숙함과 편안한 태도를 갖추게 되었다.

이제 글상자 4-1에 나열된 자기조절의 열두 가지 원리에 대한 결론을 지어 보겠다. 자기조절의 기본 원리에 대한 탐구는 인간 사회가 그 자신을 이해하길 원하는 한 앞으로도 계속될 것이다. 우리는 열두 가지 원리가 변할 거라고 생각하지 않지만, 시간이 지남에 따라 그 원리들을 좀 더 복합적인 방식으로 이해할 것이고 원리들은 보다 포괄적으로 변할 것이다.

사회적 맥락에서의 자기지시

학습목표

- 심리사회적 시스템이란 무엇인가?
- 여러분의 심리사회적 시스템의 구성원은 누구인가?
- 그들은 여러분에게 어떤 영향을 미치는가?

이 장에서 논의된 내용들(조작적 조건형성, 반응적 조건형성, 언어조절, 모델링)은 우리의 심리적·행동적 자아를 발전시키고, 안정화하고, 변화시키는 요소들로 볼 수 있다. 이러한 과정들이 기본적으로 사회적이라는 것에 주목하라. 보상과 처벌, 언어조절, 모델링은 모두 사람들 사이에서 일어난다. 『델타 이론』(Tharp, 201)은 전부는 아니겠지만 대부분의 효과적인 영향력은 함께하는 활동에서 발생한다고 강조한다. 우리가 자주 함께하는 소그룹의 사람들을 심리사회적 시스템이라고 부르는데, 그 구성원들이 사회적 활동과 대화뿐만 아니라 심리적 특성(감정과 가치)을 공유하기 때문이다. 구성원들은 서로에게 영향력과 조절력을 행사함으로써 영향력을 주고받는 가장 강력한 장을 만든다. 심리사회적 시스템에는 가족, 친구, 파벌, 스터디 그룹, 군중, 팀 등이 있다. 이들은 강화, 단서, 변별 훈련, 모델링 등 실지로 모든 종류의 영향력의 원천이다.

심리사회적 시스템은 단순하고도 강력한 역학으로 작동한다. 공간적으로 서로 가까울수록 더 많은 활동과 대화를 나눈다. 이렇게 해서 그 활동에 대한 비슷한 태도와 감정을 가지게 된다. 이는 더 강한 친밀감으로 이어져 다시 더 많은 시간을 함께하고 더 많은 활동과 대화, 호감, 만남으로 연결되는 것이다. 이러한 순환적 역동은 강력하고 자기영속적이며, 많은 인지과학 연구의 실험에서도 입증되었다.

예를 들어 심리적 과제를 함께하는 사람들은 무의식적으로 서로의 몸짓, 자세, 버릇을 따라 하고 몸동작을 같이한다. 이러한 모방이, 비록 무의식적일지라도, 상호작용을 부드럽게 하고 친밀감을 높여 주는 것이다(Sebanz, Bekkering, & Knoblich, 2006).

심리사회적 시스템의 영향력이 막강하다고 해서 자기지시와 자기변화가 불가능하다는 것은 아니다. 여러분은 훌륭한 자기조절자로서, 사회적 시스템을 주의 깊게 선택하고 필요하다면 바꾸거나 새로운 것을 찾을 수 있으며, 여러분의 자기변화 계획에 활용할 수 있다. Zimmerman과 Schunk(2011, p. 1)이 썼듯 “자기조절은 학습의 개인적 유형으로만 정의되지 않는다. 왜냐하면 동료나 코치, 선생님에게 도움을 구하는 것처럼 자기주도적인 사회적 학습을 포함하기 때문이다."

제5장부터 제7장에서는 변화를 위한 계획을 좀 더 세부적으로 다룰 것이며, 우리는 계속해서 심리사회적 시스템의 영향력이 효과적인 자기계발에 어떻게 활용될 수 있을지 알아볼 것이다. 생각과 행동이 비슷해지는, 즉 영향력을 주고받는 곳이 바로 팀, 동호회, 단체, 친구들이다. 모두 여러분이 함께하고자 하는 사람들이다.

그러므로 신중하게 선택하라. 그들은 여러분에게 영향을 미친다.

요약

조절 이론

많은 경우, 행동에 대한 목표를 정하고 관찰을 수집하는 것만으로도 행동 변화를 일으킬 수 있다. 이 과정은 인공두뇌학의 몇 가지 원리를 포함하는 조절 이론에 의해 설명된다. 자동온도조절장치가 온도를 조절하는 것처럼, 기준을 정하고 실제 상황에 대한 정보를 기준에 비교하는 것으로 행동을 조절할 수 있다. 우리가 우리 자신의 이미지를 본떠 만든 로봇처럼, 인간도 어느 정도는 이런 식으로 자기조절하도록 프로그래밍 되어 있는 것으로 보인다. 자기조절의 그 밖의 면들은 인공두뇌학으로 잘 설명되지 않는다. 인간은 예상하지 못한 선택을 하고 목표를 지속적으로 바꾼다. 필요한 행동을 어떻게 해야 할지 몰라 '자동적으로' 자기조절을 할 수 없을 때도 있다. 게다가 우리의 모든 행동이 자기조절되는 것은 아니다. 외부적 환경의 통제력도 강력하다. 그중에서도 우리 행동의 많은 부분은 다른 사람들에 의해 큰 영향을 받는다.

사회적 구성주의: 타인조절과 자기조절

모든 행동은 (1) 타인에 의한 통제, (2) 자신에 의한 통제, (3) 자동화라는 순서를 거쳐 발달한다. 타인에 의한 통제는 부모, 강사, 모델, 책, 상사, 배우자, 친구 등에 의한 것이다. 새로운 행동은 학습 시 이런 외부적 요소에 의해 조절된다. 점차 행동에 숙달될수록 우리는 스스로에 대하여 되짚고, 연습하고, 목표를 정하고, 행동을 수집함으로써 자기조절 단계를 밟는다. 행동이 완전히 학습되면 자동적이 된다. 이 단계에서는 환경의 통제하에 있다. 즉, 이 새로운 행동은 상황에 대한 자연스러운 반응이며 어떤 생각도 필요치 않다. 환경의 변화 또는 세심한 자기관찰은 이러한 자연스러운 흐름을 깨뜨리고, 우리는 행동을 자동적 상황으로부터 다시 자기조절의 영향력 아래로 가져올 수 있다. 자동적 행동을 재조절하는 데 사용하는 기술을 학습된 자원력이라 부른다. 학습된 자원력은 자기관찰, 언어, 결과, 선행사건, 반응적 행동, 모델링을 다루는 기술들을 말한다.

언어조절의 발달

행동 통제의 가장 분명한 방법은 언어이다. 아이는 점차 부모와 선생님의 말을 통합하고, 다른 사람들에게 들었던 대로 자기 자신에게 같은 지시를 한다. 심지어 어른인 우리도 타인의 말에 의해 통제된다. 어려운 상황이나 행동을 자동적 조건에서 이탈시키고자 할 때, 자기주도적 언어는 행동을 조절하는 데 강력하게 작용한다. 심지어 행동이 자동적일 때도 음성하적 언어에 대한 반응인 경우가 있다. 스스로에게 말하는 것, 특히 행동에 대한 규칙을 서술하는 자기진술은 우리가 행하는 것을 통제한다.

조작적 이론: 결과

조작적 행동은 뒤따르는 것에 의해 강화되거나 약화된다. 만약 행동이 특정 상황에서 더 잘 일어날 때 행동이 '더욱 강해졌다'고 한다.

정적 강화물은 상황에 추가될 때 행동을 강화하는 결과를 말한다. 부적 강화물은 상황에서 제거될 때 행동을 강화하는 결과를 말한다. 우리는 불쾌한 결과를 도피하거나 회피하는 것을 배운다.

어떤 사람에게 정적 또는 부적인 강화가 다른 사람에게는 그렇지 않을 수 있으며, 어떤 자극이 항상 강화물인 것은 아니다. 어떤 사람들은 훈제고기를 싫어한다. 그것을 좋아하는 사람들도 추수감사절 직후에는 훈제고기 샌드위치를 강화물로 여기지 않을 것이다.

처벌되는 행동은 앞으로 덜 발생할 것이다. 처벌은 행동에 따른 긍정적 결과를 없애거나 부정적 결과를 추가하는 것을 의미한다. 이는 모두 행동의 발생을 감소시킨다. 강화와 처벌 모두 영향력을 발휘하기 위해서는 행동에 수반되어야 한다. 즉, 그 행동이 일어날 때에만 발생되어야 한다.

더 이상 정적으로든 부적으로든 강화받지 않는 행동은 약화될 것이다. 이를 소거라 부른다. 이 과정에서 행동에는 어떤 강화 결과도 따르지 않으므로 약화된다. 그러나 간헐적 강화는 행동의 소거에 대한 저항력을 증가시킨다.

❧ 선행사건

선행사건은 대부분의 행동을 이끌어 낸다. 변별자극 또는 단서라 불리는 이 선행사건들은 오직 그 단서가 제시될 때에만 행동이 강화됨으로써 통제력을 가지게 된다. 많은 단서들이 위험이 곧 닥쳐올 것이라고 신호를 보낸다. 그러한 단서들로부터의 도피는 불안이 줄어들기 때문에 강화되고, 이렇게 해서 우리는 회피를 학습한다. 회피행동은 소거에 매우 저항적이다. 따라서 많은 문제행동들이 심지어 실제적 위험이 없어진 후에도 계속된다. 그 단서는 우리가 무서워했던 것이 여전히 위협인 것처럼 행동하도록 만들기 때문이다. 많은 '신경증적' 행동은 이렇게 설명된다.

일반적으로 행동은 선행자극에 의해 자동적으로 통제되어 간다. 이 과정이 바람직하지 않다면 자동적 행동을 다시 자기조절 아래로 가져올 수 있다. 이때 새로운 선행사건을 투입하고, 선행사건에 따른 행동을 제한하고, 완전히 새로운 선행사건-행동-결과 순서를 만드는 절차를 따른다.

❧ 반응적 행동과 조건형성

반응적 행동은 본래 선행자극에 의해 통제된 행동을 말한다. 반응적 조건형성에서 중립 선행사건은 자동적 반응을 유발할 수 있는 자극과 함께 연합된다. 몇 차례의 연합 후, 한때 중립자극이었던 것이 동일한 반응을 유발할 수 있게 된다. 고차적 조건형성에서는 또 하나의 새로운 중립사건이 이 선행사건과 짝지어지고 그것도 역시 반응을 생성하는 능력을 얻게 된다.

이 과정은 중요하다. 왜냐하면 많은 정서적 반응들이 이런 식으로 특정 선행사건에 조건화되기 때문이다. 즐거움 또는 우울과 같은 다양한 정서적 반응은 선행사건 자극의 통제하에 나오므로, 단지 선행자극에 노출되는 것이 그 반응을 일으킨다. 통상적으로 조작적 학습과 반응적 조건형성은 동시에 진행된다.

조건자극은 대개 말(언어)이다. 따라서 언어―혼잣말조차―는 정서적 반응을 생성한다. 언어가 행동에 대한 선행사건일 때 조작적 및 반응적 과정이 모두 따라오므로, 우리가 스스로에게 하는 말이 행동과 정서 모두에 영향을 끼친다. 다수의 자기변화 프로그램은 우리의 자기 언어에 대한 수정을 요한다.

❧ 모델링

많은 행동들은 단순히 모델을 관찰함으로써 학습된다. 관찰을 통한 학습은 직접학습과 동일한 원리를 따른다. 모델 행동의 결과는 관찰자 행동의 강도를 결정한다. 정서적 조건형성조차도 겁먹거나 침착한 모델을 관찰함으로써 학습될 수 있다.

사회적 맥락에서의 자기지시

능숙한 자기조절자들은 그들의 자기변화 계획에 자신의 심리사회적 시스템을 포함시키고, 바람직한 본보기가 되는 사람들과 교류하려고 노력하며, 계획을 실행하는 데 그들의 도움을 구한다.

스스로 해보는 자기주도 계획: 4단계

이 장에서는 성공적인 자기수정 계획을 착수하기 위하여 필요한 배경 자료를 제시하였다. 그러므로 행동을 지배하는 원리들을 잘 이해하는 것이 중요하다. 이를 확인하려면 이 장 앞부분에 있는 학습목표의 질문에 답해 본다.

이 질문들에 대답할 수 있다면 행동 원리들을 잘 이해하고 있으며 이 원리들을 자기이해에 적용할 준비가 되어 있다고 자신감을 가져도 좋다. 그렇지 않다면 이 장을 다시 읽어 보라. 해답을 찾아 적어 보라. 그런 다음 다시 질문에 답하라.

이제 관찰 중인 행동에 대하여 생각하라. 관찰 노트를 꺼내고, 목표행동에 대한 다음의 질문에 답하라.

첫째, 행동의 선행사건에 대해 생각해 보자.

1. 어떤 자극이 행동을 통제하는 것처럼 보이는가? 어떤 상황 속에서 그 행동이 일어나는가?
2. 어떤 단서에 자동적으로 바람직하지 않은 행동을 하는가?
3. 어떤 단서에 원치 않는 감정을 느끼는가? 그에 대한 조건자극은 무엇인가?
4. 행동하기 전에 자기 자신에게 뭐라고 말하는가? 행동 그 자체를 살펴보라.
5. 행동이 심하고 상당히 빈번한가, 혹은 약하고 그리 빈번하지 않은가? 행동을 바꾸기 위해 할 수 있는 일에 대해 무엇을 알려 주는가?
6. 문제의 일부가 불필요하게 피하고 있는 어떤 것 때문은 아닌가?
7. 과거에 여러분이 행동 전체(혹은 일부)를 따라 한 모델이 있는가?
8. 간헐적으로 강화되었기 때문에 혹은 회피행동이기 때문에 소거에 저항적인 행동이 여러분의 자기수정 목표에 포함되어 있는가?

둘째, 행동의 결과를 검토하라.

9. 원하는 행동은 정적으로 강화되는가?
10. 원하는 행동을 어렵게 하는 요소는 무엇인가? 그 요소가 강화되는가?
11. 원하는 행동이 처벌되고 있을 가능성이 있는가?
12. 자기 언어가 자신의 행동을 보상하고 있는가, 처벌하고 있는가?
13. 행동이 간헐적으로 강화되기 때문에 그 결과를 파악하기 어려운가?

이 질문들에 신중하게 답하라. 제5장부터 제8장에서는 다양한 문제를 해결하는 기술들을 사용하여 자기변화를 향해 나아가는 여러 가지 방법에 대하여 논의한다. 몇몇 기술은 원하는 행동을 강화받지 못하는 사람들을 위하여 고안된 것이다. 원하는 행동을 위한 자극 통제를 개발할 필요가 있는 사람들을 위한 기술도 있다. 어떤 것들은 원치 않는 행동에 대하여 이미 부적절한 자극 통제를 가진 사람들을 위한 것이며, 조건화된 정서적 반응을 보이는 사람들을 위한 기술도 있다. 앞의 질문들에 대한 답은 자기변화 계획에 어떤 종류의 기술을 사용해야 하는지 알려 줄 것이다.

제5장

선행사건

✿ 개요

선행사건 확인

오래된 선행사건 수정

새로운 선행사건 배치

일반적인 주제를 위한 조언

요약

스스로 해보는 자기주도 계획: 5단계

이제 여러분은 행동을 지배하는 원리들을 명확히 이해하고 있으며, 행동과 그것이 일어나는 상황, 그리고 결과에 대한 데이터를 수집했을 것이다. 다음에 이어질 3개의 장에서는 A-B-C 구성요소 각각에 대하여 논의한다. 이 장에서는 A 논점들, 원하는 행동의 가능성을 더 높이기 위해 선행사건을 배치하는 방법을 논의한다. 제6장에서는 B 논점들, 행동 자체가 어떻게 변화되고 교체되고 발생되는지에 관하여 다룬다. 제7장에서는 C 논점들, 보다 나은 자기주도를 획득하기 위해 행동의 결과를 재구성하는 방법을 다룬다. 마지막으로, 제8장에서는 이 모든 아이디어들을 효과적으로 조직하고 통합하는 방법에 대하여 논의한다.

이 주제들을 분리하는 것은 불가피하다. 전체를 같은 지면에 동시에 보여 주는 것은 불가능하다. 하지만 기억하자. **완벽한 자기주도 계획은 A, B, C 요소를 모두 갖춘 것이다. 그리고 이 모두 완전한 분석과 계획이 요구된다.** 제5~7장을 읽으면 자기주도 계획에 더 많은 요소를 포함시킬 수 있을 것이다. 선행사건에 대한 준비가 끝나는 대로 바로 시작하지 않을 이유는 없다. 이제부터 배울 행동과 결과 요소가 왜 필요한지 더 분명히 알 수 있을 것이기 때문이다. 여러분의 프로젝트와 자기계약은 계속해서 발전한다.

선행사건 확인

학습목표

- 선행사건은 어떻게 구별하는가? 이를 구별하는 과정에서 나타날 수 있는 세 가지 난점은 무엇인가?
- 선행사건이 될 수 있는 자기진술의 두 종류는 무엇인가?
- 자기지시(self-instruction)에 대해 설명하라.
- 믿음과 해석이 어떻게 선행사건으로 작용할 수 있는가? 그리고 어떻게 구별할 수 있는가?
- 흔한 부적응적 믿음 두 가지는 무엇인가?

제4장에서는 선행사건이 행동, 사고 및 감정을 어떻게 통제하는지 설명했다. 과거의 학습된 조건 때문에 논리상 관계가 없는 선행사건들도 변별자극 내지 조건자극이 될 수 있다. 일상적 언어에서 이 통제자극은 단서로 쓰이므로, 이 장에서는 **단서**(cues)와 **선행사건**(antecedents)을 같은 뜻으로 사용하겠다. 효과적인 자기향상 계획은 현재의 단서 체계를 정확히 파악하는 데 달려 있다. 선행사건의 발견은 효과적인 계획을 구상하기 위한 첫 과제이다.

한 부부가 오래전부터 다퉈 왔다. 그들은 예전에는 서로의 차이점을 해결하기 위해 건설적인 논쟁을 했다. 하지만 최근 남편은 논쟁 도중 자제심을 잃고 아내에게 욕을 했다.

우리는 그에게 화를 폭발시키기 직전에 무슨 일이 있었는지를 기록하라고 권했다. 그는 이전에 무슨 일이 있었는지 생각해 보고 며칠간 상황을 관찰했고, 분노 전에 일관적으로 나타나는 선행사건을 발견했다. "그건 아내의 어떤 얼굴 표정이에요. 그녀가 고고한 척하는 얼굴을 보면 화가 나요."

이러한 경우, 원치 않는 행동이 하나의 자극에 의해 유도된 것이다. 어떤 행동들에는 자극 통제를 갖는 선행사건이 여러 개일 수 있다. 그중 어느 하나라도 나타나면 문제행동이 발생하게 된다. 어떤 젊은 여성은 마음이 쉽게 상하는 것이 고민거리였고, 선행사건을 모두 찾아냈다.

> (a) 특정한 결정이나 행동을 의심하는 어머니와 동생, (b) 한동안 혼자 있게 해달라는 룸메이트, (c) 그녀의 데이트에 대해 캐묻거나 이혼이 그녀 탓이라고 하는 전남편, (d) 계획대로 만나지 못하거나, 그녀의 지인과 데이트했던 것을 자랑삼아 말하는 남자 친구(Zimmerman, 1975, p. 8)

자신의 문제행동에 대한 선행사건을 알고 있는가? 루이링이라는 학생은 자기관찰을 검토하고 다음과 같이 기록했다.

> 운동을 못 하게 하는 사건 및 상황이 있다. (1) 덥고 습한 날씨, (2) 운동이 단조로워지고 지루해질 때, (3) 시험이나 중요한 과제가 다가올 때, (4) 운동 스케줄을 미리 설정해 놓지 않을 때, (5) 스스로 '내가 오늘 운동 말고 휴식을 취해야 하는 모든 이유들'을 열거하고 있을 때. 내 목표를 달성하기 위해서는 이 훼방꾼들에 맞서는 방법을 찾아야 한다는 것을 깨달았다. 그리고 나는 그렇게 했다.

선행사건을 밝히는 과정에서 있을 수 있는 세 가지 난점을 고려하라. 첫째, 기록을 빠짐없이 정확하게 했는가? 정확하고 완벽하지 못한 기록은 가장 흔한(그리고 가장 자기패배적인) 오류이다. 많은 학생들은 우리에게 "모든 걸 적어야 한다는 말이 진심은 아니겠죠. 나는 무엇이 문제인지 알고 있고, 상황도 인식하고 있어요. 그걸 적는 건 단지 수업을 위한 과제에 불과해요."라고 말했다. 하지만 우리는 매우 진지하다. 기록은 여러분이 문제 상황, 자동적으로 된 것들, 알아채거나 기억하길 원치 않는 것들에 대하여 계속 관심을 갖게 만든다.

선행사건 인식의 두 번째 어려움은 사건의 연쇄를 분석할 때 더 이전 사건을 살펴보지 않는 것에 기인한다. 문제가 분명하고 명백한 시점에 기록을 시작하면 연쇄의 시작점을 놓치는 셈이다. 술을 너무 많이 마셔 위기감을 느낀 학생의 예가 이를 잘 보여준다. 그는 음주 문제가 밤에 나타난다고 보고했다. "집에서 저녁 식사 후 TV를 켠다. 지루하고 우울해져서 맥주 캔을 따기 시작한다. 선행사건은 나의 우울한 기분인 듯하다." 우울한 기분을 인식한 것은 매우 중요한 발견이었으나, 그 감정이 분명 연쇄의 첫 고리는 아니었다. 우리는 그에게 역으로 좀 더 회고해 볼 것을 제안했다. 사건의 어떤 연쇄가 우울감을 일으켰는가? 그의 기록은 다음과 같았다.

> 나는 작년에 비참한 연애를 세 번이나 했다. 자신감이 바닥이다. 여자를 만날 때마다 헛수고 말라고 나 자신에게 말한다. 집에서 나가지 않은 지 오래다. 심지어 전화 연락조차 기분을 안 좋게 만든다. 지난주에는 두 번 외출할

기회가 있었는데, 한 번은 자동차 쇼였고 한 번은 소개팅이었다. 모두 거절했다. 다음에 또 기회가 오면 나 자신에게 뭐라고 하는지 관찰하려고 한다. 아마 자기비난을 하고 있을 것이다.

위의 사례에서 나타난 1주일 전 자기비난처럼, 모든 선행사건이 행동으로 나타나는 것은 아니다. 하지만 이 학생은 지난주의 데이트 거절이 이번 주의 외로운 술주정으로 연결되어 있음을 깨달았다. 멀리 떨어진 선행사건을 찾아냄으로써 그는 보다 활기찬 사회생활을 위해 자기수정 계획을 짤 수 있었다. 연쇄적으로 발생하는 사건들과 연결된 감정의 역할에 대해 알아냈다는 것이 결정적으로 중요했다. 감정은 자동화된 습관적 문제행동의 방아쇠를 당기는 주요한 원인 중 하나이다. 그러므로 감정이 문제행동에 대한 단서인지 항상 점검해야 한다.

예컨대 과식은 흔히 불안, 긴장, 성급함, 분노, 우울, 또는 좌절 때문에 발생한다. 많은 사람들이 이런 상황에서 음식을 조절할 수 없다고 느낀다(Glynn & Ruderman, 1986). 그러한 감정들을 찾아서 기록하라.

어떤 선행사건들은 자기조절 전반에 광범위한 부정적 영향을 미치기도 한다. 일례로 사회적으로 소외당했다는 실망감은 모든 종류의 자기조절을 방해한다(Baumeister, Ciarocco, & Twenge, 2005). 거절당했다고 느끼면 모든 영역에서 자기조절이 약화되는 것이다(글상자 5-1 참조).

글상자 5-1 전형적 사례 - 프라하에서 울고 있는 크리스타: 선행사건 찾기

크리스타는 미국의 풀브라이트 방문교수가 가르치는 심리학 수업을 듣기 위해 프라하로 왔다. 그녀에게는 심리학을 배우고 영어실력을 늘린다는 두 가지 목적이 있었다. 다음은 그녀의 일기장에서 발췌한 내용이다.

> 나는 우는 버릇을 변화 프로젝트의 목표로 골랐다. 나는 고통스러운 상황에서 어떻게 할지 모를 때마다 울기 시작한다. 나에게 '고통스러운 상황'은 무엇보다 다른 사람들, 특히 부모님처럼 권위를 가진 사람들과 의견이 어긋날 때이다. 그들에게 더 반박할 수 없을 때는 마치 벌거벗겨진 느낌이 들어 눈물이 난다. 모든 사람들은 '얘는 그냥 어린애구나. 어른스럽지 못하네.'라고 생각할 것이다. 내가 어릴 때는 자주 울었다. 그건 일종의 무기였고 항상 성공적이었다. 내가 원하는 걸 얻을 수 있었으니까.

(다음 쪽에 계속)

하지만 이제 스무 살이나 돼서 운다고 해결되는 건 없으니 이 버릇을 고쳐 보겠다. 그래서 다른 사람들에게 존중받고 싶고, 내 자신에 대해서도 떳떳하고 싶다.

목표와 정리: 내 목표는 어떤 상황이든 스무 살짜리 여자애가 우는 게 당연하지 않은 상황에서 울지 않는 것이다. 대신 내 의견을 말하고 나의 주장을 잘 전달할 것이다. 건방지지 않고 자신 있게.

지난 일기에서 선행사건을 발견한 부분은 이렇다.

3월 26일—**선행사건**—친구들과 프라하의 한 술집에 있었다. 맥주 서너 잔을 마시고 집으로 오는 길이었는데, 프라하를 잘 몰라 길을 잃고 어디로 가야 할지 몰랐다. 눈물이 났지만 그렇다고 해결되는 건 아무것도 없었다. 나는 남자 친구에게 전화했고, 그가 달려와 도와줬지만 내가 우는 걸 보고 당황했다.

4월 5일—**선행사건**—나는 고향 집에 있었다. 봄이 되었는데 꽃가루 알레르기가 있어 침대에 누워 있었다. 남자 친구가 집으로 병문안 와서 근처 술집에 가자고 했다. 그는 가고 싶어 했지만 나는 당연히 가기 싫었다. 나는 함께 집에 있고 싶었다. 나는 그에게 아무 말도 하지 않고 그냥 울기만 했다. 우는 것이 부끄러워 알레르기 때문인 척했다.

4월 12일—**선행사건**—친구가 나가자고 했지만 남자 친구가 집에 오기로 약속했기 때문에 집에 있었다. 그런데 그가 2시간이나 늦게 왔다. 나는 정말 화가 났고, 내가 얼마나 화가 났는지 말해 주고 싶었다. 그런데 그 대신 눈물이 터졌고 아무 말도 하지 못했다.

내 일기를 보니 단순히 우는 게 아니라 다른 사람들과의 의사소통이 문제였다. 구조화된 일기를 쓰니 이를 잘 알 수 있었고, 무엇보다 선행사건이 어떤 것인지 깨달았다. 그래서 새로운 계획을 세웠다. 이런 과거의 자료들을 이용해서 앞으로 일어날 수 있는 문제 상황을 대비(상상)하려고 한다. 지난 눈물 사건들을 되새겨 보고 무엇을 잘못했는지, 어떻게 하면 더 잘 대처할 수 있는지 배울 것이다.

이 시점에서 크리스타는 자신의 행동에 대한 선행사건이 무엇인지 이해하게 되었다. 자신의 의견을 분명히 말하지 못해 생기는 좌절감이 바로 그것이었다. 그녀의 사례는 일기를 잘 활용한 예이다. 그 후 크리스타는 건방지지 않으면서도 직접적이고 분명하게 이야기하는 법을 익혔다. 이 책의 제6장에 제시된 기술들을 사용해서 말이다. 그녀의 문제행동은 사라졌다.

출처: 이 사례를 제공해 준 강사 Karen Budd의 허락하에 재인쇄함.

선행사건 인식의 세 번째 어려움은 자기진술을 깨닫지 못하는 것에 기인한다. 이는 좀 더 자세한 논의가 필요하다.

✿ 자기진술 발견

자기주도적 메시지 및 사고는 행동에 가장 강력한 영향을 준다. 여기에는 (1) 자기지시, (2) 신념, (3) 해석의 세 유형이 있다.

자기지시. 자기지시는 분명하다. "여기서 나가라!", "나는 오늘 밤 공부해야 해!", "세 블록 가서 좌회전", "침착해라, 긴장을 풀어라." 하지만 자기지시는 때로 '낮고 작은 목소리'여서 알아듣기 어려우며, 아주 순식간이라 매우 집중해야만 알아차릴 수 있다. 따라서 크고 분명하게 말할 필요가 있다. 자기지시를 지하에서부터 의식적 수준으로 끌어올려 통제할 수 있게 하는 것이다. 일단 이 원리가 이해되면 낮고 작은 목소리를 크게 하여 대부분의 자기지시를 탐지할 수 있다. 생각하고 있는 자신에게 귀 기울여라. 그러고 나서 생각을 선행사건으로 기록하라.

신념. 신념은 발견하기 더욱 어렵다. 신념에 대한 진술은 매우 드물게 발생하므로 쉽게 관찰할 수 없을지도 모른다. 자기관찰을 논리적으로 분석함으로써 신념을 추측해야 한다. 신념이란 자기 언어 및 그 밖의 행동들이 기초를 두고 있는 근원적인 전제를 의미한다.

앞서 본 우울한 여성의 예를 떠올려 보자. 어머니, 동생, 룸메이트, 전남편, 남자친구에 상관없이 감정을 상하게 하는 공통적인 상황이 있다. 그녀가 자기의 기록을 우리에게 보여 주었다면 우리는 "이 모든 상황들의 공통점은 무엇인가요? 이러한 사건들이 의미하는 바는 무엇인가요? 여기에 어떤 신념이 작용하는지 알 수 있나요?"라고 물었을 것이다. 그녀는 아마도 다음과 같이 대답했을 것이다.

> 나 자신에게 아무도 나를 사랑하지 않는다고 말하고 있는 것 같아요. 마치 모든 사람들로부터 언제나 인정받아야 한다는 듯이. 모든 사람에게 사랑받아야 하고, 동의를 얻지 못하면 내가 사랑스럽지 않다는 걸 의미한다고 믿고 있는 것 같아요.

대화는 아마 다음처럼 이어질 것이다.

"정말 그렇게 생각합니까?"
"그런 것 같아요. 그게 내가 행동하는 방식이에요."
"그게 논리적인가요?"
"그렇진 않죠. 사랑하지만 의견이 다를 순 있지요."
"모든 사람들이 끊임없이 당신을 사랑해야 합니까?"
"아니요. 터무니없어요."
"보다 바람직한 신념으로는 무엇이 있을까요?"
"때로는 사랑하는 사람들도 내게 동조하지 않을 수 있다는 걸 받아들이는 거요."

사람들은 끝없는 자기파괴적 신념으로 스스로를 괴롭힌다. 이런 진술들은 대부분 매우 습관적—"나는 정말…!"—이라 생략되는 경우가 많다. 그리고 그 미완성의 문장은 남들에게는 '들리지 않고', 전달되는 부정적인 느낌으로만 알아차릴 수 있는 자기모욕이 된다. 이럴 때는 자기점검이 필요하다. 갑작스런 우울감에 빠질 때 무슨 생각을 하고 있었는가? 순식간에 머릿속에 떠오른 생각은 어떤 것이었는가? 이는 자동적 선행 사고의 연쇄를 밝히고 어떤 종류의 자기대화로 바꿔야 하는지 찾게 도와줄 것이다(Beck, 2011). 제2장의 전형적 사례에는 이러한 종류의 자기대화를 다루고 있다.

부정적인 자기진술은 예상 가능한 범주에 속하기 마련이고, 특정한 상황에 기저하는 '핵심 믿음'의 형태로 표현된다. "나는 사회적 무능력자야." "나는 결국에는 항상 실패해." "다들 나를 멍청하게 봐." "나는 사랑받을 자격이 없어."

예를 들어, Albert Ellis(Kendall et al., 1995, p. 172 참조)는 비합리적이고 파괴적인 특정 신념들을 다음 3개의 주요 범주로 분류했다. 자신에 대한 당위성, 타인에 대한 당위성, 조건에 대한 당위성.

1. 자신에 대한 당위성(I must…): "나는 늘 완벽하게 능력 있고, 유능하고, 성취적이고, 사랑스러워야 한다. 그렇지 않으면 무능력하고 쓸모 없는 사람이다." Ellis는 이 신념이 근심, 공황, 우울, 절망, 무가치의 감정을 야기한다고 가정했다.
2. 타인에 대한 당위성(Others must…): "사람들은 나를 늘 친절하고 공평하게 대해야 한다. 그렇지 않으면 나는 견딜 수 없으며, 사람들은 나를 끔찍하게 대한 것에 대하여 비난, 저주, 보복적인 처벌을 받아야 한다." 이는 화, 분노, 격노, 복수의 감정 및 언어적·신체적 공격 행동을 발생시킨다고 가정한다.
3. 조건에 대한 당위성(Conditions must…): "조건들은 무조건 내가 원하는 방식대로 되어야 하며, 어렵거나 좌절을 일으켜서는 절대 안 된다. 그렇지 않다면 인생은 무시무시하고, 끔찍하고, 잔인하고, 비극적이며, 견딜 수 없다." Ellis는 이것이 욕

구 좌절에 대한 낮은 수준의 인내심, 자기연민, 화, 우울, 그리고 미루거나 회피하거나 게으른 행동을 야기한다고 믿는다.

이러한 신념들의 변화는 대개 감정적 · 행동적으로 상당한 이점을 가져다준다. 예를 들어, 어떤 내성적인 사람들은 자기주장을 하면 반대와 당혹감이 뒤따를 것이라고 믿는다. 그들은 이런 비논리적인 추측 때문에 자신이 종업원이나 계산대 점원, 심지어 친구에게조차 무시당하게 된다는 것을 깨닫게 되었다. 존중과 편안함 같은 다른 결과를 기대하기 시작하면서 적극성이 증가했다(Goldfried, 1977).

선행사건을 위한 자기관찰을 점검할 때, 부적응적 신념이 그 문제에 기여하고 있을 가능성을 간과하지 말라. 이러한 믿음을 체계적으로 찾아내라. 그것을 밝혀내는 효과적인 방법 한 가지는 자신에게 "내 두려움이 현실이 되거나 혹은 실패하는 경우, 그것이 의미하는 바가 무엇인가?"라고 묻는 것이다(Samoilov & Goldfried, 2000). 즉, 자신에게 실패란 무엇을 의미하는가? 가장 흔한 파괴적 신념 중 하나는, 사회적으로 부정적인 결과는 개인의 좋지 않은 특징을 의미한다고 믿는 것이다(Wilson & Rapee, 2005). 이 신념은 비논리적이다. 사회적 상호작용이란 매우 복잡하므로 그렇게 간단히 설명될 수 없다. 하지만 그 신념은 높은 사회 불안 수준을 유지시킨다.

신념의 또 다른 형태는 예상이다. 예상하고 있는 감정이 실제로 나타날 가능성은 높다(Catanzaro, Wasch, Kirsch, & Mearns, 2000).

여러분이 가진 문제를 생각해 보라. 모든 문제의 바탕에 깔려 있는 어떤 공통된 주제나 가정을 찾아보라. 주제를 최대한 꼼꼼히 적고 검토한다. 논리적인가? 적응적인가? 분명하기 때문에 정말로 그렇다고 믿는가? 많은 사람들이 부적응적 신념을 확인하면 다른 신념을 받아들이기 쉽다는 것을 알게 된다. 어느 누구든 항상 완벽할 필요는 없다. 반대가 있어도 잘 해낼 수 있다. 가끔 하는 실수가 어떤 결점을 의미하지는 않는다. 보다 합리적인 신념을 받아들임으로써 통제적 선행사건을 바꾸고 새로운 형태의 자기주도를 시작할 수 있다(Thorpe, Amatu, Blakey, & Burns, 1976).

가족들을 일터와 학교로 보내야 하는 이른 아침의 스트레스로 자녀에게 윽박지르던 어떤 어머니는 그로 인해 점점 우울해지고 있었다. 그녀는 이렇게 소리 지르고 나면 늘 자신에게 "나는 정말 형편없는 엄마야. 내 어머니보다도 더 끔찍해."라고 말한다는 걸 알게 되었다. 그녀는 자신에 대한 초점을 넓혀, 아이들과 함께 축구를 하며 기하학 공부를 같이 해주고, 아이들의 이야기를 공감하며 경청하는 세심하고 헌신적인 엄마임을 상기시키는 자기 언어로 바꾸었다. 그녀는 "나는 오후에는 아이들과 잘 지내지만 아침에는 형편없어…."라고 말하는 법을 익혔다. 그것은 그녀로 하여금 아이들에게 참지 못하고 소리 지르는 대신 긍정적인 표현을 할 수 있게 만들어 주었다.

Richard Rakos(1991)가 개발한 '가장 친한 친구 기법'도, 자신을 비난하게 될 때면 동일한 상황이 가장 친한 친구에게 일어났다고 생각하라고 제안한다. 여러분은 친구에게 뭐라고 말할 것인가? 자기 자신에게는 "넌 참 썩어 빠진 얼간이야!"라고 말했을 수도 있지만, 친구에게는 "물론 더 잘할 수 있었겠지. 하지만 완벽한 사람은 없어. 스스로를 너무 몰아붙이지 마."라고 말하지 않았을까? 자기 자신에게 친구가 되라. 친한 친구에게 할 때와 같은 예의와 선의로 당신 자신과 이야기하라. 스스로에게 애정을 가지도록 하라. 여러분은 불안, 우울, 실패의 두려움을 극복할 것이다(Neff, 2009).

네덜란드의 어느 대학교의 학부생들은 자신의 긍정적인 특성을 목록으로 만들고, 그것들을 작은 카드에 붙여 3주 동안 매일 두 번씩 낭독하도록 교육받았다. 통제집단과 비교해 봤을 때 이 학생들은 자기가치, 자존감, 자신감이 더 증가했다(Lange, Richard, Gest, de Vries, & Lodder, 1998).

해석. 이 책의 저자들 중 한 명은 다음과 같이 보고했다.

> 안대를 껴야 할 때가 너무 싫었다. 아이들이 쳐다보는 게 특히 나를 당황하게 만든다. 하지만 내 딸이 "아빠, 걔네들은 단지 아이들이에요. 호기심이 많은 거죠. 어쩌면 그 아이들은 아빠를 해적이라고 생각할지도 몰라요."라고 말했다. 그래서 나는 그 해석을 믿어 보기로 했다. 이제 어떤 아이가 나를 쳐다보면, "너 해적 본 적 있니?"라고 한다. 그 후 즐거운 대화를 나눈 적이 얼마나 많은지 모른다. 어떤 소녀는 내 배의 선원으로 합류하고 싶다고 했다. 이제 이 안대가 그리 나쁘지 않다(DW).

우리가 사건을 해석하는 방식은 자기지시를 담고 있다. 예를 들어, 욱하는 성향이 심각한 사람은 어떤 상황을 모욕, 깔보기, 무례, 체면 손상으로 해석할 것이다. 이 해석들은 "나는 저 지식이 지리고시 도망치세 놔누지 않을 거야!" 또는 "그 누구도 나를 이런 식으로 무시할 순 없어!"라는 식의 자기진술에 따른 것이다. 화를 조절하는 데 중요한 요소들 중 하나는 분노 반응을 촉발시키는 자기진술을 수정하는 것이다(Masters, Burrish, Hollon, & Rimm, 1987).

오래된 선행사건 수정

학습목표

- 자기변화 계획의 첫 단계에서 문제행동의 선행사건들을 어떻게 회피할 수 있는가?
- 충동적 소비에 빠질 확률이 높은 상황은 무엇인가?
- 선행통제를 제한하는 전략에 대해 설명하라.
- 선행사건 재인식에 대해 설명하라.
- '감성적' 인지와 '이성적' 인지란 무엇인가?
- 주의분산은 어떻게 작동하는가?
- 연쇄수정 방법에 대해 설명하라.
- 일시정지가 갖는 이점은 무엇인가?
- 기록하기 위한 일시정지에 대해 설명하라.
- 사건들의 연쇄를 끊는 방법은 무엇인가?
- 연쇄는 어느 부분에서 끊어야 가장 좋은가?

선행사건 회피

자기수정의 첫째 과제는 선행사건의 영향력을 목표를 달성하는 데 사용하는 것이다. 이때 사용할 수 있는 전략은 크게 다음 두 가지 중 하나이다. (1) 기존의 선행사건 수정하기(선행사건 회피, 선행사건 제한, 선행사건 재인식, 연쇄 수정 등), (2) 새로운 선행사건 배치.

여러분 앞에 샐러리 두 조각과 수프 한 그릇만 있다면 이미 과식의 선행사건—가령 눈앞에 보이는 열린 초콜릿 상자—을 잘 피한 것이다. 조절을 잘하는 만성 알코올 중독자들은 과음의 결정적인 선행사건인 첫 잔을 아예 입에 대지 않는 방법을 쓴다. 금연하려는 사람들의 대부분도 첫 담배를 피우지 않겠다는 방침을 따른다. 습관적인 과식자 또는 흡연자, 약물 복용자의 경우, 그 어떤 것도 '습관'만큼 강화를 주지 못한다. 소비 행동(섭식, 음주, 성적 활동과 같이 그 자체의 결과로 완료되거나 극점에 달하는 행동)에 대한 가장 믿음직스러운 자기수정 계획은 그 행동에 대한 선행사건이 되는 시간과 장소를 피하는 것이다. 흡연자들이 담배를 피하고, 음주자들이 술을 피하고, 과식자들이 살찌는 음식을 피하는 것이다. 그런 자극에 노출되면 원치 않는 행동을 또다시 행할 확률이 매우 높아진다.

문제행동을 분석하라. 술을 지나치게 마시기 쉬운 조건은 무엇인가? 그 장소는 어디인가? 누구와 함께 있을 때 술을 많이 마시는가?

유혹하는 사람들이 주위에 있는 경우 자기통제는 매우 어려워진다. Marlatt과 Parks(1982)는 알코올, 헤로인, 마리화나, 담배 등의 중독에서 벗어나려는 사람들에 대한 광범위한 연구를 수행했다. 재발 확률은 다른 사용자들과 있을 때 아주 높았다. 임신 중 금연했던 여성 중 56%는 산후 한 달 이내에 다시 흡연하게 되었는데, 다른 흡연자들과의 동거나 교제가 재발의 주요인인 듯하다(McBride & Pirie, 1990).

각종 행동 목표를 위해 사회적 단서를 피해야 할 수도 있다. Heffernan과 Richards(1981)는 학습 행동을 개선하고자 했던 학생들을 연구했다. 목표를 달성한 학생들은 누군가와 함께 있거나 이야기하지 않아도 될 만한 환경에서 공부한다는 단순한 원칙을 더 많이 사용했다.

어떤 경우에는 혼자인 환경이 문제행동에 대한 단서가 될 수 있다. 한 청년은 하루 세 번이나 하는 자위행위 때문에 걱정이었다. 자위는 사회 불안의 일시적 경감뿐만 아니라 성적 쾌감을 주는 강화물로 작용하고 있었다. 그 청년은 선행사건인 자위행위가 주로 일어났던 장소를 피했다. 그는 덜 개인적인 학교 화장실을 이용하기 시작했다.

음주, 약물, 흡연, 과식에 대한 선행사건의 회피는 감정적인 상황에서 특히 중요하다. 화 내지 두려움, 우울, 실망의 감정들은 탐닉을 더 유혹적으로 만들어 발생률을 높인다. 심지어 흔치 않은 행복감으로 인한 흥분은 특히 '축하 파티'처럼 사회적 자극과 연합되어 절제자들의 결심을 무너뜨리게 한다(Cannon, Leeka, Patterson, & Baker, 1990). 그러나 부정적인 감정이야말로 다시금 중독에 빠지게 하는 가장 위험한 조건이다(Marlatt & Parks, 1982; Shiffman, 1982). 그러므로 감정적일 때는 문제 선행사건을 회피하는 것이 현명하다.

이 회피 전략은 지금 당장 시작할 수 있다. 뒤에서는 선행사건을 피할 수 없는 상황에서 새로운 행동을 개발하는 방법을 배울 것이다. 평생토록 파티를 피할 수는 없지 않은가. 하지만 원치 않는 행동에 대한 선행사선의 회피는 유혹적 상황에 노출되기 전에 자기통제적 반응을 더 공고히 할 수 있게 한다. 다시 파티에 참석했을 때 "아니요."라고 말해야 할 때와 그 방법에 대하여 알고 있어야 한다.

✿ 선행사건 통제 제한

행동을 통제하는 상황의 범위를 제한하거나 상황 속에 발생하는 행동을 제한함으로써 원치 않는 행동에 대한 선행사건을 줄여 나갈 수 있다. 일례로 Goldiamond(1965)는 내담자의 화내는 행동에 대한 통제를 기르기 위해 '화내는 의자'에서만 화를 낼 수 있게 하는 프로그램을 사용했다. Nolan(1968)은 불편하게 놓여 있는 특정 의자에서만 흡연하도록 제한한 사례를 보고했다. 불쾌한 생각도 '걱정 의자'에서만 또는 하루 중 특정 시간에 30분으로 제한할 수 있었다(Borkovec, Wilkinson, Folensbee, & Lerman, 1983).

이 방법은 불면증 조절에서 가장 잘 연구되었다. 불면증 환자는 침대에서 잠이 들기를 원하지만 반대로 잠을 이루지 못하고, 뒤치락거리고, 뒹굴거리고, 생각하고, 책을 읽고, 라디오를 켰다 껐다 하는 등 잠자는 것 이외의 모든 활동을 한다. Bootzin과 Nicassio(1979)는 침대의 자극 통제를 제한할 것을 제안한다. 성관계 외에는 그곳에서 어떤 활동도 해서는 안 된다. 독서나 TV 시청, 대화, 걱정 그 어느 것도 안 된다. 자러 들어간 뒤 10분 후에도 여전히 깨어 있다면 침실에서 벗어나 졸릴 때까지 돌아와서는 안 된다. 이런 체계는 매우 심각한 불면증에 대해서도 가장 효과적인 자기수정 방법으로 밝혀졌다(Lacks, Bertelson, Gans, & Kunkel, 1983; Turner, 1986).

공부를 보다 습관적으로 만들기 위한 비슷한 전략은 공상에 빠지거나, 음식을 먹거나, 수다를 떨 때는 책상에서 자리를 뜨는 것이다(Spurr & Stevens, 1980).

✿ 선행사건 재인식

어떤 선행사건은 회피나 제한이 불가능하다. 이런 상황에 유용한 전략은 생각하는 방식을 바꿈으로써 상황의 본질을 변화시키는 것이다.

켄트는 스쿠버 다이빙을 할 때 잠수 시간을 30분 더 연장하고 싶어 했다. 자신이 스쿠버 다이빙 집단 중 제일 먼저 물 위로 나오는 사람인 것이 싫었다. 그는 다음과 같이 기록했다.

> 나는 물이 아주 차갑다거나 물고기가 없을 거라는 식의 부정적인 생각을 한다. 그 생각 때문에 잠수 시간이 매우 짧았다. 그래서 "여기에 물고기가 무수히 많을 거야." 또는 "물이 그다지 차갑지 않네."와 같은 긍정적인 것들을 생각하거나, 다이빙하기에 얼마나 좋은 날씨인지 생각하거나, 잡힐 물고기에

대해 상상하는 법을 사용했다.

한 올림픽 펜싱 선수는 주최 측에서 제시간에 펜싱 경기대에 오르는 걸 자주 지체시켰기 때문에 준비 운동을 서둘러야 했다. 그녀의 자기패배적 반응은 "나는 모든 이들을 기다리게 하고 있어. 그들은 나에게 화났어. 시간을 더 이상 지체해서는 안 돼."라고 생각하는 것이었다. 충분히 준비 운동을 하지 않으면 "나는 펜싱을 할 준비가 안 되어 있어…. 준비 운동조차 하지 않았으니 제대로 경기할 수 없을 거야…. 아, 그냥 끝내 버리자."라고 생각했다. 그녀는 코치의 도움으로 이 상황을 재인식하고 생각을 바꿨다. "나는 준비 운동을 할 권리가 있어. 그들이 나를 기다리게 했으니 이제는 그들도 나를 좀 기다려 줄 수 있어. 내가 시간을 너무 지체해도 그건 심판이 판단해야 하는 일이지 내 책임이 아니야."(Suinn, 1989)

재인식의 또 다른 방법은 상황의 어떤 특정한 요소에만 주의를 기울이는 것이다. 예를 들어, 어떤 상황이든 '감성적(hot)' 또는 '이성적(cool)' 관점에 주의를 기울일 수 있다. Walter Mischel과 동료들은 아이들이 유혹에 저항하는 방법에 대해 연구했다(Cantor, Mischel, & Schwartz, 1982; Mischel, 1981). 6학년쯤 되면, 아이들은 유혹의 '감성적' 특성보다는 '이성적' 특성에 주의를 기울임으로써 어리석은 선택을 피할 수 있다는 것을 알게 된다. 마시멜로에 대한 '감성적' 관점은 "아주 맛있고 쫄깃해."이고, '이성적' 관점은 "구름처럼 부풀어 있어."이다(Mischel, 1981). '맛있는' 마시멜로는 '구름 같은' 마시멜로보다 집어 먹게 될 확률이 더 높다. 탐닉적 반응에서 우리는 종종 감성적 관점이 우리의 주의를 지배하게 하는 잘못을 범한다.

유혹에 굴복하지 않으려면 '맛 좋은 돼지구이'를 '죽은 돼지'로 생각하는 식으로 사고방식을 바꿔야 한다. '짭조름하고 바삭한' 프레첼은 '작은 갈색 막대기'로 생각할 수 있다(Mischel & Ayduk, 2004). 이성적 특성에 집중하여 선행사건의 조건을 변화시키는 것은 각성 및 좌절, 그리고 궁극적으로는 유혹에 굴복할 가능성을 감소시킨다.

서로 사랑하는 연인과 배우자들은 매력적인 사람들의 덜 매력적인 특성에만 초점을 맞추는 경향이 더 높다. 다른 파트너를 매력적으로 보게 되면 유혹의 강도가 높아지기 때문이다(Johnson & Rusbult, 1989). 술이나 약물의 유혹적 상황을 성공적으로 물리친 사람들은 취한 사람들의 좋지 못한 특성에 더욱 초점을 맞춘다(Brown, Stetson, & Beatty, 1989). '이성적으로 되기'는 주의전환을 통해 달성할 수 있다. 예를 들어, "그가 날 거부하고 있는가?"를 "그가 하고 있는 말이 정확히 무엇인가?"로 바꾸는 것이다. 이성적인 생각은 덜 부정적인 행동이라는 의미를 갖는다(Ayduk et al., 2000).

✿ 연쇄수정

선행사건 통제를 위해 사용할 수 있는 또 다른 전략은 원치 않는 행동을 유발하는 사건들의 연쇄를 바꾸는 것이다. 많은 행동들은 일련의 사건들의 결과이다. 선행사건은 특정 결과를 야기하는 행동을 유발하는데, 그 결과가 또 다른 행동의 선행사건이 되는 식이다. 따라서 대부분 바람직하지 않은 최후의 행동은 선행사건-행동-새로운 선행사건-새로운 행동으로 이어지는 일련의 긴 연쇄작용의 결과이다. 연쇄의 결말에 다다르기 전까지는 원치 않는 최종적 행동에 대한 충동을 억제하기가 매우 어렵다.

그런 연쇄들은 주류 판매점 바로 앞에서 버스를 갈아타는 문제성 음주가나, 친구들을 위해 집 안에 놔두려고 담배를 사는 금연자, 자신은 이제 약물을 끊었지만 중독된 친구들과 단지 친분을 유지하려고 파티에 가는 사람처럼, 모든 물질 남용 사례에서 쉽게 찾아볼 수 있다. 이 사소한 결정이 문제를 일으키는 연쇄가 된다(Cummings, Gordon, & Marlatt, 1980). 좋은 전략은 연쇄를 애초에 끊는 것이다(Ferster, Nurnberger, & Levitt, 1962). 연쇄 초기의 허술한 고리를 끊는 것이 최종적 행동의 발현을 방지할 수 있다.

일시정지 하기. 연쇄가 강하면 버릇없는 말이나 접시에 가득 담긴 음식과 같은 선행사건에 생각 없이 반응하고 있는 자신을 발견하게 될 것이다. 이와 같은 자동적 연쇄의 선행사건에 대처하는 유용한 방법은 반응하기 전에 잠시 멈추는 것이다.

일시정지(pause) 기술은 쾌락적 행동에 특히 유용하다. 흡연을 살펴보자면, 충동을 느껴 불을 붙이기까지의 시간 또는 담배를 피우는 모금 사이의 간격을 점차 늘리는 것이 담배를 줄이는 데 효과적이다(Newman & Bloom, 1981a, 1981b). 과도한 음주에는 한 모금 마시고 싶은 충동과 한 모금 더 마시게 되는 행동 사이의 뜸을 들이는 것이 매우 권장된다. 매 식사 도중 2분간 잠시 멈추는 것은 다이어트하는 사람들이 사용할 수 있는 가장 효과적인 방법 중 하나이다(Sandifer & Buchanan, 1983). 문제가 흡연, 음주, 섭식 중 어느 것이든 간에 2분간의 일시정지로 충동이 지나가게 할 수 있다. 잠시 멈추는 동안 자신의 신체를 좀 더 정확히 이해할 수 있다. 정말 담배가 필요한가? 술에 취하고 있는가? 정말로 배고픈가? 멈춘 동안 이런 질문들을 던지는 것만으로도 피우고, 마시고, 먹는 자동적 연쇄를 깰 수 있다.

일시정지는 다양한 문제에 유용하며 다른 전략들과도 잘 결합된다. 한 젊은 아버지는 자녀를 자주 때리는 것 때문에 수심에 차 있었다.

> 아이들이 말을 듣지 않을 때 때린다는 것을 안다. 특히 내가 그만두라고 하는데 다툼을 멈추지 않을 때 아이들을 때리게 된다. 그래서 나는 때리기 전에 몇 초 동안 멈춰 봤다. 효과가 있을 때도 있었고, 없을 때도 있었다. 아이들을 때리기 전에 잠시 기다렸다. 그러면서 "자, 생각하자. 그저 화난 채로 있다가 때리지 말자. 생각하자. 아이들이 얌전히 행동하게 만들려면 지금 무엇을 해야 하는가?"라고 스스로에게 말하기 시작했다.

이 남자는 잠시 멈춘 동안 자신에게 지시를 내렸다.

기록을 위한 일시정지. 원치 않는 행동을 하기 전에 기록만으로도 빈도를 줄일 수 있다. 연쇄 초반에 기록하면 연쇄의 후반에 기록하는 것보다 이후 사건들에 대해 더 강력한 통제력을 얻는다(Kazdin, 1974b). 예컨대 다가오는 공황의 첫 조짐을 느끼자마자 멈추어 공황의 정도를 평가하라. 이렇게 해서 자신의 반응이 실제 상황에 적절하지 않으며, 대처 방법이 있다는 것을 깨달을 수 있는 시간을 벌 수 있다.

사건 연쇄를 빨리 중단하면 할수록 계획은 더욱 효과적이다. 매우 좋지 않은 말다툼 패턴을 가졌던 한 커플은 그런 패턴의 첫 조짐을 알아차리는 법을 배워 즉시 중지하고 이를 구조화된 일기에 기입하기로 정했다. 이러한 일시정지로 그들의 부정적인 말다툼은 중단되었다.

사건들의 연쇄고리 풀기. 어떤 여성이 지나치게 잦은 배뇨 문제를 겪고 있었다. 그녀는 하루 평균 13번 화장실에 가서 심란하고 창피하다고 보고했다. 의사를 만나 봤지만 의학적인 문제가 있는 것은 아니라는 말만 들었다.

기저선 데이터를 모으는 동안, 그녀는 2개의 선행사건이 배뇨를 일으킨다는 것을 깨달았다. 첫 번째는, 변기를 사용할 때 외에는 거의 화장실에 가지 않는 것이었다(가령 세수를 한다거나 머리를 빗는 등). 두 번째는, 배뇨감을 느끼자마자 화장실에 간다는 것이었다. 첫 번째 선행사건(화장실에 들어가기)의 통제를 없애기 위해 간단한 계획이 동원되었다. 화장실에 가서 변기 사용과 관련되지 않은 다른 행동을 하고 나오는 것이었다. 화장실에 들어가 손을 씻고 나오거나, 머리를 빗거나 립스틱을 바르고 나왔다. 이런 식으로 화장실에 가는 것(선행사건)과 변기를 사용하는 것(행동) 간의 필연적 관계를 끊었다.

두 번째 선행사건(방광압의 초기 조짐)의 통제를 없애기 위해서는 일시정지 기법을 사용했다. 첫 조짐을 느끼면 우선 화장실을 가지 않고 5분 동안 참았다. 이 방법은 효과적이었는데, 5분 후면 보통 다른 일로 바빴기 때문이다.

연쇄고리를 푸는 이 전략은 문제의 선행사건을 피할 수 없는 때 필수적이다. 기존 선행사건을 오래되고 원치 않는 행동 대신 새롭고 원하는 행동에 연결시켜야 한다. 다음은 이를 훌륭하게 적용한 사례이다.

한 우울한 젊은 여성은 A-B-C 분석을 통해 자신의 침체된 기분이 그녀로 하여금 지루하고, 무시당하고, 거절당한다고 느끼게 하는 사람들과의 만남에 의해 나타난다는 것을 발견했다. 이러한 감정들은 순식간에 무가치감에 대한 강박적인 사고로 순식간에 발전하며 깊은 우울감을 가져왔다. 그 연쇄는 다음과 같다.

단계 1		단계 2		단계 3
타인과의 실망적 상호작용	→	개인적 무가치감에 관한 사고	→	우울감

그녀는 타인과의 만남이 모두 완벽할 수는 없다고 판단했다. 그래서 그녀의 계획은 연쇄의 두 번째 고리를 변화시키는 데 초점을 두었다. 만남에서 실망할 때마다, 집에 도착하자마자 유쾌한 새로운 사건인 바느질을 했다. 그녀는 옷 만들기에 대한 흥미나 기술이 없었으므로 바느질은 완전히 새로운 행동이었다. 그녀는 "나는 바느질이 즐겁다고 생각해 본 적이 없지만, 그런 단순한 것들이 많은 의미를 가질 수 있음을 알았어요. 그리고 이제 나는 다른 사람들에게 덜 의존해요."라고 말했다. 프로그램 후반에 그녀는 훨씬 더 성숙되었음을 느꼈고, 더 이상 우울로 힘들어하지 않았다(Tharp, Watson, & Kaya, 1974).

긴 연쇄는 시작과 끝에 모두 개입할 때 가장 효과적으로 바꿀 수 있다. Frankel (1975)은 **글상자 5-2**의 사례 연구 보고에서 이 같은 입장을 지지했다. 이 사례를 읽으며 세 가지 특징에 주목하라. 첫째, 선행사건들이 연쇄의 시작과 마지막에 변경되었다. 둘째, 그 아버지는 연쇄에 넣을 새로운 행동을 배워야 했다. 셋째, 새로운 연쇄의 결과물은 강화되어야 했다. 이는 잘 개발된 계획이 다양한 전략을 포함하고 있음을 보여 준다.

글상자 5-2 **한 가족 내에서의 연쇄**

사건들의 연쇄는 여러 사람의 행동으로 구성된다. 이 사례는 가족 구성원 모두를 불행하게 만드는 가족들의 행동 연쇄를 보여 주고 있다.

(다음 쪽에 계속)

연쇄

1. 집에서 어머니가 바비에게 어떤 것을 하라고 시킨다.(아버지가 시킬 때는 보통 즉시 순종한다.)
2. 바비가 거절한다.
3. 어머니는 신경질이 나서 바비에게 소리를 지르거나, 때리거나, 또는 그 둘을 다 한다.
4. 바비도 같이 소리 지르며 좀처럼 말을 듣지 않는다.
5. 바비가 순종하지 않으면 어머니가 아버지를 데리고 오거나, 아버지가 둘이 다투는 소리를 듣고 끼어든다.(또는 아버지가 집에 돌아왔을 때 그 사건에 대해 듣게 된다.)
6. 아버지와 바비가 서로 큰 소리를 낸다. 보통 아버지는 바비를 때리거나 시킨 일을 억지로 하게 만든다. 어떤 경우든 바비는 결국 지시를 따른다.

이 사건들의 연쇄는 아버지가 퇴근해서 그 사건에 대해 알게 되고 바비가 복종하도록 만들 때까지 몇 분에서 몇 시간까지 지속된다. 연쇄가 항상 순서대로 모두 진행되는 것은 아니다. 바비가 어머니의 요구에 따르거나 어머니가 아버지에게 그 사건에 대해 말하지 않으면 사건은 그 시점에서 마무리된다.

계획

바비가 부모님 중 한 명을 나머지 한 명과 상호작용하는 데 이용했던 것 같았다. 때로 문제행동은 어머니가 바비에게 소리를 지르거나 때리거나 그 둘 다를 하는 3단계에서 중단되었다. 3단계와 6단계 사이에는 몇 시간의 시차가 있었고, 행동 연쇄가 매번 일어나지는 않았는데, 때로 아버지의 개입 없이 사건이 마무리되었기 때문이다.

이 연쇄를 수정하기 위해, 어머니는 바비의 불순응(3단계)에 대한 반응 행동을 없애라는 지시를 받았다. 그녀는 침착함을 유지하거나 또는 바비에게 차분히 반응할 수 있을 때까지 방에서 나가 있기로 했다. 어떤 경우라도 아버지를 부르거나 아버지가 개입하지 않았다. 아버지 역시 1주일에 3시간씩 바비와 함께 바비가 원하는 활동을 하는 데 동의했다. 3개월 사후 조사에서 부모는 바비의 공격성 및 불순응 태도가 문제되지 않을 정도로 줄어들었다고 보고했다. 부모는 처음에는 80점이었던 바비의 공격성을 65점으로 평가했다. 1년 사후 조사에서 바비의 행동은 집에서 여전히 문제가 되지 않는다고 보고했다.

이전 연쇄에서 바비는 버릇없는 행동에 대해 큰 보상을 받았다. 공격적인 형태이기는 했지만 아버지와 상호작용할 수 있었던 것이다. 아버지는 바비와 함께 놀아 주는 것을 배워 본 적이 없었다. 새로운 연쇄에서 1주일에 3시간씩 함께 노는 것은 바비와 아버지 모두에게 강력한 보상이 되었다.

출처: "Beyond the Simple Functional Analysis—The Chain: A Conceptual Framework for Assessment with a Case Study Example," by A. J. Frankel, 1975, *Behavior Therapy*, *6*, pp. 254-260. Elsevier의 허락하에 재인쇄함.

새로운 선행사건 배치

학습목표

- 바람직한 새 행동을 습득하는 데 자기지시를 어떻게 이용할 수 있는가?
- 자기지시는 구체적인 것과 포괄적인 것 중 어느 것이 좋은가? 그 이유는 무엇인가?
- 신념 및 장기 목표를 상기시키는 데 자기지시를 어떻게 이용할 수 있는가?
- 자기지시를 사용할 때, 자신에게 말하는 것 또는 그것에 대해 생각하는 것 중 어느 것이 더 효과적인가?
- 부정적 자기지시는 무엇인가? 이는 어떻게 제거될 수 있는가?
- 원치 않는 사고를 억압 혹은 중지하려고 애쓰는 대신 무엇을 해야 하는가?
- 원하는 새로운 행동에 신호를 주는 자극 통제를 어떻게 형성할 수 있는지 설명하라.
- 자극 일반화란 무엇인가? 원하는 새 행동에 대한 자극 일반화를 형성하려면 무엇을 해야 하는가?
- 사전약속 전략에 대해 설명하라. 사전약속에서 타인의 협조를 어떻게 이용할 수 있는가?

지금까지 우리는 회피, 제한, 선행사건 재배열에 관해 언급했는데, 여기서 결정적 요인은 원하는 결과의 단서가 될 새로운 선행사건을 만들어 내는 것이다. 새로운 선행사건은 연쇄의 초반 또는 어느 지점이든 첨가할 수 있다. 이 절에서는 언어적 선행사건(자기지시)과 다른 종류의 자극 통제에 대해 논의할 것이다.

✿ 부정적 자기진술 제거

어떤 자기패배적 행동을 수행할 때, 스스로에게 그 행동을 하라고 지시하고 있을지도 모른다. 자기관찰로 이러한 패턴을 발견할 수 있다. 남자와 함께 있을 때 침착하게 행동하지 못하는 한 젊은 여성은 남자가 말을 걸어오자마자 "그는 날 좋아하지 않을 거야." 내지 "부끄러워.", "나는 좋은 인상을 심어 주지 못할 거야."와 같은 혼잣말을 한다고 보고했다. 이 '자기지시'가 그녀를 긴장하게 만들고 덜 매력적으로 행동하게 만들었다.

원치 않았던 직장에서 일했던 어떤 남성은 일하는 동안 자신의 직업을 비하하는 "이 일은 정말 지루해. 사람을 얼마나 우울하게 하는지! 끔찍해!"와 같은 말을 했다고 고백했다. 한 사회 불안 학생은 누군가가 자신에게 쌀쌀맞거나 눈살을 찌푸리면 "나는 사회적 얼간이나 다름없어."라고 생각했다. 이러한 상황에서는 **자기패배적 사고를 상반되는 것으로 교체하라. 이는 긍정적 자기지시를 담고 있는 사고를 말한다.** 예를 들어, 수줍음 많은 여성이 "그는 날 좋아하지 않을 거야. 부끄러워."라는 생각 대신에 "안 돼, 이번은 아니야. 이제는 웃고, 눈을 마주치고, 침착하고, 그의 말을 열심히 듣자."라고 말했다. 그녀는 원치 않는 자기패배적 사고를 '셀프코칭(self-coaching)'으로 대체했다.

자신을 '사회적 얼간이'라고 불렀던 학생은 자신에 대하여 "아니, 나는 그렇지 않아. 나는 실제로 상황이 어떻게 돌아가고 있는지 분석해 보겠어."라고 생각했다. 직업이 마음에 들지 않았던 남성은 "그렇게 나쁘지 않아. 나는 돈이 필요하고, 이건 쉬운 일이야."와 같은 사고로 대체했다. 말은 행동을 인도한다. 이는 스스로 만든 선행사건이다. 따라서 부정적인 말들을 인식하고 이를 바람직한 자기지시로 바꾸는 것이 중요하다.

새로 고용된 영업 직원이 첫 고객에게 판매하는 데 실패했다고 가정해 보자. 그 직원이 자신에게 "나는 영업에 어울리지 않아." 내지 "나는 이 일을 절대로 배울 수 없을 거야."라고 말한다면 앞날의 실패가 뻔하다. 반면, 그녀가 "나는 이 일을 어떻게 하는지 배울 테야."라고 한다면 앞날에 대한 성공 가능성을 엿볼 수 있다. 자신에게 이야기하는 그 두 방식은 완전히 다른 행동과 완전히 다른 두 가지 결과를 낳을 것이다(Rehm, 1982).

✿ 긍정적 자기지시 형성

문제 상황에서 자기 언어적 선행사건이 어떤 역할을 하는지 발견한다면 다음 둘 중 한 가지 상황일 확률이 높다. (1) 원치 않는 반응에 단서가 되는 자기지시를 내리는 상황, (2) 문제행동이 '자동적'이라 어떠한 자기진술도 확인할 수 없는 상황.

어느 경우든 동일한 전략을 사용한다. **원하는 행동을 만들어 줄 새로운 자기지시를 사건들의 연쇄 속에 넣으라.** 모든 자기수정 계획에는 새로운 자기지시가 포함되어야 한다(Meichenbaum, 1977). 자기지시는 매우 효과적이며, 다양한 문제들을 극복하도록 돕는다(Dush, Hirt, & Schroeder, 1983). 자기지시 계획을 고안하기란 아주 간단하다. 현재 사용하는 자기패배적 지시를 새로운 지시로 교체하기만 하면 된다. "나는 할 수 없어!"라고 말하는 대신 "나는 할 수 있어."라고 말하라(그리고 방법에 대해 이야기해 보라). 무엇을 하고 싶은지 결정하고, 스스로에게 그것을 하라고 말한다. 지시는 간결하고 분명해야 한다(글상자 5-2 참조).

다음은 분노 폭발을 줄이기 위한 자기지시의 예이다. "누구나 나에게 이럴 순 없어!"라는 말 대신에, "화가 나지만 견딜 수 있어.", "진정해, 곧 지나갈 거야." 또는 "나는 자제하고 있어."와 같은 대처 진술로 바꾼다(Deffenbacher, McNamara, Stark, & Sabadell, 1990).

어려운 상황에 진입하기 전에 새로운 신념을 상기하기 위해 소리 내어 말하라(Kanter & Goldfried, 1979). (부모님의 반대에도) 최근 아파트로 독립했던 학생은 토요일마다 집에 돌아가는 동안 스스로 상기시켰다. "기억해, 나는 부모님의 반대를 견딜 수 있어. 부모님은 나를 여전히 사랑해. 나는 옳은 결정을 내렸어. 모든 일에 허락을 받아야 할 필요는 없어." 문제가 벌어지고 있는 중에도 신념 및 판단의 진술은 반응을 이끈다. 혼자 사는 것에 대한 화제가 다시 떠오를 때, 이 학생은 "나는 과잉 반응을 하고 있어. 혼란스러워할 필요 없어."라고 말하고는 명확한 자기지시를 추가할 수 있다. "숨을 천천히 깊게 들이마셔. 화제를 돌리도록 해봐."

근거 없는 진술은 소용이 없다. 한 연구는 우울을 극복했거나 극복하지 못한 여성들 모두 격려성 자기지시를 사용했다고 밝혔다. 그러나 성공한 여성들은 자신에게 부여한 긍정적인 말을 믿고 있었다(Doerfler & Richards, 1981). 물론 그걸 진심으로 믿지 않는 이상 "일리노이 주에서 내가 가장 훌륭한 여자야!"라고 말한다고 해서 행동이 바뀌지는 않을 것이다. 사실 과잉일반화된 자기진술은 해롭기까지 하다. 자신에 대한 참된 긍정적 진술을 준비하라. 예를 들어 (고정적인 특성을 암시하는) "나는 사랑스러운 사람이야."라는 말 대신 "나는 여러 사회적 상황에서, 특히 연습한 행동을 할 때 다른 사람들에게 호감을 줘."라고 말하라(Wood, Perunovic, & Lee, 2009). 이러한 말을 스트레스를 받을 때뿐만 아니라 평상시에도 자주 반복하라.

자기지시는 장기 목표도 상기시켜 줄 수 있다. 앞에서 언급한 수줍음 많은 한 남성은 여자에게 다가가기 전에 스스로 "기억해, 이건 나한테 중요한 일이야. 여자에게 말을 거는 방법을 배워야만 해. 그렇지 않으면 독신으로 죽고 말걸."이라고 말했다. 이런 종류의 자기진술은 마음속에 장기 목표를 앞당기고 새로운 행동을 연습할 의욕을 높인다.

진술을 실제로 말하지 않고 '기억'해 내는 것만으로도 이 모든 이득을 얻을 수 없을까? 그렇지 않다. 과거에 음식을 더 먹기를 사양했거나 담배를 피우지 않았던 성공적인 경험을 떠올리는 것도 왜 거절했는지를 스스로에게 상기시키지 않으면 효과

글상자 5-3 음악이 흐르는 동안 하는 말

즉흥적인 연주 또한 자기주도적 언어로써 향상될 수 있다. 재즈 피아니스트 Daivid Sudnow는 자신이 어떻게 즉흥 재즈 피아노를 배웠는지 설명한 책을 썼다. 다음은 그가 연주할 때 마음속으로 되뇌었던 생각들이다.

> 겉으로 드러나는 행위를 도와주기 위해 내면의 흐름을 인식하고, 나 스스로에게 빠져들고 있었다…. 혼잣말의 도움으로 생기를 찾았다.
>
> 스프링보드(springboard)—
> 비트를 제대로 잡고—
> 손은 유연하고 느슨하게—
> 숨을 깊게 들이마시고—…
> 편안하게—…
> 조심스럽게—…
> 어깨를 가벼이 흔들며—
> 특히 비밥(역주: 재즈 음악의 일종)적으로—
> 아름답게 연주하고—
> 정신을 집중하라—

출처: *Ways of the Hand: The Organization of Improvised Conduct* (pp. 146-147) by D. Sudnow, 1978, Cambridge, MA: Harvard University Press.

가 없다. 프로젝트의 목표를 꺼내는 것이 도움이 된다(Mukhopadhyay, Sengupta, & Ramanathan, 2008). '기억'은 곧 희미해지기 때문에 쓸모가 없다. 마음속으로든, 상상으로든, 또는 큰 소리로 실제로 이야기하는 것은 잠자고 있던 자기 언어가 힘을 발휘하게 만든다. '왜?'를 포함한 자기지시는 필요하기 전에 미리 그리고 자주 연습해야 한다(Hatzigeorgiadis et al., 2011; 글상자 5-3 참조).

✿ 사고 대체

극단적인 형태로 침투(intrusive)적이거나 불쾌한 사고를 강박관념이라 한다. 간단하게는 "나는 쓸모없어." 또는 "나는 패배자야." 같은, 자기폄하적이고 자기패배적인 사고가 이에 속한다. 언어적 혹은 시각적일 수 있고, 마음에서 헤어 나올 수 없는 어떤 불쾌한 이미지의 형태를 취하기도 한다.

원치 않는 사고를 강하게 억압하려는 시도는 문제를 더욱 악화시킬 수도 있다(Clark, Ball, & Paper, 1991; Davies & Clark, 1998; Warda & Bryant, 1998; Wegner, Schneider, Knutson, & McMahon, 1991). 마음을 괴롭히는 사고를 대체하는 것이 더 효과적이다(Wegner & Schneider, 1989). 원치 않는 생각이 떠오르면 즉시 다른 생각—가능하면 원치 않는 사고의 정반대인 것—으로 대체하라(Cautela, 1983; Turner, Holzman, & Jacob, 1983). 만약 "나는 이것을 망치고 말 거야."라고 생각한다면 "나는 성공할 거야!"로 바꾸라. 그러고 나서 적절히 수행하는 방법에 대한 지시를 스스로에게 내린다.

학생들 중 한 명인 에이미는 다음과 같이 보고했다.

> 나는 늦을 때마다 "나는 항상 늦어. 누군가 화를 낼 테지. 나는 사람들을 실망시키고 있어."라는 생각으로 더욱 예민해졌다. 변화 프로젝트 동안 나는 그런 사고를 멈추고 다른 것으로 교체하려고 애썼다. 특히 많이 늦었을 때! 나 자신에게 "어쩌면 사람들은 알아채지도 못할걸. 용서해 줄 거야. 다음번에 더 노력하자. 스트레스 받는 것은 도움이 되지 않아. 바뀔 수 있어."라고 말했다. 대부분 나는 버스에 있거나 수업에 가고 있었으며, 불과 몇 안 되는 진술로 부정적인 사고를 멈출 수 있었다.

✿ 새로운 자극 통제 형성: 물리적 · 사회적 환경

원하는 행동을 자극하기 위해 새로운 물리적 선행사건 내지 단서를 마련할 수도 있다. 공부나 작문을 많이 하는 습관을 만드는 좋은 방법은 집중할 수 있도록 환경적 자극 통제를 증가시키는 것이다. 특별한 공간을 마련해서 그곳에서는 항상 (1) 집중하고, (2) 그 외 다른 일은 하지 않아야 한다. 즉, 오로지 작문만 할 특정 장소에서 작문하며 집중하는 것을 익히는 것부터 시작한다.

장소를 마련하기 힘들다면 특정한 형태로 단서를 배치한다. 한 남성은 편지를 쓰거나, 요금을 지불하거나, TV를 시청하거나, 식사하는 등 다양한 활동에 한 탁자만 사용했다. 그러나 공부나 작문에 집중하고 싶을 때는 항상 탁자를 벽에서 떼어 내어 반대편에 앉았다. 그런 식으로 탁자의 반대편에 앉는 것이 오로지 집중력을 요하는 지적 활동으로 연결되는 단서가 되었다.

집중하지 않을 때는 책상에 앉지 않는 수고를 마다하지 않는데도 집중하기 힘들다면? 타인을 활용하는 것이 성공적인 첫 단계가 될 수 있다. Brigham(1982)은 공부를 시작하기 위한 첫 환경으로는 도서관처럼 공부가 주된 반응인 장소를 권한다.

> 도서관에서 규칙적으로 공부하는 친구를 찾아가 같이 공부하자고 청함으로써 행동 변화가 이루어질 수 있다. 공부 파트너가 되어 준 것에 대해 그 친구에게 강화를 주어야 한다. 그런 강화는 … 그 친구가 내가 공부하는 것을 강화해 줄 가능성을 높인다(p. 55).

행동에 대한 가장 강력한 단서 중 하나는 동일한 환경에서 다른 사람들에 의해 행해지는 동일한 행동을 보는 것이다. 이 효과는 첫 행동 단계를 '점화(priming)'하는 데 어려움을 겪고 있을 때 특히 유용하다.

우리 학생 중 한 명은 운동을 시작하려고 애썼다. 그녀는 다음과 같이 기록했다.

> 3월경 핑계가 없어서 데릭과 Y에 갔다. 그런데 아주 재미있었다! 데릭은 회원이었기 때문에 트레드밀, 계단오르기 등 거의 모든 장비들의 사용 방법을 알고 있었고 스쿼트(역주: 운동의 한 종류)하는 법까지 알려 주었다. 그리고 가장 친한 친구인 셰리도 있었다. 그래서 그 후 2주는 스스로 정말 자랑스러웠다. 나는 친구와 함께 공원을 세 번 뛰었다. 오래 달리진 않았지만 달리면서 기분 좋은 대화도 나눴다. 좋은 운동을 2주 더! 한 번은 달리고, 선배와 함께 하나우마베이에서 스노클링을 했다. 그러고 나서 카약을 타러 갔는데, 땀이 나고 칼로리 소모가 많았다! 2인용 카약에 체중을 실어 저어야 하는데, 특히 파트너가 남자라서 나에게 계속 노를 저으라고 소리칠 때는 전력을 다해야 한다. 나는 혼자 운동할 수 있을 때까지 계속하고 싶다. 아이팟이 도움이 되려나? 아마도. 하지만 나는 무엇보다 친구가 필요하다고 생각한다. 누군가와 함께 운동하면 빠지지 않는다.

사회적 관계를 일부 바꾸는 것이 여러분의 변화에 도움이 될지 자문해 보라. 우리는 친구, 가족, 지인들과 습관적인 방식으로 교류를 하는데, 이 상호작용이 항상 바람직한 단서를 주는 것은 아니다. 반응은 자주 감정적이다. 우울한 사람들은 친구들과의 좌절스럽고 좋지 않은 관계에서 '벗어날 수' 없음을 깨닫는다. Doerfler와 Richards(1981)는 경미한 우울을 통제하려고 하는 여성 집단을 연구했다. 성공했던 사람 중 67%가 자신의 사회적 환경을 극적으로 변화시킨 반면, 성공하지 못했던 피험자들은 그렇게 하지 못했다(14%). 청소년 흡연자들은 흡연하는 친구들과 보내는 시간이 많을수록 금연하기가 어려워진다(Jones, Schroeder, & Moolchan, 2004).

담배나 알코올, 약물을 중단하는 것처럼 어려운 자기개선 프로그램 초반에는 자기효능감을 늘리기 위해 초기 성공을 경험하는 것이 중요하다. 이런 이유로, 유혹에 저항할 수 있다는 자신감을 가질 수 있는 상황이나 조건을 선택하는 것이 현명하다. 그 상황에서 흡연이나 음주를 하지 않는 것부터 시작하라. 그리고 자기효능감을 느끼게 되었을 때 좀 더 어려운 상황들로 넓혀 나가라(Nicki, Remington, & MacDonald, 1984). 자기효능감의 효과는 매우 강력해서 Bandura는 그것이 인공두뇌학적 접근보다 자기조절에 대한 설명력이 크다고 주장한다(Bandura & Locke, 2003). 하지만 그 둘 모두 적어도 한 상황에서 원하는 행동을 일관적으로 수행할 수 있게 하는 선행자극 통제의 예이다.

한편 긍정적 행동을 늘리려는 목표를 위해서 다양한 상황에서 그 행동을 하려고 할 것이다. 예를 들어 바쁜 학생들은 여러 장소에서 공부할 기회를 효과적으로 활용할 수 있다면 훨씬 바람직하다. 그런 목표를 위해서는 자기보상이 수반되는 다양한 상황을 연습함으로써 효과적인 선행사건의 범위를 확장시킬 수 있다(제7장 참조; 글상자 5-4 참조).

글상자 5-4 학습에 대한 자기지시: 자기실험

한 대학 강사가 다음 사례를 보고했다.

> 19살인 베티는 큰 도시에 있는 어느 대학교의 학부생으로, 현재 두 학생과 아파트를 같이 쓰고 있었다. 베티는 집에서 항상 공부를 하긴 했지만, 책을 읽으며 동시에 전화통화를 하거나, 정크푸드로 간식을 먹거나, 룸메이트들과 수다를 떨거나, 음악을 듣거나 한다는 점에서 '정신없다'고 했다. 그녀는 굉장히 많은 양의 읽기가 필요한 수업을 듣고 있었기 때문에 이러한 정신없는 행동들을 줄이길 원했다.

행동 관찰

베티는 주당 5일간 매일 저녁 약 1시간 동안 5분에 한 번씩 학습 유무를 기록했다. 관찰 시간이 되면 이전 5분 동안 공부를 하고 있었는지 아닌지를 기록했다. 공부를 하는 시간이 매번 달랐기 때문에 관찰 횟수는 6회부터 15회였고 평균 12회였다. 공부는 '의자에 앉아서, 책을 읽고, 중요한 부분에 밑줄을 그으며, 공책에 필기하기도 하는 것'이라고 정의했다. 모든 자료는 칸이 나누어진 8.5″ × 11″ 카드에 5분 단위로 기록했다.

(다음 쪽에 계속)

실험 단계

기저선. 10일간 베티는 계속 거실에서 공부했다. 대부분 초저녁 때 공부했지만 두 번은 오후에 하였다. 절차에 따라 데이터를 기록하는 것 외에는 공부하는 행동을 바꾸지 말라는 지시에 따랐다.

실험 요구. 베티는 색인 카드에 지시를 적었다.

> 좋은 점수를 받기 위해서는 공부하는 게 중요하다. 새로운 내용을 이해하기 위해 공부를 해야 한다. 룸메이트들과 수다를 떨지 않을 것이다. 공부하는 것이 중요하기 때문이다. 그러므로 전화통화를 하지 않을 것이다. 뭘 먹거나 마시고 싶은 충동이 들어도 계속 공부할 것이다. 음악을 들으면 산만해지므로 스테레오를 틀지 않을 것이다.

베티는 책을 읽기 바로 직전에 그 카드를 한 번 읽었다. 이를 13일 동안 수행했다.

자기지시. 그러고 나서 베티는 두 번째 카드에 추가적인 지시를 적었다.

> 좋아. 나는 책을 꺼내 해당 페이지를 편다. 이게 바로 내가 하려던 행동이다. 내가 더 훌륭한 학생이 되고 좋은 점수를 얻는 데 도움이 될 것이기 때문이다. 또한 공부하면 새로운 내용을 이해하기 쉬워지는데, 이건 좋은 점수를 얻는 데 중요하다. 수업 내용을 익혀야 하기 때문에 룸메이트와 이야기하거나 전화통화를 하지 않을 것이다. 일어나서 무언가를 먹거나 마시고 싶어도 참을 것이다. 내용을 익히는 게 중요하기 때문에 책 읽기와 필기 정리를 계속할 것이다.
>
> 그다음 6일간 베티는 공부 시간 내내 매 15분마다 한 번씩 두 번째 카드를 읽었다. 공부를 시작하기 전에 첫 번째 카드를 읽는 것도 계속했다. 다른 절차들은 모두 처음의 기저선 단계와 유사했다.

철회. 강사는 그다음 10일 동안 그녀에게 카드들을 읽지 말라고 지시했다. 이는 지시가 여전히 필요한지 알아보기 위함이었다.

자기지시 2. 이 6일간의 단계는 앞의 자기지시 단계와 비슷했다. 그녀는 다시 두 카드를 읽었다.

결과

그림 5-1은 베티가 공부한 시간의 백분율을 도표로 보여 준다. 학습률은 관찰한 총 횟수를 공부했다고 기록한 시간의 횟수로 나누어 계산했다. 학습률 기저선은 평균적으로 약 59%였다. 실험 요구 조건하에서 학습률이 약 73%로 증가했다. 자기지시 단계 시기에 학습률은 대략 96%까지 증가했다. 철회 단계 동안 비율은 큰 폭으로 오르락내리락했으나, 처치가 다시 시작된 후 다시 96%의 수준에 도달했다.

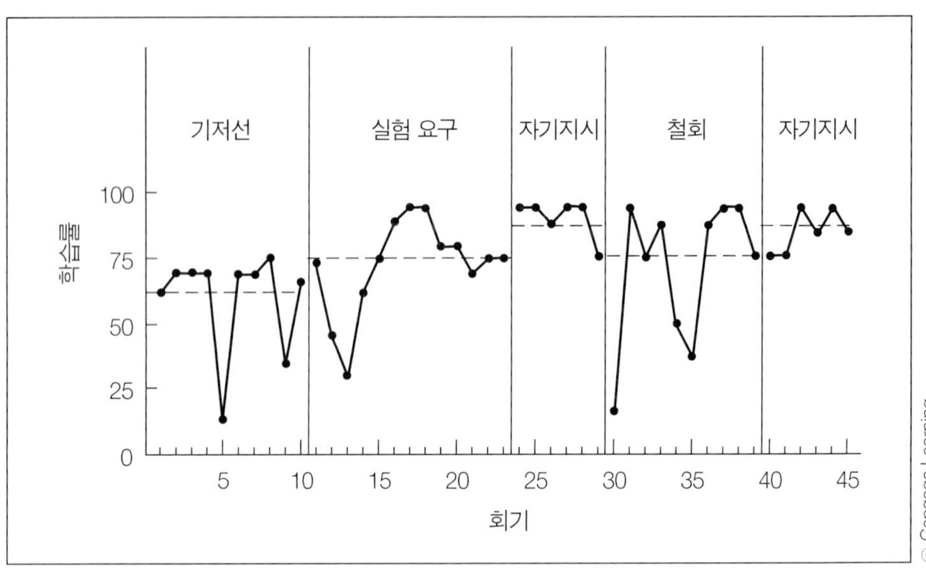

그림 5-1 실험 조건에 따른 베티의 학습 기록

출처: "Application of a Simple, Self-Instruction Procedure on Adults' Exercise and Studying: Two Case Reports," by R. Cohen, P. De James, B. Nocera, and M. Ramberger, 1980, *Psychological Reports*, *46*, pp. 443-451. Copyright ⓒ 1980 Psychological Reports. 저자와 출판사의 허락하에 재인쇄함.

✿ 자극 일반화

학습, 작문, 약물 중단, 사회 기술 향상, 과식 억제 등과 같이 많은 행동들은 결국 다양한 환경 속에서 수행되어야 한다. **자극 일반화**(stimulus generalization)는 하나의 선행사건 아래 학습되었던 행동이 다른 유사한 선행사건 아래 수행되는 과정을 일컫는다.

새로운 상황이 원래 상황과 더 유사할수록 새롭게 학습된 행동에 대한 일반화가 더 쉬워진다. 그러므로 원하는 행동이 이미 일어나는 상황과 다른 상황들 간의 유사성을 생각해 봐야 할 것이다. 원래 상황과 가장 유사한 상황 속에서 목표행동을 수행하는 것부터 일반화를 시작해야 한다.

한 중년 여성은 사람들 앞에서 말하는 것에 아주 심한 두려움을 겪고 있었다. 자기수정을 통해 그녀는 서너 명의 친구들 앞에서 이야기할 수 있게 되었다. 이를 달성하고 나서 그녀는 새로 얻은 능력을 새로운 사람들에게 일반화하고 싶었다. 새로운 사람들 가운데 친구들 몇몇이 포함되어 있으면 더 쉬울 거라고 생각했다. 그러면 새로운 상황이 그녀가 처음에 연습했던 상황과 아주 유사해질 것이기 때문이었다. 그녀는 그렇게 상황을 조정하고, 목표행동을 수행한 다음 강화했다.

일단 어떤 특정 상황에서 행동을 수행할 수 있게 되면, 점진적으로 다른 유사한 상황들로 옮겨 가라. 자기지시를 사용하라. 자기지시가 강력한 이유는 다양한 상황에서 사용될 수 있어서 친숙한 환경과 그렇지 않은 환경 사이에 다리를 만들어 주기 때문이다. 자기지시는 일종의 휴대가 가능한 단서이다. 그것은 파티에서 파티로, 집에서 도서관으로 가지고 다닐 수 있다. 따라서 자기지시는 자극 일반화와 마찬가지로 광범위한 기술 기반의 개발을 돕는다.

✿ 사전약속

사전약속(precommitment)은 유용한 선행사건을 미리 배치하는 것을 의미한다. 이 조처는 어떤 문제 상황이 예상될 때, 특히 큰 곤경에 처할 순간을 위해 계획한다.

한 흡연자가 두 달 정도 담배를 끊었다. 그는 예전에 여러 차례 담배를 끊은 적이 있었지만 매번 다시 피우게 되었다. 이번에는 성공할 수 있었는데, 이는 예전에 담배를 다시 피우게 된 상황들을 확인하고 그것에 대처할 준비를 했기 때문이었다. 문제 상황 중 하나는 파티에 있을 때였다. 술과 파티 분위기, 긴장이 풀린 기분은 '딱 몇 모금만 피우자'는 저항할 수 없는 유혹이었고, 지금까지는 결국 다시 담배를 피울 수밖에 없었다. 어느 날 밤 아내와 파티에 갈 준비를 하고 있었을 때, 그는 "당신 알지, 나 또 거기에서 담배 피우고 싶은 유혹을 느끼고 말 거야. 부탁 좀 들어주겠어? 내가 누군가에게 담배를 빌리는 걸 보면, 우리 애들이 내가 담배를 끊기를 얼마나 바라는지 상기시켜 줘."

이 남자는 상기되도록 미리 계획했고, 이 사전약속을 파티에 가기 전, 유혹을 강하게 느끼지 않을 때 만들었다. 여러분은 가족과 친구들에게 원하는 행동에 대해서는 단서와 강화물을 제공하고 원치 않는 행동은 지지하지 말라고 부탁할 수 있다(Stuart, 1967).

가족과 친구들은 도움을 줄 수도 있지만, 문제행동의 선행사건을 만들어 낼 수도 있다. 다이어트를 하는데 룸메이트가 초콜릿 상자를 보여 주거나 엄마가 파이를 구워 주면 과식하기 쉬운 상황에 놓이게 된다. 사랑하는 사람들이 항상 나에게 무엇이 필요한지 정확하게 알 수는 없다. 그러므로 어떤 종류의 선행사건을 제공해야 하는지 그들에게 분명히 알려 줘야 한다.

상기시키는 방식의 사전약속은 타인의 도움 없이도 가능하다. 일간 또는 주간 스케줄을 마련하는 것이 하나의 방법이다. 사회 활동 및 성취에 대한 일일 계획은 심리적 적응을 돕는다. 그리고 이 긍정적 효과는 계획에 충실할수록 증가한다(Nezlek, 2001). 알람을 맞추는 것은 또 다른 방법이다. 페이스는 항상 점심 도시락을 싸지만 그녀의 동료들은 대부분 시켜 먹는다. "그럴 때 전 도시락은 숨기고 같이 시켜 먹었어요. 그렇게 칼로리와 돈 낭비는 더해 갔죠. 그래서 휴대전화의 달력 알림으로 매일 동료들이 음식을 어디서 시킬지 결정하는 평소 시간에는 자리에서 일어나게 설정해 두었어요. '시키지 말고 도시락 먹을 것'이라고 뜨게 말이에요."

쉘렌은 이렇게 적었다. "내 인생 자체는 스트레스 덩어리다. 일, 18학점, 친구들과의 만남 등, 아무것도 할 시간이 없다. 나는 무기력하게 아무것도 못 하고 있으며 모든 것에 뒤처지고 있다. 나는 1주일에 한 번 현실적인 일일 스케줄을 세우고, 그게 나의 심리적 적응에 도움을 주는지 살펴볼 것이다." 이 계획은 그녀에게 큰 도움이 되었다.

Ainslee(1992)는 장기적으로 가장 유리한 쪽으로 행동하기 위해 미리 상황을 조정하는 모든 방법을 **사전약속**으로 정의할 수 있다고 말한다. 여기에는 규칙 설정, 주의 전환, 인식 변경, 실수의 가능성을 높이는 감정 회피가 포함된다. 또 다른 훌륭한 전략은 목표를 상기시키는 것을 눈에 띄기 쉽게 만드는 것이다. 페이스는 여름휴가로 하와이에 가서 비키니를 입기 위해 살을 빼기로 결심했다. 그녀는 비키니를 사서 부엌에 걸어 두고 그 사진을 찍어 그녀의 Pinterest.com 홈페이지에 올렸다. 그리고 식당에서 메뉴를 고르기 전에 스마트폰으로 사진을 다시 보았다. 그 사진은 초콜릿 케이크보다 그녀를 기쁘게 만들었다.

✿ 사회적 환경 조성하기

달성해야 할 목표가 있는데 좌절하고 있다면, 경험에서 나온 이 방법을 시도해 보라. 여러분은 같은 목표를 공유하고 있는 사람들과의 활동에 충분히 참여하고 있지 않은 것이다. 여러분의 현재 심리사회적 시스템을 포기하라는 말이 아니다. 비슷한 생각을 가진 사람들과 더 많은 것을 함께하라는 뜻이다(Fitzsimons & Finkel, 2010; Tharp, 2012).

운동이 목표라면? 체육관의 운동 수업에 등록하라. 다이어트? 다이어트하는 사람들과 함께 식사를 하라. 의도하지 않은 것들을 얻을 수 있을 것이다. 독실한 신자라면? 지역 종교단체 내에는 살을 빼는 사람들의 모임도 많아 인터넷에서 쉽게 찾을 수 있다. 비슷하게 약물 남용자를 위한 Alcoholics Anonymous 같은 지지모임도 대부분의 지역사회에서 쉽게 참여할 수 있다.

첫 번째 단계는, 모든 자기주도적 행동 변화 계획이 그렇듯, 자기분석이다. 여러분의 사회적 시스템 구성원은 목표와 연관성을 가지고 있으므로 시스템이 어떻게 구성되어 있는지 리스트를 작성해 보자.

현재의 사회적 지지 시스템				
	내 목표에 지지적		내 목표에 방해	
일반적 원천	고향집 가족 동거인들, 애인 페이스북 친구	V F V	기숙사 친구들 동아리/사교클럽	F F
특정 영역	교내 야구팀	F	목요 맥주동호회	F
특징	직접 대면	F	온라인	V

위의 표는 여러분의 지지 시스템 리스트 작성을 돕기 위한 예이다. 기본적으로는 2×2의 표로, 현재의 사회적 시스템을 많은 영역에서 다양한 방식으로 영향을 주는 일반적인 그룹과 특정한 영역의 그룹으로 나누었다. 또한 목표 달성에 지지적인 그룹과 방해가 될 그룹으로도 나누었다. 이러한 영향력이 직접 대면을 통해 이루어지는지, 온라인으로 이루어지는지도 구분한 것이 특징이다.

위의 예시에서 주인공은 고향집의 가족들이 운동을 늘리고 살을 빼겠다는 그녀의 목표에 대해 남자 친구만큼 지지적일 거라고 기대한다. 그녀는 페이스북 친구들과 트위터 팔로워들도 그녀의 결심을 환영하고 격려해 줄 거라고 확신한다. 학교 야구팀의 팀원들처럼 말이다. 사실 그들은 열렬히 환호할 것이다. 하지만 그녀의 기숙사 친구들과 사교클럽 언니들은 그렇지 않을 것이다. 그들은 이미 그녀와 '앉아서 먹기만 하는' 시간을 오랫동안 함께 해왔다. 목요 방과 후 술친구들은? 그녀는 그들과 함께 매주 목요일마다 세상에 다이어트와 다음 날 아침 운동은 존재하지 않는 것처럼 마셔 댔다.

그녀의 계획은 사교클럽에서의 순수한 친목 시간 줄이기, 체육관 줌바 수업을 신청해서 운동 시간 늘리기, 목요일 모임에 이번 학기에는 못 나가겠다고 말하기, 자신의 다이어트 경과에 대해 가족, 트위터 팔로워와 페이스북 친구들에게 정기적으로 보고하기였다.

그 결과, 그녀는 목표로 하는 운동과 식사 행동을 위한 사회적 단서를 늘리는 방향으로 선행사건을 빠르게 변화시킬 수 있었다. 제6장과 제7장에서 우리는 이렇게 사회적 시스템을 긍정적으로 재구성하는 것이 행동과 결과를 개선하는 데에도 긍정적으로 작용함을 확인할 수 있을 것이다(글상자 5-5 참조).

글상자 5-5 소셜 미디어와 자기주도 행동

행동 변화에 끼치는 사회적 영향력의 힘은 다른 어떤 것들보다도 강력하다. 그중 가장 강력한 것은 심리사회적 시스템, 즉 개인이 활동과 대화를 공유하는 소규모 집단이다. 델타 이론에 따르면 여기서 영향력과 변화의 역학을 읽어 낼 수 있다(Tharp, 2012).

그렇다면 소셜 미디어상의 소통에 의한 가상의 시스템은 어떤가? 미디어 친구들이 심리사회적 구성원들처럼 여러분의 자기수정에 도움을 줄 수 있을까? 소셜 미디어 관계의 심리학은 사회과학에서 빠르게 성장하고 있는 연구 분야이다. 특히 온라인과 오프라인 수업의 효과성을 비교하는 연구들이 활발하다. 실제와 가상의 미디어 활동이 우리에게 각각 어떻게 영향을 미치는지에 대해서는 아직 분명하고 일관적인 대답은 없다. 이런 와중에 이론과 상식을 통해 다음의 주제들을 확인할 수 있다.

조언(Recommendations)

우리는 여러분의 자기변화 프로젝트가 어떤 영역이든 이에 대한 사회적 지지를 구하길 권한다. 가치를 공유하는 지지자들은 A, B, C(선행사건, 행동, 결과) 모두에 영향을 줄 수 있다.

우리는 가장 가까운 주변(기숙사, 클럽, 수업, 아파트) 친구들과도 가끔씩 전자기기로 대화한다. 이는 오로지 전자 메시지로만 대화하는 지지그룹을 만드는 것과 다르다.

여러분은 주변 지지그룹과 의사소통하는 데 소셜 미디어를 사용할 수도 있다. "이번 일요일에 8km 달리기에 참가할 거야!"라든가 "내년 여름에 하와이에 가기 전까지 이 비키니에 맞는 몸을 만들겠어. 여기 벽에 걸어 놨어. 기다려!"라는 포스팅을 하는 것이다. 이런 식으로 자신의 의사를 즉각적으로 표현하는 것은 대중에게 약속하는 것과 같은 효과가 있다. 모든 지인들 앞에서 실패하길 원하는 사람은 없을 것이다.

주의사항(Cautions)

그러나 오로지 소셜 미디어를 통해서만 연결되어 있는 사람들은 어떻게 할까? 사이트에 여러분의 변화에 동감하고 여러분의 계획에 도움이 될 만한 사람들만 골라 새로운 그룹을 만들어야 할까? 아니면 쌍방형 소통이 가능한 공개 블로그를 열어서 세상 사람 모두를 여러분의 계획에 참여하도록 초대할까?

금지: 인터넷, 특히 소셜 미디어 사이트의 모든 내용은 미디어에 따라 영구적일 수도 있다. 직업의 세계로 들어가고자 하는 대학생들은 많은 고용주들이 지원자의 이름을 인터넷으로, 특히 소셜 미디어 사이트에서 검색해 본다는 것을 알아야 한다. 아무 생각 없이 친구맺기를 해서 다른 사람들이 나중에 다른 목적으로 여러분의 목표, 성공과 실패, 생각과 태도에 대해 읽어 볼 수 있게 하면 안 된다.

그리고 모두에게 공개된 사이트에는 자기계발을 추구하는 사람들을 놀리고 괴롭히거나 모욕하려는 사람들이 있기 마련이다. 예를 들어 여러분의 체중 감량에 대해 블로그에 공개하면 많은 지지와 비슷한 경험, 제안들을 얻을 수 있다. 그러나 세상에는 특

(다음 쪽에 계속)

히 익명으로 다른 사람들을 욕하는 악플러들도 있다. 여러분이 아는 사람은 익명이라는 가면을 쓸 수 없지만, 악플러들은 그 가면 뒤에 숨을 수 있다.

가이드라인(Guidelines)
누가 답글을 다는지 알 수 있는 사이트에서 여러분이 아는 사람들로 온라인 그룹을 만드는 것이 가장 이상적이다.

블로그와 그룹 메일 서비스는 친구 공개로 설정한다. 얼굴이 두껍지 않다면 전체 공개로 포스팅하지 않는 것이 좋다. 10년(혹은 20년, 아니면…) 후에 누군가 그 글을 읽기를 바라지 않는다면 아무 데나 포스팅하지 말라.

이제 선행사건에 대해 배웠으니 여러분은 바람직하지 않은 선행사건을 피하고, 수정하고, 대체할 수 있다. 물론 그렇게 하기 불가능한 경우도 있다. 선행사건은 일순간에 흔적도 없이 사라지지 않는다. 언제든지 나타나서 문제행동이 일어나는 데 일조할 수 있다. 이러한 문제적 선행사건 후보군은 여러분이 줄이고자 하는 문제행동이 일어나려는 그 순간과 밀접하게 연관되어 있다. 갑자기 초콜릿 아이스크림을 보았다거나, 구두 발표를 하라는 지시를 받았다거나, 뒤에 있는 누군가에게 비꼬는 말을 들었다거나 하는 것들이다.

자기조절 계획은 꼼꼼한 준비와 함께 완성된다. "만약 (어떤 문제적 선행사건이 발생)하면, (이러이러한 것을) 하겠다"라는 것이다. 여러분의 계획에는 **만약 … 그렇다면** 대책이 많아야 한다. 예를 들어 "만약 사람들이 술집에 가겠다고 하면, 나는 대신 카페에 갈 사람은 없냐고 물어봐야지. 그리고 나는 카페에 가겠다고 이야기해야지." 제6장에서 행동에 대해 배우게 될 때 **만약 … 그렇다면** 계획이 필요한 새로운 행동, 바람직하지 않은 기존 선행사건에 대한 새로운 행동들이 무엇인지 주의 깊게 살펴보라.

일반적인 주제를 위한 조언

불안과 스트레스

불안을 경고하는 상황을 찾아보라. 여러분이 반응하는 선행사건은 무엇인가? 많은 상황을 어떻게 자신과 결부해 해석하는가에 따라 불안이 야기된다.

위협이 존재한다는 생각이나 감정, 판단은 불안감에 선행하는 주된 요소이다

(Beck & Emery, 1985; Sewitch & Kirsch, 1984). 혼잣말로 하는 걱정에 주목하라. 그것들이 정말 사실인가? 예를 들어, "나는 이 시험에 실패할 거야. 이건 재앙이야!" 우선, 정말로 실패하고 있는가? 그리고 그것이 재앙인가? 지진과 비교해 본다면? 극한의 위기를 의미하는 진술—"오, 주여, 나는 견딜 수 없어!"와 같은 파멸적 진술—은 부적절한 대처로 이어진다(Steenman, 1986). 불안을 일으키는 상황이 통제 불가능하다는 생각에 주의하라(Barlow, 1988). 방법을 습득한 사람들에게 상황은 거의 대부분 통제가 가능하다. " 가능해."라고 믿으면 그 방법을 배울 수 있다.

자기계약에 매우 구체적인 자기진술 분석을 포함시키도록 하라. 예를 들어 Altmaier, Ross, Leary와 Thornbookrough(1982)는 다음과 같은 항목들을 계약에 포함시키길 권한다.

- 성공적인 대처를 위해, 나는 내 스트레스 신호인 ___________를 알아차리면 잠시 쉴 것이다.
- 나는 ___________처럼 내 감정, 상상, 자기진술들을 점검할 것이다.
- 내 부정적인 자기 언어를 ___________라고 말하는 것으로 교체하겠다.

✿ 자기주장

주장적인 사람이란, (1) 사회적 상황에서 적절히 행동하고, (2) 정직하며, (3) 타인의 감정 및 행복을 고려하면서도 자신의 사고와 감정을 솔직하게 표현할 줄 아는 사람을 말한다(Rimm & Masters, 1979). 주장(assertion)과 공격(aggression)의 차이는, 전자는 적절하고 후자는 그렇지 않다는 것이다. 자기주장에 미숙한 사람들은 소신을 드러내기 전에 매우 화가 나서, 자신의 의견을 주장하기보다는 언어적으로 공격적일 가능성이 더 높다(Linehan, 1979). 그러므로 사건들의 연쇄 초반에 자기주장을 펼치는 것이 바람직하다. 자기주장을 늘림으로써 분노를 줄일 수 있다(Moon & Eisler, 1983).

연쇄 초반의 개입은 신념이나 자기지시, 또는 둘 다를 통해 시작할 수 있다. Goldfried(1979)와 동료들은 소심한 사람들은 자신의 의견을 조금이라도 내세우면 남들이 자신을 거부하거나 비난할 거라고 믿고 있음을 밝혔는데, 객관적으로 그것은 사실이 아니다. 그런 신념을 찾아내라. 그리고 그것을 긍정적인 자기지시로 바꾸라. 자기지시는 특히 익숙지 않은 행동을 이끌어 내는 데 유용하다. "기억해라, 단호해져라. 불쾌해할 필요가 없다. 그저 너의 입장을 소신 있게 표명해라. 좋다."

✿ 우울과 낮은 자존감

우울에 가장 효과적인 해결 방법 중 하나는 새로운 환경, 즉 보다 유쾌한 활동이 가능하고 가치 있는 사회적 상호작용의 기회가 더 많은 환경의 제공이다. 환경의 변화는 기분과 자존감을 돋우기에 충분한 계획이다(Doerfler & Richards, 1983).

우울의 선행통제를 위한 또 하나의 주요 전략은 유쾌한 활동, 특히 다른 사람들과 어울리는 활동을 계획하는 것이다(Hollon & Beck, 1979). 우울한 사람들은 기분 전환을 위해 이 선행사건을 자주 사용하지 않는다(Fuchs & Rehm, 1977). 종류가 어떤 것이든—오락, 사교 활동, 운동, 공상, 또는 수공예—자신에게 즐거운 활동을 고르는 것이 중요하다. 이런 활동들을 정기적으로 자주 계획하고 그 스케줄에 충실하라.

우울과 낮은 자존감은 서로 밀접하게 관련되어 있다(Kendall, Stark, & Adam, 1990). 자신이 문제해결에 약하다고 믿는 학생들은 우울해질 가능성이 더 높다(Dixon, Heppner, Burnett, Anderson, & Wood, 1993). 동일한 사건을 겪은 후, 우울한 사람들은 자신의 지나치게 높은 기준을 만족시키지 못한 것에 대해 자신을 더욱 부정적으로 바라본다(Rehm, 1988). 지나치게 많은 '의무(shoulds)'("나는 가족들을 더 자주 찾아가야만 해."), 비교("______에 비해 나는 정말 흠이 많아."), 완벽주의("나는 모든 걸 완벽하게 해내야 해. 그렇지 않으면 비난받을 것이고 실패자가 될 거야.")처럼 왜곡된 진술을 찾아라. 완벽주의적인 학생들은 시험을 잘 보지 못한 후 덜 완벽주의적인 학생들보다 더 우울해한다(Brown, Hammen, Craske, & Wickens, 1995; Freeman & Zaken-Greenburg, 1989).

이런 과도한 기준들은 두 가지 전략을 시사한다. 첫째, 목표와 기준을 재검토하고 이를 좀 더 현실적으로 만들어 볼 수 있다. 둘째, 자신의 수행에 대한 자기진술, 사고, 판단을 면밀히 검토해 볼 수 있다. 자기 자신에게 애정을 가져야 한다. 제일 친한 친구에게 말하듯 자기 자신에게 이야기하라.

기분의 변화를 느꼈을 때, 어떤 생각이 변화를 일으켰는지 찾아보라. "나는 실패자야." 또는 "나는 어떤 것도 절대 제대로 할 수 없어."와 같은 사고는 분명 기분을 우울하게 만들 것이므로 좀 더 긍정적인 자기진술로 대체되어야 한다(Rehm, 1982). 긍정적인 자기진술을 미리 준비하고 미리 연습하여, 그것들을 대체물로 즉시 사용할 수 있게 하라. 우울한 사람들은 부정적인 생각을 또 다른 부정적인 생각으로 연결시킨다(Wenzlaff, Wegner, & Roper, 1988). 심지어 자신을 비하한 것을 비난하기도 한다. "나는 방금 내가 실패자라고 생각했어. 얼마나 어리석은 생각인지."(Hollon & Beck, 1979)

자기비판을 할 때 반박할 내용을 미리 준비하라. "나는 실패자가 아니야. 사실 나는 성실하고 섬세한 친구야." 또 가장 친한 친구 대하듯 자신에게 이야기할 것을 기억하라. "질 때도 있고 이길 때도 있지. 나는 정말 멋진 녀석이야." 이런 자기진술을 연습하라.

특히 실망 뒤에 따라오는 부정적인 자기진술을 경계하라. 자기파괴적인 핵심 신념, 특히 그런 신념들이 지나치게 일반화되어 여러 상황에서 나타나지 않도록 주의하라. "나는 실패자야." "나는 쓸모없어." "나는 비호감이야." 같은 것들이다(Antony & Norton, 2009). 우울감을 불러오는 이러한 선행사건에 대비해 긍정적인 자기진술을 준비하고 실망감을 느끼면 바로 사용하라.

우울한 감정과 무기력을 물리치는 가장 즉각적인 방법은 운동이다(Weir, 2011). 운동은 우울증 완화에 약물만큼이나 효과적이다(Beck, 2011).

✿ 운동과 스포츠

규칙적인 운동을 시작하는 것처럼 일상생활을 변화시키는 프로그램을 시작할 때 극복해야 할 첫 장애물 중의 하나가 바로 고통이다. 달리기나 에어로빅을 시작할 때 뻣뻣한 근육, 통증 및 피곤함은 새로운 행동을 그만두게 할 수 있다. 이때, 운동으로 인한 불편함을 극복하는 데 자기지시가 아주 요긴할 수 있다. 고통에도 불구하고 스스로를 채찍질하는 진술보다, 고통에 대한 주의를 분산시키는 자기진술을 사용하는 게 더 낫다. 스스로에게 "꽃향기를 맡아 봐." 또는 "구름을 바라봐."라고 말한다. 운동을 막 시작한 사람들에게는 이 말이 "너는 더 잘할 수 있어!" 또는 "성공할 수 있어!"와 같은 지시보다 더 효과적이다(Martin et al., 1984).

수행을 향상시키려는 숙련된 운동선수의 경우, 다양한 전략들을 혼합하는 것이 적절하다(Suinn, 1987). 마라토너와 같은 달리기 선수들은 자세, 피로 수준, 심지어 고통 수준에 대한 신중한 모니터링과 자기지시를 통해 수행을 개선시킨다. 그들에게는 꽃향기를 맡는 방법이 통하지 않는다. 하지만 다른 선수들이 앞서고 있다거나 다가오는 언덕에 대한 두려움과 같이 불안을 야기하는 사건이 발생하면, 큰 나무를 찾거나 구름을 세는 등 주의를 분산시키는 자기지시가 노련한 운동선수에게도 도움이 될 수 있다.

어떤 종류의 운동이나 기술을 배우든 간에, 공유 목표를 달성하게 서로 돕는 공식적/비공식적 수업이나 그룹, 코치를 찾는 것은 아주 현명한 전략이다. 출석을 위한 사전약속, 상호적 독려, 수행 모델은 빠지지 않고 운동하는 습관을 키우기 위한 강력한 선행사건이다.

계획을 세울 때 운동 시간을 일정하게 정해 두어야 한다. 목표행동을 특정한 날과 시간이라는 선행사건에 묶어 두는 것은 원하는 시간만큼 운동할 확률을 높인다.

✿ 대인관계: 사회 불안과 사회 기술

사회 불안에 대한 선행사건에는 새로운 사람들을 만나거나, 잘 알지 못하는 사람들과 대화를 하거나, 모두의 관심을 받거나, 학급 앞에서 발표하거나, 타인에 의해 평가받는 것 등이 있다. 이 모든 조건들에는 공통점이 하나 있다. 남들 앞에서 자기표현을 잘하고, 긍정적인 평가를 받고 싶다는 것이다. 이런 상황들 속에서 긴장을 경험하는 것은 지극히 정상적이다. 그러나 사회 불안이 높은 사람들은 사회적 상호작용 전에 매우 다른 형태의 자기대화(self-talk)를 한다. 상황이 위협적이며 자신이 무능력하고 매력 없게 보일 것이라고 말하는 것이다(Carver & Scheier, 1986). 그보다는 중립적으로 주의를 분산시키는 생각이 불안을 감소시키는 데 더 효과적이다(Heinrichsen & Clark, 2003).

사회적 상호작용을 할 때 자신이 어떤 자기대화를 하는지 찾아보라. 파국적인 진술을 사용하지 않도록 하라. 적응적이고, 기술 관련적이고, 자신이 넘치는 자기지시문을 준비하라.

또한 자기지시는 긴장된 관계에서 선행통제로 아주 유용하다. 관계가 몹시 괴롭다면 상호작용을 회피하고 싶을지도 모른다.

문제를 겪는 특정한 상황에는 어떤 것들이 있는가? (제3장에 실린 선행사건 목록을 참고하라.) 예컨대 많은 학생들은 자신이 어떻게 데이트를 청하는지 모르거나 거절에 대한 두려움으로 말도 꺼내지 못한다고 생각한다. 특정한 상황이 사회적 상호작용을 피하도록 만드는가? "그에게 데이트하자고 하면 걘 아마 웃음을 터뜨릴걸?"처럼 부정적인 자기지시로는 어떤 것들이 있는가? "그녀에게 데이트를 신청했는데 거절하면 그건 정말 끝이야.", "대화가 끊기면 지루해한다는 거야. 최악이야.", "그에게 좋은 인상을 남기려면 잘난 척을 좀 해야 해."와 같은 자기패배적 신념을 골라낼 수 있겠는가?

스스로를 다른 사람과 대화를 나누는 것 같은 특정한 상황으로 유도하기 위해 자기지시를 이용하라. "기억하자. 그녀가 원하는 이야기를 하자. 그녀에게 무엇에 흥미를 갖고 있는지 묻고 그것에 대해 대화하자. 그녀에게 관심을 보이자." 사회적 상황들 속에서 무엇을 할지 모르거나 두려움을 느낄 수도 있다. 이 문제들은 다음 장을 읽은 후 대처할 수 있다.

✿ 흡연, 음주, 약물

해로운 물질 사용을 통제하기 위해서는 초기의 성공이 중요하다. 담배나 술을 거부할 자신이 있는 상황을 하나 선택한다. 그 상황부터 시작하여 성공과 자기효능감에 대한 경험을 얻는다(Nicki, Remington, & MacDonald, 1984).

문제가 주로 집에서 발생한다면 공간 배치를 바꿈으로써 선행사건에 변화를 준다. 가구를 재배치하거나, 유혹의 장소인 침대나 TV를 다른 곳으로 옮겨 보라. 공공장소의 경우, 제일 먼저 유혹의 단서가 되는 선행사건 상황을 피한다. 특히 타인에 의한 유혹 상황을 조심하라. 흡연자의 흡연 욕구는 다른 흡연자들과 같이 있을 때 더 강력하고 빈번해진다(Rickard-Figueroa & Zeichner, 1985). 특히 감정적으로 혼란스러울 때 그런 상황을 회피하는 것이 중요하다. 매우 부정적인 기분일 때 위험에 빠질 가능성이 높아진다(Leith & Baumeister, 1996; Marlatt & Parks, 1982). 상황을 미리 피하지 못했다면 도망쳐라(Shiffman, 1984). 도망갈 수 없다면 다른 생각이나 활동으로 주의를 분산시킨다. 주의를 돌릴 수 없다면, 유혹의 '감정적' 측면 대신 '독이 든 하얀 튜브를 빨고 있다'는 추상적이고 '이성적인' 성질에 집중하라. 일반적으로, 비흡연자들과 어울리는 것은 금연하려는 사람들에게 긍정적인 선행통제로 작용할 수 있다(Carey, Snel, Carey, & Richards, 1989).

사고 대체(thought substitution)가 포함된 프로그램은 약물 사용을 줄인다(Azrin, Donohue, Besalel, Kogan, & Acierno, 1994). 치솟는 욕구를 느낄 때, 바로 그 행동을 시작하려는 시점에 "그만!"이라고 말한다. 그리고 바로 약물 사용의 부정적인 결과를 서술하는 문장을 되새기며, 5초간 긴장을 풀고, 그 즉시 약물 사용과 상반되는 활동을 한다(제6장 참조).

문제행동을 야기하는 연쇄를 분석하라. 연쇄를 거슬러 올라가면 구매에서 시작되는 경우가 많다. 애당초 마리화나를 구입하지 않는 것이 연쇄를 깨뜨리는 데 가장 효과적인 시점이다. 맥주를 피처로 주문하지 말라. 한 잔만 주문하라(George & Marlatt, 1986).

하지만 완전한 계획은 연쇄의 처음과 끝을 모두 다뤄야 한다. 예를 들어, 담배를 줄이려면 주어진 양만 갖고 다니거나, 끊을 거라면 사지 않거나 가지고 다니지 않는 식으로 담배 공급을 줄이거나 차단함으로써 연쇄의 초반을 공략한다. 강렬한 충동에 사로잡힌 순간에는 "흡연(또는 마리화나)을 멈추기 위한 프로그램을 시작했는데도 왜 이 담배(또는 마리화나)를 피우고 싶은 거지?"와 같이 목표에 관한 질문을 함으로써 연쇄의 후반을 공략한다.

알코올, 약물, 담배에 있어서는 충동과 행동 사이에 2분간 일시정지하는 것이 위반을 줄이는 데 효과적인 기법이다. 물질에 대한 갈망은 파도와 같은 특유의 형태를 지녀서, 격렬하게 증가하여 정점에 이르고는 줄어든다. George와 Marlatt(1986)은 그런 충동을 '파도타기(surf)'한다고 표현했다. 이겨 내라. 충동이 솟구치다 가라앉는 것을 느껴 보라.

명확한 목표일을 정한다. 기저선 데이터를 수집하고 있는 동안에는 중지할 필요가 없지만, 중지 날짜를 확정하는 것은 성공적인 프로그램과 연관된다(Hill et al., 1994).

✿ 학습과 시간 관리

학습과 시간 관리에서 가장 흔히 드러나는 문제는 미루기이다. 해야 할 일이 무엇이든 개요, 목차, 목록, 차트, 삽화 등으로 전부 분명하게 정리되어 있으면 실제로 과제나 보고서를 시작하기가 훨씬 쉬워진다. 과제의 전반적인 형태와 구성이 가시화되어 있으면 미루기는 급격하게 줄어들고 과제를 더 빨리, 가벼운 마음으로 시작할 수 있다(McCrea, Liberman, Trope, & Sherman, 2008).

네 가지 형태의 선행사건 통제가 여기에 효과적이라고 증명되었다(Steel, 2007; Van Eerde, 2000; Watson, 2001; Zimmerman & Shunk, 2011).

1. 계획하기. 시작 및 종료 시간이 분명한 공부 시간을 규칙적으로 계획하라. 주 단위 계획이 좋다. 스케줄을 기록하라. 수행에 대해서도 정확히 기록하라.
2. 목표와 가치 상기하기. 하루에 여러 번 "지금 내 시간을 가장 잘 활용하고 있는가? 아니라면, 최고의 방법은 무엇인가?"라고 물어보라.
3. 모든 활동 조직하기. 학습 외 활동들도 잘 조직되어 있다면 공부 시간을 더욱 효과적으로 이용할 것이다. 매일 '할 일(to-do)'을 목록으로 만들어 보라. 필요하다면 항목들을 중요도에 따라 나열하고, 그에 맞춰 활동하라. 이러한 계획으로 시간낭비를 줄일 수 있다.

글상자 5-6 피트의 변화 계획

제2장의 마지막 부분에서 여러분은 피트의 기록 작성 방법에 대해 살펴보았다. 이번에는 건강하지 않은 식습관을 이끄는 기존 선행사건에 대처하고 건강한 식습관을 유도하는 새로운 선행사건을 만드는 그의 계획에 대해 알아보겠다. 그의 첫 번째 목표는 더 이상 살찌지 않는 것이었다.

그는 Weight Watchers에 정기적으로 참석했다. 그의 첫 번째 프로그램은 지나치게 많이 먹는 상황을 피하는 것이었다. 그는 이미 건강하지 않은 자신의 습관을 알고 있었고 이에 대처하는 계획을 세웠다. 그는 배고플 때 쇼핑하지 않았고, 너무 배가 고파서 정신을 잃고 과식하지 않도록 주의했으며, 식사 전에 배가 많이 고프면 무지방 우유를 한 잔 마셨다. 또 뷔페같이 유혹이 산재한 곳에 가기 전에는 고단백 간식을 먹었으며, 절대로 부엌에 선 채로 음식 포장을 바로 뜯어 먹지 않았다.

그는 식품에 표시된 영양성분표를 보고 칼로리를 확인하기 시작했다. "이렇게 하면서 몇 가지를 배웠어요. 사실 전 그래놀라가 그렇게 칼로리가 높을 줄 몰랐거든요. 그래서 끊고, 제가 항상 먹는 음식의 칼로리도 찾아보기로 결심했지요." 그의 아내는 디저트, 크림, 도넛 같은 고지방 음식을 사지 않는 것에 동의하고 치즈 같은 음식도 줄이기로 했다.

피트는 아이스크림, 빵, 버터 같은 평소에 많이 먹는 음식들도 피하기로 했다. "영원히 안 먹겠다는 게 아니라 살 뺄 때까지만요." 또한 그는 중국식 뷔페, 회사에서 간식들을 보관하는 진열장, 빵집처럼 음식을 많이 먹게 되는 장소들도 피했다. 그는 디저트 같은 고칼로리 음식은 하나도 먹지 않겠다고 다짐했으나 나중에 계획을 바꿔 몇 입만 먹기로 했다. 애초에 너무 엄격한 기준이었기 때문이다.

피트는 무엇을 먹었는지, 얼마나 먹었는지, 어디서 먹었는지를 기록하며 과식을 유도하는 선행사건을 찾아보았다.

"저는 어떤 상황에서 항상 음식을 많이 먹게 되는지 찾아냈어요. 뷔페, 맛이 훌륭할 때, 금요일 퇴근 후, 무엇인가를 축하할 때마다, 또 살사칩을 '조금만' 먹으려고 할 때였죠."

"음식을 많이 먹을 때는 제가 기록을 하지 않는다는 걸 알게 되었어요. 초과된 칼로리는 무시하며 제 자신에게 거짓말을 하고 있었죠. 그래서 그러지 않을 방법을 생각해냈죠. 한번은 제 자신에게 화가 났어요. 분노 기록장에 적었죠. '피트, 일지에 빈칸을 채우든지 평생 뚱뚱한 채로 살든지 알아서 해.' 먹고 싶은 건 먹을 수 있었지만 먹은 건 전부 기록해야 했어요."

"제 기록을 보면 제가 과식한 이유가 정말 놀라워요. 누가 밥을 사 주겠다고 하면 항상 따라갔어요. 모든 사람이 먹고 있으면 저도 그랬고요. 저녁 식사 시간에는 배가 고

(다음 쪽에 계속)

프든 아니든 항상 먹었고, 음식이 훌륭해 보여도 마찬가지, 접시에 담긴 음식은 항상 다 먹었고요. 한번은 크리스마스였는데 한 여자분이 저에게 에그녹(술에 달걀과 우유를 섞은 것)을 건네주기 전까지는 아주 잘 참고 있었죠. '아, 이건 아니야. 이건 칼로리가 엄청나다고.'라고 생각하면서도 받아 마셨죠. 자제력을 상실한 것처럼요. 상황이 저를 조종했지요."

"가끔씩 엄청나게 먹으려고 작정할 때가 있어요. 먹을 수 있는 모든 음식을 상상하면서 파티에 가거나 제가 환장하는 음식이 나오는 식당에 가기도 해요."

피트는 그의 아내와 식이조절에 대해 더 구체적으로 상의하기 시작했다. 그중에는 '만약 … 그렇다면' 계획을 규칙으로 정해 두 가지 상황에서 사용하기로 한 결정도 포함되어 있었다. 만약 외식을 하러 나갔는데 유혹을 느낀다면, 아내에게 내 주의를 다른 곳으로 돌려 달라고 부탁할 것이다. 만약 파티에서 음식 테이블 주위에 있다면, 자리를 옮기거나, 이야기할 사람을 찾거나, 내 아내가 얼마나 멋져 보이는지 생각할 것이다. 만약 내가 '딱 이번 한 번만'이라고 생각한다면, 장기 목표를 떠올릴 것이다.

그는 '만약 … 그렇다면' 규칙 중 하나를 지키느라 '끔찍한 시간'을 겪기도 했다. 그것은 "만약 내가 배가 고프면, 간식을 먹을 수 있다. 하지만 100kcal를 넘지 않아야 하고, 섬유질이 많거나 무지방 우유여야 한다."였다. 그는 주로 견과류를 선택했다. "이 규칙을 지키느라 죽을 뻔했어요. 매번 견과류를 먹을 때마다 칼로리 제한을 넘기기 일쑤였거든요. 그래도 연습할 때 지켜야 할 원칙을 기억하고 있었기에 계속 노력했어요. 나와 땅콩 중에 누가 이길까? 결국, 어느 날 선을 넘지 않았어요. 만세! 제가 이겼어요! 그 이후로 점점 더 좋아졌죠. 실수도 했지만 금방 만회했어요."

4. 자기지시하기. 공부하는 동안 더 적응적인 자기 언어를 사용하라. 스스로에게 공부가 지겹다고 말하지 않는다. 공부 대신 하고 싶은 것들을 상기시키지 않는다. 공부 기간에 대한 목표를 확실히 정하고, 그것들을 달성하길 다짐하라.
5. 생산적인 작업환경을 마련하라. 산만하지 않고(예컨대 이메일이 떠 있는 컴퓨터가 없는) 공부에 필요한 물건이 갖춰진 장소가 필요하다. 같은 장소를 정기적으로 이용하라.

글쓰기를 향상시키기 위한 전략으로 자기지시를 들 수 있다. 자신에게 구체적으로 지시하라. (1) 과제의 중요한 면으로 주의를 집중하라. (2) 생각을 멈추고 싶어 하는 충동적인 반응을 저지하라. (3) 대안을 만들라. (4) 생각에 초점을 맞추라. (5) 과제를 끝내기 위해 요구되는 단계 순서를 수행하라. (6) 침착하라. (7) 성공 기준을 만들라(Harris & Graham, 1996).

✿ 체중 감량과 과식

주의: 여자 청소년들의 체중 감량 노력은 일반적으로 상황을 나아지게 하는 게 아니라 악화시킨다. 식욕 억제제나 설사제를 사용하며, 최소로 운동하고, 체중 조절을 목적으로 구토를 하는 '다이어트' 방법들은 모두 상대적인 체중 증가와 비만의 초기 발병으로 이어진다(Stice, Cameron, Killen, Hayward, & Taylor, 1999).

체중 감량을 위한 모든 행동적 프로그램들은 음식을 먹는 행동의 선행사건에 집중하는 특성을 담고 있다. 자기주도적 프로그램은 다음의 세 가지를 모두 포함해야 한다.

1. 섭식 행동과 활동 수준에 대한 셀프모니터링
2. 섭취에 대한 환경적 영향을 통제하는 계획
3. 필요한 행동 변화를 방해하는 사고 및 자기 언어에 대한 주의집중(Agras, 1987)

여러분은 과식이 외부적인 단서에 의해 지배되고 있음을 깨닫게 될 것이다(Herman & Polivy, 2004). 일련의 흥미로운 실험을 통해 Brian Wansink(2006)는 우리가 종종 음식을 먹게 하는 외부적 단서를 의식하지 못함을 보여 주었다. 예를 들어 우리는 음식을 먹고 있는 사람들과 함께 있을 때 더 먹게 되고, 그들이 많이 먹으면 우리도 역시 많이 먹는다. 그러나 왜 먹느냐는 질문을 받으면 음식의 맛이나 배고픔을 이유로 댄다(Vartanian, Herman, & Wansink, 2008). 우리는 음식이 많이 나올수록 더 많이 먹는다. 음식이 가까이 있을수록 더 많이 먹는다. 음식의 이름이 '예쁠수록' 더 많이 먹는다. 음식이 '건강에 좋을수록' 더 많이 먹는다. 닿기 쉬울수록 더 많이 먹는다. 식사의 일부가 맛있으면, 전체가 맛있다고 느끼고, 더 많이 먹는다(Wansink, 2006).

먹는 것은 환경에 의해 유도된다. 과식으로 이어지는 상황을 배우고 주의하라. 간식을 눈에 보이지 않게 치우거나, 손에 닿기 힘들게 만들거나, 너무 '매혹적'으로 보이지 않게 하는 것 같은 간단한 방법들을 사용해 보라. 그리고 음식을 적게 담아라.

다음은 자극 통제를 제한하는데 입증된 세 가지 전략인데, 이는 운동 및 사회적 지지와 더불어 가장 믿을 만한 전략이다(Kirschenbaum, 1994).

1. 먹는 장소를 줄인다. 식사 장소를 부엌과 식당, 레스토랑으로만 한정한다.
2. 음식은 음식 공간에만 둔다. 사탕 접시, 사물함, 보조탁자 등에 두지 않는다. 눈에 띄지 않게 보관하라.

3. 음식 공간에서만 먹는다. 부엌이나 식탁에서는 일, 바느질, 또는 TV 시청을 하지 않는다.

과식 연쇄를 서너 가지 초반 시점에 중단할 수 있다. 예를 들어, 배고프지 않을 때 쇼핑하기(과소비를 막기 위해), 사지 않아야 할 살찌는 음식들의 목록 작성하기, 과자 코너 피하기, 너무 배고파서 많이 먹지 않게 하기, 식사 도중 잠시 쉬기.

고위험 상황들을 더욱 잘 다루거나 또는 피하게 해주는 사회적 지지 체계는 중요한 전략이다. 주변인들은 나쁜 음식 선택을 줄이고, 상황이 유혹적이거나 예측 불가능할 때 단서와 격려를 제공하여 도울 수 있다(Fitzgibbon & Kirschenbaum, 1992). 친구들을 다이어트 동료 내지 치어리더로 개입시키는 것은 다이어트에 대한 기강 및 체중 감량을 유지하도록 돕는다(Wing & Jeffrey, 1999).

적당히 먹는 사람들과 식사하도록 노력하라. 식사에 미치는 사회적 영향력은 엄청나게 강력해서, 종종 개인의 의도와 목표를 무력하게 만든다(Herman & Polivy, 2010; Herman, Roth, & Polivy, 2003). 우리가 속한 문화는 과식을 부추긴다(Nestle, 2006). 한 끼 분량은 지난 몇십 년간 점점 더 커졌다. 식기는 예전에는 지금보다 더 작았다. 식당에서 나오는 음식의 양은 전에 비해 훨씬 많아졌다. 미국 이민자들은 미국 문화에 적응할 때 살이 찌는 경향이 있는데, 그 이유는 전형적인 미국 식사를 하기 때문이다(Guendelman, Cheryan, & Monin, 2011).

문제가 과도한 '폭식'이라면 추가적으로 두 단계를 더 실행하라. 첫째, 자기파괴적 신념, 특히 '모든 사람들로부터의 완벽한 사랑'과 '나의 완벽한 수행'과 같은 유형의 신념을 기록하라. 폭식가는 타인의 마음에 들려는 극도로 높은 기준에 시달린다. 그들은 그 기준에 (당연히) 부응하지 못하면 '자기저주' 진술로 반응하며, 그러고 나서 마구 먹는다. 둘째, 그런 신념을 좀 더 이성적인 것으로 교체하라. 부정적인 자기평가를 긍정적인 것으로 교체하라. 이는 매일의 식습관을 직접 공략하는 것만큼이나 중요하다(Heatherton & Baumeister, 1991; 글상자 5-6 참조).

요약

선행사건 확인

현재의 선행사건을 확인하기 위해 기록이 필요하다. 선행사건들의 연쇄를 반드시 시작점까지 역추적하라. 특정 방식으로 행동하게 만드는 사고를 주의 깊게 관찰함으로써 자기지시적 선행사건을 찾아낼 수 있다. 또한 문제행동을 모두 적어 보고 공통점을 확인함으로써 자기패배적 신념을 발견할 수 있다.

오래된 선행사건 수정

선행통제를 위한 첫 단계는 문제행동에 대한 선행사건을 회피하는 것이다. 이는 음식, 약물, 또는 섹스에 대한 지나친 탐닉과 같은 소비 행동에 특히 적합한데, 이런 행동들은 수행 자체가 강화제가 되어 행동을 자동적으로 강화하기 때문이다. 특히 다른 사람들이 같은 행동을 하고 있는 상황을 피해야 한다. 이는 격앙된 감정 상태에 있을 때 더욱 중요하다.

때로 문제행동에 대한 선행사건을 줄임으로써 선행사건을 피할 수 있다. 즉, 공부하고 있지 않으면 책상에 앉아 있지 말아야 하고, 잠을 이루지 못하겠으면 침대에서 벗어나야 한다. 선행사건은 또한 그것에 대한 재인식, 즉 '감성적이고' 유쾌한 특질보다는 '이성적이고' 추상적인 특질에 귀를 기울이는 것으로써 변화된다. 다른 것들을 생각하며 주의를 분산시키는 것 또한 유혹을 줄일 수 있다.

행동 연쇄는 한 행동이 다음을 위한 단서가 되고, 차례로 그것이 그다음 행동을 위한 단서가 되는 식으로, 최종적인 강화를 통해 연쇄에 속한 행동 전체가 함께 강화되는 식으로 발달한다. 비록 문제로 보이는 것은 최종 행동 하나일지라도 연쇄 전체가 관련된 것이다. 자동적이고 '통제 불가능한' 문제의 성격을 방해하여 연쇄를 변화시킨다. 연쇄는 일시정지나 기록을 통해 방해받거나 뒤섞이고, 하나 이상의 고리를 대체시킴으로써 바뀐다. 긴 연쇄에서는 연쇄의 초반과 후반 모두에 존재하는 요소들을 변화시키는 것이 현명하다.

새로운 선행사건 배치

새로운 선행사건을 배치하는 효과적인 방법은 자기지시를 통한 것이다. 원하는 행동이 일어나기 전에, 스스로에게 분명하고 명쾌하게 지시한다. 이런 지시는 행동이나 신념과 관련될 수 있다. 즉, 자기지시로 계획한 행동을 구체적으로 지시하거나, 자신의 좋은 특성이나 능력을 언급할 수 있다.

자기패배적이거나 불쾌한 자기진술은 좀 더 긍정적인 것들로 교체될 수 있다. 부정적인 사고를 성공적으로 억제하려면 적절한 새 자기진술을 대신 사용해야 한다. 자기진술은 실제로 소리를 내든, 속으로 하든 간에, 최대한 명확하고, 시간상으로 실제 행동과 최대한 가까워야 한다. 그리고 특히 처음 시작할 때는 필요하기 전에 미리 자기지시를 잘 연습해 두어야 한다.

원하는 행동에 대한 자극 통제를 증가시키기 위해 환경을 재조정한다. 이 방법은 원하는 행동을 특정 환경으로 제한하는 것이다. 사회적 환경을 조정하여 내가 목표로 하는 행동을 하는 타인과 함께 있으면서 원하는 행동을 촉진할 수 있다.

우리가 습득하려는 대부분의 행동들은 다양한 상황에서 유용해야 하므로 자극 일반화를 권한다. 원하는 행동이 비슷한 상황에서도 발생하도록 선행통제 범위를 광범위화해야 한다. 상황들 간의 교량 역할을 하는 자기지시는 쉽게 이용 가능하고 신뢰할 만하며, 여러 상황에서 자기조절 행동을 가능하게 할 것이다.

사전약속—발생할 선행사건을 미리 정해 놓는 것—은 어려움이 예상될 때 특히 유용하다. 어떤 상황에서 원하지 않는 행동에 대한 단서가 나타날 것을 알고 있을 때, 타인이나 알람시계, 목표에 대한 자기상기 등 새로운 수행을 표시하는 신호를 미리 정한다.

다양한 방식으로 많은 영역에서 여러분에게 영향을 미치는 사회적 시스템의 구성원들을 정리해 보라. 그들을 여러분이 목표를 이루는 데 지지적인 사람들과 방해가 되는 사람들로 분류하라. 각각의 그룹에 대해 사회적 영향력이 면대면으로 이루어지는지, 아니면 온라인을 통해 가상적으로 이루어지는지 적어 보라. 어떤 교류는 줄이고, 어떤 활동은 늘릴지 계획하고, 필요하다면 계획을 지지해 줄 새로운 사회적 시스템 구성원을 찾아보라.

스스로 해보는 자기주도 계획: 5단계

구조화된 일기나 자기기록 또는 그 둘을 모두 검토하여, 목표와 관계된 모든 문제행동의 선행사건을 확인하라. 선행자극 통제를 증가시키거나 감소시킬 계획을 고안하라. 하나의 절차로, 새로운 자기지시를 사용하라. 다른 기법들도 함께 사용하라.

여러분의 중요한 행동에 영향력을 행사하는 사회적 체계를 보여 주는 표를 준비하라. 체계 구성원들의 영향력이 목표 달성에 호의적인지, 아니면 여러분을 방해하는지 기록하라. 이러한 사회적 그룹과 보내는 시간을 조절할 계획을 세우고, 필요하다면 여러분의 목표를 지지해 줄 새로운 사회적 그룹과 환경을 만들라.

이전 단계에서 했던 것처럼 계획을 기록하라. 제6장과 제7장에 최종 계획에 포함할 수 있는 방법들을 제시했다. 그러나 계획의 일부분은 지금 당장 시작될 수 있다. 새로운 사회적 지지그룹을 찾거나, 자기대화를 바꾸어 연습하거나, 면대면 접촉과 온라인 접촉을 어떻게 조율할 것인지 결정하는 것들이다. 여러분의 계획은 아직도 작업 중이지만 준비가 끝난 몇 가지는 시도해 봐도 좋다.

새롭고 수정된 선행사건을 시험해 보면서 행동의 빈도와 환경, 구조화된 일지를 계속 기록하라.

제6장

행동: 행동, 사고, 감정

✿ 개요

새로운 사고와 행동으로 대체하기	조형법: 연속적 근접
불안과 스트레스 반응 대체하기	일반적인 주제를 위한 조언
이완	요약
새로운 행동 개발	스스로 해보는 자기주도 계획: 6단계

자기수정에 대한 계획에는 새로운 행동 개발이 포함된다. 자기수정 프로그램에서 새로운 행동 개발을 위한 원리는 학습 장면에 적용되는 원리와 같다.

이 장은 5개의 주요 부분으로 구성된다. 첫 번째 절에서는 원치 않는 행동을 원하는 행동으로 **대체하기** 위한 절차에 대해 다룬다. 어떤 문제의 경우, 원치 않는 행동 대신 새로운 행동을 도입하는 것만으로도 문제가 해결될 수 있다. 두 번째 절에서는 불안과 긴장을 대체하는 것에 대해 논의한다. 세 번째 절은 이완에 초점을 맞추는데, 이완이 불안과 걱정을 내체하는 효과적인 반응이기 때문이다. 이미 많은 독자들은 효과적으로 긴장을 풀 수 있겠으나, 걱정과 불안을 야기하는 상황에 이 '새로운' 행동을 도입할 필요가 있다. 네 번째 절에서는 새로운 행동을 개발하기 위한 일반적인 기법에 대해 설명하며, 특히 그 행동이 여러분에게 완전히 새롭고 낯선 경우에 대해 다룬다. 기본적 기법은 **모델링**(modeling)과 **연습**(rehearsal)이다. 마지막으로 새로운 행동의 습득 및 그 행동을 자기수정 프로그램에 도입하는 기초적 전략을 설명한다.

& Schneider, 1989). 주의분산물을 이용하는 것은 단순히 원치 않는 생각을 억제하는 것보다 효과적이다. 생각을 억제하려는 시도는 오히려 생각을 더 증가시킬 수 있다 (Wegner, 1989).

✿ 주의분산을 통한 행동 통제

격렬한 표현으로 감정을 분출한다고 감정이 가라앉지는 않는다. 오히려 증폭되고 커지기 마련이다(Larsen & Prizmic, 2004). 소리 지른다고 나아지는 것은 없다. 하지만 우리가 자신의 감정에 대해 어떻게 생각하는지에 따라 감정이 달라진다. 특히 **반추**(rumination)가 그렇다. 부정적인 생각에 초점을 맞추고 그 원인과 결과를 되풀이해 생각하면 더 부정적인 감정이 야기된다(Mor & Winquist, 2002; Nolen-Hoeksema, 2000). 반면에 지난 실수를 고치고 목표를 달성하는 데 초점을 둔 반추는 긍정적인 결과를 낳는다(Ciarocco, Vohs, & Baumeister, 2010).

계속된 반추로 인한 문제에 있어서 **거리 두기**(distancing)는 상당히 효과적인 감정조절 수단이다. 예컨대 톰의 반추는 "그 상황에서 왜 그렇게 느꼈지?"라며 몇 번이고 되풀이하며 생각에 잠기는 식이다. 심리학자 Kross와 Ayduk(2011)은 과거를 되새길 때 톰이 그렇게 말하는 대신 "그 상황에서 톰은 왜 그렇게 느꼈을까?"라고 물어야 한다고 주장한다. 자기 자신을 제3자로 취급하는 것은 톰에게 행동에 영향을 미치는 상황의 맥락과 선행사건에 집중할 수 있게 해준다.(이 **거리 두기**는 상상 속의 재생으로 '제3자'를 그려보는 방법과 유사하다. 우리는 이를 이 장의 뒷부분에서 다룰 것이다.) 일례로 지나는 묻는다. "파티에서 난 왜 술에 취해서 그렇게 행동했을까? 정말 우울해." 대신 이렇게 물을 수도 있다. "지나는 왜 우울해졌을까? 우울해지지 않기 위해서 어떻게 할 수 있었을까?"

✿ 양립 불가능한 행동

언제든 가능하면 원치 않는 행동과 **양립 불가능한**(동시에 발생할 수 없는) 대체행동을 선택하도록 한다. **양립 불가능한 반응이란 다른 행동의 발생을 막는 행동이다**. 앉기는 뛰기와 양립 불가능하다. 수영하러 가는 것은 방에 머물러 있는 것과 양립 불가능하다. 정중한 것은 무례한 것과 양립 불가능하다. 여러분의 원치 않는 다양한 행동에 대해 양립 불가능한 행동이 있을 것이다.

미소 짓기는 눈살 찌푸리기와 양립 불가능하다. 얼굴 표정이 그 표정과 일치되는 감정을 불러일으킨다는 연구 결과가 있다. 즉, 웃으면 더 행복해지며, 찡그리면 슬퍼지기 쉽고, 험악한 표정을 하면 분노감이 커진다(Kleinke, Peterson, & Rutledge, 1998).

종교에서도 원치 않는 생각의 통제에 양립 불가능한 행동을 사용했다. 다음은 기원전 5세기경 부처의 가르침에서 인용한 내용이다.

> 만일 원치 않는 생각이 욕망과 관련된 것이라면 욕망과 관련 없는 것을 생각해야 하며, 원치 않는 생각이 증오와 관련된다면 애정 어린 호의를 촉진하는 것에 대해 생각하라. 혼란스럽다면 매우 분명한 것에 대해 생각하라. 새 나무못을 박는 목수처럼 이런 생각들로 대체하라(de Silva, 1985, p. 439).

교내 정치에 적극적인 한 학생이 학생회 임원으로 선출되었다. 그 학생은 회의 때마다 말이 너무 많아 다른 구성원들을 짜증 나게 했다. 그는 '강박적'으로 말하고 싶은 충동을 느낀다고 했다. 처음에 그는 단순히 말을 하지 않으려고 노력했다. 이것으로도 어느 정도 성공을 거두었지만 양립 불가능한 반응을 사용할 수 있다는 것을 알게 된 후, 적극적이고 긍정적인 대체행동이 더 효과적일 것이라고 생각했다. 그는 '경청'을 선택했다. 이는 이전 행동의 단순한 억제가 아니라 완전히 새로운 행동이었다. 그 결과, 원했던 대로 말을 덜 하게 되었을 뿐만 아니라 더 잘 경청하게 되었고 경청의 중요성을 알게 되었다.

성가시거나 자기파괴적인 습관과 틱에 대한 **습관 전환**(habit reversal) 프로그램에서도 양립 불가능한 행동으로 대체하는 방법을 쓴다. 자신의 습관에 의식을 집중한 후(아마도 부정적 연습을 통해, 제2장 참조), 유사하지만 무해한 반응으로 대체하는 것이 기본 기법이다. 예를 들어 손톱을 물어뜯는 행동 대신 손톱 다듬기로 대체하는 식이다(Davidson, Denny, & Elliott, 1980). 이런 방법은 단지 손톱 물어뜯기의 감소만 목표로 하는 어떤 기법보다 더 효과적이다.

양립 불가능한 행동이 별다른 의미가 없는 행동이어도 괜찮다. 손마디 꺾기 습관을 없애고 싶은 한 남성은 손마디를 꺾고 싶어질 때마다 **대신** 주먹을 쥐었다. 피가 날 때까지 피부를 긁는 어떤 젊은 여성은 긁기 대신 두드리기로 대체했다.(불안 관련 습관을 대체할 수 있는 양립 불가능한 반응에 대한 설명은 **그림 6-1**을 참조하라.) 연구 결과, 습관 반전은 효과가 매우 뛰어나 틱이나 얼굴 찌푸림 외에도 많은 문제에 적용되고 있다(Miltenberger, Fuqua, & Woods, 1998).

나아가서는 선행사건 분석에 양립 불가능한 행동을 결합시킬 수도 있다. 자기관

신경성 습관과 틱	양립 불가능한 움직임
어깨 움찔거리기	어깨 내리누르기
어깨 움찔거리기 팔꿈치 움찔거리기	어깨와 손에 힘 주기
머리 움찔거리기	목 긴장시키기
머리 흔들기	목 긴장시키기
속눈썹 뽑기	물건 움켜잡기
손톱 깨물기	물건 움켜잡기
손가락 빨기	주먹 쥐기

그림 6-1 다양한 신경성 틱이나 습관을 그림으로 표현한 것. 왼쪽 열은 여러 가지 틱이나 습관을 나타내고, 오른쪽 열은 그런 신경성 틱이나 습관과 양립 불가능한 움직임을 보여 준다. 오른쪽 그림의 화살표는 내담자의 근육 수축을 나타낸다.

출처: "Habit Reversal: A Method of Eliminating Nervous Habits and Tics," by N. H. Azrin and R. G. Nunn, 1973, *Behavior Research and Therapy*, *11*, pp. 619-628. Elsevier의 허락하에 재인쇄함.

찰 시 틱이나 자기파괴적인 행동에 대한 자극을 찾아보라. 선행사건이 밝혀지면(예: 불안해지는 것) 습관적으로 손톱을 깨물려고 하기 전에 이와 양립 불가능하게 주먹을 쥐는 것이다. 이렇게 습관을 수정하는 일련의 방식을 **습관 반전 치료**(habit reversal therapy)라고 한다(Bate, Malouff, Thorsteinsson, & Bhullar, 2011).

아마 최신 우울증 치료법의 가장 중요한 요소는 부정적 자기진술을 긍정적 진술로 대체하는 기법일 것이다. 부정적 자기진술은 언제나 우울의 일부로 작용한다. 다음은 전형적으로 우울한 자기진술이다(Rehm, 1982).

1. 친구와의 사소한 말다툼 끝에: "난 항상 이런 식이야. 난 누구와도 어울릴 수 없어."
2. 상사의 칭찬을 받은 후에: "지난주에 날 혼냈던 것 때문에 기분 풀어 주려고 그랬을 뿐일 거야."
3. 시험에서 A를 받은 후에: "시험이 쉬웠어. 어려웠으면 못 봤을 거야."

각각의 부정적 진술에 대해 사건의 긍정적 측면을 부각시키는 대체 진술문을 생각해 보자. 자기비판적 진술은 긍정적 진술로 대체해야 한다(**글상자 6-1**의 예시 참조).

기저선을 잡기 위해 원치 않는 행동의 횟수를 세고 있는 중이라도 가능한 한 빨리 양립 불가능한 행동을 정해서 횟수를 세기 시작하는 것이 바람직하다. 양립 불가능한 행동을 기록하면 실제로 이 행동을 수행하는 데 도움이 된다(Kazdin, 1974b).

글상자 6-1 **양립 불가능한 생각으로 우울감 줄이기**

"제 문제는 자주 우울해지고, 죽음과 자살을 생각하며 두려움에 떤다는 거예요. 어떤 일이 생기든 상관없다는 생각이 종종 들어요." 이 젊은 여성은 우울과 양립 불가능한 기분을 느끼기 위해, 우울해질 때마다 음악을 듣거나 친구와 이야기를 나눴다. 그러나 48일간이나 이 계획을 시도했는데도 별다른 효과가 없었다.

"그런 후 저는 눈에는 눈으로 맞서자는 생각을 했어요. 그러니까 우울한 생각을 무너뜨리기 위해 기분 좋은 생각을 사용하는 것이죠. 그러면 (마음속으로) 양립 불가능한 일이 될 테니까요."

그녀는 공상을 한 가지 정하고 '기분 좋은 꿈'이라 지칭했다. 우울한 생각이나 기분이 들 때면 그녀는 자신의 '기분 좋은 꿈'으로 이를 대체하고 기분이 최소한 '중립 상태'로 돌아올 때까지 그 공상을 계속했다. 다음은 그녀가 기분의 빈도와 강도를 평가한 일

(다음 쪽에 계속)

글상자 6-1 (계속)

지의 내용 중 하나이다.

> 짜증이 났던 버스 운전사는 내가 타자마자 "뒤로 가세요!" 하며 소리쳤다. 이로 인해 나는 마치 바보가 된 듯한 기분이 들며 우울해지기 시작했다. 직장에 도착한 지 10분이 지날 때까지 기분이 계속 가라앉은 상태였다. 그래서 나는 우울에 맞서 15분 정도 '기분 좋은 꿈'에 머물렀다. 결국 15분 늦게 들어갔지만 효과가 있었다.

이것은 정말 효과적이었다. 그래프에서 그녀의 우울감은 하루 3시간에서 사실상 0으로 떨어졌다(그림 6-2 참조). 67일째 되는 날 그녀는 모든 자기수정 계획을 종료했다. 우리는 그녀의 '기분 좋은 꿈'이 무엇인지 모른다.

습관 반전 프로그램은 물론 다양한 기법을 포함한다. 기록, 선행사건 분석, 양립 불가능한 반응, 이완, 자기강화 같은 것들이다.

불안과 스트레스 반응 대체하기

학습목표

- 불안과 양립 불가능한 활동에는 무엇이 있는가?
- 자기변화 프로그램에서 이를 어떻게 사용할 것인가?
- 명상은 어떻게 하는가?
- 감성적인 사고를 이성적인 사고로 바꾸기 위해 사용하는 재평가와 합리적 재구조화의 방법을 설명하라.

한 학생이 다음과 같은 불만을 토로했다.

> 양립 불가능한 반응으로 대체하는 이런 방법이 나에게 어떤 효과가 있을지 의문이에요. 난 어떤 새로운 것도 배울 필요가 없거든요. 단지 두려움을 없애고 싶을 뿐이에요. 남편이 부부관계를 원할 때 나도 무척 그러고 싶지만 결정적인 순간에 너무 긴장이 되어 계속할 수가 없어요.

실제로 양립 불가능한 반응으로의 대체가 그녀에게 최고의 전략이다. 자기수정

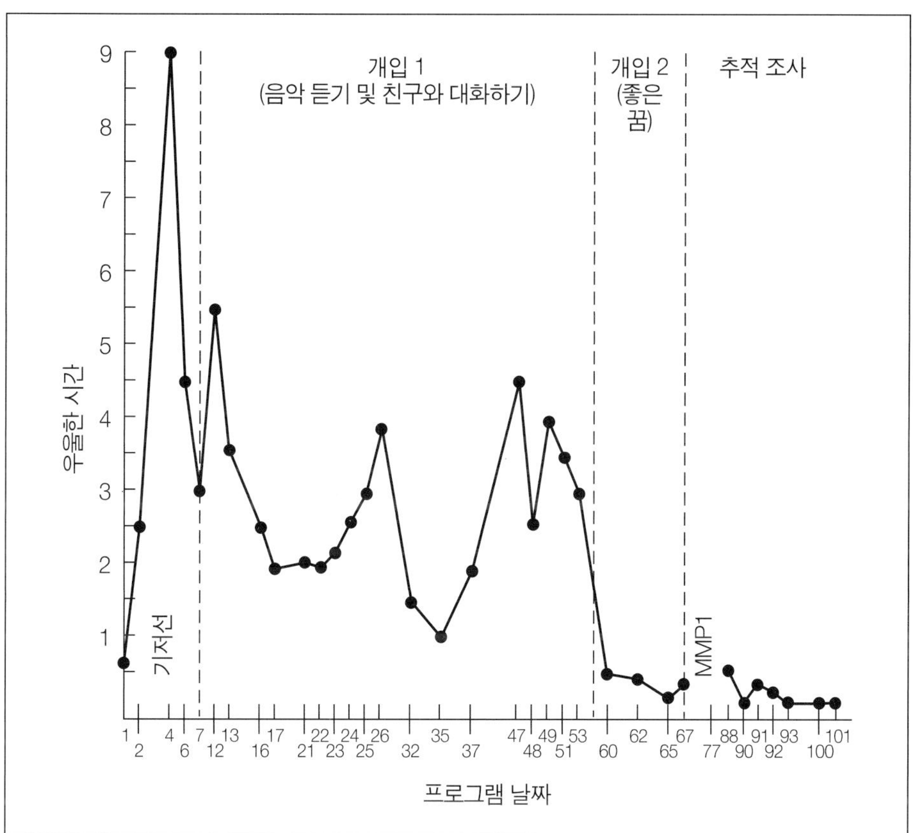

그림 6-2 하루 중 우울한 시간

출처: "Self-Modification of Depression," by R. G. Tharp, D. L. Watson, and J. Kaya, 1974, *Journal of Consulting and Clinical Psychology*, *42*, p. 624. Copyright © 1974 by the American Psychological Association. 허락하에 재인쇄함. (University of Hawaii, 1974의 원판 보고서 요약)

에서 흔한 목표는 두려움, 불안, 신경과민, 긴장 혹은 다른 스트레스 반응을 극복하는 것이다. 이 절에서는 불안과 양립 불가능한 다양한 반응에 대해 살펴보고 그것들로 대체하는 방법에 대해 논의한다.

✿ 공포증, 두려움 및 회피행동

개를 너무 무서워해서 개가 없다는 것을 확인하기 전까지는 다른 사람의 집에 들어가지 않는 사람들이 있다. 어떤 사람들은 공공장소에 대한 두려움이 너무 커서 집 밖을 나서지 않는다. 높은 곳에 대한 비합리적 공포를 가진 사람은 엘리베이터를 타지 못한다. 어떤 사람들은 위의 젊은 여성처럼 섹스를 너무 두려워해 어떤 쾌감도 느끼지 못한다. 이런 공포증—정상적인 삶을 방해하는 강하고 비이성적인 두려움—은 회피 행동을 야기하며, 그렇게 해서 개, 공공장소, 높은 곳 혹은 섹스에 대한 불안이 감소되므로 회피가 강화된다.

보다 가볍고 흔한 스트레스도 사람들로 하여금 촉발 단서를 회피하게 만든다. 어떤 학생들은 시험 도중 불안해한다. 이런 불안은 학교를 그만두게 할 정도의 극단적인 회피를 초래할 만큼 커질 수 있다.

양립 불가능한 반응으로의 대체를 통해 비합리적 공포에 대처하는 것은 두려운 상황에 대한 최선의 대처법이다(Goldfried, 1977). 이 계획의 기본 형태는 불안과 양립 불가능한 새로운 행동을 개발하여 점진적으로 두려운 상황에 접근할 때 두려움 대신 이 행동으로 대체하는 것이다.

✿ 섹스에서 쿵후까지: 불안의 대체물

많은 행동이 불안과 양립 불가능하다. 상황의 다른 측면으로 주의를 돌리는 것도 불안을 감소시킬 수 있다. 예를 들어, Frederick Kanfer(1975)는 수줍음이 극도로 많은 사람에게 커피숍에 가서 카운터에 앉은 사람들 간의 상호작용의 횟수와 종류를 15분간 기록하게 했다. 수줍고 불안정한 여성의 불안을 줄이기 위해 파티에서 정해진 수만큼 손님들의 직업을 기록하게 하는 방법을 생각해 볼 수 있다. 즉, 기록하고 인터뷰하는 과제를 수행하고 있으면 그 상황의 불안 촉발 요소에 영향을 덜 받을 것이다. 이로 인해 사회적 모임은 처벌이 아닌 강화 효과를 지닐 수 있다.

주의집중은 시험 불안 감소에 이용되어 왔다. (두려움, 성적, 결과, 다른 사람 혹은 시험 감독자가 아닌) 시험 그 자체에 집중함으로써 시험 불안을 줄일 수 있다(Sarason, 1980).

성적 흥분도 불안과 양립 불가능하므로 불안 퇴치에 사용될 수 있다. 성적 흥분을 대체물로 사용하는 것에는 한계가 있지만, 실행 가능한 경우에는 도움이 될 수 있다. Gary Brown(1978)은 밤중에 묘지를 지나 운전해야 할 때마다 심한 불안으로 고통받는 한 내담자의 사례를 보고했다. 그는 보통 밤에 운전하는 것을 피했지만 어쩔 수 없이 묘지 옆으로 운전해야 할 때면 '차를 멈추고 차 안에 불을 켜고 뒷좌석을 살피려는 엄청난 충동'을 느꼈다. 그 내담자에게 아내와의 성관계 장면을 상상하면서 운전하도록 했다. 그는 불안이 생기지 않게 묘지 멀리서부터 그 장면을 상상하기 시작했으며 비석이 보일 때 흥분이 최고조가 되도록 했다. 그는 며칠 동안 하루 30분씩 이렇게 해 나갔다. 묘지에서 그의 불안은 '0'으로 떨어졌으며, 며칠 후에는 성적 흥분이나 두려움 없이 그 옆을 지날 수 있게 되었다.

운동은 많은 종류의 불안과 양립 불가능한 행동이며, 음주, 약물 혹은 흡연의 대체행동으로 사용될 수 있다. 긴장이 생기면 격렬한 달리기, 에어로빅 혹은 라켓볼로 이를 대체할 수 있다. 약물복용을 촉발하는 긴장감 역시 운동으로 효과적으로 다룰 수 있다. 우리 학생 중 한 명은 부부 갈등 시 스트레스의 대안으로 조깅을 했다. 그는 맑은 머리로 생각하고 문제를 해결할 수 있게 되었다. 또 다른 학생은 헤어진 남자친구에 대한 생각을 곱씹으며 우울해지기 시작할 때마다 헬스장에서 운동을 함으로써 이별을 극복했을 뿐만 아니라 자신감과 신체적 건강까지 얻었다(Johnsgard, 1989; Marlatt & Parks, 1982).

Gershman과 Stedman(1971)은 쿵후가 불안과 양립 불가능한 행동으로 이용된 사례에 대해 보고했다. 'P씨'는 엘리베이터, 잠긴 방, 기차처럼 닫힌 공간에 대한 두려움이 있었으며, 꼭 끼는 옷을 입을 때나 결혼 반지를 낄 때조차 불안을 느꼈다. 그들은 P씨가 넓은 옷장에 들어가 문을 닫는 즉시 (그에게 익숙한) 쿵후 연습을 하게 했다. P씨의 불안은 20초도 안 되어 사라졌다. 몇 차례의 연습 후에 그는 옷장 안에서 운동이나 불안감 없이 1시간까지도 버틸 수 있게 되었다. 다음으로 그는 엘리베이터에서 이를 연습했는데, 단 두 차례 연습 후에 엘리베이터에서도 편안해질 수 있게 되었다. 그의 모든 불안은 사라졌으며 6개월 추적 시 재발이 없었다. 이 연구자들은 R씨에 대해서도 비슷한 결과를 보고했는데, R씨는 불안을 멈추기 위해 가라테를 사용했다.

두려운 상황에서 헤드폰과 좋아하는 음악도 도움이 될 수 있다. 매우 좋아하는 음악은 무서워하는 동물 옆에 갈 때와 같은 심한 스트레스 상황에서 불안을 감소시키는 데 효과가 있는 것으로 나타났다(Eifert, Craill, Carey, & O'Conner, 1988). 닉은 기분을 안정시키고 다스리기 위해 우쿨렐레(역주: 하와이식 기타)를 연주했다. "나는 25분 동안 자작곡을 연주했어요. 내가 만든 멜로디는 제 몸과 마음을 평화롭게 해주고 제 자신을 다시 다스릴 수 있게 해주었답니다."

✿ 논리적 재구조화

자기패배적 진술과 비이성적 믿음은 상황으로 하여금 스트레스를 유발하게 만든다. 특히 불안이나 분노 같은 스트레스 반응을 촉발하는 데 자기진술이 한몫을 하게 된다. 이런 자기진술을 효과적이고 적응적인 진술로 바꾸는 것은 양립 불가능한 반응과 마찬가지로 효과적인 방식이다(Goldfried, 1988).

상황에 대한 이런 종류의 재평가를 **논리적 재구조화**(rational restructuring)라고 한다. 다음 예를 보자.

> 나는 아는 사람이 별로 없는 파티 자리에 있다. 모두가 삼삼오오 대화를 나누고 있어 소외감이 든다. 나는 점점 긴장되기 시작한다. 나는 지금 0에서 100까지의 긴장 단계에서 40 정도에 있다. 어떤 생각이 나를 이렇게 불안하게 만드는 것일까? 난 이 상황에서 내가 실수할까 걱정하는 것 같다. 내가 말하는 실수란 어떤 말을 해야 할지 잘 모르고 좋은 인상을 주지 못하는 것이다. 그렇게 되면 다른 사람들이 나를 우습게 보고 나에 대해 안 좋게 생각할 것 같아 신경이 쓰인다. 그것이 왜 내 기분을 안 좋게 하는가? 왜냐하면… 나에게 잘못된 점이 있다는 뜻이기 때문이다. 그런데 잠깐, 우선 사람들이 나에 대해 그렇게 생각할 확률은 얼마나 될까? 그들이 실제로 내가 부족하다고 생각할지는 알 수 없다. 최악이라고 해도 내가 조용한 사람이라고 생각할 것이다. 둘째, 비록 나를 안 좋게 생각해도 꼭 내가 정말 그렇다는 의미는 아니다. 나는 사람들이 많을 때 최고의 모습을 보여 주지 못할 뿐이다. 나는 여전히 나다. 이런 식으로 생각하기 시작하자 나는 전처럼 불안하지 않았고 불안 수준은 20 정도로 낮아졌다(Goldfried, 1988, p. 62).

상황에 대한 이런 재평가는 '감성적'보다는 '이성적' 사고에 다시 초점을 맞추게 한다는 것을 인식하자. 이 전략은 **선행사건**과 연관된다. 논리적이고 재구조화된 생각은 차분해지게 만드는 단서가 된다.

✿ 명상으로 불안 대체하기

명상은 불안과 양립 불가능한 신체적 · 정신적 상태를 가져온다. 두려운 상황에 놓이기 직전에 명상을 하면 이완될 수 있다. Boudreau(1972)는 한 대학생의 사례를 보고했다. "그는 닫힌 장소, 엘리베이터, 혼자 있는 것, 그리고 시험에 대한 불안을 호소했다. 이런 상황에 대한 회피행동은 13세 때부터 시작되었으며 매우 심각한 수준이었다. 그는 생리적 발작 때문에 정신적 장애가 생긴 것은 아닌가 하는 두려움까지 느끼게 되었다."(pp. 97-98) Boudreau는 그에게 매일 불안을 촉발하는 장면을 상상한 후

30분씩 명상을 연습한 다음 불안을 일으키는 실제 장면에서 명상을 하게 했다. Boudreau는 다음과 같이 보고했다.

> 눈에 띄는 향상이 있었다. … 한 달이 안 되어 닫힌 공간, 혼자 있는 것, 그리고 엘리베이터에 대한 회피행동이 사라졌다. 일단 긴장 수준이 감소하자 비정상적 신체 반응이 사라졌고, 그는 자신의 신체적 · 정신적 상태에 대해 안심할 수 있었다(p. 62).

연구 결과, 명상은 불안과 양립 불가능한 반응으로서 이완을 위한 기타 방법들만큼이나 효과적인 것으로 나타났다. 일반적으로 명상을 꾸준히 훈련하고 다양한 상황에서 사용하는 것은 여러 종류의 스트레스에 대처하는 능력을 키워 준다(Delmonte, 1985; Shapiro & Walsh, 1980; Throll, 1981; Woolfolk, Lehrer, McCann, & Rooney, 1982).

다음 절에서는 긴장 이완법 혹은 점진적 이완(progressive relaxation)이라고 부르는 또 다른 이완법을 구체적으로 소개할 것이다. 이 중 자신에게 가장 적합한 방법을 고르도록 한다.

명상법. 명상에는 몇 가지 방법이 있다. 모든 문화에서는 나름의 다양한 기법들이 발전되었다. J. C. Smith의 『이완, 명상 그리고 마음챙김(*Relaxation, Meditation, & Mindfulness*)』(2005)은 자기이완(self-relaxation)에 대한 유용한 개론서이다. 우리 학생들에 의해 효과가 입증된 한 가지 방법을 소개한다.

소음이나 방해가 없는 조용한 방에서 편안한 의자에 앉는다. 신체 외부의 바깥 세상에는 주의를 두지 않는다. 마음속에 집중할 대상을 두는 것이 가장 쉽다. 호흡에 집중하거나 혼자 부드럽게 되뇌일 수 있는 만트라 단어를 사용한다. 3개의 만트라, 메이킹(making), 시암(shiam), 웬(wen)(의미 없는 소리들로 마음을 비우는 데 도움이 된다)를 소개한다. 하나를 선택하라. 만트라를 소리 내어 말하지 말고 조용히 부드럽게 그것을 생각한다.

자리에 앉아 이완을 시작하면 생각들이 마음속에 떠오르게 된다. 1~2분 후 마음속으로 만트라를 되뇐다. 천천히 차분하게 한다. 만트라를 속으로 되뇌는 동안 다른 생각들이 생겨날 것이다. 잠시 후 이 생각들로 몇 분 동안 만트라를 잊고 있었음을 깨닫게 될 것이다. 그러면 다시 차분히 만트라로 돌아오면 된다. 마음속에서 생각들을 몰아내기 위해 싸우지 말고 흘러가게 둔다. 이 시간은 문제의 해결책을 찾거나 검토하는 시간이 아니다. 마음을 열도록 노력하여 만트라 아닌 다른 생각들도 흐르는 강물처럼 들어왔다 다시 나갈 수 있도록 한다. 만트라는 다시 돌아오고 이와 함께 마음을 편안히 할 수 있을 것이다.

이 과정을 편안하고 이완하는 시간으로 만드는 것이 중요하다. 마음속 생각들을 몰아내기 위해 애쓰지 않는다. 주의가 분산되었다고 화내지 않는다. 단지 만트라가 돌아올 수 있게 한다.

명상은 이미 긴장한 후보다는 준비 단계에서, 예컨대 출근하기 전에 하는 것이 최선이다. 긴장을 느끼기 시작하자마자 사용하는 것이 바람직하다. 사람들은 종종 명상 도중 졸게 된다. 잠이 들더라도 이후에 5분간 명상을 하면 잠이 깬다. 어떤 사람들은 명상이 각성을 가져와서 취침 시간 전에 명상을 하면 잠이 들지 않는다고 한다.

이완

학습목표

- '이완'의 방식에는 어떤 것이 있는가?
- 긴장 완화 이완법을 설명하라.
  a. 이완을 연습하는 장소는 어디인가?
  b. 언제 연습하는가?
  c. 이완이 양립 불가능한 반응으로 어떻게 사용되는가?
  d. 이완은 자기지시와 어떻게 결합되는가?
- 이완을 훈련할 때 자주 직면하는 문제는 무엇인가?

이완은 다양한 문제 상황에 대처하기 위해 사용할 수 있는 행동이다. 사전적 의미로 이완은 '신경성 긴장과 불안을 떨쳐 내는 것'이다. 이완은 정신적 · 신체적인 반응으로, 차분하고 평온한 느낌 및 근육의 이완 상태이다.

자기이완의 가장 간단한 방법 중 하나는 **통합 호흡**(integrative breathing)이다(Smith, 1985). 이 방법에서는 자신의 호흡을 조용히 관조한다.

> 호흡에 대해 생각한다. 공기가 코를 통해 폐로 들어가 가슴이 팽창하는 것을 느껴 본다. 다른 것은 모두 잊고 공기의 흐름과 고요함만을 생각한다. 숨을 내쉬면서 입술 위로 부드럽게 공기가 흐르는 것을 느끼고, 그 공기의 흐름이 깃털을 부드럽게 움직인다고 상상한다. 숨을 쉬고 있다는 사실 외에 다른 것은 생각하지 않는다. 편하게 들이쉬고 마시는 호흡에 집중한다. 호흡만 하

고 공기로 인해 상쾌해짐을 느껴 본다.

이완은 연습을 통해 쉽게 배울 수 있다. 방법은 중요하지 않지만 연습량은 중요하다(Barrios & Shigetomi, 1979, 1980; Lewis, Biglan, & Steinbock, 1978; Miller & Bornstein, 1977; Throll, 1981). 따라서 실제 연습을 할 수 있도록 마음에 드는 이완법을 고른다. 이미 이완을 가져오는 어떤 기법을 잘할 수 있다면 그 방법을 사용한다. 스스로의 지시에 따라 빠르게 잘할 수 있다면 어떤 방식의 이완법이든 상관없다. 그러나 이완을 위해 술, 약물, 담배나 다른 물질을 사용하지는 않는다. 그렇게 하면 실제 상황에서의 불안을 극복하기 위한 독립적인 자기지시적 이완을 배울 수 없을 것이다.

이완을 배우기 위한 신뢰로운 방법 한 가지는 깊은 근육의 이완을 사용하는 것이다. 이 문장을 읽으면서 손, 팔이나 턱근육을 이완하도록 노력해 보자. 그렇게 해보면 과잉 근육 긴장에 얼마나 많은 에너지가 들어가 있는지를 알 수 있을 것이다. 또한 근육 긴장이 풀리면서 미묘한 정신적 변화도 느껴질 수 있다.

이완을 배우고 나면 불편해서 피하게 되는 상황에서 불안 반응 대신 이완을 사용하게 된다. 요지는 긴장의 신호가 처음 올 때 이완하는 법을 배우는 것이다. 이것이 근육을 긴장시킨 다음 이완하는 긴장-이완법의 이유이다. 근육을 긴장시키다 보면 긴장의 신호를 알아차리는 법을 배우게 되어 추후 실제 상황에서 긴장할 때 (시험 보기 전이나 낯선 사람과 대화하기 전) 재빨리 이완할 수 있을 것이다. 이렇게 하면 긴장의 초기 신호를 이완을 위한 단서로 사용하여 긴장이 커지기 전에 그 흐름을 중지시킬 수 있다.

여러분은 신체적 긴장을 알아차릴 수 있는가? 잠깐 멈추고 긴장을 확인해 보라. 어깨의 긴장이 느껴지는가? 목은? 머리는? 눈 주위 등 다른 곳은?

일련의 긴장-이완법은 긴장을 인식하게 도와주는 훌륭한 훈련 및 연습 기법이므로 널리 이용된다. 익숙해지면 나중에는 근육을 긴장시키지 않아도 된다(Lucic, Steffen, Harrigan, & Stuebing, 1991). 이런 방식으로 긴장을 인식하고 이완하는 것은 모든 형태의 불안에 대처하는 데 매우 효과적인 전략이다(Goldfried, 1971, 1977; Goldfried & Trier, 1974; Snyder & Deffenbacher, 1977).

이완을 배우고 사용하는 방법은 다음 세 단계로 나뉜다. (1) 지시문 사용, (2) 연습, (3) 양립 불가능한 반응으로 이완 사용.

✿ 이완 지시문 사용: 1단계

긴장-이완 지시문(글상자 6-2)은 각각의 근육군을 위한 일련의 체조와 비슷하다. 최종 목표는 전신 이완을 위해 모든 근육군을 동시에 이완시키는 것이다. 각각의 근육군은 개별적으로 이완시킬 수 있다. 한 번에 이완시키는 것이 불가능하므로 점진적인 과정에 따라 학습해야 한다. 우선 팔을 이완시키는 법을 배우고, 다음은 얼굴 부위, 목, 어깨와 등 윗부분, 그다음은 가슴, 배와 허리, 다음은 엉덩이, 허벅지와 종아리이며, 마지막으로 몸 전체이다.

우선 하나의 근육군을 긴장시킨 다음 이완시킴으로써 긴장하기 전보다 더 편히 이완하게 된다. 여러 근육군을 연습하는 과정에서 각각의 근육 체계에 주의를 집중해야 한다. 이렇게 하면 긴장되었을 때와 이완되었을 때 각각 어떤 느낌인지 알게 된다. 이 운동은 처음에는 20~30분이 걸리겠지만 배우다 보면 시간이 점점 단축될 것이다.

글상자 6-2 **이완 지시문**

근육군	긴장 훈련
1. 우세 손	주먹을 꽉 쥔다.
2. 다른 쪽 손	주먹을 꽉 쥔다.
3. 우세 팔	팔을 접어 위팔 두 갈래근을 수축시킨다.
4. 다른 쪽 팔	팔을 접어 위팔 두 갈래근을 수축시킨다.
5. 얼굴 상부와 이마	눈썹을 가능한 한 높이 올린다.
6. 얼굴 중앙 부분	눈으로 곁눈질하고 코를 찡그린다.
7. 얼굴 하부	과장된 가짜 미소를 짓고 이를 악문다.
8. 목	a. 머리를 살짝 앞으로 숙인 후 이완한다.
	b. 머리를 살짝 뒤로 젖힌 후 이완한다.
9. 가슴과 어깨	a. 어깨뼈가 서로 닿을 듯이 어깨를 뒤로 젖힌 후 이완한다.
	b. 어깨를 한껏 앞으로 당긴 후 이완한다.
10. 복부	복부를 조여 단단하게 한다.
11. 엉덩이	조인다.
12. 오른쪽 다리 상부	위아래 다리 근육을 모두 긴장시키며 다리를 앞으로 뻗는다.
13. 왼쪽 다리 상부	위아래 다리 근육을 모두 긴장시키며 다리를 앞으로 뻗는다.

(다음 쪽에 계속)

14. 오른쪽 다리 하부 　발가락을 들어 몸 쪽으로 당긴다.
15. 왼쪽 다리 하부 　발가락을 들어 몸 쪽으로 당긴다.
16. 오른발 　발가락을 발바닥 쪽으로 오그린다.
17. 왼발 　발가락을 발바닥 쪽으로 오그린다.

우선 각 근육군에 대해,

근육을 긴장시키고 5분간 유지한다.
긴장을 느껴 본다. 주의를 충분히 기울인다.
이제 이완한다. 긴장이 모두 빠져나가도록 한다.

차이를 느껴 본다.

이완 시 기분 좋은 따뜻함을 느낀다.
같은 근육군에 대해 이 과정을 반복한다.
다시 반복한다. 각 근육군마다 이 과정을 세 번씩 반복한다.
긴장시킨다. 이완한다. 차이를 느껴 본다. 이완의 따뜻함을 느껴 본다.

다음은 전신이다.

이제 모든 근육을 한꺼번에 긴장시키고 5분간 유지한다.
긴장을 느껴 본다. 주의 깊게 느껴 본다. 이완한다. 긴장이 모두 빠져나가도록 한다.
남아 있는 긴장이 없는지 살핀다. 남은 긴장도 이완시킨다.
깊은 숨을 들이마신다. 숨을 내쉬면서 '편안하게'라고 속으로 부드럽게 말한다.
완전한 이완을 유지한다.
완전히 이완된 채 '편안하게'라고 말하며 천천히 숨을 들이마시고 내쉬는 것을 반복한다.
이를 세 번 반복한다.
연습이 끝났다. 이완 상태를 즐기도록 한다.

일상에서, 다양한 상황에서,

몸의 긴장을 인식한다.
긴장된 근육군을 파악한다.
'편안하게'라고 속으로 부드럽게 말한다. 긴장된 근육군을 이완시킨다.
이완을 느끼고 즐긴다.

출처: *Insight vs. Desensitization in Psychotherapy*, by Paul, Gordon. Stanford University Press, www.sup.org의 허락하에 사용함.

서의 이완의 효과에 대해 잘 보여 준다. 미국인 2,000만 명 정도가 성관계로 전염되는 이 불치병으로 고생하는데, 고통스러운 증상이 예측 불가능하게 재발하여 생활 전반에 스트레스를 높인다. 이때 점진적 이완을 집에서 규칙적으로 연습하면, 치료 환자의 60%에서 증상 재발이 급격히 감소했다(Burnette, Koehn, Kenyon-Jump, Hutton, & Stark, 1991).

✿ 양립 불가능한 반응으로 이완 이용하기: 3단계

18세의 대학 신입생인 수전은 시험 불안이 극심했다. 수전은 오랜 시간 열심히 공부했지만 시험이 끝난 후 확인해 보면 답할 수 있었던 문제들에 답을 못 해 성적은 항상 D나 F였다. 수전이 졸업한 작은 시골 마을의 고등학교 선생님들은 우수한 과제나 보고서를 제출하는 훌륭한 학생인 수전이 낮은 시험 성적을 받는 것에 관대했다. 그러나 수전은 큰 대학에서 똑같은 이해와 지지를 받을 수 없었다.

상담가는 수전의 불안을 평가하기 위해 먼저 지필용 테스트를 실시했고 IQ 평가 중 3개의 소검사도 시행했다. 그런 후 수전은 이완법을 배우기 위해 주 1회씩 총 네 차례의 훈련에 참석했다. 수전이 사용한 방법은 이 책에 있는 것과 동일하다. 수전은 처음에는 집에서 연습하다가 비교적 편하게 느껴지는 실제 상황으로 연습을 확장해 나갔다. 다섯 번째 훈련 후 수전은 기말 시험 몇 개를 치렀다. 수전은 자신의 단서인 '차분하게'('이완하라'처럼)라는 말을 사용하여 시험 중에 긴장을 풀 수 있었고, 좋은 성적을 거두었다. 이완 연습 전에 그녀의 시험 성적 평균은 1.0(4.0 만점 중)이었고, 연습을 마친 후 그녀의 평균 성적은 3.5였다. 수전은 그 학기를 평점 2.88로 마쳤다.

수잔은 이완 훈련 전에 받은 불안 및 IQ 검사를 다시 받았다. 먼젓번 점수와 비교했을 때 시험 불안은 감소하고 전반적 긴장 수준도 낮아진 것으로 나타났다. 심지어 IQ 검사의 2개 소검사의 결과도 높아졌다. 이완이 지능을 높일 수는 없지만, 불안을 이완으로 대체함으로써 수전은 자신의 잠재력에 가까운 능력을 발휘할 수 있었다(Russell & Sipich, 1974).

수잔의 사례는 시험 불안에 양립 불가능한 반응으로 이완을 사용한 좋은 예이다. 수전은 이완 훈련의 초기 단계에 상담자들의 도움을 받았다는 점 외에는 우리가 여러분에게 제시한 것과 동일한 절차를 따랐다. 상담자들은 우리가 여러분에게 제공하는 조언을 수전에게 해주었다. 수전의 성공은 전혀 특별한 것이 아니다. 연구에 따르면 '단서 통제 이완(cue-controlled relaxation)'은 특히 학생들의 시험 불안에 효과적이다(Denney, 1980; McGlynn, Kinjo, & Doherty, 1978; Russell & Lent, 1982; Russell, Miller, & June, 1975; Russell, Wise, & Stratoudakis, 1976). 또한 치과에 대한 불안 등 다양한 불안을 고치는 데에도 사용되어 왔다(Beck, Kaul, & Russell, 1978).

대체 반응으로서 이완의 유용성은 불안에만 국한되지 않는다. 이완으로 개선 가능한 기타 문제로는 불면증(Gustafson, 1992; Turner, 1986), 긴장성 두통 및 통증(Levendusky & Pankratz, 1975) 등이 있다. Ernst(1973)는 입술과 입안을 반복적으로 깨물어 상처와 통증을 일으키는 한 여성의 '자해 행동'을 없애는 데 이완을 사용한 사례를 들었다. 이 여성은 기저선 동안 골프 계수기로 깨문 횟수를 기록하면서 동시에 깊은 근육 이완법을 익혔다. 다음으로는 골프 계수기를 누르는 것을 단서로 이완을 시작했다. 특히 턱과 얼굴 하부의 근육을 이완하는 데 신경을 썼다. **그림 6-3**이 보여주듯이 그녀의 자해 행동은 거의 완벽하게 없어졌다. 이 기분 좋은 결과는 6개월간 추적 관찰에서도 유지되었다.

학생 한 명은 다음과 같이 썼다.

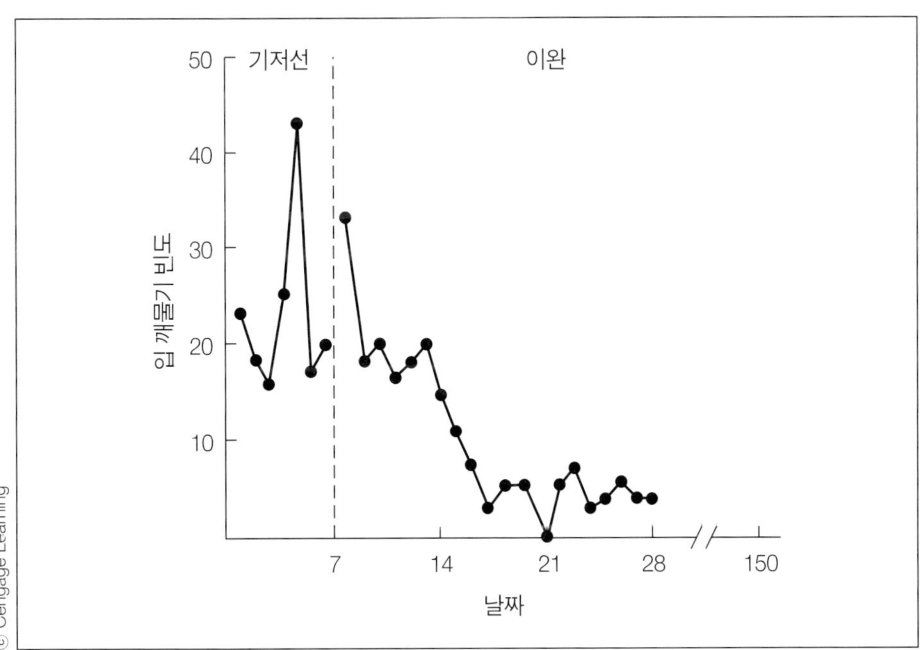

그림 6-3 입을 깨무는 빈도에 대한 매일의 자기기록

출처: "Self-Recording and Counterconditioning of a Self-Mutilative Compulsion," by F. A. Ernst, 1973, *Behavior Therapy*, *4*, pp. 144-146. Elsevier의 허락하에 재인쇄함.

> 나는 수업 시간에 멍하니 있는 것을 줄이고 싶다. 즉, 강의에 집중하는 횟수를 늘리고 싶었다. 수업 중에 내 머릿속에는 온갖 것들이 떠다닌다. 주변 사람들에 대한 느낌, 배낭여행, 20평 정도의 땅을 얻어 친구들과 함께 사는 상상 등이 그것이다. 그런가 하면 선생님들이 권위적이었던 중학교 시절에 터득한 짓을 한다. 선생님이 하는 말 중에 웃긴 점을 찾아내어 혼자 웃거나 옆 사람에게 얘기하는 것이다. 나는 이런 장난 대신 깊은 근육 이완을 통해 안정감을 배우려고 한다. 그렇게 하면 딴생각을 덜 하게 될 것이다. 나는 5분 전에 강의실에 도착해 이완을 한 후 강의를 경청하도록 노력할 것이다.

이 학생의 계획은 매우 성공적이어서, 딴생각을 하는 빈도가 50%나 줄었다. 딴짓을 하는 학생이나 입을 깨무는 여성 모두 자신의 문제행동과 양립 불가능한 2개의 행동—자기기록과 이완—을 사용했음을 알 수 있다. 이것이 성공의 원인이었을 것이다.

불안이 시작될 것으로 예상되기 바로 직전에 이완을 하는 것이 원칙이다. 비행기 이륙 전이나 앞에 나가 이야기하기 전, 혹은 성적 전희의 초기 단계나 면접 혹은 시험 직전, 치과 대기실에서 기다릴 때가 바로 그 시점이다.

"언제 긴장하게 될지 매번 정확히 알 수는 없어."라고 생각할지 모른다. 그렇다! 그렇기 때문에 이완 훈련에서 긴장 단계를 배워야 한다. 그러면 긴장의 시작 단계를 인식할 수 있게 되고, 그 정보를 이완을 위한 단서로 활용할 수 있다. 목과 어깨의 긴장, 복통, 주먹을 쥐거나 이를 깨무는 것은 긴장과 불안의 시작을 알리는 전형적 단서이다(Deffenbacher & Suinn, 1982).

✿ 이완과 새로운 자기지시 병행하기

자기지시는 이완과 병행되어야 한다. 한 실험에서 시험 중 이완을 사용하는 학생들과 이완, 격려성 자기지시를 병행한 학생들을 비교했다. 병행한 집단은 지리학 객관식 및 빈칸 채우기 시험에서 성적이 더 좋았다(Collins, Dansereau, Garland, Holley, & McDonald, 1981).

자기패배적 사고를 수정하는 데 이완을 포함시키는 것이 가장 효과적이다(Deffenbacher & Hahnloser, 1981).

제5장에서 스트레스 경감을 위해 일일/주 단위 계획을 사용했던 쉘렌은 새로운 행동을 추가하면서 자기변화 계획을 수정했다. "스트레스를 받을 때면 나는 과거에

성공적이었던 셀프코칭을 사용했어요. 스스로 '긴장 풀어. 전에도 잘했잖아.'라고 말하곤 했지요. 실패할 것 같았지만 결국은 잘 해냈던 경험들을 떠올렸어요." 쉘렌은 보다 적응적인 자기지시를 만들기 위해 자신의 사고를 재평가하고 더 합리적인 방식으로 재구조화했다. "저는 학교와 직장 관련 스트레스에만 이 방법을 사용하는 것으로 계획을 바꿨어요. 그 두 가지가 저에게 가장 큰 스트레스였기도 하고, 일상생활 스트레스 중에는 바람직한 목적에서 비롯된 것들도 있어서 그런 긍정적인 스트레스에 대한 반응까지 바꿀 필요는 없다고 생각했거든요. 예를 들자면 차를 도난당했을 때 저는 정말로 스트레스를 받았지만 (지금도 그렇지만) 그건 정말 자연스럽고 당연한 반응이었고 내가 해야 할 일에 방해가 되지 않았죠. 그래서 전 저에게 진짜 문제가 되는 학교와 직장 관련 스트레스에만 집중했어요."

✿ 이완의 문제점

이완 프로그램 적용 시 나타나는 가장 흔한 문제는 연습 부족이다. 연습 부족은 선택한 방법(명상, 호흡에 집중하기, 스트레칭 혹은 점진적 이완)에 상관없이 이완의 기술과 습관을 기르는 초기 단계에서 가장 흔하게 나타난다. 일반적으로 첫 2주 동안에는 하루에 30분씩 연습을 하고 그 후부터는 일상생활에서 집과 그 밖의 장소에서 자주 이완할 것을 권장한다. 만일 하루에 30분을 투자하지 못한다면 다음과 같은 이야기를 하고 있지는 않은지 살펴보라. 다음 변명들이 친숙하게 들리는가?

이완할 장소가 없어. 조용하고 사적인 공간이 필요하긴 하다. 그러므로 미리 계획하라. 시간과 장소를 확보하라. 이완 연습에 우선순위를 두라.

전부 다 지루해. 사실 이완은 전혀 지루하지 않다. 여러분의 동요와 불안의 수준이 너무 커서 이완의 기쁨에 도달하지 못하는 것이다. 좋아하는 조용한 음악을 들으며 차분한 생각과 좋은 기분을 이끌어 낸다. 긴장을 풀기 시작하면 소리를 줄인다. 음악을 들으며 기분이 좋아지는 효과를 이완의 기쁨으로 연결시킨다(Eifert, Craill, Carey, & O'Conner, 1988).

시간이 부족해. 어떤 것에도 시간은 충분하지 않으며 우선순위의 문제이다. 이완이 여러분의 건강과 사회생활, 직업과 학교에서의 성공을 가져다줄 수 있음을 생각하고 목표를 재다짐한다. 덜 중요한 활동을 우선으로 하는 자기패배적 방식에 대해서 합리적 재구조화를 시도해 본다.

또한 자기관찰의 힘을 명심해야 한다. 기록을 함으로써 연습을 촉진하고 개선 정도를 알아볼 수 있다.

연습 일시	연습 시간	이완 부위	긴장되는 부위	긴장 수준 0~100	
				전	후

0~100 척도: 0=긴장 없음, 100=최대의 긴장

출처: *Anxiety Management Training: A Behavior Therapy* (p. 331), by R. M. Suinn, 1990, New York: Plenum Press.

새로운 행동 개발

학습목표

- 만약 … 그렇다면 계획은 무엇인지 설명하라.
- 행동의 숙련을 위한 근본적인 방법은 무엇인가?
- 상상 연습에 대해 설명하라.
- 상상 연습과 이완은 어떻게 결합될 수 있는가?
- 새로운 행동 개발에 모델을 사용하는 방법은 무엇인가?
- 상상 모델링에 대해 설명하라. 바람직한 절차는 무엇인가?
- 실생활에서의 연습이 중요한 이유는 무엇인가?

목표에 도달하기 위해 어떤 새로운 행동이 필요한가? 지금까지 우리는 원치 않는 행동과 감정을 대체하는 방법으로 주의분산과 양립 불가능한 행동 습득에 대해 살펴보았다. 이제 행동 연쇄의 앞부분에서 부적절한 행동과 감정을 완전히 차단하기 위해 고안된 예방행동이라는 범주에 대해서 알아보자. **만약 … 그렇다면** 계획은 문제를 일으키는 선행사건을 새로운 행동으로 연결시켜 우울, 떼쓰기, 자기비판, 과식 등으로 연결되는 행동 연쇄를 차단한다. 만약 … 그렇다면 계획을 종종 '실천 의도'라고도 부른다(Gollwitzer, Fujita, & Oettinger, 2004).

여기 그 예가 있다.

레이에게는 공부를 늘리고 술을 줄이겠다는 두 가지 목표가 있다.
이를 **만약 … 그렇다면** 계획으로 바꿔 보자.

만약 … 휴대전화가 울리고 친구가 술집에 가자고 한다면

그렇다면 … 나는 "야, 애들한테 '오늘은 안 돼'라고 전해 줘. 오늘밤엔 공부할 거야."라고 말할 것이다.

이 **만약 … 그렇다면** 계획은 레이가 술집에 가서, 쿵쿵대는 음악 소리와 풍겨 오는 술 냄새의 강렬한 유혹에 저항하며, 술 마시는 친구들을 보고 목구멍이 타들어가고… 결국 자기조절에 실패한 하루로 끝나는 일련의 행동 연쇄를 차단한다. 레이는 자신의 버릇이 친구가 전화할 때마다 결국 유혹에 못 이겨 나가는 것임을 알고 있다. 그의 실천 의도는 전화가 왔을 때 거절하는 것이다.

제5장에서 우리는 부부 문제해결 상담 시, 그의 표현대로라면 '고고한 척하는' 아내의 얼굴 표정에 분노가 촉발되어 괴성을 지르며 화를 내는 한 남편을 살펴보았다. 그는 **만약 … 그렇다면** 계획을 사용하기로 했다.

만약 … 우리가 큰 싸움으로 번질 것 같은 말다툼을 시작하면
그렇다면 … 나는 먼저 "나는 당신이 웃음 지을 만한 이야기를 하고 싶어. 당신의 미소는 언제나 아름다워."라고 말하겠다.

그는 우리에게 그들의 대화를 부정적으로 이끄는 일련의 연쇄를 끊을 필요가 있었다고 이야기했으며, 아내의 미소에 대한 칭찬이 그들의 감정을 누그러뜨리길 원했다.

만약 … 그렇다면 계획이 대인관계에서 건강에 이르기까지 다양한 영역의 목표 달성에 효과적이라는 증거 기반 연구들은 점점 많아지고 있다(Gollwitzer & Sheeran, 2006).

✿ 연습으로서의 상상 훈련

이 장 전체에서 우리는 기술 개발을 위해 연습이 중요하다고 강조하고 있다. 새로운 행동을 숙련하는 가장 좋은 방법은 그 행동이 일어났으면 하는 상황에서 연습을 반

복하는 것이다. 이 책에서 가르치는 다른 모든 방법들도 연습을 더 많이 할 수 있도록 돕는 것이다. 연습이 완벽을 만든다. 사실 원하는 행동을 연습하는 것은 목표 달성을 위한 마지막 단계이다. 전문적 수행(예술, 체육, 과학을 아우르는 다양한 분야에서의 세계적 수준의 전문가들)에 대한 최근의 연구 결과, 최상의 수행은 '타고난 재능'보다도 '오랜 시간의 반복적이고 계획적인 연습' 덕분인 것으로 나타났다(Campitelli & Gobet, 2011; Ericsson & Charness, 1994).

그러나 실제 상황에서 연습을 하기 어려울 때가 많다. 두려워하는 대상 앞에서, 예컨대 뱀을 앞에 두고 이완 연습을 하기란 쉽지 않은데, (다행히도!) 뱀이 항상 주변에 있는 것은 아니기 때문이다. 몇 주 동안 시험 일정이 없어서 시험 중에 이완하는 연습을 충분히 하지 못할 수도 있다. 또한 회피행동이 너무 강해서 현재의 불안 수준으로는 연습이 불가능한 경우가 많다. 상상 연습이 이런 문제들을 해결할 수 있다. 계획이 완성된 후 **만약 … 그렇다면**의 새로운 행동을 실천하는 첫 번째 단계는 바로 상상 연습이다.

✿ 상상 연습

여러분의 목표가 실제로 이루어진 모습, '새로운 나'를 계속 상상하는 것은 아무런 도움이 안 된다. 그러나 목표를 위해 앞으로 나아가는 **과정**과 **단계**를 상상하는 것은 실제로 목표 달성의 가능성을 높여 준다(Taylor, Pham, Vivkin, & Amor, 1998). **상상 연습**이 목표 수행을 향상시킨다는 확실한 근거들이 있다. 거의 모든 분야의 운동선수들의 신체적 기술(Suinn, 1983)부터 영업직 회사원의 실적 달성에 이르기까지 노력이 요구되는 모든 분야에서의 높은 성취(Seligman, 1991)와 심지어 정서 조절의 영역에까지 같은 원리가 적용된다(Taylor & Pham, 1996).

사건과 행동에 대한 상상이 실제 행동에 영향을 줄 수 있으므로 사건에 대해 상상하는 것은 많은 이점이 있다. 사건과 행동에 대한 상상은 빠르고 쉽게 연습될 수 있다. 더 중요한 점은 통제가 가능하다는 것이다. 상상 속의 뱀은 실제 뱀보다 갑자기 여러분 쪽으로 방향을 트는 경우가 적을 것이다.

상상 연습은 **예비** 연습이나 **보충** 연습 혹은 어떤 특정 행동이나 사건에 대한 연습을 가능하게 한다. 그래서 상상 연습으로 목표 달성이 빨라지는 경우도 많다. 예를 들어, 1976년의 미국 올림픽 스키팀은 힘든 내리막 주행 전에 상상으로 전체 경로를 연습하며 각각의 언덕과 코너에서 어떻게 대처해야 할지 준비했다. 그들은 전보다 더 좋은 성적을 거두었고 놀랍게도 메달을 따게 되었다(Suinn, 1976). 이 기법은 1980년과 1984년의 하계 및 동계 올림픽에서도 선수들의 훈련에 사용되었다(Suinn, 1985). 상상 연습은 '자신감 부족', 예를 들어 쉬운 공을 한 번 놓쳤다고 축구공을 놓치는 것을 두려워하게 된 실력 있는 선수의 자신감 부족을 고치는 데 사용되었다. 수비진을 교묘히 따돌리고 공을 몰아 점수를 획득하는 데 성공하는 모습을 상상한 결과, 실제 경기에서 선수의 자신감이 되살아났다(Cautela & Samdperil, 1989).

상상 연습에서는 상황과 행동에 대해 매우 구체적으로 상상하도록 한다. 일례로 낯선 사람에게 자신을 소개하는 것을 상상한다면 상대방이 어떻게 생겼는지, 어떤 표정을 짓는지, 무슨 말을 하며, 여러분은 어떻게 반응하는지 등의 세세한 상황을 시각화해야 한다. 상상의 소리, 냄새, 촉감에 개별적으로 집중하기 위해서는 상황을 이루고 있는 각각의 요소들을 상상해야 한다. 가장 효과적인 상상은 이완된 상태에서 가능하다. 긴장을 풀고 생생하게 상상한다.

상상 연습은 위험 상황 대처에 특히 효과적이다. 이럴 때는 **만약 … 그렇다면** 계획을 사용하는 것이 적절하다. 같이 술을 마시자는 친구들의 전화에 대처할 계획을 세운 레이는 이제 거절하는 연습을 해야 한다. 그는 거절하는 자신을 여러 번 상상해 보고, 어떻게 말할 것인지 **실제로** 소리 내어 연습해야 한다. **만약** … 상황을 좀 더 생생하게 만들수록 레이가 "안 돼, 오늘 밤에는 안 돼."라고 말하고 끊는 연습을 하기 쉬워진다.

앞서 우리는 주변인들이 음주, 흡연, 약물 복용을 할 때 재발의 위험이 가장 크다고 지적했다. 자기수정의 첫 단계에서 이런 상황을 피해야 한다. 하지만 결국 이러한 상황을 피할 수 없을 때가 있으므로, 대처 기술을 준비해야 한다. 식당, 술집, 파티, 혹은 뷔페 같은 위험 상황을 떠올려 보고 이에 대한 대처법을 상상 속에서 연습하는 것은 재발 방지를 위한 기술을 연마하는 데 유용하다(Marlatt & Parks, 1982).

상상 연습 시에는 그게 어떤 것이든 실제 생활에서 여러분이 사용하고자 하는 대처법을 사용하도록 한다. 신앙심이 깊은 사람들은 대처 기술로 종교적 상상을 사용할 때 연습의 효과가 가장 컸다. 기독교인들에게는 "어려운 상황에 잘 대처하는 나 자신을 발견한다."와 같은 비종교적인 상상보다는 "예수님이 이 어려운 상황에 나와 함께 하신다."라는 상상이 훨씬 효과적이다(Propst, 1980).

상상 연습 시에는 스스로를 대처 상황에 놓고 적극적으로 상상하는 것이 핵심이다. 한 가지 좋은 방법은 과거에 훌륭하게 대처했던 상황에서 어떻게 했는지 떠올려 보고 문제 상황에 적용시키는 것이다. 시험 불안 학생들이 이 기법을 사용했을 때 실제로 평균 점수가 향상되었다. 학생들은 이전에 잘 대처했던 상황(라디오 방송 진행,

분주한 술집에서 손님 접대하기, 리허설 공연)을 기억하여, 유능한 자신의 모습을 상상을 통해 시험 상황에 적용했다(Harris & Johnson, 1980).

실패를 상상하거나 수행을 방해할 요인들에 초점을 맞추지 않도록 한다. 그러면 뒤따를 실제 수행과 자신감이 떨어지게 된다. 반면, 긍정적인 연습과 긍정적인 초점 맞추기는 실제 수행과 자신감을 모두 향상시킨다(Cervone, 1989; Seligman, 1990).

마지막으로 최근 연구에 따르면 효과적인 상상 연습은 놀랍고도 중요한 특성이 있다. 3인칭 시점화, 즉 그 장면을 당신의 행동을 지켜보는 관중이나 주변인의 관점에서 상상하는 것이다. "무엇이 나를 그렇게 하게 만들었지?"라고 묻는 대신에 "무엇이 에드워드를 그렇게 하게 만들었지?"라고 바꾼다. 3인칭 시점화는 '1인칭' 시점화, 즉 행동하는 동안 자신의 눈으로 보는 것처럼 상상하는 것보다 행동 개선에 더 효과적이다. 3인칭 시점화는 행동과 그 발생상황에 대한 풍부한 접근을 가능하게 한다(Libby, Shaeffer, Eibach, & Slemmer, 2007).

요약하자면 상상 연습이나 시뮬레이션은 실제 수행을 향상시킨다. 여기에는 일련의 계획이 포함되어 있으며, 이는 복잡한 상상 연습을 가능하게 한다. 또한 실제적 계획과 동기부여를 가능하게 하는 감정 상태를 동반한다(Taylor & Pham, 1996).

✿ 상상 연습과 이완

상상 연습은 이완 훈련을 할 때 매우 유용하게 쓰인다. 둔감화(desensitization)의 일종인 이 기법에서는 다양한 상황에 직면해 침착하고 이완된 상태로 있는 자기 자신을 상상하고, 깊은 근육 이완 상태를 유지한다. 두려운 상황에 점차 가까워질 때 침착한 이완 상태를 유지하는 것이 필수적임을 깨닫게 될 것이다. 성공은 성공을 낳기 때문에 이완 연습 초기에 성공하는 것이 중요하다.

시험을 볼 때 긴장한다고 가정해 보자. 물론 시험의 종류는 단순한 퀴즈부터 피 말리는 기말고사까지 다양하며, 어떤 시험은 특히 어렵고 여러분을 불안하게 만든다. 우선 가장 쉬운 것부터 가장 어려운 순서대로 상황을 적어 내려갈 수 있다.

별로 중요하지 않은 시험을 보는 것
준비가 되지 않은 상태에서 시험을 보는 것
예기치 못한 시험을 보는 것
교수가 나를 계속 지켜보는 상태에서 시험을 보는 것
중간고사를 보는 것

과목의 성적을 결정짓는 기말고사를 보는 것

현실에서 이러한 상황들이 순서대로 정확히 일어나기는 어렵다. 그러나 상상 속에서는 어떤 순서로든 몇 번씩 연습할 수 있다.

우리 학생 중 하나인 리자는 위의 목록을 상상 연습과 이완을 함께 사용하여 연습했다. 그녀의 수업에는 중간고사와 기말고사만 있었으므로 그녀는 이런 상황을 미리 준비하며 점진적으로 진행하길 원했다. 깊은 근육 이완을 배운 후, 리자는 이완 연습을 할 때처럼 베개를 베고 소파에 누웠다. 깊은 이완 상태에서 리자는 목록의 첫 번째 상황, 평소처럼 이완된 상태를 유지하며 중요하지 않은 시험을 보는 것을 상상했다. 리자는 그 장면에 1~2분 정도 머무르며 모든 세부 사항－의자의 딱딱한 느낌, 답을 생각하는 동안 연필 끝을 입에 물거나 답을 점검해 나가는 것－을 상상했는데 그러면서도 완벽한 차분함을 유지했다. 그런 다음 리자는 마음을 비우고 긴장을 했는지 점검하고 다시 이완한 후, 다음 상황으로 넘어갔다. 리자는 매일 이 연습을 하려고 노력했다.

기분이나 이완 정도에 따라 시간이 달라지기도 했지만 매번 10~15분 정도가 연습에 소요되었다. 대체로 쉬운 순서대로 연습을 했으나 어떨 때는 순서를 바꿔 어려운 상황부터 시작하기도 했다. 상황을 떠올리면서 침착함을 유지할 수 없을 때면 다시 이완을 하고 더 쉬운 단계로 돌아갔다.

학기가 시작된 지 5주쯤 후에 리자는 지리학 수업에서 예상치 못한 시험을 보게 되었다. 그녀는 거의 공황 상태가 될 정도로 놀랐지만 긴장 이완 연습을 통해 점차 빠르게 평정심을 되찾았다. 시험 시간이 매우 촉박하긴 했지만 리자는 침착하게 시험을 치렀다.

이 사건은 리자의 계획에서 유일한 실수를 보여 준다. 리자는 상상 연습을 하는 동시에 다양한 외부 상황에서의 이완 연습도 했어야 했다. 그랬다면 지리학 수업 시간에 더 잘 대처할 수 있었을 것이다.

깜짝 시험이 동기가 되어 리자는 상상 연습을 계속했다. 중간고사 기간 무렵에 리자는 여러 가지 시험 위계 상황 모두에서 이완이 가능했으며 실제 강의 시간에도 여러 차례 이완을 사용할 수 있었다. 상상 연습과 실제 연습 모두 중요했다. 이완을 동반한 상상 연습은 실제 상황이 닥치기 전에 연습을 할 수 있게 해주었다. 다양한 상황에서의 실제 이완 연습은 긴장을 유발하는 시험 상황에 대한 연습을 가능하게 해주었다.

긴장을 푼 이완된 상태에서 긴장을 유발하는 상황에 놓인 자신을 상상하는 것은 현실에 대처하는 좋은 방법이다. 상상 연습 시에 주의해야 할 한 가지가 있다. 수행을 못 하는 상상을 하면 실제로 수행을 망칠 수 있다는 점이다. 올림픽 선수들이 기술에 대한 상상 연습을 통해 얻은 수확을 기억하라. 선수들은 무엇을 해야 할지 정확히 알고 있었기 때문에 좋은 결과를 얻을 수 있었다. 그러나 초보 선수들은 무엇을 연습해야 할지 모르기 때문에 상상 연습이 역효과를 불러오기도 한다. 한 연구에서 테니스 서브를 상상 연습한 숙련된 테니스 선수들은 정확도가 높아졌지만 초보 선수의 서브 정확성은 감소되었다(Noel, 1980; Suinn, 1983). 상상 연습은 목표가 정확하지 않으면 소용이 없거나 해롭기까지 하다. 상상 연습은 철저하고 정확해야 한다(Suinn, 1983). 좋은 모델은 효과적인 행동이 무엇인지 구별하는 데 도움이 되므로 좋은 모델을 찾아 배우는 것은 자기조절에 매우 중요하다. 사회 기술이든 테니스 백핸드든, 어떻게 해야 할지 자신이 없다면 기술을 제대로 배울 수 있는 좋은 방법이 있다. 바로 모델을 찾는 것이다.

✿ 모델링

어른과 아이를 불문하고 학습이 이루어지는 가장 기본적인 과정은 **모델을 관찰함으로써 배우는** 것이다. 전문적인 모델에 대한 관찰은 자신감, 주관적 효능감 및 자기개선 프로그램의 동기를 높여 준다(Ozer & Bandura, 1990).

목표가 테니스를 잘 치는 것이든, 사회 기술을 늘리는 것이든 혹은 다른 어떤 것이든, 근본적인 전략은 모델을 찾고 그 모델의 기술을 분석해서 그 기술을 자신의 기준으로 삼는 것이다.

> 도제의 중요한 요소 중 하나는 숙련된 사람을 모방하고, 그들의 작업을 철저히 연구하고 따라 하는 것이다. 예술 분야에서 대작에 대한 연구와 모방은 역사가 길다. 일례로 벤저민 프랭클린은 자서전에서 명확하고 논리적인 방식으로 글쓰기를 배우려고 어떻게 노력했는지를 설명했다. 그는 좋은 책의 단락을 읽어 내려가며 외우기보다는 내용을 이해하고 그 구조와 내용을 재연하고자 했다. 다음으로 자신이 재연한 것을 원본과 비교해 차이점을 찾아냈다. 연구, 재연, 잘 구조화된 원본과의 비교로 이어지는 이 과정의 반복을 통해 프랭클린은 자신이 말이나 글을 위해 생각을 정리하는 기술을 획득하게 되었다고 언급했다(Ericsson & Charness, 1994, p. 739).

원하는 기술을 가진 사람을 찾았다면 곧바로 모방하도록 한다. 테니스나 운전을 배울 때 따라 하는 것을 이상하게 생각하는 사람은 없지만, 다른 사람의 사회적 혹은 개인적 행동을 모방하는 것은 창피하게 생각할지 모른다. 우리는 친구가 여성에게 어떻게 대하는지 관찰하고 이를 모방해 온 한 학생에게 다음과 같이 조언해 주었다.

> 다른 사람을 만날 때 친구가 한 것처럼 미소를 지었다면, 그건 친구의 미소를 베끼는 것이 아니라 자신의 미소를 만들어 내는 것이다. 네 자신의 의견으로 대답하는 것이지 친구의 의견이 아니다. 모든 것이 자신만의 스타일로 만드는 것이다. 너는 그냥 너이고, 단지 친구처럼 미소 짓고 답하는 것일 뿐이다.

우리 학생 중 한 명은 발표 능력을 향상시키고자 했다. 그는 다음과 같이 적었다.

> 나는 모델이 수업 중 발표할 때 보이는 좋고 나쁜 습관을 모두 관찰했다. 발표 시 눈 맞춤과 몸짓의 효과, 그리고 크고 분명한 목소리의 중요성을 알 수 있었다. 그러나 여유롭게 이야기하는 모델을 보면서 가장 중요했던 것은 그들이 할 수 있다면 나도 할 수 있다는 느낌이었다. 이런 대리 경험이 내 자기효능감에 대한 기대를 한껏 높여 주었다.

모델 관찰을 통해 수행의 결정적인 요소를 알 수 없다면 모델에게 설명을 부탁한다. 재능 있는 어린 수영 선수가 자신의 영웅인 우승자에게 어떻게 지속적이고 계획적인 연습을 할 수 있었는지 질문했다. 대답은 명쾌했으며 훌륭한 본보기가 되었다. 답은 "하루의 연습 시간과 목표를 미리 정해 두세요. 절대 수영장으로 가는 길에 결정하지 말아요! 그렇게 하면 아무도 열심히 연습하지 않을 거예요."였다.

우리 학생 중 던스턴은 유쾌한 친구였지만 구부정한 자세로 인해 풀이 죽어 있었다. 던스턴의 자기개선 계획은 193cm인 체구를 반듯하고 자신 있게 유지하는 것이었다. 그는 자신의 기억 속에 자신감 넘치는 자세를 가졌던 고등학교 친구를 모델로 삼았다.

그러나 던스턴은 자신의 계획에서 중요한 부분은 사전약속된 처벌과 자기보상을 통해 허리강화 운동을 지속하는 것이라고 생각했다. 약간의 진전이 있긴 했지만 곧 정체기에 접어들었다. 다음은 그의 보고서 내용이다.

> 예상치 않게 나는 내 프로젝트의 모델로 삼은, 일리노이 주에 사는 마크와 30분 가량 전화통화를 하게 되었다. 나는 고등학교 시절에 그가 했던 웨이트 트레이닝 운동이 좋은 자세에 정확히 어떤 영향을 미쳤는지 물었다. 놀랍

게도 그는 자신의 체력이 자세와 큰 상관이 없었다고 얘기했다. 좋은 자세는 고등학교 2학년 때 봤던 한 여학생을 본보기로 삼아 노력한 결과였다고 했다! 그 여학생이 그의 자세에 가장 큰 영향을 주었으며, 등 근력의 역할은 미미했다…. 그의 자세가 모델링의 결과였다는 것을 알게 된 이후로 마크는 나에게 더 중요한 모델이 되었고, 운동보다 그의 말에 더 의존하게 되었다. 운동이 도움이 될 거라는 생각에는 근거가 없었지만 모델은 실재했으니까. 또한 운동은 좋은 자세에 필수적이지만, 운동으로 얻은 힘은 연습하지 않으면 소용이 없음을 깨달았다.

던스턴은 부정적 연습(의식적으로 안 좋은 자세를 연습해서 안 좋은 자세를 할 때 이를 알아차리게 하는 것)이 포함된 프로그램을 도입했다.

우리는 교내에서 던스턴을 종종 목격했는데, 그의 머리는 사람들 사이에서 불쑥 솟아 있었다. 4년 후 우리는 그로부터 쪽지를 받았다. "이제 저는 머리를 숙일 때면 바로 '감지'할 수 있는데, 프로젝트 시작 전에는 꿈도 꿀 수 없었죠. (부정적 연습 전에) 제가 얼마나 좌절했는지 기억이 나요. 하지만 지금은 바른 자세가 자연스러워졌어요. 저는 이 기법의 결과에 대해 매우 놀랐고 만족하고 있어요."라는 내용이었다. 던스턴은 이번에는 전문적인 역도선수에 대한 관찰을 통해서 모델을 통한 자기개선을 지속하고 있었다.

가장 좋은 모델은 여러분이 자주 볼 수 있는 사람이고, 그중 이상적인 모델은 던스턴이 마크에게 했듯, 실제로 대화를 나눌 수 있는 사람이다. 이는 다양한 기법을 사용하는 많은 모델들을 찾을 수 있고 그들과 이야기를 나누는 즐거움을 찾을 수 있는, 비슷한 목표를 가진 그룹에 들어가야 하는 이유이기도 하다.

✿ 상상 모델링

어떤 사람들은 현실에서는 하지 못하는 행동을 하는 자신을 상상하는 것이 어렵다고 한다. 예컨대 원하는 대로 구워지지 않은 스테이크를 다시 익혀 오라고 주문하는 장면을 상상하는 것이 너무 비현실적이어서 상상을 계속할 수 없거나, 마음에 안 드는 스테이크를 그냥 먹는 자신을 상상하는 것으로 끝나게 된다. 이런 일이 발생한다면 상상 모델링 기법을 사용해 볼 수 있다.

이 기법은 상상 연습과 유사한데, 차이점은 자신이 아닌 다른 사람이 행동을 수행하거나 그 행동이 강화되는 것을 상상하는 것이다. 이 기법은 다양하게 적용될 수 있다(Cautela & Kearney, 1986; Kazdin, 1984). 잘 참지 못하고 쉽게 흥분하는 선수들이 상상 모델링을 통해 자극을 받거나 화가 나는 상황에서도 차분하게 대응하며 기술을 펼치는 모습을 그려 보았다(Cautela & Samdperil, 1989). 비슷한 기법을 통해 학생들은 시험 불안을 줄였을 뿐만 아니라 성적도 올렸다(Harris & Johnson, 1980).

상상 모델링을 할 때 모델은 여러분이 아는 사람이지만 반대로 여러분을 실제로 아는 인물일 필요는 없다. 다음은 Alan Kazdin(1984)이 권장한 상상 모델링 절차이다.

1. 나이가 비슷하고 같은 성별인 모델을 상상한다.
2. 같은 인물만 상상하지 말고 상황마다 다른 모델을 상상한다.
3. 비슷한 어려움을 가진 모델, 즉 그 문제를 이미 극복한 사람보다 그 문제에 대처해야 하는 사람을 상상한다. 예를 들어 모델은 여러분과 마찬가지로 비둘기에 다가갈 수는 있지만 두려워해야 하고, 살찌는 음식에 유혹을 느껴야 하며, 스테이크를 다시 해 오라고 말하기 위해 용기가 필요한 사람이어야 한다.
4. 모델이 성공적인 대처를 통해 바람직하고 자연스런 결과로 강화받는 것을 상상한다.
5. 모델이 수행 중 자기지시하는 모습을 상상한다. 나중에 실제 수행에서 같은 자기지시를 사용한다.

상상 모델링은 상상 연습을 위한 첫 단계가 될 수 있다. 그러나 상상 속에서 다른 사람이 아닌 자신의 수행 정도를 향상시켜야 한다. 다른 사람들만을 모델로 상상하면 이 기법은 효과적이지 못하다. 실제든 상상이든 자신을 주인공으로 연습을 할 수 있으면 상상 모델링을 할 필요가 없다. 자신이 행동을 연습하는 모습을 상상할 수 있다면 스스로를 모델로 사용하는 편이 낫다. 하지만 스스로를 관찰할 때 제3자의 시점을 적용해야 한다. 이 모든 것 중 가장 효과적인 방법은 상상 모델링에서 실제 연습으로 옮겨 가는 것이다. 예를 들어 자기주장 향상을 위해 상상 모델링과 실제 연습을 병행했던 사람들이 자기주장이 요구되는 사회적 상황에서 가장 큰 개선을 보였다(Kazdin, 1982). 상상이 수월해지면 낮은 난이도의 실제 상황에서부터 연습을 시작하도록 한다.

✿ 실생활에서의 숙달

상상 기법이 아무리 중요해도 이는 현실 세계의 수행으로의 가교 역할을 할 뿐이다.

상상 연습 및 부수적인 방법은 실제 상황에 대비를 돕기 위한 목적을 지닌다. 새로운 행동은 반드시 목표로 하는 실제 상황에서 연습해야 한다. 그러므로 행동을 상상에서 실생활로 연결시키는 전략이 빠진 계획은 완전하다고 볼 수 없다.

새로운 행동을 개발하는 성공적인 변화의 전체 과정은 세 가지 단계를 거친다.

계획(예컨대 만약 … 그렇다면 계획)
사전연습(상상 연습과 같은)
연습: 새로운 행동 실행(아마도 처음에는 상상으로 시작하겠지만 나중에는 실제 상황에서)

Gershman과 Stedman(1971)은 내담자 중 한 명에게 비행에 대한 불안의 양립 불가능한 행동으로 가라테를 하게 했다. 그 내담자는 '고도 비행', '나무 위를 너무 낮게 지나는 것', '스스로에게 "얼마나 높이 있는 거지?" 하고 묻는 것' 등의 불안 위계를 작성했다. 그는 격렬하게 가라테 운동을 하면서 목록을 검토하는 연습을 통해 불안을 느끼지 않고 이런 상황을 생각해 볼 수 있게 되었다. 다음으로 그는 이 계획을 실생활에 적용했다. 그는 비행장에 가기 전에 상상 연습을 하고, 감독자에게 보고하기 전에 화장실에서 다시 연습했다. 그는 점차 자신감을 키워 마침내 불안 없이 비행할 수 있게 되었다.

Jerry Deffenbacher는 일련의 연구를 통해 실제 불안 유발 상황에서 이완을 포함하는 프로그램이 효과적임을 보여 주었다. 시험 불안, 비행 불안, 발표 불안, 고양이에 대한 불안을 가진 사람들이 연구 대상이었고, 이완을 통해 불안이 감소되어 일상생활에서 긴장이나 불편감 없이 생활할 수 있음을 보고했다. 또한 부수적인 효과도 보고되었는데, 실제 문제 상황에서 이완을 사용하는 사람들은 우울감, 적개심이 줄어들며 자기주장을 더 잘할 수 있었다. 이완은 실생활에서의 연습을 통해 일반적인 대처 기술이 될 수 있다(Deffenbacher & Suinn, 1982).

상상 이완 및 상상 연습이 다이어트, 자기주장, 시험 불안, 새에 대한 공포, 외출에 대한 두려움 등 어떤 상황에 사용되었든 다음 단계는 이런 행동을 실생활에 적용하는 것이다. 상상력을 이용해 시작하지만 실제 상황은 상상보다 훨씬 효과적인 학습 현장이다(Flannery, 1972; Goldstein & Kanfer, 1979; Sherman, 1972). 새로운 반응을 학습할 때, 그것이 모델을 통한 학습일지라도 장기적인 변화를 가져오는 요소는 실제 상황에서의 연습이다(Bandura, Jeffery, & Gajdos, 1975; Blanchard, 1970; Thase & Moss, 1976). 두려운 상황에 자신을 반복적으로 노출시키고 버티는 것이 가장 필수적이고 효과적인 단계이다(Emmelkamp, 1990).

글상자 6-3 다가오는 거미 한 마리…

작은 미스 머펫은 세발의자에 앉아
치즈를 먹고 있었네
그때 그녀 옆으로 다가온 거미 한 마리가
미스 머펫을 겁주어 쫓아 버렸네.

그래서 미스 머펫이 거미 공포증을 갖게 되었나? 심리학자들은 비합리적 공포의 획득 과정에 대해 관심을 가져 왔다. 모든 비합리적 공포가 고전적 조건형성을 통해 학습되는가(제4장 참조)? 아니면 모델링(타인의 부정적 감정 경험에 대한 관찰)이나 비합리적 믿음(두려워하는 상황을 위험한 것으로 잘못 판단하는 것)을 통해 간접적으로 획득되는가? 아마도 미스 머펫이 여러분이 가진 어떤 두려움을 설명해 줄 수 있을지 모른다.

언젠가부터 심리학자들은 공포증의 발현에 있어서 세 가지 다른 경로—조건화, 모델링 혹은 믿음으로 이어지는 정보의 학습—를 인정했다(Rachman, 1977). 많은 거미 공포증 연구에서 이 세 가지 경로가 확인되었다. 적어도 거미 공포증 환자와 부모들의 회고적 보고를 믿는다면 말이다(Merckelbach, Arntz, Arrindell, & deJong, 1992; Merckelbach & Muris, 1997). 그러나 같은 연구에서 거미 공포증이 없는 통제집단의 사람들 중에서도 많은 경우 거미가 무서웠던 적이나 다른 사람들이 거미를 무서워하는 것을 목격한 적이 있다고 보고했으며, 거미에 대한 (비합리적인 공포는 없지만) 잘못된 위협적 정보를 가지고 있는 사람들은 더 많은 것으로 나타났다.

공포증이 없는 사람들의 경험도 마찬가지로 흥미롭다. 외상적이고 두려운 경험이 모든 사람에게 비합리적 공포를 일으키지는 않는다는 점은 분명하다. (공포증을 가진 경우와 그렇지 않은 경우의) 많은 사람들이 치과나 교통사고에 대한 좋지 않은 기억을 갖고 있으나 치과 혹은 자동차에 대한 공포증은 상대적으로 드물다.

한편 비합리적 공포, 예를 들면 작은 동물에 대한(특히 뱀과 거미에 대한) 공포는 이상하게 흔하다. 아마 이는 거미가 먼지나 오염과 관련되며 혐오스럽기 때문일 수도 있다. 실제로 거미 공포증이 있는 사람들이 신경증적이거나 내향적 특성이 더 많은 것은 아니지만 일반적으로 혐오스러운 것에 더 민감하다. 아마도 이러한 민감성 때문에 거미에 대해 더 큰 혐오감과 두려움을 보고할지도 모른다(Merckelbach, deJong, Arntz, & Schouten, 1993; Mulkens, deJong, & Merckelbach, 1996; Tolin, Lohr, Sawchuk, & Lee, 1997). 거미 공포증을 가진 여성의 어머니들은 딸과 비슷한 혐오감을 보인다. 아마도 진화적 선택 때문에 사람들이 잠재적으로 뱀이나 거미에 공포를 느끼도록 준비되어 있고, 치과나 자동차같이 현대에 새롭게 등장한 자극들은 이러한 진화적 적응에 포함되지 못한 것일 수도 있다(Seligman, 1971).

(다음 쪽에 계속)

글상자 6-3 (계속)

공포증을 이해하는 데 있어서, 신념의 역할을 이해하는 것은 필수적이다. 거미 공포증이 있는 사람들은 거미가 갑자기 자신을 공격하고 대들 것이며, 공격을 받으면 심장마비가 걸리거나 공포로 죽게 될 것이라는 비합리적이고 구체적인 믿음을 지닌다(Arntz, Lavy, van den Berg, & van Rijsoort, 1993). 대낮에 거미가 안 보이는 상황에서도 자신의 생각이 합리적이라고 믿는다(Jones & Menzies, 2000).

좋은 소식은 거미 공포증이 어떻게 생겼는지, 왜 생겼는지에 상관없이 간단하고 믿을 만한 효과적인 치료법이 있다는 것이다. 치료의 기본 원리는 이 장에서 설명된 것들이다. 즉, 체계적으로 통제된 노출, 비합리적 생각과 자기지시의 대체, 모델링, 직접적 경험을 통한 둔감화이다. 때로 공포와 비합리적 믿음이 단 한 번의 치료로 놀라울 정도로 줄어드는 경우가 있는데(Arntz et al., 1993; deJong, Vorage, & van den Hout, 2000; Johnstone & Page, 2004; Öst, 1989; Thorpe & Salkovskis, 1997), 심지어 컴퓨터에 의한 '가상' 노출일 경우에도 마찬가지이다(Smith, Kirkby, Montgomery, & Daniels, 1997).

때때로 불편감을 주는 특정 공포에 대해서는 우선 이 장에서 설명한 원리에 따라 자기수정을 시도해 볼 수 있는데, 특히 다음 절에서 설명될 이완, 조형 및 사회적 도움을 사용하길 권한다.

미스 머펫이 비합리적인 거미 공포증으로 고통받고 있다면, 우리는 그녀가 이완된 상태에서 그리고 가능하면 차분하고 내용을 잘 알고 있는 친구의 도움을 받아 죄 없는 거미 옆으로 조금씩 가까이 다가갈 수 있는 기회를 가질 수 있길 바란다.

조형법: 연속적 근접

학습목표

- 조형법의 일반적 절차를 설명하라.
- 조형법의 원칙은 무엇인가?
- 이완은 조형법과 어떻게 결합될 수 있는가?
- 조형 과정에서 나타나는 흔한 문제들은 무엇인가?

목표행동이 무엇이든 단숨의 노력으로 달성할 것이라 기대하지 말아야 한다. 완벽한 모델이 있더라도 완벽한 행동은 한 번에 조금씩 이루어진다. 이완에 능숙해졌다 하더라도 두려운 상황에는 조금씩 접근해야 한다. 행동 개선의 일반적 절차는 다음과 같다. 우선 현재 행동 중에서 궁극적 목표와 가장 근접한 행동부터 시작한다. 이 근접 행동(approximation)은 연습을 통해 다음 단계로 나아갈 기초가 된다. 꾸준하고 지속적인 접근을 통해 행동을 숙달해 간다. 이 방법을 **조형법**(shaping)이라고 한다.

지속적인 성공의 경험은 수행을 점차적으로 향상시킨다. 조형법 단계를 사용하여 성공을 하게 되면, 그로 인해 자기효능감이 증가하고 더 큰 성공으로 이어질 것이다.

글상자 6-4는 조형법을 이용해 학교로 되돌아가려는 목적을 성취한 한 여성의 길고 성공적인 여정을 보여 준다.

글상자 6-4 전형적 사례: 조형법으로 학교 공포증 없애기

Harriet Kathryn Brown

이 보고서는 수많은 자기수정 수업에서 학생이 제출한 '프로젝트 보고서' 중 가장 복잡한 보고서였다. 이 조형 프로그램은 완전히 학생 스스로 개발한 것이었다. 학생이 적은 내용은 다음과 같다.

> 28세였던 나는 남편과 이혼한 상태였으며 대학으로 돌아가고 싶었다. 하지만 교내에 들어서기만 하면 불안 발작—빠른 심장박동, 식은땀, 떨림, 속쓰림, 피부 발진, 도망치고 싶은 무의식적 충동—이 나타났다. 갈 길이 멀었다! 나는 학교로 돌아갈 방법에 대한 조형 계획에 착수했다.
>
> 1단계: 차를 타고 동문을 통해 교내로 들어가 상가를 돌고 서문으로 나온다. 이를 3주 동안 1주일에 두세 번씩 한다. 이 3~5분 동안 불안했지만 참을 만했다. 그렇게 한 후 나는 다음 단계로 넘어갈 준비가 되었다.
>
> 2단계: 교내에 주차를 하고 10분 동안 걸어 다닌다. 이를 3주 동안 1주일에 두세 번씩 한다. 특히 불편한 느낌이 드는 특정 건물은 피했지만 이를 완수해 다음 단계로 넘어갔다. 나는 점차 좋아졌고 다음 단계를 수행하는 데 각각 1~2주가 걸렸다.
>
> 3단계: 20~30분 동안 걸어 다닌다.
>
> 4단계: 걸어 다닌 다음 빈 강의실에서 10분 동안 앉아 책을 읽는다.
>
> 5단계: 강의실에 앉아 1시간 동안 책을 읽는다. 그때는 1월이었는데, 나는 학점 없는 작문 강의를 수강하고 싶었다. 나는 비교적 작문을 잘하는 편이었고, 그 수업은 학점을 매기지 않았다. 그 강의는 내가 여전히 피해 다니는 건물에서 이루어진다는 점을 제외하고는 가장 덜 위협적인 수업이었다. 강의 시작 전까지 2주가 남아 있었다.

(다음 쪽에 계속)

글상자 6-4 (계속)

6단계: 수강 신청을 한다. 연속으로 3일 동안 교내에서 차를 몰고 두려워하는 건물 밖에 주차를 하고 그 건물 주위를 걸어 다닌다.

7단계: 3일 연속으로 멈추지 않고 그 건물을 걸어서 통과한다.

8단계: 실제 강의실에 앉아 있는다. 처음에는 10분으로 시작해서 1시간이 될 때까지 매일 시간을 늘려 나간다.

일단 강의실에 있기가 편안해지자 강의를 듣는 것은 아무 문제도 되지 않았다. 그래서 그다음 학기에 또 하나의 무학점 작문 강의를 신청했다. 이제 나는 학점을 받는 첫 번째 강의를 시도할 준비가 되어 있었다. 강의실에 들러 보았고 그 안에서 아주 편안하게 있을 수 있었다. 잘하고 있었다!

그 강의의 책은 바로 [이 책]이었다. 수업을 들으며 각각의 단계에서 더 많은 기법을 사용했다. 한 단계씩 조형 단계를 달성할 때마다 보상으로 음식을 사용했다. 그러나 이로 인해 몸무게가 늘었으므로 다른 강화물을 찾게 되었다. 내가 가장 좋아하는 일은 록 음악을 틀어 놓고 거울 앞에 서서 마치 스타가 된 것처럼 립싱크를 하는 것이었다. 이 밖에도 아름다운 정원을 거니는 내 모습을 상상하는 것도 좋았다. 나는 학습 계획을 지키는 것에 대해서도 매일 강화했으며, 수업에 출석하는 것도 특별히 따로 강화했다.

9단계: 매일 수업에 참석한다. 매일 강화를 받는다. 매일 공부를 하고 강화를 받는다. 매일 이완 연습을 한다. 이완 연습은 즐거웠으므로 보상은 필요치 않다. 시험 전이나 도중에 이완을 사용한다. 시험 전이나 중간에 긍정적 자기진술을 사용한다. A학점을 받았다.

나머지 단계를 모두 적지는 않겠다. 다음 학기에 나는 학점 받는 강의를 하나 더 들었고 그 후에는 두 과목을 한꺼번에 신청했다. 나는 더 이상 사전에 강의실을 둘러볼 필요가 없어졌다. 점차 수업 참석에 대한 강화를 줄여 나갔고 학교에 애정을 가지게 되었다. 지금은 풀타임 학생이다. 시험을 잘 봐서 시험 불안도 없어졌다.

규칙적으로 공부하기 위해서 강화를 계속 사용했는데 사실 지금도 사용하고 있다. 처음 들었던 무학점 강의에서는 수업 출석률이 75%에 불과했던 것에 비해 지금은 100%가 되었다. 나는 학교 공포증이 있는 사람에서 학교에 열광하는 사람으로 바뀌었다! 간혹 나는 초기의 '걸어 다니던' 단계에 대한 기록을 들추어 본다. 모든 것이 내가 12살부터 써 왔던 일기에 기록되어 있다.

✿ 이완과 근접의 방법

이완 계획에는 연속적인 근접이 필요하다. 우리 학생 중 몇 명은 중요한 시험에서 지나치게 긴장을 하곤 했다. 학생들은 시험 2, 3일 전에 시험장에 들어가거나 빈 강의실에서 연습하는 것처럼 점진적 단계를 사용하여 그 두려운 상황에 접근했다.

어떤 학생들은 조형 연속선상에서 단계를 세부적으로 나누었다. 고학년인 린다는 다음과 같은 방법을 사용했다.

> 나는 새를 매우 두려워한다. 새들이 많다는 이유로 동물원에 가지 않아 우스꽝스러워 보일 뿐만 아니라, 쓸데없이 두렵고 당황스럽다. 두려움이 줄어들면 인생이 더 즐거울 것이다!
>
> 다음은 린다의 노출 위계이다.
>
> A. 새 한두 마리가 15m쯤 떨어져 있을 때,
> 1. 돌아서서 새를 본다.
> 2. 새를 향해 한 걸음 내딛는다.
> 3. 새를 향해 두 걸음 내딛는다.
> 4. 새를 향해 5m까지 다가간다.
> 5. 단계 B를 시작한다.
>
> B. 두 마리 이상의 새가 15m 떨어져 있을 때,
> 1. 돌아서서 새를 본다.
> 2. 새를 향해 두 걸음 내딛는다.
> 3. 새를 향해 네 걸음 내딛는다.
> 4. 새를 향해 5m까지 다가간다.

다음 단계로 린다는 10m 거리에서 처음에는 새 한 마리, 다음에는 새 여러 마리를 대상으로 앞의 과정을 반복했다. 그다음 린다는 5m 떨어진 거리에서 그 절차를 반복했다. 마지막 단계에서 린다는 3m 떨어진 거리에서 시작해 1m까지 다가갔으며, 점진적으로 새와 가까이 있는 시간을 초 단위로 늘려 나갔다.

처음에는 힘들었지만 린다는 남자 친구가 손을 잡아 주자 불안이 현저하게 줄었다고 말했다. 이 방식은 남자 친구가 장난으로 린다를 새가 있는 쪽으로 밀치기 전까지 효과적이었는데, 이 일로 린다는 3주 동안 아무것도 할 수 없었다(그들의 관계에

도 문제가 생겼다). 보조자와 여러분 모두 실생활에서의 노출을 연습할 때에는 각 단계마다 충분한 이완이 필요하다는 것을 명심해야 한다(McGlynn, Moore, Lawyer, & Karg, 1999).

린다처럼 친구의 도움을 받는 것도 좋은 방법이다(Moss & Arend, 1977). 하지만 장난으로 밀지는 말아 달라고 꼭 부탁해야 한다. 사회적 상황에서의 불안에 대처할 때 친구의 도움을 받는 것은 매우 적절하지만, 도와주는 친구는 진지하게 임해야 한다.

특히 사회적 상황에서의 행동을 목표로 한다면, 점진적인 단계별 조형에 친구의 도움을 구하는 것은 좋은 방법이다. 발표, 구직 면접, 대화법 개선 혹은 데이트 신청 같은 목표를 위해서는 연습 단계에 대한 조형법을 사용한다. 첫 번째 단계는 상상 속에서 연습하는 것이다. 두 번째 단계는 실제 행동으로 혼자서 연습하는 것이다. 세 번째 단계는 믿을 만한 누군가가 옆에 있는 상황에서 연습하는 것이며, 최종 단계는 실제 목표 상황에서 연습하는 것이다(Goldstein, Sprafkin, & Gershaw, 1979).

이 각각의 단계에서 노출 위계는 매우 유용한 도구이다. 린다가 새에 대한 불안을 물리적 거리에 따라 나열한 것처럼 어떤 불안이든 강도에 따라 순서대로 나열할 수 있다. 글상자 6-5는 대부분의 사회적 수행 상황에서 불안을 느끼는 사람을 위한 노출 위계의 한 예이다.

✿ 조형 시 문제점

배우는 과정이 항상 순조로울 수는 없다. 중요한 것은 노력을 멈추지 않는 것이다. 원래 계획을 39번쯤 수정했다고 하더라도 계속해서 조형 프로그램을 진행해 나가자.

정체기 직면하기. 조형 스케줄을 따르다 보면 정체기에 직면하게 된다. 몇 주간 많은 향상을 보이다가 갑자기 멈춘다. 지금까지의 단계들은 쉽게 달성했는데 갑자기 다음 단계가 매우 어렵게 느껴질 수 있다. 정체기를 극복하는 가장 쉬운 방법은 단계의 크기를 줄이는 것이다. 그것이 불가능하면 현재의 단계를 한 주 정도 유지한다. 정체기는 아주 흔하므로 미리 예상하고 이겨 내야 한다. 특히 신체의 생리적 변화로 일정 기간 체중 감소가 더뎌지는 다이어트에서는 정체가 아주 흔하다(LeBow, 1981).

의지력 상실. 이제 여러분은 행동 · 환경의 관계를 지배하는 원리에 대해 충분히 이해하고 있으므로 주어진 행동을 하지 않는 데 여러 가지 이유가 있다는 것도 알 것이

글상자 6-5 사회 불안에 대한 노출 위계의 예

불안에 대한 노출 위계는 상상 및 실제 연습 모두에서 유용하다. 두려운 상황을 난이도에 따라 나열하는 것 외에 위계는 보통 각 상황에서 어느 정도의 두려움을 느끼는지에 대한 평가(0에서 100까지 척도 사용)를 포함한다.

상황	**두려움 평가**
집에서 파티를 열어 모든 직장 동료들을 초청하고, 술은 마시지 않기	100
직장 동료의 집에서 열리는 파티에 배우자와 함께 참석하고, 술은 마시지 않기	90
예술 공연 오프닝에 참석해 다른 참석자들과 일상적 대화를 나누고, 술은 마시지 않기	90
우리 집 저녁 식사에 다른 부부(케빈과 케이티)를 초대하기	85
직장 동료와 잘 모르는 제삼자와 함께 점심 식사하기	80
야간 수업에 몇 분 지각해서 자리에 앉는 동안 모든 급우들이 나를 쳐다보게 만들기	70
레스토랑에서의 저녁 식사에 다른 부부(케빈과 케이티) 초대하기	70
엘리베이터의 낯선 사람과 소소한 대화(예: 날씨를 주제로) 나누기	60
월요일 아침 출근해서 직장 동료들에게 주말에 있었던 일에 대해 얘기하기	55
다른 사람들이 쳐다보는 동안 내 책상에서 점심 먹기	50
은행에서 다른 사람들이 쳐다보는 동안 서류 작성하기	35
주유소에서 길 물어보기	30
사람들이 알아차리기 쉬운 공개적인 장소에서 열쇠 떨어뜨리기	25

출처: *10 Simple Solutions to Shyness: How to Overcome Shyness, Social Anxiety & Fear of Public Speaking* (pp. 56-57), by M. M. Antony, 2001, Oakland, CA: New Harbinger Publications, Inc. 허락하에 재인쇄함.

다. 우리의 경험상 프로그램 진행 중 자기통제력을 잃게 되는 것은 조형 프로그램이 일부 실패했기 때문인 경우가 가장 많았다.

예를 들어, 누군가는 이렇게 말할 것이다.

발표 불안을 줄이기 위해서는 상상으로 말할 내용을 연습하는 것이 중요하다. 이완뿐만 아니라 수행 자체도 연습해야 완벽하게 준비했다고 볼 수 있다. 자기 자신에 초점을 맞추는 것보다 말할 내용을 잘 전달하는 것에 초점을 두도록 한다(Barlow, 1988).

시험 불안에는 시험을 잘 치르는 모습처럼 자신감 충만한 구체적인 장면을 그려보는 상상 연습을 이완과 함께 병행하는 것이 좋다(Harris & Johnson, 1983; Wachelka & Katz, 1999). 이완과 함께 자기지시를 연습하여 시험 중에 자기패배적 생각이 떠오르면 적극적인 대처 내용의 자기지시로 바꾼다(Deffenbacher & Hahnloser, 1981). 수행에 대한 자기패배적인 부정적 생각은 시험 불안 그 자체보다 시험 성적에 더 나쁜 영향을 미친다(Arnkoff & Smith, 1988). 이런 생각들을 자신감 있고 차분한 생각으로 대체하고 이완을 하도록 한다.

물론 충분히 공부하는 것도 잊어서는 안 된다.

✿ 자기주장

자기주장을 늘리는 것은 **만약 … 그렇다면** 계획이 잘 어울리는 목표 중 하나이다. 여러분을 특히 괴롭히는 상황과 그때 하고 싶은 자기주장적 반응을 정리해 보자. 예를 들면 다음과 같다.

만약 … 줄을 서고 있는 데 누군가 앞에 끼어든다면
그렇다면 … 이렇게 말할 것이다. "실례하지만 이 줄의 끝은 저 쪽이에요."

만약 … 남자 친구가 평소처럼 자기가 보고 싶은 영화를 고집하면,
그렇다면 … 이렇게 말할 것이다. "우리 둘 다 보고 싶은 영화를 보자."

만약 … 그녀가 세 번 연속으로 약속에 늦었다면,
그렇다면 … 이렇게 말할 것이다. "이번이 세 번째야. 앞으론 좀 더 늦게 만나기로 할까?"

만약 … 카페의 옆 테이블에서 누군가 담배에 불을 붙이면,
그렇다면 … 이렇게 말할 것이다. "제가 담배연기를 정말 싫어해서요. 멀리 다른 곳에서 피워 주시겠어요?"

만약 … 다른 방에서 들리는 소음 때문에 기숙사 방에서 잠을 이루지 못하고 있다면,

그렇다면 … 그 방으로 가서 "좀 조용히 해주세요. 늦은 시간이고 다른 사람들은 자야 해요."라고 말할 것이다.

완전히 새로운 행동을 개발할 때에는 3인칭 시점에서 바라본 상상 연습을 이용하라.

집이나 좋은 친구와 함께 있을 때처럼 친숙하고 편안한 상황에서 실제 연습을 하도록 한다. 친구에게 자신이 자기주장을 잘하는 사람의 역할을 할 것이라고 말한다. '역할극'은 익숙하지 않은 상황에서도 사용할 수 있는 구체적인 대사와 기술을 발달시킬 수 있는 좋은 방법이다(Higgins, Frisch, & Smith, 1983).

실제 말로 하는 연습을 한 사람들은 자기주장을 더 잘 습득하고 습득한 기술을 더 오랫동안 유지할 수 있었다(Kazdin, 1984).

다음은 적절한 자기주장을 구성하는 주요한 행동이다.

- 눈 맞춤. 진정성을 전달한다.
- 태도. 상대방을 향해 적당히 가깝게 서거나 앉아, 상대방 쪽으로 몸을 기울이고 머리는 꼿꼿이 유지한다.
- 제스처를 과도하지 않게 적절히 사용한다.
- 말하는 내용에 맞춰 적절한 표정을 짓는다.
- 목소리 톤, 억양과 크기는 균형이 잡혀야 하며 위협적이지 않으면서도 확신이 있어야 한다.
- 타이밍이 즉각적이어야 한다. 하지만 자기주장이 적절한 상황이어야 한다. 예를 들어, 창피를 당하지 않으려면 공개적인 대화보다 사적인 대화에서 주장하는 것이 낫다(Kirschenbaum, 1994).

✿ 우울 및 낮은 자신감

우울의 자기개선에 대한 연구에 따르면 기본적으로 두 가지 방법이 있으며, 둘 다 효과적이다(Rehm, Kaslow, & Rabin, 1987). 이 두 가지 접근법은 (1) 특정한 새로운 행동 늘리기, (2) 긍정적 자기진술 늘리기이다.

특정한 새로운 행동. 우울에 맞서려면 즐거운 활동을 해야 한다. 여러분의 계획은 즐거운 활동을 많이 늘리는 것을 목표로 삼아야 한다. 또한 소소한 즐거움을 간과하지 않도록 한다. Fuchs와 Rehm(1977)은 우울한 사람들로 하여금 개인적으로 즐거운 활동 세 가지—담소를 위해 친구를 부르거나 책을 빌리러 도서관에 가기 등—를 목표로 정하게 만들었다. 우리 학생들은 '즐거운 공상' 하기, 뜨개질이나 자수, 관광 책자 읽기, 선인장 가꾸기, 시장의 채소 코너 구경하기 등 방대한 범위의 즐거운 활동을 했다. 좋은 일이 생길 때 이를 알아차리고 기록하는 것은 새로운 행동을 하는 것만큼이나 효과적이다.

그리고 무엇보다 **운동량을 늘려야 한다.** 운동은 우울감과 에너지 저하에 대한 효과가 입증된 신뢰로운 치료법이다(McCann & Holmes, 1984; Simons, McGowan, Epstein, Kupfer, & Robertson, 1985; Thayer, 2001). 달리기 같은 유산소 운동과 웨이트 트레이닝 같은 무산소 운동 모두 효과가 있다(Doyne et al., 1987). 심지어 10~15분간의 간단한 걷기도 우울과 불안 완화에 놀랄 만한 효과가 있다(Ekkekakis, Hall, VanLanduyt, & Petruzzello, 2000). 운동은 주요 우울장애 환자의 증상 개선에 항우울제만큼 효과적인 것으로 나타났다(Babyak et al., 2000).

우울한 기분 자체가 문제가 된다면 과제에 대한 집중을 통해 우울 증상을 일시적으로 감소시킬 수 있다. 깊은 몰입은 정서의 강도를 낮춘다(Erber & Tesser, 1992).

긍정적 자기진술 늘리기. 분명하고 구체적인 자기진술을 통해 자신이 하는 긍정적인 것들을 인식한다. 과하게 칭찬하고 격려할까 봐 걱정하지 않아도 된다. 낮은 자존감으로 신음하고 있다면 분명 부정적인 자기평가와 자기비판에 지나치게 익숙해져 있는 것이다.

혼합 프로그램. 안 좋은 기분을 바꿀 수 있는 가장 일반적인 전략은 이완, 스트레스 관리, 자기진술의 수정 및 운동을 병행하는 것이다(Thayer, 2001).

✿ 운동과 체육

대부분의 전문가들에 따르면 진정한 신체적 건강이라는 목표를 달성하기 위해서는 격렬한 운동으로 한 주에 2,000kcal를 소비해야 한다(Stockton, 1987). 이는 다양한 운동으로 따지면 다음과 같다.

테니스	하루 1시간	주 5일
에어로빅	하루 40분	주 5일

달리기	하루 5km	주 6일
걷기	하루 8km	주 5일
수영	하루 30분	주 6일
크로스컨트리 스키	하루 30분	주 6일

더 건강한 생활 방식을 위해 조형을 통해 운동을 점진적으로 증가시키는 것도 중요하다. 합리적이고 현실적이며 점진적인 조형 단계를 따르면 운동량과 체력 증진을 기대할 수 있다. 이때 자신에게 처벌이 되는 목표는 정하지 않도록 한다. 그러면 프로그램을 그만두기 쉽다(Selby, DiLorenzo, & Steinkamp, 1987). 몸을 잘 움직이지 않으려는 사람의 경우, 좀 더 먼 곳에 주차를 하는 식으로 활동량을 천천히 늘려 나가야 한다. 가벼운 에어로빅 혹은 힘차게 걷기를 주 2회 하는 것이 첫 단계(혹은 심지어 두 번째 단계)로 적절하다(Dubbert, Martin, & Epstein, 1986).

숙련된 선수와 초보 선수는 기술을 연마하는 데 있어 서로 다르게 접근해야 한다. 이완 후 상상 연습은 달리기, 스키, 농구, 골프 등의 여러 운동선수들의 수행 향상에 도움을 준다. 하지만 앞서 언급했듯이 상상 연습은 초보자들의 수행을 악화시킨다! 잘못된 기술을 연습하기 때문이다. 기술을 갈고 닦는 초기 단계에서는 모델링과 실제 연습이 더 효과적이다(Suinn, 1987).

✿ 대인관계: 사회 불안과 사회적 기술

사회 불안은 자기평가와 자기 언어에 깊은 영향을 받는다. 자기에 대한 평가를 적어 보는 것은 사회 불안을 개선하는 데 도움을 준다. 개인적 가치를 중요한 순서대로 정리해 보고 그것이 왜 여러분의 삶과 자기 이미지에 중요한지 몇 문단으로 적어 보자. 연구에 따르면 자기주장 연습이 사회 불안에 미치는 영향력은 8주 후까지 지속되었으며, 사회적인 긴장 행동까지 감소시키는 것으로 나타났다(Stinson, Logel, Shepherd, & Zanna, 2011).

사회 불안이 친구를 사귀는 데 방해가 된다면 특정 불안에서 설명한 것과 마찬가지로 전체적인 계획을 세운다. 이때 양립 불가능한 행동으로 이완을 활용할 수 있다.

어떤 학생들은 자신의 문제가 다른 사람들과 함께 있을 때 느끼는 불안감뿐만 아니라 무엇을 어떻게 해야 할지 모르는 것이라고 이야기했다. 동성 친구를 사귀는 것과 이성 친구를 사귀는 과정은 크게 다르지 않다. 좋은 인상을 주기 위해서 다른 사람과 처음 알게 되었을 때 사용할 수 있는 몇 가지 일반적인 방법이 있다. 예를 들어, 심리학자들은 사회적 기술을 향상시키기 위해 사람들에게 적절한 신체 언어를 가르친다. SOLER는 무엇을 해야 할지 떠올리기 위한 방법을 약어로 정리한 것이다(Egan, 1977).

S 상대방을 마주 보고 앉는다(Sit facing the person).
O 열린 자세를 취하고(팔짱을 끼지 않고)(with an Open posture),
L 상대방을 향해 약간 몸을 숙이고(Lean slightly forward),
E 눈을 맞추고(make Eye contact),
R 긴장을 푼다(Relax).

대화 기술도 친구를 사귀는 데 매우 중요하며, 그런 대화 기술은 매우 간단하다.

1. 상대방에 집중한다. 상대방에 대한 관심을 전달하는 내용으로 대화를 시작한다. 즉, 상대방을 칭찬하고 의견이나 조언을 구한다.
2. 이야기를 주고받되, 상대가 주도권을 가지게 한다.
3. 진심 어린 말만 한다. 입에 발린 말보다는 침묵이 낫다.
4. 상대방의 관점에서 대화를 생각한다. "상대방이 나를 마음에 들어 하는가?"보다는 "상대방이 대화를 하면서 편해하는가?"에 초점을 둔다(Farber, 1987).

이 목록으로 충분치 않고 무엇을 해야 할지 모르겠다면 잘하는 사람에게 물어보거나 자세히 관찰한다. 모델링은 사회적 기술 향상에 특히 중요하다(Lipton & Nelson, 1980). 대화를 시작하는 데 문제가 있다면 자기보다 더 잘하는 사람을 관찰한다. 앞의 목록이나 모델로부터 효과적인 행동 몇 가지를 선택하여 문제 상황에 대한 노출 훈련을 시작하기 전에 미리 연습하는 것이 중요하다.

이완은 사회적 상황에 매우 도움이 되지만 새로운 사회적 기술을 병행하면 더 효과적이다(Cappe & Alden, 1986).

✿ 흡연, 음주, 약물 복용

음주, 흡연 혹은 약물 복용에 대한 가장 성공적인 대처법은 춤추기, 게임하기 혹은 청량음료 마시기 같은 대체행동을 준비하는 것이다(Brown, Stetson, & Beatty, 1989). 고위험 상황에서 탐닉의 욕구나 갈망을 느낄 때 하나 혹은 이상의 대체행동을 사용한다. 칼로리가 없는 박하사탕을 먹는 것도 좋고, 물을 마셔 속을 씻어 내리는 것도 좋다. 충동에서 주의를 분산시키는 것도 효과가 있다. 주의분산과 대체행동은 흡연 욕구에 저항하는 가장 효과적인 방법이며(Shiffman, 1984), 갈망하는 것에 대한 생각을 억누르는 것보다 훨씬 효과적이다(Wenzlaff & Wegner, 2000).

이완은 매우 중요한 대체행동이다. 긴장이나 불안은 술, 담배, 약물, 또는 과식을 초래할 수 있다. 따라서 이완을 계획에 포함시키도록 한다. 긴장 및 갈망의 신호등이 켜질 때 이완을 실시한다.

금연은 한 번에 하는 것이 좋을까, 아니면 점진적으로 줄여 나가는 것이 좋을까? 비교적 단기간에 금연하는 것이 바람직하긴 하지만 담배 끊는 목표일을 2주 정도 뒤로 잡고 그동안 자기관찰, 계획 수립, 충동 대처 방법 마련, 연습하기 등의 자기수정 기술을 고안하고 연습하도록 한다(Flaxman, 1978).

골초들에게는 조형법이 적합하다. 골초들은 담배를 한꺼번에 끊기 어렵기 때문에 계획에 따라 점진적으로 담배 개비 수를 줄이는 것을 첫 번째 목표로 삼아야 한다(Cohen et al., 1989). 흡연이 일정 수준으로 줄어들고 나면 금연일을 분명하게 정하도록 한다.

규칙적 운동은 약물, 술, 담배에 대한 대안이 될 수 있는데, 특히 자기 전에 먹는 야식, 칵테일 혹은 약물 대신 운동이 효과적이다(Marlatt & Parks, 1982; Murphy, Pagano, & Marlatt, 1986). 운동은 담배가 기분 전환에 미치는 것과 비슷한 효과를 지닌다(Thayer et al., 1993). 운동 후에는 갈망이 줄어든 것을 확인할 수 있을 것이다.

여러분의 단골 술집에 가는 것은 음주 조절에 특히 위협적이다. 단골 술집이나 술을 마시는 장소에 와 있는 자신을 발견한다면 다음 전략들을 시도해 보라.

- 먼저 음료수나 물을 마신다.
- 시계를 보며 시간차를 두고 마신다.
- 마신 잔의 수를 정확히 기록한다.
- 떠날 시간을 미리 정해 둔다.
- 술을 줄인다는 목표를 상기한다.

✿ 학습과 시간 관리

정해진 공부 시간 내에 무엇을 하는지가 큰 차이를 만든다. 다음 네 가지의 구체적인 행동을 익혀야 한다. 이 규칙들을 소리 내어 읽거나 메모로 적어 상기하도록 한다(Watson, 2001).

1. 주의를 **집중한다.** 공부의 첫 번째 단계는 과제에 주의를 집중하는 것이다. 주의력이 흐트러지면 이를 기록하고 다시 시작한다. 집중에 성공하는 시간을 계속 기록한다.
2. 내용을 자신에게 **설명한다.** 내용을 다시 말해 본다. 문장을 자신의 언어로 바꾸어 본다. 바꾸어 말하는 게 어렵다면 한 문장씩 하거나 각 장의 끝 또는 3쪽마다 또는 절로 잘라서 바꾸어 말하기를 연습한다. 내용 이해에 필요한 만큼 여러 번 반복한다.
3. 자신에게 맞게 **부연 설명한다.** 내용을 자신의 경험과 연결시킨다. 관련된 경험을 생각해 내거나 또는 다른 읽을거리에서 사전 지식을 찾는다.
4. 공부 중에 나타나는 자기대화를 **관찰한다.** 긍정적 자기진술을 할 기회를 찾아라. 부정적인 자기진술은 공부를 미루게 한다(Ferrari, 1991).

학업수행과 관련된 최신 리뷰 연구는 효과적이라고 증명된 다음의 행동들을 제안한다(Gurung & McCann, 2011).

- 하루 중 언제 공부/숙제를 할지 정해 둔다.
- 매번 목표치를 설정해 둔다.
- 공부 주제와 관련된 자신만의 예를 들어 본다.
- 공부 내역을 기록한다.
- 과제에 집중하라는 자기지시를 한다.
- 적절한 스터디 친구나 그룹을 만든다.

제1장의 끝 부분에 수록된 바람직한 공부 행동을 다시 찾아보고 실천해 보라. 공부 습관과 기술은 다른 어떤 비인지적 요소보다도 대학성적을 잘 예측한다(Credé & Kuncel, 2008)

글상자 6-6 **피트의 변화 계획**

지금까지의 내용: 피트는 자신의 식습관을 자세히 기록하기 시작했다(제3장 참조). 그리고 건강한 식사와 건강하지 않은 식사를 유도하는 각각의 선행사건에 대한 대처계획도 세웠다(제5장 참조). 이제는 실제 행동으로 넘어갈 때이다.

피트는 보고서에 이렇게 썼다. "솔직하게 쓴 일지를 보고 제가 살찌게 하는 많은 일

(다음 쪽에 계속)

을 하고 있음을 깨달았어요. 그렇지만 결국 핵심은 하나였지요. 저는 고칼로리 음식을 너무 많이 먹고, 너무 자주 먹었어요. 둘 다 바꿔야 했습니다. 모든 것들을 한 번에 해결하기엔 벅차기에 우선 고칼로리 음식부터 줄이기로 했어요. 저는 한 번에 목표 한두 가지에만 집중하기로 하고 쉬운 것부터 시작했어요. 많은 변화들을 전부 완수하려면 오랜 시간이 필요하다는 것을 알았지만 다른 방법이 없는데 어쩌겠어요?"

"제 목표는 저지방, 저당분 음식을 먹어서 칼로리를 줄이는 거였어요. 바람직한 음식으로 대체하는 방법을 사용했지요. 우선 회사에서 먹는 간식을 바꿨어요. 과일을 조각이나 주스로 먹으면, 통째로 먹는 것보다 칼로리가 높아요. 그리고 계속해서 한 번에 한두 개씩 바꿔 나갔습니다. 시간이 지나니 작은 변화를 30가지나 달성했더라고요. 쇠고기나 돼지고기 대신 껍질을 제거한 닭고기나 칠면조 고기를 먹고, 4% 지방 우유를 2%에서 1%로, 다시 0%로 바꾸고, 접시에 샐러드를 더 담고 탄수화물은 줄였고, 아이스크림 대신 셔벗을 먹고, 커피에 설탕 대신 인공 감미료를 넣고, 그래놀라 대신 일반 시리얼을 먹었어요. 식당에서는 라테 대신에 아메리카노, 고기 위주 메뉴 대신 고기나 치즈가 추가된 샐러드와 저칼로리 드레싱, 채소 화이타를 주문했고, 영화관에서는 칩 대신 팝콘을 골랐어요. 물론 항상 성공하지는 못했어요. 저는 저지방 치즈를 싫어하거든요. 그래도 많은 걸 바꿨어요."

"뷔페, 사탕과 케이크는 피하려고 했어요. 잠깐은 끊을 수 있었지만 살을 빼고 나서는 다시 먹었어요."

"저는 '저녁 식사 이후에는 아무것도 먹지 않는다.' 같은 원칙을 세웠어요. 가끔은 그 원칙을 지키지 못했지만 그래도 계속 노력했지요. 어느 날 저녁에 치즈를 먹으려고 꺼내다가 그 원칙이 생각났어요. 이걸 또 어길까? 잠시 망설였지만, 냉장고에 다시 집어넣었지요. 치즈의 유혹을 이기다니! 결국 음식이 아니라 제가 이겼어요."

"일지를 작성하는 동안 가끔씩 제 스스로가 더 먹기를 부추긴다는 사실을 알았어요, '야, 이건 말도 안 돼. 더 먹어.' 그럴 때마다 제 목표를 떠올리며 그런 생각을 꾹꾹 눌렀죠."

"파티처럼 앞으로 닥칠 유혹적인 상황을 상상하는 연습도 했어요. 제가 어떤 걸 먹고 어떤 건 안 되는지에 집중해서 전체 장면을 상상했지요. 날씬한 사람들을 모델 삼아 그들이 뭘 어떻게 먹는지 지켜보기도 하고 따라 해봤어요. 그 사람들은 음식 자체에는 별로 관심이 없는 듯 보이더군요."

"오랫동안 단순히 칼로리만 신경 쓰다가, 나중에는 먹는 양도 조절하기 시작했어요. 예를 들어 '시리얼, 한 컵 반'이라는 식으로 음식의 양을 적었죠. 너무 많다고 생각되면 덜 먹으려고 했어요. 천천히 실제로 음식의 맛을 보며, 맛을 즐기려고도 해봤지요. '음식 다 비우기 모임'과 절교하고 음식을 조금씩 남겼고요. 그건 정말 힘들었지만 적어도 5%는 남기려고 했어요. 제가 더 잘했던 건 더 먹지 않는 거였어요. 첫 번째 접시를 가져올 때면 충분하게 음식을 담고 두 번째 접시를 담지 않는다는 규칙을 세웠어요. 가

(다음 쪽에 계속)

글상자 6-6 (계속)

끔 까먹기는 했지만 대부분은 잘 지켰지요. 특히 채소나 샐러드를 더 먹고 살찌는 음식을 적게 먹는 것이 힘들었어요. 식당에서는 스스로 '디저트는 세 입만', '와인은 한 잔만', '롤은 하나만, 더 이상은 안 돼.'라고 되뇌였어요."

"좀 더 꾸준하게 운동을 할 필요가 있었어요. 각종 운동들(조깅, 걷기, 정원 가꾸기, 자전거 타기, 근력운동)을 시간표로 짜서 조금씩 운동 시간과 횟수를 늘렸습니다. 운동은 꼼꼼히 기록했고요. 그렇게 해서 목표를 지켜 나갈 수 있었어요. 요즘에는 거의 매일 무언가를 해요. 최소한 걷기라도. 이렇게 해서 체중을 유지합니다."

"지금까지 한 많은 것들이 이제는 습관이 되었어요. 거의 매일 음식을 얼마나 먹었는지 기록하고, 음식을 먹을 때 스스로 지켜야 할 것을 되새기거든요. 전에는 없었던 건강한 식습관을 이제는 많이 가지고 있어요. 제가 알던 한 뚱뚱한 아주머니는 제가 강박적이라고 말하지만, 글쎄요, 전 행복하고 10년 동안 40kg이나 감량했어요."

✿ 체중 감량과 과식

칼로리 섭취를 급격히 제한하는 다이어트는 지속 가능한 체중 감량법이 아니다. 최근 이루어진 광범위하고 설득력 있는 추적 연구에 따르면, 다이어트를 하는 사람들의 1/3에서 2/3가 다이어트로 뺀 살보다 더 많이 살이 쪘고, 다이어트 후 시간이 지나면서 점점 더 살이 찌는 것으로 나타났다(Mann et al., 2007; Wing et al., 2008).

장기적인 체중 감량은 식사 조절만으로는 힘들고, 자기주도적 변화 프로그램을 통해 가능하다. 살이 찌지 않게 하고 건강과 체력을 개선하는 데 효과적인 요소는 이 책에서 배우는 것들이다. 건강하지 않은 음식 섭취 줄이기, 꼼꼼히 기록하고 체중을 자주 확인하여 건강상태 챙기기, 주기적인 운동, 그리고 계획, 연습, 선행사건-행동-결과의 계속적인 고찰을 통한 분석으로 이루어지는 자기관리의 실천, 사회적 지지와 긍정적인 자기진술 등이다(예: Head & Brookhart, 1997 참조).

다이어트 시 예비 '연습' 기간을 가지는 것이 좋다. 우선 칼로리를 조금 줄이는 것을 목표로 선택한다. 그리고 2주 동안 자기통제의 일반적인 기술들을 연습한다. 그러고 나서 천천히 조형 단계에 맞게 칼로리를 줄여 나간다.

오직 하나만 바꿔야 한다면, 그건 바로 운동이다. 규칙적인 운동 프로그램은 체중 관리에 필수적이다. 이에 대한 증거는 압도적으로 많다. 즉, 다이어트는 운동과 결합되어야 한다(Stalonas & Kirschenbaum, 1985; Thayer, 2001; Wadden, Vogt, Foster, & Anderson, 1998). 운동하는 사람들은 먹는 것을 보상으로 사용하지 않으며, 실제로 덜 먹는다(Dickson-Parnell & Zeichner, 1985). 누군가의 관리를 받는 경우에 운동 프로그램을 지속하기 더 쉬우며 장기적으로 감량한 체중을 유지하기 쉽다(Craighead & Blum, 1989).

폭식가의 경우, 먹는 것과 직접적 관련이 없더라도 부정적인 생각을 긍정적인 생각으로 바꾸는 계획을 반드시 프로그램에 추가해야 한다. 막 폭식을 하려고 할 때, 자기진술을 면밀히 조사하고 자기비판적 진술을 기록한다. 사고 대체 기법을 사용한다(Heatherton & Baumeister, 1991).

일련의 연속적인 근접성을 이용하는 방법인 조형법은 다이어트 시 유용하다. 첫 번째 목표 수준을 현재의 칼로리 섭취량보다 아주 조금만 낮게 설정하라. 그 수준에 도달하고 나서 궁극적인 목표치에 도달할 때까지 계속해서 조금씩 하향 조정하라.

마지막 조언: 음식을 먹을 때 음식에 주의를 기울여라. 텔레비전을 보면서 식사하지 말라. 간식도 안 된다. 음식과 식습관에 신경 써야 한다. 텔레비전처럼 주의집중을 방해하는 것은 무엇을 먹었는지에 대한 기억을 손상시켜 음식을 더 많이 먹게 한다(Mittal, Stevenson, Oaten, & Miller, 2011).

요약

새로운 사고와 행동으로 대체하기

나쁜 습관을 단순히 억제하는 계획보다 바람직한 행동으로 대체하는 것이 더 효과적이다. 행동, 자기진술 및 생각의 대체 방법을 효과적으로 혼합하여 사용한다. 양립 불가능한 행동을 정하는 것은 일반적으로 좋은 방법이다. 양립 불가능한 행동이 그 자체로 바람직한 행동이라면 더 좋을 것이다. 하지만 대체행동에 이점이 없더라도 단순히 이전 반응을 억누르기만 하는 것보다는 낫다. 대체행동을 기록하는 것은 새로운 행동을 강화하는 데 도움이 된다.

불안과 스트레스 반응 대체하기

다음과 같이 하면 두려움과 불안을 경감시킬 수 있다. (1) 불편한 상황을 정확하게 파악한다. (2) 불안과 양립 불가능한 행동을 선택한다. (3) 불안을 유발하는 상황에서 그 행동을 연습한다. 불안과 양립 불가능한 행동으로 주의분산, 성적 흥분, 무술, 운동, 합리적 재구조화를 통한 재평가 및 명상이 있다.

❧ 이완

원치 않는 행동을 없애고 싶을 때마다 같은 상황에 대한 대체행동을 선택하도록 한다. 정서적 반응이 문제라면 이완이 효과적인 양립 불가능한 반응이 될 것이다.

처음에는 이완을 혼자서 연습한 후 실제 상황에 재빨리 적용한다. 이완이 숙련되면 불안을 유발하는 상황에서 이완을 연습한다. 불안이 시작된 직후에 이완을 연습하는 것이 이상적이다. 이완과 긍정적 자기진술을 병행할 수 있다.

❧ 새로운 행동 개발

실제 상황에서 행동을 반복적으로 연습하는 것은 행동을 숙달하는 최선의 방법이다. 실생활에서 연습하기 어려운 경우에는 초기 단계에서 상상 연습을 사용할 수 있다. 상상 연습은 생생해야 하며 상황과 행동을 모두 포함해야 한다. 두려운 상황에서 행동을 상상할 때에는 이완을 사용한다. 하지만 상상 연습은 준비 행위로서 실제 연습을 위한 중간 단계일 뿐이다. 궁극적인 계획은 실제 상황에서의 실제 수행을 포함해야 한다. 원하는 목표를 달성한 모델을 관찰함으로써 효과적인 행동을 찾아낼 수 있다. 모델을 찾아내고 그 모델의 기술을 분석한 후 그 기술을 자신의 기준으로 삼는다. 모델에게 기술에 대한 설명이나 자문을 구한다. 목표행동에 대한 상상 연습이 어렵다면 모델을 이용한 상상 연습을 한다. 어려운 상황에서 한 명 이상의 모델의 수행을 상상한다. 그들이 그 상황에 대처하고 자기지시를 하며 성공하는 모습을 그려본다. 이는 첫 단계일 뿐이다. 다음에는 스스로 연습하는 것을 상상한다. 세 번째 단계가 가장 중요한데, 이 행동을 실생활에 적용하는 것이다. 실제 상황에서의 연습은 장기적인 변화를 가져온다.

❧ 조형법: 연속적 근접

대부분의 자기지시 계획, 특히 원하는 행동을 만들기 위한 자기지시 계획에는 조형법이 필요하다. 조형이란 완벽한 새로운 행동 대신 일부만 조금씩 수행하도록 하는 것이다. 그런 다음 최종 목표로의 연속적 접근을 통해 점진적으로 단계를 올려 나간다. 조형의 두 가지 주요 규칙은 다음과 같다. (1) 아주 낮은 단계에서 시작해도 상관없으며, (2) 단계는 아무리 작아도 괜찮다.

조형법 사용 시 나타나는 흔한 문제는 정체기—진전이 없고 계속 나아가기 어려움—와 '의지력의 부족'—너무 높은 단계에서 시작했거나 단계가 너무 큰 경우—이다. 자기강화에 대해 논의하는 다음 장에서 각 단계마다 보상을 하는 방법을 배우게 될 것이다.

스스로 해보는 자기주도 계획: 6단계

이제 여러분은 새로운 행동을 위한 방법을 적용하여 자기수정 계획을 수립할 수 있을 것이다. 자신의 목표를 고려해서 이를 달성하기 위한 계획을 적어 본다. 이 장에서 설명된 기본적인 방법들을 모두 포함시킨다.

- 새로운 사고와 행동으로 대체하기(특히 이완으로)
- 모델링과 연습, 상상 모델링과 연습
- 조형법

나중에는 가장 효과적인 방법들만 선택할 수 있겠지만 지금은 각각의 방법들을 어떻게 사용할지 생각해 본다.

우리 학생 중 에드워드는 이러한 방법들을 모아 훌륭한 계획을 수립했다. 다음은 그가 우리에게 보낸 편지이다.

> 저는 지난 학기에『충동과 자기관리』라는 교수님의 책을 교재로 쓴 자기수정 강의를 수강했습니다. 전 그때 제 오랜 문제였던 발표 불안을 어떻게 해보고 싶었습니다. 하지만 이번 학기가 되어서야 실제로 강의에서 발표하게 되었습니다. 생각만 해도 긴장되었지만 이 책에서 배운 기법들을 떠올리고 사용해 보기 시작했습니다. 깊은 이완 상태에서 강의실과 사람들에 대해 가능한 한 구체적으로 떠올리며 상상 연습을 했습니다. 너무 불안해질 때마다 멈추고, 차분해질 때까지 근육 이완 운동을 한 후 다시 시작했습니다. 또한 조형의 원리를 이용해서 처음에는 혼자, 다음에는 여동생과 함께, 마지막에는 친구들과 함께 연습했습니다. 현실적이고 긍정적인 자기진술은 마음의 준비를 위해 유용했습니다. 발표 차례가 되자 저는 긴장을 풀라고 스스로에게 말하고 이어 나갔습니다. 믿을 수 없을 만큼 편안한 상태였습니다! 그 결과 저

> 는 제 감정이 아닌 제가 하는 말에 훨씬 잘 집중할 수 있게 되었습니다. 저는 이제 발표에 대한 자신감이 생겼습니다.

이제 여러분의 계획을 적어 보자. 하지만 아직 완성된 계획은 아니다. 다음 장은 결과의 통제를 통한 자기수정의 방법에 대해 설명한다. 여러분의 최종 계획은 세 가지 요소, 즉 선행자극 통제, 새로운 행동 개발, 결과 통제를 포함해야 한다.

제7장

결과

✿ 개요

즉각적인 수반성과 장기 지연 결과 간의 연결

강화물 발견 및 선택

강화물 분배를 위한 타인 활용

자기집행 결과

자기강화 기법

자기처벌 및 소거

자기수정 계획의 강화

일반적인 주제를 위한 조언

요약

스스로 해보는 자기주도 계획: 7단계

자기조절을 위한 기본 원칙 중 하나는 원하는 행동에 대한 강화를 주어야 한다는 것이다. 자기수정에서 정적 강화는 어떻게 사용되는가? 기본적으로 강화는 원하는 행동에 수반하여 주어진다. 제4장에서 논의되었던 것처럼 수반성의 개념은 매우 중요하다. 강화물은 오직 특정한 반응 후에만 주어진다. 여러분이 어떤 행동을 하든 하지 않든 간에 어떤 사건이 일어난다면, 그 사건은 행동에 영향을 끼치지 않을 것이다. 대신에 그 사건이 오로지 어떤 행동 후에만 발생하게 만든다면(행동에 수반하도록 계획한다면) 그 행동은 강화될 것이다. 이 경우, 그 사건은 이제 그 행동의 강화물이 된다. 즉, 그 행동이 강화받을 것임을, 즉 다시 일어날 가능성이 더 높아짐을 의미한다. 중요한 것은 수반적 관계이지 강화물 자체가 아니다.

자기주도적 행동 분야에서 가장 먼저 연구된 기술 중 하나가 강화물의 사용이다. 38년 전 우리가 이 책의 초판을 썼을 때는 강화가 모든 자기변화 계획의 시작이었다.

가장 잘 알려진 기법이었기 때문이다. 자기통제 과정에 대한 심리학적 이해가 깊어짐에 따라, 단순 강화보다 더 복잡해 보이는 새로운 방법들이 나타났다. 20여 년 전 많은 저자들은 더 이상 강화를 사용하지 않을 준비가 된 것처럼 보였다. 그러나 이제 새로운 합의점에 도달했다. 강화는 여전히 '마구간 안에서 가장 믿을 만한 말'과 같은 존재이다.

사회적 환경에 의해 수반되는 보상은 뒤따르는 행동을 매우 잘 강화하므로 강화물이 된다. 심리학에서 이보다 더 확실한 것은 거의 없다.

글상자 7-1 거식증을 이겨낸 전형적 사례: 인생을 바꾸기 위해 자기수정 방법을 고안한 10대 소녀

우수한 학생 중 한 명인 크리스털은 자신이 거식증과 폭식증에 얼마나 시달렸는지, 그리고 우리가 이 책에서 추천한 자기수정 기법 몇 가지를 독자적으로 개발하여 어떻게 거식증과 폭식증을 극복했는지 알려 주었다. 이 젊은 여성(당시 14세)은 다음과 같이 수행했다.

- 문제행동과 감정에 대한 일기를 썼다.
- 먹은 모든 것을 기록했다.
- 많은 기법을 진지하게 계획하고 사용했다.
- 사건-기분-먹기로 이어지는 연쇄를 분석했다.
- 문제 상황을 다루기 위해 상상 연습을 사용했다.

크리스털의 성취는 경이로웠고, 우리가 보기에 그녀에게 이것만은 바꿔야 한다고 조언했을 만한 두 가지 요소를 이미 포함하고 있었다. 여러분이 그것이 무엇인지 눈치챌 수 있을지 한번 알아보자.

대학교 2학년 학생인 그녀가 적은 내용이다.

> 먼저, 나는 식단을 관리하기 시작했다. 음식의 양을 줄이고 1주일에 서너 번 운동을 시작했으나, 곧 체중에 집착하게 되었다. 나는 완벽주의자이고, 완벽해지고 싶었다. 다이어트를 계속하면서 적게 먹을수록 체중이 덜 나가는 것을 알게 되었다. 먹는 양이 점점 더 줄었고, 결국 1주일에 오렌지 1개만 먹게 되었다. 이렇게 난 14살 여름에 64kg에서 46kg으로 18kg을 감량했다.(그녀는 현재 164cm 키에 56kg 체중으로, 날씬하며 근육이 많은 몸매이다.) 나는 에티오피아 난민 같았다. 누군가가 날 안아 보았다면 뼈와 얇은 피부만 느껴졌을 것이다. 나는 1년 동안 월경을 하지 않았다.

(다음 쪽에 계속)

그해 가을 개학 후, 모든 사람들이 내가 얼마나 마르고 얼마나 예뻐졌는지를 말해 주었다. 이런 말들이 새로운 거식증 식습관을 강화시켰다. 누군가가 "너 오늘 참 멋져 보인다."라고 이야기하면, 나는 "그렇지 않아, 나는 살을 더 빼야 해."라고 생각했다.

이후에 아빠는 나더러 제발 좀 먹으라고 부탁했지만, 처음에는 아무도 내가 신체적 · 감정적으로 쇠약해지고 있다는 것을 알지 못했다. 나는 아빠를 기쁘게 하기 위해 조금 먹었지만, 아빠가 다른 곳에 주의를 돌리자마자 화장실로 가서 모두 토해 버렸다. 어느 날 밤, 나는 침실 거울에 비친 내 모습을 보고 내가 깡마른 해골로 변해 버린 것을 알게 되었다. 이 모습을 보면서 내 스스로 무슨 일을 했는지 깨닫게 되었다.

나는 거식증에 대해 들어 보았지만, 내가 거식증을 겪으리라고는 생각하지 않았었다. 나는 내가 했던 일을 아무에게도 말하지 않았다. 그리고 전문가를 찾아가지도 않았다. 내가 혼자 벌인 일이었지만, 되돌아오는 길은 멀고도 험난했다.

상황을 인식한 이후, 나는 식이장애에 관련된 정보를 가능한 한 많이 모으기로 결심했다. 내가 가진 질병의 수수께끼를 알아 가는 데 도움이 되는 책, 신문기사, TV 프로그램, 정보 등을 찾아냈다. 점점 더 잘 알게 될수록 건강한 생활 습관으로 돌아오는 데 도움이 되는 방법을 잘 찾을 수 있었다. 첫 번째 단계는 식사에 대한 생각과 행동양식을 관찰하고 결과적으로 이러한 형태를 수정하는 것이었다. 이 연습을 여러 달 했다. 먹은 것은 모두 기록했다. 내 감정과 반응, 그날의 행동을 일기에 기록했고, 거식증으로 연결되는 나의 행동 패턴에 대해 인식하기 시작했다. 예를 들면, 누군가와 논쟁하거나 대립한 후에 계속 아무것도 먹지 않은 채 격렬하게 운동을 하면서 긴장감을 완화시키고 있음을 알게 되었다. 이렇게 내 감정과 식사를 추적하면서 결국 두 가지 모두를 바꿀 수 있었다.

나는 어떻게 보이는지에 대한 비현실적인 생각을 통제하는 법을 배웠다. 느슨한 고무줄을 손목에 두르고 부정적인 생각을 하게 될 때마다 가볍게 당겼다 놓았다. 그리고 한 가지 부정적인 생각을 할 때마다 억지로 두 가지 긍정적인 생각을 떠올렸다.

식습관을 바꾸기 위해서 먼저 영양에 대한 정보를 모았다. 우선 어떤 음식이 건강에 좋은지 배웠다. 온종일 굶다가 데어리퀸블리자드(역주: 아이스크림과 사탕 등이 혼합된 디저트)를 먹는 대신(많이 먹을 때면 주로 단것을 먹었다) 아침으로 보리 시리얼을, 점심으로 저지방 치킨 샌드위치를, 저녁으로 구운 닭고기 요리를 먹기 시작했다. 나는 내 식사 습관에 대해 자문했다. "내 몸을 유지하기 위해 충분히 먹고 있는가? 또는 비현실적으로 여윈 몸매를 잃는 것이 두려워 새 모이만큼 먹고 있는가?"

(다음 쪽에 계속)

글상자 7-1 (계속)

상황을 어떻게 다룰지를 연습하기 위해 상상 기법을 사용하곤 했다. 뷔페에 갔을 때 어떻게 할지 연습했다. 파티에 도착해서 친구들과 이야기하는 것을 상상했다. 집주인은 우리에게 식사를 권유할 것이다. 그럼 나는 뷔페 테이블로 다가가 건강에 좋은 음식들을 조금 담을 것이다. 이러한 연습은 실제 상황에서 긴장을 푸는 데 도움이 되었다.

내 거식증이 최악의 상태였던 이후로 7년이 흘렀다. 나는 식이장애를 극복할 수 있었다. 그러나 여전히 가끔씩은 어려움을 느끼며, 그 투쟁에서 이기기 위해 나는 행복하고 건강한 가족 생활을 바란다고 스스로 상기시킨다.

크리스털의 계획은 여러 가지 중요한 요소를 포함하고 있다. 먼저 그녀는 자기관찰을 통해 자신의 식사, 생각, 감정을 추적하고, 마침내 그것들 사이의 관계를 알게 되었다. 이렇게 해서 문제해결 과정에서 어떤 방법을 사용할지 알 수 있었다. 그녀는 신중하게 계획을 세우고 많은 기법을 사용했다. 여기에는 생각 바꾸기, 즉 부정적인 생각을 적절히 처벌하면서 긍정적인 생각으로 바꾸는 것이 포함되어 있다. 그녀는 건강에 좋은 음식을 먹는 등 새로운 행동을 발전시켰다. 제대로 먹는 것에 대한 상상 연습을 많이 했다. 마지막으로 그녀는 절대로 포기하지 않았다.

최악의 상황 이후 7년이 지났는데도 크리스털이 여전히 재발 방지를 사용하고 있음을 주목하자. 그녀는 아직도 잘 먹을 것을 되뇌며 비현실적인 생각과 싸우고 있다.

이것은 주목할 만한 사례이다. 그녀의 계획은 이 책에 서술된 기본 원칙으로부터 단 두 가지만 벗어나는데, 이는 남에게 알리기 싫어하고 자신에 대해 지나치게 엄격한 성향 때문이었다. 우리는 그녀에게 자기처벌을 사용하지 말고(고무줄로 스스로를 때리는 것), 사회적 강화를 늘리기 위해 긍정적인 역할을 하는 타인을 참여시키도록 권장했다. 그러나 어찌 되었든 이 놀라운 성공은 그녀가 혼자 고안한 방법이 과학적인 심리학의 발견과 조언에 얼마나 가까운지 잘 보여 주고 있다. 크리스털, 우리는 네가 지금도 너의 성공을 많은 친구들과 함께 축하하고 있기를 바란다. 넌 정말 대단해!

즉각적인 수반성과 장기 지연 결과 간의 연결

학습목표

- 성공적인 자기관리 계획에서 강화를 관리하기 위한 기본 전략 세 가지는 무엇인가?

표 7-1 즉각적인 결과와 미래의 결과

부족한 행동	즉각적인 수반성	지연된 결과
학습	강화 부족 노력 대립행동 강화(TV, 파티, 전화통화)	좋은 학점 졸업 취직 또는 대학원
운동	근육통 노력 대립행동 강화(음식, TV, 낮잠)	더 나은 건강 체중 감량 더 좋은 몸매
건강한 식습관	강화 가치 감소 건강식을 준비하기 위한 노력 대립행동에 대한 강화(정크푸드 섭취)	더 나은 건강 활력 증가 변비 감소
흡연	즉각적 강화(각성, 이완) 노력이 거의 들지 않음 대체행동에 대한 노력	폐암 폐기종 심장병 치아 변색
무분별한 성행위	즉각적인 강화 강화 가치 증가 콘돔 사용을 위한 노력과 강화 감소	임신 AIDS 진단, HIV 노출 기타 성병
정크푸드 섭취	즉각적 강화 강화 가치 증가 노력이 거의 들지 않음	충치 체중 증가 여드름

출처: Miltenberger, *Behavior Modification: Principles and Procedures*, 2E. © 2001 Cengage Learning.

제4장을 복습하면 모든 문제행동이 강화와 처벌을 통해 발달되었고 강화나 회피에 의해 유지된다고 가정해야 하는 이유와 방법을 확인할 수 있을 것이다. 부적절한 충동, 습관, 혹은 속임수는 어떤 즉각적인 강화에 의해 유지되는 반면, 미래의 장기적 목표는 노력이 뒤따른 후에 보상을 받을 것이다. 자기조절의 관건은 새로운 형태의 강화와 행동을 사용하여 '바람직하지만 지연된 미래'와의 다리를 만드는 것이다.

표 7-1은 자기관리의 일반적인 목표 여섯 가지에 대해서 즉각적인 결과와 지연된 결과 간의 차이점을 보여 준다.

더 크지만 뒤늦은 보상 대신에 작지만 즉각적인 보상을 취하려는 인간의 자연스러운 성향을 고려하여 다음 세 가지 전략을 사용하라. 첫째, 계획과 상기를 통해 지연된 목표를 앞당기는 것, 둘째, 문제의 선행사건을 회피하여 원치 않는 행동의 빈도를 줄이는 것, 셋째, 새롭고 강력한 즉각적 강화를 사용하여 원하는 대체행동을 강화하는 것. 이 전략들을 달성하기 위한 첫 단계는 새롭고 강력한 강화물을 찾고 선택하는 것이다.

❦ 강화물 발견 및 선택

학습목표

- 수반 강화물이란 무엇인가?
- 강화물을 사용하는 자기수정의 기본 원칙은 무엇인가?
- 간헐 강화 계획과 회피행동은 왜 강화물의 발견을 어렵게 하는가?
- 활동, 사물, 또는 사람을 강화물로 어떻게 이용할 수 있는가?
  a. 프리맥 원리란 무엇인가?
  b. 강화물은 어떻게 정하는가?

자기수정을 위한 단순한 공식은 원하는 행동 뒤에 강화가 일어나도록 수반성을 조정하는 것이다. 그렇게 하기 위해서는 재배열이 가능한 강화물이 무엇인지 알아야 한다. 이 절에서는 사용 가능한 강화물을 선택할 수 있도록 강화물을 발견하고 분류하는 방법에 대해 논의한다.

✿ 강화 결과에 대한 직접 관찰: 가능성 및 문제점

라몬은 자신의 공부 행동에 대한 기저선을 열심히 기록했다. 그는 공부할 수 있었던 기회와 상황을 기록했다(예를 들어 '도서관에서, 42분'). 또한 실제 학습 시간도 기록했다('4분', '15분' 등). 기저선 동안 실제 공부 시간은 매우 적어서, 학습 가능한 시간 중 실제로 학습에 할애한 시간은 20% 미만이었다. 공부해야 할 상황에 집중하지 못하게 만든 강화물은 무엇이었을까? 라몬은 그 답을 알고 있었다. 책을 읽는 대신에 주변에 앉은 친구와 수다를 떨며 시간을 보냈던 것이다.

이 강화물은 분명할 뿐만 아니라 재배치하기가 매우 쉬웠다. 라몬은 자기 방에서 적어도 60분을 공부하면 도서관에 놀러 가서 마음 편히 수다를 떠는 것으로 강화를 주는 중재 계획을 구상했다. 그는 이 계획이 공부 시간과 친구와의 관계를 모두 향상시켰다고 보고했다.

라몬은 스스로를 관찰하며 원치 않는 행동에 대한 강화물을 찾아냈다. 가장 쉬운 중재 방법은 이미 갖고 있는 강화물을 원치 않는 행동 대신 원하는 행동의 강화에 쓰이도록 재배치하는 것이다.

물론 상황이 항상 간단하지만은 않다. 어떤 경우에는 강화물이 분명해도 문제행동에서 쉽게 분리되지 않아 재배치하기 어렵다. 음식 섭취나 음주와 같은 소비 반응이 그 예이다. 행동에 대한 강화 결과가 뚜렷하지 않을 때도 역시 문제가 발생한다. 때로는 아주 세심한 관찰자도 강화물이 무엇인지 발견하지 못한다. 일반적으로 강화물의 탐색을 어렵게 하는 상황 세 가지는 간헐 강화 계획(intermittent reinforcement schedule)과 지연 강화(delayed reinforcement), 회피행동(avoidance behavior)이다.

간헐 강화 계획 및 지연 강화. 문제행동이 발생할 때마다 강화가 뒤따른다면 관찰로 강화물을 쉽게 밝혀낼 수 있다. 하지만 더욱 지속적인 행동은 가끔씩 강화를 받는다. 간헐 강화가 소거에 더 저항이 크다는 것을 기억하라. 그래서 특히 끈질기게 지속되는 문제행동에 간헐적 강화 계획이 기여하고 있음을 발견할 수 있을 거라고 기대할 것이다. 하지만 그 패턴을 발견하려면 몇 개월에 걸친 관찰이 필요하다. 지연 강화는 이와 비슷한 문제를 일으킨다. 여러분의 행동에 강화가 뒤따르지 않는다고 생각되면 행동이 일어나기 전 또는 후의 일련의 생각을 검토해 보는 것이 한 가지 방법이다. 시간차를 두고 발생하는 행동과 강화가 사고나 기대를 통해 연결되는 경우가 있기 때문이다.

회피행동. 회피행동은 강화물을 발견하려고 애쓰는 사람을 더 힘들게 하는데, 그 이유는 불쾌한 결과가 아예 일어나지 않을 수도 있기 때문이다. 어떤 단서하에서 행동에 대한 처벌을 받는다면 그 단서는 행동에 대한 회피를 유도하게 된다. 따라서 다시는 처벌받지 않으려 할 것이고, 이에 따라 부적 강화물이 발생되지 않을 것이므로 관찰할 수 없다. 회피학습은 많은 문제행동을 설명하지만 영원히 지켜본들 회피하는 결과인 불쾌감을 발견할 수 없을 것이다.

대학교 2학년인 빌은 교내 기숙사 농구팀 선발에 나가고 싶었다. 그는 고등학교 때부터 시합에 출전한 적이 없었고 심지어 14살 이후로는 즉석 경기에서 뛰어 보지도 않았지만 혼자 슛을 즐겨 했다. 빌은 자신이 기저선을 가지고 있다고 했다. 즉, 대학 3학기 동안 그는 팀 선발에 나가 보고 싶었지만 한 번도 성공하지 못했던 것이다. 그는 선발에 나가지 않는 것에 어떤 강화를 받고 있는지 알아내길 원했다. 물론 그는 강화물을 발견하지 못했다. 전문가도 할 수 없다. 이런 경우, 우리는 그가 회피학습의 형태를 따른다고 짐작한다. 고등학교 시절, 농구 선수로 뛰려 했던 빌의 노력에 어떤 불쾌한 결과가 뒤따랐을 것이다. 하지만 빌이 그 잃어버린 기억을 찾으려 노력할 필요는 없다. 빌이 전에 겪었던 처벌을 기억해 내더라도 이제는 새로운 정적 강화물을 사용할 필요가 있다.

요약하자면, 원치 않는 행동을 지속시키는 강화물을 발견할 수 있다면 원하는 행동을 강화하도록 재배열할 수 있을 것이다. 이 과정을 방해하는 상황 세 가지는 다음과 같다.

1. 강화물을 행동에서 분리할 수 없다.
2. 문제행동이 '발견이 불가능한' 간헐 강화 계획에 따르고 있다.
3. 회피행동을 하고 있을 수 있다.

따라서 전략은 통제가 가능한 강화물을 찾는 것이다. 강화물이 문제행동을 실제로 유지시키는 것일 필요는 없다. 원하는 행동의 빈도를 증가시키는 것이라면 무엇이든 사용할 수 있다.

✿ 정적 강화물

정적 강화물이란 행동에 수반되어 행동의 발생을 증가시키는 모든 것을 말한다. 강화물은 사물이나 사람, 혹은 활동일 수 있다. '사물' 강화물은 도넛이나 5달러, 새 드레스, 예쁜 셔츠, 새로운 휴대전화 게임과 같이 갖고자 하는 모든 것이 될 수 있다. '사람' 강화물은 칭찬이나 인정, 여자 친구와의 데이트, 남자 친구와의 통화, 좋아하는 누군가와 함께하는 시간이 될 수 있다. '활동' 강화물은 게임이나 영화, 외식 등 좋아하는 모든 행사가 된다. 심지어 친구들과 수다를 떨거나 빈둥대는 것처럼 '아무것도 안 하기'도 강화물이 될 수 있다. 보통 이런 잠재적 강화물은 하나의 행동이나 상황에 국한되지 않는다. 지금 당장 맥주나 피자를 먹으러 나가고 싶을지도 모른다. 이처럼 어떤 것도 강화물로 사용될 수 있다. 중요한 것은 **목표행동에 강화물의 발생을 수반적으로 연결시키는 것이다.** 즉, 목표행동이 수행될 때에만 강화물을 얻는 것이다.

어떤 강화물은 행동 변화의 초기 단계에서 사용될 수 있고, 새로운 행동이 공고하게 자리 잡으면 계속해서 바람직한 성질을 지닌다. 이들은 특히 자기주도적 변화에서 중요하다. 예컨대 우리 학생들 중 한 명은 파이베타카파(역주: 우수 학생만 가입할 수 있는 동아리)의 회원이 되고 싶어 했다. 회원이 되려면 더 많이 공부해서 높은 학점을 얻어야 했다. 그 학생은 공부 시간을 늘리기 위해 '등급'이라는 강화물을 사용하여 날마다 자신에게 등급을 매기기로 했다. 매우 훌륭함을 A, 훌륭함을 B로 기입하고 일일 학습 기록도 첨가했다. 열심히 공부했으면 자신에게 A를 주고 그런대로 잘했으면 B를 주는 식이었다. 이 등급 체계는 그녀가 강화를 더 이상 많이 필요로 하지 않을 때까지 계속해서 유지되었다. 또 다른 학생은 친구를 많이 사귀고 싶어 했다. 그 학생은 새로운 사람들에게 호의적으로 대하는 행동에 대한 강화로 가장 친한 친구와의 전화통화를 이용했다.

논리적 강화물—얻으려고 애쓰고 있는 보상과 유사한 것들—의 사용은 매우 바람직하다. 만약 논리적 강화물을 사용하는 것이 힘들면 다른 즐거운 사건으로 행동을 강화할 수 있다. 강화물의 범위는 지구의 사물들과 인간 활동의 범위만큼이나 넓다. 우리 학생들이 사용했던 강화물의 일부가 다음에 나열되어 있다. 이 목록은 강화물의 다양성을 보여 준다.

스스로 칭찬하기
사랑 나누기
해변 가기
좋아하는 취미 활동
아이팟 듣기
좋아하는 음식 먹기
클럽 가기
남자 친구의 상사가 되어 보기
장기 휴가 가기
윈도우 쇼핑하기
출근하지 않기
파티 가기
하루 종일 하고 싶은 것만 하기
빈둥대기
정원 손질하기
앵무새와 놀기
친구와 여가 시간 보내기
미스터리 책 읽기
영화나 연극 보러 가기

등산하기
돈 쓰기
『해리 포터』 오디오북 듣기
춤추기
운동하기
'환상적인 휴식' 취하기
화장하기
원하는 것 아무거나 하기
혼자 있기
임무 수행하지 않기
TV 시청하기
화상 전화 걸기
누군가를 위한 선물 사기
음란 소설 읽기
노래방에 가거나 립싱크 하기
(거울 앞에서 록 스타 흉내)
거품 목욕하기
아무것도 안 하기

활동은 훌륭한 강화물이다. 사실, 더 많이 하는 활동으로 덜 하는 행동을 강화할 수 있다(선택이 자유로울 때). 이는 이 현상을 가장 체계적으로 연구했던 심리학자의 이름을 따서 프리맥 원리(Premack principle)라고 한다.

프리맥 원리는 목욕, 출근, 식사, TV 시청, 친구와의 전화통화 등 일상생활에서 행하는 어떤 행동이라도 목표행동에 연결시킴으로써 그 목표행동을 강화하는 데 사용할 수 있다는 것을 보여 준다. 이 계획의 목적은 자주 발생하는 행동을 수행하기 전에 목표행동을 수행하게 하는 것이다.

프리맥형 강화물은 자유 선택 상황 속에서 자주 발생한다(혹은 발생할 수 있다). 따라서 자주 일어나지 않는 활동도 선택할 수 있다. 예를 들면, 한 학생은 '유럽 여행에 대한 상상'을 강화물로 택했는데, 사실 이 공상은 보통 하루에 한 번 정도 일어나는 행동이었다. 그녀는 차분히 누워서 여러 여행 경로와 머물게 될 호텔, 방문할 박물관에 대해 상상하는 것을 좋아했다. 그녀는 기회가 있을 때마다 자주 이 상상을 하게 되었기 때문에 이는 좋은 프리맥형 강화물이다.

보통 목표행동 대신에 수행하는 행동을 그 목표행동에 대한 강화물로 사용하는 것이 좋은 전략이다. 예를 들어, 어떤 남자는 저녁에 어려운 문학작품을 읽고 싶었지만 대신 매번 추리소설을 읽느라 시간을 다 보냈다. 그래서 그는 추리소설을 프리맥형 강화물로 사용했다. 일정 시간 동안 어려운 작품을 읽으면 더 좋아하는 추리소설을 읽는 것을 허용함으로써 그 행동을 강화했다.

자기주도적 행동 수정의 발표 사례에서 프리맥형 활동을 사용한 예로는 음식 섭취, 배뇨 행동(Johnson, 1971), 특정 의자 착석(Horan & Johnson, 1971), 흡연, 전화통화(Todd, 1972) 등이 있다.

개인에게 사용 가능한 강화물의 범위가 매우 넓다면 어떤 것이 자신에게 잠재적으로 효과적인 강화물인지 어떻게 결정할 수 있는가? 다음 질문들에 대한 대답이 도움을 줄 것이다.

1. 목표 달성에 대한 보상은 무엇인가?
2. 자신이나 다른 사람들로부터 어떤 종류의 칭찬을 받고 싶은가?
3. 어떤 것을 갖고 싶은가?
4. 대표적인 관심사는 무엇인가?
5. 취미는 무엇인가?
6. 함께 있고 싶은 사람들은 누구인가?
7. 그 사람들과 함께 무엇을 하고 싶은가?

8. 재미를 위해 무엇을 하는가?
9. 긴장을 풀기 위해 무엇을 하는가?
10. 모든 것으로부터 벗어나기 위해 무엇을 하는가?
11. 무엇이 기분을 좋게 만드는가?
12. 받고 싶은 선물은 무엇인가?
13. 어떤 것들이 중요한가?
14. 20달러, 50달러, 100달러의 여윳돈이 있다면 각각 무엇을 사고 싶은가?
15. 매주 무엇에 돈을 쓰는가?
16. 날마다 하는 행동은 무엇인가? (뻔하거나 흔한 일도 빠뜨리지 말라.)
17. 목표행동 대신에 흔히 하는 행동이 있는가?
18. 잃고 싶지 않은 것은 무엇인가?
19. 날마다 하는 것들 중 포기하고 싶지 않은 것은 무엇인가?
20. 좋아하는 공상과 환상은 무엇인가?
21. 자신이 상상할 수 있는 가장 편안한 장면은 무엇인가?

자신이 자기주도 프로젝트 과정 중 어디에 있든지, 이 시점에서 잠시 멈추고 앞의 질문들에 대해 생각해 보라. 여러분은 각 질문에 분명한 답을 제시할 수 있어야 한다. 만약 그렇다면 여러분은 강화물 후보에 대한 긴 목록을 갖게 될 것이다. 이 목록에서 하나 이상의 강화물을 택할 수 있다.

각 강화물을 다음의 관점에서 고려해 보라. 내가 그것을 얻지 못하는 경우가 한 번 이상일 때, 견딜 수 있는가? 강화물이 수반된다는 것은 그것을 철회해야 할지도 모른다는 것을 의미한다. 간단히 포기하지 않을 강화물은 고르지 말라. 그 강화물은 얼마나 강력한가? 사소한 보상은 사소한 결과를 가져올 것이다. 요령은 아주 중요한 것과 사소한 것 간의 균형을 이루는 것이다. 이상적인 강화물이란, 필요하다면 (일시적으로) 부재를 견딜 수는 있지만 그럴 경우 큰 실망감을 느낄 만한 것이어야 한다.

강화물 분배를 위한 타인 활용

학습목표

- 자기변화 행동을 강화하는 중재자를 어떻게 이용할 수 있는가?
- 중재자의 역할은 무엇인가?

- 칭찬은 반드시 필요한가?
- 중재자를 강화하는 방법은 무엇인가?
- 중재자와 강화물을 공유하고 있다면 무엇을 해야 하는가?

강화를 시행하는 데 중요한 타인들을 활용하는 것은 직무 태만 줄이기(Tharp & Wetzel, 1969), 건강관리 행동(Becker & Green, 1975; Blackwell, 1979; Brownlee, 1978), 다이어트(Weisz & Bucher, 1980), 금연(Coppotelli & Orleans, 1985) 등 다양한 문제 행동들에 효과가 있음이 증명되었다. 가족이나 친구, 동료들이 여러분의 자기변화 행동을 강화하는 데 관여하게 되면 행동이 장기적으로 유지될 가능성이 더욱 커진다(Hall, 1980; Shelton, Levy, & contributors, 1981; Stokes & Baer, 1977). 다른 사람들이 여러분에게 수반적 결과를 줄 때, 그들을 **중재자**(mediators)라고 부른다.

예를 들어, 바람직한 식습관을 강화하는 데 돈을 사용하면 체중 감량을 증가시키지만, 그 돈을 배우자에게 받으면 계획이 장기적으로 효과적일 가능성은 더욱 증대된다(Israel & Saccone, 1979; Saccone & Israel, 1978). **글상자 7-2**의 사례에서는 남편의 칭찬이 이를 잘 보여 주고 있다. 가장 효과적인 체중 조절 연구 중 하나는 배우자를 중재자로 삼았다. 배우자들은 바람직한 행동의 모범을 보여 주었다. 즉, 그들은 천천히 식사를 했고, 파트너가 있을 때 간식을 먹지 않았고, 고칼로리 음식을 사지 않았고, 습관 변화에 보상을 주었으며, 꾸준히 기록하도록 도와주었다(Brownell, Heckerman, Westlake, Hayes, & Monti, 1978). 배우자가 성공적으로 체중 감량 계획을 중재하면 부수적인 이점이 따라올 가능성이 크다. 남편이 협조했던 여성들은 결혼 행복감 증진과 우울 감소에서 두드러진 변화를 보였다(Weisz & Bucher, 1980).

글상자 7-2 체중 조절에서 배우자에 의한 사회적 강화: 사례 연구

약 30년 전에 흥미로운 사례가 있었다. 양쪽 배우자가 모두 성공적이었고 그들의 관계에 긍정적으로 기여했다고 평가했음에도 불구하고, 이 사례에는 우리가 더 이상 추천하고 싶지 않은 요소들이 있다(Bell & Higa, 1995). 여러분의 의견은 어떠한가? 이 사례에서 제일 문제가 되는 요소는 무엇인가? (**글상자 7-2** 끝 부분의 정답 참조).

44세인 피험자 L씨 부인은 키 167cm에 몸무게는 약 80kg였다. 그녀는 지난 19년간 '자가요법'부터 최신 유행 다이어트, 의사가 처방해 준 약물요법까지 수많은 체중 감량 시도에 실패했다. 남편 역시 "당신이 너무 뚱뚱해서 함께 다니기 부끄러워."와 같은 독

(다음 쪽에 계속)

설로 충격요법을 시도했다. 그는 또한 아내가 15kg을 감량하면 새 옷을 사 주기로 약속했다. L씨 부인이 감량에 가장 성공적이었던 경우는 약물을 사용하여 6주 동안 10kg을 줄인 때였다. 그녀는 12주 동안 체중을 유지했지만, 약물 치료가 끝나고 한 달 내에 원래의 체중으로 돌아왔다. 모든 치료에서 몇 주간은 체중이 줄어들었지만 기존 식습관이 되돌아오고 몸무게도 다시 늘어나는 패턴을 보였다. L씨 부인은 요리나 쇼핑 중 군것질을 하는 경우가 잦았고, 체중 감량에 필요한 의지가 부족하다고 말했다.

자기관찰 및 새로운 선행사건을 배치하는 초기 단계에서, 그녀는 주당 200g 미만의 체중을 감량했다. 그 후 사회적 강화가 추가되었다. 그녀는 체중에 대한 남편의 독설이 매우 기분 나빴다고 이야기했다. 따라서 체중 감량 결과에 따라 남편의 반응이 달라지도록 계획했다. L씨 부인이 1주일에 1kg을 감량하면 L씨는 매일 저녁 두 번 이상 칭찬을 했다. 그녀의 몸매에 관한 독설은 금지했다. L씨 부인이 체중 감량에 도달하지 못하면 L씨는 그녀의 몸매에 대해 원하는 만큼 비판할 수 있었다. 서로 성실하게 임하는지 분명히 확인하기 위해서 각자 계약에 서명했다.

L씨는 체중 측정을 정확히 해야 했고, L씨 부인은 체중에 대한 독설이 부적절하게 사용되지 않음을 확인했다. 계약 위반 시 L씨 부인은 L씨에게 "당신 방금 나를 뚱돼지라고 불렀어. 이건 우리가 정한 계약을 위반하는 거야." 같은 말로 계약 내용을 상기시켜 주었다.

사회적 강화 단계 동안 극적인 체중 감량(17kg)이 보고되었다. L씨 부인은 자신의 성공이 주로 남편의 칭찬으로 생긴 자신감 덕분이라고 했다. 그녀는 추후 단계에서 체중이 목표(60kg) 수준이나 그 이하로 유지된 것이 식습관의 대체(즉, 식탁에서만 먹고 더 적은 양을 섭취)로 인한 점진적인 체중 감량과 칭찬 덕택이었다고 말했다.

L씨와 부인은 사회적 강화가 긍정적인 부부관계를 가져왔다고 이야기했다. 둘 다 체중 감량에 대해 기뻐했으며 서로에 대한 애정이 늘어났다고 보고했다. 그들은 관계의 다른 측면에서도 이 긍정적인 행동을 지속할 것이라고 보고했다.

출처: "Social Reinforcement by the Spouse in Weight Control: A Case Study," by J. L. Matson, 1977, *Journal of Behavior Therapy and Experimental Psychiatry*, *8*, pp. 327-328. Elsevier의 허락하에 재인쇄함.

정답: 처벌 사용(부인에 대한 L씨의 독설).

과거에 흡연을 했던 사람들을 살펴보면 유사한 결과를 발견할 수 있다. 친구, 동료, 파트너, 배우자로부터의 사회적 지지가 더 높을 때 금연 가능성이 높았다(Cohen & Lichtenstein, 1990; Hill et al., 1994).

중요한 건강 습관의 개발 및 유지(다이어트, 운동, 의사의 처방, 일과)는 배우자의 사회적 통제와 지지 방식에 크게 영향을 받는다. 44쌍의 부부들이 배우자가 특정한 건강 습관을 기를 수 있게 사용했던 전략에 대해 조사한 결과, 효과적이라고 보고된 방법은 다음과 같다. 새로운 건강 습관을 함께 시작하기, 건강 습관에 대한 모델링, 건강 이슈에 대한 토론, 정서적인 지지 제공. 효과적이지 않은 전략이 사용되었을 때, 배우자들은 자존감이 저하되고 덜 긍정적이고 더 부정적인 정서를 느꼈다고 보고했다. 배우자들은 상대의 비효과적인 전략을 자신의 건강에 대한 염려보다 관계에서 통제를 행사하려고 동기에 의한 것으로 평가했다(Tucker & Meuller, 2000). 따라서 부정적인 통제를 경험한 배우자들에게는 건강을 해치는 습관이 생긴 반면, 긍정적인 통제를 경험한 배우자는 바람직한 행동을 시도했다는 사실은 놀랍지 않다(Tucker & Anders, 2001).

강화물이 돈과 같은 유형물이라면, 그것을 상대방에게 맡기고 돌려받으려면 무엇을 해야 할지 정한다. 강화물이 어떤 활동이라면, 목표행동을 수행할 경우에만 그 활동을 할 수 있도록 조건을 만들어 상대방으로부터 허락을 받도록 정할 수 있다. 예를 들어, 대학 새내기인 카르멘은 공부 시간을 늘리고 싶었다. 그녀가 그 전날 최소 1시간은 공부했다고 보고하지 않으면 에어로빅 수업 친구들이 그녀를 수업에 참여할 수 없게 정했다. 목표 달성에 대한 강화물로 적립금을 설정하여 성공 시 돌려받게 하는 방법은 체중 감량 및 금연을 위한 프로그램에서 효과가 있었다(Jeffery, Hellerstedt, & Schmid, 1990). 켈리라는 학생은 다음과 같이 기록했다.

> 나는 컴퓨터, 방문, 거울, 다이어리 위에 나 자신에 대한 격려와 칭찬을 적은 작은 메모를 붙였다…. 친구들과 가족들도 나를 돕겠다고 했으며, 내가 자신에 대해 부정적인 말을 하여 그들이 지적하는 경우 나는 '구름 낀 항아리'라고 이름 붙인 항아리에 25센트를 넣어야 한다. 하지만 내가 긍정적인 말을 하면 친구들이 '맑게 갠 항아리'라고 쓰인 항아리에 25센트를 옮겨 주었다. 맑게 갠 항아리라는 이름은 나의 낙관주의를 늘려 그 안에 있는 돈으로 매주말 아이스크림을 사 먹을 수 있기 때문에 붙인 이름이다.

중재자를 이용하는 방법을 선호했던 카르멘은 학교에서 수천 마일가량 떨어져 사는 부모님에게 편지나 전화를 거의 하지 않는 것에 대해 죄책감을 느끼고 있었다. 그녀는 매달 마지막 주에 부모님에게 전화를 하거나 편지를 써야만 부모님에게 한 달 용돈을 받기로 했다. 가족 모두가 이를 반겼다. 카르멘은 편지를 더 많이 썼고, 부모님은 용돈을 10달러씩 올려 주었다.

중재자는 칭찬도 할 수 있다. 우리가 아끼는 사람들로부터의 칭찬이 갖는 효과는 어마어마하다. 학습 증진, 체중 감량, 좋은 건강 습관 유지 혹은 금연에 있어서 칭찬은 물질 강화물보다 훨씬 더 효과적이다. 그리고 중재자가 여러분에게 중요한 존재일수록 칭찬이 갖는 효력은 더욱 강력할 것이다. 자기수정 계획에는 반드시 이 요소가 포함되어 있어야 한다. 여러분에게 중요한 사람이 각 단계를 달성하는 것에 대해 칭찬하도록 만들라. 주변인들의 격려를 구함으로써 여러분의 변화 행동에 주의를 집중시켜라.

이 책으로 강의하는 한 수업의 강사는 수강생으로 자기지지 집단을 조직했다. 예를 들어 목표가 체중 감량이었던 학생들은 정기적으로 모여 식습관 개선을 위한 상호 강화 계획을 수행했다. 집단이 단체로 보상을 받는다면(혹은 잃는다면) 강화는 더욱 강력해질 수 있다(Jeffery, Gerber, Rosenthal, & Lindquist, 1983).

지지 집단은 자연스러운 관계 내에서 중재자를 찾기 힘들 때 매우 유용하다. 하지만 장기적인 이익을 위해서는 가까운 사람들을 강화 계획에 포함시켜야 한다. 이는 자기수정 계획의 초기 열정과 설렘이 사라지고 난 후에 더욱 중요해진다(Fischer, Lowe, Levenkron, & Newman, 1982). 운동 프로그램을 꾸준하게 실행하여 효과를 본 사람들에게는 정해진 운동 파트너가 있거나(Lawson & Rhodes, 1981) 협력적인 배우자가 있을(Heinzelman & Bagley, 1970) 확률이 높다.

중재자를 이용할 때에는 반드시 그 중재자가 자신이 무슨 일을 하기로 되어 있는지—즉, 수반적으로 강화하지만 처벌하지 않는 것—정확히 이해하는 것이 중요하다. 목표행동을 달성하지 못해 중재자로부터 강화물을 받지 못하는 것으로도 충분히 불쾌할 수 있다. 잔소리나 놀림 같은 그 이상의 처벌은 오히려 계획을 포기하게 만들 수 있다.

행동 변화가 다른 사람들에게도 영향을 끼친다면 그들과 함께 그 문제에 대해 충분히 논의하고 그들이 중재자로서 어떻게 도와줄 수 있는지 함께 결정한다. 엘런의 남편과 자녀들은 학사 과정을 마치겠다는 엘런의 결정에 따뜻한 격려를 보냈다. 하지만 그녀가 공부 시간을 늘리는 프로그램을 실시했을 때, 그녀의 가족들은 집안일이 엉망이 되어 간다는 불평으로 그녀를 처벌했다(Peterson, 1983). 엘런의 남편과 자녀들이 집안일을 도와 그녀의 학습을 강화하는 것이 바람직하다.

'좋은' 중재자의 역할은 정말 아주 간단하다. 기준을 만족시키고 있을 때 강화를 제공하고 그렇지 않을 때에는 보류하는 것이다. 하지만 이것이 관계에 영향을 미칠 수 있음을 고려해야 한다. 특히 그들이 강화물을 유보해야 할 때 사이가 어색해질 수 있다. 그러므로 그들이 중재를 훌륭하게 해낼 때 강화하라. 간단한 칭찬과 감사의 표시로 특히 어색한 순간에도 그들의 협조를 유지시킬 수 있다.

마지막으로, 이것이 여러분의 계획, 여러분의 소망, 여러분의 목표, 여러분의 선택임을 항상 기억하라. 다른 사람들로부터 얼마나 많은 지지를 받는가에 상관없이, 이는 타인에게 책임을 전가하는 수단이 아니라 여러분의 자기통제를 구축하는 방법이어야 한다. 타인의 협조가 있을 때, 타인에 의존하지 않고 자율성과 자제심을 키우는 전략을 사용해야 성공할 수 있다(Ginsberg, Hall, & Rosinski, 1991).

✿ 강화물 공유

여러분이 선택한 강화물은 때때로 주변인과 공유되며, 따라서 그 주변인들에게도 영향을 끼친다. 이 경우에도 여러분의 행동에 따라 강화가 주어진다. 예를 들어, 한 여자가 강화물로 남자 친구와 영화 보러 가는 것을 정했다. 이 경우에 남자 친구의 협조가 필요했는데, 그녀가 목표행동의 수행에 실패하면 둘 다 영화를 보지 못하기 때문이다. 타인과 함께하는 즐거운 경험—함께 있기, 좋아하는 활동 하기, 사랑하기—은 일반적으로 매우 강력한 강화물이므로 중재 계획을 위한 이상적인 선택이다. 하지만 반드시 타인의 협조가 있어야 사용할 수 있다.

많은 경우, 사람들은 친구나 애인이 걱정하기 때문에 자신의 행동을 고치려고 결심한다. 예를 들어 어떤 남성의 흡연을 그의 친구가 싫어할 수 있다. 친구나 사랑하는 사람을 변화 과정의 파트너로 이용할 수 있다. 이는 특히 그 파트너가 여러분의 목표를 존중할 때 가능하다. 여러분의 행동 변화는 파트너의 협조에 대한 강화물이 된다. 또는 파트너가 단순히 강화물을 나누는 것에 관심을 갖고 있을 수도 있다. 한 여성은 학생인 남편이 보고서 작성에 일정 시간을 할애하기 전까지는 절대 그와 이야기하지 않는 것에 동의했다.

타인과의 활동을 강화물로 사용하는 것은 그 자체로 강력할 뿐만 아니라 중재 계획을 견딜 또 다른 힘을 주기 때문에 효과적이다. 여러분이 목표행동을 수행하지 못하면 상대방이 손해를 볼 수 있고, 이 경우 그 상대는 여러분이 제대로 수행하도록 압력을 가할 것이다. 여러분의 결심이 흐려지면 친구가 아마도 "(그 행동을) 하는 게 좋을 거야! 나는 그 영화를 보고 싶다고!"라고 말할 수 있다.

두 사람이 함께 동일한 계획을 시작할 경우는 좀 특별하다. 그런 과정을 결정하기 전에 둘 다 비슷한 수준으로 계획 및 목표에 전념할 것을 약속해야 한다. 예를 들어, 두 사람이 함께 체중을 감량하고자 하는데 한 사람 또는 둘 다 상대방의 노력을 미묘하게 방해한다면 혼자 체중 감량을 시도할 때보다 성공적이지 못할 것이다(Zitter & Fremouw, 1978).

자기변화 계획에서는 자신을 도와줄 사람들에게 무엇을 해야 하는지 알려 줄 필요가 있다. 글상자 7-3에는 그들이 해야 할 것을 설명하는 편지가 있다. 여러분을 도와줄 사람들에게 이것을 복사해 주거나 보여 주도록 하라.

글상자 7-3 **친애하는 조력자에게**

친애하는 조력자에게

________________은 당신이 기뻐할 만한 새로운 자기수정 프로그램에 대해 당신과 함께 의논하려 합니다. 이 계획은 당신에게도 영향을 미칠 수 있기 때문에 당신이 도울 수 있는 방법을 알려 드리고자 이 편지를 씁니다.

자세한 사항은 당신과 대화를 통해 논의할 것입니다. 계획에 충실할 수 있도록 당신에게 주어진 일을 정확히 이해하는 것이 매우 중요합니다. 그러니 의사소통을 분명하고 정확하게 해주십시오. 당신의 역할은 다음 세 가지 도움을 제공하는 것입니다. 알림, 보상, 전반적인 관심과 지지.

이 계획은 긍정적인 측면에 초점을 둘 것입니다. 이 계획은 두 사람 모두의 삶에서 장점을 늘릴 것입니다. 알림이 필요하면 반드시 상기시켜 주십시오. 하지만 잔소리를 하지는 마십시오. 강화물이 필요하면 그것을 분명히 제공해 주십시오. 강화물을 받을 경우가 아니라면 강화물을 주지 마십시오. 하지만 꾸짖지도 마십시오.

다음은 당신이 줄 수 있는 긍정적인 강화 행동의 예시입니다.

사소한 성공에 칭찬하기
원치 않은 행동의 대안을 생각하는 것을 도와주기
성공을 함께 축하하기
스트레스를 받을 때 진정하도록 도와주기
꾸준히 하도록 격려하기
꾸준히 할 수 있다는 확신을 주기
변하고 있다는 기쁨을 표현하기

다음은 피해야 할 행동입니다.

잔소리하기
오래된 행동에 대해 비난하기
모든 결정에 일일이 관여하기
의지력의 부족을 비난하기
오래된 나쁜 습관이 거슬린다고 말하기

(다음 쪽에 계속)

글상자 7-3 (계속)

변화 능력에 대해 의심하기

계획의 성공 여부는 전체적인 협조 분위기와 주위의 긍정적인 격려에 의해 크게 영향을 받을 것입니다. 당신의 도움으로 더 많은 것들을 달성할 수 있습니다.

당신의 진실한 벗.

David L. Watson/Roland G. Tharp
(*Self-Directed Behavior* 의 저자)

출처: "Partner Behaviors That Support Quitting Smoking," by S. Cohen and E. Lichtenstein, 1990, *Journal of Consulting and Clinical Psychology*, 58, pp. 304-309.

자기집행 결과

학습목표

- 보상을 행동에 따라 자기집행할 수 있는가? 무엇이 그 여부에 영향을 끼치는가?
- 스스로 자신의 행동에 따른 결과를 줄 때, 행동이 정말 변하는가?
- 강화 원리에 따라 변화가 일어나는가?
- 자기집행 보상이 강화가 아니라면 그것은 무엇인가?
- 자기강화는 정말로 강화인가, 아니면 피드백인가? 그 질문에 대한 실험을 설명하라.

중재자로부터 주어진 강화는 행동의 강도, 빈도 및 가능성을 증가시키는 강력한 기법이다. 하지만 강화가 자기집행(self-administered)되어도 동일한 효과를 얻을까? 어쨌든 수반성의 개념은 결과가 자유롭게 허락되지 않는다는 것이다. 오직 기준을 달성했을 때에만 결과가 뒤따르며, 그렇지 않은 경우에는 결과를 주지 않는다. 자기 스스로 집행하면 기준 달성의 여부에 상관없이 강화를 주는 것이 가능하다. 기준을 만족시키든 그러지 못하든 강화물을 취할 수 있다면 자기강화가 정말로 행동을 강화할 수 있을까? 이는 현대 심리학에서 가장 활발한 질문 중 하나이다. 이는 자기조절에 매우 중요한 사안이기 때문에 이 문제에 대해 어느 정도 이해하는 것이 중요하다.

다음의 두 가지 질문은 서로 연관되어 있다. (1) 정말로 사람들이 보상을 수반적으로 자기집행할 수 있는가? 자기통제적 측면에서 장기적인 보상을 얻기 위해 즉각적인 보상을 참을 수 있는가? (2) 사람들이 결과를 수반적으로 시행한다면 그 결과가 정말 행동을 강화하고 처벌하는가?

이 두 가지 문제에 대해 차례로 논의하려고 한다.

✿ 자기보상 및 자기통제 학습

첫 번째 질문에 대한 답은 사실 꽤 명확하다. 그렇다. 사람들은 보상을 수반적으로 자기집행할 수 있다. 사람들은 장기적으로 원하는 보상을 얻기 위해 즉각적인 보상을 참을 수 있다. 사람은 타인을 모방하고(Bandura, 1971), 지시에 따르고(Kanfer, 1975), 자기강화를 위한 보상을 받고(Speidel & Tharp, 1980), 또는 수업 같은 강의(Heiby, Ozaki, & Campos, 1984)를 통해 자기강화를 배울 수 있다. Bandura와 동료들은 심지어 비둘기, 원숭이, 개에게도 '자기강화'를 가르쳤다. 즉, 원하는 행동을 수행하기까지는 음식물을 자유로이 취할 수 없도록 말이다. 일단 학습되고 난 후 자기강화는 한동안 유지되었다(Bandura & Mahoney, 1974).

Catania(1975)는 가게에서 물건을 훔치지 않는 것이 자기통제가 아닌 것처럼 이것이 진정한 자기통제는 아니라고 주장한다. 좀도둑질(또는 식품 훔치기)에 대한 외적인 처벌이 없다면 모든 사람들은 결국 자신이 원하는 강화물을 갖고 가게 문을 나설 것이다.

이런 주장을 하는 이론가들은 자기강화 및 계획된 수반성의 유지를 위해서는 어느 정도 외적 요인이 있어야 한다고 지적한다. Rachlin(1974)은 학습에 대한 외적 요인, 즉 학점과 직업적 성공이 의미가 없다면 학생들이 공부와 상관없이 영화를 보러 갈 것이라고 이야기했다.

자기수정에서 외적 수반성은 목표에 의해 주어진다. 목표 달성이 삶을 개선시킬 것이기 때문에 목표를 선택한다. 진정으로 가치를 두는 목표를 수행하면 자기보상과 자기처벌이 틀림없이 실행된다. 유능한 자기관리자는 언제나 그렇게 한다. 이 책을 이용한 만여 명의 학생들도 그렇게 했다. 물론 모든 학생들이 그런 것은 아니다. 그리고 어떤 이들은 정확하고 수반적인 자기강화를 이용하는 데 다른 이들보다 더 뛰어나다. 사람들은 자신을 통제하고 강화할 수 있는가? 물론 할 수 있다.

✿ 자기집행 결과는 정말 강화와 처벌인가?

지난 25년간 이 문제에 대해 고민하면서 심리학자들은 그 질문을 두 가지로 분리했다. (1) 사람들이 자신에게 결과를 집행할 때 행동이 실제로 개선되는가? (2) 이 개선은 강화와 처벌의 조건형성 원리에 의한 것인가, 아니면 피드백 및 인공두뇌학의 원리에 의한 것인가?

첫 번째 질문을 위해 다수의 연구가 다루어졌으며(Ainslee, 1975; Bandura, 1971; Catania, 1975; Rachlin, 1974; Sohn & Lamal, 1982의 논평 참조), 이에 대한 답은 역시 "그렇다."이다. 사람들이 수반적인 결과를 자기집행할 때, 그들의 행동은 개선될 확률이 높다. 성공적인 자기통제자는 문제 영역—과식, 학습, 데이트, 혹은 흡연—에 상관없이 성공적이지 못한 자기통제자에 비해 자기보상 절차를 사용할 확률이 3배 정도 높다(Heffernan & Richards, 1981; Perri & Richards, 1977; Perri, Richards, & Schultheis, 1977). 다양한 행동에 대한 연구들이 모두 이런 결과를 보고하는 것은 아니지만, 체중 감량, 흡연, 자기주장 등 광범위한 영역에서 대다수의 연구가 이 결론을 지지한다. 그렇다. 자기집행된 결과 프로그램은 행동을 개선시킬 가능성이 아주 높다.

하지만 그게 논쟁을 마무리 짓는 것은 아니다. 자기보상이 강화로 작용하는가? 제4장에서 논의된 조건형성 원리는 자기보상의 긍정적 효과를 설명하는가? 논리상의 문제는 다음과 같다. 사람이 변화에 대한 의욕이 없고 외부 세계가 지지를 제공하지 않으면 자기강화는 결코 나타나지 않는다는 것이 증명되었다. 그러므로 자기강화는 오직 외부 강화의 맥락 속에서만 가능하다.

Bandura(1981)는 자기강화 계획이 최종 목표에 이르는 동안 유인을 일으킨다고 주장한다. Ainslee(1975), Catania(1975), Rachlin(1974)은 자기강화가 많은 효과적인 요소들을 포함하는 매우 복잡한 절차라고 지적한다. 여러분은 스스로에게 수행의 옳고 그름을 분간하는 법을 가르친다. 또한 여러분은 스스로 장기 목표 및 목표 달성을 위한 규칙에 대하여 상기시켜(Nelson, Hayes, Spong, Jarrett, & McKnight, 1983) 자기인식(self-awareness)을 학습한다.

피드백/인공두뇌학 모델 내에서 연구를 진행하는 조절 이론가들은 자기기록만 할 때보다 자신의 행동을 강화할 때 행동에 더욱 주의를 기울인다고 지적한다. 따라서 기준 및 목표와 비교하여 자신에게 더욱 명확한 피드백을 제공할 수 있다.

조작적 조건형성의 아버지인 B. F. Skinner(1953)는 자기집행적 수반 보상의 효과를 조작적 조건형성으로만 설명하는 것에 의구심을 나타냈다. 다른 경로로 설명이 가능할 수 있다는 것이다. Brigham(1989)은 그 경로를 상세히 묘사했다. 자기주도 계획은 환경이 목표행동을 강화하도록 환경을 변화시킨다.

글상자 7-4에는 자기보상 및 처벌이 강화의 원리에 따르는지 또는 피드백의 원리에 따르는지에 대한 논쟁을 더 자세히 설명하고 있다.

이론가들이 이 기제에 대한 논쟁을 계속해도, 여러분은 환경과 관계를 맺는 방식을 변화시킬 수 있을 뿐만 아니라, 그것을 좀 더 효과적으로 변화시키는 법을 배울 수 있다는 사실은 변화하지 않을 것이다. 수반 강화를 사용하여 그 학습을 촉진할 수 있다. 장기적으로 보면 변화의 성공 여부는 여러분이 세상 및 주변 사람들과의 새롭고 바람직한 상호 관계를 만들 수 있는지에 달려 있을 것이다(Brigham, 1989).

글상자 7-4 자기보상 및 처벌: 강화인가, 피드백인가?

자기주도적 행동 분야의 연구 방법과 논리 중 중요하고 재미있는 예가 하나 있다. Rachlin(1974)은 자기보상이 강화를 통해서가 아니라 분명하게 드러나는 행동을 통해 사람들의 관심을 모으고, 이에 따라 정확한 자기관찰 및 자기 모니터링이 늘어나는 방식으로 작동된다고 주장했다. 이 가설을 시험하기 위해 Castro와 Rachlin(1980)은 체중 감량 클리닉에 참여한 사람들이 살을 빼면 클리닉에 돈을 더 지불하도록 했다. 이들은 체중 감량에 대한 '보상'으로 돈을 받은 다른 집단만큼 체중을 감량했다. Castro와 Rachlin은 자기강화가 강화와 처벌 법칙에 의했다면 체중 감량에 돈을 지불한 사람들은 처벌을 받았기 때문에 덜 감량하고, 돈을 받은 사람들은 강화를 받았기 때문에 체중을 더 감량했어야 한다고 결론지었다. 따라서 수반성은 (인공두뇌학 이론에서와 같이) 피드백으로 작용하며, 조건형성 원리에 의한 것이 아니라고 주장했다.

Bandura(1981)는 통상적인 사회 기준에 따라 결과가 평가되는 것이 당연하다고 지적하며 이 연구를 공격했다. 전문가에게 효과적인 서비스의 값을 지불하는 것은 '처벌'이 아니다. 우리는 돈을 절약해 준 회계사에게, 치아를 치료해 준 치과 의사에게, 또는 살을 빼도록 도와준 클리닉에 기쁜 마음으로 값을 지불한다. 따라서 위의 연구에서는 '처벌'이 제대로 연구되지 않았다고 주장했다.

이 논쟁은 가열되면서 콜롬비아의 보고타로 옮겨갔는데, 그곳에서 Castro와 동료들(Castro, de Perez, de Albanchez, & de Leon, 1983)은 전문 서비스와 상관없이 체중을 감량한 사람을 '처벌'하는 계획을 세웠다. 체중 감량 클리닉에 온 고객들 중 한 집단은 이상한 계획에 동의했다. 1kg를 감량할 때마다 각자 자기가 가장 싫어하는 정당에 1달러씩 보내거나 직원이 보는 앞에서 그 돈을 잘게 찢는 것이었다. 이 집단은 살을 뺄 때마다 같은 양의 돈을 받았던 다른 집단보다 체중을 더 감량하였다! Castro 연구진은 수반성이 강화 및 처벌로 작용하지 않는다고 결론지었다.

(다음 쪽에 계속)

글상자 7-4 (계속)

Castro와 동료들은 자기보상이 비효과적이라고 주장하는 것이 아니다. 자기보상 집단 또한 체중을 감량했다. 하지만 그들은 자기보상 및 자기처벌은 정보를 제공함으로써, 즉 사람들이 자신의 행동에 더욱 주의를 기울이도록 만듦으로써 작용한다고 주장한다.

Bandura는 돈을 이용한 이 게임이 정말로 처벌이었다면 체중 감량이 중단되었을 것이라고 대응했다. 따라서 그 '처벌'은 전혀 처벌이 아니었다(Bandura, 1986). 그는 언급하지 않았지만, 클리닉 직원과의 그 이상한 게임에는 분명히 어떤 보상 효과가 있었다. 특히 참가자가 그 게임이 체중 감량에 도움이 될 거라고 믿게 된 상황에서 돈을 잘게 찢는 것이 '처벌'이 될 수 있을까? 엉뚱한 일을 하는 것은 매우 재미있을 수 있다.

Rachlin-Castro-Bandura의 논쟁은 자기집행적 수반성에 관련된 복잡성을 보여준다. 모두 한 가지에는 동의한다. 바로 수반적인 결과는 효과가 있다는 것이다. 하지만 어떻게?

자기강화 기법

학습목표

- 원하는 행동 후 얼마나 빨리 강화가 주어져야 하는가?
- 토큰 강화물을 사용하는 방법에 대해 설명하라. 주목적은 무엇인가?
- 상상 강화는 어떤 식으로 사용하는가?
- 언어적 자기강화를 사용하는 방법에 대해 설명하라.
- 때때로 자기칭찬을 사용하지 않는 이유는 무엇인가?
- 자기강화와 우울의 관계는 무엇인가?
- 비수반적인 긍정적 사건이 필요할 때가 있는가? 언제인가?

즉각적 강화

언제 강화를 받아야 하는가? 이상적으로는 원하는 행동을 수행한 후 즉시 강화가 일어나야 한다. 강화가 오래 지연될수록 그 효과는 감소되는데, 즉각적으로 나타나는 다른 강화와 경쟁해야 하기 때문이다.

목표가 무엇이든 그것이 달성된 후 강화를 받게 된다. 다이어트하는 사람들은 과식으로 즉각적인 강화를 받는다. 몇 주가 지나 날씬한 새로운 이미지가 거울 속에 비치면 먹지 않는 것에 대해 강화를 받을 것이다. 아침 9시에 멋진 아침 식사 직후 다이어트를 하겠다고 마음먹는다. 점심에 카페테리아의 줄을 지나치면서는 어쩌면 다이어트를 하지 않기로 결정할지도 모른다. 자신에게 추가적인 보상을 즉각적으로 제공함으로써 상황을 뒤집고 장기 목표를 달성할 수 있는 행동을 택할 수 있다. 예를 들어, 다이어트하는 사람이 절제 후(또는 동안) 바로 재미있는 TV 프로그램을 시청하는 것과 같은 강화를 설정한다면, 언젠가는 날씬해진다는 장기적 보상에만 의지하는 경우보다 다이어트를 유지할 확률이 더 높아진다. 바꾸어 말하면, 당장에 스파게티와 대결하는 것은 TV 프로그램이지, 저 멀리 존재하는 미래의 늘씬한 몸매에 대한 아련한 꿈이 아니다(Bandura, 1981).

또 다른 학생은 지나치게 욕을 하는 습관이 있었다. 그의 기저선 평균을 보면 8시간 동안 150번 이상 욕을 했다. 그는 한 주 동안 하루 평균 욕하는 횟수를 10% 줄이면 아내로부터 강력한 보상물을 받는다는 계획을 수행했다. 그러나 불행하게도 한 주가 다 끝날 때까지 이를 달성하지 못했다. 하루 이틀 고운말을 쓰다가 다시 오래된 습관으로 되돌아갔다. 우리는 그에게 강화의 지연을 단축시켜 보라고 제안했다. 그는 아내와 욕을 10% 줄이면 매일 강화를 받는 새로운 계약을 맺었다.

원하는 행동이 수행된 후 신속하게 강화물이 주어져야 한다는 것이 기본 원리이다. 경우에 따라서는 그 지연 간격이 굉장히 짧아야 한다. 특히 원치 않는 행동이 소비나 공포 반응일 때 그렇다. 예를 들어, 지금 입에 물고 있는 담배는 6개월 후에 깨끗해진 폐를 생각하는 것보다 더 매력적이다. 입안에 있는 파이 한 조각은 몇 주 혹은 심지어 몇 달 후에 체중이 줄어든 체중계를 상상하는 것보다 훨씬 더 기분을 좋게 만든다. 지금 당장 손톱을 뜯는 것은 강화물로 토요일 밤에 영화를 보러 간다는 생각보다 더 만족스럽다.

대중 앞에서 이야기하거나 수영하러 물속에 들어가는 등의 특정한 상황을 두려워하는 사람들도 같은 문제를 가지고 있다. 주말에 강화물을 받을 때 얼마나 좋을지에 대한 상상보다 당장의 두려운 상황을 피하는 것이 기분을 더 나아지게 한다. 목표 행동이 매우 강력한 습관이나 두려운 대상과 관련이 있다면 반드시, 원하는 행동을 수행한 바로 직후 자신에게 긍정적인 강화를 제공하라. 예를 들어, 한 흡연자는 담배에 불을 붙이고 싶은 충동을 참을 때마다 매번 아내가 즉각적으로 자신을 칭찬하게 만들었다.

✿ 흥미를 더하는 것은 참여를 강화한다

활동을 더 흥미롭게 만들면 강화는 더 즉각적이고, 강력해지며(Sansome & Thomas, 2006), 자기조절의 성공률은 높아진다(Hidi & Ainley, 2008).

여자라면 사족을 못 쓰는 한 남학생은 운동을 자신의 목표로 잡았다. 그래서 그는 수강생의 90%가 여자인 줌바 수업에 등록했다. 여자가 많은 분위기에 있다는 것만으로도 그가 목표를 달성하는 데 필요한 강화는 충분했다. 1년 후 그는 튼튼하고 열정적인 운동선수가 되어 있었다. 자신이 건강하고 매력적이라는 느낌은 충분한 강화가 되었고, 그는 이제 여자가 없어도 규칙적으로 운동했다(물론 여자가 가까이 있는 것을 선호하긴 했지만). 사회적 교류를 즐기는 사람들에게 과제를 수행할 때 다른 사람의 존재는 과제 수행의 성공률을 높여 준다(Isaac, Sansone, & Smith, 1999).

그러나 다양한 방식으로 과제 자체를 더 흥미롭게 만들 수도 있다. 낸시는 할 일을 끔찍하게 미루는 문제를 가지고 있었는데, 방에 크리스마스 음악과 양초, 향기로운 전나무를 두어 방 청소를 강화했다(McGonigal, 2012). 그녀는 기쁘게 방 청소를 끝냈다.

✿ 토큰

행동 후 신속하게 강화물을 제공할 수 없을 때에는 **토큰 강화물**이 적합하다. 토큰은 상징적인 강화물이다. 실재 강화물로 바꿀 수 있기 때문에 상징적이다. 예컨대 돈은 대표적인 토큰 강화물인데, 돈으로 살 수 있는 것들이 돈을 매력적으로 만들기 때문에 실재 강화물의 상징이 된다. 포커 칩, 별, 체크 표시, 티켓 펀치, 지폐와 같은 도구들이 모두 토큰으로 사용될 수 있다.

많은 사람들은 행동을 수정하기 위해 토큰 강화의 **점수 체계**를 택한다. 원하는 행동을 수행하면 강화로 '쓰일' 수 있는 '점수'를 얻는다. 강화물당 얼마나 많은 점수가 필요한지, 즉 강화의 비용은 점수 체계 계약으로 정해진다.

토큰 및 점수의 주요 기능은 원하는 행동을 수행하는 시기와 강화물을 받을 수 있는 시기 사이의 지연된 시간차를 연결하는 것이다. 많은 사람들의 경우, 하루가 끝날 때 할 수 있는 것들이 강화물로 선택된다. 근사한 저녁 식사나 TV 시청, 친구들과의 수다 등을 그날 목표행동을 수행했던 것에 수반하는 보상물로 사용할 수 있다. 토큰은 이러한 모든 지연 강화물에 대한 즉시성을 제공하는 데 유용하다.

친구들에게 무례하게 굴지 않고 상냥하게 대하고 싶었던 한 남성은 강화물로 저녁 시간의 TV 시청을 선택했다. 친구들에게 상냥히 대할 기회가 왔을 때 목표행동을 수행해도 즉시 TV 시청이 불가능했으므로 토큰 체계를 사용하기로 결정했다. 그는 3″ × 5″ 카드를 주머니에 넣고 다니며 목표행동을 수행할 때마다 표시를 해 나갔다. 그리고 저녁이 되어 하루의 목표 점수를 달성했다면 TV를 시청했다. 그는 토큰을 누적하여 사용했다. 더 많은 점수를 얻으면 밤에 TV를 더 오래 시청할 수 있었다. 그의 '메뉴'는 다음과 같았다.

토큰 1개	TV 시청 30분
토큰 2개	60분
토큰 3개	90분
토큰 4개	원하는 만큼

이는 간단한 점수 체계이다. 행동과 잠재적 강화물을 추가함으로써 점수 체계는 복잡한 토큰 '경제'로 확장될 수 있다. 함께 살고 있는 5명의 학생으로 이루어진 한 집단은 가사를 공평하고 확실하게 배분하는 데에 어려움을 겪고 있었다. 3명의 남자와 2명의 여자는 집단 자기수정 계획을 고안하여 점수 체계에 따르기로 했다. 중요한 가사 및 그것의 수행에 대한 각각의 보상 점수를 구체화했으며, 강화물과 이에 해당되는 점수를 함께 제시했다. 구성원들은 모두 과제와 강화물을 자유롭게 선택했다.

과제	**점수**
빨래	200
주간 쇼핑	200
저녁 준비	150
간식 준비	80
샌드위치 준비	80
쇼핑 계획	60
구매 기록(큰 것)	60
식단 짜기	40
화장실 청소	30
부엌 청소	30
거실 청소	30
접시 건조(큰 것)	30

간단한 쇼핑	30
우유 값 지불	30
쓰레기 버리기	30
우유병 가져오기	30
접시 닦기(큰 것)	30
다이어리 작성	25
요리법 작성	25
접시 건조(작은 것)	10
난로 청소	10
가격 기록(작은 것)	10
거실 정리	10
싱크대 정리	10
설거지(작은 것)	10
우유병 내놓기	5
쓰레기 봉지 묶기	5
강화물	
음료	50
저녁 식사	50
영화	50
데이트 등	50
점심	20

출처: "The Use of a Token Economy to Regulate Household Behaviours," by J. F. Masterson and A. C. Vaux, 1982, *Behavioural Psychotherapy*, *10*, pp. 65-78. Cambridge University Press의 허락하에 재인쇄함.

구성원들은 정확하게 기록했고, 점수 체계가 가사를 더욱 원활하게 만들었다고 보고했다. 많은 일들이 제시간에 수행될 수 있었고, 구성원들 모두 가사와 강화가 공평하게 배분된다고 느꼈다. 실제로, 획득한 점수가 사용한 점수보다 더 많았다. 그들은 점수뿐만 아니라 서로에 대한 격려와 언어적 강화가 보상이 되었다고 결론지었다 (Masterson & Vaux, 1982).

강화물의 목록에 음식부터 영화 관람에 이르기까지 다양한 항목들이 포함되었다는 것도 주목하라. 이는 점수 체계의 또 다른 이점을 보여 준다. 즉, 동일한 행동에 대해서 다양한 강화물을 사용할 수 있다. 이는 강화물을 늘 신선하고 매력적으로 만드는 데 도움을 준다. 획득한 점수를 TV 시청이나 간식, 강아지와 놀기 중 하나로 교환하게 만들면 그 순간에 가장 매력적인 강화물을 고를 수 있다. 학생들 중 한 명은 자신의 강화물 목록의 마지막 항목에 "매주 토요일 아침, 내가 하고 싶은 것 아무거나!"를 포함시켰다.

점수 체계를 세밀하게 수정할 수 있다. 학생들 중 한 명은 살을 빼려는 노력을 하고 있었는데 다음과 같이 기록했다.

첫 번째 점수 체계는 다음과 같다.

가볍고 균형 잡힌 아침 식사	1점
가볍고 균형 잡힌 점심 식사	1점
가볍고 균형 잡힌 저녁 식사	1점
하루 두 번 이내의 가벼운 간식	1점
운동	1점

35점을 얻으면 예술 포스터 한 장을 살 수 있었다.

그러고 나서 나는 가장 많이 실패하게 되는 항목—주말에 간식 지나치게 많이 먹기—를 발견했다. 그래서 항목 하나를 추가했다.

토요일과 일요일에 두 번 이내의 가벼운 간식	각각 1점

두 번째로 깨달은 것은, 나는 하루에 3~4점을 얻는데, 그러고 나면 간식이나 저녁 식사를 과식하게 되어 칼로리 섭취를 크게 늘린다는 것이었다. 그래서 또 다른 항목을 추가했다.

완벽한 날에 대한 보너스	3점

보너스는 효과적이었다!

글상자 7-5는 지금까지 이 장에서 논의했던 세 가지 원리를 혼합시킨 훌륭한 자기수정 계획을 보여 준다. 운동을 늘리기 위해 이 여성은 자기강화를 사용했고(소량의 돈), 더 큰 강화를 위해 중재자(남편), 수행과 지연 강화 사이의 간격을 연결시키는 점수 체계를 사용했다. 좋은 자기수정 계획은 여러 가지 기술을 통합한 것이다.

글상자 7-5 운동 습관의 자기수정

어떤 사람들에게는 운동 자체가 강화가 되지만 이 여성에게는 그렇지 않았다. 운동 습관을 형성하고 유지하기 위해 자기주도적 행동 변화가 필요했다.

방법

프리맥 원리를 사용하여 운동을 규칙적으로 하려는 첫 시도(양치질을 하기 전에 미용 체조를 하는 것)는 실패했는데, 이는 수반성이 무시되었기 때문이었다. 그래서 타인에게 강화물의 통제를 맡기는 방법으로 바꿨다. 남편을 중재자로 선택했고, 중재 계획을 계약서로 만들어 부부가 서명했다. 다음은 이 계획의 특징을 보여 준다.

1. 운동의 종류는 조깅이었다.
2. 강화물은 사회 활동(영화 관람이나 외식)과 돈이었다. 그녀는 조깅 후에 바로 25센트를 획득했다. 매일 조깅을 해서 1주에 1.75달러를 벌면, 주말에 남편과 함께 사회 활동 중 하나를 골라 함께할 수 있었다. 그렇지 않으면 그 어떤 사회 활동도 할 수 없었다.
3. 남편은 강화물과 정해진 점수를 제공했다.
4. 더불어 조깅에 점수를 부여했다. 장기 목표는 주당 40점으로 정해졌다. 1.5km를 10분 이내에 달리면 4점을 얻을 수 있었고 거리가 늘거나 시간이 단축되면 더 많은 점수를 얻었다. 이는 일련의 중간 단계들을 거쳐 달성되었다. 1.5km 조깅으로 시작하여 0.5km씩 점진적으로 늘리는 계획이었다.

결과

중재 계획의 결과는 **그림 7-1**에서 볼 수 있다. 중재 첫 주의 막바지에는 20점을 획득했으며, 운동은 기저선 0에서부터 급격한 상승을 보였다. 이러한 초기 향상 후 둘째 주에는 진전이 더뎠지만 23점까지 올라갔다. 4일밖에 조깅하지 않았지만 거리가 늘어난 덕분에 더 많은 점수를 얻었다. 셋째 주는 총점이 19점으로 내려갔다. 4일을 조깅했고, 넷째 주도 역시 4일만 운동했다. 이 시점까지 4주 동안 1주일간 매일 조깅을 한 적이 없었기 때문에 사회 활동 강화물을 받지 못했다. 다섯째 주가 시작될 때 프로그램을 변화시켰다. (매일 달리기를 하는 대신에) 주당 25점 이상의 점수를 얻으면 활동 강화물을 받을 수 있게 만들었다. 이렇게 해서 다섯째 주에는 점수가 27점까지 상승했다. 열째 주 초반에 활동 강화물이 제거되었음에도 불구하고, 열두째 주에는 장기 목표에 비해 1.5점만이 부족한 38.5점을 획득하여 가장 높은 수준을 보였다.

공식적인 강화물은 두 가지 이유로 장기 목표(주당 40점)의 달성 전에 중단되었다. 첫째, 피험자가 활동 강화물에 싫증을 느끼게 되었다. 강화물을 없애기 전 2주 동안 그녀는 강화물을 얻기에 충분한 점수를 벌었으나 그것을 받으려 하지 않았다. 둘째, 규칙

(다음 쪽에 계속)

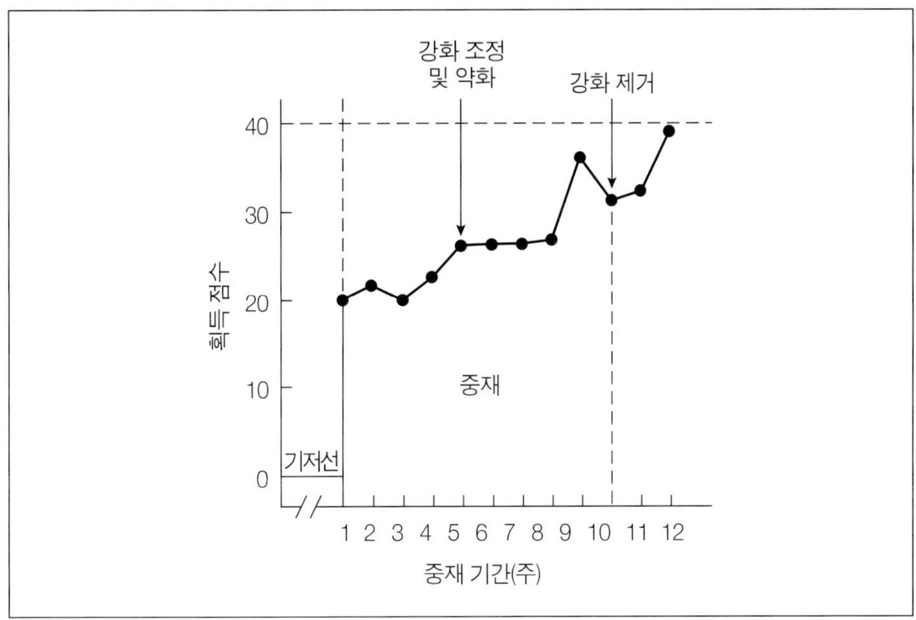

그림 7-1 운동으로 획득한 점수

적인 운동의 자연스러운 효과를 느끼고 있었다. 그녀는 프로그램을 시작하고 기분이 더 좋아지고 활력이 넘침을 느꼈다. 식습관을 바꾸지 않았는데도 살이 조금 빠졌다. 이러한 자연강화와 더불어 장기 목표가 금방 달성되었다. 자연스러운 환경이 바람직한 행동을 유지하기 시작함에 따라 프로그램은 성공적이라고 판단되었다.

성공의 열쇠는 프로그램의 통제를 타인에게 부탁했기 때문이었다. 중재자인 남편은 동의된 계획과 규칙에 대한 약속을 철저히 지켰고, 그래서 행동과 강화물 사이의 수반성이 엄격하게 유지되었다.

출처: "Self-Modification of Exercise Behavior," by M. L. Kau and J. Fischer, 1974, *Journal of Behavior Therapy and Experimental Psychiatry*, 5, pp. 213-214. Elsevier의 허락하에 재인쇄함.

✿ 상상(내적) 강화

사물이나 사람, 활동이 강화물로 작용한다면 그것들을 상상하는 것도 역시 강화가 될 수 있다(Ascher, 1973; Krop, Calhoon, & Verrier, 1971). 행동분석가들은 **상상 강화물**을 관례적으로 **내적 강화물**이라 불렀다. 상상 강화물은 다른 강화물과 동일한 방식으로 사용된다. 즉, 원하는 행동 뒤에 따라오도록 배치된다.

상상 강화물은 실제보다 강력하지 않을 수도 있다. 하지만 언제나 사용할 수 있다는 점과 접근이 용이하다는 이점이 있다. 당장 겨울 여행이나 스킨 다이빙을 갈 수 없을지라도 그것을 상상할 수는 있다. 무더운 날 느긋하게 수영을 즐기는 것처럼 기분 좋고 편안한 장면을 상상하는 것은 원하는 행동의 수행에 대한 자기강화로 사용될 수 있다(Cautela & Samdperil, 1989).

다른 강화물을 선택할 때처럼 상상 강화물을 선택하라. Cautela(1983)에 따르면, 상상 강화물이 꼭 현실에 기초할 필요는 없지만 가장 좋은 상상 강화물은 보상이 되는 현실적인 결과에 대한 기대이다. 최종 목표 상황에 대한 상상은 강력한 강화물이다. 다이어트를 강화하기 위해 체중을 감량한 후의 자신의 모습—날씬하고, 매력적이고, 발랄하고, 멋지게 옷을 입는 등 충족시키길 원하는 소망을 반영한 이미지라면 어떤 것이든—에 대한 상상을 이용하라(Horan, Baker, Hoffman, & Shute, 1975). 이러한 종류의 강화물은 현실적이고 논리적이며, 나중의 더 큰 수반 행동과의 교량 역할을 한다는 장점이 있다. 강화물로 작용할 뿐만 아니라 장기 목표를 마음속에 떠올리게 하며, 목표에 다시 몰두하게 만들어 준다.

상상 강화는 많은 이점이 있지만 주의해서 사용해야 한다. 효과적이려면 생생한 이미지를 떠올려야 한다(Wisocki, 1973). 모든 사람이 실제같이 생생한 이미지를 만들 수 있는 것은 아니다. 그러므로 물을 거의 느낄 수 있거나, 옷을 거의 만질 수 있거나, 콘서트에 있는 것처럼 거의 또렷하게 음악을 들을 수 있을 때까지 상상 강화를 연습할 필요가 있다. 후각, 청각, 시각, 신체적 느낌 등 다양한 감각을 상상에 사용하라(Cautela & Samdperil, 1989). 기억 속에서 장면들을 꺼내 연습하라. 이는 그냥 상상한 장면보다 더욱 생생한 이미지를 연출한다. 기억만큼 생생한 이미지를 만들어 내지 못하면 상상 강화에 의존해선 안 된다.

상상 강화는 사고 중지와 결합하여 활발히 연구되었다. '그만'이라는 말을 한 후, 숨을 깊게 들이마시고 코로 내쉬는 동안 긴장을 풀라. 그런 다음 강화가 되는 즐거운 장면을 상상하라. Cautela는 이 순서를 '자기통제의 3요소(self-control triad)'라고 부른다(예: Cautela & Baron, 1993).

✿ 언어적 자기강화

칭찬은 모든 인간 사회의 기본적인 통제 방법 중 하나이다. 부모님, 선생님, 코치, 정치가, 연인은 모두 칭찬을 통해 행동을 격려한다. **언어적 강화**(verbal reinforcement)

란 칭찬을 일컫는 전문 용어이며, 여기서 칭찬이 강력한 강화물임을 알 수 있다. 이 절에서는 언어적 자기강화, 즉 원하는 행동 뒤에 따르는 자기격려에 대해 논의한다. 자기지시를 마음속에서 입 밖으로 꺼내는 것의 효과를 설명했던 부분을 떠올려 보자. 그와 동일한 방법이 자기 언어의 강화 효과를 높이는 데 사용될 수 있다. 누구나 목표를 만족시키고 자신의 기준에 따라 행동하며 기쁨을 경험한다. 하지만 마음속 기쁨을 지하에서 끌어올려 언어로 표현할 수 있다면 그것은 더 강력한 강화 속성을 갖게 된다.

방법은 그저 자신에게 "좋아! 난 해냈어."라고 말하는 것이다. 조용히 속삭이든 큰소리로 말하든 분명하게 말하라. 원하는 행동을 할 때마다 반복한다(Meichenbaum, 1977; Shelton et al., 1981).

춤 솜씨를 늘리기 위한 린다의 자기개선 계획은 매우 성공적이었다. 그녀는 다음과 같이 기록했다.

> 마지막 발레 수업 후 나는 선생님과 면담을 가졌다. 선생님과 나는 내가 학기 초부터 특히 연기 수준이 눈에 띄게 향상되었다는 데 동의했다. 선생님은 내 춤에 나의 고유한 움직임이 반영되어 있고, 내가 수업 시간을 즐기고 있음을 분명히 알 수 있었으며, 상체와 하체가 더욱 자연스레 연결됨을 확인할 수 있었다고 이야기했다. 나 역시도 어려운 부분에 지나치게 신경을 쓰는 대신에 마음을 편하게 먹고 흐르는 대로 춤춘다는 것을 느꼈다. 어떤 부분이 잘못될지 걱정하는 대신에, 잘하고 있고 몰입하고 있는 나 자신을 그려 보았다. 스스로에게 "나는 왜 이걸 할 수 없지?" 같은 부정적인 말을 하고 있다는 것을 발견하면 잠시 멈추고, "나는 이걸 할 수 있어."라고 말했다.
>
> 가장 도움이 된 것은 발레 선생님이었다. 선생님의 언어적 단서는 매우 효과적이었다. 그리고 선생님은 "좋아, 린다."라고 말하며 내가 잘하고 있다는 걸 알게 해주거나, 내게 엄지손가락을 치켜 올림으로써 많은 긍정적 강화를 제공했다. 나 또한 이 긍정적 강화를 받아들여 내가 잘하고 있다고 느끼는 행복함을 만끽하는 시간을 즐겼다. 신체적 단서와 정신적 상기물의 연합을 통해 나는 훨씬 더 실력 있는 댄서가 될 수 있었다.

사람들은 세 가지 이유로 자기수정 계획에 자기칭찬을 사용하지 않는다. 첫째, 자기칭찬이 한심하거나 우습게 들린다고 생각한다. 그러나 그렇지 않다. 언어의 효력을 과소평가하지 말라. 둘째, 자기강화가 우쭐대거나 '자랑'하는 것이라고 생각한다. 이 또한 틀리다. 자랑은 다른 사람들로부터 강화를 얻기 위한 노력이기 때문이다. 언어적 자기강화는 여러분의 성공을 자신에게 정당하게 확인시켜 주는 방법이다(Rehm, 1982). 셋째, 오랫동안 습관적인 자기비판과 낮은 자존감 때문에 자기칭찬을 자기지시 계획에서 제외한다. 이 경우, 문제는 해결이 어려워진다는 것이다. 우울하기 때문에 우울을 지속시키고 있는 셈이다.

상황이나 활동에 상관없이 다른 사람들보다 자신에 대해 덜 강화를 하는 사람들도 있다. 우울한 사람들은 우울하지 않은 사람들보다 자기강화 횟수가 적으며(Heiby, 1981), 언어적 자기처벌을 자주 이용한다(Rehm, 1982). 자기강화가 적으면 우울해질까? 꼭 그렇지는 않지만, 자기강화가 적은 사람들은 우울에 빠질 위험이 크다. 외부 강화가 사라지면 자기강화를 적게 하는 사람은 다른 이들보다 우울해질 가능성이 더 높다(Heiby, 1983a, 1983b).

외부 강화 및 지지의 상실, 즉 나쁜 학점, 친구나 사랑하는 이의 상실, 실직 등은 모든 사람에게 우울감을 불러일으킨다. 하지만 자기 자신을 강화, 격려, 지지하는 기술을 가진 사람들은 심각한 우울에 빠져들 가능성이 더 낮다. 자기강화자들은 외부 강화가 사라졌을 때 그 시기를 더 잘 이겨 낸다.

✿ 타인에 의한 강화 마련하기

목표나 중요한 업적을 달성했을 때, 여러분의 지지그룹과 공유하라. 페이스북이나 트위터에 올리거나, 친구들과 지지자들에게 문자를 보내라. 돌아올 칭찬과 격려는 진심에서 우러나온 것이다(여러분이 먼저 요청하긴 했지만!). 이는 공개적으로 목표를 선언하고 지지그룹에게 이에 대한 상기와 도움, 격려를 구하는 일에 따르는 여러 좋은 점 중 하나이다.

✿ 비수반적 긍정적 사건

대부분의 심리학자들은, 우울을 감소시키는 행동 뒤에 즐거운 사건이 따라오게 만들 것을 권한다. 즐거운 사건은 새로운 친구를 사귀는 행동을 강화하거나, 단호한 태도 혹은 바람직한 공부 습관을 늘리기 위해 사용될 수 있다. 하지만 이런 전략으로서뿐만 아니라, 긍정적 사건이 여러분의 삶에 자유롭고 풍부하게, 그리고 무조건적으로 일어날 때가 있을까? 즐거운 사건이 결여된 삶이 우울하다는 것은 자명하다. 우울한 사람들뿐만 아니라 심리학자들도 단순히 즐거운 사건을 늘리는 것으로 우울을 줄일 수 있을지 고민해 왔다. 이제는 답은 분명하다. 일반적으로 즐거운 사건의 증가는 긍정적인 안녕감을 증가시킨다. 어떤 연구에서는 일반적 활동 수준과 그것을 통해 얻는 보상이나 기쁨이 늘어남에 따라 우울 및 부정적인 감정에 대한 보고가 감소했다(Hopko et al., 2003; Reich & Zautra, 1981 참조). Peter Lewinsohn의 이론에서는 우울이 외부 강화의 손실에 의해 초래된다고 보며, 즐거운 활동을 늘리는 것이 좋은 치료법으로 권장된다(예: MacPhillamy & Lewinsohn, 1982).

사실, 다양한 문제로 씨름하고 있는 사람들에게는 즐거운 사건과 불쾌한 사건의 비율을 변화시키라는 조언이 적절하다. 일례로 폭식을 하는 사람들은 스스로를 보살피는 경향이 부족하며 오로지 먹는 것에 대해서만 자신에게 관대하다고 알려져 있다(Lehman & Rodin, 1989). Marlatt과 Parks(1982)는 이를 '해야 하는 것(shoulds)'과 '하고 싶은 것(wants)' 사이의 균형과 갈등의 측면에서 설명한다. '해야 하는 것'인 의무로 가득하고 '하고 싶은 것'을 즐길 시간은 미흡한 삶은 문제에 봉착하게 된다. 이 문제는 음식, 음주, 약물, 현실도피 등의 파괴적인 극단의 소비적 행동으로 분출된다. Marlatt과 Parks(1982)는 생활양식의 변화를 제안하는데, 여기에는 긴장 이완, 명상, 운동, 즐겁고 가능한 것은 무엇이든 하는 '휴식 시간'이 포함된다.

심리학자들은 **반응 할당**(response allocation)의 개념으로 즐거운 사건의 총량을 늘려야 하는 이유를 설명했다. 어떤 (바람직하지 않은) 행동을 강화하는 보상의 영향력은 일정부분 개인의 삶에 존재하는 즐거움의 총량에 따라 결정된다. 즐거움의 총량이 증가하면 원치 않는 행동으로 얻는 강화의 효과가 감소된다. 이는 원치 않는 행동에 대한 강화물의 영향력을 약화시키는 강력한 전략이다.

전문대 학생인 미시카는 고등학교 친구들과 과도한 음주를 계속했다. 그녀의 말에 따르면 문제는 맥주 자체가 아니라 도저히 포기할 수 없는 파티였다. 그녀는 사회생활을 늘리기 위해 (비수반적으로) 동아리, 여학생회, 자원봉사, 대학 신문사에서 열심히 활동했다. 오래된 술 친구들과의 모임은 여전히 즐겁긴 했지만, 점점 수많은 활동 중의 하나가 되었고, 강화 가치를 잃어버렸다. 그리고 그녀의 음주량도 더 이상 문제가 되지 않았다.

나쁜 기분, 심리학적인 용어로 '매우 부정적인 정서'는 흡연을 포함한 많은 부적응적 문제들의 강력한 예측변인이다. 그 증거는 매우 강력해서, 최근의 연구에 따르면 부정적인 정서를 직접적으로 다룸으로써 금연을 효과적으로 도울 수 있음이 밝혀졌다(Brandon, 1994).

즐거운 사건에 동반되는 긍정적인 감정은 실제로 자기통제를 촉진한다. 충동을 통제할 힘이 없다고 느낄 때, 즐거운 활동으로 얻어지는 유쾌한 감정이 충동에 대한 저항력을 증가시킨다는 연구가 있다(Tice, Baumeister, & Zhang, 2004).

즐거운 감정은 긍정적인 사건을 공유함으로써 증대될 수 있다. 좋은 일이 생기면 그 소식을 기뻐할 다른 사람들과 공유하라. 좋은 소식을 다른 사람들과 나누고 함께 축하할 때, 기쁨이 강해지고 더 오래 지속된다(Gable, Reis, Impett, & Asher, 2004). 우리 학생들 중 한 명은 "원하는 방향으로 행동하여 목표를 달성하면, 나는 친구들과 남자 친구에게 이야기하고 칭찬을 받는다!"라고 보고했다.

즐거운 일을 더 많이 할 필요가 있는 사람들이 그렇게 하는 걸 가장 싫어한다는 것은 아이러니하다. 많은 사람들에게 즐거운 일을 더 많이 경험하게 하는 것은 자기수정의 가장 바람직한 첫 번째 목표이다. 즐거운 사건을 늘리기 위해 강화가 필요하더라도 말이다.

마샤의 경우가 적절한 사례이다. 19살 학생인 마샤는 학교를 계속 다니려고 애쓰고 있었다. 그녀는 2시까지 빵집에 출근해서 일해야 했으므로 오전 7시 30분에 시작하는 아침 수업에 등록했다. 그녀는 매일 밤 10시까지 일했고 보고서와 시험, 또 여러 개인적인 업무로 무척 바빴다. 그녀는 몸의 일부가 불편한 엄마와 함께 살고 있어서 주말에는 가사와 빨래, 쇼핑을 해야 했다. 데이트는 거의 하지 못했고, 일요일에는 기진맥진해 뻗어서 잤다.

자기수정을 위한 마샤의 첫 단계는 강화 목록을 작성하는 것이었다. 목록에 새 옷, 새 스테레오 시스템과 같은 것들을 적었지만, 현실적으로 새 옷을 입을 시간이나 새 테이프를 들을 시간이 없었다. 그녀가 선택한 강화물을 즐기기 위해서는 시간이 필요했고, 마샤에게 제일 부족한 것은 시간이었다.

시간을 어떻게 확보할 수 있을까? '해야 하는 것'들로 가득 찬 삶에 즐거운 일이 끼어들 틈이 있을까? 마샤는 자신의 시간을 분석한 후에 주말 스케줄을 재조정할 수 있다는 것을 깨달았다. 토요일에는 엄청난 일을 하고, 일요일은 종일 잠을 자며 보내고 있었다.

마샤가 지금껏 하고 싶었으나 해보지 못한 세 가지가 있었다. 좋아하는 이모를 만나는 것, 요가 연습, 그리고 술집에서 소소한 저녁을 보내는 것이었다. 어떻게 하면 그녀가 주말에 이 즐거운 일들을 할 수 있을까? 몇 주 동안 그녀는 엄두도 내지 못했다. 그래서 그녀는 프리맥 원리를 사용했다. 그녀는 자신이 해야 할 일 중에서 가사만큼은 즐겁고 활기차게 하고 있었다. 그래서 자신이 원하는 즐거운 활동 중 적어도 하나를 하기 전까지는 화장실 청소를 하지 않는다는 규칙을 정했다. 이 계획은 그녀가 원하던 세 가지 활동을 더 많이 하게 되는 결과를 가져왔다. 일요일에 잠을 자거나 맥 빠져 있는 시간이 줄어들었고 화장실은 이전처럼 깨끗하게 유지되었다.

마샤의 사례는 비수반적이고 구속받지 않는 즐거운 활동이 늘어나도록 생활패턴을 바꾸기 위해서는 강화 계획이 필요하다는 것을 알려 준다.

✿ 내재적 · 외재적 강화와 단기적 · 장기적 강화

자기주도의 많은 연구자와 이론가들 사이에는 몇 가지 사안에 대한 오래된 논쟁이 있다. 가장 격렬한 것이 내재적 강화 대 외재적 강화에 대한 토론이다. 내재적 동기는 일반적으로 개인의 '내부' 혹은 일부에서 비롯된 것을 말하며, 외재적 동기는 외부적인 것을 말한다. 이러한 토론에는 가치가 논의의 중점이 된다. 예를 들면 유명한 과학자나 예술가, 선생님, 혹은 더 좋은 사람이 되겠다는 여러분의 내재적 동기는 여러분이 교육 기간 동안 활동의 가치에 대해 내리는 모든 판단에 영향을 미친다. 그러한 내재적 목표와 연관되는 수업이나 봉사활동은 놀이기구를 타는 것보다 더 재미있게 느껴질 것이다. 기말 보고서를 준비하는 것이 그 내재적 목표와 관련된 기술을 익히는 데 얼마나 도움이 될지 상상해 보는 것만으로 그런 노력에 열정이 더해질 것이다.

금요일 밤에 영화를 보러 가거나, 온라인 게임을 하고 싶은 외재적 동기는 여러분이 소비하거나 사용하는 것들이다. 하지만 이러한 외재적 동기가 내재적 동기나 내면의 가치와 항상 연결되는 것은 아니다. 물론 외재적 동기, 즉 자기강화를 마련하는 것이 이 장의 주제이다. 우리는 이 단기적 · 외재적 동기가 여러분의 장기적 · 내재적 목표 달성을 방해하는 습관을 교정하기 위한 일시적 전략이라고 이야기해 왔다. 저자가 보기에 이 책에 제시된 훌륭한 자기계발 계획에는 내재적 동기와 외재적 동기 간의 갈등이 존재하지 않는다.

그러나 내재적이냐 외재적이냐 하는 이 논쟁에서 시작된 최근 연구들은 이러한 동기를 실제적으로 적용할 수 있는지에 집중한다. 연구자들과 이론가들은 우리가 지난 수십 년간 논쟁한 것처럼, 이제 내재적 vs 외재적 동기요인이 장기적 · 단기적 목표와 연관되어 있다고 본다. 그러나 한 가지 중요한 요소가 추가되었다. 바로 내재적 동기에 의한 활동이 외재적 동기에 의한 활동보다 더 재미있게 느껴진다는 것이다. 이전에 살펴본 것처럼, 더 흥미로울수록 하고자 하는 노력 역시 커진다(Hidi & Ainley, 2007; Ryan et al., 2000).

실생활에 적용하기는 간단하고 명확하다. 여러분의 단기적 · 외재적 자기변화 계획을 여러분이 처음에 그 목표를 선택한 진짜 이유—마음속 깊은 곳에 품고 있는 새롭고 최고인 자신의 모습—에 연결시켜야 한다는 것이다. 스스로에게 공부를 더 잘

하거나, 활기차거나, 덜 냉소적이거나, 더 자기주장적이거나, 혹은 …이기 위해 노력하는 더 큰 이유를 상기시켜 보라. 이 모든 목표는 더 크고 원대한 자신의 모습과 깊게 연관되어 있다. 현재의 계획이 목표로 하는 궁극적인 자신의 모습을 계속해서 그려 보라. 자기 자신을 장기적인 비전으로 강화하라. 이를 상상하라. 여러분이 일시적이고, 외재적이고 덜 흥미로운 사소한 것들에 의기소침해질 때마다 스스로에게 상기시켜 보라.

자기처벌 및 소거

학습목표

- 행동을 바꾸기 위해 소거에 의존할 수 있는가? 더 나은 방법은 무엇인가?
- 일반적으로 자기처벌이 불충분한 이유는 무엇인가?
  a. 긍정적인 사건을 잃는 것은 처벌로 충분한가? 아니면 어떤 부정적인 사건을 새롭게 추가해야 하는가?
  b. 사전처벌에 대해 설명하라. 이는 처벌이나 방해물로 적당한가?

소거

소거란 행동에서 강화를 제거함으로써 그 행동을 약화시키는 것이다. 소거는 실험실에서 간단히 사용될 수 있다. 실험동물은 더 이상 음식을 공급받지 못하면 막대기를 누르는 행동을 중단한다. 하지만 자기주도에서 소거는 매우 복잡하다. 강화물이 사라지면 원치 않는 행동이 급격하게 늘어날 수 있다. 또한 그 행동이 감소되더라도 다른 행동이 공백을 채우기 위해 발생할 수도 있고, 그 새로운 행동이 우리가 계획한 것이 아니라면 기존 행동만큼이나 바람직하지 않을 것일 가능성이 있다. 소거는 단독으로 사용될 때에는 효과적인 자기주도 전략이 되기 힘들다.

다음의 사례는 이를 잘 보여 준다. 어떤 학생은 수업의 결석 횟수를 줄이고 싶어 했다. 그는 저조한 출석으로 중간고사 성적에서 D를 받았다. A-B-C 분석은 그가 수업 대신 당구장에 가기 때문에 결석이 당구에 의해 강화되었음을 분명하게 보여 주었다. 이 강화물을 제거할 필요가 있었다. 그래서 그는 수업에 빠졌을 때에는 곧장 집으로 가기로 했다. 하지만 당구장 대신 집에서 음악을 들었기 때문에 이 계획은 결석률을 변화시키지 못했다. 여기서 올바른 절차는 아마도 출석을 했을 때 당구장에 갈 수 있도록, 즉 당구장을 출석에 수반하도록 만들어 수업 출석을 강화하는 것이다. **원치 않는 행동에서 강화를 없앨 때, 동시에 바람직한 대체행동에 대한 강화를 늘려야 한다.**

✿ 처벌만으로는 부족한 이유

처벌은 일반적으로 바람직하지 않은 방법이다. 혐오자극을 추가하거나(정적 처벌) 긍정적 사건을 제거하는(부적 처벌) 방법 모두 그렇다. 오로지 처벌에만 의존하는 계획은 대부분 실패한다. 예를 들어 흡연 위반에 대해 자기처벌적 진술과 사고를 사용한 사람들은 다른 종류의 전략을 사용한 사람들보다 흡연의 욕구에 저항하는 능력이 떨어졌다(Shiffman, 1984). 사실 자기처벌은 상황을 오히려 악화시킨다. 처음에는 약하게 처벌받았는데 이어 긍정적으로 강화를 받게 되면 처벌에 대한 저항력이 강해진다. 즉, 일반적으로 강화받는 행동에 잠깐 처벌을 주면 실제로 그 행동을 처벌하는 것이 아니라 처벌에 대한 저항력을 키워주는 것이다.

처벌이 바람직하지 않은 두 번째 이유는 처벌만으로는 새로운 행동을 가르치지 못하기 때문이다. 처벌은 행동을 억압하지만, 그 이후에 어떤 일이 발생할지는 대체행동에 따르는 강화에 의해 결정된다. 계획을 세울 때에는 반드시 문제행동에 대한 대안을 선택하고 이를 강화해야 한다. 그렇지 못한 계획은 미완성에 지나지 않는다.

우리 수업을 들은 학생 중 한 명은 학업과 3개의 시간제 일을 병행하여 해야 할 일이 무척 많았다. 학생의 첫 번째 계획은 목표행동을 하지 않을 경우에 자기가 삶에서 즐기고 있는 것 중 하나를 못 하게 하는 식으로 스스로를 처벌하는 것이었다. 그녀는 매주 금요일 오후에는 항상 2시간의 여유가 있었는데, 그때마다 친한 친구와 함께 해변에 갔다. 그녀는 과식에 대한 처벌로 이 즐거움을 포기하기로 했다. 우리는 그 아이디어에 강력하게 반대했다. 그녀의 삶에 필요한 것은 풍요로움이지 정적 강화물의 박탈이 아니었다. 우리는 다이어트를 보상하는 방법으로 사회 활동 추가, 필요하다면 충분한 공부 시간을 활용하여 다른 즐거운 활동을 할 것을 제안했다. 매주 한 번뿐인 친구와의 시간을 없애면 유일한 즐거움인 음식에 더 의지하게 될지도 모르는 일이었다. 게다가 그녀는 재미있는 일을 늘려 더 행복해질 필요가 있었다. 처벌은 그녀의 삶을 제한하고 다이어트의 성공 확률을 낮출 것이었다.

처벌을 계획에 포함시키지 않는 세 번째 이유는 그 계획을 수행할 확률이 낮아지기 때문이다. Worthington(1979)은 자기통제 수업에서 자기처벌을 해야 할 시점에 실제로 처벌을 가한 학생은 1/3뿐이었다는 사실을 발견했다.

원치 않는 행동이 문제라면 그 행동을 처벌하는 대신 양립할 수 없는 상반 행동을 정적으로 강화해야 한다. 손톱을 물어뜯는 행동을 처벌하는 대신 손톱을 손질하는 행동을 강화하라. 처벌을 사용하기 전에 그 대신 정적으로 강화할 수 있는 상반 행동을 찾아보라.

✿ 처벌로서 긍정적인 사건의 손실

처벌을 꼭 사용해야 한다면, 좋은 것을 포기하는 방식이 바람직하다. 이는 처벌로 혐오자극을 주는 것보다 나은 방법이다(Kazdin, 1973). 다음은 즐거움을 포기하는 처벌의 예이다. 한 여성은 공부를 충분히 하지 않으면 목욕을 하지 않도록 했다. 또 어떤 사람은 문제행동을 하면 좋아하는 음식을 먹지 않기로 정했다. 여러분이 토요일 밤에 영화를 자주 본다면, 목표행동을 수행하지 않은 경우 영화관 대신 집에 있는 것으로 스스로를 처벌할 수 있다. 많은 사람들은 재미있는 활동을 하기 전에 목표행동을 하기로 결정하는 방식을 활용한다. 한 학생은 다른 주(州)에 살고 있는 남자와 연애를 하고 있었는데, 그녀는 남자 친구에게 매일 받는 편지를 개봉하지 않은 채 친구에게 건네주고 자신이 목표행동을 수행한 경우에만 그 편지를 돌려받았다. 그녀가 목표행동에 실패하면 친구가 연애편지를 개봉하여 읽게 했다.

몇몇 학생들은 이런 계획으로 성공했지만, 더 나은 전략은 기존의 보상 대신 부가적인 보상을 잃도록 처벌과 정적 강화를 결합하는 것이다. 공부 시간을 늘리려고 한다면 오로지 목표를 달성했을 때에만 매주 영화 한 편을 더 보는 것이 효과적이다.

토큰 체계도 복합적인 프로그램에 사용 가능한 요소이다. Lutzker와 Lutzker(1974)는 남편이 중재자인 다이어트 프로그램을 소개했다. 참가 여성은 매주 0.2kg이상 감량하는 것에 대해 서너 가지 강화물을 얻을 수 있었는데, 계획 중 가장 효과적이었던 요소는 '집안일' 처벌이었다. 계획을 시작하기 전에 참가 여성과 남편은 집안일을 '그의 것'과 '그녀의 것'으로 나누었다. 그리고 남편이 전에 비해 더 많은 가사를 맡았다. 매주 참가자의 체중을 측정하여 그녀가 감량했거나 유지했다면 남편은 자신의 목록에 있는 가사를 계속했다. 체중이 늘어난 경우, 참가자는 자신의 가사뿐만 아니라 남편의 것도 해야 했다. 그녀는 체중 감량에 성공했다.

✿ 사전처벌

사전약속(precommitment)이란 장기적으로 가장 이득이 되는 행동을 택할 가능성을 높이기 위해서 사전에 미리 상황을 설정하는 것을 일컫는다. 따라서 **사전처벌**(precommitted punishment)은 어떤 원치 않는 행동을 했을 때 특정한 처벌이 일어나도록 미리 정해 놓는 것이다. 사전처벌은 원치 않는 행동이 매우 강력한 강화물이어서 그것에 대응할 만한 새로운 강화물이 없을 때 적절하다. 좋은 예는 **글상자 7-6**에서 확인할 수 있다.

조력자에게 벌금을 주기로 규칙을 정함으로써 사전통제를 마련하는 것도 한 가지 방법이다. 예를 들어, 영화를 보러 가기 전에 2시간 동안 공부하기로 계획한 후, 친구에게 10달러를 주고 그 친구에게 7시부터 9시까지 매 30분마다 자신에게 전화를 걸도록 시킨다. 전화를 받지 않으면 친구가 그 돈을 여러분이 가장 싫어하는 경쟁자에

글상자 7-6 과잉 정당화? 혹은 근거 없는 개념?

이미 잘하고 있고 즐기고 있는 행동에 추가적인 보상을 주면 동기가 줄어든다고 가정하는, 이른바 **과잉 정당화 효과**(overjustification effect)에 대해 상당수의 연구가 수행되었다(Condry, 1977 참조). 예컨대 독서를 즐기는 사람들을 보상하여 독서에 대해 '과잉 정당화'를 하게 만들면 책을 덜 읽고 싶은 마음을 갖게 한다는 것이다. '과잉 정당화'는 Kohn(1993)과 같은 반행동주의자의 슬로건이 되었는데, 그는『보상에 의한 처벌(*Punished by Reward*)』에서 학교와 기업에서 별표, 인센티브, 학점, 칭찬 및 '뇌물'의 형태로 주어지는 모든 보상과 강화를 맹렬하게 비난했다. 보상에 대한 이런저런 격렬한 공격들은 과학적인 근거가 없는데도 대중지에 실렸고, '보상이 동기와 수행을 감소시킨다'는 관점이 대중의 마음속에 사실로 자리 잡게 되었다.

이 위협에 힘을 받아 심리학자들은 기존 연구 증거를 재검토하고(Cameron, Banko, & Pierce, 2001) 더욱 세밀한 새 연구를 수행하여(Carton & Nowicki, 1998; Reitman, 1998) '과잉 정당화'에 대한 통념을 깨뜨렸다. 연구 결과는 분명했다. 보상에 따르는 동기의 감소는 과제를 시작하는 것에만 보상이 주어질 때 발생한다. 보상이 과제 완수나 수행 기준에 수반하여 이루어지면 동기는 감소되지 않는다. 오히려 수행은 향상된다.

이 결과가 자기강화에 대해 던지는 시사점은 우리의 주장과 완벽히 일치한다. 각 조형 단계를 위한 기준을 설정하라. 수반적으로 강화하라. 조형 및 강화가 필요한 행동에 있어서 자기강화는 강력하고 믿을 수 있는 방법이다.

게 주게 하는 것이다(Rachlin, 1974). 어떤 학생은 커피나 시리얼, 기타 음식들에 설탕을 추가하지 않기로 했다. 그래서 그녀는 아끼는 수제 커피잔 세트에서 컵 하나를 선택해 밑바닥에 테이프를 붙여 표시하고는, 만약 자신이 설탕을 조금이라도 넣으면 남편에게 그 컵을 깨뜨리도록 시켰다.

이 사전약속 전략은 벌칙을 아주 무겁게 만들어 벌칙을 받지 않도록 행동하게 만드는 것이 목표이다. 사전약속은 처벌이 아니라 방해물로 작용해야 한다. 사전약속은 스스로를 처벌해서는 안 된다는 우리의 생각과 일치한다. 사전약속에서는 정말로 그 행동을 하고 싶지 않을 만큼 불쾌한 벌칙을 사용해야 한다.

하지만 무거운 벌금은 그 자체로 문제가 있다. 돈을 많이 잃음으로써 새로운 걱정이 생기거나, 그 벌금을 가지고 있는 조력자가 위협적으로 느껴질 수 있다. 한 중년 남성은 담배를 끊기로 마음먹었다. 최근에 담배를 끊었던 그의 아내가 거의 모든 부분에 기꺼이 협조하고 싶어 했다. 남편은 선인장 등 다육식물의 열성적인 수집가였다. 수년간 그는 정원을 넓혀 왔고, 부엌 조리대를 다양한 식물로 장식했다. 사전약속은 그가 담배를 한 개비 피울 때마다 아내가 어린 선인장 하나를 죽이는 것이었다.

그가 7일 동안 전혀 담배를 피우지 않았다는 점에서 사전약속은 효과가 있었지만 위협은 견딜 수 없을 정도로 컸다. 그는 집과 정원을 배회하며 담배를 피우면 어떤 식물이 희생을 당할지 걱정했다. 화장실 변기에 처박힐까, 아니면 아내의 구두 굽 밑에서 으스러질까? 1주일 후 그는 약속을 취소했고 아내를 바라보는 마음도 다시 편해졌다.

자기처벌은 형태에 상관없이 방해물로 사용될 때에도 문제를 일으킬 수 있으므로 신중하게 접근해야 한다. 사전처벌은 임시적으로, 그리고 대체행동에 대한 긍정적 강화물이나 자연적 보상을 즉시 제공할 수 있을 때에만 사용해야 한다.

✿ 임시방편으로서의 처벌

처벌은 어떤 목표를 달성하기 위한 일시적이고 부분적인 전략으로 사용할 수 있다. 하지만 단지 임시적이고 부분적이라는 것을 명심하라. 정적 강화물과 연합시키지 않으면 처벌만으로는 아무런 의미가 없다.

자기주도의 초기 단계에서 권장되는 자기처벌의 형태는 문제행동의 부정적인 결과에 직면하게 하는 것이다. 예를 들어, 도둑질의 실제 결과, 즉 수감, 얼굴이 알려지는 것, 가족 및 친구와의 연락 두절을 상상하는 것은 도둑질을 효과적으로 제지할 수 있다(Gauthier & Pellerin, 1982). 사회적 위축으로 인한 오랜 외로움과 좌절에 대한 상상은 사회 기술을 익히려는 노력에 강력한 동기를 부여할 수 있다. 장기적 처벌을 상기시켜 주는 체계적인 계획은 목표로부터 멀어지는 것을 막아 준다. 암과 흡연에 대한 최근의 수치를 찾아보는 것도 방법이다. Youdin과 Hemmes(1978)는 다이어트하는 사람들에게 매일 60초간 거울에 비친 알몸을 바라보며 과식을 상상하라고 제안했다. Rosen(1981)이 보고한 체중 감량 프로그램에서는 참가자들이 과식 욕구가 생기면 가능한 한 최소의 옷만 걸친 채 거울에 비친 모습을 바라보며 음식을 먹기로 하여 감량에 성공했다. 그들은 보통 그 모습에 '역겨움'을 느끼고 수저를 내려놓았다. 사람들은 축 늘어진 항아리 같은 자신의 모습과 테니스 코트에서 굼뜨게 움직이는 자신을 상상했고, 이를 통해 디저트 접시를 밀어낼 수 있었다.

고대 불교의 사고 통제 체계 역시 결과를 고려함으로써 원치 않는 사고를 조절할 수 있다는 점을 강조했다.

> 불쾌한 생각들로 번뇌가 가득하다면 자기가 깨끗하고 깔끔하게 차려입은 젊은이라고 생각하라. 그리고 목을 감싸고 있는 뱀이나 개의 시체를 생각하라. 그게 어떨지 상상해 보라! 즉시 시체를 제거하라! (de Silva의 번역을 의역, 1985, p. 439)

문제행동의 부정적인 결과를 떠올리는 것은 처벌임과 동시에 해야 할 일에 대한 책임을 갖게 하고 그 책임을 유지시키게 만든다.

자기수정 계획의 강화

학습목표

- 행동의 선행통제와 관련하여 강화를 어떻게 사용하는가?
- 새로운 행동 개발과 어떻게 결합되는가?
- 상상 연습 또는 조형과 어떻게 결합되는가?
- 자기강화를 포함해야 하는 자기수정 계획에는 어떤 것들이 있는가?

이제 A-B-C 연쇄에서 어디에 강화를 주어야 할지 고려해야 한다. 선행사건, 행동, 결과가 모두 포함된 중재 계획 내에 강력한 강화를 집어넣어야 한다. 이 절을 읽으며 5단계(선행사건)와 6단계(새로운 행동 개발)에서 개발했던 예비 계획을 떠올려 보라.

이 계획에 수반성 강화를 추가함으로써 효과를 증대시킬 수 있다.

예컨대 자기강화 계획을 실천하다가 수행이 향상되면 새로운 자기진술로 자신을 강화한다. 자신에게 "나는 해냈다.", "나는 조절할 수 있어."라고 말하라. 자기주도적 강화에 대한 능력을 키우는 것은 행동 변화에 긍정적 영향을 준다.

✿ 강화와 선행통제

제5장에서 선행통제를 만들기 위한 몇 가지 방법들을 설명했다. 선행사건 회피하기, 선행사건 제한하기, 새로운 상황에서 원하는 행동을 수행함으로써 새로운 선행사건을 형성하기가 그것이다. 각각의 전략에 포함된 행동 변화 역시 강화되어야 한다.

예를 들어, 탐닉 행동을 줄이기 위한 첫 전략으로 오래된 선행사건의 회피가 추천된다. 즉, 아침에 커피 한 잔을 피하는 것으로 흡연 욕구를 줄일 수 있다. 적어도 얼마간은 파티를 피하는 것이 과식이나 흡연, 음주를 자제하는 데 도움이 된다. 하지만 이 전략은 기존의 강화물을 없애므로 전체 강화량의 급격한 감소를 가져온다. 그러므로 새로운 강화가 필요하다.

다이어트 중이라는 이유로 한 달간 저녁 식사 초대를 거절했던 사람은 파티가 있는 밤이면 아내와 함께 영화를 보러 가기로 계획했다. 마리화나를 끊고 싶었던 학생은 파티에 가지 않은 것을 친구와의 긴 전화통화로 강화했다. 사람이 많은 화장실을 선택함으로써 과도한 자위행위를 줄이려던 젊은 남성은 추리소설 책을 들고 다니며 새로운 화장실을 사용하는 동안에만 그 책을 읽었다. 각각의 계획들은 문제적 선행사건을 피하는 것에 수반되는 새로운 강화로 사라진 강화를 대체하는 전략을 사용했다.

새로운 선행사건이 있을 때 수행되는 행동에도 동일한 원리가 적용된다. 강화가 반드시 따라와야 한다는 것이다.

✿ 강화 및 새로운 행동 개발

새로운 낯선 행동에는 강화가 필요하다는 것이 기본적인 원칙인데, 상상 연습(imagined rehearsal)과 조형법(shaping)의 두 가지 개념으로 이 원칙을 설명할 수 있다.

상상 연습. 상상(내적) 연습은 실제 수행에 영향을 준다. 원하는 행동을 상상하여 연습할 때 상상 강화가 뒤따르게 해야 효과적이다(Kazdin, 1974a).

Cautela(1972, 1973)는 무더운 날 수영하는 것이나 감미로운 음악을 듣는 것 등 몇 가지 상상 강화물의 예시를 보여 준다. 여러분이 과식을 조절하려고 연습하는 사람이라고 가정해 보자. 낮에는 몇 번씩 "집에서 TV를 보며 앉아 있다가 '나는 파이 한 조각을 먹을 거야.'라고 혼잣말을 한다. 일어나서 음식이 있는 곳으로 간다. 그러고는 '이건 어리석은 짓이야. 나는 뚱돼지가 되고 싶지 않아.'라고 말한다."라고 상상 연습을 진행한다. 이 상상 장면에는 뒤이어 상상 강화(수영이나 음악 듣기)가 함께 따라와야 한다. 마음속으로 연습할 수 있는 또 다른 장면이 있다. "집에서 스테이크를 먹고 있다. 두 번째 조각을 막 먹으려다가 멈추고는 '누구 주지?'라고 혼잣말을 한다."(Cautela, 1972, p. 213) 그러고 나서 강화물을 상상한다.

상상 연습은 행동이 실제로 강화를 받기에는 아직 충분히 공고하지 않을 때 연습하는 방법이 될 수 있다. 여자에게 접근하는 경험이나 기술이 거의 없었던 한 청년은 다음과 같이 상상하고, 따뜻한 강에서 수영하는 모습을 상상하는 것으로 자기강화하는 법을 배웠다.

> 자신에게 "제인에게 전화해서 데이트 신청을 해야겠어."라고 말하라. 이 장면이 또렷해지면 재빨리 강화로 바꾼다. 강화가 생생해지면 2초간 기다린다. 그런 다음 전화기로 걸어가서 번호를 누르기 시작하는 모습을 상상한다(강화). 그녀가 전화를 받는다. 인사를 하고는 그녀에게 토요일 저녁에 한가한지 물어본다. 그녀와 데이트를 하고 싶다고 말한다…. 이제 모든 과정을 다시 반복한다. 이미지를 생생하게 만들라. 부엌을 바라보며 전화기를 상상한다. 이번에는 전화를 걸 때 자신감이 있고 편안한 모습을 상상한다(Cautela, 1973, p. 30).

비슷한 예가 Kazdin(1974a)에 의해 응용되었는데, 자기주장을 잘하고 싶은 사람을 위한 내용이다.

- 친구들과 레스토랑에서 음식을 먹고 있다고 상상하라. 스테이크를 주문하고 웨이터에게 덜 익힌 것을 원한다고 말한다. 음식이 도착하여 먹기 시작할 때 음식이 지나치게 익혀졌다는 걸 깨닫는다.
- 즉시 웨이터에게 신호를 보낸다고 상상하라. 그가 도착하면, "나는 덜 익힌 스테이크를 주문했는데 이건 미디엄이네요. 다시 가져가서 덜 익힌 것으로 가져다주세요."라고 말한다.
- 몇 분 후 웨이터가 다른 스테이크를 가져오며 매우 미안해하는 모습을 상상한다.

자기주장을 펼치는 장면을 상상할 때—정말 하고 싶지 않은 것을 누군가가 부탁할 때 싫다고 말하기, 부당한 대우를 받는 것에 대해 항의하기, 누군가 새치기를 할 때 이의를 제기하기, 덜 익힌 스테이크를 돌려보내기—정적 강화가 자연스럽게 생겨나도록 놔두라. 원하는 스테이크를 얻는다! 끈질긴 방문판매원에 대처하는 방법을 상상으로 연습하고 있다면, 못 팔고 가는 그 사람과 자신 있고 당당한 자신의 모습을 상상함으로써 대처 방법을 잘 따를 수 있다. 가능하면 '자연적인 결과(natural outcome)'를 강화물로 사용하라. 단호하고 독립적인 모습에 대한 상상은 목표의 다양한 단계를 강화할 수 있다는 이점을 지닌다.

조형법. 조형법 역시 새로운 행동에 대한 강화의 필요성을 보여 준다. 각 단계는 모두 강화를 받아야 한다.

조형 단계를 정의하는 것은 기준이나 척도가 된다. 예를 들어,

1단계: 하루 2,000kcal
2단계: 하루 1,800kcal
강화물: 매일 저녁 TV 1시간

1단계에서 그 단계에 대한 기준(2,000kcal)이 달성되었을 때 강화물을 얻는다. 2단계에서는 기준이 하루 1,800kcal이며, 오직 그것을 달성했을 때만 TV를 시청할 수 있다.

조형 단계는 여느 행동들과 다를 바가 없다. 자연적 결과가 강력하지 않다면 강화를 만들어 주어야 한다. 새를 두려워했던 린다(제6장)의 사례가 좋은 예이다. 새들과 가까워지는 단계를 밟으면서 처음에는 강화를 따로 사용하지 않았는데, 이는 린다가 자신이 두려움을 극복하고 있다는 자신감만으로도 충분히 강화를 받고 있었기 때문이다. 하지만 새들과 꽤 가까워지는 단계에서 그녀는 더 이상 나아지지 못했다. 이 시점에서 린다는 토큰 체계를 도입했다. 조형의 각 단계 성취 시 점수를 부여하였고, 이 점수를 하루가 끝날 무렵 추가 데이트나 가벼운 책을 읽는 등의 특권을 '구입'하는 데 썼다. 새에 다가갈 수 있는 힘을 얻기 위해 정적 강화의 양을 늘려 갔다. 린다의 경우, 두 가지 강화 방식을 사용했다. 하나는 정식 토큰 체계였다. 초반에는 남자 친구의 존재가 강화가 아니었다. 원래 그녀는 남자 친구와 같이 있었을 때 편안하다는 이유로 그를 계획에 포함시켰다. 그러나 남자 친구와 함께 걷는 것도 행동에 대한 강화의 가치를 가지게 되었다.

반칙. 자기수정에서는 목표행동을 수행하지 않고 강화물을 취하는 일이 빈번하다. 거의 모든 사람이 그렇다. 하지만 이때 스스로를 매우 주의 깊게 살펴야 하는데, 자주 반칙을 한다면, 예를 들어 기간 중 10% 이상, 조형에 문제가 있음을 시사한다. 그런 경우, 수행을 강화받기 위해서 조형 계획을 재설계해야 한다. 단계들이 아무리 사소해도 또는 시작점이 낮아도, 수반적인 강화를 제공하는 한 최종 목표를 향해 나아가고 있다고 볼 수 있다. 스스로를 속이고 있다면 계획을 포기하지 말고 다시 설계하라.

최종 목표가 1주일에 7달러씩 저금하는 것이었던 한 청년은 이전에는 저축을 거의 하지 않았는데도 매일 50센트씩 저축하는 것을 목표로 잡았다(그 돈을 돼지 저금통에 넣었다). 그는 돼지 저금통에 돈을 넣어야 저녁을 먹는다는 강화물을 사용했다. 3일 후, 그는 저금을 하지 못했지만 저녁을 먹었다. 이를 시작으로 2주 동안 저축을 더 안 했지만 저녁은 계속 먹었다. 그는 이런 반칙이 잘못된 조형 프로그램 때문이라는 것을 깨달았다. 그래서 하루에 25센트만 저축하는 새로운 계약을 작성했는데, 이는 보다 현실적인 수준에서 시작하여 강화물을 얻을 수 있게 만들기 위해서였다.

✿ 중재 계획에서 언제 자기강화를 포함시켜야 하는가?

지금까지 자기변화 계획에서 선행통제 및 새로운 행동의 개발을 위해 강화를 추가하는 방법들을 논의했다. 그렇다면 어느 시점에 자기강화를 넣어야 할까? 그리고 언제 제거해야 할까?

우리는 경험에 따라 다음의 원칙을 제안한다. 학습하는 동안에는 새로운 행동은 모두 즉각적으로 강화하는 것이다. 어떤 행동들은 수행만으로도 즉각적으로 자연스럽게 강화를 받으며 별도의 강화가 필요하지 않다. 예를 들어, 어떤 테니스 선수는 자기지시로 실력이 빠르게 향상되어 자연스럽게 강화를 받았다. 사회적 상호작용에서도 개선된 행동은 그 자체로 보상을 제공할 가능성이 크다. 그런 경우 행동을 수행할 때마다 매번 자기강화를 투입할 필요가 없다.

다이어트하는 사람, 운동 초보자, 두려워하는 사람, 부끄러워하는 사람, 혹은 학습 기술을 막 배우기 시작한 학업 부진 학생들에게 새로운 행동에 대한 자연적 강화는 먼 미래의 일이다(Green, 1982). 따라서 우리의 경험적인 법칙은 다음과 같다. 새로운 행동에는 반드시 어떤 강화가 따라야 한다. 강화가 항상 필요한 것은 아니지만, 필요한 강화물이 즉각적으로 제공되는 환경이 갖추어지기 전까지는 강화물을 지속적으로 사용해야 한다.

✿ 자기강화에 대한 반대

처음으로 '결과에 의한 통제'라는 개념을 접하게 되면, 아마 이상하게 생각할 것이다. 어떤 학생들은 이에 반대한다. 그들은 원하는 행동에 임의적으로 자기보상을 해야 한다는 것을 믿지 않는다. 행동의 가치 자체가 보상이 되어야 한다고 생각한다. 우리는 이에 동의한다. 원하는 행동을 성공적이고 자연스럽게 만들어 일상생활의 자연스러운 결과로 그 행동이 유지되게 만드는 것이 우리의 목표이다. 그 단계에 다다르면 기술이 내재화되어 자기강화(그리고 기타 모든 계획)가 필요 없게 될 것이다. 자기강화는 언어적 자기통제처럼 행동이 자동적으로 될 때까지만 사용되는 임시 전략이다. 하지만 행동이 그 자체로 보상이 되지 못할 때, 혼잣말하는 것처럼 여러분의 행동을 강화하는 전략은 유용한 임시방편으로 작용할 것이다.

우리 학생들 중 몇몇은 이 방법을 거부했다. 그들은 "설사 그 점을 인정할지라도, 이런 자기 뇌물 조건하에서는 결코 배울 수 없다. 그건 연기일 뿐 실제 행동이 아니다."라고 말한다. 하지만 뇌물이란 원하는 행동이 아니라 **부적절한** 행동을 강화하는 것이다. 게다가, 무엇이 진짜이고 무엇이 연기인가? 실제 경기에서 이길 정도로 테니스를 치는 시늉을 잘하면 '그건 단지 연기일 뿐'이기 때문에 부끄러운가? 기술은 실재하고 학습된다. 하지만 '자기 뇌물적' 행동이 그 자체로 지속되지 않는다는 뜻이라면, 제대로 지적한 것이다. 인위적인 강화물에 의해서만 새로운 행동에 동기를 부여하면, 피곤해질 때는 금세 중단할 것이다. 우리가 정말로 중요하게 생각하는 자기변화 프로젝트를 선택하라고 경고했던 것을 떠올려 보라. 변화된 행동이 자기존중감과 행복한 삶을 가져다준다면 이 보상 결과로 그 행동이 오랫동안 지속될 것이다. 자기강화는 강력한 원동력이 필요할 때에만 사용되어야 한다.

그리고 이것을 기억하라. 여러분은 해냈다. 계획, 자기강화, 변화된 행동, 이 모두를 해낸 것이다. 믿음을 갖고 자신감을 가져라. 하이파이브!

일반적인 주제를 위한 조언

✿ 불안과 스트레스

불안과 스트레스 반응을 줄이기 위해 결과를 사용하는 기본 전략 두 가지는 (1) 도피에 대해 강화 주지 않기, (2) 대처 반응에 대한 강화 추가하기이다.

사람들은 스트레스 상황을 회피함으로써 그 처벌을 끝내지만, 이러한 회피학습은 심각한 손해를 가져올 수 있다. 새롭고 성공적인 대처 기술을 학습할 수 없고, 새로운 삶의 기회가 박탈되는 것이다. 사회적 상황으로부터 벗어나거나, 경기에 참가하지 않거나, 학급 토론에 참여하지 않음으로써 스트레스를 회피하는 것은 불안을 감소시켜 준다는 점에서 '자기강화적'이다. 불행하게도 이러한 회피 역시 습관이 될 수 있다. 음주, 약물, 내지 음식을 통해 불안을 회피하는 것은 단기 이득과 함께 장기적으로 나쁜 결과를 초래한다. 이러한 회피 및 도피 전략은 어떻게 중단될 수 있을까?

지금까지의 내용에서 불안 및 스트레스의 선행사건을 조절하고 새로운 행동을 보다 유용하고 조직적으로 만드는 법을 배웠다. 이제는 이 새로운 행동을 강화하는 방법을 고려해 볼 때이다. 새로운 대처 기술에 강화를 제공하라. 그리하면 오래된 회피 및 도피에서 오는 보상을 덜 찾게 될 것이다.

두려운 상황을 대처하고 통제하거나 일상 스트레스를 줄이기 위한 모든 계획에는 강화가 포함되어야 한다. 강화 목록에서 선택한 강화가 따라오는 조형 스케줄을 사용하라. 특히 불안과 스트레스에 대처할 때에는 새로운 행동마다 자기격려, 칭찬과 같은 긍정적 진술, 자신에 대해 더욱 자신감이 넘치는 새로운 긍정적 이미지 등의 내적 강화가 수반되어야 한다. 이런 종류의 신속하고 개인적인 사고 및 이미지는 순간순간의 대처와 영화나 추리소설을 획득하는 장기적인 강화를 잇는 교량이 된다. 그리고 강화는 더욱 행복하고 풍요로운 삶이라는 장기적 보상에 이르는 연결고리가 될 수 있다.

✿ 자기주장

자기주장적이지 않은 사람들은 대부분 의견을 내놓으면 반드시 어떤 끔찍한 결과가 따라올 것이라는 비이성적인 예상을 한다. "내가 그렇게 하면 그는 더 이상 내 친구가 될 수 없을 거야." 그 대신 상상을 통한 정적 강화를 사용하고 바람직한 결과를 예상하라. 처음부터 차분히 공손하게 의견을 펼치면 실제로 결과는 긍정적일 가능성이 높다. 하지만 현실적이어야 한다. 의견을 이야기했을 때 누군가로부터 처벌을 받을 거라고 예상한다면(예를 들어, 스테이크를 다시 해 오길 거부하는 웨이터), 그 처벌의 효과를 최소화하는 단계들을 밟을 수 있다. 상상 속에서 편한 마음으로 행동의 긍정적인 결과에 집중하는 방식으로 자기주장을 연습하라(Shelton, 1979).

일단 성공할 것 같은 주장부터 시작하여 조형과 강화를 사용하라. 모험을 하면 행동의 결과로 죄책감이나 상처받은 기분을 느낄 수도 있다. 이 감정이 지속되면 습득한 기술을 유지하기 어려울 것이다. 사고 대체를 사용하거나 새로 학습한 자기주장의 긍정적인 결과에 집중함으로써 그러한 감정들을 지우려고 노력해야 한다.

학생들 중 일부는 다른 사람들이 그들을 지나치게 '공격적'이라고 처벌했기 때문에 자기주장을 향상시키는 목표를 포기했다. 특히 여학생들은 공격적이라는 비난에 자주 부딪히며(Leviton, 1979) 이러한 경우 행동을 상황에 맞추고 싶을 것이다. 자기주장과 건방짐 사이의 경계는 사람마다 다르며, 본인과 친구, 지인들이 무엇을 중요시하는지에 따라 달라질 수 있다.

우리는 A-B-C 분석을 사용하라고 조언한다. 지나치게 수동적이라고 느꼈던 A-B-C 요소에 대해 숙고하라. 그러고 나서 그 상황들을 원하는 방향으로 재구성하라. 실제 사회적 상황에서 결과가 어떻게 나타날 것인지 예상하고, 목표 수립에 반영하라. 선택한 목표가 어떠한 것이든 점진적으로 연습되는 행동을 이 장에서 제안된 방식으로 강화하라. 사람들의 반응이 각기 다를 것임을 예상하라. 사람들의 반응이 좋지 않았다면 다시 한 번 생각하라. 너무 지나치지 않았나? 혹은 그들이 바뀌어야 하는가?

✿ 우울과 낮은 자존감

원하는 행동의 빈도를 늘리기 위해 자기강화를 사용하라. 계획의 기본적인 형태는 다음과 같다.

1. 즐거운 활동을 자주 계획하라.
2. 그 활동을 수행한 것에 대해 자신을 강화하라. 자유롭게 생각하라. 행동에 수반적으로만 강화하되 달성 가능한 조형 단계부터 시작하라(Fuchs & Rehm, 1977). 목표는 여러분의 인생에서 즐거운 사건을 늘리는 것이지, 털어 내는 것이 아니다. 강화 계획을 지나치게 엄격하거나, 복잡하거나, 어렵게 만들지 말라(Kornblith, Rehm, O'Hara, & Lamparski, 1983). 스스로에게 보상을 주도록 하라!
3. 모욕적인 자기 언어를 현실적인 자기칭찬으로 교체하라. 원하는 행동이 나타날 때마다 언어적 자기강화를 사용하라.

즐거운 사건을 늘리는 효과적인 방법은 일어나고 있는 사건에 주목하는 것이다.

즐거운 사건을 매일 기록하는 것은 관심을 높이는 확실한 방법이다. 무지개 보기, 친구와 이야기하기, 이성으로부터 미소 받기, 훌륭한 올리브의 맛을 음미하기와 같은 것들이 포함될 수 있다.

분명히 우리는 다른 사람들로부터 필요한 수준보다 적게 강화를 받고 있다. 보상을 증가시키기 위해서는 좀 더 사교적으로 변신하거나 사회기술을 갖추는 것 같은 새로운 습관을 만들어야 할 것이다. 즉, 문제해결 및 사회 기술 구축이 전체 계획의 일부가 되어야 한다(Lewinsohn, Sullivan, & Grosscup, 1980).

성공이나 목표 달성과 같이 긍정적인 사건이 발생하면 이를 표현하라. 즐거운 기분의 효과는 그것을 이용하고, 다른 사람과 공유하고, 축하하고, 기록함으로써 확대된다. 이렇게 해서 즐거운 사건은 더 기억할 만한 의미 있는 경험이 되며, 기분 좋은 정도도 높아진다(Langston, 1994).

✿ 운동과 경기

새로운 운동 습관에 대한 강화는 그것들을 견고하게 만드는 데 도움을 줄 것이다. 파멜라는 강화를 현명하게 사용했다. 1분 수영할 때마다 1분씩 쉬는 것이다. 20분간 운동하면 20분은 태양 아래서 연애소설을 읽을 수 있었다. 여러분은 조형 단계 완수에 수반되는 즐거운 활동, 물질적인 강화물, 특히 자기칭찬이나 상상 같은 내적 강화 등 모든 형태의 강화물을 사용할 수 있다. Sato(1986)는 자기강화를 사용한 달리기 선수들이 완주 거리를 늘렸음을 증명했다. 달리기 선수들은 다음과 같은 자기진술을 사용했다.

- 나는 몸에 좋은 걸 하고 있는 중이다!
- 나는 달린 후에 더 행복하고 기민해진다.
- 땀이란 칼로리를 태우고 체력을 기르는 것을 의미한다!
- 내 애인은 내 좋은 기분을 환영할 것이다!

다음과 같은 처벌적 자기진술은 피해야 한다.

- 땀이 흥건하고 몸이 쑤신다.
- 남편은 내가 달리는 것에 대해 헐뜯을 것이다.
- 너무 튈 것이다.

옷과 같은 강화물은 에어로빅 수업의 출석을 개선시켰다. 집단이 집단 강화를 받기 위해 노력하는 상황이든 개별적으로 강화를 받든 간에 강화는 효과적이다(Kravitz & Furst, 1991). 강화는 특히 운동 초기 단계에서 통증과 피곤이 자동적인 처벌로 작용할 때 절대적으로 중요하다. 운동에 익숙한 사람들에게는 사실 통증과 피곤은 정적 강화물이다. 특히 이러한 피로감을 알아차리게 도와주고, 향상의 신호임을 알려줄 코치나 리더, 친구가 있을 때 강화로 작용할 가능성이 더욱 높다(Lees & Dygdon, 1988). 공식적 수업이든 친구들 사이의 비공식적 모임이든 집단 운동 프로그램의 참여는 상호적인 강화와 공동 목표 설정을 통해 동기를 증가시킬 수 있다.

수행을 면밀히 관찰하고 목표와 비교하는 것은 수행을 향상시킨다. 비디오테이프나 거울을 사용하면 더 효과적이다(Johnston-O'Connor & Kirschenbaum, 1986).

✿ 대인관계: 사회 불안과 사회적 기술

상상 연습과 강화는 특히 대화를 시작하고 데이트를 요청하는 법을 연습하는 초기 단계에 효과적이다. 호의적인 반응이나 상대방의 데이트 수락 같은 적절한 상상 강화를 사용하라. 일단 자신감과 기술을 얻으면 이성에게서 받는 강력한 자연강화로 행동이 유지될 것이다.

제대로 흘러가지 않는 관계에 있어서는 관계를 개선시키기 위해 필요한 것을 해냈을 때 스스로를 강화하고, 관련 있는 사람들을 강화하는 것을 잊지 말라. "이봐, 그건 정말 멋졌어. 우리는 이성을 잃지 않고 대화했어. 나는 너의 노력에 대해 진심으로 감사해."

대인관계 문제는 대부분 한 사람이 다른 사람을 처벌하기 시작하면서 시작된다. 보통 사람들은 처벌을 받으면 똑같이 대응하여 악순환이 형성된다. 그리고 이는 관계가 망가질 때까지 계속해서 더 큰 처벌로 이어진다. 이 악순환을 깨는 한 방법은 타인에게 관심을 보이거나 긍정적인 표현을 함으로써 상대방을 강화할 수 있다는 걸 깨닫는 것이다.

"원하는 행동을 어떻게 강화할 수 있지?"라고 자문해 보라. 다른 사람이 한 '좋은' 일들에 주의를 기울이고 이에 대해 상대방을 인정해 주는 것을 계획의 일부로 삼아야 한다. 그리고 나서 타인을 강화한 것에 대하여 스스로를 강화한다. 결혼 생활에 대한 조언을 담은 책에서 Knox(1971)는 다음과 같은 기록을 시도해 볼 것을 제안했다.

남편의 기록:

아내의 바람직한 행동	아내의 부정적인 행동	아내의 행동에 대한 남편의 반응

아내의 기록:

남편의 바람직한 행동	남편의 부정적인 행동	남편의 행동에 대한 아내의 반응

출처: *Marriage Happiness: A Behavioral Approach to Counseling* by D. Knox, 1971, Champaign, IL: Research Press. 저저의 허락하에 재인쇄함.

두 기록의 비교를 통해 자신이 배우자의 바람직한 행동을 강화하는 대신에 부정적인 행동을 처벌하고 있지는 않은지 살펴볼 수 있다. 또한 배우자의 행동이 여러분의 행동에 대한 선행사건이 되는지, 또 그 반대는 얼마나 되는지를 보여 준다. 이를 통해 배우자에게 어떤 변화를 요청해야 하며 스스로 어떻게 바뀌어야 하는지 알 수 있다.

함께 일하는 두 사람은 관계를 개선하기 위해 특정한 협의를 맺을 수 있다. 즉, 너는 이것을 포기하고 나는 저것을 포기한다, 너는 이걸 하고 나는 저걸 할 것이다. 가까운 타인의 변화는 자신의 변화를 위한 강력한 유인이 될 수 있기 때문에 이런 종류의 상호적 동의는 훌륭한 방법이다.

✿ 흡연, 음주, 약물

알코올 혹은 약물의 중단은 대개 놀랍고 즉각적인 강화를 가져온다. 예를 들어, 습관성 음주자나 마약 복용자들은 사회적 즐거움이 약물 덕분이라고 생각하지만, 이러한 즐거움(긴장 완화, 유희, 유머)은 사실 사회적 모임과 유쾌한 분위기의 결과이다. 약물이나 술이 없어도 이와 같은 즐거움을 얻을 수 있음에 주목하라.

다른 이점들 또한 즉각적이다. 예를 들어, 금연과 동시에 발생하는 세 가지 장점이 있다. 폐의 즉각적인 정화, 혈중 일산화탄소 감소, 급사의 위험 감소(Pechacek & Danaher, 1979). 스스로에게 이러한 즉각적 이점을 상기시켜라. 절제 초기의 기분 고양과 자신감은 주목해야 할 강화물이다. 이 감정에 집중하라. 그리고 그것을 자기강화로 사용하라.

절제에 가장 효과적인 방법은 인지 전략이다. 스스로에게 "나는 담배가 필요하지 않아."라고 말하라. 자신에게 절제의 책임을 상기시켜라. 이런 전략과 긍정적 자기 진술에 의한 자기강화는 금연 성공과 관련성이 매우 높다. "내가 담배를 끊음으로써 생길 좋은 점을 생각해 보자."와 같은 긍정적 진술을 이용하라.

물질 강화물을 등한시하지 말라. 절제로 인해 저축될 돈을 활용하라. 심각한 코카인과 알코올 중독에서 상품이나 현금을 강화로 사용하면 외래 치료만 받는 것보다 절제에 효과적이다(Higgins, Wong, Badger, Ogden, & Dantona, 2000; Petry, Martin, Cooney, & Kranzler, 2000).

가족, 친구 또는 배우자 등의 사회적 지지를 반드시 포함시켜야 한다. 담배를 끊기 위해서는 흡연에 대한 대체행동을 강화해야 할 뿐만 아니라 이해와 경청이 필요하다는 것을 파트너에게 이해시켜라(Coppotelli & Orleans, 1985). "높은 자기효능감과 가족, 친구, 동료, 배우자의 사회적 지지는 흡연의 상태와 상관없이, 결과에 가장 강력한 긍정적 영향을 지닌다"(Hill et al., 1994, p. 165). 금연에 대한 사회적 지지의 긍정적 효과는 수십 년에 걸쳐 꾸준히 입증되어 왔다(McMahon & Jason, 2000; Wagner, Burg, & Sirois, 2004).

✿ 학습과 시간 관리

학습 및 시간 계획에서 강화는 매우 중요하다. 성공적이지 못한 학생들이 예상하는 것보다 훨씬 더 중요하다. 사실, 시간 관리에 성공적인 학생은 이러한 책이나 수업 없이도 스스로 자기강화 기법을 사용한다(Heffernan & Richards, 1981; Perri & Richards, 1977). 학습에 대한 강화의 사용은 고등학교나 대학생활 초에 공부 습관이 형성되기 시작할 때 특히 중요하다(Green, 1982). 유능한 학생들이 그렇지 못한 학생들보다 우위에 있는 이유 중 하나는, 그들은 이미 자기 자신을 공부하도록 강화하고 있다는 점이다.

하지만 유능한 학생들이나 교수들에게도 학습과 작문이 쉽게 이루어지지 않는 '꽉 막힌' 주의분산의 시기가 있다. 노련한 중견 작가가 일시적으로 작업을 진행하지 못하는 '꽉 막힌' 시기에도 강화 프로그램이 효과적으로 생산성을 높일 수 있음이 입증되었다(Boice, 1982).

흔히 강화는 간단한 재배치로 얻어질 수 있다. 좋아하는 TV 프로그램이 공부를 해야 하는 시간에 방영된다면, 이 프로그램을 녹화한 다음 공부를 해야지만 볼 수 있도록 계획하는 것이다. 재미있는 작업(레저나 취미)을 공부처럼 보다 어려운 일을 강

글상자 7-7 피트의 변화 계획

지금까지의 내용: 피트는 기록을 작성하고, 건강한 선행사건을 배치하고, 건강하지 않은 선행사건은 피하고, 식습관과 운동습관을 바꾸었다. 그의 마지막 단계는 행동에 보상을 주는 것이었다.

"저는 주로 살을 빼는 데 열중했지만, 곧 당신이 옳았다는 것을 깨달았어요. 저는 제 행동에 보상을 주어야 했지요. 그래서 살을 빼기 위해 필요한 것을 하는 제 자신에게 상을 줄 계획을 마련했어요. 보상 계획은 주 단위로 만들었습니다. 예를 들어서 '저지방 음식만 먹는다. 정해진 양의 운동을 한다.'라는 규칙을 잘 지키면 처음에는 10달러, 나중에는 20달러를 저금해서 정원에 심을 새로운 화초를 사거나 제가 사랑해 마지않는 하와이안 셔츠를 샀죠. 만약 규칙을 어기면, 그 주에는 용돈은 없었어요."

"이 보상이 가장 유용했던 때는 제가 정직하게 기록하지 않는다는 사실을 발견했을 때였어요. 저는 일정량의 칼로리만 먹기로 정해 두었는데 매일 그 선을 넘고 있었죠. 그런데도 기록에는 나타나지 않았어요. 그럴 때마다 기록을 빼먹었기 때문이죠. '오늘은 400kcal 초과했네. 문제없어. 적지 말자.' 저는 계획을 어기고 있다는 걸 스스로 인정하지 않은 셈이었어요. 몇 주 동안이나 그렇게 했으니 말할 필요도 없이 살은 빠지지 않았어요. 그래서 마침내 진실과 대면하고 방법을 바꿔 제가 먹은 걸 정직하게 기록할 때에만 보상을 얻기로 했어요. 원하면 선을 넘을 수 있었지만, 기록해야 했지요. 그렇게 해서 솔직해졌고 더 잘 조절할 수 있었어요."

"저는 자기칭찬도 많이 사용하기 시작했습니다. '이봐, 케이크를 두 입밖에 먹지 않았다니, 멋진걸.', '운동을 하다니 훌륭해.', '그래. 이번에도 먹지 않았어.', '좋아, 그걸 적었구나.' 저는 종종 제 자신에게 지시를 했고 그 지시에 잘 따르면 칭찬을 했습니다. '그건 건강하지 않아. 먹지 마.'라고 말하고 그 말에 따르면 '잘했어.'라고 했지요. 제 자신을 건강한 식습관으로 안내하는 셈이었어요."

"저는 아내와 제 감량 계획에 대해서 자주 이야기를 나누고, 칭찬을 많이 들었어요. '피트, 정말 멋져. 당신은 저녁 내내 거기 있으면서도 케이크를 하나도 먹지 않았잖아."

"사전약속된 처벌은 효과적이었어요. 제 정원 가꾸기 모임은 한 달에 한 번 만나서 음식과 디저트를 풍성하게 차려요. 정말 유혹적이죠. 어느 날 저녁 저는 제 아내에게 이야기했어요. '거기에 날 유혹하는 음식들이 엄청 많을 거야. 만약 채소나 과일 말고 다른 걸 먹으면 당신에게 내 개인 돈에서 50달러를 빼서 줄게. 집에 가면 달라고 해.' 저는 제가 정직해야 하고 만약 규칙을 어겼을 때 실토하지 않으면 아무 소용이 없다는 것을 알았어요. 거기에 있었고, 유혹을 느꼈지만 고백해야 한다는 걸 깨닫고 모든 음식을 피했어요. 그건 효과적이었죠. 우리는 계속해서 그렇게 했어요. 그런데 6개월 후, 한 미팅에서 코코넛 케이크를 크게 한 입 먹고 말았죠. 빌어먹을! 그러나 그걸 인정하고 제 아내에게 고백했고, 그녀에게 50달러를 주었어요. 이런! 그 이후부터 이 방법을 여러 번 썼어요."

화하는 데 사용할 때에는 하나를 다른 하나에 직접적으로 연결하여 다른 하나를 강화할 수 있도록 하라. 시간 관리 계획을 세울 때, 어려운 활동 뒤에 즐거운 일을 넣고, 즐거운 활동으로 넘어 가기 전에 어려운 활동을 완수해야 한다는 규칙을 따른다.

위에서 기술된 방법으로 활동을 나열할 수 없을 때는 언제든 다른 강화물을 사용하되 영화, 사탕, 현금, 토큰과 같이 임의적인 것을 사용하라. 기본 계획은 반드시 (1) 고정 스케줄에 기초해야 하고, (2) 즐거운 활동을 충분히 포함해야 하며, (3) 스케줄을 따르는 것에 대한 강화를 제공해야 한다.

공부도 마찬가지로 약간의 사회적 지지를 마련해 놓을 때 개선될 가능성이 높다. 따라서 중재자를 둘 것을 고려해야 한다. 집단 기준과 피드백, 강화를 포함한 스터디 그룹을 만드는 것이 바람직하다. 목표와 향상 정도를 공개적으로 알리는 것도 권장한다(Hayes et al., 1985). 하지만 공개된 인터넷 사이트를 사용할 때는 주의해야 한다. 소셜 미디어상의 포스팅은 여러분의 행복을 빌어 주는 사람들에게만 공개하는 것이 바람직하다.

✿ 체중 감량과 과식

체중 감량에 대한 모든 행동 프로그램들은 수반성을 관리한다는 특징을 지닌다. 변화 계획에서 강화는 필수적인 요소이다. 음식을 지나치게 많이 먹게 하는 단서를 제공하는 상황을 피하기 위해 자기 자신을 강화하라. 섭취한 모든 음식의 기록, 충동에 대한 저항, 운동, 그래프 작성, 유혹 회피와 같이 자기통제에 필요한 모든 행동에 강화를 사용하라. 이 행동들을 강화하라. 체중 변화에 수반하여 강화를 주지 말라. 몸무게의 자연스러운 변동을 변화로 착각하기 쉽다. 올바른 섭식과 운동을 병행하면 체중 감량은 저절로 따라올 것이다.

음식물을 보상으로 사용해서는 안 된다. 장기적 자기통제를 가져다줄 자연강화를 가능한 한 자주 사용하라. 다이어트의 장점을 떠올려 보라. 기분이 좋고, 행복하고, 활기 넘치는가? 자신에게 수많은 보상을 상기시켜라. 체중 감량의 이점 중 하나는 우울감이 개선된다는 것이며(Wing, Marcus, Epstein, & Kupfer, 1983), 더 좋은 기분과 자신감은 다이어트 초기 단계에서부터 주목해야 하는 강력한 강화물이다. 다이어트 시에는 거울 속에 비친 몸을 살펴보고, 멋져진 모습을 감상하라(Owusu-Bempah & Howitt, 1983).

규칙을 어기려는 순간에는 자신에게 "그만!"이라고 말하고, 숨을 깊게 들이마시고, 마음을 가라앉히고, 즐거운 장면을 상상하는 것으로 자신을 강화하라.

소비 행동을 대체하기 위해서는 다른 형식의 강화가 계속 필요하다는 어려움이 있다. 대체행동을 강화하고 타인으로부터 강화를 받을 수 있게 계획하라. 성공적으로 체중을 감량한 사람들은 부모나 동료와 같이 여러 외부 자원으로부터 긍정적인 피드백을 받았다(Perri & Richards, 1977).

중요한 타인을 중재자로 사용하는 것이 계획에 도움이 된다는 근거가 있다. '강화물 분배를 위한 타인 활용' 절을 잘 읽고 어떻게 해서든 중재자를 만들라. 좋은 식습관을 키우기 위해 집단 강화를 사용하는 다이어트 집단에 가입하는 것은 즐겁고 강력한 동기가 될 수 있다(Jeffery, Gerber, Rosenthal, & Lindquist, 1983).

폭식이 문제라면 다음의 연구 결과에 귀를 기울여 보라. 식습관 장애는 자기 자신을 돌보지 않는 태도와 관련이 매우 높다(Lehman & Rodin, 1989). 이는 폭식을 하는 사람들이 어떤 의미에서는 자기 자신에게 충분한 애정을 쏟지 않는다는 것을 뜻한다. 그들은 자기보상과 이완, 자기칭찬을 충분히 하고 있지 않았다. 언어적으로나 물질적으로 비수반적인 자기강화가 풍부한 프로그램을 실행하는 것이 매우 중요하다. 그렇지 않으면 계속해서 폭식으로만 자기 자신을 거칠게 다룰 것이다.

요약

자기수정의 기본적인 공식은 원하는 행동 뒤에 강화가 따라오도록 배치하는 것이다.

즉각적인 수반성과 장기 지연 결과 간의 연결

자기관리 계획에는 다음의 세 가지 전략이 필요하다. 첫째, 상상과 상기를 통해 지연 목표 앞당기기, 둘째, 문제의 선행사건을 피하여 원치 않는 행동의 빈도 줄이기, 셋째, 새롭고 강력한 즉각적 강화를 사용하여 바람직한 대체행동 강화하기.

강화물 발견 및 선택

A-B-C 기록을 통해 원치 않는 행동을 유지시키는 데 기여하는 강화물을 찾아낼 수도 있다. 가장 간단한 계획은 동일한 강화물을 새로운 목표행동 뒤에 따라오도록 설계하는 것이다. 하지만 중독 행동에 대해서는 이러한 접근이 불가능한데, 그 행동 자체가 강화물을 소비하는 행위이기 때문이다. 따라서 절제를 강화하기 위해서는 다른 형태

의 보상이 사용되어야 한다.

❧ 강화물 분배를 위한 타인 활용

자기수정에서는 수반적인 강화를 집행하는 사람으로 중재자를 사용할 것을 권한다. 이러한 전략이 행동 변화에 매우 효과적이라는 증거는 압도적으로 많다. 중재자를 미리 정할 수 있는 모든 사례에 이 방법을 권하며, 특히 결과를 유지시키는 데 효과적이다. 중재자의 칭찬은 물질적 강화보다 더 강력하다. 하지만 중재자에게도 주의를 기울여야 한다. 그들의 협조 행동 역시 강화받아야 한다. 중재자나 다른 파트너와 강화물을 공유하는 것은 동기부여에 도움이 될 수 있지만, 파트너가 같은 목표를 공유한다는 것을 확인해야 한다.

❧ 자기집행 결과

자기보상이 강화물로 작용하는지, 아니면 단지 행동에 주의를 불러일으키는 것인지에 대한 논쟁이 분분하다. 다양한 증거가 제시되고 비판받으며 논쟁은 계속되고 있다. 그러나 거의 모든 심리학자들이 자기집행 결과가 행동에 영향을 끼친다는 것에는 동의한다.

❧ 자기강화 기법

수반적인 강화는 원하는 행동 뒤에 가급적 신속하게 따라와야 한다. 이러한 수반성은 보통 점수 체계나 토큰 강화의 형식으로 달성될 수 있다. 행동이 수행되자마자 점수를 주고, 나중에 실제적인 강화물과 교환하게 해준다.

상상 강화물도 역시 즉각적으로 사용할 수 있다. 이 방법에서는 행동이 나타난 후 바로 강화물을 상상한다. 자기수정 프로그램의 장기적인 최종 결과를 상상하는 것이 특히 유용하다.

원하는 행동에 뒤따르는 언어적 자기강화인 자신에 대한 칭찬은 모든 자기변화 프로그램에 포함되어야 할 효과적인 방법이다.

좋은 계획은 일상생활의 즐거운 사건의 총량을 늘린다.

❧ 자기처벌 및 소거

소거나 자기처벌은 그 어떤 새로운 행동도 가르쳐 주지 않는다. 자기처벌에만 의존하는 중재 계획은 대부분 성공하지 못한다. 어떤 상황에서는 자기처벌이 필요할 수도 있다. 예를 들어 정적 강화물을 사용할 수 없거나, 원치 않는 행동의 강화효과가 너무나 강력해서 그 행동을 하지 않기 위해 상반되는 결과가 필요할 때 그렇다. 소비 행동이 그 전형적인 예이다.

처벌을 사용하기로 결정했다면 다음의 규칙들에 따라야 한다.

1. 부정적인 것을 추가하는 대신 긍정적인 것을 제거하라(항상 긍정적인 것을 추가하여 행동을 늘리는 방법을 찾도록 노력하라).
2. 처벌이 더욱 긍정적인 강화로 연결될 경우에만 처벌을 사용하라.
3. 처벌과 정적 강화를 결합한 계획을 고안하라.
4. 방해 전략으로 사전약속된 처벌을 사용할 수 있지만, 바람직한 행동이 긍정적인 결과에 의해 지지받을 수 있을 때까지만 일시적으로 사용하라.

유일하게 권장되는 '처벌'은 문제행동의 부정적인 장기적 결과를 체계적으로 직면하게 돕는 것이다. 이는 책임을 유발하는 데 효과적이다.

자기수정 계획의 강화

선행사건을 통제하고(제5장) 새로운 행동을 개발하기(제6장) 위해서는 계획 속에 강화물을 통합해야 한다. 예를 들어, 강화는 상상 연습과 조형법에 더해질 수 있다. 기본적으로 자기수정 계획에서는 모든 새로운 행동 뒤에 강화가 반드시 따라야 한다. 자연적 환경이 강화를 주지 못하면 자신이나 중재자가 제공할 수 있는 강화를 미리 정해 놓는다.

스스로 해보는 자기주도 계획: 7단계

선행사건 통제와 새로운 행동 개발의 요소들을 담고 있는 현재 계획을 결과의 재배치에 대해 방금 배운 내용에 비추어 검토하라. 새로운 행동에 강화가 따라오도록 설계하라. 언어적 자기강화와 적어도 하나 이상의 다른 방법을 반드시 포함시켜라. 이것이 최종 계획이 될 것이다. 하지만 계획을 실행하기 전에 A, B, C 요소를 종합적인 계획 속에 통합시키는 것을 도와줄 다음 장을 읽어 보자.

제8장

성공적인 계획 짜기

"총보다 중요한 것은 자제력이다."

Henry Morton Stanley(1841~1904), 영국의 아프리카 탐험가

✿ 개요

A-B-C 요소들의 결합

좋은 계획의 요소

계획의 조정

변화 계획에 대한 평가

일반적인 주제를 위한 조언

요약

스스로 해보는 자기주도 계획: 8단계

지금까지는 각각의 기법과 원리를 별도로 다루었지만, 변화를 위한 효과적인 계획은 이 모든 기법과 원리를 통합해야 한다. 좋은 계획이란 제3, 5, 6, 7장에서 살펴본 선행사건, 행동, 결과(A-B-C)의 요소들과 기록을 결합시킨다. 이 장의 목표는 완전한 계획의 구상에 도움을 주고, 그 효과성을 평가하며, 문제점들을 살펴보는 것이다. 일련의 자세한 예시와 함께 시작해 보자.

A-B-C 요소들의 결합

학습목표

- 계획을 세울 때 기록과 A-B-C가 어떻게 통합되는지 설명하라.

- 고위험 상황에 대처하기 위한 두 단계 과정(two-step process)에 대하여 자세히 설명하라.
- 대안 개발이 어떻게 고위험 상황의 대처에 도움을 주는지 설명하라.
- 계획을 세울 때 두 단계 과정은 어떻게 적용될 수 있는가?

✿ 완전한 계획의 예

이 프로젝트는 A-B-C 요소가 효과적인 자기수정 계획에 어떻게 통합될 수 있는지 보여 준다.

험담 대장. 에드거의 문제는 친구들을 비하하는 것이었다. "기회만 있으면 나는 생각 없이 사람들을 헐뜯는다." 그는 자기변화 프로그램의 시작으로 1주일에 몇 번 험담을 하는지 몇 주 동안 기록했다. 그러고 나서 에드거는 변화 계획에 착수했고 친구들을 헐뜯는 것에 대한 관찰을 계속했다.

선행사건: "나는 장난으로 친구들을 헐뜯는다. 친구들과 어울릴 때, 다들 무언가에 대하여 농담을 던지는데, 나 역시 일종의 농담으로 험담을 한다. 나에겐 농담이지만 친구들은 좋아하지 않는다. 그러므로 조심할 필요가 있다. 나는 친구들에게 내가 험담을 하고 있으면 알려 달라고 부탁했다. 왜냐하면 때로 내가 그러고 있다는 걸 미처 모르기 때문이다."

행동: "조형법을 사용하여 매주 험담 횟수를 줄이려고 노력했다. 또 친구들이 난리법석을 떨며 장난을 치고 있을 때, 침착해지기 위해 긴장 이완을 연습했다. 그리고 대인관계에서 예의 바른 사람들을 본보기 삼아 모델링을 시도했다. 나는 매일 약 3분간 사람들에게 좋은 말을 건네는 자신을 상상했다. 또한 말하려 했던 것이 험담인지 자문할 수 있도록 말하기 전에 잠시 숨을 돌리려고 노력했다. 사람들을 비하하는 대신 칭찬하도록 애썼다."

에드거가 하고 있는 갖가지 방법에 주목하라. 긴장 이완, 숨 고르기, 모델링, 연습, 부정적인 언급을 긍정적인 말로 대체하기 등.

결과: "사람들을 비하하지 않는 것에 대한 첫 번째 보상은 친구와 정해진 시간 동안 통화하는 것이었다. 나는 헐뜯기 횟수에 따른 통화 시간을 정하기 위해 표를 만들었다.

험담 횟수	통화할 수 있는 시간(분)
20	10
17	15
15	30
10	45
5	무한대

"몇 주 후 험담과 통화 시간의 비율을 조정했다. 동일한 시간의 통화를 위해서 요구되는 험담의 수를 줄였다.

약 3개월 후 나는 기록을 중단했지만 상상 연습은 계속 수행하고 있다. 가끔 험담을 하지만 예전만큼은 아니다."(글상자 8-1 참조)

글상자 8-1 **전형적 사례: 공부의 달인**

공부는 따분하지만 중요하다. 성적과 미래의 직업, 대학원 입학 기회에 영향을 주기 때문이다. 여기에 공부에 대한 고민에 부딪힌 한 청년이 있다. 그의 이야기는 변화 계획에 A, B, C를 결합한 두 번째 사례이다.

폴은 이렇게 적었다. "내가 공부를 더 하고 싶은 이유가 있다. 우선 이번 학기에 전부 A학점을 받으면 뿌듯해지고, 신학교 입학 가능성이 높아질 것이다. 또한 나 자신을 수양할 수 있으며 자존감도 높아질 것이다."

3주 동안 폴은 얼마나 공부했는지 기록했다. 그런 다음 체계적인 자기수정 계획을 세웠다. "첫 주에는 기록 덕분에 꽤 많이 공부했다. 하지만 둘째, 셋째 주에는 평균 학습량이 감소했고, 평균적으로 주당 10시간도 채 공부하지 않았다. 나는 본격적으로 자기수정 계획을 시작했다."

"나는 자기계약을 작성했다. 몇 가지 변화시킬 것들을 구체화했다. 공부 스케줄을 만들고, 한번 자리에 앉았을 때 공부하는 시간을 점차 늘렸으며, 공부하는 장소를 정하고, 스스로 규칙을 정했으며, 공부에 대한 보상도 주었다. 문제점들이 나타나면 이에 대처하기 위해 계획을 수정했다."

폴은 계획에 선행사건, 목표행동, 결과를 첨가했다.

선행사건: 폴은 공부할 시간(예를 들어 화요일 저녁 6시 30분~8시 30분), 장소(본인 책상, 학교 도서관, 또는 공공 도서관)를 계획했다. 그리고 규칙을 정했다. "나는 정한 시간에 공부한다. 나는 휴식 전에 적어도 1시간은 공부한다." 모든 규칙들을 서면화한 후, 이 계약서를 기록 노트에 끼워 넣었다. 공부하기 직전에 매번 지침을 읽었다. "A

(다음 쪽에 계속)

글상자 8-1 (계속)

학점을 받을 수 있는 또 다른 기회가 찾아왔다. 나는 지금 공부해야만 한다. 앉아서 과제들을 훑고, 독서와 노트 필기에 집중한다. 주의가 산만해지기 시작하면 다른 과제를 펼친다. 1시간 동안 공부하면 스스로에게 보상을 준다."

행동: 폴은 공부하는 시간을 늘리기 위해 조형법을 사용했다. 먼저 하루 공부 시간이 1시간 30분, 그리고 2시간, 2시간 30분, 마지막으로 3시간 30분이 될 때까지 15분씩 늘려 갔다. 또한 그는 휴식 없이 1시간을 공부하는 것으로 시작하여 2시간 연속해서 공부할 때까지 계속해서 10분씩 늘렸다.

결과: 폴은 토큰 체계를 적용하여 1시간 공부할 때마다 토큰 1개를 가졌다. 각 토큰으로 30분간의 TV 시청이 가능했다. 토큰 7개면 그가 좋아하는 프로그램 3개를 충분히 볼 수 있었다. 10개의 토큰을 얻으면 토요일 하루 종일 공부에서 해방될 수 있는 보너스를 받았다. 나중에는 토큰 15개를 받아야 보너스를 얻을 수 있었다. 토요일은 쉬는 날이었다.

폴은 자기계약에 이 모든 요소들을 포함시켰고, 다음 세 가지의 예외 조항도 첨가했다. "4시 30분~6시 30분은 휴식을 취한다. 일요일은 교회 일에 전념한다. 주당 20시간 이상 공부하지 않는다." 그런 다음 폴은 계약에 서명하고 방에 붙였다.

문제점: 폴은 공부 습관을 바꾸는 과정에서 두 가지 문제점에 부딪혔다. "우선 공부시간이 정해져 있어도 공부하기 싫은 강한 충동을 느꼈다. 그리고 공부를 하는 동안 마음이 다른 곳에 가 있었다. '이건 의미 없어. 어찌 됐건 모든 과목에서 A학점을 얻진 못할 거야.'라고 생각하곤 했다. 이러한 생각들은 분명히 목표 달성을 방해할 것이므로 나는 대체적 사고를 사용하여 '너는 할 수 있어. 너는 가능성 있는 학생이고, 충분한 자제력을 가졌어.'라고 되뇌었다."

"두 번째 문제는 공부하는 동안 항상 배가 고파져서 무언가를 먹으면서 휴식을 취하곤 한다는 것이었다. 그래서 공부하기 직전에 간식을 먹기 시작했고, 일단 공부를 시작하면 더는 먹지 않겠다고 다짐했다."

학기 말이 다가오자 폴은 주당 20시간 공부 목표 달성에 근접했다. 하지만 특히 어려웠던 시험이 끝난 후 휴식이 필요하다고 느꼈고, 이틀 동안 공부하지 않았다. 그 후 원래의 스케줄로 되돌아가기는 매우 힘들었다. 하지만 이 무렵 학기가 거의 끝나가고 있었고, 폴은 엄청난 강화물을 받았다. 학점이 기적적으로 향상되었던 것이다.

"솔직히 어리벙벙했다. 정말로 모든 과목에서 A학점을 받은 것이다! 나는 2시간 내내 앉아서 공부할 수 있고, 꾸준히 공부해서 성적을 아주 많이 올렸다."

✿ 고위험 상황을 위한 두 단계 과정

우리는 제5장에서 바람직하지 않은 소비 행동, 즉 음주, 흡연, 과식 같은 것들이 두 단계 과정(two-stage process)으로 개선될 수 있다고 소개했다. 1단계: 유혹적인 선행사건 상황 피하기, 2단계: 문제 상황에서 새롭고 바람직한 행동 수행하기다.

1단계: 고위험 상황 회피. 1단계에서는 선행사건, 즉 고위험 상황을 피하라. 예를 들어, 흡연에 대한 강렬한 유혹에 시달릴 것 같은 파티에 가지 않거나, 고칼로리 음식을 눈앞에 두지 않는다. 계획 속에는 이러한 회피에 대한 강화와 이를 대체하는 다른 즐거운 활동이 포함되어야 한다. 일례로 일과 후 친구들과의 술모임에서 자주 과음을 한다는 걸 알고 있던 한 여성은 몇 주간 그 모임 활동에 나가지 않았고, 대신에 술을 적당히 마시는 남자 친구와 시간을 보냈다(Sobell & Sobell, 1995b).

2단계: 새로운 행동 형성. 영원히 피할 수 있는 상황은 거의 없다. 결국 파티에 다시 가고, 친구들을 만나고, 빵집에 가고, 담배를 피우지 않고 모닝커피를 즐기길 원할 수밖에 없다. 2단계에서는 유혹 상황에서 탐닉적이거나 중독적인 행동을 하지 않고 참을 수 있도록 새로운 행동들을 형성한다.

금연을 몇 차례 실패한 래리는 며칠간 담배를 끊었다가 다시 피우기 시작했던 상황을 분석했다. 동료들(그중 몇 명은 흡연자였다)과 커피타임을 갖거나 점심 식사를 함께하는 것이 원래의 행동으로 돌아가게 만들 가능성이 가장 큰 시간이었다. 거부할 수 없는 그 상황들에서 흡연은 정말 꿀맛 같았다. 그는 계획의 1단계에서 친구들에게 자신의 계획을 설명해 주고, 자신에게 성공적인 회피에 대한 강화를 주며, 이런 고위험 상황들을 2주간 회피했다. 주말에는 담배를 피우지 않는 아내와 시간을 보냈기 때문에 유혹이 없었다. 몇 주간 담배를 멀리한 후 그는 2단계에 진입했고, 점심 때 동료들과 함께 담배를 피우지 않는 것에 대하여 특별히 강화를 주었다. 1주일의 성공 후 그는 커피타임도 다시 시작했고, 커피타임 때 담배를 피우지 않는 것도 강화했다. 이제 래리의 과제는 유혹적인 선행사건을 계속 경계하고 그런 상황들 속에서 흡연하지 않는 것에 스스로 강화를 주는 것이다.

상상 연습은 이런 상황에 유용한 기법이다. 하루에 몇 번씩 래리는 유혹을 느끼는 상황에 대하여 자신의 흡연 욕구를 포함한 아주 세세한 부분까지 집중하며 구체적으로 상상했고, 자신이 굴복하지 않는 모습도 그려 보았다.

원치 않는 행동의 자극 통제를 제거하는 아이디어는 상식심리학(commonsense

psychology) 수준 이상의 내용이다. 사람들은 환경의 어느 지점에서 행동이 통제되고 있는지 살펴보지 않으려는 경향이 있다. 그런 상황들을 짚어 내고, 원치 않는 행동을 지배하는 상황적 선행사건들에 대한 통제력을 획득하는 법을 배워야 한다. 예를 들어, 우리는 음식이 눈에 보이거나, 어머니의 부엌에 있거나, 특정 패스트푸드점을 지나치는 것처럼 과식을 유도하는 상황적 선행사건에 의해 과식하는 것인지도 모른다.

✿ 대안 개발

고위험 상황에 대처하기 위한 서너 가지 다른 계획들을 개발하여, 하나가 효과적이지 못하더라도 좋지 않은 오래된 습관으로 되돌아가지 않게 준비해야 한다. Sobell과 Sobell(1995b)은 술을 자제하고 싶어 하는 리사의 사례를 보고했다. "술집에서 다트 게임을 하고 있으면 취할 때까지 마시기" 때문에 그녀는 걱정을 하고 있었다. Sobell의 지도 아래 리사는 고위험 상황에 대응하기 위한 대안을 만들었다.

리사의 1단계: 고위험 선행사건 회피하기. 규칙은 다음과 같다. "다트 게임을 하기 위해 술집에 가지 않는다." 리사는 이 1단계 전략을 몇 주간 행했다. 술은 훨씬 적게 마셨지만 그녀는 친구들과 다트 게임을 하고 싶었다.

리사의 2단계: 새로운 행동 개발. 대안 1: "다트 게임은 한다. 하지만 술은 마시지 않는다." 이 계획은 어색했지만 친구들을 볼 수 있고 다트 게임을 할 수 있다는 이점이 있었다. 대안 2: "취하지 않을 때까지만 마신다." 이는 그녀가 진정 원하던, 즐기되 맑은 정신을 유지하는 것과 정확히 일치했다. 하지만 그녀가 자기통제 연습으로 이 단계에 도달할 수 있을까?

리사는 대안 2를 시도하기로 했지만, 필요하다면 대안 1이나 1단계로 돌아갈 수 있게 준비했다.

대안 2를 성공적으로 행할 수 있도록 리사는 적당한 음주를 위한 여덟 가지 규칙을 만들었다. 이 규칙들은 고위험 상황 속에서의 새로운 행동 구축과 관련된 것이었다.

1. 술집에서 언제 나올지 미리 정하고 그 시간이 되면 나온다. 그러면 더 마시고 싶은 유혹에서 벗어날 수 있을 것이다.

2. 번갈아 마신다. 주스나 소다와 같은 무알코올 음료를 마시고 나서 술을 마신다.
3. 들이켜지 말고 한 모금씩 마시고, 시간당 한 잔 이내로 마신다.
4. 하룻밤에 석 잔 이상 마시지 않는다.
5. 술을 줄이려고 노력 중이라는 것을 친한 친구들에게 알린다.
6. 내 앞에 음료를 항상 두어 친구들이 술을 사게 만들지 않는다.
7. 잔을 비우기 전에 누군가가 더 채우게 하지 않는다. 그러면 내가 얼마나 마시는지 알 수 있을 것이다.
8. 상황을 감당할 수 없으면 빠져나온다(Sobell & Sobell, 1995b).

여러분도 비슷한 계획을 세우고 고위험 상황에 대처할 대안을 만들라. 1단계는 상황을 회피하는 것이지만, 이후의 대안은 그 상황에 개입하여 그 속에서 새로운 행동을 연습하는 것이어야 한다.

✿ 두 단계 과정의 응용 사례

두 단계 과정은 소비 행동 이외의 상황에도 적합하다. 많은 계획들이 1단계 회피로 효과를 볼 수 있다.

레슬리와 헬렌은 함께 일했는데, 그들의 관계는 지난 몇 년간 눈에 띄게 악화되었다. 업무로 서로 얼굴을 마주보는 것이 극도로 불쾌할 정도였다. 대화는 분노와 상처로 끝이 났다. 그들은 매일 같은 공간에서 사무를 봐야 했기 때문에 서로를 피하는 해결책을 쓰기는 불가능했다. 레슬리는 두 단계 개입 프로그램을 시도해 보기로 마음먹었다.

1단계. 레슬리는 냉각기를 가져 꼭 필요할 때를 제외하고는 헬렌과 대화하지 않았다. 말을 할 때면 업무 관련 화제로 제한했고, 중립적이거나 밝게 이야기하려고 노력했다. 이는 꽤 효과적이었다. 몇 주 후 그들은 이따금씩 짧지만 차분하게 대화할 수 있게 되었다. 중요한 것은 겉으로 봐서는 분노가 사라진 것 같다는 점이었다.

레슬리의 프로그램의 첫 단계는 충분히 긴 시간 동안 통제적 선행사건(이 경우, 상대방과 이야기하기)을 피하고 바람직한 대체 반응을 익힌 예를 보여 준다.

2단계. 새롭고 바람직한 행동의 개발은 매우 중요하다. 이 두 여성의 경우, 새로운 행동이 개발되지 않았더라면 냉각기는 실패로 끝났을 것이다. 결국 그들은 일에 관한 대화를 피할 수 없었을 것이고, 기존의 분노 행동으로 역행했을 것이다. 그러고 나서 레슬리는 두 번째 단계에 세 가지 요소를 덧붙였다. (1) 헬렌의 거슬리는 말에 반응하지 않았다. 헬렌이 "네가 잘하고 있는 건지 의심스러워."라고 말하면 레슬리는 대꾸하지는 않았다. (2) 헬렌의 긍정적 언급을 강화했다. 헬렌이 "그 일은 잘 진행된 것 같아."라고 말하면 레슬리는 "정말 고마워. 넌 정말 친절해."라고 했다. (3) 그녀는 헬렌의 업무 수행에 대해 칭찬했고 비판을 삼갔다. 그녀는 이 단계를 몇 달간 계속했고 보다 중립적인 새로운 관계를 만들 수 있었다.

❦ 좋은 계획의 요소

학습목표

- 좋은 계획의 여섯 가지 특징은 무엇인가?
- 목표 및 하위 목표가 어떻게 사용되는지 설명하라.
- 자기수정에서 규칙은 어떻게 사용되는가? 자기수정에 사용되는 규칙은 어떤 것들인가?
- 연습의 역할은 무엇인가? 연습하기 위해 무엇을 확신해야 하는가?
- 피드백을 모으는 것이 중요한 이유는 무엇인가?
- 피드백이 목표와 하위 목표와 어떻게 비교되는가?

목표를 이루기 위한 최상의 계획 같은 건 없다. 한 가지 목표에 대하여 여러 가지 계획이 가능하고, 어느 것이든 성공적일 수 있다. 하지만 성공적인 계획에는 모두 공통점이 있다.

✿ 좋은 계획에 대한 개관

성공적인 계획은 다음과 같은 특징을 가진다.

1. 목표와 하위 목표
2. 변화를 위해 특정 상황에서 사용할 행동 및 기법을 설명하는 규칙
3. 연습
4. 자기관찰에서 비롯된, 행동에 대한 피드백
5. 경과를 평가하기 위해 피드백을 하위 목표 및 목표와 비교하기
6. 상황 변화에 따른 계획 조정

목표 및 하위 목표. 목표와 하위 목표를 분명하게 설정하는 것은 성공적인 계획에 필수적이다. 소설 집필은 영감이나 뜻밖의 생각에 의한 것으로 보일지도 모르지만 실제로는 전혀 그렇지 않다. Anthony Trollope, Arnold Bennett, Ernest Hemingway, Irving Wallace 등의 다양한 작가들은 모두 매일 그날의 결과물을 일일 목표와 비교했다(Wallace & Pear, 1977). Jack London은 동네 술집에 가기 전 하루 1,000단어의 작문을 하는 것을 원칙으로 만들었다(Bandura, 1981).

하위 목표는 여러분이 정확히 무엇을 해야 하는지 구체적으로 명시해야 한다. 각 하위 목표는 수행 정도와 비교하여 목표를 달성했는지 여부를 알 수 있도록 자세하게 기술되어야 한다. 하위 목표가 분명하면 성과를 평가하기가 훨씬 수월해진다. "오늘 살을 빼고 싶다."라는 목표는 애매모호하다. 무엇을 해야 할지 알려 주지 않기 때문이다. 그러나 "나는 오늘 적어도 10,000보 걷겠어."라는 목표는 명확하다. 만보기만 차면 된다.

각각의 하위 목표는 아래 학생의 면접기술 향상 계획에서처럼, 규칙을 포함하고 있다. 그의 장기 목표는 면접 시 긴장하지 않는 것이다. 이는 일련의 하위 목표를 세심하게 기술하고 한 번에 하나씩 달성함으로써 가능해진다.

하위 목표 1: "근육 긴장 완화 단계들을 전부 거치지 않아도 긴장을 풀 수 있을 때까지 매일 이완 연습을 하겠다(우선 하루 20분씩 하겠다)."

이 하위 목표를 달성한 후 새로운 목표로 대체했다.

하위 목표 2: "긴장 평가 수준이 '약함'에 이를 때까지 매일 적어도 10분간 면접에 대한 상상 연습을 하겠다."

하나의 단계가 달성되면 다음 단계가 새로운 규칙과 새로운 하위 목표와 함께 시작된다. 각 단계의 목표는 다음 단계에 돌입하기 위해 요구되는 수행 수준이다.

규칙. 규칙은 여러분이 목표와 하위 목표를 실행하는 방식이다. 규칙은 여러분의 행동을 지도한다. 규칙은 특정한 상황에서 변화를 위해 사용할 생각, 행동, 기법에 대한 진술이다(Hayes, 1989 참조). 특정 목표에 도달하지 못하고 있다면 그 행동이 습관이 될 때까지 분명하고 뚜렷한 규칙을 세워야 한다. 원하는 행동이 일어날 가능성을 높이는 것, 그것이 바로 규칙이 필요한 이유이다(Malott, 1989).

다음은 사람들이 자기변화 계획에 포함했던 규칙의 예이다.

- 매일 밤 7시에서 9시 사이에 20분간 긴장 이완 연습을 하겠다.
- 한 끼 분량에 2g 이상의 지방이 포함된 음식은 먹지 않겠다.

- 월 · 수 · 금요일에는 TV를 보는 동안 20분간 운동을 하겠다.
- 다른 사람이 어떻게 하든 시간당 한 잔 이상의 술을 마시지 않겠다.
- 매일 적어도 한 명의 여성과 최소 3분간 이야기를 나누겠다.
- 1주일에 최소 세 번은 도서관에 가서 공부하겠다.

계획은 일반적으로 하나 이상의 규칙을 포함한다. 예를 들면 다음과 같다.

1. 나는 매일 미술사 시간에 적어도 한 번 의견을 낼 것이다.
2. 매일 저녁 적어도 15분 동안 미술사나 영어를 공부할 것이다.
3. 이것들을 모두 기록하겠다.
4. 이 두 가지 규칙을 따랐을 때에만 주말에 파티에 가겠다.

규칙은 장기간에 걸쳐, 또는 한 시간과 장소에 특정적으로도 적용 가능하다. 영속적 규칙은 "멕시코 식당에서는 살사소스에 찍은 칩 6개 이상 아무것도 먹지 않는다." 같은 것이다. 특정적 규칙은 특정한 상황에 대한 것이다. "기말고사 전에는 술을 마시러 나가지 않을 것이다."

여기 규칙 설정에 대한 원칙이 있다.

1. 불가능한 규칙을 세우지 않는다. "이제 영원히 디저트는 먹지 말자." 같은 규칙을 지킬 수 있는 사람은 없다. 지킬 수 없는 규칙을 만드는 것은 규칙을 지키려는 노력을 없애 버리는 것과 같다. 처음에는 무엇이 가능하고 그렇지 않은지 잘 모를 것이다. 그러나 경험이 쌓이면 무엇이 가능하고 그렇지 않은지 알게 되고, 필요에 따라 규칙을 수정할 수 있게 된다. 규칙이 너무 지나치게 엄격하면 분명 실패할 것이다. 너무 느슨하면 언제든지 다시 조이면 된다.
2. 규칙은 일반적이지 않고 구체적이어야 한다. "모든 사람에게 친절하자."는 너무 일반적이다. "말할 때 욕하지 말자."는 분명하다.
3. 문제상황과 관련된 규칙을 세운다. 유혹에 부딪혔을 때는 도움이 절실할 때이다. 스트레스를 받을 때는 욕을 하지 않게 하는 지침이 필요하지만 편안할 때는 덜 그렇다.
4. 각각의 규칙은 선택의 여지를 남겨서는 안 된다(Beck, 2007). 이 원칙은 절대적으로 지켜져야 한다. 이렇게 해야 행동을 조절하는 연습이 가능해진다. '딱 이번 한 번만' 같은 규칙은 금물이다. 만들기는 쉽지만 '이번 한 번만' 어기기 쉽다. 한 번 어기면 앞으로도 다시, 그리고 또 어길 확률이 높아진다. 결국 규칙은 쓸모가 없게 되고, 자제력을 잃게 된다.

규칙을 어기게 되면, 지킬 수 있는 규칙으로 바꾸도록 한다. "60분 동안 수학 공부를 한다."라는 규칙을 세우고 지키지 못했다면, 지킬 수 있는 것으로 변경하라. 나중에 다시 요구치를 조금씩 올리면 된다.

5. 규칙을 지키는 연습을 하도록 준비하라. 처음에는 규칙을 세우고 잘 지키지 못할 것이다. 그러나 요구치를 낮추고 지키려는 연습을 하면 행동을 조절하는 능력이 향상될 것이다. 다이어트를 하는 어떤 사람은 이렇게 말했다. "제가 처음 간식을 줄이려고 했을 때 '간식은 하루 100kcal만'이라는 목표를 세웠어요. 그러니 항상 초과할 수밖에 없었죠. 실망과 죄책감만 늘더군요. 그런데 계속해서 연습하니 결국 지킬 수 있게 되었어요."

연습. 바람직한 새 행동은 특히 기존의 바람직하지 않은 습관을 대체하려고 할 때 계속 반복해서 연습해야 한다. 연습이 많이 필요할 것으로 생각되는 악기를 배우고 있다면 연습해야 한다. 더 많이 연습할수록 더 많이 배운다. 만약 상황이 여의치 않아 실제로 연습하기가 힘들다면, 상상으로 연습하라. 실수는 당연히 일어날 것임을 기억하라. 그때 포기하지 말고, 실제로든 상상으로든 계속해서 연습하라.

무엇을 연습해야 할까? 이미 할 수 있는 쉬운 부분은 연습할 필요가 없다. 이미 할 줄 아는 것이기 때문이다. 여러분에게 어렵게 느껴지는 부분—향상이 필요한 부분, 실수하기 쉬운 부분—을 연습해야 한다. 쉬운 부분을 연습하면 마음은 편하고, 때로는 안심도 필요하다. 하지만 쉬운 부분만 연습한다면 어떻게 실력이 늘겠는가?

잘할 수 있는 부분은 연습할 필요가 없다. 시험공부를 하는 학생은 교과서에서 완벽하게 이해되는 부분 말고 어려운 내용에 집중해야 한다. 자기주장을 못 하는 여성은 긴장 없이 편안한 상황이 아니라 자기주장을 하지 못하는 상황에 초점을 두어야 한다.

기술이 필요한 특정한 상황에 초점을 맞춰 연습하는 것이 좋다. 자기주장을 펼치기 어려운 상황을 순서대로 적어 보고 도전적인 것들을 골라 연습하라. 쉬운 상황에서 이완훈련을 하고 있다면, 조금 더 도전적인 상황에서 시도해 보라.

피드백. 효과적인 계획에는 경과에 대한 정보를 수집하는 체계가 있어야 한다. 테니스의 서브를 배우고 있다면 공을 치고 눈을 감지 않는다. 속도와 회전, 그리고 코트 안에 잘 착지하는지 살펴보려 공의 경로를 좇는다. 성공 기준은 코트 안으로 공을 치는 것이다. 공이 코트 밖으로 나갔다는 피드백을 받으면 행동을 고치기 위한 다른 방법을 수행할 수 있다. 피드백이 없으면 수행이 개선되지 않을 것이다. 그리고 개선되더라도, 알아차리지 못할 것이다.

모든 목표 지향적 행동은 이와 같은 인공두뇌학 원리에 의해 지배된다. 수행에 관한 정보(피드백) 없이는 목표가 훌륭한 학생이든, 좋은 연인이든, 능력 있는 테니스 선수든 간에 자신을 고치지 못한다. 이런 이유로 반드시 데이터 수집 체계를 계획에 포함시켜야 한다. 물론 여러분은 제3장에 설명된 것처럼 기저선을 구하기 위해 이미 정보를 모았다. 하지만 자기수정(self-correction)이 가능하기 위해서는 계획을 진행되는 동안 계속해서 자기기록을 유지해야 한다.

피드백을 목표 및 하위 목표와 비교. 계획의 다음 단계는 피드백을 하위 목표와 비교하는 것이다. 여러분은 잘하고 있는가? 대답은 "굉장히!"일 수도 있다. 여러분은 충분히 공부하고 있고, 새로운 친구들을 잘 사귀고 있고, 운동을 더 많이 하고 있을 것이다.

하지만 때때로 상황이 만족스럽지 않으며, 이상적인 기준에 다가가지 못했을 수도 있다. 이러한 경우 계획을 수정하면 향상이 가능해지기도 한다. 계획을 대폭 수정하는 것이든, 일부 수정하는 것이든, 자기관찰을 기록하여 목표와 비교하지 않는다면 이런 수정이 적합한지 확신하지 못할 것이다.

피드백을 목표 및 하위 목표와 비교하는 과정은 짧고 세심한 평가를 필요로 한다. 예를 들어, 이 책을 사용하여 체중 감량에 성공한 한 여성은 매주 30분을 자신과의 약속 시간으로 정하여 몸무게를 재고, 식단과 운동 기록을 검토하고, 필요한 부분을 수정하고, 보상을 모으고, 성공에 대해 스스로를 칭찬하고, 자기지시를 설정하고, 주간 요약 일지를 작성했다. 이렇게 계획을 점검하는 것은 계속해서 성공적인 조절을 가능하게 한다.

그리고 물론 새로운 상황이 발생하면 이에 맞게 계획을 조정하고 변경해야 한다.

계획의 조정

학습목표

- 계획에 조정이 필요할 때는 언제인가?
- 자기변화를 어떻게 실천할지에 대한 아이디어를 생각해 내기 위해 브레인스토밍을 어떻게 활용할 수 있는가?
- 실수로부터 배운다는 말에 대해 설명하라.
- 실수를 다루는 기술에 대해 설명하라. 이러한 기술을 배우기 위한 단계에는 어떤

것들이 있는가?

- 만약 ··· 그렇다면 계획은 무엇인가? 언제 사용해야 하는가?
- 여러분의 프로젝트에 사용할 주요 기술은 무엇인가?

여러분은 매주 계획을 조금씩 조정해야 해야 할 것임을 예상해야 한다. 새로운 목표는 새로운 전략을 필요로 한다. 때때로 계획을 진행시켜 나가며 새로운 것들을 배우게 되고, 목표 달성을 위해 계획의 초점을 조금씩 변경해야 한다. 다음은 우리 수업의 한 학생의 보고이다.

> 객관식 시험 점수는 그럭저럭 괜찮아지고 있었지만 보고서는 엉망이었다. 작문법 강의에서 선생님은 서투른 작가는 문법이나 구두법 같은 것들에 지나치게 신경 쓰고 "내 생각을 잘 전달하고 있는가?" 내지 "더 많은 정보를 포함시켜야 하는가?", "전체 표현을 어떻게 향상시킬 수 있을까?"와 같은 물음은 던지지 않는다고 하셨다. 그래서 나는 노력의 초점을 바꿨다. 이런 질문을 하기 시작했고 문법과 철자 수정은 뒤로 미루었다. 이 방식은 효과적이었고 학점도 올라갔다.

덧붙이자면, 이런 변화가 서투른 작가에게 특히 유용하다는 사실을 보여 준 기존 연구(Watkins, 1991) 덕분에 이 방법이 효과적이었다는 것도 놀랍지 않았다.

부단한 노력으로 성공적으로 작가가 된 한 대학원생은 자신의 목표를 달성하기 위해 해야만 했던 많은 계획 조정에 대해 이야기해 주었다. 그녀는 책을 쓰겠다는 막연한 의도로 시작했으나 목표 달성을 위해 세부적 조정을 여러 번 하게 되었다. 문제가 생길 때마다 그녀가 어떻게 대처했는지 주목하라.

> 나는 1주일에 4시간씩 글을 쓰려고 했으나 그것마저 힘들어서 3주차에는 목표치에 훨씬 못 미쳤다. 나는 "네가 이것도 못 한다면 작가는 꿈도 꾸지 마!"라고 스스로를 질책하며 전력을 다해 그 주가 끝날 때쯤에는 목표치를 달성했다. 이 일을 계기로 나는 내가 진짜로 할 수 있다는 생각을 하게 되었다. 나는 내 자신에게 취미에 쓸 수 있는 돈과 시간을 보상으로 주었다. 어떤 주에는 목표를 채우지는 못했지만 거의 근접했다. 그래서 시간만 허락하고 돈은 쓰지 않았다. 1주일에 4시간씩 한 달이 지나자 목표 시간을 30분 더 늘렸다. 1주일에 7시간까지 목표치가 늘어나자 간신히 달성할 수 있을 정도가 되어 이후 몇 주 동안에는 목표를 더 늘리지 않고 따라잡을 시간을 갖기로 했다. 한편 글 쓰는 시간도 정하기 시작했다. 나는 수업조교였기 때문에 연구실에

서는 방해받지 않는 충분한 시간을 확보하기 힘들다는 것을 깨닫고, 집에 특별한 공간을 마련해 정해진 시간에 글을 쓸 때만 사용했다. 그곳에서는 공부, 수다, 공상 등 다른 어떤 것도 하지 않고 오로지 글쓰기만 함으로써 더 잘 집중할 수 있었다. 나는 글쓰기를 스스로 방해하면서 많은 시간을 낭비하고 있다는 것을 발견하고, 글을 쓸 때는 전화를 받지 않았고 문자도 보내지 않았다. 나는 "중요한 일이면 나중에 하면 되고, 중요하지 않으면 계속 여기에 집중하자."라고 다짐했다. 내가 시간을 어떻게 보내는지 감추지 않기 위해 글쓰는 시간을 엄격하게 재서 기록했다. '9시 20분'이라고 시작 시간을 쓰고 만약 커피를 타러 10분간 중단했으면 '-10분'이라고 적는 식이었다. 그리고 매주 총 시간은 글쓰기 책상 앞에 붙여 놓은 그래프에 그려 넣었다. 그래프를 자주 보며 나는 스스로에게 "잘하고 있어!"라고 상기시켰다.

✿ 효과적인 계획 브레인스토밍

일단 A, B, C 요소 각각에 대한 절차들을 검토했다면 최종적인 계획 구상을 할 차례이다. 잠시 숨을 돌리고 "나는 최상의 계획을 세웠는가? 문제 극복을 위한 최고의 아이디어를 생각해 봤는가?"라고 물어보라. 최종 계획을 확정하기 전에 창의적으로 생각하라. 브레인스토밍을 시도하라. 브레인스토밍의 목표는 신속하고 무비판적으로 최대한 많은 아이디어를 내는 것이다.

1. 아이디어의 양에 승부하라.
2. 아이디어에 비판적이지 말라. 평가하지도 말라. 그것은 차후에 할 일이다.
3. 별난 아이디어를 생각해 보라.
4. 아이디어들을 합쳐서 새로운 아이디어를 만들어 보라.

고등학교 때 여드름으로 고생했던 짐은 얼굴을 쥐어짜는 습관이 생겼다. 그는 이 습관을 그만두고 싶었다. 왜냐하면 그 행동은 민감한 피부를 자극해 염증을 일으켰으며, 얼굴이 흉해졌기 때문이다. 하지만 습관이 자동적이라서 중단할 방법을 생각하는데 어려움을 겪고 있었다. 그는 네 단계를 검토한 후 해결책을 브레인스토밍 했다.

그만두고 싶다. 자, 보자. 나는 … 그런 행동을 할 때 내 얼굴을 찰싹 때릴 수 있다. 아니, 그건 바보 같다. [한참 동안 아이디어가 생각나지 않음.] 아, 맞다. 아이디어를 비판하고 있었네. 이제부터는 그러지 말자. 평가는 나중에 하고 지금은 그냥 아이디어를 많이 내 보자. 좋아. 내가 그 행동을 할 때마다 얼굴을 찰싹 때릴 수 있다. 내가 그럴 때마다 그만하라고 말해 달라고 로이에게 부탁할 수도 있다. 부모님에게도 부탁드릴 수 있다. 얼굴을 짜지 말고 문지를 수도 있다. 머리카락을 대신 뽑아도 된다. 아! 엄지손가락을 빨거나 코를 꼬집을 수도 있겠다. 비판은 그만! 스스로에게 "나는 얼굴 짜는 걸 그만두고 싶어. 그러니 이제부터 안 할래."라고 말할 수도 있다. 그렇게 말하고 여드름을 짜는 대신에 문지를 수 있다. 여드름을 짜면 붉어지고 염증을 생긴다고 스스로 상기시켜도 된다. TV를 볼 때 짜니까 그러지 말라는 문구를 TV에 붙여 놓을 수도 있다. 공부할 때도 마찬가지이다. 책상에 문구를 붙여 둘 수 있다. 로이에게 매일 내가 그 전날 얼마나 짰는지 보고하고 행동이 줄어들고 있음을 보여 줄 수도 있다. 부모님에게도 마찬가지이다. 매일매일 조금씩 줄여 갈 수도 있다. 지키지 못하면 그날 TV를 못 보는 걸로 하고, 지키면 옷이나 CD 같은 것을 사기 위한 돈을 저축할 수도 있다. 질릴 때까지 몇 시간이나 반복해서 질려서 앞으로 다시는 하지 않게 할 수도 있다.

위는 브레인스토밍 과정이 어떻게 이루어지는지를 보여 준다. 아이디어를 적은 후 짐은 가장 좋은 것을 선택하여 임시 계획을 세웠고, 자신이 배운 원리와 일치하는지 검토했다.

✿ 진행 중인 계획 수정하기

실수를 통한 학습. 어떤 문제행동을 통제하려 시도하는 동안 여러분은 분명 실수를 범할 것이다. 그러나 실수를 통해 배울 수 있다.

방금 막 경기에서 진 한 테니스 선수가 코치와 대화 중이다. 코치는 "무슨 일이 일어났지?"라고 물었다.

"그가 나를 이겼어요. 난 졌다고요."

"그래, 그가 이긴 건 나도 알아. 그런데 어떻게 이겼지?" 코치는 다음에 무엇이 필요한지 미리 생각하고 있다.

"흠, 그의 백핸드가 나보다 훨씬 나았어요."

"맞아, 그런데 네 백핸드는 약했던 이유가 뭔데?"

"음, 스윙을 너무 높은 곳에서 해서 네트 쪽으로 너무 빨리 갔고, 그러다 보니 정확하게 휘두르지 않아 공을 내 몸과 너무 가깝게 쳤어요."

"맞아, 이제 그런 일이 다시 발생하지 않도록 연습을 해보자."

코치가 한 일을 알겠는가? 이제 선수는 그저 "게임에서 졌고, 이제 무엇을 해야 할지 모르겠어."라고 생각하는 대신에, 게임에서 더욱 경쟁력을 갖추기 위해 달성해야 할 매우 구체적인 것들에 대하여 생각할 수 있다.

더 나은 자기관리를 연습하는 도중 실패를 할 것이다. **실패는 단지 어떤 기술을 연습해야 하는지 알려 주는 정보에 불과하다.** 제2장에서 논의된 기술 발달 태도를 유지할 것을 기억하라. 커피를 마시는 동안 실수로 담배를 피운다면 커피 마실 때를 위한 금연 기술을 실시해야 한다. 저녁 내내 공부하려고 하는데 전화통화로 인해 방해를 받는다면 전화통화에 대처하는 계획이 필요하다. 자기주장을 잘하길 원하는데 타인의 반대 의사에 겁이 난다면 반대에 응하는 기술을 개발해야 한다.

실수에 대처하는 기술. 실수를 하면 좌절하고, 슬프고, 심지어 화가 날 수도 있다. 좌절감으로 자기변화 계획을 중단하고 싶을지 모른다. "이런, 또 망쳤어. 맙소사, 나는 절대 제대로 할 수 없을 거야!"라는 생각은 변화 시도를 그만두게 만들 수 있다. 좌절된 사고를 변화시키는 단계를 밟아 포기하지 않게 만들어야 한다.

실수에 대처하는 기술이 있다(Kanfer & Ackerman, 1995). 누구도 실수를 모두 피하진 못하지만, 어떤 사람들은 좌절을 최소화하고 부정적인 사고를 피하는 법을 배운다. 한 실험에서는 어려운 기술을 습득하려는 피실험자들에게 좌절과 부정적인 사고를 겪을 것이라고 미리 경고했는데, 이 피실험자들은 경고를 받지 않은 집단보다 더 나은 수행을 보였다(Kanfer & Ackerman, 1990). 자신에게 미리 경고하라. 좌절, 분노, 불행감을 최소화하기 위해 다음의 기법들을 시도해 보라.

주의를 통제하는 방법:

- 좌절감과 부정적인 감정에 주의를 집중하지 말라. 주의를 분산시키도록 하라.
- 곧 달성할 수 있는 하위 목표에 집중하라. 큰 목표에 대하여 지나치게 의식하지 말라. 언젠가는 더 높은 학점을 받을 테지만, 오늘은 오늘의 학습목표를 완수하는 것만 생각하라.
- 자신을 다른 사람들과 비교하지 말라. 옆에 앉은 천재가 어떻게 하고 있는지 신경 쓰지 말라. 기운만 빠진다. 자신의 수행 정도를 자신에게만 비교하는 기술 발달 접근을 취하라.
- 지금까지의 성과를 떠올려 보라. 그리고 목표에 도달하면 기분이 얼마나 좋을지 상상해 보라.

- 스스로 "나는 기술을 익히고 있어. 시간이 걸릴 것이고, 실수는 당연한 일부분이야."라고 일깨우라.

✿ 예상하지 못한 걸 예상하라: '만약 … 그렇다면' 계획

여러 가지 상황이 갑자기 여러분을 방해할 수도 있다. 조깅을 가려고 하는데 비가 온다. 공부를 하려고 하는데 친구가 나가자고 한다. 의견을 분명히 내세우고 싶은데 다른 사람이 얼굴을 찌푸린다. 가볍게 먹고 싶은데 갑자기 테이블 위에 놓여 있는 과자 한 그릇이 보인다. 침착하고 싶은데 옆 사람이 점점 화를 낸다. 여러분의 자기개선을 방해할 수 있는 것들을 나열하자면 끝이 없을 것이다.

이전에 설명한 것처럼 언제, 어디서, 그리고 어떻게 목표를 달성할지를 분명하게 표현하는 만약 … 그렇다면 계획이 필요하다. "만약 X 상황이 발생하면, 나는 A행동을 할 것이다."

A 계획: 스스로에게 물어보라. 잘못될 수 있는 것은 무엇인가? 그리고 그 상황에 대처할 만약 … 그렇다면 계획을 준비하라. 어떻게 할지 계획을 준비하는 것은 스스로를 조절할 수 있는 가능성을 매우 높여 준다.

여기서 잠깐, 일어날 수 있는 문제 상황을 상상하고 이에 대처할 만약 … 그렇다면 계획을 적어 보라. 그 계획은 일반적이지 않고 매우 구체적이어야 함을 기억하라. 정확히 무엇을 해야 하는지 알 수 있어야 한다. "어떤 사람들이 나와서 담배를 피우면, 저도 함께하고 싶을 거예요. '만약' 그런 상황이 벌어진다면, '그렇다면' 저는 나니를 찾아서 그녀에게 저를 말려 달라고 할 거예요. 그리고 적어도 5분은 참을 거예요."

B 계획: 물론 모든 것에 대비할 수는 없다. 여러분의 자기변화 계획이 예상치 못한 사건 때문에 처음으로 중단되고, 하고자 했던 것을 하지 못했을 때, 이런 상황에서 어떻게 할지에 대한 '만약 … 그렇다면' 계획을 실행하라. "그녀가 갑자기 나에게 케이크를 건네주고 '좀 먹어요.'라고 말해서 그렇게 했다. 만약 이런 일이 또 벌어진다면, 나는 '아! 괜찮아요. 저는 다이어트 중이거든요.'라고 웃으며 이야기할 것이다. 그리고 손을 들어 'X'를 그리며 디저트를 쳐다보지 않을 것이다."

그러나 아주 흥미롭게도, 우리는 사람들이 몇 번이고 속수무책으로 만약 … 그렇다면 계획을 실행하지 못하는 상황이 무엇인지 알고 있다. "음식과 술이 엄청 많을 거야. 내가 완전히 무너지지 않길 바란다." 소용없다. 희망은 계획이 아니다. 구체적이지도 않다. "한 번 속으면 네 탓, 두 번 속으면 내 탓"이라는 말을 아는가? 어떤 문제에 두 번 다시 기습당하지 않게 하라. 그렇게 하지 못한다면 희망과 의지력에 지나치게 의존하고 있는 것이다.

사람들은 왜 이럴까? 단순히 유혹 대처법의 필요성을 인식하지 못해서일 수도 있고, 반대로 지나치게 노력해서인 것 같기도 하다. 또는 마음껏 하고 싶은 마음과 그렇지 않으려는 결심 사이의 갈등에서 비롯되는 것은 아닌가 싶기도 하다. 때로 우리는 안 된다는 것을 알면서도 원한다. 제2장에서 우리가 금지된 어떤 것을 좋아한다는 것을 깨닫게 되면 포기하려고 했더라도 유혹에 더 시달리게 된다고 말했던 것을 기억하라(Fishbach & Converse, 2011). 희망이나 단순한 의지력에 의존하는 것은 스스로 그 갈등을 부인하는 셈이다. 유혹적인 상황에 대한 **만약 … 그렇다면** 계획을 준비하는 것은 갈등을 인정하고 이에 대처하는 계획을 마련하는 길이다.

요약:

A 계획: 일어날지 모를 문제 상황을 상상해 보고, 이에 대한 **만약 … 그렇다면** 계획을 적어 보라.

B 계획: 자기변화 계획이 예상치 못한 사건에 방해받아 의도대로 행동하지 못했다면, 다음번에는 어떻게 할 것인지 **만약 … 그렇다면** 계획을 준비하라.

✿ 성공 확률을 최대화하기

지금까지 여러분은 자기 자신을 변화시키는 방법에 대해 많은 것들을 배웠고, 이제 무대에 오를 준비가 되었다. **글상자 8-2**에는 성공의 확률을 최대로 높이기 위해 사용할 수 있는 체크리스트가 수록되어 있다. 이와 함께, 점진적으로 목표행동을 가다듬고, 조율하며, 다양한 기술을 사용하여 최종 목표를 달성하는 모든 과정을 자세하게 풀어놓은 최종 계획도 일례로 함께 실었다.

글상자 8-2 **계획을 위한 체크리스트**

사람들이 자기수정에 실패하는 큰 이유는 공부한 기법을 사용하지 않기 때문이다. 배운 것들을 전부 기억하지 못하거나(Ley, 1986), 이 기술이 필요하다고 생각하지 않아 실패하게 된다(Startup & Edmonds, 1994). 지금까지 소개된 가장 중요한 내용들을 점검해 보자. 이 내용들로 질문을 만들 수 있다. 각 질문에 '예' 또는 '아니요'로 답하라.

(다음 쪽에 계속)

I. 제2장의 **장애물 예상과 목표 설정**에서부터 시작하라.

____ 목표행동을 명확하게 구체화하였는가?

____ 연습을 계획했는가? 기술 발달 태도를 갖추었는가?

____ 자기효능감을 다루었는가?

____ 유혹에 대처하는 단계들을 준비하였는가?

____ 장기 목표와 단기 목표 간의 충돌이나 변화에 대한 양가적 가치에 대처하고 있는가?

____ 분명한 목표 및 하위 목표를 설정하였는가?

____ 자기계약을 작성하였는가?

II. 제3장의 **자기관찰**에 대한 질문

____ 문제행동이 발생할 때 사용할 자기관찰 체계를 만들어 놓았는가?

____ 행동이 일어나자마자 기록하는가? 기록을 보관하는가?

____ 자기이해가 높아짐에 따라 목표를 구체화하는 방식을 조정하고 있는가?

____ 실패뿐만 아니라 성공도 기록하고 있는가?

____ 건망증 같은, 기록 시 발생하는 문제점을 해결하였는가?

III. **선행사건 통제**와 관련된 단계들의 체크리스트

____ 원치 않는 행동을 줄이는 것이 목표라면 그 행동의 선행사건을 찾아내고 제거하는 단계들을 행하였는가?

____ 행동의 선행사건인 사고를 변화시키려는 계획을 고안하였는가?

____ 자신의 믿음이나 해석이 문제행동에 기여하는지 검토하였는가? 그것들을 재구성하는 계획을 만들었는가?

____ 행동의 신체적 선행사건에 대처하는 계획을 고안하였는가?

____ 행동의 사회적 · 정서적 선행사건에 대처하기 위한 계획을 고안하였는가?

____ 새로운 행동을 촉진시킬 선행사건을 제공하는 단계를 계획하고 있는가?

____ 새로운 행동에 대한 선행사건으로 사용할 수 있는 사고에 대해 생각해 보았는가?

____ 계획에 구체적인 자기 지침이 포함되어 있는가?

____ 단서가 되는 신체적 선행사건에 대한 계획을 세웠는가?

____ 누군가에게 격려해 달라고 부탁하거나, 도움이 되는 선행사건을 제공할 사회적 환경을 만들었는가?

IV. 다음으로 **새로운 행동** 개발과 관련된 문제들을 고려하라.

____ 새로운 행동을 개발하려 할 때 조형법을 사용하는가?

____ 원치 않는 행동을 줄이는 것이 목표라면 어떤 상반된 행동을 할 것인지에 대한 계획이 있는가?

(다음 쪽에 계속)

글상자 8-2 (계속)

____ 불안 또는 긴장과 관련된 문제라면 긴장 이완을 연습하고 있는가?
____ 거리 두기나 주의분산을 사용하고 있는가?
____ 자기지시를 사용하고 있는가?
____ 긍정적인 자기언급을 연습하고 있는가?
____ 개발하고자 하는 새로운 행동을 실천하고 있는가?
____ 계획에 상상 연습이 필요한가?
____ 현실에서 실천하기 위한 조항들을 만들었는가?

V. 강화물과 관련된 문제들의 체크리스트
____ 자기관찰을 통하여 무엇이 원치 않는 행동을 강화하고 있는지 발견하였는가? 그렇다면 원하는 행동을 강화하기 위해서 동일한 강화 내지 대체적 보상을 사용하는 계획을 세웠는가?
____ 자기변화 계획의 단계를 적절히 수행하였을 때 보상으로 사용할 강화 계획을 세웠는가?
____ 토큰 체계가 포함되어 있는가?
____ 프리맥형 강화물이 포함되어 있는가? 언어적 자기강화물이 있는가? 각 단계에 충실하면 받게 될 강화물을 상기시키는 것이 있는가?
____ 사전약속 처벌 기법이 포함되어 있는가?
____ 현실에서 행동 변화에 대한 강화를 받기 위한 대책이 마련되어 있는가?

VI. 마지막으로 이 장의 내용
____ 목표와 하위 목표를 수립하였는가?
____ 실수가 있어도 계속하여 어려운 부분을 연습하기 위한 준비가 되어 있는가?
____ 규칙을 설정하였는가?
____ 만약 … 그렇다면 계획을 준비하였는가?

이 글상자에 많은 정보와 아이디어들을 압축하여 모아 두었다. 항목들을 고려하여 자신의 계획을 여러 번 점검해 보라.

계획의 예. 교수님과 이야기할 때 불안을 줄이고자 하는 한 여학생의 계획이다. 몇 차례의 수정 후 계획은 마침내 효과가 있었다.

계획 1: 로럴은 다음과 같이 기록했다.

나는 교수님들과 이야기를 나눈 적이 거의 없다. 교수님들이 무섭다. 가끔 질문거리가 있다. 또 어떤 때에는 교수님들과 그냥 이야기해 보고 싶다. 하지만 나는 1년 내내 A 교수님하고만 이야기해 봤고, 그것도 겨우 몇 마디뿐이었다. 내 목표는 교수님들과의 대화를 늘리는 것이다.

조형법 스케줄을 적용하여 행동을 점진적으로 발달시키려고 한다. 기저선이 거의 0점에 가깝기 때문에 아주 낮은 수준에서 시작해야 한다. 다음은 나의 조형법 스케줄이다.

단계 1. 교수님께 인사하기
단계 2. 교수님과 15초간 말하기
단계 3. 교수님과 30초간 말하기
단계 4. 1분간 말하기
단계 5. 2분간 말하기

분석. 지금까지 로럴의 계획은 대체로 만족스럽다. 그녀는 다음 단계로 넘어가기 전에 각 단계를 얼마나 연습해야 하는지 구체화해야 한다.

피드백 수집: "손목시계에는 초침이 있다. 손목시계를 차고 있으면 너무 눈에 띄지 않게 시간을 체크해 볼 수 있다. 대화가 끝나자마자 몇 초였는지, 교수님 성함은 무엇인지, 장소는 어디였는지 등을 기록할 것이다."

"공책 표지 안쪽에는 조형법 스케줄을 적어 둘 것이다. 그러면 목표 달성 여부를 확인할 수 있다."

기법: "프리맥과 음식 강화물의 조합을 사용하기로 결정했다. 학교에서 매일 점심을 먹으니, 스케줄에 해당되는 단계를 수행하기 전까지는 점심을 먹지 않는다는 규칙을 정할 것이다."

분석. 강화물로 점심 식사를 선택한 것은 무리가 될 수도 있지만, 계획이 합리적이고 천천히 진행되기 때문에 음식을 먹지 못하는 일은 없을 것이다. 동시에 점심 식사에 대한 강화 효과를 얻게 된다.

하지만 계획에 몇 가지 문제점이 있다. 대화 전 자기지시와 대화 후 자기칭찬 같은 다른 기술이 포함되어야 할 것이다. 로럴이 긴장 이완을 배워 교수님에게 다가가기 전에 스스로를 이완시키는 것 역시 도움이 될 것이다. 계획이 다소 단순해 보인다.

결과: "이 계획은 효과가 없었다. 단계 1과 2는 괜찮게 할 수 있었다. 하지만 단계 3에서 난관에 봉착했는데, 교수님이 말을 멈추지 않아서 나는 순식간에 복잡한 대화에 휘말렸고 상당히 불안해졌기 때문이다. 따라서 나는 두 번째 계획을 만들었다."

분석. 훌륭하다! 계획이 효과적이지 않으면 고쳐야 한다.

계획 2: 다음은 로럴의 두 번째 계획이다.

"첫 번째 계획이 실패한 이유는 교수님이 나를 계획에서 너무나도 멀리 몰고 갔기 때문이다. 돌이켜 보면 그런 일이 일어났던 건 당연하다. 나는 3분 정도까지는 괜찮았던 것 같다. 그런데 어떤 교수님은 그 이상 말을 이어나가서 곤란해졌던 것 같다. 나는 한 선생님의 협조를 얻기로 결정했다."

"나는 학기 초에 자기변화 계획 보고서를 작성하여 그 과목을 가르치는 A 교수님에게 제출했다. 나는 보고서에 나의 첫 번째 계획이 실패한 이유를 설명하고 선생님의 도움을 구했다. 나의 새로운 스케줄은 다음과 같았다."

단계 1. 넓은 홀에서 A 교수님과 15초간 말하기
단계 2. 30초간 말하기
단계 3. 1분간 말하기
단계 4. 90초간 말하기
단계 5. 5분이 될 때까지 한 번에 30초씩 늘리기

다음 단계로 넘어가기 전에 각 단계를 세 번씩 수행하는 것을 원칙으로 삼았다. 이 계획에는 두 과정이 있었다. 첫째, 나는 넓은 홀에서의 대화를 계획했다. 단계를 어느 정도 진행하고 난 후에 교수님 사무실에서 모든 순서를 반복하는 계획을 세웠다. 왜냐하면 넓은 홀보다 사무실에서 말하는 것이 더 겁났기 때문이었다. 넓은 공간에서 단계 4까지 이른 후, 사무실에서 단계 1을 시작했다. 하지만 그조차 진행이 어려워 몇 가지 새로운 단계들을 집어넣었다.

단계 1a. 머리만 내밀고 인사하기
단계 1b. 사무실에서 5초간 말하기
단계 1c. 사무실에서 10초간 말하기

그러고 나서 이전 계획으로 돌아갔다. A 교수님은 계획보다 많이 말하도록 강요하지 않기로 약속했다. 강화물, 피드백, 비교는 전처럼 동일했다.

분석. 규칙들이 다소 복잡하긴 하지만 분명한 편이다. 목표가 제시되었고, 피드백과 기록이 충분해 보인다. 이중 조형법 계획은 복잡하긴 하지만 합리적이다. 여전히 자기 지침이나 자기칭찬, 긴장 이완이 계획에 포함되어 있지 않다.

계획 3: 로럴은 다시 계획을 수정했다.

계획 2가 효과를 나타내기 시작했다. A 교수님과 나는 이제 넓은 홀에서는 3분, 사무실에서는 2분까지 대화를 나눈다. 하지만 나는 A 교수님으로부터 다른 교수님들로 일반화할 수 있어야 한다. 나는 A 교수님을 다시 한 번 이용하기로 마음먹었다. 새로운 스케줄은 다음과 같다.

단계 1. A 교수님이 다른 교수님과 이야기하고 있는 동안 다가가 두 분에게 인사하기
단계 2. A 교수님이 다른 교수님과 이야기하고 있는 동안 A 교수님에게 다가가 말하기, 다른 교수님에게 적어도 한 문장 말하기
단계 3. 다른 교수님에게 5초간 말하기
단계 4. 다른 교수님에게 10초간 말하기
단계 5. 다른 교수님에게 15초간 말하기
단계 6. 다른 교수님에게 30초간 말한 다음 15초씩 늘리기

A 교수님은 협력하기로 동의했다. 교수님은 내가 어느 단계에 있는지 알 것이고, 그 단계의 목표 시간을 달성한 직후 나를 구제해 줄 것이다. 또한 어떤 교수님들은 불친절해 보이고 어떤 교수님들은 친근하기 때문에, A 교수님이 다정한 선생님들과 함께 있을 때만 다가갈 것이다.

분석. 다양한 상황 속에서 사용할 수 있는 새로운 행동을 고안했기 때문에 의미 있는 단계이다. 또한 친절하지 않은 교수님은 다정한 교수님과는 다른 선행적 상황임을 깨달았고, 보다 쉬운 선행사건인 다정한 교수님에 대처하기로 결정한 것은 좋은 선택이다.

계획 3은 성공적이었다. 학기 말에 로럴은 몇몇 친절한 교수님들과 이야기할 수 있었고, 뜻깊은 성과라고 여겼다. 로럴은 현명하게도 첫 번째 계획이 잘되지 않았을

때 계획을 수정했다. 계획은 대체로 뚜렷했고 규칙들도 분명했다. 목표는 하위 목표로 나뉘었고, 경과에 대한 기준은 계획 2와 3에서 뚜렷했다. 자료 수집은 신중했다.

수업 종강 후 몇 달간 만나는 동안 우리는 그녀에게 긴장 이완을 포함시키지 않은 이유를 물었다. 그녀는 긴장 이완을 몰랐다고 했지만, 모든 것들에 실패했다면 언제라도 그것을 사용했을 것이라고 말했다. "그렇지만 제 방법은 효과적이지 않았나요? 틀림없어요. 제가 지금 선생님에게 말하고 있잖아요!"

✿ 계획을 계약으로 만들기

일단 계획을 세우고 각 요소들을 결정했으면 그것을 문서화하여 서명하라(Kanfer, Cox, Greiner, & Karoly, 1974). 이 서면 계획은 자신과의 계약이 된다. 계약에는 목표와 하위 목표뿐만 아니라 규칙도 포함해야 하며, 피드백을 어떻게 수집할지도 명시해야 한다. 공식적 계약은 성공 가능성을 높인다(Griffin & Watson, 1978; Seidner, 1973).

계약서를 잘 보이는 곳에 둔다. 공책이나 거울에 붙여 놓는다. 눈에 잘 띄게 둔다. 계획을 바꿀 필요가 있으면 계약을 다시 적고 새롭게 서명하라.

변화 계획에 대한 평가

학습목표

- 목표가 바뀌면, 어떻게 기록해야 하는가?
- 성과를 평가하기 위해 어떤 기술을 사용할 수 있는가?
- 자기변화 프로젝트를 위해 타인과 함께 작업할 때 중요한 고려사항은 무엇인가?

✿ 목표행동 수정과 기록의 효과

계획 중에 목표행동이 바뀔지도 모른다. 예를 들어, 벤은 공부를 늘리려는 계획을 세웠는데, 충분히 공부하지 않았던 이유가 생활 스트레스 때문이었다는 것을 곧 깨달았다. 그는 계획을 스트레스 줄이기로 바꿨다.

목표행동을 바꾸면 새로운 기저선 기간을 두어야 하는가? 벤이 '학습 늘리기'에서 '스트레스 대처하기'로 바꾼 것처럼 목표행동의 변화가 상당히 갑작스럽다면 새로운 기저선을 설정하는 것이 좋다. 새로운 계획을 시작하기 때문이다.

다음에서 샐리가 그런 것처럼 때로는 진행 중인 계획에 무언가를 추가할 수도 있다. 샐리는 특히 집단 속에 있을 때 부끄러움과 수줍음을 많이 탔다. 그녀는 더 웃으면 수줍음이 줄어들 것이라고 생각했다. 샐리의 원래 목표(계획 1)는 타인에게 미소 지을 때마다 카드에 기록함으로써 미소 짓는 행동을 늘리는 것이었다. 그녀는 사람들에게 미소를 지으면 토큰을 얻는 계획을 시행했다(토큰은 나중에 근사한 옷을 구입하는 데 사용되었다). 또한 자신에게 미소와 관련된 지침을 부여하고 룸메이트들에게 협조를 구했다.

처음에 샐리는 기록만으로도 수행이 향상되었다. **그림 8-1**은 샐리의 자료를 보여 준다. 그녀는 꽤 만족스러워했다. 하지만 11~12일째 무렵 문제에 대해 재고하기 시

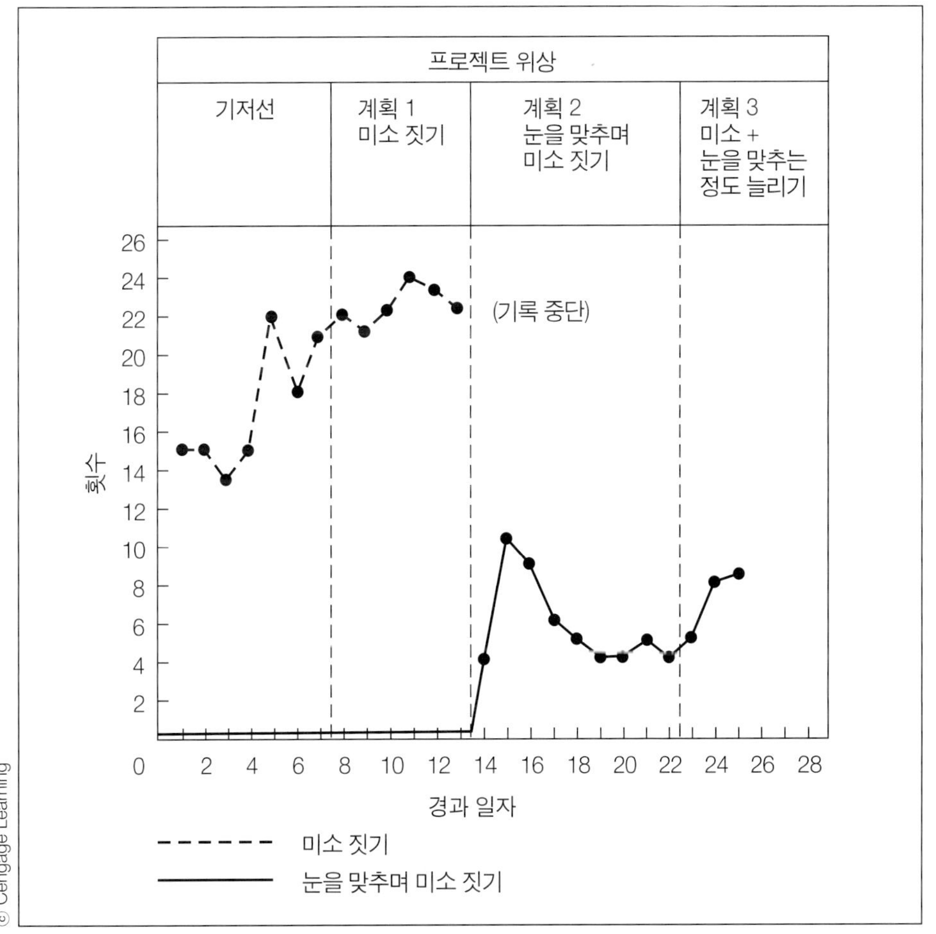

그림 8-1 미소 짓기와 눈 맞춤

작하였다.

"사람들에게 미소를 더 짓고 있었지만 여전히 수줍음을 느낀다는 걸 깨닫기 시작했다. 내가 사람들을 쳐다보고 있지 않기 때문이다. 나는 웃고 있었지만 땅을 쳐다보고 있었다. 대부분의 사람들은 누군가와 눈을 마주치는 걸 관심의 표시라고 느낀다. 그러니 단지 미소 짓는 것만으로는 충분하지 않다. 미소 짓되 눈을 마주쳐야 한다."라고 보고서에 기록했다.

샐리는 목표에 대한 정의를 보다 넓혔다. 계획 2에서 그녀는 미소뿐만 아니라 몇 초간의 눈 맞춤도 기록했다. 그녀는 14일째 되는 날 계획 2를 시작했다. 수정된 계획에서는 미소와 3초간의 눈 맞춤에 토큰을 얻었고, 두 가지 전부에 대한 지침을 마련했다.

목표행동을 바꿀 때에는 언제나 새로운 목표행동을 기록하기 시작해야 한다. 이는 기저선이 어떤지 알아보고 작은 변화들을 알아채기 위해서다. 예를 들어, 목표를 '다이어트'로 시작했는데 몇 주 지나서 '운동하기'가 계획에 추가될 수 있다. 이러한 경우에는 다이어트 행동과 운동을 둘 다 기록하게 될 것이다.

원치 않는 행동의 변화가 첫 목표라면 그것을 기록하기 시작한다. 하지만 원치 않는 행동 대신 어떤 새로운 행동으로 대체하는 것이 계획에 포함될 수도 있고, 이 경우 새로운 행동을 반드시 기록해야 할 것이다.

상반된 새로운 행동을 영구히 유지하고 싶다면(예를 들어, '시간 낭비'와 상반된 행동인 '독서' 늘리기) 그것에 대해 기록해야 한다. 상반된 행동을 유지하려는 게 아니라면(예를 들어, 손가락 관절 마디를 꺾는 대신 손을 찰싹 때리기), 원치 않는 목표행동을 계속 기록한다면 상반된 행동의 횟수를 따로 셀 필요는 없다.

✿ 계획이 효과적인가?

이는 단순한 질문으로 '예' 또는 '아니요'로 답할 수 있다. 다시 흡연하지 않는 사람, 일생 처음으로 여자 친구를 사귄 사람, 5kg을 감량하고 유지하는 과체중자 등의 자기수정가들은 자신이 해내고 있다는 것을 알고 있다. 그들의 진행 경과를 평가하는 데 정교한 기술이 필요한 것은 아니다.

하지만 대체로 경과는 극적이라기보다는 점진적이다. 왜냐하면 변화는 느리게 진행되며, 사람들은 변화 정도를 잘못 판단하고 과소평가한다. 자료에 의지하지 않는 사람들은 계획이 잘되고 있어도 단순히 실패하고 있다고 믿기 때문에 중단하고 싶은 유혹에 빠질지도 모른다.

계획을 시행하는 동안 행동을 기록하는 것이 중요하다. 왜냐하면 기록은 계획이 원하는 효과를 가져오는지 판단하는 데 필요한 정보를 제공하기 때문이다. 자료로 진행 경과를 알아보려면 다음과 같은 방법을 사용한다.

- 평균 계산
- 백분율 계산
- 그래프 사용

평균 구하기. 주간 평균은 일반적으로 매일 조금씩 바뀌는 일일 기록보다 더 신뢰로운 그림을 제공한다. 평균은 숫자를 보기 쉽게 만들어 준다.

시드니의 목표는 여성들과 이야기할 때 불안을 줄이고, 장기적으로 여자 친구를 만드는 것이었다. 그는 매일 저녁 아는 여성 몇 명에게 전화를 걸어 적어도 5분간 이야기를 하는 계획을 시작했다. 그는 유용한 기법을 사용했고, 전화통화 때마다 느끼는 불안의 정도를 5점 척도로 측정하였다. 1점은 그가 완벽히 침착했음을 나타내는 반면, 5점은 거의 패닉, 3점은 다소 긴장했음을 의미했다. 첫 주는 평점이 2, 3, 4, 2, 3, 3, 2였다. 둘째 주에는 2, 3, 2, 3, 2, 2, 2를 기록했다. 그는 향상되고 있는가?

매주 느꼈던 불안의 평균 정도를 계산하기 위하여, 시드니는 그 주의 점수들을 더하여 한 주의 일수인 7로 나누었다. 첫 주는 총점이 19였으며, 이를 7로 나누니 2.7이 되었다. 둘째 주에는 총점이 16이었고, 이를 7로 나누니 2.3이었다. 시드니는 자신이 약간의 진전을 보인다는 것을 알 수 있었다.

백분율 구하기. 태머라는 과식하거나 부적절하게 먹는 상황들을 기록하여 다이어트를 시작했다. 그녀는 자신이 너무 빨리 먹고, 일하는 동안 정크푸드를 너무 자주 먹으며, 저녁을 너무 많이 먹고, 야식을 자주 즐긴다는 것을 깨달았다. 각각의 상황에서 식사 중간에 2분간 잠시 멈추는 식의 자기통제 기법이 몇 가지 필요했다. 하지만 태머라는 자신이 아무 기술이나 마구잡이로 사용하고 있었다고 보고했다. 그래서 그녀는 기술을 사용할 기회와 더불어 실제로 기술을 사용한 횟수를 기록하기 시작했다. "이 방법으로 체중 감량을 위하여 해야 할 것들을 수행하는 시간 비율을 알 수 있었고, 이 시간 비율을 점차 늘리기 위한 노력을 할 수 있었다."

첫 주 동안 태머라는 음식과 관련하여 자기통제 기법을 사용할 수 있는 기회가 28번이었다고 기록했다. 그리고 실제적으로 기법을 여덟 번 사용했다. 기회가 있었을 때 기술을 사용했던 시간 비율을 계산하기 위하여 28을 8로 나누어 28.6%를 얻었다. 이제 목표는 기회가 생겼을 때 기법을 사용한 시간 비율을 늘리는 것이었다.

백분율을 계산하기 위해서 실제 발생한 횟수를 발생할 수 있었던 총 횟수로 나눈다. 예를 들어, 지난 주 세 번 자기주장적이었고 자기주장적일 수 있었던 기회가 여섯 번이었다면 백분율은 3을 6으로 나눈 50%이다.

변화하고 있는지 살펴보기 위하여 일정 기간에 걸쳐 백분율을 조사할 수 있다. 일간보다는 주간 평균을 비교에 사용하길 권한다.

그래프 작성. 자료를 가지고 어떻게 그래프를 만드는지는 제3장의 마지막 부분에 자세히 설명되어 있다.

글상자 8-3 **집단 수행**

어떤 사람들은 자기변화 계획을 비슷한 문제를 가진 다른 사람들과 함께 수행하는 것을 좋아하며, 때로는 강사가 학생들을 집단으로 지정하여 서로서로 조언을 해주라고 한다. 다른 사람들과 함께 수행하는 것은 매우 유용하다. 2개의 머리는 하나보다 낫다. 특히 함께하는 사람들이 유용한 몇몇 규칙들을 따르고 있을 때 효과적이다.

좋은 경청자. 다른 사람에게 도움을 주려거나 도움을 얻으려면 그들의 말을 경청해야 한다. 이는 다음과 같은 원리에 주의를 기울이는 것을 뜻한다.

들으라. 다른 사람이 말하고 있는 것에 대하여 갑자기 질문을 받았을 때 그것을 알기 쉽게 설명할 수 있도록 경청하라. 주의를 집중하라. 나중에 다른 사람들도 여러분에게 집중할 것이다.

방해하지 않도록 하라.

정보를 요청하라. 더 많이 알수록 새로운 아이디어를 제공하여 도와주는 게 더 쉬워진다.

"흠." 또는 "그것에 대하여 더 알려 주세요." 같은 코멘트를 붙여 다른 사람들이 정보를 계속 줄 수 있도록 격려하라. 바로 끼어들어 무언가 말하지 말고, 화자가 잠시 멈춘 후 말을 계속하도록 기회를 주라.

어떤 아이디어를 제공할 때에는 다른 사람들의 감정을 살펴야 한다. "이것 또는 저것을 해야 한다."와 같이 말함으로써 직접적인 지시를 내리는 것을 피하라. 그 대신 "…하는 것을 고려해 봤는가?" 또는 "나에게 효과적인 것은…."이라고 말해 보라. "맙소사, 어쩌면 그렇게 어리석을 수 있죠! 각 장의 마지막 단계를 해본 적이 없군요! 왜 실패

(다음 쪽에 계속)

하고 있는지 알겠네요!"와 같이 말함으로써 다른 사람을 깔보는 것은 듣는 사람을 멀어지게 한다. 메시지는 상대방이 그것을 기꺼이 조용히 듣고자 할 때에만 효과적이다.

좋은 조력자. 누군가가 자기변화 계획에서 문제를 겪고 있다면, 그것은 이 책의 원리들을 따르고 있지 않기 때문이다.

여러분은 따라야 하는 원리를 찾고 있지만 따르지는 않는다. 장애물에 집중하고, 그것에 대처하기 위해 여기서 공부한 기법들을 생각해 보려고 노력하라.

첫째, 그 사람이 각 장 마지막에 있는 단계를 수행하였는지 알아내라. 그렇지 않다면, 그것이 시작점이다.

둘째, 그 사람을 위한 아이디어를 얻기 위해 **글상자 8-1**을 이용하라. 예를 들어, 어떤 학생이 적극성을 늘리기 원하는데 조형법을 사용하고 있지 않다면 조형법이 좋은 아이디어임을 제안하고, 구체적으로 어떻게 해야 하는지를 의논할 수 있다.

셋째, 단지 자신의 아이디어만 늘어놓지 말라. 그 사람과 함께 문제에 대한 다양한 대처 방법을 생각해 보며 함께 브레인스토밍 하라.

넷째, 추상적이 아닌 구체적인 아이디어를 제공하라. "난 성공하려면 언어적 자기강화를 주어야 한다고 생각한다."가 "스스로를 이해해야 한다."보다 더욱 효과적이다.

다섯째, 문제점만 찾지 말라. 부정적이기만 하지 말라. 사람들은 부분적으로 성공하고 있을 것이며, 만약 그것에 주목한다면 그들에게 도움이 된다. 그 사람의 계획에서 성공적인 부분에 대한 의견을 표현하라.

일반적인 주제를 위한 조언

책 뒤의 '찾아보기'에서 자신의 특정 목표를 찾아보고, 그와 관련한 목표 또는 문제점을 논의한 각 절을 읽어 보라. 이는 계획을 세우는 데 아이디어를 제공하고 잊어버린 것들을 상기시켜 줄 것이다. 계획들이 대부분이 실패하는 이유가 기법을 사용할 것을 잊기 때문이므로 그것들을 상기하는 것이 유용함을 기억하라.

요약

A-B-C 요소들의 결합

변화를 위한 좋은 계획에는 기록 유지 및 선행사건 통제 요소, 새로운 행동 개발, 결과에 대한 통제가 포함되어야 한다.

문제점이 나타날 것을 예상해야 하며, 하나 이상의 접근법을 사용할 수 있도록 준비해야 한다. 예를 들어, 한 문제점에 2개 이상의 단계들로 접근해야 할지도 모른다.

고위험 상황에 대처하기 위하여 두 단계 과정을 이용하라. 첫째, 통제적 선행사건을 피하라. 둘째, 오래된 단서에 수행될 새로운 행동을 개발하라. 여느 새로운 행동과 같이 이것들은 틀이 잡혀야 하고, 연습되어야 하며, 강화를 받아야 한다. 위험한 상황에 대처해야 할 때 실행에 옮길 대안을 개발해야 하고, 그 대안을 실행에 옮기는 계획을 고안해야 한다.

❧ 좋은 계획의 요소

좋은 계획에는 이러한 내용이 포함된다.

1. 구체적인 상황에 사용할 기법을 진술하는 규칙
2. 목표와 하위 목표
3. 연습, 특히 계획 중 어려운 부분
4. 자기관찰에 기반을 둔 피드백
5. 향상 정도를 평가하기 위해 피드백을 목표 및 하위 목표와 비교하기
6. 상황 변화에 따른 계획 조정

실수를 통해 배우고 실수를 범할 때 느낄 좌절을 극복할 기술을 마련해야 한다. 때로는 가능한 변화 계획에 대한 각 관점들을 재고하여 새로운 목표로 다시 시작해야 한다.

최종 계획을 구상하기 전에 중요한 고려 사항들의 체크리스트를 점검하고 대부분의 질문에 '예'라고 확실히 답할 수 있게 하라. 계획을 구상할 때는 창의적으로 생각하라. 더 많은 아이디어를 만들어 내기 위하여 브레인스토밍 기술을 사용하라.

❧ 변화 계획에 대한 평가

관찰을 통해 수집한 데이터는 계획에 대한 결정을 도와준다. 기록은 평균, 백분율, 또는 그래프 양식으로 정리할 수 있다.

다른 사람들과 여러분과 그들의 자기변화 계획을 위해 함께 작업할 때 고려해야 할 사항들이 있다. 그들에게 귀를 기울이고 도움을 주도록 하라.

스스로 해보는 자기주도 계획: 8단계

1. 목표를 진술하라. 복잡한 목표이거나 달성하는 데 오랜 시간이 걸릴 목표라면 첫 번째 단기 목표를 진술하라. 현재 수행 수준도 진술하라. 기저선은 하위 목표를 정할 때 사용할 정보를 제공한다.
2. 각 하위 목표에 대한 구체적인 규칙을 진술하라. 하위 목표를 달성하기 위해서는 각 상황에서 어떤 행동을 수행해야 하는가? 제5, 6, 7장에서 마련한 세 가지 예비 계획을 검토하고 다양한 대안들을 고려하라. 예비 계획 중 하나만 쓸 수도 있고 모든 요소들을 통합할 수도 있다.
3. 반드시 계획 전반에 걸쳐 정밀한 자기관찰과 피드백을 행하고, 수행을 목표와 비교하라.
4. 계획 시 글상자 8-1에 있는 체크리스트를 완성하라. 가능한 한 많은 기법들을 통합하라. 위에서 설명한 단계들을 따라 계획을 구체적으로 적어 보라. 계약에 서명하고 실행을 시작하라.

문제해결과 재발 방지

"자기조절에 성공하려면 실패하는 방법을 알아야 한다."

Kelly McGonigal, 『의지력 본능』(2012, p. 3)

✿ 개요

문제해결

문제이해: 자기수정 시 공통적인 문제들

재발 방지

요약

스스로 해보는 자기주도 계획: 9단계

자기수정 중이나 완료 후에 언제든지 다양한 문제들이 발생할 수 있다. 예컨대 몇 주 동안 운동을 잘 수행하다가 더 이상 변화가 없거나, 금주를 목표로 한 자기변화 과제를 마친 후에 다시 술을 마시고 낙담하는 경우도 있다. 살을 빼는 사람들은 뺀 살이 다시 찌는 문제를 겪는다. 이 장에서는 이런 두 가지 종류의 문제, 즉 자기수정을 적극적으로 수행 도중에 발생하는 문제와 이후에 발생하는 재발 위기에 대해 다룬다.

문제해결

학습목표

- 자기변화 과제 수행 시의 수정 전략을 설명하라.

- 문제해결의 네 단계는 무엇인가? 이를 자신의 과제에 어떻게 적용할 수 있겠는가?
- 문제해결의 필요성에 대한 연구를 설명하라.

한 번에 만든 계획으로 목표행동을 바꾸는 데 실패하는 경우는 흔하다. 계획이 시작되면, 생각했던 것보다 다루기 어려운 문제에 직면하게 된다. 이런 문제에 대한 대책이 있으면 성공 가능성이 훨씬 커지므로, 되풀이해 말하지만 문제를 예상하라. 리베카의 전형적인 사례는 그녀가 어떻게 이 문제를 다루었는지를 보여 준다(글상자 9-1).

글상자 9-1 **전형적 사례**

서로 사랑하기

리베카는 30대의 조용한 여성으로, 그녀의 심각한 정서적 문제가 무엇이었는지 차분한 투로 적어 내려갔다. 그녀는 동료들에 대한 솔직한 마음이 무엇인지 딱 한 번 우리에게 털어놓았다. "솔직히 그녀는 정말 참을 수 없어요." 리베카는 상황을 바꾸고 싶었고, 사회적 · 정서적 변화 프로그램을 시작했다. 많은 사람들이 그렇듯 그녀도 문제에 부딪혔다. 그녀가 그 문제들을 어떻게 해결했는지, 그리고 다양한 해결책을 어떻게 사용했는지, 큰 그림이 아닌 자세한 내용에 주목하라.

리베카는 다음과 같이 적었다. "같이 일하지만 정말 싫은 진이라는 동료가 있었다. 기독교인으로서 서로 사랑하는 것이 중요한 교리임을 알면서도 나는 진에게 하느님의 사랑인 아가페적 사랑을 줄 수가 없었다. 진도 마찬가지여서 상황이 악화되었다."

리베카는 진에게 아가페적 사랑을 보여 주는 것을 목표로 하는 자기변화 계획을 실행하기로 했다. 리베카의 계획은 매우 괜찮아 보였다. 그녀는 진에게 친근하게 이야기하기 위한 여섯 단계 조형법을 사용하는 구체적인 계획을 세웠다.

1단계: 회사에서 최소 하루에 한 번 진에게 미소를 짓는다.
2단계: 미소 지으며 "안녕!"이라고 말한다.
3단계: 진에게 다가가 "잘 지내요?" 하고 묻는다.
4단계: 진을 칭찬한다.
5단계: 회사에서 앞으로 할 업무에 대해 대화를 나눈다.
6단계: 다른 화제로 대화를 나눈다.

리베카는 메모장에 세심하게 기록해 나갔다. 진에게 친절하게 대하는 것에 대해 사탕을 즉각적 보상으로 사용했으며, 장기적 보상으로는 좋아하는 것들을 살 수 있도록 토큰을 사용했다.

결과: "첫 두 단계는 잘 진행되었지만 내가 진에게 '잘 지내요?'라고 물었을 때 진이

(다음 쪽에 계속)

경계를 풀고 너무 많이 말하는 바람에 나는 불편해져서 자리를 피하고 싶었다. 그녀에게 다가갈 준비가 되었다고 느꼈지만 그녀의 반응에 대한 준비는 되어 있지 않았다. 그래서 계획을 수정했다."

두 번째 계획을 구상할 때 그녀는 첫 번째에서 미처 예상하지 못했던 문제를 반영했다. 리베카는 계획을 더 효과적으로 만들기 위해 계획 이곳저곳을 수정하는 데 공을 들였다.

"나는 친한 친구에게 새로운 계획을 보여 주었다. 직장 동료인 그 친구는 나의 어려움에 대해 알고 있다. 나는 친구에게 진과 대화하기 전에 미리 알려 줄 테니 2분 정도 후에 나를 그의 사무실로 불러 달라고 부탁했다. 그렇게 하니 불편감을 느끼지 않고 진과 친근하게 인사할 시간을 충분히 가질 수 있었다."

동일한 강화물을 유지하고 기록을 계속했다.

결과: "2분의 시간제한은 정말 효과적이었다. 진과 더 오래 얘기하고 싶으면 친구에게 끝날 때까지 기다려 달라고 부탁하기만 하면 되었다. 또한 진을 일부러 칭찬하자는 생각을 그만두었다. 진실되지 못한 일이라고 생각되었기 때문이다. 진이 한 일에 대해 진심으로 칭찬하고 싶을 때만 칭찬하기로 했다."

7주 후, 리베카는 "이제 진과 나 사이에는 아무런 문제가 없다. 이 계획이 정말 도움이 되었다."라고 보고했다.

✿ 계획 수정하기

리베카는 괜찮은 계획을 가지고 시작했으나, 예상치 못한 문제점에 부딪혔다. 그녀의 전략은 계획을 시작하고, 어떤 어려움이 발생했는지 보고, 계획을 수정하여 문제를 더 효과적으로 해결하는 것이었다. 여기 두 번째 사례도 계획을 좀 더 효과적으로 수정한 사례이다. 55세의 한 남성이 수업에서 이 기말보고서를 제출했다.

목표: 달리기를 날마다 1.6km 정도씩 늘리고자 했다. 시작할 당시 나는 전혀 달리기를 해본 적이 없어서 기저선은 0이었다.
선행자극: 시작을 도와줄 선행자극이 필요했다! 달리기를 어렵게 하는 것은 고통스러운 피로가 아니었다. 단지 항상 다른 할 일이 생겨서 시작하지 못할 뿐이었다. 달리기를 하려면 신발을 신고, 운동복을 입고, 스트레칭을 해야 하는 등 많은 준비가 필요했다.
개입 계획: 첫 번째 계획은 매일 400m 이상씩 달리는 것이었다. 점진적으로 1.6km까지 늘리는 것이 목표였다. 달리기를 할 때마다 1달러를 받아 원하

는 것을 살 수 있는 자기계획을 수립했다.

이 계획은 첫 나흘 동안은 효과가 있었지만 그 후에는 원점이었다. 유감스럽지만 계획이 효과가 없는 것이 분명했다. 실패했던 모든 이유를 나열해 보았다.

- 한 번도 1.6km를 뛰어 본 적이 없었고 뛰기에는 너무 먼 거리이다.
- 심장마비가 올까 두렵다.
- 너무 멀고 위험하다는 생각이 든다.
- 어려움이 많을 것 같다.
- 달리기를 하지 않기 위해 온갖 변명거리를 지어 낸다.

매우 느리게 달리면 심장마비에 걸릴 일은 없을 것이다. 다음 병원 방문 시 주치의에게 이에 대해 물어보려 한다. 내가 달리기를 시작하지 못하는 이유는 나같이 게으른 사람에게는 1.6km가 너무 먼 거리였다는 생각이 들었다. 시작점을 너무 높게 잡지 말라고 했던 조형법의 원칙이 생각났다. "그렇게 높은 목표로 시작한 이유가 뭐지?"라고 자문해 보았다. 그리고 다음과 같이 계획을 수정했다.

1단계: 신발과 운동복을 착용한 후 집 주위를 걷는다(27m).
2단계: 집 주위를 두 바퀴 돈다(54m).
3단계: 집 주위를 네 바퀴 돈다(110m).
4단계: 집 주위를 여섯 바퀴 돈다(165m).
5단계: 이 단계에 도달하면 0.4km를 달릴 것이다. 그리고 0.8km로 늘리고 다음에는 1.2km로 늘려서 결국 1.6km를 달릴 것이다.

나는 이토록 쉬운 조형 스케줄을 꼭 지킬 수 있도록 몇 가지 대책을 세웠다.

첫째, 맥주를 마시거나 저녁 식사를 하기 전에 달리기를 하는 규칙을 세웠다. 둘째, 아내에게 모든 것을 설명하고, 이 방법으로 진짜로 운동에 성공하고 싶다고 이야기했다. 아내에게 (1) 나에게 운동을 하라고 재촉해 주고, (2) 내가 운동 전에 먹거나 맥주를 마시는 것을 보면 말려 주고, (3) 부엌 찬장에 붙여 놓은 일일 경과 차트를 보고 향상 정도를 점검해 달라고 부탁했다. 셋째, 매일 아침 5분 동안 귀가 후 음식이나 맥주를 참는 내 모습을 그려 보았다. 나는 집에 돌아와 "정말 힘든 하루였어. 이제 좀 쉬자."라며 맥주를

> 집어 들고 뚜껑을 따려는 순간, "일단 먼저 뛰고 나서."라고 말하며 유혹을 참는 연습을 한다.
>
> 이 글을 쓸 때쯤 나는 규칙적으로 0.4km를 뛸 수 있게 되었으며 더 늘려 갈 수 있길 희망한다.

이 사람의 목표를 방해하는 몇 가지 이유가 있었다. 이전의 강화물(집에 오자마자 맥주를 마시는 것), 생각(심장마비가 걸릴지도 모른다는 생각), 의구심(1.6km는 너무 먼 거리라는 생각), 조형상 실책(처음부터 목표를 너무 높게 잡은 것).

자문해 보라. 무엇이 목표행동의 수행을 어렵게 하는가? 선행자극, 행동 및 결과의 측면에서 목표행동 수행의 장애물을 분석하라.

선행자극. 어떤 선행자극이 목표행동을 실천하기 어렵게 만들며, 목표행동을 쉽게 만드는 데 어떤 선행자극이 부족한가? 생각인가? ("음. 먹으면 안 돼. 그렇지만 정말 맛있어 보여!") 어떤 것을 통제하지 못했는가? 리베카가 진이 자신에게 너무 말을 많이 한다는 점을 발견했던 것을 떠올려 보라.

행동. 양립 불가능하거나 대안이 되는 행동을 바르게 선택하고 연습하고 있는가? "문제해결책을 사용해야 하는데, 그렇게 하지 못했어." "한 단계씩 차근차근 밟는 게 맞겠지만, 뭐 어때, 건너뛰어 보자."

결과. 아직도 이전의 원치 않는 행동을 유지하게 만드는 결과가 있는가? 맥주를 마신다든가, 뛰러 나가지 않고 앉아 있는 것처럼, 바람직한 행동을 어렵게 만드는 행동에 강화받고 있지는 않는가?

✿ 구조적 문제해결

문제해결이란 향상에 방해가 되는 것들에 대해 생각하고 이를 극복하기 위한 방법을 생각해 내는 것이다. 문제해결을 위해 다음의 네 단계 과정을 따르도록 한다(D'Zurilla & Goldfried, 1971; D'Zurilla & Nezu, 1982).

1. 문제의 모든 세부내용을 가능한 한 구체적으로 적는다.
2. 문제에 대해 평가하지 말고 가능한 한 많은 해결책을 브레인스토밍 한다(그 방법

에 대해서는 이하를 참고한다).

3. 한 가지 이상의 해결책을 선택한다.
4. 해결책을 실행할 방법을 생각해 낸 후, 이를 실천하는지 점검한다.

위의 단계를 한 방향으로만 넘어가야 하는 것은 아니다. 단계들을 앞뒤로 여러 번 넘나들며 점검하라. 각 단계는 기술이며 기술은 연습할수록 능숙해진다(D'Zurilla, Nezu, & Maydeu-Olivaries, 2004).

예는 다음과 같다.

상세 사항 나열하기. 대학 2년생인 칼라니에게는 자신의 건강과 외모가 모두 걱정거리였다. 칼라니는 다음과 같이 적었다.

> 나는 내가 과식한다는 것을 오래전부터 알고 있었다. 다이어트를 할 때는 언제 과식을 하는지 자세히 적어 보았다. 놀랍게도 과식은 규칙적으로 발생했다. 나는 TV를 보는 동안 팝콘을 두세 통씩 먹곤 했다. 또 월요일 운동 후에 꼭 많이 먹었다. 토요일에는 간식을 서너 번이나 먹었다. 나는 특정 상황에서만 과식하고 있었다. 나는 이런 특정 상황에 대한 대처에 착수했다.

이는 흔한 경험이다. 사람들은 걱정하는 문제에 대해 추상적인 방식으로—"나는 과식한다."—생각하지만, 문제를 상세하게 나열하면 특정 상황이 떠오르며, 이런 특정 상황에 집중적으로 해결 노력을 기울여야 한다.

이렇게 생각하면 마음이 편해진다. 무엇이 잘못될 때 그것은 우리의 성격 탓이 아니다. 특정 상황이 우리의 행동에 미치는 영향 때문이다. 구체적 사항들을 점검하면 문제에 대처할 수 있게 된다.

커피를 그만 마시고 싶었던 한 여성은 다음과 같이 기록했다.

> 나는 커피를 끊기 위한 계획을 세웠지만 며칠 지나지도 않아 수포로 돌아갔다. 그래서 새로운 계획을 세웠지만 마찬가지로 실패했다. 그래서 계획을 실천할 때 어떤 일들이 일어나는지 상세하게 적어 보았다. 나는 "에너지를 얻으려면 커피가 필요해."라고 생각한다는 것을 깨달았다. 그래서 나는 에너지가 필요할 때 명상으로 활력을 찾는 새로운 계획을 시작했고, 이후 커피를 끊는 것이 훨씬 쉬워졌다.

"문제는 세부적인 사항 속에 숨어 있다(The devil is in the details)."라는 오랜 격언을 기억하자. 세부 사항을 나열하고, 브레인스토밍을 하고, 구체적으로 검토하고, 해결책을 고르고, 이에 대해 더 자세히 검토하는 과정에서 여러분의 문제해결 능력이 개선된다.

브레인스토밍으로 대안 마련하기. 브레인스토밍이란 그 어떤 것도 비판하지 않으면서 문제에 대해 가능한 한 많은 해결책을 생각해 내는 것이다. 우리의 동료 중 한 명은 담배를 피우고 싶을 때 할 것들에 대해 브레인스토밍으로 껌 씹기, 박하사탕 먹기, 미용 체조 하기, 걷기, 이 닦기, 커피 마시기, 식물 가꾸기, 요리하기, 공과금 내기, 전화하기, 옷 수선하기, 다림질하기, 쇼핑하기, 머리 빗기, 샤워하기, 뜨거운 물에 목욕하기, 옷장 청소하기, 물 마시기, 손장난하기, 좋은 향기 맡기 등을 생각해 냈다. 담배를 갈구하는 자신을 발견할 때면 그 목록 중 하나를 했다.

가장 먼저 떠오른 아이디어가 가장 좋은 아이디어가 아닌 경우가 많기 때문에 문제에 대한 많은 해결책을 구하는 브레인스토밍이 중요하다. 브레인스토밍 과정 중에 비판적인 태도를 버려야 한다는 것을 기억하자. 위에서 언급된 동료는 "처음에는 옷장 청소하기 같은 것들이 담배에 대한 주의를 돌리는 데 도움이 되리라 생각하지 않았지만, 실제로 이런 것들이 도움이 되었다."라고 얘기해 주었다. 해결책이 많아야 창의적인 해결책이 나올 가능성도 커지며, 몇 가지를 합쳐 전체 계획을 짤 수도 있다.

대체행동 고르기. 루비의 목표는 1주일에 세 번 빠르게 걷기 운동을 하는 것이었다.

> 2주 후 기록할 것이 없어 기록을 그만둔 것을 발견했다. 이미 너무 바빴던 데다가 무리하게 1주일에 세 번 빠르게 걷기를 하려는 계획까지 더한 것이다. 나는 재미가 부족하다고 느끼고, 재미있으면서도 운동이 되는 것들을 모두 나열해 보았다. 근력운동, 스케이트, 크로스컨트리 스키, 고정 자전거, 워킹머신, 스텝머신이 있었다. 나는 스케이트 타기를 선택해서 매주 한두 번씩 스케이트 타는 것을 목표로 세웠다.

새로운 계획을 실행하고 제대로 되는지 점검하기. 루비는 또 이렇게 적었다.

> 스케이트에 우선순위를 두는 데 노력이 필요하긴 했지만 8주 동안 매주 한 번씩 스케이트를 타는 데 성공했다. 가기 싫었지만 일단 도착하고 나면 재미있었다. 기록을 하면서 내가 갔던 주에는 체크 표시를 해두었다. 8주 후부터는 1주일에 두 번씩 가기 시작했다. 이제는 스케이트 타는 것을 아주 좋아한다!

다음은 전체적인 문제해결 접근의 예이다. 래리의 목표행동은 직장에서 콜라를 줄이는 것이었다. 래리는 하루에도 몇 병씩 콜라를 마셨다. 래리는 습관을 줄이는 데 성공했지만, 곧 직업을 바꿔 야간 택시 운전사가 되었다. 몇 주가 지나지 않아 래리는 잠을 깨기 위해 다시 매일 밤 콜라를 몇 병씩 마시게 되었고, 이로 인해 수면 문제가 생겼다.

래리는 무엇이 문제인지 생각해 보았다.

- 콜라는 나를 각성시킨다.
- 골목마다 편리한 콜라 자판기가 서 있다.
- 콜라가 나를 깨어 있게 해준다고 스스로에게 말한다.

그리고 가능한 해결책은 무엇인지 생각해 보았다.

- 자판기에 접근할 때마다 스스로 "그러지 마, 래리."라고 말한다.
- 택시에서 기록을 하고 집에서 전체 기록에 추가한다.
- 다른 직업을 구한다.
- 덜 해로운 음료로 대체한다.
- 음료를 사서 쓰레기통에 버린다.
- 깨어 있기 위해 음료가 필요 없도록 밤에 일하는 것에 완전히 적응을 한다.
- 콜라 사는 비용을 기록한다.

래리는 결국 세 가지를 하기로 결정했다. 즉, (1) 자기 자신에게 "그러지 마."라고 말하고, (2) 매일 콜라를 사기 위해 얼마를 썼고 몇 병을 마셨는지를 기록하며, (3) 콜라 대신 과일을 살 수 있는 작은 가게에 가기로 했다. **결과**는 다음과 같았다. "매우 효과적이었다. 이 과제를 시작한 이후 콜라를 손에 댄 적이 없다. 대신 오렌지 주스 마니아가 되었다."

유혹에 대처하기 위한 문제해결을 사용하라. 데이비드는 채소를 점심으로 준비하여 그것만 먹고 지방이 많은 핫도그는 안 먹을 생각이었다. 하지만 갑자기 그가 너무나 좋아하는 애플파이가 생겼다. 이런! 데이비드는 파이를 2개나 먹어 버렸다. 데이비드는 유혹에 대비하지 못했던 것이다.

데이비드와 같은 실책은 문제해결을 통해 줄일 수 있다. 많은 초보자들은 자신이 예기치 못한 유혹을 물리칠 만큼 '충분한 의지력'을 가졌다고 착각한다. 예를 들어, 데

이비드는 소풍 때 케이크나 머핀은 문제가 없다고 생각했다. 하지만 애플파이는 예상치 못했으며 '의지력'이 충분치 못했다. 데이비드에게는 침샘을 자극하는 애플파이에 저항할 구체적 계획이 필요했던 것이다.

우리는 **만약 … 그렇다면** 계획, 즉 특정 상황에서 어떻게 할지 결심하는 것을 몇 번이나 강조했다. 이때 문제해결을 사용한다. 예를 들어, 데이비드는 "그래, 예상치 못하게 애플파이를 너무 많이 먹었어. 이런 일이 다시 생기면 어떡하지?"라고 생각한다. 다음으로 문제해결을 시도한다. 즉, 상황을 구체적으로 적어 보고, 해결책을 생각하고, 최선의 방법을 선택하고, 필요한 상황에서 그렇게 했음을 알 수 있게 기록을 하기로 결정했다. "그래, 딱 한 조각, 그것도 작은 조각만 먹거나, '아니에요. 괜찮아요.'라고 말하거나, 파이에서 떨어지거나, '괜찮아요. 다이어트 중이에요.'라고 말하거나, 매력적인 여성을 찾아 대화를 나누거나, 가고 싶은 여행지에 대한 상상을 하면 돼."

✿ 문제해결의 중요성

문제해결을 사용하지 않는 사람들은 자기수정 노력에 성공할 가능성이 적다(Fitzgibbon & Kirschenbaum, 1992). 예를 들어 Richards와 Perri(1978)는 학업 성취 미달로 고민하는 학생들과 더 나은 학업 기술을 갖기 원하는 학생들을 훈련시켰다. 연구자들은 이 학생들 일부에게 문제 봉착 시 간단한 문제해결 전략을 사용하도록 훈련시켰다. 다른 학생들에게는 훈련을 시키지 않았다. 문제해결 전략을 사용하지 않는 학생들에게서 학습 기술의 빠른 퇴보가 관찰되었다. 그들은 새로운 문제가 나타나는 새로운 상황에 처했을 때, 새로운 공부기법을 적용하는 데 실패했다. 대조적으로 문제해결 기법을 사용한 학생들은 개선된 학습 기술을 훈련 종료 후 1년까지도 유지하고 있었다.

또 다른 연구에서 비만 여성 중 다이어트 시 일어나는 문제에 대처하기 위해 문제해결 기법을 사용하도록 훈련받은 사람들은 다양한 기법을 사용하지만 문제해결은 사용하지 않은 사람들에 비해 체중의 10%를 감량하고 이를 유지할 가능성이 더 높은 것으로 나타났다(Perri et al., 2001).

문제해결 기법은 불안, 우울, 약물 남용, 부부 문제, 원치 않는 임신의 예방, 대학에서의 저조한 학업 수행, 체중 조절에 성공적으로 사용된다(Nezu, 2004; Nezu, D'Zurilla, Zwick, & Nezu, 2004). 문제해결을 배우는 사람들은 스트레스에 더 효과적으로 대처하며(D'Zurilla, 1990; D'Zurilla & Chang, 1995), 문제해결을 사용하는

암 환자와 보호자는 질병 관련 스트레스를 더 적게 경험했다(Nezu, Nezu, Felgoise, McClure, & Houts, 2003). 다양한 질병에 대한 다수의 연구 결과들을 종합한 연구에 따르면 문제해결은 일반적으로 심리적 · 신체적 건강문제를 완화시킨다고 한다(Malouff, Thorsteinsson, & Shutte, 2007). 이 방법은 정말로 효과적이어서, 쓰지 않는 사람은 바보로 여겨질 정도이다.

자신의 첫 번째 계획이 삐걱대면 어떤 부분이 얼마동안 성공적이었는지 확인해 본다. 6일 동안 잘 참다가 결국 담배를 물고 만 자신을 책망하지 말라. 대신 "7일째에 무엇이 잘못되었나?" 하고 자문해 보자. 이때 문제해결을 사용한다.

캐럴은 이렇게 적었다.

> 작년에 나는 시간 관리를 더 잘하려고 노력했다. 나는 다시 학교에 돌아왔고 동시에 이혼에 적응하는 중이었다. 스트레스가 지나쳐서 시간 관리가 어려웠고, 결국 문제해결을 시도해 봐야겠다는 생각을 하게 되었다. 시간 관리 프로그램이 잘되지 않았을 때 상황을 자세히 살펴보니, 가장 큰 문제는 내가 스트레스를 많이 받는다는 것이었다. 너무 스트레스를 받아 변덕스럽게 스케줄을 무시하곤 했다. 그래서 나는 스트레스에 대처하기 위한 방법으로 운동을 프로그램에 포함시켰고, 이로 인해 시간 관리를 더 잘할 수 있었다.

문제이해: 자기수정 시 공통적인 문제들

학습목표

- 자기수정 시 실패하는 공통적인 원인은 무엇인가?
- 어떻게 해결해야 하는가?

변화를 위한 노력이 언제나 성공적인 것은 아니다. 자기수정의 실패 이유를 이해하면 대처가 가능하다. 무엇이 성공을 방해하는가? 성공을 쟁취하기 위해 무엇을 할 수 있는가?

✿ 자기변화는 자기초점을 필요로 한다

기록하기. 자기변화에 실패하는 가장 흔한 이유 중 하나는 자기관찰을 적절히 하지

글상자 9-2 솔직한 조언

어느 크리스마스 요리책의 저자가 신문 인터뷰에서 질문을 받았다.

"명절에는 잠시 칼로리 따위는 잊어도 될까요?"

그녀는 대답했다. "그럼요, 크리스마스잖아요. 먹고 싶은 건 다 드세요." 이 조언에 따르는 사람은 바보이다. 그건 살찌는 지름길이다.

여기 우리의 조언이 있다. 먹은 것을 기록하라. 그렇게 하면 살이 찌지 않고도 휴일을 즐길 수 있다. 모두가 과식할 때가 조심해야 할 때이다. 제1장에서 크리스마스 휴가 때 먹은 것을 기록하지 않은 사람들이 이를 기록한 사람들보다 몇 배나 더 살이 쪘다는 연구 결과를 떠올려 보라(Baker & Kirschenbaum, 1993, 1998). 뭐든 먹을 수 있지만 다 먹어서는 안 된다. 몸무게를 조절하려면 여러분이 무엇을 먹는지 알아야 한다.

않았다는 것이다. 체중 감량이 목표인 사람이 음식 기록을 중단하면 좋은 식습관도 중단된다(Kirschenbaum, 1994). 자신이 달성하려는 행동에 집중해야 한다. 여러분은 이전의 원치 않는 습관을 극복하거나 새로운 습관을 만드는 중요한 시기에 있다. 여기에는 집중이 필요하다.

한 중년 여성은 다음과 같이 적었다.

> 강의가 끝난 후 나는 1주일에 네 번씩 지속적으로 운동을 했다. 이렇게 꼬박꼬박 운동을 한 것은 살면서 처음이었고, 그만두지 않기 위해 몇 달 동안 기록을 계속했다. 이후 남편과 나는 한 달간 휴가를 떠났다. 나의 하루는 집에 있을 때와는 완전히 달랐고, 기록을 계속할 수 없었다.
>
> 아마도 그래서 운동을 까맣게 잊게 된 것 같다. 한 달 동안 거의 운동을 하지 않았다. 집에 돌아오고 나서 기록지를 다시 냉장고 문에 붙였고, 2주 내에 운동을 재개할 수 있었다(**글상자 9-2**).

✿ 의기소침?

기록하라. 프로젝트가 잘 안 돌아가면 기록을 그만두고 싶은 유혹이 생긴다. 스스로 부끄러워지기 때문이다. 기록이 말해 주는 사실을 직면하지 않기 위해 그만두게 된다. 그러나 자기변화에 성공적이지 않을 때에도 기록을 계속해야 추후에 성공할 가능성이 높아진다. 자기관찰은 행동의 선행자극과 결과에 대한 이해를 높인다.

원래 베라의 불만은 외로움이었다. 하지만 며칠 동안의 자기관찰 끝에 베라는 다른 사람들과 함께 있을 때의 자신의 태도가 외로움에 한몫을 하고 있음을 깨달았다. 그녀는 다음과 같이 적었다.

> 가깝게 지내는 사람이 아무도 없었기 때문에 외롭다고 생각했다. 주변의 남자들을 떠올리며 그중 한 명이랑 사귀면 더 이상 외롭지 않을 것이라고 생각했다. 하지만 아무도 눈에 차지 않아 나는 계속 외로웠다.
>
> 나는 그 이유가 재미있는 남자를 찾기 힘들기 때문이라고 생각했다. 내 사고방식에 대해서는 별로 신경 쓰지 않았다. 남자를 만날 때 내가 어떤 생각을 하는지 기록한 후 그 생각들이 매우 부정적이라는 사실을 깨달았다. 남자를 만나면 "또 지루한 이야기를 하네. 도대체 사람들은 왜 이렇게 지루할까?"라고 생각하곤 했다.
>
> 며칠간의 기록 후에 패턴을 발견했다. 나는 곧바로 중요하고 의미 있는 대화를 하길 원했다. 그래서 사소한 대화가 오고 가면 이런 부정적인 생각을 하게 되었다. 문제는 사소한 이야기가 필요할 때가 있다는 점이었다. 새로운 사람과 만나자마자 인생의 의미를 논할 수는 없다.
>
> 이렇게 해서 나의 이런 부정적인 사고가 문제를 만들고 있다는 사실을 깨닫게 되었다. 잡담은 사람들과 친해지는 방법이기 때문에 잡담에 대해 너무 부정적으로 생각하지 않아야 한다. 그것이 내가 지금 하고 있는 프로젝트이다. 나는 이런 대화를 '사소한 대화'가 아닌 '대화의 시작'으로 생각하려 한다.

우리가 이 책에서 다이어트 성공 사례로 자세하게 소개하고 있는 피트는 그가 일일 기준치를 넘기면 먹은 것을 적지 않아, 매일 저녁 지나치게 많이 먹게 되는 문제를 어떻게 '해결'했는지 이야기해 주었다. 그는 기준치를 넘더라도 계속해서 기록하도록 노력함으로써 점차 원하지 않는 행동에 대한 통제력을 가지게 되었다. 이것은 그가 기록을 통해 스스로를 변화에 대한 양가감정에 직면하도록 만들었기 때문이다(Howell & Shepperd, 2012). 그는 원했을까, 원치 않았을까?

기록을 작성하지 않고 있다면, 기록을 습관으로 만드는 방법을 다룬 제3장의 내용을 참조하라.

변화를 위해 기법을 사용하지 않는다면. 기법을 사용하지 않으면 성공하기 어렵다.

연구 결과, 자기변화 기법을 사용하지 않는 사람들은 체중 감량에 '가장 성공적이지 못한' 반면에, 활동 늘리기, 변화 계획 세우기, 긍정적 자기진술 같은 기법을 사용하는 사람들은 '가장 성공적'이었다(Head & Brookhart, 1997).

무엇을 해야 할지 확신이 서지 않는다면, 이러한 단계들을 하나씩 밟아 보라(Tompkins, 2003). 우선 제1장을 다시 읽어 보라. 자기수정의 성공률이 나와 있다. 목표를 달성하지 못할 것이라고 생각한다면 제2장을 다시 보라. 자기효능감을 늘리고 하위 목표를 이용하는 방법이 실려 있다. 무엇을 해야 할지 모르겠다면 제5장부터 제7장까지 다시 읽어 보라. 여러분이 해야 할 일을 단계별로 적어 놓았다. 예를 들어 여러분의 프로젝트가 너무 어렵다면, 조형법을 사용하여 단계를 쉽게 바꾸어 보라. 감정이 문제라면 그것부터 해결하라.

기법을 사용하고, 평가하라. 노력하지 않으면 당연히 소용이 없다.

비현실적인 목표는 자신감을 잃게 한다. 체중을 줄이려는 사람들은 종종 과도하게 낙관적인(거의 불가능한) 목표를 세웠다가 이 목표를 달성하지 못해 실망하곤 한다(Polivy & Herman, 2002). 페니는 체중 86kg에서 시작하여 목표는 54kg이었지만, 실제로 68kg까지 줄였는데, 훨씬 날씬하고 건강해 보이는데도 '마르지' 않았다고 포기해서 다시 88kg이 되었다. 완벽을 달성하지 못했다고 용기를 잃지 않도록 한다. 완벽에 도달하려면 시간이 걸린다. 원래의 행복하지 않은 상태에 머무르기보다는 완벽하지 않더라도 조금이라도 좋아진 상태가 훨씬 낫다.

느린 경과. 데이나의 프로젝트는 친구를 많이 사귀는 것이었다. 처음에 그는 얼마나 자주 남들과 대화하는지만 기록했다. 그는 즉각적으로 어느 정도 성공을 거두었는데, 이는 아마도 기록을 하면서 대화를 더 많이 하게 되었기 때문일 것이다. 하지만 데이나는 다른 기법들은 사용하지 않았다. 며칠 후 기록의 새로움이 사라지고, 그는 다시 소극적인 모습으로 돌아갔다. 결국 그는 효과가 없다며 자기변화 프로젝트를 그만두었다.

새로운 습관을 형성하는 데 시간이 걸린다면, 계속할 동기를 주는 방법이 있다(Kanfer & Ackerman, 1995; Schunk & Zimmerman, 2008). 기술을 습득하는 초기에는 향상이 빠르고 신난다. 그러나 이 단계는 빨리 지나간다. 초기 효과는 금방 사라지고 집중력과 주의력을 잃기 시작할 것이다. 그리고 점차 더 어려운 문제들을 다루어야 하는 상황이 된다. 습관을 새로 만드는 데에는 시간이 필요하므로, 계속적인 자기관찰로 목표에 집중해야 한다.

경과가 느리다면, 좀 더 구체적인 하위 목표를 세운다. 장기적으로 데이나의 최종 목표는 더 많은 친구를 사귀는 것이었지만, 그러기 위해서는 많은 사람을 만나고, 대화 빈도를 늘리고, 전화나 인터넷상으로 대화를 하는 등 전반적으로 교류를 늘려야 한다. 매일 최소한 한 번 이상의 인터넷상 대화하기 같은 단기 목표는 달성이 쉽기 때문에 데이나는 어느 정도 나아지고 있음을 느꼈을 것이다. 덧붙이자면 데이나는 단기 목표 성공도 기록했어야 한다.

도움이 되지 않는 친구들. 때로는 친구들이 의지를 꺾는다. "넌 의지력이 부족해."라거나 "생각을 기록한다고? 제정신이 아니구나."라고 말한다. 과연 그럴까? 우리가 제시한 아이디어들이 낯설다는 이유로 그 효과에 대해 의문을 가지는 사람들이 간혹 있다(Shelton & Levy, 1981). 그것이 우리가 이 책에 많은 연구에 대한 참고문헌을 실은 이유이다. 그 증거이기 때문이다. 여러분의 친구들이 이 연구들을 전부 다 알 수는 없지 않은가?

사람들은 또 당신을 유혹하기도 한다. "그래, 담배 피워. 하나는 괜찮아."라고 하면서 말이다. 여러분의 노력이 자신에게 불편을 초래하기 때문에 방해하는 사람들도 있다. 주인이 다이어트하는 손님에게 음식을 권하는 것처럼 예의상 그럴 수도 있다.

때로 사람들은 여러분의 변화 노력을 처벌한다. 자기주장을 잘하려고 노력하는 경우가 그렇다. 자신감 있게 의견을 말할 수 있게 된 여러분은 평지풍파를 일으켜 다른 사람들을 불편하게 만든다. 한 학생은 살아오면서 언니가 권유하는 것은 무엇이든 했다고 한다. 그녀가 자기주장을 하면 언니는 '강압적'이라고 불평을 했다. 이 학생은 자신의 목표와 그 이유를 찬찬히 설명하면서 점차 언니의 협조를 얻어 낼 수 있었다. 하지만 이 방법이 항상 가능한 것은 아니다. 여러분은 선택을 해야 한다. 새로운 목표는 친구나 가족의 반대를 무릅쓸 만한 가치가 있는가?

덧붙여 말하면, 대부분의 사람들은 자신의 의견을 말하는 데 소극적인 여성보다 자신감 있는 여성을 더 좋아하며, 그런 여성이 더 유능하다고 생각한다는 점을 기억하자(Levin & Gross, 1984).

✿ 스트레스, 알코올, 그리고 자기통제 피로

스트레스. 스트레스는 자기변화 시 주의를 분산시킨다. 한 이론에 따르면 스트레스를 받으면 감정을 조절하느라 자기조절의 다른 측면에 집중할 수 없게 된다고 한다

(Baumeister & Heatherton, 1996; Baumeister, Heatherton, & Tice, 1994). 스트레스 상황에서 자기조절이 불가능한 것은 아니지만, 주의가 흩어지기 때문에 높은 집중력이 필요한 자기통제는 방해를 받는다. 잘 연습되고 습관적이며 자동적인 자기통제만이 유지된다. 루신다는 다음과 같이 얘기했다.

> 3년 전 남자 친구가 죽고 나서 위안을 찾기 위해 먹기 시작했고 체중이 늘기 시작했어요. 다이어트를 하려 했지만 계속할 수가 없었어요. 일을 하고 아이들 돌보는 것만으로 인생이 너무 힘들어서 다이어트는 꿈도 꿀 수 없었지요. 이제는 훨씬 좋아졌고 인생도 순탄해요. 아마도 이제는 합리적으로 먹는 방법을 고려해 볼 수 있을 것 같아요.

이미 스트레스를 받고 있는 중에는 자기변화 프로젝트를 시작하기가 더 어려우며 실패할 가능성도 커진다(Cohen & Lichtenstein, 1990; Goodall & Halford, 1991; Kirschenbaum, 1987). 이런 상황에서 최선의 접근은 스트레스 자체를 다루는 자기수정 프로젝트를 개발하는 것이다. 일단 스트레스가 줄어들면 다른 목표를 수행할 수 있다(글상자 9-3 참조).

알코올. 알코올은 주의를 협소하게 만들며 특히 자의식을 감소시킨다(Hull, 1987). 사실 우리는 그래서 술을 좋아한다. 즉, 술 한두 잔은 자의식을 무디게 하여 행동을 느슨하게 만든다. 하지만 이런 상태에서는 목표행동을 관찰하기 어렵다. 술을 마시면 금연하고자 하는 사람은 담배를 피우기 더 쉽고, 체중 감량자는 과식하기 쉬우며, 화를 잘 내는 사람들은 감정을 못 이기기 쉽다(Niaura et al., 1988). 술을 마시면 이런 유혹(과식, 과음, 책망)에 넘어갈 가능성이 크다. 알코올은 진정제이기도 해서 음주 후에는 운동이나 일을 하기 힘들어진다. 우리가 아는 한 부부는 와인 두 잔만 마셔도 자기통제가 안 되고 나중에 후회할 말을 한다는 것을 깨달은 후에 술을 마시지 않기로 결정했다.

자기통제 피로. 자제력을 약하게 만들지 않도록 주의하라. 자제력은 계속 사용하면 줄어들고, 피로해진다(Baumeister et al., 1998). 유혹에 대한 장기간의 저항은 우리의 저항력을 약화시킨다. 하나의 유혹을 오랫동안 참으면 두 번째 유혹에 쉽게 넘어갈 수 있다(Schmeichel & Baumeister, 2004). 케이크는 물리쳤지만 도넛에 항복하는 것이다. 너무 많은 유혹이 너무 순식간에 닥치면 자기통제가 불가능해진다(Baumeister & Vohs, 2003). 하루 중 늦은 시간에는 좋지 않은 자기통제 결정을 내리기가

글상자 9-3 스트레스로 탈진한 학생의 사례

루스는 26살의 기혼 여성으로 일과 학업을 병행하고 있다. 그녀는 초등교육을 전공했고, 좋은 교직을 얻으려고 일반과학을 복수 전공했다. 그녀의 문제에 대한 첫 진술은 모호했다. "나는 학교에 다닐 동기가 줄어들고 있다. 또한 지나치게 감정적이 되고 남편과도 자주 싸운다. 과학을 좋아하는데도 불구하고 과학 프로젝트가 손에 잡히지 않는다." 우리는 루스에게 문제의 세부 항목들을 모두 나열해 보고 특정 목표를 찾아보라고 조언했다. 그녀는 다음과 같이 기록했다.

> 학업에 대한 걱정 때문에 남편과 싸우게 된다고 느낀다.
>
> 내가 보통 기분이 좋지 않은 이유도 학교 일 때문이다. 수업 참여를 규칙적으로 하지 않고 있다.
>
> 과제 준비에 지나친 부담을 갖고 있다. 공부 습관이 망가지고 있다.
>
> 수업이 예전처럼 중요하게 느껴지지 않는다. 테니스를 치는 데 더 많은 시간을 보내고 있다.
>
> 교육대학원 수업 두 개에 대한 부담이 제일 크다.
>
> 이 수업 두 개가 가장 문제이다. 위협적일 정도이다. 제일 어려운 과목은 교육사이다.

그러고 나서 루스는 가능한 해결책을 브레인스토밍 했다.

> 학교를 그만둔다. 전공을 바꿔 초등교육 전공으로 돌아간다. 교육과정들을 철회하고 대학원을 포기한다. 학업을 도와줄 사람을 찾는다. 자동차를 팔아 테니스 코트에 갈 수 없게 한다. 점쟁이를 찾아간다.

다양한 해결책들을 생각해 본 후, 애초에는 생각지도 못했던 결정인 교육사 수업 철회를 선택했다. 그로 인해 얻은 시간을 다른 수업의 뒤처진 부분을 따라가고 집중하는 데 쓸 수 있다는 이유에서이다. 초반에 그녀는 문제를 구체화하는 데 어려움이 있었지만, 세부 항목들을 나열하고 해결책 몇 가지를 브레인스토밍하여 합리적인 계획을 구상할 수 있었다.

어떤 사람들에게는 목표로 하는 문제행동이 스트레스와 직결된다. 예를 들어 술을 마시면 스트레스가 줄어든다. 여러분이 그렇다면, 여러분의 첫 번째 과제는 운동과 같은 새로운 대체법을 배우는 것이다.

더 쉽다(Baumeister & Heatherton, 1996). 하루 종일 자제력을 발휘하면, 피곤해져서 다이어트를 그만두거나, 담배 한 대를 피우거나, 감정이 폭발할 수 있다(Sayette, 2004).

주의분산, 상황 회피, 그리고 **만약 … 그렇다면** 계획을 사용하는 것은 이러한 문제에 대한 최고의 해결책이다. 유혹에 직면하여 싸우는 대신 주의를 다른 곳으로 돌리거나, 도망치거나, **만약 … 그렇다면** 계획을 실행하자. 자신을 통제하는 데서 오는 긴장을 감소시켜 자기통제 피로감을 줄인다.

✿ 문제에 대한 접근방식: 자기통제 피로의 예

자기통제 피로를 완전히 이해하려면 알아야 할 것이 더 있다. 여기 재미있는 발견이 있다. 사람들이 자기조절에 일정한 용량이 있다는 것, 즉 자기조절력이 피로해진다는 것을 믿지 않으면, 그 효과가 덜 나타난다는 것이다(Job, Dweck, & Walton, 2010). 자신의 자기조절력에 한계가 없다고 믿는 사람들은 일정 시간 동안 자기조절력을 발휘하고 난 후에도 피로를 보이지 않았다. 인생의 힘겨운 시기를 보내는 동안 의지력이 줄어드는 일은 한계를 믿지 않는 사람들보다 이를 믿는 사람들에게 더 많이 나타난다. 즉, 자기통제 피로를 믿지 않으면, 피로해지지 않는다.

자기통제 시, 문제에 대한 태도가 대처 방식에 영향을 미친다(Fujita & Han, 2009). 학생들이 의지력에 대해 어떤 이론을 가지고 있는지가 그들이 건강하지 않은 음식을 먹고 싶은 유혹과 시험 기간에 공부를 미루고자 하는 유혹에 어떻게 대처할지를 예측한다(Job et al., 2010). 자신의 자제력에 한계가 있다고 믿는 학생들은 자기조절 피로를 보였지만, 그렇지 않은 학생들은 같은 효과를 보이지 않았다. "할 수 있다고 믿으면, 할 수 있다."라는 말도 있지 않은가?

어떤 사람들은 실패는 자기 탓으로 돌리면서 성공은 자신에게 귀인시키지 않는다(Dweck, 1975). "실패하면 내 탓이고, 성공하면 운이 좋아서 그래."라고 생각한다. 자신의 생각을 관찰하라. 성공에 초점을 맞추고 여태까지 일어났던 긍정적인 결과가 자신 때문임을 깨달아야 한다. "실패했다면 내가 충분히 노력하지 않았기 때문이다. 성공했다면 내가 충분히 노력했기 때문이다."라고 말이다.

재발 방지

학습목표

- 재발 과정을 설명하라. 한 번의 실수와 재발의 차이점은 무엇인가?
- 절제 위반 효과란 무엇인가?
- 고위험 상황을 알아내는 방법은 무엇인가?
- 고위험 상황에서 문제해결을 사용하는 방법을 설명하라.
- 고위험 상황을 대처하기 위한 자기지시의 종류를 나열하라.
- 실수가 재발로 발전하는 것을 어떻게 막을 수 있는가?
- 실수를 하자마자 어떻게 해야 하는가?
- 사전에 어떤 종류의 자기계약과 메모를 준비해야 하는가?
- 나쁜 습관을 묵인하는 것에 대해 설명하라. 묵인하지 않으려면 무엇을 해야 하는가?

젭은 15살 때부터 흡연을 시작했다. 25살 때 젭은 담배를 끊어야겠다고 생각했다. 그는 "8월 1일자로 금연하겠다."라고 날짜를 정했다. 그 날짜가 다가오자 젭은 진짜로 할 수 있을지 걱정했지만 시도해 보기로 결심했다. 당일 아침 일어나 커피를 마시고 담배를 찾았지만 "안 돼."라고 말하고 담배와 성냥, 재떨이를 모두 쓰레기통에 버렸다. 그 후 10일 동안 젭은 담배를 한 개비도 피우지 않았다.

이 시기에 젭에게 다른 변화들도 있었다. 젭과 여자 친구 사이에 문제가 생겼던 것이다. 여자 친구는 헤어지기를 원했지만 젭은 그렇지 않았다. 결국 여자 친구는 이별을 통보했다. 그녀가 천생연분이라고 생각했던 그는 절망감에 빠졌다. 우울한 상태는 계속되었고, 최근 시험에서 예상치 못한 낮은 점수를 받으며 더 심해졌다.

그 주말에 젭은 기분 전환을 위해 동네 술집에 갔다. 그러나 기분이 나아지지 않았다. 낯선 사람들이 서로에게 잘 보이려는 애쓰는 광경이 그를 더 울적하게 만들 뿐이었다. 모든 사람들이 담배를 피우러 밖으로 나가는 것처럼 보였다. 그는 '최악'이라고 생각하며 "담배 한 대를 피우면 바로 기분이 좋아질 텐데."라고 생각했다. 친구가 "나가서 담배 피울래?"라고 했을 때 젭은 얼른 따라나섰다. 몇 분 후 젭은 구멍가게로 가서 좋아하는 담배 한 갑을 샀다. 그는 술을 한 잔 더 주문하고 기분이 좋아져 담배에 불을 붙였다.

젭은 다음 날 일어나 커피를 따르고 담배를 피웠다. 1년 후 그는 여전히 흡연을 하고 있었다. "어차피 못 할 거라고 생각했어. 그날 밤에도 그랬잖아. 나는 중독되었고 끊을 수 없어."라고 생각하면서 말이다.

젭의 이야기는 재발을 방지하는 데 유용한 몇 가지 요소를 담고 있다. 여러분의 문제가 과식이든, 음주이든, 중독이든, 우울이든, 재발의 가능성은 항상 존재한다.

우선 **실수**(lapse)와 **재발**(relapse)을 정의해 보자. 실수는 착오나 잘못이다. 실수는 하지 않으려는 행동을 했다는 것이다. 담배를 몇 모금 피우거나 친구들에게 다시 무례하게 굴거나, 다이어트에 시들해지는 것이다. 재발은 원치 않는 행동이 원래의 습관대로 완전히 돌아간 것이다. 더 이상 담배를 끊으려는 노력을 하지 않거나, 살을 빼려고 하지 않는 것이다.

젭이 금연 후 처음 담배를 피운 것은 재발된 것이 아니며, 단지 한 번의 실수일 뿐이었다. 더 나은 자기통제를 위한 여정에서 사실 많은 사람들이 다양한 실수를 여러 번 하게 된다. 하지만 한 마리 제비가 여름을 몰고 오진 않는다. 실수를 예상하라. 실수가 원치 않는 문제행동으로 완전히 돌아가는 재발로 번지지 않게 하는 것이 관건이다.

✿ Marlatt의 재발 과정 모델

젭이 다시 담배를 피울 때, 그의 마음속에는 어떤 일이 일어나고 있었을까? 그는 감정적으로 좋지 않은 상태였다. 여자 친구는 떠나고 시험은 망쳤다. 젭은 위험한 상황, 즉 많은 사람들이 흡연을 하는 술집에 들어갔다. 젭은 금연에 대한 자신의 능력을 의심했다. 그는 한 친구가 담배를 권했을 때 준비가 되어 있지 않은 상태에서 승낙하게 되었다. 그는 담배를 피우면 기분이 나아질 것이라고 믿었고, 실제로도 그런 것 같았다. 나중에 젭은 재발했음을 깨달았고 그 재발이 자신의 내부적 요인—즉, 흡연 중독, 금연하지 못하는 자신의 무능력, 의지력의 부족—때문인 것으로 생각했다. 그로 인해 다시 금연을 시도할 이유가 없다고 생각하게 되었다.

재발 과정을 설명하는 몇 가지 모델이 있다(Laws, 1995). 그중 가장 널리 알려진 것이 G. Alan Marlatt과 그의 동료들의 설명이다(Marlatt & George, 1990; Marlatt & Gordon, 1985). 이 모형은 **그림 9-1**에 제시되어 있다. 원래의 모델에는 과정이 선형적이지만, 최신 모델에서는 이론이 그처럼 단순하지 않고, 재발의 원인이 다양하며, 재발 이전에 일어난 과거의 사건들이 현재의 상황에 영향을 미치는 것으로 본다(Laws, Hudson & Ward, 2000; Witkiewitz & Marlatt, 2004). 가족사나 개인이 받는 사회적 지지의 수준과 같은 현재 상황 이외의 요소들이 실수가 재발이 되는 데 영향을 준다.

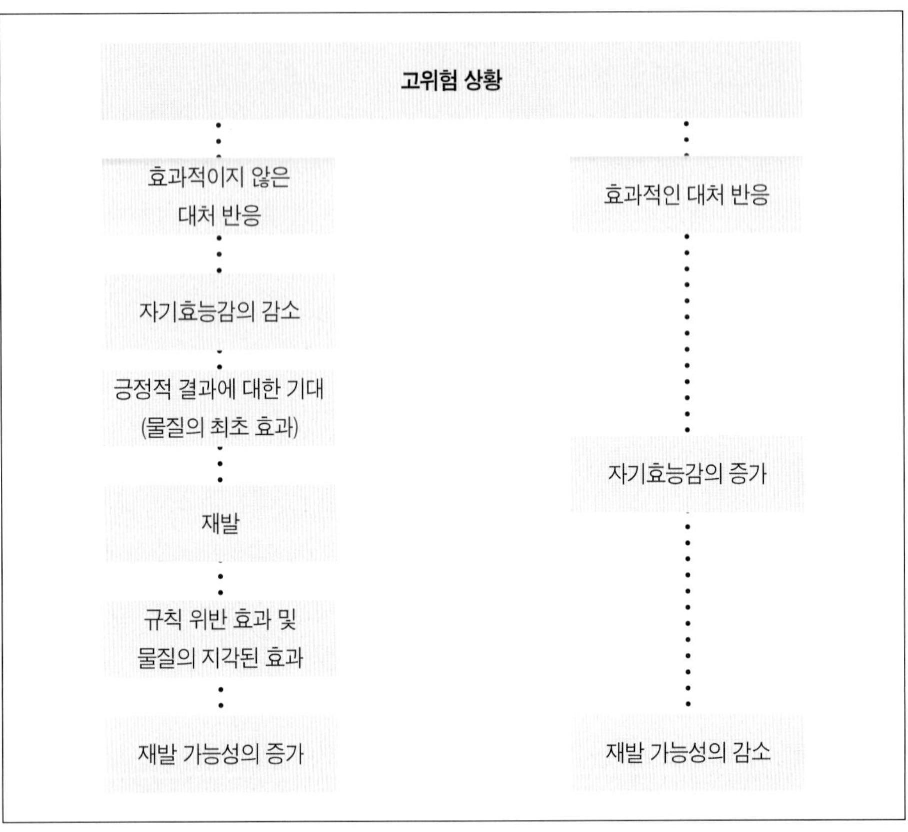

그림 9-1 재발 과정에 대한 Marlatt의 초기 인지행동적 모형. 2004년 Marlatt과 Witkiewitz는 더욱 역동적이고 복합적인 모형을 제시했으며, 그 구성요소는 초기 모형과 비교하여 설명과 함께 이 책에 제시될 것이다.

출처: *Relapse Prevention: Maintenance Strategies in the Treatment of Addictive Behaviors*, edited by G. A. Marlatt and J. R. Gordon, 2nd edition, 2005, The Guilford Press. Copyright © 1985. 허락하에 재인쇄함.

재발 모형은 흡연이나 음주 같은 중독 상황에만 국한되어 적용되지는 않는다. 재발 모형은 이전의 원치 않는 방식으로 돌아갈 위험이 있는 모든 자기변화 프로젝트에 적용될 수 있다. 예를 들어, 우울의 재발은 실망감에서 시작하여 "나는 실패자야. 그렇게 오랫동안 노력했는데도 아직도 제대로 못하다니."와 같은 기존의 부정적 자기 진술이 다시 등장하는 상황을 가져온다(Teasdale, Moore, Hayhurst, Pope, & Segal, 2002).

도박, 운동, 과식, 공부, 우울, 원치 않는 성행동 등의 문제를 가지고 있는 사람들도 이 모형을 이해함으로써 도움을 받을 수 있다(Brownell, Marlatt, Lichtenstein, & Wilson, 1986). 흡연, 음주, 약물 사용 같은 중독 행동에 대한 변화 노력이 성공하기 위해서는 이 절에서 소개되는 개념을 사용해야 한다(Glasgow & Lichtenstein, 1987).

젭의 경험을 참고하여 그림 9-1의 모형을 따라가 보도록 하자.

고위험 상황이란 원치 않는 행동에 빠지게 하는 유혹이 평소보다 큰 경우를 일컫는다. 젭의 고위험 상황은 부정적 감정 상태, 즉 기분이 안 좋고 우울한 것이었다. 그의 눈에 술집 안의 모두가 담배를 피우는 것처럼 보였기 때문에 흡연에 대한 사회적 압력이 높아졌다. 이때 누군가 젭에게 담배를 권했다.

무엇이 상황을 위험하게 만드는지는 어느 정도 개인의 학습 경험에 따라 좌우된다. 어떤 사람에게 제니 이모가 만든 파이가 참을 수 없는 유혹이 될 수도 있지만, 모두에게 그런 것은 아니다. 그러나 잽의 사례가 그렇듯 일반적인 고위험 상황도 존재한다.

젭은 위기에 효과적으로 대처할 수도 있었다. 자신의 감정 상태를 인식하고, 실수할 가능성이 높아짐을 알고 이에 대처할 수도 있었다. 그렇게 했더라면 재발 모형의 바람직한 경로를 따라 고위험 상황에서 효과적인 대처로 자기효능감이 증가하고, 대처 연습을 통해 기술 향상이 이루어졌을 것이다.

안타깝게도 젭은 이 모델의 부정적인 경로를 따랐다. 그는 자신이 고위험 상황에 있는 것을 깨닫지 못했고 대처도 효과적이지 못했다. 그는 우울에 대처하는 이전의 나쁜 방식인 흡연을 다시 택했다.

젭에게는 다음 날 아침부터 다시 금연을 할 기회가 있었다. 하지만 복합적 요인, 즉 고위험 상황에 효과적으로 대처하지 못한 점, 담배가 기분을 좋아지게 할 것이라는 기대, 담배를 어차피 끊지 못할 것이라는 믿음이 생각이 실수를 재발로 연결시켰다(Marlatt & Gordon, 1985).

또한 젭은 **절제 위반 효과**(abstinence violation effect)를 경험했다. 사람들은 완전한 절제 규칙을 세운다. 도박꾼은 다시는 도박하지 않겠다고 서약하고, 흡연자는 다시는 담배 한 개비도 피우지 않겠다고 하며, 과체중자는 다시는 폭식하지 않겠다고 맹세한다. 이때 사람들은 그 중간 영역은 없다고 믿으며, 한 번이라도 실수로 금지된 행동을 하는 것은 완전한 실패라고 여긴다. 하지만 변하려는 노력을 하며 누구나 실수를 저지른다. 퇴보하게 되면 사람들은 실수에 대해 자책을 하고 이에 대해 어찌할 방도가 없다고 느끼며, 이러한 생각이 재발로 이어진다(Curry, Marlatt, & Gordon, 1987; Grilo & Shiffman, 1994). 이 문제에 대한 가장 좋은 대처는 이를 알아차리고, 이러한 사고방식을 피하는 것이다(Roberts & Marlatt, 1998).

젭은 술집에서 한 번 흡연을 한 이후 이 행동이 자신이 지금껏 가져왔던 믿음, 즉 자신은 담배를 끊을 수 없음을 증명하는 것이라고 느꼈다. 그는 흡연을 한 상황이 일시적-저조한 기분, 술집에 있었다는 점, 흡연을 권유받았다는 점-이라는 점을 무시하고 자신의 성격을 탓했다. 행동에 대한 상황의 효과를 무시하는 것은 흔한 사고 오류이다(Nisbett & Ross, 1980). 젭의 경우 이것이 실제 문제로 이어졌다. 이러한 문제에 대한 가장 좋은 사고방식은, 스스로 나약하다고 생각할 것이 아니라 그저 상황에 기습당한 것임을 깨닫고 다시는 같은 일이 반복되지 않도록 주의하는 것이다.

실수가 재발되는 것을 막는 가장 좋은 방법 중 하나는 사회적 지지와 응원을 구하여 다른 사람들의 도움으로 재발을 피하는 것이다(Stanton, 2005). 예를 들어, 젭이 실수한 다음 날 "안 돼! 다시 담배를 피우지 마! 우리 조깅이나 하러 가자. 그러면 마음을 떨치는 데 도움이 될 거야. 어서! 너는 할 수 있어."라고 말해 주는 친구가 있었다고 가정해 보자.

기억하라. 여러분은 분명 실수할 것이다. 과식을 하거나, 흡연을 하거나, 원치 않는 성적 행동을 하거나, 그만두고 싶은 일을 다시 저지를 것이다. 관건은 거기서 멈추는 것이다. 실수가 재발되는 가능성을 줄이기 위해 무엇을 할 수 있는가? 다음의 3단계가 있다.

1. 자신의 고위험 상황을 인식한다.
2. 고위험 상황에 직면하는 경우에 대처한다.
3. 실수가 재발되지 않도록 막는다.

✿ 고위험 상황 인식하기

사람들은 흡연, 약물 사용 혹은 과식 같은 원치 않는 행동의 재발이 억제할 수 없는 갈망에 기인한다고 생각하지만, 사실 재발로 내모는 것은 갈망 그 자체가 아니다. 예를 들어, 어떤 금연자들은 담배를 끊고 나서 몇 년 동안 때때로 금연의 욕구를 느끼지만 재발하지는 않는다. 갈망 그 자체가 재발을 초래하지는 않는다. 그렇다면 무엇 때문일까?

사실 흡연, 강박적 도박, 약물 사용, 음주, 과식 같은 행동에 대한 고위험 상황은 비교적 예상 가능하다(Baumeister, Heatherton, & Tice, 1994; Marlatt & George, 1990; Velicer, DiClemente, Rossi, & Prochaska, 1990). 다음은 주요한 네 가지 요인이다.

1. 기분이 안 좋은 상태
2. 유혹이 될 수 있는 사회적 상황

3. 음주
4. 예기치 않은 (피해야 할) 유혹

1. **기분이 안 좋은 상태.** 우울하고, 화가 나고, 좌절스럽고, 지루하고, 불안한 감정은 누구에게나 고위험 상황이다. 예를 들어, 연인과의 싸움은 기분을 저하시키므로 자기통제에 위험하다. 좋지 않은 기분은 여러 위기 상황 중에 가장 위험하며, 원치 않는 행동으로 되돌아가게 할 가능성이 가장 크다(Hodgkins, el-Guebaly, & Armstrong, 1995; Shiffman & Waters, 2004). 특히 식이 문제와 흡연에서 더욱 그렇다.

과거에는 기분 전환을 위해 담배를 피우거나 술을 마시고, 음식을 지나치게 먹고 TV를 봤을 것이다. 실수는 종종 부정적인 감정을 다스리고 기분을 전환하기 위한 시도로 발생한다(Sayette, 2004). 흡연이나 폭식을 하는 이유는, 흡연이나 폭식을 하면 기분이 좋아지기 때문이다.

어떤 내담자는 우리에게 "저는 지난 2주간 세 번 담배를 끊으려고 했지만, 매번 사춘기 아들과 싸우고 다시 담배를 피우게 되었어요. 아들은 반항기여서 거슬리는 행동을 많이 해요. 나는 기분을 가라앉히기 위해 산책을 하는데, 그러면 꼭 구멍가게에 가서 담배 한 갑을 사게 되더군요."라고 얘기했다.

기분을 조절하기 위해 원치 않는 습관을 다시 시작했다면, 감정 조절 방법을 보여 주는 제6장의 관련된 절을 다시 읽도록 한다.

2. **유혹이 될 수 있는 사회적 상황.** 이런 상황은 다른 사람들이 여러분은 그만두고자 하는 행동을 하고 심지어 동참을 권유하는 상황을 말한다. 사람들이 술을 마시고 담배를 피우며 과식을 하는 모임에 가는 것만으로도 문제가 될 수 있다. 예를 들어, 담배를 피우는 사람들과 자주 어울리면 담배를 끊기가 훨씬 어려울 것이다(Mermelstein, Cohen, Lichtenstein, Baer, & Kamarck, 1986). 매일 오후 5시에 운동하길 원한다면, 움직이기 싫어하는 사람들과 시간을 보내지 않도록 한다. 저녁때 공부를 더 하기 원한다면, 매일 저녁 시간을 놀며 보내는 사람들과 함께 있지 않도록 한다.

심지어 원치 않는 행동을 강요하는 사회적 압력을 받을 수도 있다. 과식을 그만두고 싶지만 제니 이모가 파이를 구워서 가져올 수도 있다. 조금이라도 먹지 않으면 제니 이모는 기분이 상할 것이다. 혹은 오래된 친구가 술친구를 잃기 싫은 마음에 내 결심을 포기시키려 할지 모른다. 혹은 친구들이 대접이나 친근감의 표현으로 좋아하는 음식을 권유할 수 있다.

3. **음주.** 음주는 자제력을 흐리게 한다. 술은 자신에 대한 주의를 감소시키기 때문에 목표에서 벗어날 위험이 더 커진다. 알코올이 자각을 방해한다는 것을 명심하자

(Hull, 1987). 나쁜 습관을 덜 조심하게 되고, 그래서 담배를 피우고, 과식을 하고 무례하게 행동할 가능성이 증가한다. 한 학생은 다음과 같이 말했다. "저는 술을 마실 때는 남편과 의논, 사실은 말다툼을 하지 않아요. 술을 마실 때는 이전의 못된 버릇대로 막말을 하게 된다는 것을 알기 때문이죠."

4. **예기치 않은 유혹.** 과거에 원치 않는 행동을 불러오던 대상과 갑자기 만나게 되면 미처 알아차리기도 전에 그 행동이 불쑥 튀어나온다. 이런 유혹 상황을 인식하고 대처하는 법을 배우는 것이 중요하다. 유혹을 다루는 방법에 대한 내용은 제8장에 실려 있다. 고위험 상황을 대처할 무언가를 시도하는 사람들은 운만 믿는 사람보다 성공할 가능성이 크다(Grilo, Shiffman, & Wing, 1989; Shiffman, 1982). 또한 고위험 상황에 유능하게 잘 대처할수록 재발을 피할 가능성도 커진다(Davis & Glaros, 1986). 다른 상황에서는 대처 방식을 달리해야 한다. 오래된, 원치 않는 행동을 강요하는 사회적 압력을 느낄 때, 이를 인식하고 이완할 수 있는 새로운 방법을 배우는 것이 필요하다(Lichtenstein et al., 1986).

고위험 상황 인식하기. 고위험 상황은 자기관찰을 통해 발견할 수 있다. 그러므로 자기수정 계획이 실패할 때에도 기록을 계속 유지하는 것이 중요하다. 자기관찰은 고위험이 되는 상황—술집, 나쁜 기분, 저녁 파티, 혹은 자신의 생각—을 알려 준다. 자신이 위험한 상황에 놓여 있다는 것을 알면, 재발을 막기 위한 조치를 취할 수 있다. 앞서 금연이 목표였던 아버지의 자기관찰은 정확했다. 이를 통해 그는 효과적으로 대처할 수 있었다. 즉, 그는 아들의 행동에 대해 너무 강하게 반응하지 않고, 화가 나면 이완을 하도록 스스로에게 지시했다. 또한 그는 더 오래 산책하되 담배 가게를 피했다.

고위험 상황의 구성요소는 문제행동마다 다르다. 도박의 수렁에서 빠져나오려는 사람들은 재정적으로 어려울 때 도박을 다시 할 가능성이 커진다(Hodgkins & el-Guebaly, 2004). 기분 저하는 체중 감량자들에게 강력한 재발 요인이다(Carels, Douglass, Cacciapaglia, & O'Brien, 2004). 또한 자신이 금연에 실패할 거라고 생각하는 낮은 자아효능감은 재발 방지 능력을 저하시킨다(Gwaltney et al., 2002).

기분이 안 좋아서 실수를 할 때 떠오른 생각들을 기록하라. "나는 기분이 안 좋아. 먹으면 기분이 나아질 텐데.", "지금 담배 한 대를 피우면 확실히 편해질 텐데.", "기운을 내야 해. 술을 조금 마시자.", "스트레스가 심해. 술 한잔 마실 자격은 돼." 실수의 결과가 좋을 것이라고 믿으면 "그렇게 해. 기분이 좋아질 거야."라고 자기 자신에게 말할 것이다. 여러분은 스스로를 이런 생각으로 유혹하고 있다.

심지어 '아무 생각 없이' 고위험 상황에 처하기도 한다(George & Marlatt, 1986;

Laws, 1995; Sayette & Griffin, 2011). 목표에 대한 양가감정은 외관상 관련 없어 보이는 결정—귀갓길에 (맛있는 빵집이 있는) 쇼핑센터에 들르기, 신문 사러 가기(담배도 파는 곳)—을 내리게 만들어 실수를 범하기 쉽게 만든다. 스스로 다음과 같이 자문해 본다. "나는 나 자신을 유혹하고 있나? 나는 내 자신을 고위험 상황에 처하게 할 결정—집으로 갈 때 다른 길로 가기—을 내리고 있지는 않은가? 그렇게 하기를 원하는가?"

✿ 고위험 상황에 대한 효과적 대처

첫 단계는 위기 상황을 인식하는 것이고, 둘째 단계는 그 위기 상황에 대처할 기술을 개발하는 것이다. 그런 기술을 배움으로써 고위험 상황에 닥쳤을 때 성공적으로 대처할 수 있다(Irvin, Bowers, Dunn, & Wang, 1999; Sobell & Sobell, 1993).

고위험 상황에 대처할 수 있는 가장 쉬운 길은 상황을 피하는 것이다. 제5장과 제8장에서 우리는 과거에 문제행동을 보였던 상황에서 떨어져 있는 방법에 대해 논의했다. 이는 흡연, 음주, 약물 복용 같은 중독 문제를 다룰 때 특히 중요하다. 예컨대 항상 같은 장소에서 같은 친구들과 술을 마시는 것처럼, 특정 상황에서 중독 행동이 반복되었다면 중독 반응은 실제로 그 상황에 조건화되어 있는 것이다(Leavitt, 1982). 따라서 중독 행동을 그만하려 할 때 상황에 대한 단순 노출만으로도 신체적 금단 증상이 나타날 수 있다. 중독 행동을 하던 장소로 돌아가면 금단 증상의 고통을 경험하고, 고통을 줄이기 위해 이전의 원치 않는 행동으로 돌아가고 싶어진다. 상황을 피하면 기분도 나아질 뿐만 아니라 실수할 가능성도 줄어든다.

이는 흡연자들이 퇴근 후 담배를 즐겨 피우던 기존 상황에서 멀찌감치 떨어져 있어야 한다는 의미이다. 음주가들은 술집에서 떨어져 있어야 하며, 약물 남용자들은 약물 복용을 같이한 사람들이나 장소에서 멀어져야 한다.

영원히 피할 수 있는 종류의 상황도 있다. "나는 도박에 너무 많은 돈을 허비했지만 이제 그만둘 겁니다. 어떤 종류의 도박도 더 이상 안 할 거예요. 포커, 베팅, 복권, 그 어떤 것도 안 합니다."

하지만 어떤 종류의 위기 상황은 항상 회피할 수만은 없다. 예를 들어, 과식을 조절하고 싶어도 먹지 않고 살 수는 없고, 사람들과 어울릴 때 과음을 한다고 해서 만남을 포기할 수는 없다. 피할 수 없다면 고위험 상황에 대처하는 문제해결 기술을 사용하도록 한다(Marlatt & Gordon, 1985).

유혹에 빠져 실수하기 쉬운 상황을 세세하게 살펴봄으로써 특정한 문제를 파악할 수 있다. "나는 술을 너무 많이 마셔." 혹은 "나는 너무 과식해."라고 뭉뚱그려 생각하는 대신 "나는 기분이 정말 상할 때 술(혹은 음식)이 앞에 있으면 마시게(먹게) 돼."라는 생각으로 대체해 본다. 이렇게 하면 문제가 더 구체화되고 실제 문제를 집중적으로 공략할 수 있다.

서윈은 과음을 그만두었지만 여전히 가끔씩 유혹을 느꼈다. 그는 다음과 같이 적었다.

> "나는 내가 술을 마시는 상황에 대해 구체적인 목록을 만들었다. 그 결과, 긴장을 풀어야 할 때와 여러 사람들과 함께 있을 때 술을 마신다는 것을 깨달았다. 어떨 때는 모임 후에 남은 술을 집에 가져오기도 했다. 이런 상황에 대처할 수 있는 대안적인 방법들을 생각해 보았다. 긴장을 다스리기 위해 나는 명상과 운동을 시작했다. 여러 사람들과 있을 때 사용할 자기지시 목록도 만들었다. 모임 후에 남은 술은 모두 버리기로 했다.

고위험 상황에 놓였음을 인식하자마자 자신에게 할 '만약 … 그렇다면' 지시를 만든다. 서윈은 다음과 같이 계속 적었다.

> 어느 금요일, 퇴근 후 부서 전체가 맥주를 마시러 가기로 했다. 나도 가서 그들과 어울리며 즐거운 시간을 보내고 싶었지만 위험한 상황이 될 것이라는 것을 알았다. 나는 스스로에게 다음과 같이 말했다. "조심해. 고위험 상황이야. 진저에일을 주문해. 누가 '그러지 말고 맥주 한잔해.'라고 말하면 '괜찮아요, 저는 진저에일이 더 좋습니다.' 하고 대답할 거야."

그는 스스로 주의를 주고, 실수를 부추기는 사회적 압력에 어떻게 대처해야 할지에 대해, 즉 자신에게 효과 있는 만약 … 그렇다면 규칙을 상기시켰다. 그에게 도와줄 친구가 있었다면 더 효과적이었을 것이다. "이봐, 나 술 끊으려는 거 알지? 내가 금요일에 술 마시고 있는 걸 보면 내가 안 마시겠다고 맹세했던 걸 상기시켜 줘."

자신이 유혹에 굴복하고 싶어 할지 모른다는 사실을 인식하고 합리화를 피하기 위해 자기지시를 만들도록 한다. 서윈은 스스로에게 "도착하면 나는 '한 잔만 마시자.'라고 생각할 거야. 하지만 나는 맥주 한 잔이 아니라 여러 잔을 마시게 될 것이고, 정말이지 그렇게 되는 것은 원치 않아. 그러니 첫 잔을 마시지 말자."라고 말했다.

서윈은 다음과 같이 만약 … 그렇다면 계획을 짰다.

> 만약 내가 술을 간절히 원하게 되면, 감성적인 생각에서 이성적인 생각으로 바꿀 것이다. 즉, "지금 맥주 한잔하면 딱인데." 대신 "맥주가 소변처럼 보이는군." 으로 바꾸겠다.
>
> 나는 또 내 자신에게 변화의 장점을 상기시켜 줄 것이다. "술을 끊으면 기분이 정말 좋아질 거야. 더 건강해지고, 더 멋져 보이고, 일도 더 잘하고, 사회생활도 개선할 수 있을 거야. 단점도 있지만 장점이 더 많으니까 마시지 않겠어."
>
> 나는 또 주의를 다른 곳으로 돌릴 것이다. 유혹에 흔들리면, 이성을 찾아서 대화를 할 것이다.

이런 계획을 짜다니, 서원은 정말 현명했다. 갈망하는 대상에 대한 뜨거운 생각을 계속하지 않는 것이 중요하다. 이런 생각을 하면 포기하거나 실수하기 쉬워지기 때문이다. 또한 현재에 집중하기보다는 시야를 넓힘으로써, 그리고 주의를 분산시킴으로써 자기조절 성공률을 높인다.

유혹에 대한 갈망을 한 걸음 떨어져서 바라보면 생각의 감정적 영향력을 줄일 수 있다(George & Marlatt, 1986). 감정에 압도되어 "지금 당장 맥주를 마셔야겠어."라고 생각하는 대신, 서원은 차분하게 "나는 지금 술을 마시고 싶은 충동을 경험하고 있어."라고 말하거나 "충동이 커지려고 하지만 참을 수 없을 정도는 아니야. 몇 분만 기다리면 지나갈 거야."라고 생각할 수 있다. '참을 수 없는' 배고픔과 식욕을 느낀다고 말하는 한 남성은 물을 마시고 몇 분만 있으면 배고픔이 사라진다는 사실을 발견했다. 갈망은 꽤 금방 사라진다. 이 점을 명심하도록 한다.

충동에 저항하는 데 중요한 또 다른 요소는 참을 수 있다는 믿음이다(Abrams, 1987). **만약 … 그렇다면** 계획을 고안하면, 계획이 있으니 할 수 있다는 믿음도 커진다. 실수에 대처할 수 있다고 믿으면 그 대처에 성공할 가능성이 커진다(Haaga & Stewart, 1992; Velicer, DiClemente, Rossi, & Prochaska, 1990).

참을 수 있다는 믿음은 참는 데 성공했을 때 증가한다. 성공을 인지하면 처음에는 약했던 믿음이 점차 강해진다. 1시간에 술을 한 잔만 마시려고 노력하던 로라는 최종 보고서에 다음과 같이 적었다. "나는 술집에 4시간 정도 머물렀다. 처음 3시간 동안은 1시간에 한 잔씩으로 마셨다. 하지만 4시간째에는 무너져서 석 잔을 마셨다. 이 경험으로 내가 최소한 얼마 동안은 참을 수 있음을 깨달았다. 거기서부터 차츰 늘려 나갈 수 있을 것이다."

고위험 상황에 직면했을 때 사용할 수 있는 자기지시와 다른 대처 기술도 준비하라. 실제 상황에 처하기 전에 상상 속에서 연습하여 언제든 필요할 때 사용하도록 한다.

1. 자신에게 "위험해!" 하고 경고한다.
2. 어떤 행동을 할지—이완한다, 자신감을 가지고 의견을 이야기한다, 떠난다 등—자신에게 지시한다.
3. 스스로 어떻게 합리화하는지 점검하고, 유혹에 빠지는 것을 원치 않음을 상기하라.
4. 변화의 이점을 되새겨 본다.
5. 유혹에 빠지고 싶은 감정에 대처한다. 주의분산을 한다. 감성적인 생각을 이성적인 생각으로 바꾼다. 한 걸음 물러서서 갈망을 바라본다.
6. 과거에 성공적으로 충동을 다스렸던 경험을 상기한다.

실수는 매우 흔하다는 것을 기억하자. 6개월 이상 성공적으로 금연한 사람을 대상으로 한 대규모 연구에서 1/4은 과정 중 어느 부분에서 실수가 있었지만 금연 계획에 성공적으로 복귀했다고 한다(Hughes et al., 1992).

✿ 제동 걸기: 실수가 재발되는 상황 막기

잘못해서 실수를 했다고 가정해 보자. 담배를 피우고, 술을 마시고, 과식하고, 도박을 했다고 치자. 그럼 이제 어떻게 할 것인가? 완전히 재발하기 전에 제동을 걸어 주는, 실수에 대처하는 계획이 필수적이다. 젭은 실수한 다음 날 아침 일어나 마치 담배를 끊으려고 하지 않았던 사람처럼 바로 다시 담배를 피웠다. 그의 잘못 중 하나는 실수에 대한 대처 계획이 없었다는 점이다. 한 연구는 실수를 했지만 결국 금연에 성공한 사람들과 실수 이후 재발한 사람들을 비교했다. 성공한 사람은 100% 모두 재발에 대한 대비책이 있었다고 이야기했다. 실패한 사람 중 계획이 있었던 사람은 절반에 불과했다(Candiotte & Lichtenstein, 1981). 또 다른 연구에서도 재발하여 운동을 그만둔 사람들은 실수에 대처할 계획이 거의 없었지만, 실수에도 불구하고 다시 운동을 이어 나간 사람들은 그런 문제에 대처할 계획을 몇 가지씩 가지고 있었다(Simkin & Gross, 1994).

사람들은 종종 실수를 하고 기분이 상해서 자기관찰을 그만둔다. 자기관찰을 그만두었다면 다시 하라. 그렇게 하면 자기수정 계획으로 복귀할 가능성이 높아진다.

우리의 피트는 성공비결 중 한 가지가 체중이 다시 늘 때마다 즉시 먹는 것을 바로 잡는 계획을 실시했기 때문이라고 이야기했다.

실수할 경우 어떻게 할 것인지 철저한 자기변화 계획을 세워야 한다. 완전한 계획이 없다면—예컨대 기록을 하지 않는다든지, 자기강화를 안 한다든지, 선행자극을 고려하지 않는 등—계획을 다시 세워 원하는 행동을 위한 선행자극 통제, 조형, 강화, 상상 연습, 이완 등을 한다. 자기계약을 적어 본다. "실수를 하면 바로 실수 횟수에 포함시킬 것이다. 실수를 하면 계속 기록할 것이다. 또한 문제행동을 위한 자기수정 프로젝트로 복귀할 것을 맹세한다." 사인을 하고 지갑 안에 지니고 다니도록 하라.

상기를 위한 메모를 만들어 지니고 다닌다. 다음은 금연하고자 하는 사람들을 위한 연구에서 사용된 것이다.

> 실수는 매우 흔하다. 실수는 실패나 행동에 대한 통제 상실을 의미하지 않는다. 당신은 아마도 죄책감을 느끼고 실수에 대해 자책하고 있을 것이다. 이런 기분은 당연하다. 이런 기분 때문에 다시 담배를 피워야 할 필요가 없다. 실수를 배우는 경험이라고 생각하자. 실수를 유발한 고위험 상황의 요소는 무엇이었는가? 그 상황에 대처하기 위해 어떤 대처 방법을 사용할 수 있었는가?
>
> 한 마리 제비가 여름을 몰고 오지는 않는다는 오랜 격언을 떠올려 보자. 마찬가지로 한 번의 실수가 재발을 뜻하는 것은 아니다. 실수를 했다고 실패자라거나 의지력이 없다거나 가망 없는 중독자임을 의미하지는 않는다. 실수를 일회적이고 독립적인 사건 혹은 바람직한 대응으로 피할 수 있는 것으로 여겨야 한다(Marlatt, 1982, pp. 359-360에서 인용).

성격 대신 상황을 탓하라. 실수는 변할 수 없다는 뜻이 아니라 실수를 초래한 상황에 대처할 계획이 필요함을 의미한다. "의지력이 부족해서 실수한 거야."라고 생각하지 말고 "그래, 그 실수는 상황 때문이었어."라고 생각한다면 변화하고자 하는 노력을 계속할 가능성이 더 커진다(Kernis, Zuckerman, Cohen, & Spadafora, 1982).

원치 않는 습관에 동조하기. 어떤 경우 사람들은 실수나 잘못을 하면 자기조절을 위한 노력은 내던지고, 그동안 벗어나려고 했던 습관에 다시 급격히 빠져든다. 금연을 희망하는 한 남성이 모임에서 담배를 세 개비 피운 후 다음 날 "될 대로 되라지." 하며 30개비를 피우는 식이다. 한 여성은 애피타이저를 많이 먹게 되면, 그다음부터 닥치는 대로 음식을 먹는다.

이것이 멈출 수 없는, '거부할 수 없는 충동'인가? 보통 그렇지 않다. 그보다는 실수에 대한 적극적 협력 행위로 보는 것이 적절하다. 자기통제의 실패는 "여러분에게 일어난 어떤 것이 아니라, 일어나도록 여러분이 허락한 것이다."(Baumeister, Heatherton, & Tice, 1994, p. 248) 실수를 하고 자기조절을 포기하는 사람들은 "난 이것을 안 하려 했지만 일단 실수를 한 이상 될 대로 되라지. 끝까지 가 볼 테야!"라고 생각하는 경향이 있는 것 같다. 그들은 동조한다. 왜일까?

동조(acquiescence)라고 하는 이러한 행태에 대한 몇 가지 이론적 설명이 있다(Baumeister et al, 1994; Sayette & Griffin, 2011). 일상생활에서 얼마나 자주 나타나는지는 명확하지 않다(Tomiyama et al., 2009). 만약 여러분에게 일어난다면, 어떻게 할 것인가? 우선 실수를 했을 때 죄책감을 느낄 필요는 없다. "나는 나약해.", "나는 사악해.", "나는 멍청해."라고 생각하지 않도록 한다. 나쁜 습관이 문제가 되는 이유는 그것이 자동적이기 때문이다. 사실 어느 정도까지는 여러분도 즐기는 것들이다. 변화하기 쉽지 않은 이유는 이것이다. 실수는 창피한 것이 아니며 스스로의 가치를 떨어뜨리지도 않는다. 그냥 계속 노력하라.

무엇을 노력해야 하는가? 행동을 관찰하라. 나쁜 습관에 동조하는 이유 중 하나는 그것에 집중할 때 자신에 대해 잠시 잊을 수 있기 때문이다. 그러므로 **기록을 계속한다. 그러면 원하는 곳에 주의를 유지할 수 있다.** 기록을 하면 조절에 실패할 때에도 점차 원치 않는 행동을 통제하는 법을 배울 수 있다. 이것이 우리의 주인공 피트가 실제로 한 일이다. 그는 문제에 주의를 집중하고 상황에 대한 통제력을 키워 나갔다.

술을 줄이는 데 1년 이상이 걸린 한 남성은 다음과 같이 이야기했다.

> 저는 음주 횟수 목표를 지키기 위해 열심히 노력했고 많이 힘들었습니다. 술을 마시는 게 내가 누릴 수 있는 유일한 보상인 것 같아 정말 취하고 싶은 날도 있었죠. 하지만 동시에 제 스스로가 술을 끊기를 진심으로 원한다는 것을 알고 있었죠. 그래서 계획을 짰습니다. 과음했을 때에도 기록을 멈추지 않았는데, 그게 적중했습니다. 모든 것이 제대로 돌아간다고 느낄 수 있었고 성공은 시간문제라는 생각이 들었어요.

창피하더라도 자신이 무엇을 하고 있는지 계속해서 기록하면 초월심리학자들이 주창하는 상태에 이르게 될 것이다. 자신의 행동을 '소유'하게 된다. 즉, 자신의 행동에 대한 책임을 지게 된다(Weinder, 1995 참조).

요약

문제해결

변화를 위해 최선의 계획을 시작한 후 방해 요소는 무엇인지 관찰한다. 이를 고려하여 계획을 수정한다. 실수를 분석하고 이를 통해 배운다.

문제해결 방식은 특히 어려움에 당면했을 때 성공의 가능성을 증가시킨다. 문제해결의 네 단계는 다음과 같다.

1. 문제의 세부 사항을 나열한다.
2. 가능한 한 많은 해결책을 생각해 낸다.
3. 하나 이상의 기법을 사용한다.
4. 그 해결책을 잘 시행하고 있는지 점검한다.

문제이해: 자기수정 시 공통적인 문제점

실패의 가장 흔한 원인들은 다음과 같다. 미흡한 자기관찰, 기법을 사용하지 않는 데서 오는 좌절, 도달 불가능한 목표, 느린 경과, 그리고 의욕을 꺾는 친구들. 또 다른 원인들로는 지나친 스트레스, 알코올, 자기통제 피로, 그리고 문제에 대한 사고방식 등이 있다.

재발 방지

실수는 이전의 원하지 않는 행동을 한 번 다시 한 것이고, 재발은 원하지 않는 패턴으로의 완전한 복귀를 뜻한다. 실수가 재발이 되는 가능성을 줄이기 위해서는,

1. 고위험 상황을 인식한다.
2. 고위험 상황에 당면하면 이에 대처한다. 절제 규칙을 어긴 것이 완전한 실패를 의미하지는 않는다.
3. 실수가 재발되는 것을 예방하기 위한 단계를 밟는다.

흔한 고위험 상황은 다음과 같다.

- 기분이 안 좋은 상태
- 유혹이 될 수 있는 사회적 상황

- 음주
- 예기치 않은 유혹

자기관찰을 통해 자신의 고위험 상황에 대해서 인식할 수 있다. 실수에 대처하고 재발로 이어지는 것을 막기 위해서는 우선 고위험 상황을 피해야 한다. 그것이 불가능할 때는 그 상황에서 자신을 안내해 줄 수 있는 만약 … 그렇다면 계획을 실행한다. 상상 속에서 그 상황에 대처하는 연습을 한다.

실수에 대처하는 계획을 세운다. 자기관찰을 즉시 다시 시작하고, 새롭고 완전한 자기변화 계획을 세우며, 실수와 재발의 차이를 상기하도록 한다. 이전의 원치 않는 행동에 동조하고 있는 자신을 발견하면 자신의 행동을 결국 '통제'하게 될 때까지 기록을 계속하도록 스스로를 재촉하라.

❦ 스스로 해보는 자기주도 계획: 9단계

✿ 문제해결

무엇이 목표행동의 수행을 어렵게 만드는가? 계획을 더 효과적으로 만드는 방법은 무엇인가? 자기변화 계획의 적절성을 높이기 위해 다음 질문에 답해 본다.

- 기법들을 충분히 사용하는가?
- 원치 않는 행동을 대체할 행동을 늘리고 있는가?
- 문제의 선행자극을 다루기 위한 방법들을 충분히 사용하고 있는가?
- 원하는 행동을 연습하고 있는가?
- 원하는 행동이 강화받고 있는가?

자기수정 실패의 가장 흔한 원인은 지속적인 자기관찰의 부족이다. 기록을 계속하고 있는가? 아니라면 무엇이 기록을 방해가 되는가? 모든 것이 실패하더라도 문제해결을 사용하여 기록을 계속하도록 한다.

✿ 재발 방지

실수를 기록하고 이를 통해 배우도록 한다. 개인적인 고위험 상황이 무엇인지 밝힌다. 고위험 상황에 대처하기 위해 문제해결 기법을 사용한다. 그 상황에 놓이기 전에 지금 이 작업을 하라. 자신의 고위험 상황에 대한 구체적 목록을 만들고, 가능한 한 많은 해결책을 생각해 내서 사용할 해결책을 선택하고, 그 해결책을 사용하는지를 점검한다.

이제 고위험 상황에 당면했을 때 사용할 자기진술을 준비한다.

1. 경고문을 사용한다.
2. 어떤 행동을 해야 할지에 대한 만약 … 그렇다면 지시를 준비한다.
3. 자신이 할 수 있는 합리화를 인식한다.
4. 충동에 굴복하지 않는 것의 장점을 나열한다.
5. 주의분산 방법 및 감성적인 생각에서 이성적인 생각으로의 전환 방법에 대해 계획을 세운다.

자기지시를 만들었다면 상상으로 이를 연습한다. 고위험 상황에 처한 자신을 그려 본다. 스스로 경고를 하고, 어떤 행동을 해야 할지 이야기해 주고, 자기지시를 한다. 자신감과 자기효능감을 보상으로 받는 자신을 상상해 본다.

지금 바로 재발 방지 계약을 만들라. 여기에는 (1) 실수한 후 즉시 자기관찰을 회복하는 계획, (2) 완전한 자기변화 프로젝트로 복귀하는 계획이 포함되어야 한다. 이 계약에 서명을 하고 가지고 다닌다.

고위험 상황에 처하기 전인 지금 이 단계들을 밟도록 한다. 준비 없이 고위험 상황에 놓이면 실수와 이로 인한 재발로 이어질 가능성이 커진다.

제10장

통제 유지

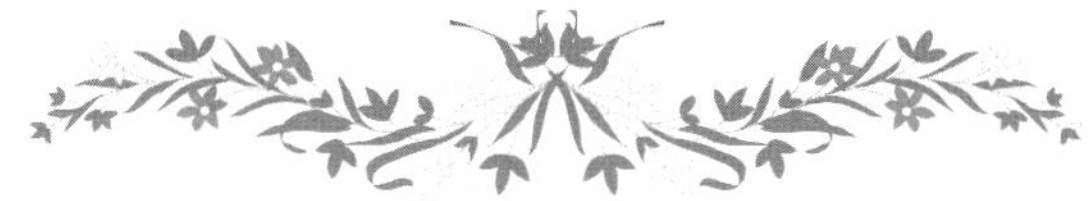

"어디로 갈지 결정하지 않으면 시작한 곳에 머물게 된다."
중국 속담(Hayes, Strosahl, & Wilson, 2012, p. 296에서 인용)

✿ 개요

성과 유지를 위한 계획

종료 이후

자기지시적 행복

요약

스스로 해보는 자기주도 계획: 10단계

자기변화 계획을 수행 중일 때만큼이나 종료에도 신경을 써야 한다. 새로 얻은 성과는 임시적이다. 체중을 감량해 본 사람은 얼마나 쉽게 체중이 다시 느는지 알 것이다. 체중을 감량한 사람들은 살찌게 만드는 과거의 행동이 다시 나타나지 않게 부단히 경계해야 한다(Cooper, Fairburn, & Hawker, 2003; Westover & Lanyon, 1990). 흡연자들은 금연 초기에는 방심하지 않고 신속하게 대처하다가 몇 차례 성공 후에는 방심을 하고 대처를 그만두는 경우가 있다(Shiffman & Jarvik, 1987). 심지어 기분 개선이나 공부 시간 늘리기 같은 비소비적인(nonconsummatory) 행동에 있어서도 새로운 행동을 안정적으로 유지한 지 몇 주가 지나면 서서히 퇴보하기 시작한다.

새로운 긍정적 행동을 유지하는 것은 계속해서 되풀이되어야 하는 과정으로서, 정착되기까지 몇 차례 순환을 거듭하며 반복해야 한다(Rothman, Baldwin, Hertel, & Fuglestad, 2011; Wing, 2000). 우리가 목표로 하는 것은 새로운 행동임을 명심하자. 새로운 행동은 제대로 연습되지 않으면 사라지고, 원치 않는 이전의 습관이 재등장한다.

성과 유지를 위한 계획

학습목표

- 감소하기를 어떻게 사용하는지 설명하라.
- 다른 사람들에 의한 강화가 부족할 때 어떻게 대처할 수 있는가?
- 새로운 행동에 대한 사회적 지지를 구하는 방법은 무엇인가?
- 새로운 행동을 유지하는 데 얼마나 자신 있는가? 이를 어떻게 측정할 수 있는가?
- 기록을 계속해야 하는 이유는 무엇인가?
- 새로운 상황으로의 전이는 어떻게 계획하는가?
- 새로운 행동의 개발에서 연습은 얼마나 중요한가? "연습이 완벽을 만드는 것이 아니라 완벽을 연습해야 한다."가 의미하는 바는 무엇인가?

이제 여러분의 목표는 두 가지이다.

1. 성과 유지하기
2. 새로 학습된 행동이 새로운 상황에 전이될 수 있게 하기

공부량을 만족스러운 수준으로 끌어올렸지만 몇 달 후 다시 이전 수준으로 떨어지고 있다고 가정해 보자. 이것은 **유지**(maintenance)의 문제이다. 학습량이 원하는 수준에 머물지 못했다. 한편, 특정 수업을 위해 좋은 학습 습관을 발달시켰지만 다른 수업에서는 그렇게 못하고 있다고 가정해 보자. 과학은 잘하지만 영어는 잘하지 못한다. 이는 **전이**(transfer)의 문제이다. 두 가지 경우 모두 원하는 행동을 원하는 수준으로 수행하지 못하는 것이다.

성과를 잘 유지하고 이를 새로운 상황에 전이시키는 데 도움이 될 몇 가지 방법이 있다. 유지와 전이를 위한 계획을 실행하면 새로운 성과를 유지할 가능성이 높아진다(Perri et al., 1988).

✿ 자연강화물 개발하기

자기변화 프로젝트 종료 직후에는 자신의 행동을 강화하는 보상을 자주 떠올리는 것이 좋다. 체중을 많이 감량한 한 여성은 다른 사람들이 자신을 더 매력적이라고 생각한다는 사실에 기뻐했다. 그녀는 데이트를 더 많이 하게 되었다. 체중 감량에 대한 기존의 강화를 중지하면서 그녀는 냉장고에 "다이어트는 전화벨이 계속 울리게 만든

다!"라는 메모를 붙여 놓았다.

스스로 명심하는 것 외에도, **새로운 행동은 반드시 강화한다.** 평생 좋지 않은 학습 습관을 가지고 있다가 성공적으로 학습 습관을 개선한 학생이 있다고 가정해 보자. 아직도 부족한 기술에 대해 처벌받지 않으면서 새로운 능력이 강화받는 자연스런 상황을 만들어야 한다(Stokes & Osnes, 1989). 공부는 언제 강화받을 수 있을까? 예컨대 이전에 서툴렀던 선수 과목이 필수적인 고급과정이라면, 그 과정에 대한 기초 지식의 부족으로 새로운 학습 행동이 잘 강화되지 않을 것이다. 완전히 새롭게 시작할 수 있는 과목을 택하라. 이렇게 할 때 이제 막 습득한 바람직한 학습 습관이 강화될 가능성이 많아진다.

자기변화 프로젝트를 통해 남자들과 편안하게 대화하게 된 엘리자베스는 "나는 아직도 대화를 시작할 때 조심스럽다. 다가가기 쉬워 보이는 남자들만 찾게 되고 불편해 보이는 남자들은 피하게 된다."라고 적었다. 그녀는 합리적으로 보상을 기대할 수 있는 상황들만 선택하는 현명함을 발휘하고 있다.

잭은 친구들 사이에서 어색함을 느끼고 주로 불편한 침묵이나 빈정거리는 말로 대응했다. 한 수업에서 6인조 팀 프로젝트를 부여받자, 그는 이를 행동을 고칠 기회로 삼기로 했다. 다른 팀원들에게 친절히 대하고, 과제와 연관된 이야기를 하는 경우에 매주 서핑 시간을 늘리는 것으로 강화를 주었다. 수행과 불편감이 개선되었지만 수업이 끝났을 때 자신의 개선 정도가 아직 만족스럽지 않았던 잭은 또 다른 연습 상황을 찾으려 했다. 몇 가지 대안 중 잭은 작가 클럽의 저녁 모임에 참석하는 방법을 선택했다. 잭은 글쓰기에 대해 관심도 있고 얘기할 거리도 많았으므로 이는 좋은 선택이었다. 나아가 다른 구성원의 작품에 대한 비판이 이 클럽의 기능 중 하나였으므로 잭이 공격적인 행동을 해도 너무 심하게 처벌되지는 않을 것이었다. 요컨대 이 집단은 잭이 자신이 새롭게 배운 능력을 도입하고, 상대적으로 적은 처벌과 즐거움을 기대할 수 있는 집단이었다. 이 상황은 잭이 원하는 종류의 참여를 강화하고 증가시켰다.

다른 사람에게 새로운 행동을 강화해 달라고 부탁하라(Goldstein & Martens, 2000). "오늘 내가 집단에서 어땠던 것 같나요?" "이 드레스 내가 입으니 괜찮나요?" "그렇게 하는 것이 더 기분 좋았나요?" "내가 그에게 쓴 대처 방식에 대해 어떻게 생각하나요?" 강화를 부탁하는 것은 자랑하는 것이 아니라 피드백을 부탁하는 것으로, 더 많이 받을수록 자신의 행동을 더 이끌 수 있다. "내가 후식을 안 먹은 것을 알아챘나요?"라는 질문은 자신의 새로운 변화에 사회적 지지를 구하는 것이며, 이는 새로운 행동을 유지할 가능성을 높이는 좋은 방법이다. 부끄러워하지 말고 피드백을 부탁하라.

✿ 감소시키기: 소거에 대한 저항력 키우기

여러분은 자기수정 계획에서 원하는 행동을 할 때마다 강화를 받았을 것이다. 강화는 변화를 가장 빠르게 한다. 하지만 현실에서 강화는 그렇게 예측하기 어렵다. 자연적으로 발생하는 강화로 바꿔 나가는 것을 고려하는 동시에 새로 획득한 행동이 소거로 없어지지 않게 하는 단계를 밟아야 한다. 이는 지속적인 강화를 받았던 행동은 강화가 계속 발생하지 않으면 매우 쉽게 소거되기 때문이다.

그러므로 자기수정을 갑자기 멈추지 말아야 한다. 소거를 조심하는 최선의 방법은 간헐적 강화 계획을 사용하는 것이다.

오데트는 다른 사람들이 무리한 요청을 하는 등의 특정 상황에서 더 자신감 있게 의견을 이야기하려고 노력했다. 오데트는 자기주장을 잘할 때마다 스스로에게 토큰을 하나씩 주었다. 토큰으로 메뉴에서 좋아하는 음식을 선택할 수 있었다. 몇 주 후 그녀는 필요할 경우에 자기주장을 할 수 있음을 깨달았다. 그녀는 이 시점에서 강화 체계를 중지하는 대신, 현실에서는 자신의 행동에 강화를 기대할 수 없다는 사실에 고심하고 이에 대비하기 시작했다.

그녀는 자신의 강화를 차츰 줄여서 간헐적 강화 계획으로 옮겨 가기로 했다. 토큰을 매번 받지는 않는 가장 단순한 방식으로 감소를 시작했다. 처음에는 토큰을 받는 경우를 75%로 감소시켰다. 다음에는 하나 건너 한 번씩인 50%로, 다음에는 25%로 감소시켰다. 그녀는 새로 학습된 행동이 소거되지 않도록 며칠에 걸쳐 천천히 줄여 나갔다.

강화 계획을 줄여 나갈 때에는 목표행동의 빈도를 계속 추적한다. 빈도가 줄어들 수 있다. 목표행동이 최대치에서 약간 떨어지는 것은 감수할 수 있지만, 감소가 있는지, 있다면 어느 정도인지는 알아야 한다. 너무 많이 떨어지면 100% 강화 계획으로 돌아간다.

✿ 타인 강화가 부족한 경우 대처 방법

릭은 부부 관계에서 솔직한 대화를 늘리는 방법에 대한 수업을 듣고, 이를 목표로 자기변화 프로젝트를 수행했다. 하지만 그의 아내 로버타는 대화 방식을 바꾸려는 남편의 노력에 짜증이 났다. 릭은 자신의 행동에 강화를 받지 못할 것이 분명했다. 그러므로 당연히 그의 새로운 행동은 부인에게 강화를 받지 못했다. 릭은 이어서 로버타이 협조가 필요한 계획을 세우고, 그녀가 어떤 방식으로 대화를 개선하려는 자신의 시도에 반하는지 허심탄회하게 이야기했다. 릭은 이런 논의를 함께 해준 로버타에게 감사의 말을 전했으며, 인내심을 가지고 로버타가 너무 빨리 변화할 것을 기대하지 말자고 다짐했다. 릭은 장기적으로, 로버타도 변하면 자신의 행동에 강화가 주어질 것임을 깨닫는 동시에, 강화의 부족으로 새로운 행동이 사라지는 것을 막기 위해 지속적으로 스스로를 강화하고 새로운 행동을 기록했다.

자신을 변화시킬 때 타인에게 영향을 줄 수 있으나 그들이 새로운 행동을 강화해주지 않을 수 있다(Lichtenstein, Glasgow, & Abrams, 1986). 이런 상황에서는 자신의 성과물과 이득을 인식하고 목표를 스스로 다짐해야 한다. 또한 릭과 같이 여러분의 목표에 협조적인 다른 사람들의 행동을 강화하도록 노력한다.

✿ 자신감, 기록 및 도전적인 상황

자신감. 비관적인 학생 한 명이 "선생님이 가르치신 기법을 모두 사용해서 변화에 성공했습니다. 하지만 버팀목인 이 수업이 끝나면 분명 예전으로 바로 돌아갈 것입니다."라고 말했다.

"그래 네 말이 맞아." 우리는 동의했다.

"뭐라고요?" 학생은 놀라워했다. "선생님은 이 기법들이 효과적이라고 말씀하신 걸로 알고 있는데요."라고 말했다.

"그래, 효과가 있지. 하지만 네가 획득한 통제력을 자랑스럽게 여길 때만 그래. 수업이 아니라 바로 네가 성과를 낸 것이지. 너는 모든 노고를 수업에 돌리고 있어. 네 자신은 바뀐 행동을 통제할 수 있다고 생각하지 않는 것 같아. 그러니 앞으로 그 행동을 통제하려 하지 않을 테고, 그러면 그렇게 못 하게 될 테지."

새로운 행동이 자신의 통제하에 있음을 이해해야 그 행동을 유지할 가능성이 높아진다(Katz & Vinciguerra, 1982). 행동이 변화함에 따라 그 행동이 점점 더 자신의 통제 아래 놓이게 됨을 인식하도록 한다. 그러면 그 행동이 유지될 가능성이 증가한다(Rothman, Baldwin, Hertel, & Fugiestad, 2011; Sonne & Janoff, 1982). 금연에 성공한 사람들이 자신의 자제력 때문이 아니라 다른 것 때문에 성공했다고 생각하면 금연을 유지하기 더 어려워지지만(Harackiewicz, Sansone, Blair, Epstein, & Manderlink, 1987), 자신이 행동을 통제하고 있음을 인식하면 재발을 더 잘 피할 수 있게 된다.

사실, 여러분은 어느 때보다도 가장 잘 무장되어 있다. 연구 결과, 이런 수업을 듣는 것이 재발에 저항할 힘을 키워 준다는 것이 증명되었기 때문이다. 여러분은 자기통제력을 늘리는 기법들을 배운 셈이다(Glasgow & Lichtenstein, 1987; Hall, Rugg, Tunstall, & Jones, 1984).

공식적인 자기수정 계획을 그만두기 전에 계획 없이 새로운 행동을 유지할 수 있는 자신의 능력을 평가해 보자. 다음 문장을 완성하기 전에 잠시 생각해 본다.

자기수정 계획 없이 내 행동을 통제할 수 있는 나의 능력은….

1	2	3	4	5
그럴 가능성이 전혀 없다				확실하다

평가 점수가 4점 미만이라면 아직 자기수정을 졸업할 때가 아니다(Baer, Holt, & Lichtenstein, 1986). 연습을 계속해야 한다. 그리고 "자신감이 왜 충분하지 않을까?"라고 자문한다. 이에 대한 답이 다음에 무엇을 해야 할지를 알려 줄 것이다. 레벡은 체중 조절에 대한 자신감이 낮은 이유가 '수시로 목표를 어기고 과식하기 때문'이라고 말했다. 레벡은 식습관을 더 잘 조절하면 이를 계속할 자신감이 증가할 것임을 인식하고 간헐적인 폭식을 통제하는 것에 자기변화의 초점을 두었다.

기록 유지. 많은 사람들은 자신의 계획에서 기록 유지는 앞으로도 계속할 필요가 있다고 느낀다(Hall, 1980). 계획을 그만두는 것에 확신이 없다면 기록을 지속하면서 유예 기간을 가져 본다.

계획을 수포로 돌리는 가장 확실한 방법은 기록을 중단하는 것임을 명심하자. 기록을 그만두면 원하는 새로운 행동을 그만두기 쉬워지는데, 이는 자신의 가치를 충족시키며 살고 있다는 피드백이 없어지기 때문이다(Baumeister, Heatherton, & Tice, 1994).

일단 변화하고 나면 지속적인 기록이 그 변화를 유지하기 쉽게 해준다. 자신이 자신의 기준에 따라 살고 있음을 알 수 있기 때문이다. 예를 들어, 문제성 음주의 선행자극을 조작하는 비교적 복잡한 계획을 실행하던 한 남성은 음주 문제가 감소한 후에는 음주량을 기록하는 것만으로도 빗나간 행동을 하지 않을 수 있었다고 이야기했다. 매일 7~8잔의 커피를 마시던 한 남성은 이를 두세 잔으로 줄였으나 점점 다시 더 마시게 되지 않기 위해 기록을 유지했다. 장거리 달리기 선수가 되었던 한 여성은 달리기 위해 복잡한 자기변화 프로그램을 사용할 필요가 더 이상 없어졌지만 해이해지지 않기 위해 기록을 계속 유지할 필요가 있었다고 말했다. "옷장에 운동 기록을 붙여 놓으면 1주일에 세 번을 뛰었지만 기록을 그만두니 줄어들었다."

도전적인 상황. 새로 학습한 행동 통제 능력은 상황에 따라 달라진다. 다음은 흡연자들이 대처해야 할 여러 종류의 상황에 대한 목록이다(Colletti, Supnick, & Payne, 1985).

1. 시험을 망치거나, 데이트에서 바람을 맞거나, 혹은 친구와 말싸움을 한 이유로 스트레스를 받는 경우
2. 하루의 끝에 TV를 보거나 소설을 읽을 때처럼 기분이 좋은 경우
3. 다른 사람들이 담배를 피우는 사회적 상황
4. 식사 후 커피를 마실 때

금연 중인 사람들이 확실히 담배에서 손을 떼기 위해서 위의 유혹 상황에 어떻게 대처할지 준비할 필요가 있다.

목표행동의 종류에 상관없이 재발의 유혹이 큰 상황들의 목록을 작성한다. 각 상황에 대한 자신의 자신감 수준을 평가한다. 가장 자신감이 떨어지는 상황을 안다면 이런 상황에서 자기통제 기술을 꼭 사용하도록 한다. 예를 들어, 칼렙은 그가 집에 돌아오는 길에 술집에 들른다면 조깅을 포기하고 싶은 유혹을 느낄 것을 알고 있었다. 그러나 친구들을 만나는 것을 포기하고 싶지는 않았다. 그래서 술집에서 자신을 조깅하러 집으로 가도록 만들기 위해 쓸 수 있는 일련의 자기조절 기법을 고안했다.

✿ 새로운 상황으로의 전이 계획하기

어떤 행동이 처음 습관으로 발전할 때 그 행동은 특정 상황에만 고정적이기 마련이다. 새로운 상황이 발생하면 그 행동은 그 상황에 전이되거나 그렇지 않을 것이다. 예를 들어, 가을 동안 자신의 우울감을 조절할 수 있게 된 한 학생은 휴일이 되어 즐거움이 사라지고 학교 관련 활동이 없어지자 다시 걷잡을 수 없는 기분 저하를 경험했다. 한 실험에서 교사가 교실에 없을 때 잘 행동하도록 훈련된 학생들도 감독이 이루어지지 않는 복도에서는 잘 행동하지 않았다. 바람직한 행동을 교실에서 복도로 전이하도록 배웠을 때에만 바르게 행동했다(Ninness, Fuerst, & Rutherford, 1991).

어떤 사람들은 새로 학습된 행동을 전이하는 것이 문제가 된다는 것을 잘 믿지

못하는데, 이는 우리의 성격이 불변하여 여러 상황에서 공통적으로 나타난다고 생각하기 때문이다(제1장에서 이 내용에 대해 논의했다). 성격을 각기 다른 상황에서 나타내는 여러 가지 다른 행동의 총합으로 이해한다면, 새롭게 학습한 행동이 그것이 학습된 상황에서 다른 상황으로 전이되지 않을 수 있음을 더 쉽게 이해할 수 있을 것이다. 전이에 대한 모든 연구는 새롭게 학습된 행동이 저절로 전이되지 않는다는 두 번째 견해를 지지한다. 새로운 행동을 배우고 이것이 새로운 상황에 전이될 것으로 희망하는 것은 재앙의 시작이다.

전이의 문제는 교육과 같은 분야에서 폭넓게 이해되지 못하고 있다. 교사들은 어떤 것을 가르치면 자연스럽게 다른 장면에서도 나타날 것으로 생각한다. 하지만 그렇지 않다. 예를 들어, 우리 중에 대학에서 고전 문학 수업을 들었던 사람은 많지만 그 중에서 지금도 고전 문학을 읽는 경우는 얼마나 되겠는가? 우리는 대학 수업에서 배운 것을 일상생활에 전이시키지 않는다.

전이는 특별히 연습하는 경우에만 일어난다(McKeough, Lupart, & Marini, 1995). 새로운 상황으로의 전이가 일어나지 않아서 새로운 행동이 사라지는 경우를 피하기 위해서는 이를 계획해야 한다. 예를 들어, 주변에 사람이 있는 공중 화장실에서 소변을 보지 못하는 문제를 가진 집단에게 공중 화장실에서 긴장을 풀도록 가르친 결과, 소변을 보기 위해 필요한 시간이 눈에 띄게 감소했다. 이 집단의 절반은 다양한 상황에서 여러 화장실을 사용하도록 훈련을 받았다. 이들은 여러 화장실에서 새롭게 학습된 긴장을 푸는 방법을 연습할 수 있었다. 다른 절반은 이런 훈련을 받지 않았다. 그 후 이들은 모두 운동경기장의 혼잡한 공중 화장실을 이용할 수 있는지 시험을 받았다. 전이 훈련을 받았던 집단은 이완을 통해 화장실을 사용할 수 있었으나, 훈련을 받지 못한 집단은 사람이 많은 경기장 화장실에서 이완을 하지 못했다(Shelton, 1981b). 전이를 연습하지 않았기 때문에 하나의 상황에서 학습한 행동이 새로운 상황으로 전이되지 못한 것이다.

✿ 전이의 원칙

1. **새로운 행동은 이를 전이하기 위한 의식적인 노력을 기울이지 않는다면 새로운 상황으로 전이되지 않을 수 있다**(Patrick, 1992). 이 장에서 설명하는 작업을 하지 않으면 여태까지 노력한 성과를 잃게 되기 쉽다. 전이의 문제를 인식하고 있다면 새롭게 학습된 행동을 새로운 상황으로 전이시킬 기회를 늘리려고 노력할 것이다

(Perkins & Saloman, 1996).

2. 전이 효과는 매우 상황 특수적일 수 있다. 새롭게 학습된 행동이 때때로 전이되지만 전이 여부는 최소한 9개의 각기 다른 변인에 따라 좌우된다(Barnett & Ceci, 2002). 그러므로 자동적인 전이를 기대하기보다 의도적으로 계획하는 것이 현명한 처사일 것이다.

   어떤 학생은 한 학기 내내 아침과 점심에 과식을 피하기 위해 노력을 기울였다. 하지만 그는 자신이 학습한 것을 저녁 식사 시간에 전이할 시도를 하지 않았고 아무런 변화도 생기지 않았다. 그 학생은 자동적으로 전이가 일어날 것을 기대했지만 그런 일은 일어나지 않았다.

3. 전이를 방해하는 장애물이 종종 나타난다. 사실 그런 장애물을 예상해야 한다. 장애가 발생했을 때 해결책을 찾아내기 위해 자신의 문제해결 기술을 사용한다. 문제해결과 재발 방지 기법을 사용하면 필요할 때 새로운 행동이 전이될 확률이 높아진다(Milne, Westerman, & Hanner, 2002).

   카를로는 이렇게 적었다.

   > 나는 체중을 5kg 정도 감량했다. 그 후 저녁 약속이 이어졌고 나는 체중 감소 프로그램을 이어 나가지 못했다. 살이 찌지 않았지만 빠지지도 않았다. 나는 과거에 성공적이었던 이유가 자주 외식하는 것에 대처할 필요가 없었기 때문이었음을 깨달았다. 그래서 나는 외식에 대처할 계획에 다시 착수했다.

   카를로는 문제해결을 사용하고 자기관찰을 다시 시작했으며, 새로운 계획을 다시 수립했다.

4. 새로운 기술을 전이하기 위해서는 연습을 해야 한다. 새롭게 학습된 행동을 연습할 기회를 찾아본다. 연습을 할 것을 계속해서 상기하라. 새로운 상황에서는 연습을 자기지시하라. "이런 상황에서 내 주장을 해야 했던 적은 없었어. 무엇을 해야 하는지 알고 있으니 다행이야. 이제 …을 기억하자."

행동은 어느 시점에서는 쉬워지게 된다. 행동이 쉬워지고 자동적인 습관이 된다. 이렇게 편해지는 시점은 연습 횟수와 직접적인 관련이 있다. John Shelton(1979)은 다음과 같이 적었다. "전이를 촉진하는 방법이 무엇이든, 연습은 필수적이다. 학습한 다음 날 학습한 것의 50%를 잃게 됨을 상기하자. … 연습이 이를 극복할 유일한 방법이다."(p. 238)

목표를 달성하자마자 바로 프로그램을 중단하면 안 된다. 오래전 George Mandler(1954)는 사람들에게 0, 10, 30, 50 혹은 100번의 실수 없이 수행이 가능할 때까지 어떤 과제를 훈련시켰다. 실수할 수 있는 수준을 넘어 연습하는 것을 **과학습**(overlearning)이라고 한다. 과학습을 많이 할수록 사람들은 훈련받은 것을 새로운 상황에 더 쉽게 전이할 수 있다. 과학습을 계획하라. "연습이 완벽을 만드는 것이(제대로 할 때까지 연습을 한 후 나아감) 아니라 완벽을 연습해야 한다(정확한 반응에 처음 성공 후 수없이 과학습하는 것)."(Goldstein, Lopez, & Greenleaf, 1979, p. 14)

과학습을 얼마나 많이 해야 하는가? 많을수록 더 좋다. 목표행동을 새로운 상황에서 시도하고 계속 기록하라. 새로운 상황에서 목표행동 수준이 심각하게 떨어지면 충분히 연습하지 않았음을 알게 될 것이다. 그러면 본래의 자기변화 계획을 다시 연습한다.

종료 이후

학습목표

- 앞으로 필요할 때 자기변화 기법을 사용할 확률을 높이는 방법은 무엇인가?
- 평생에 걸친 자기수정 과제의 수행이 가능한가? 어떤 경우에 필요한가?
- 언제 전문가의 도움을 구해야 하는가?
- 심리치료는 어떻게 이루어지는가?
- 심리치료사는 어떻게 선택해야 하는가?

장기적 자기수정

글상자 10-1과 이 책 전반에서 다룬 피트의 몸무게와의 투쟁에서처럼, 어떤 목표는 장기적 노력을 통해서만 달성될 수 있다. 피트는 그의 나쁜 식습관이 뿌리 깊다는 것과 그것이 항상 위협이 될 것임을 깨달았다. 성공적으로 체중을 감량하거나 운동을 한 사람들은 새로운 식사 기법 혹은 운동 기법을 학습한 후에도 계속해서 방심하지 말아야 한다(Westover & Lanyon, 1990). 체중 감량에 대한 가장 정직한 제목의 책은 Kirschenbaum의 『인내를 통한 체중 감량(*Weight Loss Through Persistence*)』(1994)이다. 이런 행동은 과거에 완전한 습관으로 굳어졌기 때문에 쉽게 되돌아온다. 연구 결과, 비만이었다가 체중 감량을 하고 그 상태를 오랫동안 유지해 온 사람들은 일생 동

글상자 10-1 피트의 자기변화 계획

이 책 곳곳에서 소개된 피트는 그의 성취를 지속시키고 자신이 배운 것을 장기적인 자기변화 프로그램에도 사용하기 위한 단계를 밟았다. 그는 다시 살이 찌지 않기 위한 상세한 계획을 세우는 데 상당한 시간을 들였다. "나는 대부분의 사람들이 다시 살이 찐다는 걸 알고 있었고, 그게 정말 두려웠어요." 그는 체중 감량 수업에 참여한 몇 달 동안 처음에는 10kg을 감량했으나 곧 정체기를 겪었고, 이후 6개월 동안 진전이 없었다. "살찌는 음식은 끊었지만 다른 음식들은 여전히 많이 먹었고, TV를 보면서 먹거나, 단것을 많이 먹거나, 와인을 너무 많이 마시고 파티나 축하자리에서 엄청나게 먹는 건 여전히 그대로였어요."

피트는 달성한 목표를 지키고 싶었다. "매일 체중을 쟀어요. 1.5kg이라도 다시 찌면 정신이 바짝 들어 다시 살이 찌지 않게 했지요. 이제 그만이라는 확고한 투지로요. 매일 운동하고, 그날그날 먹은 것과 덜 먹은 것들을 꼼꼼히 기록했어요. 아침에 체중을 잴 때 다시 체중이 줄어든 것을 확인할 때까지 매일 그렇게 했지요." 음식과 체중 사이에 완벽한 상관관계는 아니지만 어느 정도는 관련이 있으며, 그는 많이 먹은 다음 날에는 체중이 더 나간다는 것을 확인할 수 있었다.

가끔씩 1, 2주 동안 칼로리를 줄이고 운동을 늘리는 것을 몇 년간 하면서 그는 9kg을 더 감량했다. 그가 먹는 것을 조절한 기법은 다음과 같은 것들이다. 바람직하지 않은 행동은 대체하기, 자기안내식 대화, 사전 약속된 처벌, 아내의 도움, 식사에 대한 규칙 설정과 많은 만약 … 그렇다면 계획.

피트는 또한 그의 새로운 체중 조절 기술을 새로운 환경에 응용했다. 그는 식습관에 대한 20가지 자기변화 프로젝트를 실행했다. 간식으로 견과류 먹기, 디저트를 몇 입 먹었는지 세기, 마시는 와인의 양 미리 정해 놓기, 좋아하는 음식 한 끼 분량 정하기, 치즈와 흰 빵 덜 먹기, 과일과 채소 더 먹기, 더 먹지 않기, 음식 남기기, 식당에서 음식 조절하기 등이다.

때로는 능숙해지기까지 연습을 하고 또 해야 했고, 실수도 연달아 저질렀다. 하지만 포기하지 않았다. "성공하기 전까지 견과류를 기준보다 더 먹은 게 20번쯤 되었죠. 실수를 할 때마다 저는 '연습을 더 해야겠군.'이라고 생각했어요." 그는 또한 요요 현상을 막기 위해 비만인 사람들이 어떤 방법을 썼는지 기사를 읽고 어떤 것이든 따라 해보았다.

"점차 음식과 먹는 것에 대한 제 태도가 변하기 시작했어요. 예전에는 유혹적인 상황에서 절망하고, 먹는 양을 조절할 수 없을 거라고 생각했어요. 사실 많이 먹고 싶었던 거지요. 그런데 점점 변했어요. 이젠 뚱뚱해진다는 걸 아니까 과식하고 싶지 않아요. 그리고 그런 상황에서도 내 자신을 조절할 수 있다고 믿어요. 연습하면 새로운 식습관을 배울 수 있다는 말을 들었을 땐 믿지 않았지만, 이제는 연습 말고 다른 것은 소용없다는 걸 알게 되었고, 열심히 노력하니 정말 효과가 있었어요."

안 자신이 무엇을 먹는지 주의한다고 한다(Fletcher, 2003). 마찬가지로 엄청난 애연가였다면, 계속해서 담배를 피우지 않기 위해 경계심을 풀지 말고, 실수를 했을 때는 곧바로 자기변화 계획을 작동시켜야 한다.

실수에 대한 일반적 원칙이 있다. **이전 습관이 다시 나타날 것을 예상하고, 미리 계획을 세워서 문제가 다시 나타나는 즉시 적용하는 것이다.** 재발 방지 단계를 따른다. 실수를 통해 배운다.

금연했지만 3개월 후 "이 모임에서는 몇 개비만 피워도 돼."라고 생각한다고 가정해 보자. 2주 후 다시 하루에 한 갑으로 돌아가 있을 것이다. 이런 경험을 통해 배우자. 다음에 금연할 때는 모임에 대한 대처를 준비한다. 의지력이 없다는 결론은 잘못되었다. 대신 유혹적인 특정 상황에 조심스럽게 임해야 한다고 생각하라.

완벽하지 못하다고 포기하지 말자. 이 책에서는 내내 지속적일 것, 포기하지 말 것, 계속 시도하고 배울 것을 강조했지만, 이제 이렇게 말할 때가 되었다. **때로 완벽하지 않아도 만족해야 한다.** 체중이 86kg이었다가 63kg까지 감량했지만 목표인 54kg에 도달하지 않았다고 전체 프로젝트를 포기하고 다시 86kg으로 돌아가는 것은 어리석은 일이다. 그런데도 많은 사람들이 같은 잘못을 저지른다(Rothman, 2004). 사람들은 높은 기대를 가졌다가 달성하지 못하면 매우 실망해서 전체 프로젝트를 포기해 버린다(Wadden et al., 2003). 63kg까지 줄이는 데 효과적이었던 방법에 매진하는 것이 훨씬 현명하다. 작은 체중 변화도 건강에 상당한 차이를 가져온다. 최소한 기록을 계속하는 노력이라도 멈추지 않으면 장기적으로는 자신의 완벽한 목표에 가까워질 수 있을 것이다.

✿ 일생에 걸친 프로젝트

어떤 목표를 위해서는 거의 평생에 걸쳐 기록 및 자기변화 기술에 주의해야 한다. 우리의 주인공 피트가 살을 빼고 유지한 것이 그 예이다. Malott(2005)은 자신의 사회 생활에 걸쳐 전문적 글쓰기의 어려움을 극복하려 꾸준히 노력한 한 젊은 교수의 사례를 들었다. 그 교수는 꾸물거리고, 합리화하고, 새치를 뽑는 습관에 대한 자기수정을 지속한 덕분에 계속 훌륭한 글을 쓸 수 있었다. 때로 평생의 자기수정이 필요할 때도 있다. 자기수정을 하지 않으면 어떻게 될지 상상해 보라. 나쁜 습관이 승리할 것이다.

자기변화 프로젝트를 종료하고 나면 앞으로 어떤 일이 일어날 것인가? 파란 하늘과 구름 한 점 없이 맑은 날들일까? 여러분이 잘 지내기를 바라지만, 언젠간 인생의 어떤 부분에서 또 다른 체계적 자기변화가 필요할 때가 올 것이라 예상된다. 지금 또 다른 자기변화 프로젝트를 계획한다면 이 기법들을 앞으로 계속 사용할 기회를 늘리는 것이다(Barone, 1982).

문제를 예상하고 이에 대처하기 위해 자기변화 기법을 고안하는 것 역시, 문제에 부딪혔을 때 이 기법들을 떠올릴 확률을 증가시킨다. 예를 들면 다음과 같다.

> 내가 헤프게 돈을 쓴다는 것을 알고 있다. 아직까지는 큰 문제가 되지 않지만, 곧 자립하게 되면 곤경에 처할 것은 시간문제이다. 그런 일이 생기면 나는 기록을 하고 규칙을 세우고 그 규칙을 자기지시문으로 만들 것이다.
>
> 다른 예를 들어 보자. "모두들 대학생의 구직 면접은 매우 힘들고 경쟁적이라고 한다. 아무튼 나는 그 전에 이완을 연습할 수 있다."
>
> 우리는 은퇴 후에도 자기조절 활동을 계속할 수 있다. 은퇴한 동료 중 한 명은 그녀가 가끔씩 자문한다고 이야기했다. "은퇴에 잘 적응하고 있는가? 운동을 더 하고 있나? 사회적 교류는 충분한가? 다른 사람들을 위한 일을 하고 있나? 내 두뇌를 흥미롭고 도전적인 방식으로 사용하고 있는가?" 그녀는 이러한 목표를 달성하지 못했다고 판단한다면 즉시 자기변화 프로젝트를 시작할 것이다. 목표와 하위 목표를 설정하고, 기록을 시작하고, 목표 행동에 대한 선행사건을 설정하고, 점차 단계를 늘려 가며, 성과를 보상하는 등 우리가 추천한 몇 가지 기법을 사용하면서 말이다.

잠시 멈추어 향후 몇 년간 겪을 수 있는 문제들을 생각해 보자. 이에 어떻게 대처할 것인가?

과학적 현대 심리학의 선구자 중 한 명이자 가장 영향력 있는 응용심리학자인 스키너는 매우 생산적이고 행복한 사람이었다. 스키너는 우리는 알기도 전에 이미 이 책에서 권장된 많은 기법들을 개발하고 사용했다(Epstein, 1997). 예를 들어, 그는 적극적으로 강화를 찾아 나섰고 매우 기쁘게 그것을 즐겼다. 그는 즐거운 일들을 삶 속에 계획했지만 일도 계획에 넣었다. 그는 자기가 하고 있는 많은 것들을 기록했다. 그는 원하는 행동을 촉진시키기 위해 의식적으로 자신의 환경을 통제했다. 예를 들면 그는 심리학에 대한 글을 쓰고자 아무 방해도 받지 않고 글쓰기 외에 다른 것은 하지 않는 사무실에서 매일 글쓰기를 연습했다. 일생 동안 그는 자신의 인생이 어떻게 흘러가고 있는지 생각하고 필요할 때마다 변화를 주었다. 예를 들어, 노년기에는 기억력 저하에 대처하기 위해 사회적 행동과 신체적 단서를 연습했다.

스키너는 우리의 삶에 지침이 필요하다고 보았다. 자신의 인생을 스스로 방향 짓기 위해 자기관리를 사용하라. 자기주도가 요구되는 문제에 당면했을 때 여러분이 배운 기법들을 기억하도록 한다.

✿ 전문적 도움 구하기

때로는 자기변화에 대한 자신의 노력만으로는 충분치 않다. 자기수정 프로젝트의 유용성을 제한하는 네 가지 상황이 있다.

1. 개인적인 목표가 명확하지 않아 목표행동을 정하기 힘든 경우
2. 계획 수립의 기술적 문제가 이 책을 통해 획득할 수 있는 기술 수준을 넘어선 경우
3. 환경 자체가 너무 혼란스럽거나 만만치 않아 계획 성공이 힘든 경우
4. 강한 감정에 휩싸여 목표 달성에 충분한 계획을 스스로 수립하지 못하는 경우

이런 상황에서는 전문적 조언이 매우 도움이 될 것이다.

전문가들은 무엇을 하는가? 접근 방법은 다를지라도 그들은 한 가지 전략을 따른다. 즉, 새로운 행동과 감정을 일으키는 상황을 만드는 데 힘쓴다. 그들은 여러분이 자기 자신을 돕는 것을 돕는다.

따라서 전문적 도움을 선택하더라도 자기지시 기술을 익히려는 개인적 노력에 소홀해서는 안 된다(Powers et al., 2008; Showers, Limke, & Zeigler-Hill, 2004). 전문가들이 문제를 해결해 주지는 않는다. 그들은 여러분이 문제를 해결하도록 돕는다. 그들은 여러분이 스스로의 변화 노력을 키울 수 있는 환경을 조성하도록 돕는다.

전문적 도움을 고려 중이라면 몇 가지 사항을 확인해야 한다. 도움을 받을 수 있다고 생각되는 사람을 널리 찾아보도록 한다. 치료자와의 초기 면담을 바탕으로 결정하라. 상담가와 있을 때 자신 있고 편안하게 느끼고 문제에 대해 자유롭게 얘기할 수 있어야 하지만, 상담가에 대한 호불호가 크게 중요하지는 않다. 적절한 상담료를 제시하는 곳을 찾아야 한다. 비용이 높다고 더 나은 도움을 받을 수 있는 것은 아니다.

제시되는 치료 방법이 연구에 의해 효과적인 것으로 입증되었는지 확인하는 것이 중요하다. 어떤 치료는 경험적으로 효과가 보고되었지만, 연구가 이루어지지 않은 치료법도 있으므로 다른 사람들에게도 효과적이었던 방법을 선택하는 것이 현명하다.

치료자와 내담자 간에 목표와 기법들이 명시된 서면 계약서를 두는 것이 권장된다. 계약서에는 목표, 비용 및 소요 시간이 명시되어야 한다. 예를 들어, 진로의 불확

실성이나 결혼에 대한 두려움을 논의할 사람이 필요할 수 있다. 계약은 치료 도중 목표를 수정할 수 있게 유연해야 한다. 계약 시 목표는 언어적 동의로도 이루어질 수 있다.

자기지시적 행복

"행복할 의무만큼 저평가되는 의무도 없을 것이다.
우리는 행복을 통해 세상에 익명의 유익을 뿌린다."
Robert Louis Stevenson(1850~1894), 스코틀랜드의 작가

학습목표

- 행복의 세 가지 요소는 무엇인가?
- 행복 수준에 영향을 미치는 세 가지 요소는 무엇인가?
- 행복을 증가시키기 위해 취할 수 있는 정서적 · 사회적 · 친사회적 접근은 무엇인가 ?
- 삶의 만족을 가져오는 네 가지 종류의 행동을 나열하라.
- 행복 점검표를 채워 본 결과, 여러분은 어떤 자기변화 과제를 시작해야 하는가?

과거에는 행복이 주로 철학자들에 의해 논의되었지만, 최근 몇 년 전부터는 과학적 심리학자들이 행복에 대한 경험적 답을 찾기 시작했다(Kesebir & Diener, 2008). 더 많은 것을 얻어야 할까, 아니면 이미 가진 것에 만족하는 것이 바람직할까? 과학자들은 새로운 직업의 높은 연봉이 행복을 망칠 수 있다고 말한다. 직업 시장에 뛰어들어 직업을 바꾸며 연봉을 올리는 데 치중한 대학 졸업자들은 가진 것에 만족한 사람들보다 돈은 더 많이 벌었지만 새로운 직업에 덜 만족했다(Iyengar, Wells, & Schwartz, 2006). 이와 비슷한 결과들이 많아서 우리는 이렇게 이야기할 수 있다. 무엇을 하는 것이 행복할 기회를 늘린다.

행복은 즐거움을 누리고 고통을 회피함으로써 그리고 인생에 의미가 있음을 느낌으로써 생긴다(Ryan & Deci, 2001). 행복은 세 요소로 구성된다. 즉, 긍정적 감정을 자주 느끼고, 부정적 감정을 덜 느끼며, 인생에 만족하는 것이다(Diener, Lucas, & Oishi, 2002). 첫 번째 요소는 우리가 모두 행복의 구성요소로 알고 있는 즐거움이며, 두 번째 요소는 우울, 불안 혹은 고통이 없는 것이다. 세 번째 요소인 인생에 대한 만족감은 가장 만족스러운 인생이 단순히 즐거움만은 아님을 시사한다. 깊은 행복감을 갖기 위해 우리는 인생에 대해 만족감을 느껴야 한다. 따라서 제3세계의 비참한 조건에서 생활하는 평화군 자원봉사자는 개인적으로 큰 만족감을 느끼기 때문에 진흙에서 뒹굴면서도 매우 행복하다고 말할 수 있다. 어렵고 지루하고 힘든 과목을 감내하는 학생도 그것이 훌륭한 경력으로 이어질 것이므로 행복하다고 할 수 있다.

자신의 일반적인 행복 수준을 높이고 싶다면 어떻게 해야 하는가? 이에 답하기 위해 무엇이 행복을 가져오는지 알 필요가 있다.

연구에 근거한 분석에 따르면 행복에 영향을 미치는 세 가지 주요한 요인이 존재한다(Lyubomirsky, Sheldon, & Schkade, 2005). 첫 번째는 유전이다. 예를 들어 일란성 쌍둥이는 키, 머리 색, 얼굴 특징이 같은 것처럼 행복의 수준도 거의 비슷한 경향이 있다. 최근 이론에 따르면 행복이 일생 동안 오르내리는 기준점은 유전된다고 한다. 사건들이 행복감을 일시적으로 오르내리게 할 수 있지만 행복의 기준점으로 돌아오게 된다.

삶의 환경은 행복의 두 번째 결정 요소이다. 부정적 측면으로는 아동기 외상 경험, 장애, 가난, 그리고 긍정적 측면으로는 행복한 아동기, 훌륭한 보수, 좋은 친구 등이 행복의 수준에 영향을 미치는 환경이다.

유전과 삶의 환경은 사람들 간의 행복 수준 차이를 60% 정도 설명한다.

나머지 40%는 무엇 때문인가? **우리의 행동과 활동이다.** 휠체어를 타더라도 행복을 가져다주는 일을 한다면 행복할 가능성이 높아진다. 부유하고 아름답더라도 스스로를 비참하게 만드는 일들을 한다면 행복할 가능성이 없다.

행복을 증가시키기 위해 우리가 할 수 있는 가장 효과적인 일은 행복으로 이어지는 행동을 하는 것이다. 무엇을 하는지가 자신의 행복과 인생에 대한 만족감에 영향을 미친다. 타고난 유전을 통제할 수는 없고 환경을 통제하는 것이 힘들거나 불가능할지 모르지만, 우리는 모두 자신의 행동은 통제할 수 있다.

실제로 우리의 행복 수준을 높일 수 있을까? 그렇다. 무엇에 집중해야 하는지 알고 자신의 행동을 그것에 집중하면 가능하다. Michael Fordyce(1977, 1983)는 학생들에게 14개의 구체적 행동인 '행복 원리'를 연습하도록 가르치고 촉진하는 훈련 프로그램이 실제로 행복을 증가시켰으며, 그 효과가 28개월 후까지도 유지됐음을 보여 주었다. 이 분야의 연구는 몇 년 동안 시들했으나 2005년 세 가지 구체적인 행동—친절한 행동 하기, 잠시 멈추어 삶의 축복 세어 보기, 1주일에 한 번 감사 표현하기—을 6주 동안 촉진한 결과 행복이 증가했음이 밝혀졌다(Lyubomirsky et al., 2005). 또 다른 연구에서는 1주일 동안 매일 무엇이 잘 되었나 알아보고 자신의 장점을 새롭게 이용함으로써 행복을 증가시키도록 한 결과, 행복감이 증가되고 몇 달 동안 유지되었다

(Seligman, Steen, Park, & Peterson, 2005). 또한 행복한 사람들은 더 활동적인 사회생활을 하는 것으로 나타났다.

만약 어떤 목표를 추구하려 한다면, 어떻게 해야 하는가? 자기변화의 기법들을 사용해 보라. 여러분이 주로 하루를 마감하는 곳인 TV 위에 목표를 상기시키는 것을 올려 두고, '오늘 일어난 세 가지 좋은 일'을 떠올려 보라. 공책에 '이번 주의 감사한 일'을 기록하는 것도 좋다. 의식적으로 부정적인 사고를 긍정적인 것, 비관적인 생각을 낙관적인 것으로 바꾸는 연습을 하라. 정리정돈을 더 잘하기 위해서, 사회적인 관계를 증진시키기 위해서, 혹은 운동을 더 하기 위해서 자기변화를 시작하라.

단순히 변화에 대해 생각하는 것만으로 며칠간 더 행복해질 수 있다(Seligman et al., 2005) 그러나 그 효과는 행복의 원리를 일상생활에 더하려는 적극적인 노력을 하지 않는 이상 지속되지 않는다. 여기에 제안된 활동을 더 많이 할수록, 행복을 불러오는 효과는 강력해진다. 먼저 시작하라. 그리고 평가하라.

✿ 행복을 증가시키는 활동

어디서부터 시작해야 하는가? 여기 몇 가지 대안이 있다.

부정적 감정을 줄인다. 행복의 중요한 요소는 부정적 감정의 부재이므로 행복감을 증가시키기 위한 좋은 출발점은 생각과 행동에서 부정적인 요소를 줄여 나가는 것이다. 매일 긍정적인 감정을 더 많이 느낄수록 더 행복해진다(King et al., 2006). 초조함을 줄이기 위해 명상을 배우거나 운동을 하거나 혹은 두 가지를 병행한다. 긍정적인 생각들의 리스트를 만들고 부정적인 것을 이것들로 대체하는 연습을 하라. 의식적으로 비관적인 생각을 낙관적인 것으로 전환해 보는 것이다. 비관적인 태도는 기분을 저하시킨다.

어떤 문제를 곱씹으며 걱정하면서도 해결을 위해 아무것도 하지 않는, 과도한 부정적인 생각인 반추를 경계하라(Nolen-Hoeksema, 2000). 학생 중 한 명은 "나는 예전에 반추를 많이 했습니다. 어떤 문제의 부정적 측면들만 반복적으로 생각하고 걱정했습니다. 그것이 거의 내 의무 같았습니다. 문제가 있다면 그것에 대해 걱정을 해야만 한다는 식으로요. 그러다가 '잠깐, 내가 꼭 그래야 하는 것은 아니잖아. 문제해결을 통해 해결책을 찾을 수 있어.'라고 깨닫게 되었습니다. 나는 그렇게 했고 이젠 스스로를 더 이상 걱정하게 두지 않습니다."라고 말했다.

축복을 헤아려 본다. 부정적 감정을 줄이기 위한 효과적인 기법 중 하나는 매일 자신이 받은 축복을 세어 보는 것이다. 한 연구에서는 참가자들에게 1주일 동안 매일 밤 그날 자신에게 일어난 좋은 일 세 가지를 적고 그 원인에 대해 생각해 보게 했다(Seligman et al., 2005). 이를 1주일간 했다. 이 방법은 그들의 행복 점수를 증가시켰다. 우울하다면 이렇게 하는 것이 특별히 효과적이다.

좋은 일이 떠오르지 않는가? 많은 상금을 타는 것이나 승진 혹은 사랑에 빠지는 것 같은 큰 사건을 말하는 것이 아니다. 매일매일 일어날 수 있는 작은 축복들을 말하는 것이다. 정말 행복한 사람일 것 같은 Barbara Ann Kipfer는 자신이 쓴 『행복해할 14,000가지 이유』(1990)라는 책에서 깨끗한 창문, 고사리의 잎이 펴지는 것, 도장 찍는 기계, 올챙이 같은 것들을 기억하자고 제안한다. 자신만의 목록을 만들기 시작하라.

매일 같은 것을 생각하지 않도록 한다. 매일 축복으로 떠올리는 것이 뉴먼의 민트 초콜릿뿐이라면 머지않아 긍정적인 감정적 가치도 사라질 것이다. 이것은 적응(adaptation)으로, 그 효과에 익숙해져서 더 이상 감정적 영향력을 갖지 못하게 되는 것이다. 매일 다른 방식으로 이 활동을 하도록 한다. 예를 들어 하루는 직장에서의 좋은 일에 대해 생각하고, 다음 날은 학교에서의 좋은 일, 그다음 날은 친구 관계에서 좋은 일을 생각하는 식이다.

생활양식 개선하기. 아래와 같은 중요한 생활 방식은 우리의 행복뿐만 아니라 정신건강에도 영향을 미친다(Walsh, 2011).

- 금연과 약물 중단
- 체중 감량
- 식사 개선
- 운동 늘리기
- 여가활동 늘리기
- 이완이나 명상으로 스트레스 줄이기
- 자연으로 나가기

더 많은 사회적 활동하기. 다른 사람들은 우리를 행복하게 만든다. 친밀한 관계는 행복의 주요한 원천 중 하나이다. 좋은 관계를 맺는 것은 행복감을 늘려 줄 뿐만 아니라 실제로 심장발작 같은 건강의 위협을 줄여 준다(Walsh, 2011). 온라인상의 관계가 면대면 접촉의 효과를 대체할 수 있는지에 대해서는 아직 알려진 바가 없으나,

좋은 사회적 관계를 갖는 것은 행복에 있어 가장 중요한 요소임은 분명하다. 어떤 사람들은 "사람이 지옥이다."라고 비꼬기도 하지만, 긍정적인 관계 없이 행복한 사람은 거의 없다.

다른 사람들과 있을 때 편안하지 않다면, 긴장을 풀고, 만남에 대한 부정적인 생각을 없애고, 듣기와 같은 사회기술을 습득하도록 노력해야 한다. 사람들은 잘 듣는 사람에게 모인다.

친사회적 행동. 몇 가지 친사회적 행동을 하는 것은 행복을 증가시키는 것으로 나타났다. 받는 사람이 아니라 그 행동을 하는 사람의 행복이 증가하는 것이다. 낯선 이에게 친절을 베풀면 받는 이의 기분이 좋겠지만 여러분도 더 행복하게 느낄 것이다. 한 연구(Lyubomirsky et al., 2005)에서는 학생들에게 6주 동안 친절한 행동을 1주일에 5개씩 하도록 했다. 학생들은 헌혈을 하거나 아픈 친척의 병문안을 가거나 감사 편지를 쓰는 등의 친절한 행동을 하면 되었다. 많은 학생들이 다른 사람의 외모를 칭찬하거나 가구 옮기는 것을 돕는 등 소소한 행동을 했다. 친절한 행동을 하지 않은 집단과 비교했을 때 이 학생들은 6주 후에 더 행복한 것으로 나타났다. 행동이 사소한 것들이라면 하루에 모두 실행함으로써 더 큰 감정적 이득을 볼 수 있다.

이 전략을 자신의 삶에도 적용하려면 친절한 행동에 대해 기록하고 스스로 친절하도록 격려하기 위해 메모를 활용하라.

감사를 표현하면 더 행복해진다. 감사하는 것은 자신에게도 좋고 건강에도 좋다(Emmons & Shelton, 2002; Wood, Froh, Geraghty, 2010). 이는 폴리아나식 기분—"세상은 너무 아름다워!"—을 말하는 것이 아니라, 자신에게 어떤 방식으로든 도움을 준 사람에 대한 진중한 감사를 말하는 것이다. 한 연구에서는 학생들에게 1주일에 한 번 감사를 표현하도록 권장했고(Emmons & Shelton, 2002), 또 다른 연구에서는 도움을 받았지만 개인적으로 감사를 표현한 적이 없는 사람에게 감사를 표현하도록 권했다(Seligman et al., 2005). 두 경우 모두에서 감사하는 사람의 행복 수준이 증가했다. 연구 결과는 장기적 효과를 누리기 위해서는 계속해서 감사를 표현해야 함을 보여 준다.

아주 큰 감사를 매주 표현할 기회는 없겠지만—그렇게 아주 친절한 사람은 많지 않으니까!—어떤 사람의 도움에 진심으로 감사하는 것처럼 소소한 방식으로 감사를 표현할 수는 있다. 감사하는 연습을 하면 감사를 더 잘하게 되고 더 쉽게 할 수 있게 된다고 한다(Seligman et al., 2005).

감사의 다른 측면인 용서도 우리의 행복을 증가시킨다(McCullough & Witvliet,

2002). 인종차별에 반대하여 27년간 감옥에 갇혔다가 후에 남아프리카 공화국의 대통령으로 선출된 넬슨 만델라는 자신을 감옥에 가둔 사람들을 용서하고 이렇게 말했다. "용서는 영혼을 자유롭게 한다." 용서란 원한을 풀고 복수를 버리고 부정적 감정을 담아 두지 않는 것이다. 그 사람에게 용서한다고 말을 해야 할 필요는 없다. 마음속으로 그렇게 하는 것이다. 왜 용서하는가? 그들의 잘못에 대한 화와 분노, 강박적 반추를 간직하는 것이 고통스럽기 때문이다. 위해는 끝났고 상처도 이미 입었는데, 부정적인 감정을 계속 가지는 것은 우리를 더 아프게 할 뿐이다. 또한 최선의 복수는 행복하게 사는 것이다.

(1) 용서하지 않는 것이 자신의 인생에 부정적인 영향을 가져온다는 점을 인식하고, (2) 상대방이 그렇게 행동한 원인을 이해하려고 노력할 때, 용서가 더 쉬워진다(Enright, Freedman, & Rique, 1998). 그 행동이 정당했다고 생각하는 것이 아니라, 그런 일이 있어날 수도 있었다고 보는 것이다. 분노를 담고 있는 것이 스스로에게 해롭다는 것을 안다면 용서할 준비가 되어 있는 셈이다. 용서는 자기 자신을 위한 것이다.

✿ 의미 있는 인생 만들기

평화군 자원자가 제3세계의 진흙탕 속에서 살면서도 행복한 이유는 무엇인가? 쾌락추구와 고통 회피는 행복의 두 가지 요소이지만, 인생에 대한 만족감도 중요한 세 번째 요소이다. 여기에 모순이 있다. "행복은 행복 추구를 일차적 목표로 하지 않는 가치 있는 과제와 활동에 참여하는 과정에서 부수적으로 얻어지는 경우가 가장 많다." (Emmons, 2003, p. 106)

중요한 개인적 목표를 추구하거나 개인적으로 의미 있는 이유에 시간을 할애하는 것은 행복을 가져온다(Lyubomirsky et al., 2005).

가치 있는 목표와 관련하여 유능감을 느끼는 것은 개인의 행복으로 연결된다(Ryan & Deci, 2001). 이것은 여러분의 목표가 훌륭한 강아지 사육사가 되는 것이든, 세계 탐험가, 정원사, 작가, 선원, 과학자, 예술가, 훌륭한 엄마, 훌륭한 남편이 되는 것이든, 건강해지는 것이든, 그 어떤 것이든 상관없이 적용된다. 대학 졸업장 같은 어떤 보상과 관련된 목표만 생각하지는 말자. 애정 어린 할아버지가 되는 것도 못지않게 중요하다. 문제는 "어떤 목표를 추구할 것인가?"이다.

행동 면에서 두 가지 과제가 있다. 즉, (1) 개인적인 목표를 결정하고, (2) 활력과 계획성을 가지고 이를 추구하는 것이다.

목표를 정하는 것은 삶의 만족감을 높이는 첫 번째 자기지시 프로젝트가 될 수 있다. 예를 들어, 자신의 성격적 장점을 개발하는 것은 가치 있는 목표이다. 우리 모두는 장점을 가지고 있지만 많은 사람들이 자신의 장점을 깨닫지 못한다. 인내를 잘 하는가? 낙천적인가? 창의력, 학구열 혹은 친절이나 지도력, 용기가 있는가? Peterson과 Seligman(2003)는 이런 성격적 측면들을 나열하며 각각의 요소들이 우리의 삶에 긍정적 영향을 미칠 수 있다고 이야기했다. 개인의 성격적 장점을 알아볼 수 있는 질문지를 제공하는 웹사이트인 www.authentichappiness.org를 참조하라. 일단 자신의 강점을 찾게 되면 목표는 이를 강화하는 것이 될 것이며, 이렇게 해서 행복에 가까워진다.

다음은 몇몇 연구자가 제안한, 의미 있는 삶을 가져오는 네 가지 행동 영역이다(Emmons, 2003). 이 분류는 인생을 의미 있게 만들기 위해 사람들이 일반적으로 추구하는 영역을 설명한다. 그 네 가지는 다음과 같다.

1. 직업 영역으로, 일에 전념하며 그것이 인생에 의미를 준다고 느끼는 것이다.
2. 영적인 영역으로, 전통적 종교 혹은 환경 같은 것에 대한 영적인 느낌을 포함하며, 일반적으로 비슷한 마음을 가진 사람들의 공동체에 참여하는 것도 포함된다.
3. 관계 영역으로, 다른 사람들과 함께하며 친밀감을 느끼는 삶이 의미를 준다는 것이다.
4. 사회적 영역으로, 그 안에서 개인은 자신의 이익을 넘어 사회에 영향을 미치고 무언가를 남기는 것이다.

소아마비후증후군[역주: 소아마비를 경험했던 환자들에게 신경계에 특정한 생리학적 변화가 발생하는 증세(post-polio syndrome)]같이 만성적으로 허약해지는 병을 앓는 사람마저도 이 네 영역에서 강하다면 행복한 삶을 살 수 있다(Emmons, 2003).

행복을 가져오는 영역 중에 부(富)가 포함되지 않았음에 주목하라. 돈은 행복과 무관한가? 그렇지 않다. 부유한 사람들은 가난한 사람들보다 더 행복한 경향이 있으며, 가난한 사람들에게 소득 증가는 아마도 필수품을 살 수 있게 해주므로 더 행복하게 한다(Diener & Seligman, 2004). 약을 살 돈이 없으면 행복하지 않을 것이며, 충분히 돈을 벌면 더 행복해질 것이다. 하지만 일단 적정한 소득 수준에 다다르면 더 이상 더 많은 돈이 더 큰 행복으로 이어지지 않는다(Diener & Biswas-Diener, 2002). 미국에서는 빈곤층에서는 소득이 늘어나면 행복이 증가했으나, 중산층에서는 돈의 영향력이 점점 줄어들고 상류층에서는 더 많은 돈이 행복에 거의 영향을 주지 않는 것으로 나타났다(Diener & Seligman, 2004).

요약: 행복 체크리스트. 이러한 활동을 하면 시간이 지나면서 더 행복해질 것이다. 연습을 하면 점점 더 쉬워진다. 최소한 두 가지, 즉 한 가지는 하기 쉬운 것, 또 한 가지는 해본 적 없지만 해보고 싶은 것을 선택하도록 권한다. 이를 한 달 혹은 그 이상 연습하도록 한다.

_______ 부정적인 생각과 감정을 줄인다.
_______ 반추나 걱정을 멈춘다.
_______ 매일 축복을 세어 본다.
_______ 담배나 약물을 끊는다.
_______ 몸무게를 줄인다.
_______ 운동을 더 한다. 더 활동적으로 생활한다.
_______ 스트레스를 줄인다.
_______ 친구를 더 많이 사귄다. 좋은 관계를 만든다.
_______ 매일 친절한 행동을 한다.
_______ 적절할 때 감사를 표현한다.
_______ 용서한다.
_______ 중요한 목표를 선택한다. 무엇이 중요한지 찾는다.
_______ 의미 있는 일에 시간을 할애한다.
_______ 의미 있는 일을 만든다.
_______ 영적인 측면을 개발한다.

행복과 의미를 위해 자기지시 계획을 시도해 본다. 자신의 노력을 기록한다. 프로젝트를 시작하고 계속할 수 있는가? 완벽을 추구하는 도중에 실수할 것을 미리 예상한다. 어려움이 생기면 문제해결법을 사용하라. 성과를 방해하는 것은 무엇인가?

여러분에게 행복을 추구하는 행복이 가득하길 바란다.

요약

성과 유지를 위한 계획

새로 개발된 행동을 계속 유지하고 다른 상황에도 전이하기 위해서는 특별한 주의가 요구된다. 유지와 전이는 자연강화가 이루어지도록 계획함으로써, 즉 새로운 행동이 가치 있거나 성공할 수 있는 상황을 찾음으로써 달성할 수 있다. 동시에, 소거에 대한 저항은 자기강화를 간헐적 스케줄에 따라 점점 감소시킴으로써 높일 수 있다.

원하는 새로운 행동에 대한 사회적 지지를 찾고, 공식적인 자기수정 계획 없이 새로운 행동을 통제할 수 있는 자신의 능력을 평가한다.

다음은 새로 학습된 행동 전이의 중요한 원리이다.

- 노력하면 전이가 일어난다.
- 전이 효과는 상황에 특정적일 수 있다.
- 전이에 장애물이 있을 수 있다.
- 새로운 기술의 전이는 다양한 상황에서의 많은 연습을 통해 이루어진다.

새로운 행동을 새로운 상황에 전이하기 위해서는 다양한 상황에서 그 행동을 연습하고, 갓 학습한 수준보다 훨씬 잘하도록 연습하고, 행동에 대한 기록을 지속하고, 문제해결 기술을 사용해야 한다.

종료 이후

종료 이후에도 여러분의 삶의 환경이 바뀌어 새로운 습관에 문제가 생길 수 있다. 이는 드문 일이 아니며, 재발 방지 방법을 적용해 대처할 수 있다. 실수를 야기하는 상황에 대해 알아본다.

변화 시 전문적 도움이 필요한 경우는 목표가 정해지지 않았을 때, 계획 수립에 있어 기술적 문제가 너무 클 때, 환경이 너무 혼란스럽거나 힘들어서 변화 노력이 불가능할 때, 혹은 너무 감정적이어서 효과적 계획 수립을 하지 못할 때 등이다. 전문가들은 변화를 위해 여러분을 도울 수는 있지만 여러분을 대신해 주는 것은 아니다. 주의 깊게 전문가를 선택한다. 전문가가 제안하는 기법과 목표에 대해 문의한다. 목표, 기법 및 비용에 대해 분명하게 합의하도록 한다.

자기수정은 일생에 걸친 훈련이다. 다양한 상황에서 배운 기법을 사용하라. 필요할 때를 대비하여 준비해 두라.

자기지시적 행복

행복은 세 가지 요소, 즉 빈번한 긍정적 감정, 드문 부정적 감정, 그리고 삶에 대한 만족감으로 이루어진다. 또한 행복에 영향을 미치는 세 가지 주요한 요인은 유전, 환경 및 우리 자신의 행동이다. 행복해지기 위해 가장 효과적인 것은 우리의 행동을 바꾸는 것이다.

축복 헤아려 보기, 생활 방식에 변화 주기 등으로 부정적 감정을 줄이고 사회적 행동과 감사, 친절, 용서와 같은 친사회적 행동을 늘리면 더 행복해진다고 한다.

삶에 대한 만족감은 목표를 추구하고 의미 있는 활동에 시간을 투자함으로써 높아질 수 있다. 네 종류의 행동, 즉 의미 있는 인생, 영성, 친밀한 관계 및 자기 이익 넘어서기는 삶의 만족감을 가져오는 것으로 보인다.

스스로 해보는 자기주도 계획: 10단계

종료 전에 다음 과정을 따른다.

1. 새로 학습한 행동을 연습할 기회를 적은 목록을 만든다. 새로운 행동이 자연스럽게 강화를 받을 가능성을 기준으로 이 기회들을 평가한다.
2. 새로운 행동이 자연스럽게 강화받지 못할 것 같으면 스스로에 대한 강화를 계속하고 다른 사람들로부터의 강화도 이루어지도록 한다.
3. 새로운 행동에 대해 사회적 지지를 구한다.
4. 자기수정 계획 없이 새로운 행동을 통제할 수 있는 자신의 능력을 평가한다.
5. 전이를 위한 프로그램을 계획하고 전이를 시험해 본다. 다양한 상황에서 행동을 연습한다. 계속 기록을 유지한다.
6. 새로운 어려움에 대처하기 위해 문제해결 단계를 사용한다.
7. 새로운 행동이 완벽해질 때까지 연습한 다음, 그 행동을 완벽하게 하는 연습을 한다. 목표 수준 달성 이후 연습을 하면 할수록 그 행동이 지속될 가능성이 커진다.
8. 장기 프로젝트를 위해서는 원치 않은 행동이 발생하자마자 계획을 다시 시작할 수 있도록 준비한다.

행복 프로젝트를 시작하라. 행복 체크리스트 중 하나는 쉬운 것으로, 다른 하나는 쉽지 않은 것으로 최소한 두 가지를 선택하고 변화를 위한 계획을 시작하라.

참고문헌

Aaronson, N. K., Ershoff, D. H., & Danaher, B. G. (1985). Smoking cessation in pregnancy: A self help approach. *Addictive Behaviors, 10*, 103-108.

Abrams, J. C. (1987). The National Joint Committee on Learning Disabilities: History, mission, process. *Journal of Learning Dsabilities, 20*(2), 102-106.

Ackerman, J. M., Goldstein, N. J., Shapiro, J. R., & Bargh, J. A. (2009). You wear me out: The vicarious depletion of self-control. *Psychological Science, 20*(3), 326-332.

Ackerman, R., & DeRubeis, R. J. (1991). Is depressive realism real? *Clinical Psychology Review, 11*, 565-584.

Adams, J. A. (1987). Historical review and appraisal of research on the learning, retention and transfer of human motor skills. *Psychological Bulletin, 101*, 41-74.

Agran, M., & Martella, R. C. (1991). Teaching self instructional skills to persons with mental retardation: A descriptive and experimental analysis. In M. Hersen, R. M. Eisler, & P. M. Miller (Eds.), *Progress in behavior modification* (Vol. 27, pp. 36-55). Newbury Park, CA: Sage.

Agran, M., & Martin, J. E. (1987). Applying a technology of self-control in community environments for individuals who are mentally retarded. In M. Hersen, R. M. Eisler, & P. M. Miller (Eds.), *Progress in behavior modification* (pp. 21, 108-151). Newbury Park, CA: Sage.

Agras, W. S. (1987). *Eating disorders: Management of obesity, bulimia and anorexia nervosa*. New York: Pergamon Press.

Ainslee, C. (1975). Specious reward: A behavioral theory of impulsiveness and impulse control. *Psychological Bulletin, 82*, 463-496.

Ainslee, C. (1987). Self-reported tactics of impulse control. *International Journal of the Addictions, 22*, 167-179.

Ainslee, C. (2001). *Breakdown of will*. Cambridge: Cambridge University Press.

Ajzen, I. (1991). The theory of planned behavior. *Organizational Behavior and Human Decision Processes, 50*, 179-211.

Ajzen, I., & Fishbein, M. (1980). *Understanding attitudes and predicting social behavior*. Englewood Cliffs, NJ: Prentice Hall.

Alpert, H., & Biener, L. (2012, January 9). *Nicotine replacement*. Tobacco Control.

Altmaier, E., Ross, S., Leary, M., & Thornbookrough, M. (1982). Matching stress inoculations treatment components to clients' anxiety mode. *Journal of Counseling Psychology, 29*, 331-334.

Andersson, G., Carlbring, P., Holmstrom, A., Sparthan, E., Furmark, T., Nilsson-Ihrfelt, E., Buhrman, M., & Ekselius, L. (2006). Internet-based self-help with therapist feedback and in vivo group exposure for social phobia: A randomized controlled trial. *Journal of Consulting and Clinical Psychology, 74*(4), 677-686.

Anie, K. A., Green, J., & Tata, P. (2002). Self-help manual-assisted cognitive behavioral therapy for sickle cell disease. *Behavioural and Cocyiitive Psychotherapy, 30*, 451-458.

Antony, M. M. (2004). *12 simple solutions to shyness*. Oakland, CA: New Harbinger.

Antony, M. M., & Norton, P. J. (2009). *The Anti-Anxiety Workbook*. New York: Guilford.

APA Task Force on Evidence-Based Practice. (2006). *American Psychologist, 61*, 271-285.

Arnkoff, D. B., & Glass, C. R. (1982). Clinical cognitive constructs: Examination, evaluation, and elaboration. In P. C. Kendall (Ed.), *Advances in cognitive-behavioral research and therapy* (Vol. 1, pp. 1-34). New York: Academic Press.

Arnkoff, D. B., & Smith, R. J. (1988). Cognitive processes

in test anxiety: An analysis of two assessment procedures in and actual test. *Cognitive Therapy and Research (Historical Archive)*, *12*(5), 425-439.

Ascher, L. M. (1973). An experimental analog study of covert positive reinforcement. In R. D. Rubin, J. P. Brady, & J. D. Henderson (Eds.), *Advances in behavior therapy* (Vol. 4, pp. 127-138). New York: Academic Press.

Axelrod, S., & Apsche, J. (Eds.). (1983). *The effects of punishment on human behavior*. New York: Academic Press.

Aydu, O., Mendoza-Denton, R., Mischel, W., Downey, C., Peake, P., & Rodriguea, M. I. (2000). Regulating the interpersonal self: Strategic self-regulation for coping with rejection sensitivity. *Journal of Personality and Social Psychology*, *79*, 776-792.

Azrin, N. H., Donohue, B., Besalel, V. A., Kogan, E. S., & Acierno, R. (1994). Youth drug abuse treatment: A controlled outcome study. *Journal of Child & Adolescent Substance Abuse*, *3*, 1-15.

Azrin, N. H., Hake, D. F., Holz, W. C., & Hutchinson, R. R. (1965). Motivational aspects of escape from punishment. *Journal of the Experimental Analysis of Behavior*, *8*, 31-44.

Azrin, N. H., Nunn, R. C., & Frantz-Renshaw, S. E. (1982). Habit reversal vs. negative practice treatment of self-destructive oral habits (biting, chewing or licking of the lips, cheeks, tongue, or palate). *Journal of Behavior Therapy and Experimental Psychiatry*, *13*, 49-54.

Azrin, N. H., & Peterson, A. L. (1990). Treatment of Tourette syndrome by habit reversal: A waiting list control group comparison. *Behavior Therapy*, *21*, 305-319.

Babyak, M., Blumenthal, J. A., Herman, S., Khatri, P., Doraiswamy, M., Moore, 1K., Craighead, W. E., Baldewicz, T. T., & IKrishnan, K. R. (2000). Exercise treatment for major depression: Maintenance of theraoeutic benefit at 10 months. *Psychosomatic Medicine*, *62*(5), 633-638.

Baer, J. S., Holt, C. S., & Lichtenstein, E. (1986). Self-efficacy and smoking reexamined: Construct validity and clinical utility. *Journal of Consulting and Clinical Psychology*, *54*, 846-852.

Baird, S., & Nelson-Gray, R. O. (1999). Direct observation and self-monitoring. In S. C. Hayes, D. H. Barlow, & R. O. Nelson-Gray (Eds.), *The scientist practitioner* (pp. 535-386). Boston: Allyn Bacon.

Bajtelsmit, J. W., & Gershman, L. (1976). Covert positive reinforcement: Efficacy and conceptualization. *Journal of Behavior Therapy and Experimental Psychiatry*, *7*, 207-212.

Baker, R. C., & Kirschenbaum, D. S. (1993). Self monitoring may be necessary for successful weight control. *Behavior Therapy*, *24*, 377-394.

Baker, R. C., & Kirschenbauni, D. S. (1998). Weight control during the holidays: Highly consistent self-monitoring as a potentially useful coping mechanism. *Health Psychology*, *17*, 367-370.

Baker, T. B., McFall, R. M., & Shoham, V. (2008). Current status and future prospect of clinical psychology. *Psychological Science in the Public Interest*, *9*(2), 67-103.

Bandura, A. (1971). Vicarious and self-reinforcement processes. In R. Glaser (Ed.), *The nature of reinforcement* (pp. 228-278). New York: Academic Press.

Bandura, A. (1981). In search of pure unidirectional determinants. *Behavior Therapy*, *12*, 30-40.

Bandura, A. (1986). *Social foundations of thought and action: A social-cognitive theory*. Englewood Cliffs, NJ: Prentice Hall.

Bandura, A. (1991). Social cognitive theory of self regulation. *Organizational Behavior and Human Decision Processes*, *50*, 248-287.

Bandura, A. (1994). Self-efficacy. In V. S. Ramachaudran (Ed.), *Encyclopedia of human behavior* (Vol. 4, pp. 71-81). New York: Academic Press.

Bandura, A. (2004). Health promotion by social cognitive means. *Health Education and Behavior*, *31*, 143-164.

Bandura, A. (2005). The primacy of self-regulation in health promotion. *Applied Psychology: An International Journal*, *54*(2), 245-254.

Bandura, A., Jeffery, R. W., & Gajdos, E. (1975). Generalizing change through participant modeling with self-directed mastery. *Behaviour Research and Therapy*, *13*, 141-152.

Bandura, A., & Locke, E. A. (2003). Negative self-efficacy and goal effects revisited. *Journal of Abnormal Behavior*, *88*(1), 87-99.

Bandura, A., & Mahoney, M. J. (1974). Maintenance and transfer of self-reinforcement functions. *Behaviour Research and Therapy*, *12*, 89-97.

Bandura, A., Reese, L., & Adams, N. E. (1982). Microanalysis of action and fear arousal as a function of differential levels of perceived self-efficacy. *Journal of Personality and Social Psychology*, *43*, 5-21.

Bargh, J. A. (1997). The automaticity of everyday life. In R. S. Wyer (Ed.), *The automaticity of everyday life* (pp. 1-61). Mahwah, NJ: Erlbaum.

Barlow, D. (1988). *Anxiety and its disorders: The nature and treatment of anxiety and panic*. New York: Guilford Press.

Barnett, S. M., & Ceci, S. J. (2002). When and where do we apply what we learn? A taxonomy for far transfer. *Psychological Bulletin*, *128*, 612-637.

Barone, D. F. (1982). Instigating additional self modification projects after a personal adjustment course. *Teach-*

ing of Psychology, 9, 111.

Barrera, M., & Glasgow, R. (1976). Design and evaluation of a personalized instruction course in behavioral self-control. *Teaching of Psychology, 3*, 81-83.

Barrios, B. A., & Shigetomi, C. C. (1979). Coping skills training for the management of anxiety: A critical review. *Behavior Therapy, 10*, 491-522.

Barrios, B. A., & Shigetomi, C. C. (1980). Coping skills training: Potential for prevention of fears and anxieties. *Behavior Therapy, 11*, 431-439.

Barrios, F. X. (1985). A comparison of global and specific estimates of self-control. *Cognitive Therapy and Research, 9*, 455-469.

Baruch, D. S., Kanter, J. W., Bowe, W. M., & Pfennig, S. L. (2011). Improving homework compliance in career counseling with a behavioral activation functional assessment procedure: A pilot study. *Cognitive and Behavioral Practice, 18*(2), 256-266.

Bate, K. S., MalouW J. M., Thorsteinsson, E. T., & Bhullar, N. (2011). The efficacy of habit reversal therapy for tics, habit disorders, and stuttering: A meta-analytic review. *Clinical Psychology Review, 31*(5), 865-871.

Baumeister, R. F., Bratslavsky, E., Muraven, M., & Tice, D. M. (1998). Ego depletion: Is the active self a limited resource? *Journal of Personality and Social Psychology, 74*, 1252-1265.

Baumeister, R. F., DeWall, C. N., Ciarocco, N. J., & Twenge, J. M. (2005). Social exclusion impairs self-regulation. *Journal of Personality and Social Psychology, 88*(4), 589-604.

Baumeister, R. R., & Exline, J. J. (2000). Self-control, morality and human strength. *Journal of Social and Clinical Psychology, 19*, 29-42.

Baumeister, R. R., & Heatherton, T. F. (1996). Self-regulation failure: An overview. *Psychological Inquiry, 7*, 1-15.

Baumeister, R. F., Heatherton, T. F., & Tice, D. M. (1994). *Losing control. How and why people fail at self-regulation*. San Diego, CA: Academic Press.

Baunieister, R. F., & Scher, S. J. (1988). Self-defeating behavior patterns among normal individuals: Review and analysis of common self-destructive tendencies. *Psychological Bulletin, 104*, 3-22.

Baumeister, R. F., & Tierney, J. (2011). *Willpower*. New York: Penguin Press.

Baumeister, R. F., & Vohs, K. D. (2003). Self-regulation and the executive function of the self In M. R. Leary & J. P. Tanguey (Eds.), *Handbook of self and identity* (pp. 197-217). New York: Guilford.

Baumeister, R. F., & Vohs, K. D. (2004). *Handbook of self-regulation*. New York: The Guilford Press.

Baumeister, R. F., Vohs, K. D., & Tice, D. M. (2007). The strength model of self-control. *Current Directions in Psychological Science, 16*(6), 351-355.

Beck, A. T., & Emery, C. (1985). *Anxiety and phobias: Cognitive perspective*. New York: Basic Books.

Beck, A. T., Rush, A. C., Shaw, B. F., & Emery, C. (1979). *Cognitive therapy of depression*. New York: Guilford Press.

Beck, F. M., Kaul, T. J., & Russell, R. K. (1978). Treatment of dental anxiety by cue-controlled relaxation. *Journal of Counseling Psychology, 25*, 591-594.

Beck, J. S. (2011). *Cognitive behavior therapy: Basics and beyond*. New York: The Guilford Press.

Beck, J. S. (2007). *The Beck diet solution*. Birmingham, Alabama: Oxnioor House.

Becker, M. H., & Green, L. W. (1975). A family approach to compliance with medical treatment. *Intern ational Journal of Health Education, 18*, 175-182.

Bellack, A. S., Rozensky, R., & Schwartz, J. (1974). A comparison of two forms of self-monitoring in a behavioral weight reduction program. *Behavior Therapy, 5*, 523-530.

Bennett-Levy, J., Turner, F., Beaty, T., Smith, M., Paterson, B., & Farmer, S. (2001). The value of self-practice of cognitive therapy techniques and self-reflection in the training of cognitive therapists. *Behavioural and Cognitive Psychotherapy, 29*, 203-220.

Berk, L. E. (1986). Relationship of elementary school children's private speech to behavioral accompaniment to task, attention, and task performance. *Developmental Psychology, 22*, 671-680.

Biglan, A., & Campbell, D. R. (1981). Depression. In J. L. Shelton, R. L. Levy, & Contributors (Eds.), *Behavioral assignments and treatment compliance: A handbook of clinical strategies* (pp. 111-146). Champaign, IL: Research Press.

Blackwell, B. (1979). Treatment adherence: A contemporary overview. *Psychosomatics, 20*, 27-35.

Blackwell, S., Trzesniewski, K. H., & Dweck, C. S. (2007). Implicit theories of intelligence predict achievement across an adolescent transition: A longitudinal study and an intervention. *Child Development, 78*(1), 246-263.

Blanchard, E. B. (1970). Relative contribution of modeling, informational influences, and physical contact in extinction of phobic behavior. *Journal of Abnormal Psychology, 76*, 55-61.

Blanchard, E. B., & Draper, D. 0. (1973). Treatment of a rodent phobia by covert reinforcement: A single subject experiment. *Behavior Therapy, 4*, 559-564.

Bloomquist, M., Heshmat-Farzaneh-Kia, Swanson, K., & Braswell, L. (1987, November). *Effects of a comprehensive school-based cognitive-behavioral intervention for non-self-controlled children*. Paper presented at the annual meeting of the Association for the Advancement of Behavior Therapy, Boston.

Boice, R. (1982). Increasing the writing productivity of 'blocked' academicians. *Behaviour Research and Therapy, 20*, 197-207.

Bootzin, R. R., & Nicassiio, P. M. (1979). Behavioral treatments for insomnia. In M. Hersen, R. Eisler, & P. Miller (Eds.), *Progress in behavioral modification* (Vol. 6, pp. 1-45). New York: Academic Press.

Borkovec, T. D., Wilkinson, L., Folensbee, R., & Lerrnan, C. (1983). Stimulus control applications to the treatment of worry. *Behaviour Research and Therapy, 21*, 247-251.

Botella, C., Guillen, V., Banos, R. M., Garcia-Palacios, A., Gallego, M. J., & Alcaniz, M. (2007). Telepsychology and self-help: The treatment of fear of public speaking. *Cognitive and Behavioral Practice, 14*(1), 48-57.

Botvin, G. J., Baker, E., Filazzola, A. D., & Botvin, E. M. (1990). A cognitive-behavioral approach to substance abuse prevention: One year follow up. *Addictive Behaviors, 15*, 47-63.

Boudreau, L. (1972). Transcendental meditation and yoga as reciprocal inhibitors. *Journal of Behavior Therapy and Experimental Psychiatry, 3*, 97-98.

Brigham, T. A. (1982). Self-management: A radical behavioral perspective. In P. Karoly & F. H. Kanfer (Eds.), *Self-management and behavior change. From theory to practice* (pp. 32-59). New York: Pergamon Press.

Brigham, T. A. (1989). *Self management for adolescents*. New York: Guilford.

Brigham, T. A., Donahoe, P., Gilbert, B. J., Thomas, N., Zemke, S., Koonce, D., & Horn, P. (2002). Psychology and AIDS education: Reducing high risk sexual behavior. *Behavior and Social Issues, 12*, 10-18.

Brigham, T. A., Moseley, S. A., Sneed, S., & Fisher, M. (1994). Excel: An intensive and structured program of advising and academic support to assist minority freshmen to succeed at a large state university. *Journal of Behavioral Education, 4*, 227-242.

Britt, E., & Singh, N. H. (1985). Reduction of rapid eating by normal adults. *Behavior Mod fication, 9*, 116-125.

Broman-Fulks, J. J., Berman, M. E., Rabian, B. A., & Webster, M. J. (2004). *Behaviour Research and Therapy, 42*, 125-136.

Brown, C. (1978). Self-administered desensitization of a cemetery phobia using sexual arousal to inhibit anxiety. *Journal of Behavior Therapy and Experimental Psychiatry, 9*, 73-74.

Brown, C. P., Hammen, C. L., Craske, M. C., & Wickens, T. D. (1995). Dimensions of dysfunctional attitudes as vulnerabilities to depressive symptoms. *Journal of Abnormal Psychology, 104*, 431-435.

Brown, J. D. (1991). Accuracy and bias in self-knowledge. In C. R. Snyder & D. R. Forsyth (Eds.), *Handbook of social and clinical psychology*. New York: Pergamon Press.

Brown, S. A., Stetson, B. A., & Beatty, P. A. (1989). Cognitive and behavioral features of adolescent coping in high-risk drinking situations. *Addictive Behaviors, 14*, 43-52.

Brownell, K. D., & Foreyt, J. P. (Eds.). (1986). *Hand-book of eating disorders*. New York: Basic Books.

Brownell, K. D., Heckerman, C. L., Westlake, R. J., Hayes, S. C., & Monti, P. M. (1978). The effect of couples training and partner cooperativeness in the behavioral treatment of obesity. *Behaviour Research and Therapy, 16*, 323-333.

Brownell, K. D., Marlatt, C. A., Lichtenstein, E., & Wilson, C. T. (1986). Understanding and preventing relapse. *Anierican Psychologist, 41*, 765-782.

Brownlee, A. (1978). The family and health care: Explorations in cross-cultural settings. *Social Work in Health Care, 4*, 179-198.

Burnette, J. L. (2010). Implicit theories of body weight: Entity beliefs can weigh you down. *Personality and Social Psychology Bulletin, 36*(3), 410-422.

Burnette, M. M., Koehn, K. A., Kenyonjump, R., Hutton, K., & Stark, C. (1991). Control of genital herpes recurrences using progressive muscle relaxation. *Behavior Therapy, 22*, 237-247.

Buss, A. H. (1980). *Self-consciousness and social anxiety*. San Francisco: W. H. Freeman.

Butler, E. A., & Gross, J. J. (2004). Hiding feelings in social contexts: Out of sight is not out of mind. In P. Philpot & R. S. Feldman (Eds.), *The regulation of emotion* (pp. 101-126). Mahwah, NJ: Erlbaum.

Butryn, M. L., Phelan, S., Hill, J. C., & Wing, R. R. (2007). Consistent self-monitoring of weight: A key component of successful weight loss maintenance. *Obesity, 15*, 3091-3096.

Cameron, J., Banko, K. M., & Pierce, D. (2001). Pervasive negative effects of rewards on intrinsic motivation: The myth continues. *The Behavior Analyst, 24*, 1-44.

Campbell, D. R., Bender, C., Bennett, N., & Donnelly, J. (1981). Obesity. In J. L. Shelton, R. L. Levy, & Contributors (Eds.), *Behavioral assignments arid treatment compliance: A handbook of clinical strategies* (pp. 187-221). Champaign, IL: Research Press.

Campitelli, C., & Gobet, F. (2011). Deliberate practice: Necessary but not sufficient. *Current Directions in Psychological Science, 20*(5), 280-285.

Cannon, D. S., Leeka, J. K., Patterson, E. T., & Baker, T. B. (1990). Principal components analysis of the inventory of drinking situations: Empirical categories of drinking by alcoholics. *Addictive Behaviors*, *15*, 265-269.

Cantor, N., Mischel, W., & Schwartz, J. (1982). Social knowledge: Structure, content, use, and abuse. In A. H. Hastorf & A. M. Isen (Eds.), *Cognitive social psychology* (pp. 33-72). New York: Elsevier/North Holland.

Campitelli, C., & Gobet, F. (2011). Deliberate practice: Necessary but not sufficient. *Current Directions in Psychological Science*, *20*(5), 280-285.

Cappe, R. F., & Alden, L. E. (1986). A comparison of treatment strategies for clients functionally impaired by extreme shyness and social avoidance. *Journal of Consulting and Clinical Psychology*, *54*, 796-801.

Carlbring, P., Westling, B. E., Ljungstrand, P., Ekselius, L., & Anderson, C. (2001). Treatment of panic disorder via the internet: A randomized trial of a self-help program. *Behavior Therapy*, *32*, 751-764.

Carels, R. A., Douglass, 0. M., Cacciapaglia, H. M., & O'Brien, W. H. (2004). An ecological momentary assessment of relapse crises in dieting. *Journal of Consulting and Clinical Psychology*, *72*, 341-348.

Carey, M. P., Snel, D. L., Carey, K. B., & Richards, C. S. (1989). Self-initiated smoking cessation: A review of the empirical literature from a stress and coping perspective. *Cognitive Therapy and Research*, *13*, 323-341.

Carter, J. C., & Fairburn, C. C. (1998). Cognitive-behavioral self-help for binge eating disorder: A controlled effectiveness study. *Journal of Consulting and Clinical Psychology*, *66*, 616-623.

Carver, C. S. (2004). Self-regulation of action and affect. In R. F. Baumeister & K. D. Vohs (Eds.), *Handbook of self-regulation*. New York: Guilford.

Carver, C. S., & Ganellen, R. J. (1983). Depression and components of self-punitiveness: High standards, self-criticism, and overgeneralization. *Journal of Abnormal Psychology*, *92*, 330-337.

Carver, C. S., & Scheier, M. F. (1982). Control theory: A useful conceptual framework for personality-social, clinical, and health psychology. *Psychological Bulletin*, *92*, 111-135.

Carver, C. S., & Scheier, M. F. (1986). Analyzing shyness: A specific application of broader self regulatory principles. In W. H. Jones, J. M. Cheek, & S. R. Briggs (Eds.), *Shyness: Perspectives on research and treatment* (pp. 173-185). New York: Plenum.

Carver, C. S., & Scheier, M. F. (2002). Optimism. In C. R. Snyder & S. J. Lopper (Eds.), *Handbook of positive psychology* (pp. 231-243). New York: Oxford University Press.

Carver, C. S., & Scheier, M. F. (2010). Self-regulation of action and affect. In H. K. Vohs & R. Baumeister (Eds.), *Handbook of self-regulation: Research, chicory, and applications* (2nd ed., pp. 3-21). New York: Guilford Press.

Castro, F. (1987, August). *Concurrent changes on non-targeted health behaviors in a 28-day behavior change trial*. Paper presented at the meeting of the American Psychological Association, New York.

Castro, L., de Perez, C. C., de Albanchez, D. B., & de Leon, E. P. (1983). Feedback properties of "self-reinforcement": Further evidence. *Behavior Therapy*, *14*, 672-681.

Castro, L., & Rachlin, H. (1980). Self-reward, self monitoring, and self-punishment as feedback in weight control. *Behavior Therapy*, *11*, 38-48.

Catania, A. C. (1975). The myth of self-reinforcement. *Behaviorism*, *3*, 192-199.

Catania, A. C., Matthews, B. A., & Shimoff, E. H. (1990). Properties of rule-governed behavior and their implications. In D. E. Blackman & H. Lejune (Eds.), *Behavior analysis in theory and practice: Contributions and controversies* (pp. 215-230). Hillsdale, NJ: Erlbatim.

Cautela, J. R. (1966). A behavior therapy treatment of pervasive anxiety. *Behaviour Researcbi aiid Therapy*, *4*, 99-109.

Cautela, J. R. (1972). The treatment of overeating by covert conditioning. *Psychotherapy: Theory, Research and Practice*, *9*, 211-216.

Cautela, J. R. (1973). Covert processes and behavior modification. *Journal of Nervous and Mental Disease*, *157*, 27-36.

Cautela, J. R. (1983). The self-control triad: Description and clinical applications. *Behavior modification*, *7*, 299-315.

Cautela, J. R. (1994). The use of the anxiety meter to reduce anxiety. *Behavior modification*, *18*, 307-319.

Cautela, J. R., & Baron, M. C. (1993). Consequence training: A behaviorological strategy for self management. *Behaviorology*, *2*, 31-46.

Cautela, J. R., & Kearney, A. J. (1986). *The covert conditioning handbook*. New York: Springer.

Cautela, J. R., & Samdperil, L. (1989). Imagaletics: The application of covert conditioning to athletic performance. *Applied Sport Psychology*, *1*, 82-97.

Cepeda-Benito, A., Reynoso, J. T., & Erath, 5. (2004). Meta-analysis of the efficacy of nicotine replacement therapy for smoking cessation: Differences between men and women. *Journal of Consulting and Clinical Psychology*, *72*(4), 712-722.

Cervone, D. (1989). Effects of envisioning future activities on self-efficacy judgments and motivations: An availability heuristic interpretation. *Cognitive Therapy and Research*, *13*, 247-261.

Cervone, D. (2000). Thinking about self-efficacy. *Behavior modification*, *24*, 30-56.

Cervone, D. (2004). The architecture of personality. *Psychological Review*, *111*, 183-204.

Cervone, D., Jiwani, N., & Wood, R. (1991). Goal setting and the differential influence of self-regulatory processes on complex decision-making performance. *Journal of Personality and Social Psychology*, *61*, 257-266.

Cervone, D., Mor, N., Orom, H., Shadel, W. C., & Scott, W. D. (2011). Self-efficacy beliefs and the architecture of personality. In K. D. Vohs & R. F. Baumeister (Eds.), *Handbook of self-regulation* (2nd ed., pp. 461-484). New York: Guilford Press.

Chang, E. C., D'Zurilla, T. J., & Sanna, L. J. (Eds.). (2004). *Social problem solving*. Washington, DC: American Psychological Association.

Chedd-Angier Productions (Producer). (1994, November 2). About all you can eat. *Scientfic American Frontiers*. Connecticut Public Television, Hartford, CT.

Christensen, A. J., Moran, P. J., Wiebe, J. S., Ehlers, S. L., & Lawton, W. J. (2002). Effect of a behavioral self-regulation intervention on patient adherence in hemodialysis. *Health Psychology*, *211*, 393-397.

Christian, L., & Poling, A. (1997). Using self-management procedures to improve the productivity of adults with developmental disabilities in a competitive employment setting. *Journal of Applied Behavior Analysis*, *30*, 169-172.

Ciarocco, N. J., Vohs, K. D., & Baumeister, R. F. (2010). Some good news about rumination: Task-focused thinking after failure facilitates performance improvement. *Joumal of Social and Clinical Psychology*, *29*(10), 1057-1073.

Cieslak, R., Benight, C. C., & Lehmn, V. C. (2008). Coping self-efficacy mediates the effects of negative cognitions on posttraumatic distress. *Behavior Research and Therapy*, *46*(7), 788-798.

Clark, D. M., Ball, S., & Paper, D. (1991). An experimental investigation of thought suppression. *Behaviour Research and Therapy*, *29*, 253-257.

Clark, M. M., Abrams, D. B., Niaura, R. S., Eaton, C. A., & Rossi, J. S. (1991). Self-efficacy in weight management. *Journal of Consulting and Clinical Psychology*, *59*, 739-744.

Clements, C. B., & Beidleman, W. B. (1981). Undergraduate self-management projects: A technique for teaching behavioral principles. *Academic Psychology Bulletin*, *3*, 451-461.

Clum, C. A., & Curtin, L. (1993). Validity and reactivity of a system of self-monitoring suicide ideation. *Journal of Psychopathology and Behavioral Assessment*, *15*, 375-385.

Cohen, S., & Lichtenstein, E. (1990). Perceived stress, quitting smoking and smoking relapse. *Health Psycbiology*, *9*, 466-478.

Cohen, S., Lichtenstein, E., Prochaska, J. O., Rossi, J. S., Gritz, E. R., Carr, C. R., Orleans, C. T., Schoenbach, V. J., Biener, L., Abrams, D., DiClemente, C., Curry, S., Marlatt, C. A., Cummings, K. M., Emont, S. L., Giovino, C., & Osspi-Klein, D. (1989). Debunking myths about self-quitting: Evidence from ten prospective studies of persons who attempt to quit smoking by themselves. *American Psychologist*, *44*, 1355-1365.

Colletti, C., Supnick, J. A., & Payne, T. J. (1985). The Smoking Self-Efficacy Questionnaire (SSEQ): Preliminary scale development and validation. *Behavioral Assessment*, *7*, 249-260.

Collins, K. W., Dansereau, D. F., Garland, J. C., Holley, C. D., & McDonald, B. A. (1981). Control of concentration during academic tasks. *Journal of Educational Psychology*, *73*, 122-128.

Cooper, Z., Fairburn, C. C., & Hawker, D. M. (2003). *Cognitive-behavioral treatment of obesity*. New York: Guilford Press.

Coppotelli, H. C., & Orleans, C. T. (1985). Partner support and other determinants of smoking cessation maintenance among women. *Journal of Consulting and Clinical Psychology*, *53*, 455-460.

Converse, P. D., & DeShon, R. P. (2009). A tale of two tasks: Reversing the self-regulatory resource depletion effect. *Journal of Applied Psychology*, *94*(5), 1318-1324.

Craighead, L. W., & Blum, M. D. (1989). Supervised exercise in behavioral treatment for moderate obesity. *Behavior Therapy*, *20*, 49-59.

Craighead, W. E., Baldewicz, T. T., & Krishnan, K. R. (2000). Exercise treatment for major depression: Maintenance of therapeutic benefit at 10 months. *Psychosomatic Medicine*, *62*(5), 633-638.

Credé, M., & Kuncel, N. R. (2008). Study habits, skills, and attitudes: The third pillar supporting collegiate academic performance. *Perspectives on Psychological Science*, *3*(6), 425-453.

Creer, T. L. (2000). Self-management of chronic illness. In M. Boekaerts, P. R. Pintrich, & M. Zeidner (Eds.), *Handbook of self-regulation* (pp. 601-630). San Diego, CA: Academic Press.

Critchfield, T. A., & Vargas, E. A. (1991). Self recording, instructions and public self-graphing. *Behavior Modification*, *15*, 95-112.

Cummings, C., Gordon, J. R., & Marlatt, C. A. (1980). Relapse: Prevention and prediction. In W. R. Miller (Ed.), *The addictive behaviors* (pp. 291-321). Oxford: Pergamon Press.

Curry, S. (1993). Self-help interventions for smoking cessation. *Journal of Consulting and Clinical Psychology, 61*, 790-803.

Curry, S., Wagner, E. H., & Grothaus, L. C. (1990). Intrinsic and extrinsic motivation for smoking cessation. *Journal of Consulting and Clinical Psychology, 58*, 310-316.

Curry, S. G., & Marlatt, A. (1987). Building self-confidence, self-efficacy and self-control. In W. M. Cox (Ed.), *Treatment and prevention of alcohol problems* (pp. 117-137). New York: Academic Press.

Curtis, R. (1991). Toward an integrative theory of psychological change in individuals and organizations: A cognitive-affective regulation model. In R. C. Curtis & C. Stricken (Eds.), *How people change* (pp. 191-210). New York: Plenum.

Davey, C. C. L. (1994). Pathological wonying as exacerbated problem-solving. In C. C. L. Davey & F. Tallis (Eds.), *Worrying: Perspectives on theory, assessment and treatment*. New York: Wiley.

Davidson, A., Denney, D. R., & Elliott, C. H. (1980). Suppression and substitution in the treatment of nailbiting. *Behaviour Research and Therapy, 18*, 1-9.

deBortali Tregerthan, C. (1984). *Self-change and attribution-change training: Implications for primary prevention*. Unpublished doctoral dissertation, University of Hawaii, Honolulu, HI.

Deffenbacher, J. L. (1981). Anxiety. In J. L. Shelton, R. L. Levy, & Contributors (Eds.), *Behavioral assignments and treatment compliance: A handbook of clinical strategies* (pp. 93-109). Champaign, IL: Research Press.

Deffenbacher, J. L., & Craun, A. M. (1985). Anxiety management training with stressed student gynecology patients: A collaborative approach. *Journal of College Student Personnel, 26*, 513-517.

Deffenbacher, J. L., & Hahnloser, R. M. (1981). Cognitive and relaxation coping skills in stress inoculation. *Cognitive Therapy and Research, 5*, 211-215.

Deffenbacher, J. L., McNamara, K., Stark, R. S., & Sabadell, P. M. (1990). A combination of cognitive, relaxation, and behavioral coping skills in the reduction of general anger. *Journal of College Student Development, 31*, 351-358.

Deffenbacher, J. L., & Michaels, A. C. (1981). Anxiety nianagement training and self-control desensitization: 15 months later. *Journal of Counseling Psychology, 28*, 459-462.

Deffenbacher, J. L., & Shepard, J. M. (1989). Evaluating a seminar on stress management. *Teaching of Psychology, 16*, 79-81.

Deffenbacher, J. L., & Suinn, R. M. (1982). The self control of anxiety. In P. Karoly & F. H. Kanfer (Eds.), *self-management and behavior change: From theory to practice* (pp. 393-442). New York: Pergamon Press.

Delmonte, M. M. (1985). Meditation and anxiety reduction: A literature review. *Clinical Psychology Review, 5*, 91-102.

Denney, D. R. (1980). Self-control approaches to the treatment of test anxiety. In I. C. Sarason (Ed.), *Test anxiety: Theory, research, and applications* (pp. 209-243). Hillsdale, NJ: Erlbaum.

de Silva, P. (1985). Early Buddhist and modern behavioral strategies for the control of unwanted intrusive cognitions. *The Psychological Record, 35*, 437-443.

DiCara, L. (1970, January). Learning in the autonomic nervous system. *Scientiflc American*, pp. 30-39.

Dickson-Parnell, B. E., & Zeichner, A. (1985). Effects of a short-term exercise program on caloric consumption. *Health Psychology, 4*, 437-448.

DiClemente, C. C. (1994). If behaviors change, can personality be far behind? In T. F. Heatherton & J. L. Weinberger (Eds.), *Can personality change?* (pp. 175-198). Washington, DC: American Psychological Association.

DiClemente, C. C., & Proschaska, J. O. (1998). Toward a comprehensive, transtheoretical model of change: Stages of change and addictive behaviors. In H. R. Miller & N. Heather (Eds.), *Treating addictive behaviors* (2nd ed., pp. 3-24). Albuquerque: University of New Mexico Press.

Diener, E., & Biswas-Diener, R. (2002). Will money increase subjective wellbeing? A literature review and guide to needed research. *Social Indicators Research, 57*, 119-169.

Diener, E., & Seligman, M. E. P. (2004). Beyond money: Toward an economy of well being. *Psychological Science in the Public Interest, 5*(1). Retrieved from http://www.psychologicalscience.org/pdf/pspi/pspi5l.pdf

Dixon, W. A., Heppner, P. P., Burnett, J. W., Anderson, W. P., & Wood, P. K. (1993). Distinguishing among antevedents, concomitants, and consequences of problem-solving appraisal and depressive symptoms. *Journal of Counseling Psychology, 40*, 357-364.

Dodd, D. K. (1986). Teaching behavioral self-change: A course model. *Teaching of Psychology, 13*, 82-85.

Doerfler, L. A., & Richards, C. S. (1981). Self initiated attempts to cope with depression. *Cognitive Therapy and Research, 5*, 367-371.

Doerfler, L. A., & Richards, C. S. (1983). College women coping with depression. *Behavioral Research Therapy, 21*, 221-224.

Duckworth, A. L., & Seligman, M. E. (2005). Self-discipline outdoes IQ in predicting academic performance of adolescents. *Psychological Science, 16*, 939-944.

Dollard, J., & Miller, N. E. (1950). *Personality and psychotherapy*. New York: McGraw-Hill.

Doyne, E. J., Ossip-Klein, D. J., Bowman, E. D., Osborn, K. M., McDougall-Wilson, I. B., & Neimeyer, R. A. (1987). Running versus weight lifting in the treatment of depression. *Journal of Consulting and Clinical Psychology, 55*, 748-754.

Druckman, D. (2004). Be all that you can be: Enhancing human performance. *Journal of Applied Social Psychology, 34*(11), 2234-2260.

Dubbert, P. M., Martin, J. E., & Epstein, L. H. (1986). Exercise. In K. A. Holroyd & T. L. Creer (Eds.), *self manage;nen t of chronic disease* (pp. 127-162). New York: Academic Press.

Dubbert, P. M., Martin, J. E., Raczynski, J., & Smith, P. O. (1982, March). *The effects of cognitive-behavioral strategies in the maintenance of exercise*. Paper presented at the third annual meeting of the Society of Behavioral Medicine, Chicago.

Dunn, B. D., Dalgleish, T., Lawrence, A. D., & Ogilvie, A. D. (2007). The accuracy of self-monitoring and its relationship to self-focused attention in dysphoria and clinical depression. *Journal of Abnormal Psychology, 116*(1), 1-15.

Dunning, D., Heath, C., & Suls, J. (2004). Flawed self-assessment. *Psychological Science in the Public Interest, 5*(3), 69-106.

Dunning, D., Johnson, K., Ehrlinger, J., & Kruger, J. (2003). Why people fail to recognize their own incompetence. *Current Directions in Psychological Science, 12*, 83-87.

Dush, D. M., Hirt, M. L., & Schroeder, H. (1983). Self-statement modification with adults: A meta-analysis. *Psychological Bulletin, 94*, 408-422.

Dvorak, R. D., & Simons, J. 5. (2009). Moderation of resource depletion in the self-control strength model: Differing effects of two modes of self-control. *Personality and Social Psychology Bulletin, 35*, 572-583.

Dweck, C. S. (1975). The role of expectations and attributions in the

alleviation of learned helplessness. *Journal of Personality and Social Psychology, 31*, 674-685.

Dweck, C. S. (1999). *Self theories: Their role in motivation, personality and development*. Philadelphia: Taylor & Francis.

Dweck, C. S. (2008). Can personality be changed? *Current Directions in Psychological Science, 17*(6), 391-394.

Dweck, C. S., & Master, A. (2008). Self-theories motivate self-regulated learning. In D. Shunk & B. Zimmerman (Eds.), *Motivation and self regulated learning* (pp. 31-57). New York: Erlbaum.

Dweck, C. S., & Molden, D. C. (2005). Self-theories. In A. J. Elliot & C. S. Dweck (Eds.), *Handbook of competence and motivation* (pp. 122-140). New York: Guilford.

D'Zurilla, T. J. (1990). Problem solving training for effective stress management and prevention. *Journal of Cogtive Psychotherapy, 4*, 327-354.

D'Zurilla, T. J., & Chang, E. C. (1995). The relationship between problem solving and coping. *Cognitive Therapy and Research, 19*, 547-562.

D'Zurilla, T. J., & Goldfried, M. R. (1971). Problem solving and behavior modification. *Journal of Abnormal Psychology, 78*, 107-126.

D'Zurilla, T. J., & Nezu, A. M. (1989). Clinical stress management. In A. M. Nezu & C. M. Nezu (Eds.), *Clinical decision making in behavior therapy: A problem solving perspective* (pp. 371-400). Champaign, IL: Research Press.

D'Zurilla, T. J., Nezu, A. M., & Maydeu-Okivaroes, A. (2004). Social problem solving. In E. C. Chang, D. J. D'Zurilla, & L. D. Sanna (Eds.), *Social problem solving* (pp. 11-27). Washington, DC: American

Psychological Association. D'Zurilla, T. J., & Sheedy, C. E. (1992). The relation between social problem-solving ability and subsequent level of academic competence in college students. *Cognitive Therapy and Research, 16*, 589-599.

Egan, C. (1977). *You and me: The skills of communicating and relating to others*. Pacific Grove, CA: Brooks/Cole.

Eich, E. (1995). Searching for mood dependent memory. *Psychological Science, 6*, 67-75.

Eich, E., Rachnian, S., & Lopatka, C. (1990). Affect, pain and autobiographical memory. *Journal ofAbnormal Psychology, 99*, 174-178.

Eifert, C. H., Craill, L., Carey, E., & O'Conner, C. (1988). Affect modification through evaluative conditioning with music. *Behaviour Research and Therapy, 26*, 321-330.

Eisenberg, N., Smith, C. L., & Spinrad, T. L. (2011). Effortful control: Relations with emotion regulation, adjustment and socialization in childhood. In K. D. Vohs & R. F. Baumeister (Eds.), *Handbook of self-regulation* (2nd ed., pp. 263-283). New York: Guilford Press.

Eisenberger, R., & Adornetto, M. (1986). Generalized self-control of delay and effort. *Journal of Personality and Social Psychology, 51*, 1020-1031.

Ekkekakis, P., Hall, E. E., VanLanduyt, L. M., & Petruzzello, S. J. (2000). Walking in (affective) circles: Can short walks enhance affect? *Journal of Behavioral Medicine, 23*(3), 245-275.

Elliott, L. S., & Dweck, C. S. (1988). Goals: An approach to motivation and achievement. *Journal of Personality and Social Psychology, 54*, 5-12.

Emmelkamp, P. M. C. (1990). Anxiety and fear. In A. S. Bellack, M. Hersen, & A. E. Kazdin (Eds.), *International handbook of behavior modification and therapy* (pp. 283-306). New York: Plenum Press.

Emmons, R. A. (2003). Personal goals, life meaning, and virtue: Wellspflngs of a positive life. In C. L. M. Keyes & J. Haidt (Eds.), *Flourishing: Positive psychology and the life well lived* (pp. 105-128). Washington, DC: APA.

Emmons, R. A., & Shelton, C. M. (2002). Gratitude and the science of positive psychology. In C. R. Snyder & S. J. Lopez (Eds.), *Handbook of positive psychology* (pp. 459-471). Oxford: Oxford University Press.

Endler, N. S., & Kocovski, N. L. (2000). Self-regulation and distress in clinical psychology. In M. Boedaerts, P. R. Pintrich, & M. Zeidner (Eds.), *Handbook of self-regulation* (pp. 569-599). San Diego, CA: Academic Press.

Enright, R. D., Freedman, S., & Rique, J. (1998). The psychology of interpersonal forgiveness. In R. D. Enright & J. North (Eds.), *Exploring forgiveness* (pp. 46-62). Madison: University of Wisconsin Press.

Epstein, L. H., & Hersen, M. (1974). A multiple baseline analysis of coverant control. *Journal of Behavior Therapy and Experimental Psychiatry*, *5*, 712.

Epstein, L. H., & Peterson, C. L. (1973a). The control of undesired behavior by self-imposed contingencies. *Behavior Therapy*, *4*, 91-95.

Epstein, L. H., & Peterson, C. L. (1973b). Differential conditioning using covert stimuli. *Behavior Therapy*, *4*, 96-99.

Epstein, L. H., Webster, J. S., & Miller, P. M. (1975). Accuracy and controlling effects of self-monitoring as a function of concurrent responding and reinforcement. *Behavior Therapy*, *6*, 654-666.

Epstein, R. (1997). Skinner as self manager. *Journal of Applied Behavior Analysis*, *30*, 545-568.

Epstein, S. (1992). Coping ability, negative self-evaluation, and overgeneralization: Experiment and theory. *Journal of Personality and Social Psychology*, *62*, 826-836.

Erber, R., & Tesser, A. (1992). Task effort and the regulation of mood: The absorption hypothesis. *Journal of Experimental Social Psychology*, *28*, 339-359.

Ericsson, K. A., & Chamess, N. (1994). Expert performance: Its structure and acquisition. *American Psychologist*, *49*, 725-747.

Ericsson, K. A., Krampe, R., & Tesch-Romer, C. (1993). The role of deliberate practice in the acquisition of expert performnnce. *Psychological Review*, *100*(3), 361-406.

Ernst, F. A. (1973). Self-recording and counterconditioning of a self-mutilative compulsion. *Behavior Therapy*, *4*, 144-146.

Fanning, P. (1990). *Lifetime weight control*. Oakland, CA: New Harbinger.

Fantuzzo, J. W., Rohrbeck, C. A., & Azar, S. T. (1987). A component analysis of behavioral self-management interventions with elementary school children. *Child and Family Behavior Therapy*, *9*, 33-43.

Farber, B. (1987). *Making people talk*. New York: William Morrow.

Farn7ler, R., & Nelson-Cray, R. (1990). The accuracy of counting versus estimating event frequencies in behavioral assessment: The effects of behavior frequency, number of behaviors monitored, and time delay. *Behavioral Assessment*, *12*, 425-442.

Febbraro, C. A. R., & Clum, C. A. (1998). Meta-analytic investigation of the effectiveness of self-regulatory components in the treatment of adult problem behaviors. *Clinical Psychology Review*, *18*, 143-161.

Febbraro, C. A. R., Clum, C. A., Roodman, A. A., & Wright, J. H. (1999). The limits of bibliotherapy: A study of the differential effectiveness of self-administered interventions in individuals with panic attacks. *Behavior Therapy*, *30*, 209-222.

Ferguson, J. M. (1975). *Learning to eat*. Palo Alto, CA: Bell.

Ferrari, J. R. (1991). Compulsive procrastination: Some self-reported characteristics. *Psychological Reports*, *68*, 455-458.

Ferster, C. B., Nurnberger, J. I., & Levitt, E. C. (1962). The control of eating. *Journal of Mathematics*, *1*, 87-109.

Finkel, E. J., DeWall, C. N., Slotter, E. B., Oaten, M., & Foshee, V. A. (2009). Self-regulatory failure and intimate partner violence perpetration. *Journal of Personality and Social Psychology*, *97*(3), 483-499.

Finney, J. W., Rapoffi M. A., Hall, C. L., & Christophersen, E. R. (1983). Replication and social validation of habit reversal treatment for tics. *Behavior Therapy*, *14*, 116-126.

Fischer, K. W. (1980). A theory of cognitive development: The control and construction of hierarchies of skills. *Psychological Review*, *87*, 477-531.

Fischer, P., Greitmeyer, T., & Frey, D. (2008). Self-regulation and selective exposure: The impact of depleted self-regulation resources on confirmatory information processing. *Journal of Personality and Social Psychology*, *94*(3), 382-395.

Fishbach, A., & Converse, B. A. (2011). Identifying and battling temptation. In K. D. Vohs & R. F. Baumeister (Eds.), *Handbook of self-regulation* (2nd ed., pp. 244-262). New York: Guilford Press.

Fisher, E. B., Jr., Lowe, M. R., Levenkron, J. C., & Newman, A. (1982). Reinforcement and structural support of maintained risk reduction. In R. B. Stuart (Ed.), *Adherence, compliance and generalization in behavioral*

medicine (pp. 145-168). New York: Brunner/Mazel.
Fitzgibbon, M. L., & Kirschenbaum, D. S. (1992). Who succeeds in losing weight? In Y. Klar, J. D. Fisher, J. M. Chinsky, & A. Nadler (Eds.), *Self change: Social, psychological and clinical perspectives*. New York: Springer-Verlag.
Fitzsimons, C. M., & Finkel, E. J. (2010). Interpersonal influences on self-regulation. *Current Directions in Psychological Science*, *19*(2), 101-105.
Fixen, D. L., Phillips, E. L., & WoW M. M. (1972). Achievement place:
The reliability of self-reporting and peer-reporting and their effects on behavior. *Journal of Applied Behavior Analysis*, *5*, 19-30.
Flanagan, C. M. (1980). *People and change*. Hillside, NJ: Erlbaum.
Flannery, R. F. (1972). A laboratory analogue of two covert reinforcement procedures. *Journal of Behavior Therapy and Experimental Psychiatry*, *3*, 171-177.
Flaxman, J. (1978). Quitting smoking now or later: Gradual, abrupt, immediate, and delayed quitting. *Behavior Therapy*, *9*, 260-270.
Fletcher, A. M. (2003). *Thin for life*. Boston: Houghton Mifflin.
Ford, D. H. (1987). *Humans as self-constructing living systems: A developmental perspective on behavior and personality*. Hillsdale, NJ: Erlbaum.
Ford, E. E. (1989). Fostering self-control: Comments of a counselor. In W. Hershberger (Ed.), *Volitional action: Conation and control*. Amsterdam: North Holland.
Ford, M. E. (1992). *Motivating humans*. Newbury Park, CA: Sage.
Fordyce, M. W. (1977). Development of a program to increase personal happiness. *Journal of Counseling Psychology*, *24*, 511-521.
Fordyce, M. W. (1983). A program to increase happiness: Further studies. *Journal of Counseling Psychology*, *30*, 483-498.
Forsterling, F. (1985). Attributional retraining: A review. *Psychological Bulletin*, *98*, 495-512.
Forsterling, F., & Morgenstern, M. (2002). Accuracy of self-assessment and task performance: Does it pay to know the truth? *Journal of Educational Psychology*, *94*, 576-585.
Frankel, A. J. (1975). Beyond the simple functional analysis-the chain: A conceptual framework for assessnient with a case study example. *Behavior Therapy*, *6*, 254-260.
Freeman, A., & Zaken-Greenburg, F. (1989). Cognitive family therapy. In C. Figley (Ed.), *Psychological stress*. New York: Brunner/Mazel.
Freund, A. M., & Hennecke, M. (2012, October). Changing eating behaviour vs. losing weight: The role of goal focus for weight loss in overweight women. *Psychology & Health*, *27*, 25-42. [Epub 2011, June 4]
Fritzler, B. K., Hecker, J. E., & Losee, M. C. (1997). Self-directed treatment with minimal therapist contact: Preliminary findings for obsessive-compulsive disorder. *Behavior Research and Therapy*, *35*, 627-631.
Fuchs, C. Z., & Rehm, L. P. (1977). A self-control behavior therapy program for depression. *Journal of Consulting and Clinical Psychology*, *45*, 206-215.
Fujita, K., & Han, H. A. (2009). Moving beyond deliberative control of impulses. *Psychological Science*, *20*(7), 799-804.
Gable, S. L., Reis, H. T., Impett, E. A., & Asher, F. R. (2004). What do you do when things go right? The intrapersonal and interpersonal benefits of sharing positive events. *Journal of Personality and Social Psychology*, *87*(2), 228-245.
Gauthier, J., & Pellerin, D. (1982). Management of compulsive shoplifting through covert sensitization. *Journal of Behavior Therapy and Experimental Psychiatry*, *13*, 73-75.
Gauthier, J., Pellerin, D., & Renaud, P. (1983). The enhancement of self-esteem: A comparison of two cognitive strategies. *Cognitive Therapy and Research*, *7*, 389-398.
George, W. H., & Marlatt, C. A. (1986). Problem drinking. In K. A. Holroyd & T. L. Creer (Eds.), *Self managenient of chronic disease* (pp. 59-98). New York: Academic Press.
Gershman, L., & Stedman, J. M. (1971). Oriental defense exercises as reciprocal inhibitors of anxiety. *Journal of Behavior Therapy and Experimental Psychiatry*, *2*, 117-119.
Gilchrist, L. D., Schinke, S. P., Bobo, 3. K., & Snow, W. H. (1986). Self-control skills for preventing smoking. *Addictive Behaviors*, *11*, 169-174.
Gilovich, T. (1991). *How we know what isn't so*. New York: Free Press.
Ginis, K. A. M., & Bray, S. (2010). Application of the limited strength model of self-regulation to understading exercise effort, planning and adherence. *Psychology and Health*, *25*(10), 1147-1160.
Ginsberg, D., Hall, S. M., & Rosinski, M. (1991). Partner interaction and smoking cessation: A pilot study. *Addictive Behaviors*, *16*, 195-201.
Glasgow, R. E., Klesges, R. C., Mizes, J. S., & Pechacek, T. F. (1985). Quitting smoking: Strategies used and variables associated with success in a stop-smoking contest. *Journal of Consulting and Clinical Psychology*, *53*, 905-912.
Glasgow, R. E., & Lichtenstein, E. (1987). Long-tenn

effects of behavioral smoking cessation interventions. *Behavior Therapy*, *18*, 297-324.

Glynn, S. M., & Ruderman, A. J. (1986). The development and validation of an eating self-efficacy scale. *Cognitive Therapy and Research*, *10*, 403-420.

Godat, L. M., & Brigham, T. A. (1999). The effect of a self-management training program on employees of a mid-sized organization. *Journal of Organizational Behavior Management*, *19*, 65-82.

Goldfried, M. R. (1971). Systematic desensitization as training in self-control. *Journal of Consulting and Clinical Psychology*, *37*, 228-234.

Goldfried, M. R. (1977). The use of relaxation and cognitive relabeling as coping skills. In R. B. Stuart (Ed.), *Behavioral self management: Strategies, techniques and outcomes* (pp. 82-116). New York: Brunner/Mazel.

Goldfried, M. R. (1979). Anxiety reduction through cognitive-behavioral intervention. In P. C. Kendall & S. D. Hollon (Eds.), *Cognitive-behavioral interventions: Theory, research, and procedures* (pp. 117-152). New York: Academic Press.

Goldfried, M. R. (1988). Application of rational restructuring to anxiety disorders. *The Counseling Psychologist*, *16*, 50-68.

Goldfried, M. R., & Robins, C. (1982). On the facilitation of self-efficacy. *Cognitive Therapy and Research*, *6*, 361-380.

Goldfried, M. R., & Trier, C. S. (1974). Effectiveness of relaxation as an active coping skill. *Journal of Abnormal Psychology*, *83*, 348-355.

Goldiamond, I. (1965). Self-control procedures in personal behavior problems. *Psychological Reports*, *17*, 851-868.

Goldstein, A. P., & Kanfer, F. H. (Eds.). (1979). *Maximizing treatment gains:*

Transfer enhancement in psychotherapy. New York: Academic Press.

Goldstein, A. P., Lopez, M., & Greenleaf D. O. (1979). Introduction. In A. P. Goldstein & F. H. Kanfer (Eds.), *Maximizing treatment gains: Transfer enhancement in psychotherapy* (pp. 1-22). New York: Academic Press.

Goldstein, A. P., & Martens, B. K. (2000). *Lasting change*. Champaign, IL: Research Press.

Goldstein, A. P., Sprafkin, R. P., & Gershaw, N. J. (1979). *I know what's wrong, but I don't know what to do about it*. Englewood Cliffs, NJ: Prentice Hall.

Gollwitzer, P. M., Fujita, K., & Oettingen, C. (2004). Planning and the implementation of goals. In R. R. Baumeister & K. D. Vohs (Eds.), *Handbook of self regulation: Research, theory, and applications* (pp. 211-228). New York: The Guilford Press.

Gollwitzer, P. M., & Oettingen, C. (2010). Planning promotes goal striving. In K. Vohs & R. Baumeister (Eds.), *Handbook of self regulation: Research, theory, and application* (2nd ed., pp. 162-185). New York: Guilford Press.

Gollwitzer, P. M., & Sheeran, P. (2006). Implementation intentions and goal achievement: A meta-analysis of effects and processes. *Advances in Experimental Social Psychology*, *38*, 69-119.

Gonzales, V. M., Schmitz, J. M., & DeLaune, K. A. (2006). The role of homework in cognitive-behavioral therapy for cocaine dependence. *Journal of Consulting and Clinical Psychology*, *74*(3), 633-637.

Goodall, T. A., & Halford, W. K. (1991). Self-management of diabetes mellitus: A critical review. *Health Psychology*, *10*(1), 1-8.

Gornixily, J., Black, S., Daston, S., & Rardin, D. (1982). The assessment of binge eating severity among obese persons. *Addictive Behaviors*, *7*, 47-55.

Gould, R. A., & Clum, C. A. (1993). A meta-analysis of self-help treatment approaches. *Clinical Psychology Review*, *13*, 169-186.

Gould, R. A., & Clum, C. A. (1995). Self-help plus minimal therapist contact in the treatment of panic disorder: A replication and extension. *Behavior Therapy*, *26*, 533-546.

Could, R. A., Clum, C. A., & Shapiro, D. (1993). The use of bibliotherapy in the treatment of panic: A preliminary investigation. *Behavior Therapy*, *24*, 241-252.

Grant, H., & Dweck, C. (1999). Content versus structure in motivation and self-regulation. In R. S. Wyer (Ed.), *Perspectives on behavioral self regulation* (pp. 161-174). Mahwah, NJ: Erlbaum.

Graziano, A. M. (1975). Futurants, coverants, and operants. *Behavior Therapy*, *6*, 421-422.

Gredler, M. E., & Schwartz, L. 5. (1997). Factorial structure of the self-efficacy for self-regulated learning scale. *Psychological Reports*, *81*, 51-57.

Green, L. (1982). Minority students' self-control of procrastination. *Journal of Counseling Psychology*, *29*, 636-644.

Grib, C. M., & Shiffman, S. (1994). Longitudinal investigation of the abstinence violation effect in binge eaters. *Journal of Consulting and Clinical Psychology*, *62*, 611-610.

Grib, C. M., Shiffman, S., & Wing, R. R. (1989). Relapse crises and coping among dieters. *Journal of Consulting and Clinical Psychology*, *57*, 488-495.

Gritz, E. R. (1978). Women and smoking: A realistic appraisal. In J. Schwartz (Ed.), *Program in smoking cessation: International conference on smoking cessation* (pp. 119-141). New York: American Cancer Society.

Gross, J. J. (2001). Emotion regulation in adulthood: Timing is everything. *Current Directions in Psychological Science*, *10*, 214-218.

Guendelman, M. D., Cheryan, S., & Monin, B. (2011). Fitting in but getting fat: Identity threat and dietary choices among U. S. immigrant groups. *Psychological Science*, *22*(7), 959-967.

Gurung, A. R., & McCann, L. I. (2011). How should students study? Tips, advice and pitfalls. *Teaching Tips: Association of Psychological Science Observer*, *24*(4), 33-35.

Gustafson, R. (1992). Treating insomnia with a self administered muscle relaxation training program: A follow-up. *Psychological Reports*, *70*, 124-126.

Gwaltney, C. J., Shiffman, S., Paty, J. A., Liu, K. S., Kassel, J. D., Gnys, M., & Hickcox, M. (2002). Using self-efficacy judgments to predict characteristics of lapses to smoking. *Journal of Consulting and Clinical Psychology*, *70*, 1140-1149.

Haaga, D. A. F., & Stewart, B. L. (1992). Self-efficacy for recovery from a lapse after smoking cessation. *Journal of Consulting and Clinical Psychology*, *60*, 24-28.

Hagger, M. S., Wood, C., Stiff, C., & Chatzisarantis, N. (2010). Ego depletion and the strength model of self-control: A meta-analysis. *Psychological Bulletin*, *136*(4), 495-525.

Halford, W. K., Sanders, M. R., & Behrens, B. C. (1994). Self-regulation in behavioral couple's therapy. *Behavior Therapy*, *25*, 431-452.

Hall, S. M. (1980). Self-management and therapeutic maintenance: Theory and research. In P. Karoly & J. Steffen (Eds.), *Improving the long term elfects of psychotherapy* (pp. 263-300). New York: Gardner Press.

Hall, S. M., Rugg, D., Tunstall, C., & Jones, R. T. (1984). Preventing relapse to cigarette smoking by behavioral skill training. *Journal of Consulting and Clinical Psychology*, *52*, 372-382.

Hamilton, S. B. (1980). Instructionally based training in self-control: Behavior-specific and generalized outcomes resulting from student-implemented self-modification projects. *Teaching of Psychology*, *7*, 140-145.

Hamilton, S. B., & Waldman, D. A. (1983). Self modification of depression via cognitive-behavioral intervention strategies: A time series analysis. *Cognitive Therapy and Research*, *7*, 99-106.

Harackiewicz, J. M., Sansone, C., Blair, L. W., Epstein, J. A., & Manderlink, C. (1987). Attributional processes in behavior change and maintenance: Smoking cessation and continued abstinence. *Journal of Consulting and Clinical Psychology*, *55*, 372-378.

Harris, C. M., & Johnson, S. B. (1980). Comparison of individualized covert modeling, self-control desensitization, and study skills training for alleviation of test anxiety. *Journal of Consulting and Clinical Psychology*, *48*, 186-194.

Harris, C. M., & Johnson, S. B. (1983). Coping imagery and relaxation instructions in a covert modeling treatment for test anxiety. *Behavior Therapy*, *14*, 144-157.

Harvey-Berino, J., Pintauro, S. J., & Gold, E. Ca. (2002). The feasibility of using internet support for the maintenance of weight loss. *Behavior Modification*, *26*, 103-116.

Hatzigeorgiadis, A., Zourbanos, N., Galanis, E., & Theodorakis, Y. (2011). Self-talk and sports performance: A meta-analysis. *Perspectives on Psychological Science*, *6*(4), 348-356.

Hawkins, R. C., & Clement, P. (1980). Development and construct validation of a self-report measure of binge eating tendencies. *Addictive Behaviors*, *5*, 219-226.

Hayes, S. C. (Ed.). (1989). *Rule governed behavior: Cognition, contingencies, and instructional control*. New York: Plenum.

Hayes, S. C., & Nelson, R. O. (1986). Assessing the effects of therapeutic interventions. In R. O. Nelson & S. C. Hayes (Eds.), *Conceptual foundations of behavioral assessment*. New York: Guilford.

Hayes, S. C., Rosenfarb, I., Wulfert, E., Munt, E. D., Korn, Z., & Zettle, R. D. (1985). Self-reinforcement effects: An artifact of social standard setting? *Journal of Applied Behavior Analysis*, *18*, 201-214.

Hayes, S. C., Strosahl, K. D., & Wilson, K. C. (2012). *Acceptance and commitment therapy*. New York: Guilford Press.

Hayes, S. C., & Wilson, K. C. (1993). Some applied implications of a contemporary behavior-analytic account of verbal events. *The Behavior Analyst*, *16*, 283-301.

Head, S., & Brookhart, A. (1997). Lifestyle modification and relapse prevention training during treatment for weight loss. *Behavior Therapy*, *28*, 307-321.

Heatherton, T. F., & Baumeister, R. F. (1991). Binge eating as escape from self-awareness. *Psychological Bulletin*, *110*, 86-108.

Heffernan, T., & Richards, C. S. (1981). Self-control of study behavior: Identification and evaluation of natural methods. *Journal of Counseling Psychology*, *28*, 361-364.

Heiby, E. M. (1981). Depression and frequency of self-reinforcement. *Behavior Therapy*, *12*, 549-555.

Heiby, E. M. (1983a). Depression as a function of the interaction of self-and environmentally controlled reinforcement. *Behavior Therapy*, *14*, 430-433.

Heiby, E. M. (1983b). Toward the prediction of mood change. *Behavior Therapy*, *14*, 110-115.

Heiby, E. M. (1986). Social versus self-control skills deficits in four cases of depression. *Behavior Therapy*, *17*,

158-169.

Heiby, E. M. (1987, August). *Toward the unfication of the psychology of depression: Con tn bu tions from a paradigmatic behavioral theory*. Paper presented at the meeting of the American Psychological Association, New York.

Heiby, E. M., Ozaki, M., & Campos, P. E. (1984). The effects of training in self-reinforcement and reward: Implications for depression. *Behavior Therapy, 15*, 544-549.

Hems, E. D., Lloyd, J. W., & Hallahan, D. P. (1986). Cued and noncued self-recording of attention to task. *Behavior Modfication, 10*, 235-254.

Heinzelrnan, E., & Bagley, R. W. (1970). Response to physical activity programs and their effects on health behavior. *Public Health Reports, 85*, 905-911.

Hendricks, K. S. (2009). *Relationships between the sources of self-efficacy and changes in competence perceptions of music students during an all-state orchestra event*. Ph. D. dissertation, University of Illinois, Urbana.

Herman, G. P., & Polivy, J. (2010). The self-regulation of eating: Theoretical and practical problems. In H. K. Vohs & R. Baumeister (Eds.), *Handbook of self regulation: Research, theory, and applications* (2nd ed). New York: Guilford Press.

Herman, G. P., Roth, D. A., & Polivy, J. (2003). Effects of the presence of others on food intake: A normative interpretation. *Psychological Bulletin, 129*(6), 873-886.

Herren, C. M. (1989). A self-monitoring technique for increasing productivity in multiple media. *Journal of Behavior Therapy and Experimental Psychiatry, 20*, 69-72.

Herzog, T. A. (2008). Analyzing the transtheoretical model using the framework of Weinstein, Rothman and Sutton (1998): The example of smoking cessation. *Health Psychology, 27*(5), 548-558.

Hidi, S., & Ainley, M. (2008). Interest and self-regulation: Relationships between two variables that influence learning. In D. Shunk & B. J. Zimmerman (Eds.), *Motivation and self-regulated learning* (pp. 77-109). New York: Erlbaum.

Hiebert, B., & Fox, E. E. (1981). Reactive effects of self-monitoring anxiety. *Journal of Counseling Psychology, 28*, 187-193.

Higgins, R. L., Frisch, M. B., & Smith, D. (1983). A comparison of role-played and natural responses to identical circumstances. *Behavior Therapy, 14*, 158-169.

Hill, H. A., Schoenbach, V. J., Kleinbaum, D. C., Strecher, V. J., Orleans, C. T., Gebski, V. J., & Kaplan, B. H. (1994). A longitudinal analysis of predictors of quitting smoking among participants in a self-help intervention trial. *Addictive Behaviors, 19*, 159-173.

Hinrichsen, H., & Clark, D. M. (2003). Anticipatory processing in social anxiety: Two pilot studies. *Journal of Behavior Therapy and Experimental Psychiatry, 34*, 205-218.

Hodgkins, D. C., & el-Guebaly, N. (2004). Retrospective and prospective reports of precipitants to relapse in pathological gambling. *Journal of Consulting and Clinical Psychology, 72*(1), 72-80.

Hodgkins, D. C., el-Guebaly, N., & Armstrong, S. (1995). Prospective and retrospective reports of mood states before relapse to substance use. *Journal of Consulting and Clinical Psychology, 63*, 400-407.

Hofer, R. K., & Yu, S. L. (2003). Teaching self-regulated learning through a "learning to learn" course. *Teaching of Psychology, 30*, 30-33.

Hoffman, W., & Friese, M. (2008). Impulses got the better of me: Alcohol moderates the influence of implicit attitudes toward food cues on eating behavior. *Journal of Abnormal Psychology, 117*(2), 420-427.

Holden, A. E., O'Brien, C. T., Barlow, D. H., Stetson, D., & Infantino, A. (1983). Self-help manual for agoraphobia: A preliminary report of effectiveness. *Behavior Therapy, 14*, 545-556.

Hollis, J. F., Cullion, C. W., Stevens, V. J., Brantley, P. J., Appel, L. J., Ard, J. D., Champagne, C. M., Dalcin, A., Erlinger, T. P., Funk, K., Laferriere, D., Lin, P-H, Loria, C. M., Samuel-Hodge, C., Vollmer, W. M., & Svetkey, L. P. (2008). Weight loss during the intensive intervention phase of the Weight-Loss Maintenance Trial. *American Journal of Preventive Medicine, 35*(2), 118-126.

Hollon, S. D., & Beck, A. T. (1979). Cognitive therapy of depression. In P. C. Kendall & S. D. Hollon (Eds.), *Cognitive-behavioral interventions: Theory, research, and procedures* (pp. 153-203). New York: Academic Press.

Holman, J., & Baer, D. M. (1979). Facilitating generalization of on-task behavior through self monitoring of academic tasks. *Journal of Autism and Developmental Disorders, 9*, 429-446.

Hopko, D. R., Armento, M. E. A., Cantu, M. S., Chambers, L. L., & Lejuez, C. W. (2003). The use of daily diaries to assess the relations among mood state, overt behavior, and reward value of activities. *Behaviour Research and Therapy, 41*, 1137-1148.

Horan, J. J., Baker, S. B., Hoffman, A. M., & Shute, R. E. (1975). Weight loss through variations in the coverant control paradigm. *Journal of Consulting and Clinical Psychology, 43*, 68-72.

Horan, J. J., & Johnson, R. C. (1971). Coverant conditioning through a self-management application of the Premack Principle: Its effect on weight reduction. *Jour-*

nal of Behavior Therapy and Experimental Psychiatry, 2, 243-249.

Horn, D. (1972). Determinants of change. In R. C. Richardson (Ed.), *The second world conference on smoking and health* (pp. 58-74). London: Pitman Medical.

Horn, P. A., & Brigham, T. A. (1996). A self management approach to reducing AIDS risk in sexually active heterosexual college students. *Behavior and Social Issues, 6*(1), 3-61.

Howell, J. L., & Shepperd, J. A. (2012). Reducing information avoidance through affirnsation. *Psychological Science, 23*(2), 141-145.

Hufford, M. R., Witkiewitz, K., Shields, A. L., Kodya, S., & Caruso, J. C. (2003). Relapse as a nonlinear dynamic system: Applications to patients with alcohol use disorders. *Journal of Abnormal Psychology, 112*, 219-227.

Hughes, C. A., & Schumaker, J. (1991). Test-taking strategy instruction for adolescents with learning disabilities. *Exceptionality, 2*, 205-221.

Hughes, J. R. (1992). Tobacco withdrawal in self quitters. *Journal of Consulting and Clinical Psychology, 60*, 689-697.

Hughes, J. R., Culliver, S. B., Fenwick, J. W., Valliere, W. A., Cruser, K., Pepper, S., Shea, P., Solomon, L. J., & Flynn, B. S. (1992). Smoking cessation among self-quitters. *Health Psychology, 11*, 331-334.

Hull, J. (1987). Self-awareness model. In H. Blame & K. Leonard (Eds.), *Psychological theories of drinking and alcoholism*. New York: Guilford Press.

Irvin, J. E., Bowers, C. A., Dunn, M. E., & Wang, M. C. (1999). Efficacy of relapse prevention: A meta-analytic review. *Journal of Consulting and Clinical Psychology, 67*, 561-570.

Isaac, J. D., Sansone, C., & Smith, J. (1999). Other people as a source of interest in anactivity. *Journal of Experimental Social Psychology, 35*, 239-265.

Israel, A. C., & Saccone, A. J. (1979). Follow-up of effects of choice of mediator and target of reinforcement on weight loss. *Behavior Therapy, 10*, 260-265.

Isaac, J. D., Sansone, C., & Smith, J. (1999). Other people as a source of interest in anactivity. *Journal of Experimental Social Psychology, 35*, 239-265.

Iwata, R. B., Wallace, M. D., Kahng, S. W., Lindberg, J. S., Roscoe, E. M., Conners, J., Hanley, C. P., Thompson, R. H., & Worsdell, A. S. (2000). Skill acquisition in the implementation of functional analysis methodology. *Journal of Applied Behavior Analysis, 33*(2), 181-194.

Iyengar, S. S., Wells, R. E., & Schwartz, B. (2006). Doing better but feeling worse. Looking for the "best" job undermines satisfaction. *Psychological Science, 17*(2), 143-150.

Jamison, C., & Scogin, F. (1995). The outcome of cognitive bibliotherapy with depressed adults. *Joumal of Consulting and Clinical Psychology, 63*, 644-650.

Janis, I. L. (Ed.). (1982). *Counseling on personal decisions: Theory and research on short-term helping relationships*. New Haven, CT: Yale University Press.

Jeffery, R. W., French, S. A., & Schmid, T. L. (1990). Attributions for dietary failures: Problems reported by participants in the hypertension prevention trial. *Health Psychology, 9*, 315-329.

Jeffery, R. W., Cerber, W. M., Rosenthal, B. S., & Lindquist, R. A. (1983). Monetary contracts in weight control: Effectiveness of group and individual contracts of varying size. *Journal of Consulting and Clinical Psychology, 51*, 242-248.

Jeffery, R. W., Hellerstedt, W. L., & Schmid, T. L. (1990). Correspondence programs for smoking cessation and weight control: A comparison of two strategies in the Minnesota Heart Health Program. *Health Psychology, 9*, 585-598.

Jeffery, R. W., & Wing, R. R. (1983). Recidivism and self-cure of smoking and obesity: Data from population studies. *American Psychologist, 38*, 852.

Job, V., Dweck, C. S., & Walton, C. M. (2010). Ego depletion: Is it all in your head? Implicit theories about will-power affect self-regulation. *Psychological Science, 21*(11), 1686-1693.

Johnsgard, K. W. (1989). *The exercise presciption for depression and anxiety*. New York: Plenum Press.

Johnson, D. J., & Rusbult, C. E. (1989). Resisting temptation: Devaluation of alternative partners as a means of maintaining commitment in close relationships. *Journal of Personality and Social Psychology, 57*, 967-980.

Johnson, W. C. (1971). Some applications of Homme's covenant control therapy: Two case reports. *Behavior Therapy, 2*, 240-248.

Johnston, K. A., & Page, A. C. (2004). Attention to phobic stimuli during exposure: The effect of distraction on anxiety reduction, self-efficacy and perceived control. *Behaviour Research and Therapy, 42*, 249-275.

Johnston-O'Connor, E. J., & Kirschenbaum, D. S. (1986). Something succeeds like success: Positive self-monitoring for unskilled golfers. *Cognitive Therapy and Research, 10*, 123-136.

Jones, D. N., Schroeder, J. R., & Moolchan, E. T. (2004). Tinie spent with friends who smoke and quit attempts among teen smokers. *Addictive Behaviors, 29*(4), 723-729.

Jorgensen, R. S., & Richards, C. S. (1989). Negative affect and the reporting of physical symptoms among college students. *Journal of Counseling Psychology, 36*, 501-504.

Jung, M. E., & Brawley, L. R. (2011). Exercise persistence

in the face of varying exercise challenges: A test of self-efficacy theory in working mothers. *Journal of Health Psychology*, *16*(5), 728-738.

Kagan, N. I., Kagan, H., & Watson, M. C. (1995). Stress reduction in the workplace: The effectiveness of psychoeducational programs. *Journal of Counseling Psychology*, *42*, 71-78.

Kahan, D., Polivy, J., & Herman, G. P. (2003). Conformity and dietary disinhibition: A test of the ego-strength model of self-regulation. *International Journal of Eating Disorders*, *33*(2), 165-171.

Kamarck, T. W., & Lichtenstein, E. (1988). Program adherence and coping strategies as predictors of success in a smoking treatment program. *Health Psychology*, *7*(6), 557-574.

Kanfer, F. H. (1970). Self-regulation: Research, issues, and speculations. In C. Neuringer & J. L. Michael (Eds.), *Behavior modification in clinical psychology* (pp. 178-220). New York:Appleton-Century-Crofts.

Kanfer, F. H. (1975). Self-management methods. In F. H. Kanfer & A. P. Coldstein (Eds.), *Helping people change: A textbook of methods* (pp. 334-389). New York: Pergamon Press.

Kanfer, F. H. (1984). Self-management in clinical and social interventions. In R. P. McClynn, J. E. Maddux, C. D. Stoltenberg, & J. H. Harvey (Eds.), *Social perception in clinical and counseling psychology* (pp. 141-163). Lubbock: Texas Tech University Press.

Kanfer, F. H., Cox, L. E., Creiner, J. M., & Karoly, P. (1974). Contracts, demand characteristics, and self-control. *Journal of Personality and Social Psychology*, *30*(5), 605-619.

Kanfer, F. H., & Karoly, P. (1972). Self-control: A behavioristic excursion into the lion's den. *Behavior Therapy*, *3*, 398-4l6.

Kanfer, F. H., & Schefft, B. K. (1987). Self-management therapy in clinical practice. In J. S. Jacobson (Ed.), *Psychotherapists in clinical practice: Cognitive and behavioral perspectives* (pp. 10-77). New York: Guilford Press.

Kanfer, F. H., & Stevenson, M. K. (1985). concurrent cognitive processing. *Cognitive Therapy and Research*, *9*, 667-684.

Kanfer, R., & Ackerman, P. L. (1990). *Ability and metacognitive determinants of skill acquisition and transfer*. Minneapolis, MN: Air Force Office of Scientific Research Final Report.

Kanfer, R., & Ackerman, P. L. (1995). A self-regulatory skills approach to reducing cognitive interference. In I. C. Sarason, C. R. Pierce, & B. R. Sarason (Eds.), *Cognitive inteference: Theories, methods and findings* (pp. 153-171). Hillsdale, NJ: Erlbaum.

Kanter, N. J., & Coldfried, M. R. (1979). Relative effectiveness of rational restructuring and selfcontrol desensitization in the reduction of interpersonal anxiety. *Behavior Therapy*, *10*, 472-490.

Karoly, P. (1991). Self-management in health care and illness prevention. In C. R. Snyder & D. R. Forsyth (Eds.), *Handbook of social and clinical psychology* (pp. 579-608). New York: Perganion Press.

Karoly, P. (1993). Mechanisms of self-regulation: A systems view. In L. W. Porter & M. R. Rosenzweig (Eds.), *Annual review of psychology* (Vol. 44, pp. 23-51). Palo Alto, CA: Annual Reviews.

Karoly, P. (1996). The search for motivational inquiry. *Psychological Inquiry*, *7*, 54-57.

Karoly, P., & Kanfer, F. H. (Eds.). (1982). *Self management and behavior change: From theory to practice*. New York: Pergamon Press.

Karoly, P., Ruehlman, L. S., Okun, M. A. Lutz, R. S., Newton, C., & Fairholme, C. (2005). Perceived self-regulation of exercise goals and interfering goals among regular and irregular exercises: A life space analysis. *Psychology of Sport and Exercise*, *6*, 427-442.

Katz, R. C., & Vinciguerra, P. (1982). On the neglected art of "thinning" The effects of self-regulation on reinforcers. *Behavior Therapist*, *5*, 21-22.

Kau, M. L., & Fischer, J. (1974). Self-modification of exercise behavior. *Journal of Behavior Therapy and Experimental Psychiatry*, *5*, 213-214.

Kazdin, A. E. (1973). The effect of response cost and aversive stimulation in suppressing punished and non-punished speech disfluencies. *Behavior Therapy*, *4*, 73-82.

Kazdin, A. E. (1974a). Effects of covert modeling and model reinforcement on assertive behavior. *Journal of Abnormal Psychology*, *83*, 240-252.

Kazdin, A. E. (1974b). Self-monitoring and behavior change. In M. J. Mahoney & C. E. Thoresen (Eds.), *Self-control: Power to the person* (pp. 218-246). Pacific Crove, CA: Brooks/Cole.

Kazdin, A. E. (1982). The separate and combined effects of covert and overt rehearsal in developing assertive behavior. *Behaviour Research and Therapy*, *20*, 17-25.

Kazdin, A. E. (1984). Covert modeling. In P. C. Kendall (Ed.), *Advances in cognitive-behavioral research and therapy* (Vol. 3, pp. 103-129). New York: Academic Press.

Kazdin, A. E. (1993). Evaluation in clinical practice: Clinically sensitive and systematic methods of treatment delivery. *Behavior Therapy*, *24*, 11-45.

Keeley, J., Willaims, C., & Shapiro, D. A. (2002). A United Kingdom survey of accredited cognitive behaviour therapists' attitudes towards and use of structured self-help materials. *Behavioural and Cognitive Psychotherapy*,

30, 193-2-3.

Kelly, J. F. (2003). Self-help for substance-use disorders: History, effectiveness, knowledge gaps and research opportunities. *Clinical Psychology Review*, *23*, 639-663.

Kendall, P. C., Haaga, D. A., Ellis, A., Bernard, M., Di-Ciuseppe, R., & Kassinove, H. (1995). Rational-emotive therapy in the 1990s and beyond: Current status, recent revisions, and research questions. *Clinical Psychology Review*, *15*, 169-185.

Kendall, P. C., & Ingram, R. (1987). The future for cognitive assessment of anxiety: Let's get specific. In L. Michelson & L. M. Ascher (Eds.), *Anxiety and stress disorders* (pp. 89-104). New York: Guilford Press.

Kendall, P. C., Stark, K. D., & Adam, T. (1990). Cognitive deficit or cognitive distortion in childhood depression. *Journal of Abnormal Child Psychology*, *18*, 255-270.

Kernis, M. H., Zuckerman, M., Cohen, A., & Spadafora, S. (1982). Persistence following failure: The interactive role of self-awareness and the attributional basis for negative expectancies. *Journal of Personality and Social Psychology*, *43*, 1184-1191.

Kesebir, P., & Diener, E. (2008). In pursuit of happiness: Empirical answers to philosophical questions. *Perspectives on Psychological Science*, *3*(2), 117-125.

King, A. (1992). Comparison of self-Questioning, summarizing, and note-taking review as strategies for learning from lectures. *American Education Research Journal*, *29*, 303-323.

King, L. A., Hicks, J. A., Kroll, J. L., & Del Caiso, A. K. (2011). Positive affect and the experience of meaning in life. *Journal of Personality and Social Psychology*, *90*(1), 179-196.

Kirby, K. C., Fowler, S. A., & Baer, D. M. (1991). Reactivity in self-recording: Obtrusiveness of recording procedure and peer comments. *Journal of Applied Behavior Analysis*, *24*, 487-498.

Kirk, J. (1989). Cognitive-behavioural assessment. In K. Hawton, P. M. Salkovakis, J. Kirk, & D. M. Clark (Eds.), *Cognitive behavior therapy for psychiatric problems: A practical guide*. Oxford: Oxford University Press.

Kirschenbaum, D. S. (1985). Proximity and specificity of planning: A position paper. *Cognitive Therapy and Research*, *9*, 489-506.

Kirschenbaum, D. S. (1987). Self-regulatory failure: A review with clinical implications. *Clinical Psychology Review*, *7*, 77-104.

Kirschenbaum, D. S. (1994). *Weight loss through persistence*. Oakland, CA: New Harbinger.

Kirschenbaum, D. S., & Flanery, R. C. (1984). Toward a psychology of behavioral contracting. *Clinical Psychology Review*, *4*, 597-618.

Kirschenbaum, D. S., Humphrey, L. L., & Malett, S. D. (1981). Specificity of planning in adult self-control: An applied investigation. *Journal of Personality and Social Psychology*, *40*, 941-950.

Kirschenbaum, D. S., & Perri, M. C. (1982). Improving academic competence in adults: A review of recent research. *Journal of Counseling Psychology*, *29*, 76-94.

Kirschenbaum, D. S., & Tomarken, A. J. (1982). On facing the generalization problem: The study of self-regulatory failure. In P. C. Kendall (Ed.), *Advances in cognitive-behavioral research and therapy* (Vol. 1, pp. 119-200). New York: Academic Press.

Klassen, R. M., Krewchuk, L. L., & Rajani, S. (2007). Academic procrastination of undergraduates: Low self-efficacy to self-regulate predicts higher levels of procrastination. *ConEducational Psychology*, *33*(4), 915-931.

Klesges, R. C., Eck, L. J., & Ray, J. W. (1995). Who underreports intake in a dietary recall? Evidence from the second national health and nutrition examination survey. *Journal of Consulting and Clinical Psychology*, *63*, 438-444.

Knapp, T., & Shodahl, S. (1974). Ben Franklin as a behavior modifier: A note. *Behavior Therapy*, *5*, 656-660.

Knowlton, G. E., & Harris, W. (1987, November). *A comparison of two treatment components of an anxiety management program to improve the fleet hrow performance on a women's collegiate basketball team*. Paper presented at the annual meeting of the Association for the Advancement of Behavior Therapy, Boston.

Knox, D. (1971). *Marriage happiness: A behavioral approach to counseling*. Champaign, IL: Research Press.

Koegel, L. K., Koegel, R. L., Hurley, C., & Frea, W. D. (1992). Improving social skills and disruptive behavior in children with autism through self management. *Journal of Applied Behavior Analysis*, *25*, 341-353.

Kohn, A. (1993). *Punished by reward*. Boston: Houghton Muffin.

Kohn, P. M., Lafreniere, K., & Gurevich, M. (1991). Hassles, health and personality. *Journal of Personality and Social Psychology*, *61*, 478-482.

Kornblith, S. J., Rehm, L. P., O'Hara, M. W., & Lamparski, D. M. (1983). The contribution of self-reinforcement training and behavioral assignments to the efficacy of self-control therapy for depression. *Cognitive Therapy and Research*, *7*, 499-528.

Kravitz, L., & Furst, D. (1991). Influence of reward and social support on exercise adherence in aerobic dance classes. *Psychological Reports*, *69*, 423-426.

Krop, H., Calhoon, B., & Verrier, R. (1971). Modification of the "self-concept" of emotionally disturbed children by covert reinforcement. *Behavior Therapy*, *2*, 201-204.

Krop, H., Perez, F., & Beaudoin, C. (1973). Modification of "self-concept" of psychiatric patients by covert reinforcement. In R. D. Rubin, J. P. Brady, & J. D. Henderson (Eds.), *Advances in behavior therapy* (Vol. 4, pp. 139-144). New York: Academic Press.

Kross, E., & Ayduk, O. (2011). Making meaning out of negative experiences by self-distancing. *Current Directions in Psychological Science*, *20*(3), 187-191.

Kuiper, N. A., & Olinger, L. J. (1986). Dysfunctional attitudes and a self-worth contingency model of depression. In P. C. Kendall (Ed.), *Advances in cognitive-behavioral research and theraphy* (Vol. 5, pp. 115-142). New York: Academic Press.

Lacks, P., Bertelson, A. D., Cans, L., & Kunkel, J. (1983). The effectiveness of three behavioral treatments for different degrees of sleep onset insomnia. *Behavior Therapy*, *14*, 593-605.

Lakein, A. (1973). *How to get control of your time and life*. New York: New American Library.

Lan, W. Y. (2008). Teaching self-monitoring skills in statistics. In D. H. Schunk & B. J. Zimmerman (Eds.), *Self regulated learning* (pp. 86-105). New York: Guilford Press.

Langston, C. A. (1994). Capitalizing on and coping with daily-life events: Expressive responses to positive events. *Journal of Personality and Social Science*, *67*, 1112-1125.

Larsen, R. J., & Prizmic, Z. (2004). Affect regulation. In R. F. Baumeister & K. D. Vohs (Eds.), *Handbook of self-regulation* (pp. 40-59). New York: Guilford.

Lascelles, M. A., Cunningham, S. J., McGrath, P., & Sullivan, M. J. L. (1989). Teaching coping strategies to adolescents with migraine. *Journal of Pain and Symptom Management*, *4*, 135-145.

Lasure, L. C., & Mikulas, W. L. (1996). Bibhcal behavior modification. *Behavior Research and Therapy*, *34*, 563-566.

Latner, J. D., & Wilson, C. T. (2002). Self-monitoring and the assessment of binge eating. *Behavior Therapy*, *33*, 465-477.

Latner, J. D., & Wilson, C. T. (2007). *Self help approaches/ or obesity and eating disorders*. New York: Guilford Press.

Lavy, E. H., & van den Hour, M. A. (1994). Cognitive avoidance and attentional bias: Causal relationships. *Cognitive Therapy and Research*, *18*, 179-191.

Laws, D. R. (1995). A theory of relapse prevention. In W. O'Donohue & L. Krasner (Eds.), *Theories of behavior therapy: Exploring behavior change* (pp. 445-474). Washington, DC: APA.

Laws, D. R., Hudson, S. M., & Ward, T. (2000). *Remaking relapse prevention with sex offenders*. Thousand Oaks, CA: Sage.

Lawson, D. M., & Rhodes, E. C. (1981, November). *Behavioral self control and maintenance of aerobic exercise: A retrospective study of self initiated attempts to improve physical fitness*. Paper presented at the meeting of the Association for the Advancement of Behavior Therapy, Toronto.

Layden, M. A. (1982). Attributional style therapy. In C. Antaki & C. Brewin (Eds.), *Attributions and psychological change* (pp. 63-82). London: Academic Press

Lazarus, A. (1971). *Behavior therapy and beyond*. New York: McGraw-Hill.

Leavitt, F. (1982). *Drugs and behavior* (2nd ed). New York: Wiley.

LeBow, M. D. (1981). *Weight control. The behavioral strategies*. New York: Wiley.

Lees, L. A., & Dygdon, J. A. (1988). The initiation and maintenance of exercise behavior: A learning theory conceptualization. *Clinical Psychology Review*, *8*, 345-353.

Lefforge, N. L., Donohue, B., & Strada, M. J. (2005). Improving session attendance in mental health and substance abuse settings: A review of controlled studies. *Behavior Therapy*, *36*(1), 1-22.

Lehman, A. K., & Rodin, J. (1989). Styles of self nurturance and disordered eating. *Journal of Consulting and Clinical Psychology*, *57*, 117-122.

Levendusky, P., & Pankratz, L. (1975). Self-control techniques as an alternative to pain medication. *Journal of Abnormal Psychology*, *84*, 165-168.

Levin, R. B., & Gross, A. M. (1984). Reactions to assertive versus nonassertive behavior: Females in commendatory and refusal situations. *Behavior Modification*, *8*, 581-592.

Leviton, L. C. (1979). Observer's reactions to assertive behavior. *Dissertation Abstracts International*, *39*(11-B), 5652.

Lewinsohn, P. M., Biglan, A., & Zeiss, A. M. (1976). Behavioral treatment of depression. In P. O. Davidson (Ed.), *The behavioral management of anxiety, depression and pain* (pp. 91-146). New York: Brunner/Mazel.

Lewinsohn, P. M., Sullivan, J. M., & Grosscup, S. J. (1980). Changing reinforcing events: An approach to the treatment of depression. *Psychotherapy: Theory, Research and Practice*, *17*, 322-334.

Lewis, L. E., Biglan, A., & Steinbock, E. (1978). Self-administered relaxation: Training and money deposits in the treatment of recurrent anxiety. *Journal of Consulting and Clinical Psychology*, *46*, 1274-1283.

Ley, P. (1986). Cognitive variables and noncompliance. *The Journal of Compliance in Health Care*, *1*, 171-188.

Libby, L. K., Eibach, R. P., & Gilovich, T. (2005). Here's

looking at me: The effect of memory perspective on assessments of personal change. *Journal of Personality and Social Psychology, 88*, 50-62.

Libby, L. K., Shaeffer, E. M., Eibach, R. P., & Slemmer, J. A. (2007). Picture yourself at the polls: Visual perspective in mental imagery affects self-perception and behavior. *Psychological Science, 18*(3), 199-203.

Lichtenstein, E., Glasgow, R. E., & Abrams, D. B. (1986). Social support in smoking cessation: In search of effective interventions. *Behavior Therapy, 17*, 607-619.

Lichtenstein, E., Weiss, S. M., Hitchcock, J. L., Leveton, L. B., O'Connell, K. A., & Prochaska, J. O. (1986). Task force 3: Patterns of smoking relapse. *Health Psychology, 5*(Supplement), 29-40

Linehan, M. M. (1979). Structural cognitive behavioral treatment of assertion problems. In P. C. Kendall & S. D. Hollon (Eds.), *Cognitive behavioral interventions: Theory, research, and procedures* (pp. 205-240). New York: Academic Press.

Lipinski, D., Black, J. D., Nelson, R. O., & Ciminero, A. R. (1975). Influence of motivational variables on the reactivity and reliability of self-recording. *Journal of Consulting and Clinical Psychology, 43*(5), 637-646.

Lipton, D. N., & Nelson, R. O. (1980). The contribution of initiation behaviors to dating frequency. *Behavior Therapy, 11*, 59-67.

Littell, J. H., & Girvin, H. (2002). Stages of change: A critique. *Behavior Modification, 26*, 223-273.

Little, B. R., Salmela-Aro, K., & Phillips, S. D. (Eds.). (2007). *Personal project pursuit*. Mahwah, NJ: Erlbaum.

Locke, E. A. (1993). Facts and fallacies about goal theory: Reply to Deci. *Psychological Science, 4*, 63.

Locke, E. A., & Latham, C. P. (1990). Work motivation and satisfaction: Light at the end of the tunnel. *Psychological Science, 1*, 240-246.

Locke, E. A., & Latham, C. P. (1994). Goal setting theory. In H. F. O'Neil & M. Drillings (Eds.), *Motivation: Theory and research* (pp. 13-29). Hillside, NJ: Erlbaum.

Locke, E. A., & Latham, C. P. (2002). Building a practically useful theory of goal setting and task motivation. *American Psychologist, 57*, 705-717.

Locke, E. A., & Latham, C. P. (2006). New directions in goal-setting theory. *Current Directions in Psychological Science, 15*(5), 265-268.

Loeb, K. L., Wilson, C. T., Gilbert, J. S., & Labouvie, E. (2000). Guided and unguided self-help for binge eating. *Behavior Research and Therapy, 38*, 259-272.

Loftus, P. F. (2004). Memories of things unknown. *Current Directions in Psychological Science, 13*, 145-147.

Logel, C., & Cohen, C. L. (2012). The role of the self in physical health: Testing the effect of a values-affirmation intervention on weight loss. *Psychological Science, 23*(1), 53-55.

Logue, A. W. (1988). Research on self-control: An integrating framework. *Behavioral and Brain Sciences, 11*, 665-709.

Logue, A. W. (2000). Self-control and health behavior. In W. K. Bickel & R. P. Vuchinich (Eds.), *Refraining health behavior change with behavioral economics* (pp. 167-192). Mahwah, NJ: Prlbaum.

Logue, A. W. (1998). Laboratory research on self-control: Applications to administration. *Review of General Psychology, 2*, 221-238.

Long, B. C., & Honey, C. J. (1988). Coping strategies for working women: Aerobic exercise and relaxation interventions. *Behavior Therapy, 19*, 75-83.

Loper, A. B., & Murphy, D. (1985). Cognitive self-regulatory training for underachieving children. In D. L. Forrest, C. P. MacKinnon, and T. C. Waller (Eds.) *Metacognition, cognition, and human peformance* (pp. 223-265). New York: Academic Press.

Lowe, J. C., & Mikulas, W. L. (1975). Use of written material in learning self-control of premature ejaculation. *Psychological Reports, 37*, 295-298.

Lucic, K. S., Steffen, J. J., Harrigan, J. A., & Stuebing, R. C. (1991). Progressive relaxation training: Muscle contraction before relaxation? *Behavior Therapy, 22*, 249-256.

Luria, A. (1961). *The role of speech in the regulation of normal and abnormal behaviors*. New York: Liveright.

Lutzker, S. Z., & Lutzker, J. R. (1974, April). *A two dimensional marital contract: Weight loss and household responsibility peformance*. Paper presented at the meeting of the Western Psychological Association, San Francisco.

Lyubomirsky, S., & Nolen-Hoeksema, S. (1993). Self-perpetuating properties of dysphoric rumination. *Journal of Personality and Social Psychology, 65*, 339-349.

Lyubomirsky, S., Sheldon, K. M., & Schkade, D. (2005). Pursuing happiness: The architecture of sustainable change. *Review of General Psychology, 9*, 132-142.

Mace, F. C., & Kratochwill, T. R. (1985). Theories of reactivity in self-monitoring. *Behavior Modification, 9*, 323-343.

Mace, F. C., & Wacker, D. P. (1994). Toward greater integration of basic and applied behavioral research: An introduction. *Journal of Applied Behavior Analysis, 27*, 569-574.

MacPhillamy, D. J., & Lewinsohn, P. M. (1982). The Pleasant Events Schedule: Studies on reliability, validity, and scale intercorrelation. *Journal of Consulting and Clinical Psychology, 50*, 363-380.

Maddux, J. P. (1991). Self-efficacy. In C. R. Snyder & D.

R. Forsyth (Eds.), *Handbook of social and clinical psychology* (pp. 57-78). New York: Pergamon Press.

Maddux, J. P. (2002). Self-efficacy. In C. R. Snyder & S. J. Lopez (Eds.), *Handbook of positive psychology* (pp. 277-298). New York: Oxford University Press.

Maddux, J. P., & Gosselin, J. T. (2003). Self-efficacy. In M. R. Leary & J. P. Tanguey (Eds.), *Handbook of self and identity* (pp. 218-238). New York: Guilford.

Mann, T., Tomiyama, J., Westling, P., Lew, A.-M., Samuels, S., & Chatman, J. (2007). Medicare's search for effective obesity treatments: Diets are not the answer. *American Psychologist, 62*(3), 220-233.

Maes, S., & Karoly, P. (2005). Self-regulation assessment and intervention in physical health and illness: A review. *Applied Psychology: An International Review, 54,* 245-277.

Maher, C. A. (Eds.). (1985). *Professional self-management techniques for special services providers.* Baltimore: Paul H. Brooks.

Mahoney, M. J., & Bandura, A. (1972). Self-reinforcement in pigeons. *Learning and Motivation, 3,* 293-303.

Mahoney, M. J., Bandura, A., Dirks, S. J., & Wright, C. L. (1974). Relative preferences for external and self-controlled reinforcement in monkeys. *Behaviour Research and Therapy, 12,* 157-163.

Maletzky, B. M. (1974). Behavior recording as treatment: A brief note. *Behavior Therapy, 5,* 107-111.

Malle, B. F., & Horowitx, L. M. (1995). The puzzle of negative self-views: An explanation using the schema concept. *Journal of Personality and Social Psychology, 68,* 470-484.

Mallott, R. (2005). Self management. In M. Hersen & J. Rosquist (Eds.), *Encyclopedia of behavior modification and cognitive behavior therapy* (pp. 519-521). Thousand Oaks, CA: Sage.

Malott, R. W. (1989). The achievement of evasive goals: Control by rules describing contingencies that are not direct acting. In S. C. Hayes (Ed.), *Rule governed behavior* (pp. 269-322). New York: Plenum.

Malouff, J. M., Thorsteinsson, P. B., & Schutte, N. S. (2007).. The efficacy of problem solving therapy in reducing mental and physical health problems: A meta-analysis. *Clinical Psychology Review, 27*(1), 46-57.

Mandler, C. (1954). Transfer of training as a function of degree of response overlearning. *Journal of Experimental Psychology, 47,* 411-417.

Mann, T., & Ward, A. (2007). Attention, self-control and health behaviors. *Current Directions in Psychological Science, 16*(5), 280-283.

Mansell, W. (2000). Conscious appraisal and the modification of automatic processes in anxiety. *Behavioural and Cognitive Psychotherapy, 28,* 99-120.

Marcus, B. H. & Owen, N. (1992). Motivational readiness, self-efficacy and decision-making for exercise. *Journal of Applied Social Psychology, 22*(1), 3-16.

Marholin, D. II, & Touchette, P. P. (1979). Stimulus control and response consequences. In: A. Goldstein & F. Kanfer (Eds.), *Maximizing treatment gains: Transfer enhancement in psychotherapy* (pp. 303-351). New York: Academic Press.

Marks, I. (1994). Behavior therapy as an aid to self care. *Current Directions in Psychological Science, 3,* 19-22.

Marlatt, C. A., & George, W. H. (1990). Relapse prevention and the maintenance of optimal health. In S. Schumaker, P. Schron, & J. K. Ockene (Eds.), *The handbook of health behavior change* (pp. 44-63). New York: Springer.

Marlatt, C. A., & Gordon, J. R. (1985). *Relapse prevention: Maintenance strategies for addictive behavior change.* New York: Guilford Press.

Marlatt, C. A., & Parks, C. A. (1982). Self-management of addictive disorders. In P. Karoly & F. H. Kanfer (Eds.), *Self-management and behavior change: From theory to practice* (pp. 443-488). New York: Pergamon Press.

Marrs, R. W. (1995). A meta-analysis of bibliotherapy studies. *American Journal of Community Psychology, 23*(6), 843-870.

Martin, J. P., Dubbert, P. M., Katell, A. D., Thompson, J. K., Raczynski, J. R., Lake, M., Smith, P. O., Webster, J. S., Sikora, T., & Cohen, R. P. (1984). Behavioral control of exercise in sedentary adults: Studies one through six. *Journal of Consulting and Clinical Psychology, 52,* 795-811.

Martin, L. L., & Tesser, A. (Eds.). (1996). *Striving and feeling: Interactions among goals, affect and self regulation.* Mahwah, NJ: Erlbaum.

Masters, J. C., Burrish, T. C., Hollon, S. D., & Rimm, D. C. (1987). *Behavior therapy: Techniques and empiricalfIndings* (3rd ed). New York:Harcourt Brace Jovanovich.

Masterson, J. F., & Vaux, A. C. (1982). The use of a token economy to regulate household behaviours. *Behavioural Psychotherapy, 10,* 65-78.

Mathews, A., May, J., Mogg, K., & Eysenck, M. (1990). Attentional bias in anxiety: Selective search or defective filtering? *Journal of Abnormal Psychology, 99,* 166-173.

Matson, J. L. (1977). Social reinforcement by the spouse in weight control: A case study. *Journal of Behavior Therapy and Experimental Psychiatry, 8,* 327-328.

Mayer, J. (1968). *Overweighit.* Englewood Cliffs, NJ: Prentice Hall.

Mayo, L. L., & Norton, C. R. (1980). The use of problem solving to reduce examination and interpersonal anxiety. *Journal of Behavior Therapy and Experimental Psychiatry, 11*, 287-289.

McBride, C. M., & Pine, P. L. (1990). Post-partum smoking relapse. *Addictive Behaviors, 15*, 165-168.

McCann, I. L., & Holmes, D. S. (1984). Influence of aerobic exercise on depression. *Journal of Personality and Social Psychology, 46*, 1142-1147.

McCrea, S. M., Liberman, N., Trope, Y., & Sherman, S. J. (2008). Construal level and procrastination. *Psychological Science, 19*(12), 1308-1314.

McCullough, M. P., & Snyder, C. R. (2000). Classical sources of human strength: Revisiting an old home and building a new one. *Journal of Social and Clinical Psychology, 19*, 1-10.

McCullough, M. F., & Witvliet, C. V. (2002). The psychology of forgiveness. In C. R. Snyder & S. J. Lopez (Eds.), *Handbook of positive psychology* (pp. 446-458). Oxford:

Oxford University Press. McClynn, F. D., Kinjo, K., & Doherty, C. (1978). Effects of cue-controlled relaxation, a placebo treatment, and no treatment on changes in self-reported anxiety among college students. *Journal of Clinical Psychology, 34*, 707-714.

McGonigal, K. (2011). *The willpower instinct: How self-control works, why it matters, and u'hat you can do to get more of it*. New York: Avery.

McGuire, M. T., Wing, R. R., Klein, M. L., Lang, W., & Hill, J. 0. (1999). What predicts weight regain in a group of successful weight losers? *Journal of Consulting and Clinical Psychology, 67*, 177-185.

McKeough, A., Lupart, J., & Manini, A. (1995). *Teaching for transfer*. Mahwah, NJ: Erlbaum.

McKnight, D. L., Nelson, R. O., Hayes, S. C., & Jarrett, R. B. (1984). Importance of treating individually assessed response classes in the amelioration of depression. *Behavior Therapy, 15*, 315-335.

McLeod, A. K. (1994). Worry and explanation-based pessimism. In C. C. I. Davey & F. Tallis (Eds.), *Worrying: Perspectives on theory, assessment and treatment* (pp. 115-134). New York: Wiley.

McMahon, S. D., & Jason, L. A. (2000). Social support in a worksite smoking intervention: A test of theoretical models. *Behavior Modification, 24*(2), 184-201.

Mendoza-Denton, R., Ayduk, O., Mischel, W., Shoda, Y., & Testa, A. (2001). Person X situation interactionism in self-encoding (I am... When I...): Implications for affect regulation and social information processing. *Journal of Personality and Social Psychology, 80*, 533-544.

Meichenbaum, D. (1985). *Stress inoculation training*. New York: Pergamon Press.

Meichenbaum, D., & Turk, D. C. (1987). *Facilitating treatment adherence: A practitioners guidebook*. New York: Plenum.

Meichenbaum, D. H. (1977). *Cognitive behavior mod fication: An integrative approach*. New York: Plenum.

Menges, R. J., & Dobroski, B. J. (1977). Behavioral self-modification in instructional settings: A review. *Teaching of Psychology, 4*, 168-174.

Mermelstein, R., Cohen, S., Lichtenstein, P., Baer, J., & Kamarck, T. (1986). Social support and smoking cessation and maintenance. *Journal of Consulting and Clinical Psychology, 54*, 447-453.

Memmelstein, R., Lichtenstein, P., & McIntyre, K. (1983). Partner support and relapse in smoking-cessation programs. *Journal of Consulting and Clinical Psychology, 51*, 465-466.

Mezo, P. C., & Heiby, P. M. (2004). *Self management skills as a mediator of schizotypy and life satisfaction*. Poster presented at the 16th annual meeting of the American Psychological Society, Chicago.

Milkman, K. L., Rogers, T., & Bazemman, M. H. (2008). Harnessing our inner angels and demons. *Perspectives on Psychological Science, 3*(4), 324-338.

Mikulas, W. L., Coffman, M. C., Dayton, D., Frayne, C., & Maier, P. L. (1986). Behavioral bibliotherapy and games for treating fear of the dark. *Child and Family Behavior Therapy, 7*, 1-7.

Miller, C. A., Calanter, P., & Pribram, K. H. (1960). *Plans and the structure of behavior*. New York: Holt, Rinehart & Winston.

Miller, N. E. (1969, January). Learning of visceral and glandular responses. *Science*, pp. 434-445.

Miller, R. K., & Bomnstein, P. H. (1977). Thirty minute relaxation: A comparison of some methods. *Journal of Behavior Therapy and Experimental Psychiatry, 8*, 291-294.

Miller, W., & Munoz, R. (2004). *Controlling your drinking*. New York: Guilford Press.

Miller, W. R., & Rollnick, 5. (1991). *Motivational interviewing*. New York: Guilford.

Milne, D., Westemman, C., & Hanner, S. (2002). Can a "relapse prevention" module facilitate the transfer of training? *Behavioural and Cognitive Psychotherapy, 30*, 361-364.

Miltenberger, R. C. (2001). *Behavior modification* (2nd ed). Belmont, CA: Wadsworth.

Mischel, W. (1981). Metacognition and the rules of delay. In J. H. Flavell & L. Ross (Eds.), *Social cognitive development: Frontiers and possible futures* (pp. 240-27 1). Cambridge: Cambridge University Press.

Mischel, W., & Ayduk, O. (2004). Will-power in a cognitive-affective processing system: The dynamics of delay of gratification. In R. F. Baumeister & K. D. Vohs (Eds.), *Handbook of self-regulation*. New York: Guilford Press.

Mischel, W., & Shoda, Y. (1995). A cognitive-affective system theory of personality: Reconceptualizing situations, dispositions, dynamics, and invariance in personality structure. *Psychological Review, 102*, 246-268.

Mithaug, D. D., Agran, M., Martin, J. P., & Wehmeyer, M. L. (2003). *Self-determined learning theory*. Mahwah, NJ: Enlbaum.

Mithaug, D. P. (1993). *Self-regulation theory: How optimal adjustment maximizes gain*. Westport, CT: Praeger.

Mittal, D., Stevenson, R. J., Oaten, M. J., & Miller, L. A. (2011). Snacking while watching TV impairs food recall and promotes food intake on a later TV free test meal. *Applied Cognitive Psychology, 25*(6), 871-877.

Mizes, J. S., Morgan, C. D., & Buder, J. (1987, November). *Global versus specific cognitive measures and their relationship to assertion deficits*. Paper presented at the meeting of the Association for the Advancement of Behavior Therapy, Boston.

Moffitt, T. P., Arseneault, L., Belsky, D., Dickson, N., Hancox, R. J., Harrington, H., Houts, R., Poulton, R., Roberts, B. W., Ross, S., Sears, M. R., Thomson, W. M., & Caspi, A. (2011). A gradient of childhood self-control predicts health, wealth, and public safety. *Proceedings of the NationalAcademy of Sciences USA, 108*(7), 2693-2698.

Moon, J. R., & Eisler, R. M. (1983). Anger control: An experimental comparison of three behavioral treatments. *Behavior Therapy, 14*, 493-505.

Mor, N., & Winquist, J. (2002). Self-focused attention and negative affect: A meat-analysis. *Psychological Bulletin, 128*, 638-662.

Morawska, A., & Sanders, M. R. (2006). Self-administered behavioral family intervention for parents of toddlers: Part I: Efficacy. *Journal of Consulting and Clinical Psychology, 74*(1), 10-19.

Morgan, J. Autobiographical memory biases in social anxiety. *Clinical Psychology Review, 30*(3), 288-297.

Morgan, J. (2010). Autobiographical memory biases in social anxiety. *Clinical Psychology Review, 30*(3), 288-297.

Morgan, W. C., & Bass, B. A. (1973). Self-control through self-mediated rewards. In R. D. Rubin, J. P. Brady, & J. D. Henderson (Eds.), *Advances in behavior therapy* (Vol. 4, pp. 117-126). New York: Academic Press.

Moss, M. K., & Arend, R. A. (1977). Self-directed contact desensitization. *Journal of Consulting and Clinical Psychology, 45*, 730-738.

Muis, K. R. (2007). The role of epistemic beliefs in self-regulated learning. *Educational Psychologist, 42*(3), 173-190.

Mukhopadhyay, A., Sengupta, J., & Ramanathan, A. (2008). Recalling past temptations: An information-processing perspective on the dynamics of self-control. *Journal of Consumer Research, 35*, 586-599.

Muraven, M., & Baumeister, R. F. (2000). Self-regulation and depletion of limited resources: Does self-control resemble a muscle? *Psychological Bulletin, 126*(2), 247-259.

Murphy, T. J., Pagano, R. R., & Marlatt, C. A. (1986). Lifestyle modification with heavy alcohol drinkers: Effects of aerobic exercise and meditation. *Addictive Behaviors, 11*, 175-186.

Myers, D. C. (2000). The funds, friends and faith of happy people. *American Psychologist, 55*, 56-67.

Myrseth, K. O. R., & Fishbach, A. (2009). Self-control: A function of knowing when and how to exercise restraint. *Current Directions in Psychological Science, 18*(4), 247-252.

Nakamura, J., & Csikszenmihalyi, M. (2003). The construction of meaning through vital engagement. In C. L. M. Keyes & J. Haidt (Eds.), *Flourishing: Positive psychology and the life well lived* (pp. 83-104). Washington, DC: APA.

Nakano, K. (1996). Application of self-control procedures to modifying Type A behavior. *The Psychological Record, 46*, 595-606.

Neff, K. D. (2009). The role of self-compassion in development: A healthier way to elate to oneself. *Human Development, 52*(4), 211-214.

Neimeyer, R. A., & Feixas, C. (1990). The role of homework and skill acquisition in the outcome of group cognitive therapy for depression. *Behavior Therapy, 21*, 281-292.

Nelson, R. O. (1977). Methodological issues in assessment via self-monitoring. In J. D. Cone & R. P. Hawkins (Eds.), *Behavioral assessment: New directions in clinical psychology* (pp. 217-240). New York: Brunner/Mazel.

Nelson, R. O., Hayes, S. C., Spong, R. T., Jarrett, R. B., & McKnight, D. L. (1983). Self-reinforcement: Appealing misnomer or effective mechanism? *Behaviour Research and Therapy, 21*, 557-566.

Nelson-Cray, R. O., Herbert, D. L., Herbert, J. D., Framer, R., Badawi, I., & Lin, K. (1990). The accuracy of frequency estimation as compared with actual counting in behavioral assessment. *Behavioral Assessment, 12*, 157-178.

Nestle, M. (2006). *What to eat*. New York: North Point Press.

Nevin, J. A., Mandell, C., & Atak, J. (1983). The analysis of behavioral momentum. *Journal of the Experimental Analysis of Behavior, 39*, 49-59.

Newman, A., & Bloom, R. (1981a). Self-control of smoking-I: Effects of experience with imposed, increasing, decreasing, and random delays. *Behaviour Research and Therapy, 19*, 187-192.

Newman, A., & Bloom, R. (1981b). Self-control of smoking-II: Effects of cue salience and source of delay imposition on the effectiveness of training under increasing delay. *Behaviour Research and Therapy, 19*, 193-200.

Newman, M. C., Szkodny, L. P., Lier, S. J., & Przeworski, A. (2011). A review of technology-assisted self-help and minimal contact therapies for anxiety and depression: Is human contact necessary for therapeutic efficacy? *Clinical Psychology Review, 31*(1), 89-103.

Nezlek, J. B. (2001). Daily psychological adjustment and the planfulness of day-to-day behavior. *Journal of Social and Clinical Psychology, 20*(4), 452-474.

Nezu, A. M. (2004). Problem solving and behavior therapy revisited. *Behavior Therapy, 35*, 1-33.

Nezu, A. M., & D'Zurilla, T. J. (1981). Effects of problem definition and formulation on the generation of alternatives in the social problem-solving process. *Cognitive Therapy and Research, 5*, 265-271.

Nezu, A. M., D'Zurilla, T. J., Zwick, M. L., & Nezu, C. M. (2004). Problem solving therapy for adults. In P. C. Chang, T. J. D'Zurilla, & L. J. Sanna (Eds.), *Social problem solving* (pp. 11-27). Washington, DC: American Psychological Association.

Nezu, A. M., Nezu, C. M., D'Zurilla, T. J., & Rothenberg, J. L. (1996). Problem-solving therapy. In J. S. Kantor (Ed.), *Clinical depression during addiction recovery: Processes, diagnosis and treatment*. New York: Marcel Dekker, Inc.

Nezu, A. M., Nezu, C. M., Felgoise, S. H., McClure, K. S., & Hoots, P. 5. (2003). Project genesis: Assessing the efficacy of problem solving therapy for distressed adult cancer patients. *Journal of Counseling and Clinical Psychology, 71*, 1036-1048.

Nezu, A. M., Nezu, C. M., Saraydarian, L., Kalmar, K., & Ronan, C. F. (1986). Social problem solving as a moderating variable between negative life stress and depressive symptoms. *Cognitive Therapy and Research, 10*, 489-498.

Niaura, R. S., Rohsenow, D. J., Binkoff, J. A., Monti, P. M., Pedraza, M., & Abrams, D. B. (1988). Relevance of cue reactivity to understanding alcohol and smoking relapse. *Journal of Abnormal Psychology, 97*, 133-152.

Nicki, R. M., Remington, R. P., & MacDonald, C. A. (1984). Self-efficacy, nicotine-fading/self-monitoring and cigarette-smoking behaviour. *Behaviour Research and Therapy, 22*, 477-485.

Ninness, H. A. C., Fuerst, J., Rutherford, R. D., & Glenn, S. S. (1991). Effects of self-management training and reinforcement on the transfer of improved conduct in the absence of supervision. *Journal of Applied Behavior Analysis, 24*, 499-508.

Nisbett, R. P., & Ross, L. (1980). *Human inference: Strategies and shortcomings of social judgment*. Englewood Cliffs, NJ: Prentice Hall.

Nixon, C. T., & Frost, A. C. (1990). The study habits and attitudes inventory and its implication for students' success. *Psychological Reports, 66*, 1075-1085.

Noel, R. (1980). The effect of visuomotor behavior rehearsal on tennis performance. *Journal of Sport Psychology, l2*, 221-226.

Nolan, J. D. (1968). Self-control procedures in the niodification of smoking behavior. *Journal of Consulting and Clinical Psychology, 32*, 92-93.

Nolen-Hoeksema, 5. (2000). The role of rumination in depressive disorders and mixed anxiety/depressive disorders. *Journal of Abnormal Psychology, 109*, 504-511.

Norcross, J. C., Santrock, J. W., Campbell, L. F., Smith, T. P., Sommer, R., & Zuckerman, P. L. (2003). *Autho ritative guide to self help resources in mental health* (Rev. ed). New York: The Guilford Press.

O'Banion, D., Armstrong, B. K., & Ellis, J. (1980). Conquered urge as a means of self-control. *Addictive Behaviors, 5*, 101-106.

O'Callaghan, M. P., & Couvadelli, B. (1998). Use of self-instructional strategies with three neurologically impaired adults. *Cognitive Therapy and Research, 22*, 91-107.

O'Connor, K. P., & Stravynski, A. (1982). Evaluation of a smoking typology by use of a specific behavioural substitution method of self-control. *Behaviour Research and Therapy, 20*, 279-288.

Okwumabua, T. M., Meyers, A. W., Schleser, R., & Cooke, C. J. (1983). Cognitive strategies and running performance: An exploratory study. *Cognitive Therapy and Research, 7*, 363-370.

Ollendick, T. H., & King, N. J. (1991). Origins of childhood fears: An evaluation of Rachman's theory of fear acquisition. *Behaviour Research and Therapy, 29*, 117-123.

Olympia, D. P., Sheridan, S. M., Jenson, W. R., & Andrews, D. (1994). Using student-managed interventions to increase homework completion and accuracy. *Journal of Applied Behavior Analysis, 27*, 85-99.

O'Neill, H. K., Sandgren, A. K., McCaul, K. D., & Glasgow, R. P. (1987). Self-control strategies and maintenance of a dental hygiene regimen. *The Journal of Compliance in Health Care, 2*, 85-89.

Orme, C. M., & Binik, Y. M. (1987). Recidivism and self-cure of obesity: A test of Schachter's hypothesis in diabetic patients. *Health Psychology, 6*, 467-475.

Öst, L.-C. (1987). Applied relaxation: Description of a coping technique and review of controlled studies. *Behaviour Research and Therapy*, *25*, 397-409.

Öst, L.-C. (1998). A clinical study of spider phobia: Prediction of outcome after self-help and therapist directed treatments. *Behavior Research and Therapy*, *36*, 17-35.

Öst, L.-C., Stridh, B. M., & WoW M. (1998). A clinical study of spider phobia: Prediction of outcome after self-help and therapist directed treatments. *Behavior Research and Therapy*, *36*, 17-35.

Owsley, C., Stalvey, B. T., & Phillips, J. M. (2003). The efficacy of an educational intervention in promoting self-regulation among high-risk older drivers. *Accident Analysis and Prevention*, *35*(3), 393-400.

Owusu-Bempah, J., & Howitt, D. L. (1983). Self-modeling and weight control. *British Journal of Medical Psychology*, *56*, 157-165.

Ozer, P. M., & Bandura, A. (1990). Mechanisms governing empowerment effects: A self-efficacy analysis. *Journal of Personality and Social Psychology*, *58*, 472-486.

Pajares, F. (2008). Motivational role of self-efficacy beliefs in self-regulated learning. In D. Shunk & B. Zimmerman (Eds.), *Motivation and self regulated learning*. New York: Erlbaum.

Passman, R. (1977). The reduction of procrastinative behaviors in a college student despite the "contingency fulfillment problem": The use of external control in self-management techniques. *Behavior Therapy*, *8*, 95-96.

Patrick, J. (1992). Training: research and practice. London: Academic Press. Adapted from C. L. Paul (1966). *Insight vs. desensitization in psychotherapy*. Palo Alto, CA: Stanford University Press.

Pawlicki, R., & Calotti, N. (1978). A tic-like behavior case study emanating from a self-directed behavior modification course. *Behavior Therapy*, *9*, 671-672.

Payne, P. A., & Woudenberg, R. A. (1978). Helping others and helping yourself An evaluation of two training modules in a college course. *Teaching of Psychology*, *5*, 131-134.

Pearce, J. W., LeBow, M. D., & Orchard, J. (1981). Role of spouse involvement in the behavioral treatment of overweight women. *Journal of Consulting and Clinical Psychology*, *49*, 236-244.

Pechacek, T. F., & Danaher, B. C. (1979). How and why people quit smoking: A cognitive-behavioral analysis. In P. C. Kendall & S. D. Hollon (Eds.), *Cognitive behavioral interventions: Theory, research, and procedures* (pp. 389-422). New York: Academic Press.

Perkins, D., & Perkins, F. (1976). *Nail biting and cuticle biting*. Dallas, TX: Self-Control Press.

Perkins, D. N., & Saloman, C. (1996). Learning transfer. In P. DeCorte & F. Weinert (Eds.), *International handbook of developmental and instructional psychology* (pp. 483-487). Oxford:Perganion Press.

Perri, M. C., McAdoo, W. C., McAllister, D. A., Lauer, J. B., & Yancey, D. Z. (1986). Enhancing the efficacy of behavior therapy for obesity: Effects of aerobic exercise and a multicomponent maintenance program. *Journal of Consulting and Clinical Psychology*, *54*, 670-675.

Perri, M. C., McAllister, D. A., Cange, J. J., Jordan, R. C., McAdoo, W. C., & Nezu, A. M. (1988). Effects of four maintenance programs on the long-term management of obesity. *Journal of Consulting and Clinical Psychology*, *56*, 529-534.

Perri, M. C., Nezu, A. M., McKelvey, W. F., Shermer, Rebecca, L., Renjilian, D. A., & Viegener, B. J. (2001). Relapse prevention training and problem-solving therapy in the long-term management of obesity. *Journal of Consulting and Clinical Psychology*, *69*, 722-726.

Perri, M. C., & Richards, C. S. (1977). An investigation of naturally occurring episodes of self-controlled behaviors. *Journal of Counseling Psychology*, *24*, 178-183.

Peterson, C., & Seligman, M. E. P. (2004). *Character strengths and virtues: A handbook and classification*. Oxford: Oxford University Press.

Petrie, K. J., Broadbent, D., & Meechan, C. (2003). Self-regulatory interventions for improving the management of chronic illness. In L. D. Carmeron & H. Leventhal (Eds.), *The self-regulation of health and illness behavior* (pp. 257-275). London: Routledge.

Philippot, P., Baeyens, C., Douillez, C., & Francart, B. (2004). Cognitive regulation of emotion: Application to clinical disorders. In P. Phiippot & R. S. Feldman (Eds.), *The regulation of emotion* (pp. 71-97). Mahwah, NJ: Erlbaum.

Pintrich, P. R. (2000). The role of goal-orientation in self-regulated learning. In M. Boekaerts, P. R. Pintrich, & M. Zeidner (Eds.), *Handbook of self-regulation* (pp. 452-502). San Diego, CA: Academic Press.

Pintrich, P. R., McKeachie, W. J., & Yin, Y.-C. (1987). Teaching a course in learning to learn. *Teaching of Psychology*, *14*(2), 81-86.

Polivy, J., & Herman, G. P. (2000). The false hope syndrome: Unfulfilled expectations of self-change. *Current Directions in Psychological Science*, *9*, 128-131.

Polivy, J., & Herman, G. P. (2002). If at first you don't succeed: False hopes of self-change. *American Psychologist*, *57*, 677-689.

Powers, D. V., Thompson, L. W., & Callagher-Thompson, D. (2008). The benefits of using psychotherapy skills following treatment for depression: An examination of "afterwork" and a test of the skills hypothesis in older adults. *Cognitive and Behavioral Practice*, *15*(2), 194-

202.

Prochaska, J. O. (1983). Self-changers versus therapy changers versus Schachter. *American Psychologist, 38*, 853-854.

Prochaska, J. O., & DiClemente, C. C. (1983). Stages and processes of self-change in smoking: Toward an integrative model of change. *Journal of Consulting and Clinical Psychology, 51*, 390-395.

Prochaska, J. O., & DiClemente, C. C. (1984). *The transtheoretical approach: Crossing traditional boundaries of therapy*. Homewood, IL: Dow Jones-Irwin.

Prochaska, J. O., & DiClernente, C. C. (1992). Stages of change in the modification of problem behaviors. In M. Herzen, R. M. Eisler, & P. M. Miller (Eds.), *Progress in behavior modification* (Vol. 28, pp. 183-218). Sycamore, IL: Sycamore Publishing Company.

Prochaska, J. O., DiClemente, C. C., & Norcross, J. C. (1992). In search of the structure of change. In Y. Klar, J. D. Fisher, J. M. Chinsky, & A. Nadler (Eds.), *Self-change: Social psychological and clinical perspectives* (pp. 87-114). New York: Springer Verlag.

Propst, L. R. (1980). The comparative efficacy of religious and nonreligious imagery for the treatment of mild depression in religious individuals. *Cognitive Therapy and Research, 4*, 167-178.

Putnam, D. P., Finney, J. W., Barkely, P. L., & Bonner, M. J. (1994). Enhancing commitment improves adherence to a medical regimen. *Journal of Consulting and Clinical Psychology, 62*, 191-194.

Quinn, J. M., Pascoe, A., Wood, W., & Neal, D. T. (2010). Can't control yourself? Monitor those bad habits. *Personality and Social Psychology Bulletin, 26*(4), 499-511.

Rachlin, H. (1974). Self control. *Behaviorism, 2*, 94107.

Rachlin, H. (1995). Self-control: Beyond coniniitment. *Behavioral and Brain Sciences, 18*, 109-159. With Open Peer Commentary (many authors), 122-159.

Rachlin, H. (2000). *The science ofselfcontrol*. Cambridge: Harvard University Press.

Rachman, S. (1977). The conditioning theory of fear acquisition: A critical examination. *Behaviour Research and Therapy, 15*, 375-387.

Rachman, S. (1991). Neo-conditioning and the classical theory of fear acquition. *Clinical Psychology Review, 11*, 155-173.

Rakos, R. F. (1991). *Assertive behavior: Theory, research, and training*. London & New York: Routledge.

Rakos, R. F., & Crodek, M. V. (1984). An empirical evaluation of a behavioral self-management course in a college setting. *Teaching of Psychology, 11*, 157-162.

Rawn, C. D., & Vohs, K. D. (2011). People use self-control to risk personal harm: An intra-interpersonal dilemma. *Personality and Social Psychology Review, 15*(3), 267-289.

Rawson, K., O'Neil, R., & Dunlosky, J. (2011). Accurate monitoring leads to effective control and greater learning of patient education materials. *Journal of Experimental Psychology, Applied, 17*(3), 288-302.

Rehm, L. P. (1982). Self management in depression. In P. Karoly & F. H. Kanfer (Eds.), *Self management and behavior change: From theory to practice* (pp. 522-567). New York: Pergamon Press.

Rehm, L. P. (1988). Self-management and cognitive processes in depression. In L. B. Alloy (Ed.), *Cognitive processes in depression* (pp. 143-176). New York: Guilford Press.

Rehm, L. P., Kaslow, N. J., & Rabin, A. S. (1987). Cognitive and behavioral targets in a self-control therapy program for depression. *Journal of Consulting and Clinical Psychology, 55*, 60-67.

Rehm, L. P., & Marston, A. R. (1968). Reduction of social anxiety through modification of self reinforcement: An instigation therapy technique. *Journal of Consulting and Clinical Psychology, 32*, 565-574.

Reich, J. W., & Zautra, A. (1981). Life events and personal causation: Some relationships with satisfaction and distress. *Journal of Personality and Social Psychonf, iy, 41*, 1002-1012.

Rescorla, R. A. (1988). Pavlovian conditioning: It's not what you think it is. *American Psychologist, 43*, 151-160.

Reynolds, G. (1995, January 7). A year to remember: Oprah grows up. *TV Guide*.

Rich, A. R., & Bonner, R. L. (2004). Mediators and moderators of social problem solving. In E. C. Chang, T. J. D'Zurilla, & L. J. Sanna (Eds.), *Social problem solving*. Washington, DC: American Psychological Association.

Richards, C. S. (1976). Improving study behaviors through self-control techniques. InJ. D. Krumboltz & C. P. Thoresen (Eds.), *Counseling methods* (pp. 462-467). New York: Holt, Rinehart & Winston.

Richards, C. S. (1985). Work and study problems. In M. Hersen & A. S. Bellack (Eds.), *Handbook of clinical behavior therapy with adults*. New York: Plenum.

Rickard-Figueroa, K., & Zeichner, A. (1985). Assessment of smoking urge and its concomitants under an environmental smoking cue manipulation. *Addictive Behaviors, 10*, 249-256.

Rimm, D. C., & Masters, J. C. (1979). *Behavior therapy: Techniques and empirical findings*. New York: Academic Press.

Roberts, L. J., & Marlatt, G. A. (1998). Guidelines for relapse prevention. In C. P. Koocher, J. C. Norcross, & S. S. Hill (Eds.), *Psychologists' desk reference* (pp. 243-

247). New York: Oxford University Press.

Robinson, F. P. (1970). *Effective study* (4th ed). New York: Harper & Row.

Rodgers, W. M., & Sullivan, M. J. L. (2001). Task, coping and scheduling self-efficacy in relation to frequency of physical activity. *Journal of Applied Social Psychology, 31*, 741-753.

Rogoff B. (1982). Integrating context and cognitive development. In M. P. Lamb & A. L. Brown (Eds.), *Advances in developmental psychology* (Vol. 2, pp. 125-170). Hillsdale, NJ: lirlbaum.

Rogoff, B., & Lave, J. (Eds.). (1984). Everyday cognition: Its development in social contexts. Cambridge, MA: Harvard University Press. Rohde, P., Lewinsohn, P. M., & Seeley, J. R. (1990). Are people changed by the experience of having an episode of depression? A further test of the scar hypothesis. *Journal of Abnormal Psychology, 99*, 266-271.

Rokke, P. D., Tomhave, J. A., & Jocic, Z. (2000). Self-management therapy and educational group therapy for depressed elders. *Cognitive Therapy and Research, 24*, 99-119.

Rosen, G. M., Barrera, M. & Glasgow, R. P. (2002). Good intentions are not enough: Reflections on past and future efforts to advance self-help. In: Watkins, P. L. & Chun, PG. A. (Eds.), *Handbook of self Help Therapies*. pp. 25-40, New York: lirlbaum.

Rosen, G. M., Glasgow, R. P., & Moore, T. P. (2002). Self-help therapy: The science and business of giving psychology away. In S. O. Lilienfeld, J. M. Lohr, & S. J. Lynn (Eds.), *Science and pseudoscience in contemporary clinical psychology*. New York: Guilford Press.

Rosen, L. W. (1981). Self-control program in the treatment of obesity. *Journal of Behavior Therapy and Experimental Psychiatry, 12*, 163-166.

Rosenbaum, M. (1983). Learned resourcefulness as a behavioral repertoire for the self-regulation of internal events: Issues and speculations. In M. Rosenbaum, C. M. Franks, & Y. Jaffe (Eds.), *Perspectives on behavior therapy in the eighties* (pp. 54-73). New York: Springer.

Rosenbaum, M. (1988). A model for research on self-regulation: Reducing the schism between behaviorism and general psychology. In I. M. livans (Ed.), *Paradigmatic behavior therapy: Critical perspectives on applied social behaviorism*. New York: Springer.

Ross, M., & Conway, M. (1986). Remembering one's own past: The construction of personal histories. In R. M. Sorrentino & P. T. Higgins (Eds.), *Handbook of motivation and cognition* (pp. 122-1 44). New York: Guilford Press.

Rothman, A. J., Baldwin, A. S., & Hertel, A. W. (2004). Self-regulation and behavior change: Disentangling behavioral initiation and behavioral maintenance. In R. F. Bauineister & K. D. Vohs (Eds.), *Handbook of self-requlation* (pp. 130-1 50). New York: The Guilford Press.

Rothman, A. J., Baldwin, A. S., Hertel, A. W., & Fuglestad, P. T. (2011). Self-regulation and behavior change: Disentangling behavioral initiation and behavioral maintenance. In K. D. Vohs & R. F. Baumeister (Eds.), *Handbook of self-regulation* (2nd ed., pp. 106-124). New York: Guilford Press.

Rozensky, R. H. (1974). The effect of timing of self-monitoring behavior on reducing cigarette consumption. *Journal of Behavior Therapy and Experimental Psychiatry, 5*, 301-303.

Rueda, M. R., Posner, M. I., & Rothbart, M. K. (2011). Attentional control and self-regulation. In K. D. Vohs & R. F. Baumeister (Eds.), *Handbook of self-regulation* (2nd ed., pp. 263-283). New York: Guilford Press.

Russell, R. K., & Lent, R. W. (1982). Cue-controlled relaxation and systematic desensitization versus nonspecific factors in treating test anxiety. *Journal of Counseling Psychology, 29*, 100-103.

Russell, R. K., Miller, D. P., & June, L. N. (1975). A comparison between group systematic desensitization and cue-controlled relaxation in the treatment of test anxiety. *Behavior Therapy, 6*, 172-177.

Russell, R. K., & Sipich, J. F. (1974). Treatment of test anxiety by cue-controlled relaxation. *Behavior Therapy, 5*, 673-676.

Russell, R. K., Wise, F., & Stratoudakis, J. P. (1976). Treatment of test anxiety by cue-controlled relaxation and systematic desensitization. *Journal of Counseling Psychology, 3*, 563-566.

Ryan, R. M., & Deci, P. L. (2001). On happiness and human potentials: A review of research on hedonic and eudaimonic well-being. *Annual Review of Psychology, 52*, 141-166.

Ryan, R. M., Dcci, P. L., Sansone, C., & Harackiewicz, J. M. (2000). Intrinsic and extrinsic motivation: The search for optimal motivation and performance. In C. Sansone & J. M. Har(Eds.), *Intrinsic and extrinsic motivation: The search for optimal motivation and performance* (pp. 13-54). San Diego, CA: Academic Press.

Saccone, A. J., & Israel, A. C. (1978). Effects of experimenter versus significant other-controlled reinforcement and choice of target behavior on weight loss. *Behavior Therapy, 9*, 271-278.

Saelens, B. P., Gehrman, C. A., Sallis, J. F., Calfas, K. J., Sarkin, J. A., & Caparosa, S. (2000). Use of self-management strategies in a 2-year cognitive-behavioral intervention to promote physical activity. *Behavior Therapy, 31*, 365-379.

Samoilov, A., & Goldfried, M. R. (2000). Role of emotion in cognitive-behavior therapy. *Clinical Psycbiology: Science and Practice*, *1*, 373-385.

Sandifer, B. A., & Buchanan, W. L. (1983). Relationship between adherence and weight loss in a behavioral weight reduction program. *Behavior Therapy*, *14*, 682-688.

Sansone, C., & Thoman, D. B. (2006). Maintaining activity engagement: Individual differences in the process of self-regulating motivation. *Journal of Personality*, *74*, 1697-1720.

Santrock, J. W., Minnett, A. M., & Campbell, B. D. (1994). *The authoritative guide to self help books*. New York: Guilford Press.

Sarason, I. C. (Eds.). (1980). *Test anxiety: Theory, research and applications*. Hillsdale, NJ: lirlbaum.

Sarason, I. C., Pierce, C. R., & Sarason, B. R. (Eds.). (1996). *Cegnitive interferences: Theories, methods and findings*. Mahwah, NJ: Erlbaum.

Sato, R. A. (1986). *Increasing exercise adherence among Honolulu Marathon Clinic participants*. Unpublished master's thesis, University of Hawaii, Honolulu, HI.

Sawicki, P. T. (1999). A structured teaching and self-management program for patients receiving oral anticoagulation. *Journal of the American Medical Association*, *281*, 145-150.

Sayette, M. A. (2004). Self regulatory failure and addiction. In R. F. Baumeister & K. D. Vohs (Eds.), *Handbook of self-regulation*. (pp. 447-465) New York: Guilford.

Sayette, M. A., & Griffin, K. M. (2011). Self-regulatory failure and addiction. In K. D. Vohs & R. F. Baumeister (Eds.), *Handbook of self-regulation* (2nd ed., pp. 505-521). New York: Guilford Press.

Schafer, W. (1992). *Stress management for wellness* (2nd ed). Fort Worth, TX: Harcourt Brace Jovanovich.

Scheier, M. F., & Carver, C. S. (1993). On the power of positive thinking: The benefits of being optimistic. *Current Directions in Psychological Science*, *2*, 26-30.

Schmeichel, B. J., & Baumeister, R. F. (2004). Self-regulatory strength. In R. F. Baumeister & K. D. Vohs (Eds.), *Handbook of self regulation* (pp. 84-94). New York: Guilford.

Schnoll, R., & Zimmerman, B. J. (2001). Self-regulation training enhances dietary self-efficacy and dietary fiber consumption. *Journal of the American Dietetic Association*, *101*(9), 1006-1011.

Schuele, J. C., & Wiesenfeld, A. R. (1983). Autonomic response to self-critical thought. *Cognitive Therapy and Research*, *7*, 189-194.

Schunk, D. H. (2008). Attributions as motivators of self-regulated learning. In ID. Schunk & B. Zimmerman (Eds.), *Motivation and self regulated learning*. New York: Erlbaum.

Schunk, D. H., & lirtmer, P. A. (2000). Self-regulation and academic leaming; self-efficacy enhancing interventions. In M. Boekaerts, P. R. Pintiich, & M. Zeidner (Eds.), *Handbook of self-regulation* (pp. 631-650). San Diego, CA: Academic Press.

Schunk, D. H., & Zimmerman, B. J. (1997). Social origins of self-regulatory competence. *Educational Psychologist*, *32*, 195-208.

Schwartz, R. M. (1986). The internal dialogue: On the asymmetry between positive and negative coping thoughts. *Cognitive Therapy and Research*, *10*, 591-605.

Schwartz, R. M., & Caramoni, C. L. (1986). A structural mode of positive and negative states of mind: Asymmetry in the internal dialogue. In P. C. Kendall (Ed.), *Advances in cognitive behavioral research and therapy* (Vol. 5, pp. 1-62). New York: Academic Press.

Scruggs, T. P., & Mastropieri, M. A. (1992). *Teachuing test-taking skills*. Cambridge, MA: Brookline Books.

Sebanz, N., Bekkering, H., & Knoblich, C. (2006). Joint action: Bodies and minds moving together. *Trends in Cognitive Sciences*, *10*(2), 270-276. http://www.sciencedirect.coin/science/article/pii/S1364661305003566-aff1

Selby, V. C., IDiLorenzo, T. M., & Steinkamp, C. A. (1987, November). *An examination of the behaviors and characteristics distinguishing exercisers, non exercisers, and drop-outs*. Paper presented at the meeting of the Association for the Advancement of Behavior Therapy, Boston.

Seligman, M. P. P. (1991). *Learned optimism*. New York: Knopf

Seligman, M. P. P., Steen, T. A., Park, N., & Peterson, C. (2005). Positive psychology progress: Empirical validation of interventions. *American Psychologist*, *60*, 410-421.

Severson, H. H., Akers, L., Andrews, J. A., Lichtenstein, P., & Jerome, A. (2000). Evaluating two self-help interventions for smokeless tobacco cessation. *Addictive Beiuaviors*, *25*, 465-470.

Sewitch, T. S., & Kirsch, I. (1984). The cognitive content of anxiety: Naturalistic evidence for the predominance of threat-related thoughts. *Cognitive Therapy and Research*, *8*, 49-58.

Shapiro, D. H., & Walsh, R. (Eds.). (1980). *The science of meditation: Theory, research and experience*. Hawthorne, NY: Aldine.

Shell, D. F., & Husman, J. (2001). The inultivariate dimensionality of personal control and future time perspective beliefs in achievement and self-regulation. *Contemporary Educational Psychology*, *26*(4), 481-506.

Shelton, J. L., Levy, R. L., & Contributors. (1981). *Behavioral assignments and treatment compliance: A handbook of clinical strategies*. Champaign, IL: Research Press.

Sherman, A. R. (1972). Real-life exposure as a primary therapeutic factor in the desensitization treatment for fear. *Journal of Abnormal Psychology*, *79*, 19-28.

Shernmn, A. R. (1975). Two-year follow-up of training in relaxation as a behavioral self-management skill. *Behavior Therapy*, *6*, 419-420.

Sherman, A. R., & Plummer, I. L. (1973). Training in relaxation as a behavioral self-management skill: An exploratory investigation. *Behavior Therapy*, *4*, 543-55(1.

Sherman, A. R., Turner, R., Levine, M., & Walk, J. (1975, December). *A behavioral self managenient program for increasing or decreasing habit responses*. Paper presented at the meeting of the Association for the Advancement of Behavior Therapy, San Francisco.

Shiffman, S. (1982). Relapse following smoking cessation: A situational analysis. *Journal of Consulting and Clinical Psychology*, *50*, 1-86.

Shiffman, S., Guys, M., Richards, T. J., Paty, J. A., Hickcox, M., & Kassel, J. D. (1996). Temptations to smoke after quitting: A comparison of lapsers and maintainers. *Health Psychology*, *15*, 455-461.

Shiffman, S., & Jarvik, M. E. (1987). Situational determinants of coping in smoking relapse crises. *Journal of Applied Social Psychology*, *17*, 3-15.

Shiffman, S., Paty, J. A., Guys, M., Kassel, J. D., & Hickcox, M. (1996). First lapses to smoking: Within-subjects analyses of real-time reports. *Journal of Consulting and Clinical Psychology*, *64*, 366-379.

Shiffman, S., & Waters, A. J. (2004). Negative affect and smoking lapses: A prospective analysis. *Journal of Consulting and Clinical Psychology*, *72*, 192-2-1.

Showwers, C. J., Limke, A., & Zeigler-Hill, V. (2004). Self-structure and self-change: Applications to psychological treatment. *Behavior Therapy*, *35*, 167-184.

Silka, L. (1992). Perceptions of self-initiated change. In Y. KJai, J. D. Fisher, J. M. Chinsky, & A. Nadler (Eds.), *Self change: Social, psychological and clinical perspectives* (pp. 23-42). New York: Springer Verlag.

Simkin, L. R., & Gross, A. M. (1994). Assessment of coping with high risk situations for exercise relapse among healthy women. *Health Psychology*, *13*, 274-277.

Simons, A. D., McGowan, C. R., Epstein, L. H., Kupfer, D. J., & Robertson, R. J. (1985). Exercise as a treatment for depression: An update. *Clinical Psychology Review*, *5*, 553-568.

Sitzman, T., & Ely, K. (2011). A meta-analysis of self-regulated learning in work-related and educational attainment: What we know and where we need to go. *Psychological Bulletin*, *137*(3), 421-442.

Skinner, B. F. (1953). *Science and human behavior*. New York: Macmillan.

Smith, J. C. (2005). *Relaxation, meditation, & mindfulness: A mental health practitioner's guide to new and traditional approaches*. New York: Springer Publishing.

Smith, N. M., Floyd, M. R., Scogin, F., & Jamison, C. 5. (1997). Three-year follow-up of bibliotherapy for depression. *Journal of Consulting and Clinical Psychology*, *65*, 324-327.

Snyder, A. L., & IDeffenbacher, J. L. (1977). Comparison of relaxation as self-control and systematic desensitization in the treatment of test anxiety. *Journal of Consulting and Clinical Psychology*, *45*, 1202-1203.

Sobell, L. S., & Sobell, M. B. (1996). *Guided self change case study: Lisa*. Toronto, Canada: Addiction Research Council.

Sobell, M. B., & Sobell, L. 5. (1993). *Problem drinkers*. New York: Guilford Press.

Sohn, ID., & Lainal, P. A. (1982). Self-reinforcement: Its reinforcing capability and its clinical utility. *Psychological Record*, *32*, 179-203.

Sonne, J. L., & Janoff, D. S. (1982). Attributions and the maintenance of behavior change. In C. Antaki & C. Brewin (Eds.), *Attributions and psychological change* (pp. 83-96). New York: Academic Press.

Sowers, J., Verdi, M., Bourbeau, P., & Sheehan, M. (1985). Teaching job independence and flexibility to mentally retarded students through the use of a self-control package. *Journal of Applied Behavior Analysis*, *18*, 81-85.

Speidel, G. E., & Tharp, R. T. (1980). What does self-reinforcement reinforce: An empirical analysis of the contingencies in self-determined reinforcement. *Child Behavior Therapy*, *2*, 1-22.

Spring, B., Doran, N., Pagoto, S., Schneider, K., Pingitore, R., & Hedeker, D. (2004). Randomized controlled trial for behavioral smoking and weight control treatment: Effect of concurrent versus sequential intervention. *Journal of Consulting and Clinical Psychology*, *72*(5), 785 796.

Spurr, J., & Stevens, V. J. (1980). Increasing study time and controlling student guilt: A case study in self-management. *Behavior Therapist*, *3*, 17-18.

Spun, J. M., & Stopa, L. (2002). Self-focused attention in social phobia and social anxiety. *Clinical Psychology Review*, *22*, 947-975.

Staats, A. W. (1968). *Learning, language, and cognition*. New York: Holt, Rinehart & Winston.

Stanton, M. (2005). Relapse prevention needs more emphasis on interpersonal factors. *American Psychologist*, *60*(4), 341-342.

Stark, K. D., Reynolds, W. M., & Kaslow, N. J. (1987).

A comparison of the relative efficacy of self-control therapy and a behavioral problem solving therapy for depression in children. *Journal of Abnormal Child Psychology*, *15*, 91-113.

Startup, M., & Edmonds, J. (1994). Compliance with homework assignments in cognitive-behavioral psychotherapy for depression: Relation to outcome and methods of enhancement. *Cognitive Therapy and Research*, *18*, 567-601.

Steel, P. (2007). The nature of procrastination: A meta-analytic and theoretical review of quintessential self-regulatory failure. *Psychological Bulletin*, *133*(1), 65-94.

Steele, A. L., & Wade, T. D. (2008). A randomized trial investigating self-help to reduce perfectionism and its impact on bulimia nervosa: A pilot study. *Behavior Research and Therapy*, *46*(12), 1316-1323.

Steenman, H. F. (1986). *Cognitive coping and chronic pain*. Unpublished doctoral dissertation, University of Hawaii, Honolulu, HI.

Stevenson, H. C., & Fantuzzo, J. W. (1986). The generality and social validity of a competency based self-control training intervention for underachieving students. *Joumal of Applied Behavior Analysis*, *19*, 269-276.

Stinson, D. A., Logel, C., Shepherd, S., & Zanna, M. P. (2011). Rewriting the self-fulfilling prophecy of social rejection: Self-affirnmtion improves relational security and social behavior up to 2 months later. *Psychological Science*, *22*(9), 1145-1149.

Stock, J., & Cervone, D. (1990). Proximal goal setting and self-regulatory processes. *Cognitive Therapy and Research*, *14*, 483-498.

Stockton, W. (1987, November 16). Just how far, and how fast, for fitness? *New York Times*, p. Y33.

Stokes, T. F., & Baer, D. M. (1977). An implicit technology of generalization. *Journal ofApplied Behavior Analysis*, *10*, 349-368.

Stokes, T. F., & Osnes, P. C. (1989). An operant pursuit of generalization. Behavior *Therapy*, *20*, 337-355.

Strauman, T. J. (1992). Self-guides, autobiographical memory, and anxiety and dysphoria: Toward a cognitive model of vulnerability to emotional distress. *Journal of Abnormal Psychology*, *101*, 87-95.

Strauman, T. J. (2002). Self-regulation and depression. *Self and Identity*, *1*, 151-157.

Stroebe, W. (2007). *Dieting, overweight and obesity*. Washington, IDC: APA.

Strom, L., Pettersson, R., & Andersson, G. (2000). A controlled trial of self-help treatments of recurrent headache conducted via the internet. *Journal of Counseling and Clinical Psychology*, *68*, 722-727.

Stuart, R. B. (1967). Behavioral control of overeating. *Behaviour Research and Therapy*, *5*, 357-365.

Stuart, R. B. (1977). Self-help group approach to self-management. In R. B. Stuart (Ed.), *Behavioral self-management: Strategies, techniques and outcomes* (pp. 278-305). New York: Brunner/Mazel.

Stuart, R. B., & IDavis, B. (1972). *Slim chance in a fat world: Behavioral control of obesity*. Champaign, IL: Research Press.

Stunkard, A. J. (1958). The management of obesity. *New York State Journal of Medicine*, *58*, 79-87.

Suinn, R. M. (1976, July). Body thinking: Psychology for Olympic champs. *Psychology Today*, pp. 38-40.

Suinn, R. M. (1977). *Manual for anxiety management training (AMT)*. Fort Collins, CO: Rocky Mountain Behavioral Science Institute.

Suinn, R. M. (1983). Imagery and sports. In A. A. Sheikh (Ed.), *Imagery: Current theory, research, and application* (pp. 507-534). New York: Wiley.

Suinn, R. M. (1985). The 1984 Olympics and sport psychology. *Sport Psychology Today*, *1*, 321-329.

Suinn, R. M. (1987). Psychological approaches to performance enhancement. In M. Asken & J. May (Eds.), *Sports psychology: The psychological health of the athlete* (pp. 41-57). New York: Spectrum.

Suinn, R. M. (1989). Behavioral intervention for stress management in sports. In ID. Hackfort & C. Spielberger (Eds.), *Anxiety in sports: An international perspective* (pp. 203-214). New York: Hemisphere.

Suinn, R. M. (1990). *Anxiety management training: A behavior therapy*. New York: Plenum.

Swann, W. B., Jr., Wenzlaff R. M., & Tafarodi, R. W. (1992). IDepression and the search for negative evaluations: More evidence of the role of self-verification strivings. *Journal of Abnormal Psychology*, *101*, 314-317.

Tabemero, C., & Wood, R. E. (1999). Implicit theories versus the social construal of ability in self-regulation and perfornmnce on a complex task. *Organizational Behavior and Human Decision Processes*, *78*(2), 104-127.

Tangney, J. P., Baumeister, R. F., & Boone, A. L. (2004). High self-control predicts good adjustment, less pathology, better grades and interpersonal success. *Journal of Personality*, *72*, 273-324.

Tate, D. F. (2011). Maintaining large weight loss: The role of behavioral and psychological factors. *Journal of Consulting and Clinical Psychology*, *76*(6), 1015-1021.

Taylor, S. E., & Pham, L. B. (1996). Mental stimulation, motivation, and action. In P. M. Collwitzer & J. A. Bargh (Eds.), *The psychology of action: Linking cognition and motivation to behavior* (pp. 219-235). New York: Guilford Press.

Taylor, S. E., Pham, L. B., Rivkin, I. D., & Amor, D. A. (1998). Harnessing the imagination: Mental simulation,

self-regulation, and coping. *American Psychologist, 53*(4), 429-439.
Teasdale, J. D., Moore, R. C., Hayhurst, H., Pope, M., & Segal, Z. V. (2002). Metacognitive awareness and prevention of relapse in depression: Empirical evidence. *Journal of Consulting and Clinical Psychology, 70*(2), 275-287.
Tharp, R. G. (2012). *Delta theory and psychosocial systems: The practice of influence and change*. Cambridge: Cambridge University Press.
Tharp, R. G., & Callimore, R. (1988). *Rousing minds to life*. New York: Cambridge University Press.
Tharp, R. G., Callimore, R., & Calkins, R. P. (1984). On the relationship between self-control and control by others. *Avances en Psicologia Clinica Latinoamericana, 3*, 45-58.
Tharp, R. G., Jordan, C., Speidel, C. E., Au, K. H., Klein, T. W., Calkins, R. P., Sloat, K. C. M., & Callimore, R. (1984). Product and process in applied developmental research: Education and the children of a minority. In M. E. Lamb, A. L. Brown, & B. Rogoff (Eds.), *Advances in developmental psychology* (Vol. 3, pp. 91-144). Hillsdale, NJ: Erlbaum.
Tharp, R. G., Watson, D. L., & Kaya, J. (l974). Self modification of depression. *Journal of Consulting and Clinical Psychology, 42*, 624. (Extended Report, University of Hawaii)
Tharp, R. G., & Wetzel, R. J. (1969). *Behavior modification in the natural environment*. New York: Academic Press.
Thase, M. E., & Moss, M. K. (1976). The relative efficacy of covert modeling procedures and guided participant modeling on the reduction of avoidance behavior. *Journal of Behavior Therand Experimental Psychiatry, 7*, 7-12.
Thayer, R. E. (1989). *The biopsychology of mood and arousal*. New York: Oxford University Press.
Thayer, R. E. (2001). *Calm energy: How people regulate mood with food and exercise*. New York: Oxford University Press.
Thayer, R. E., Peters, D. P., Takahashi, P. J., & Birkhead-Flight, A. M. (1993). Mood and behavior (smoking and sugar snacking) following moderate exercise: A partial test of self-regulation theory. *Personality and Individual Dfferences, 14*, 97-104.
Thompson, S. C. (1991). Intervening to enhance perceptions of control. In C. R. Snyder & ID. R. Forsyth (Eds.), *Handbook of social and clinical psychology* (pp. 607-623). New York: Pergamon Press.
Thorpe, G. L., Amatu, H. I., Blakey, R. S., & Burns, L. F. (1976). Contributions of overt instructional rehearsal and "specific insight" to the effectiveness of self-instructional training: A preliminary study. *Behavior Therapy, 7*, 504-511.
Throll, D. A. (1981). Transcendental meditation and progressive relaxation: Their psychological effects. *Journal of Clinical Psychology, 37*, 776-781.
Tice, D. M., Baumeister, R. F., & Zhang, L. (2004). The role of emotion in self-regulation: IDiffering roles of positive and negative emotion. In P. Philippot & R. S. Feldman (Eds.), *The regulation of emotion* (pp. 213-226). Mahwah, NJ: Lawrence Erlbaum Associates.
Timberlake, W. (1995). Reconceptualizing reinforcement: A causal-system approach to reinforcement and behavior change. In W. O'IDonohue & L. Krasner (Eds.), *Theories of behavior therapy: Exploring behavior change* (pp. 59-96). Washington, IDC: American Psychological Association.
Tinling, D. C. (1972). Cognitive and behavioral aspects of aversive therapy. In R. D. Rubin, H. Fensterheim, J. D. Henderson, & L. P. Ullmann (Eds.), *Advances in behavior therapy* (pp. 73-80). New York: Academic Press.
Todd, F. J. (1972). Coverant control of self-evaluative responses in the treatment of depression: A new use for an old principle. *Behavior Therapy, 3*, 9194.
Tomiyama, A. J., Moskovich, A., Haltoin, K. B., Ju, T., & Mann, T. (2009). Consumption after a diet violation. *Psychological Science, 20*(10), 1275-1281.
Tompkins, M. (2003). Effective homework. In R. L. Leahy (Ed.), *Roadblocks in cognitive-behavioral therapy*. New York: Guilford.
Traviss, C. D., Haywood-Everett, S., & Hill, A. J. (2011). Cuided self-help for disordered eating: A randomized control trial. *Behavior Research and Therapy, 49*(1), 25-31.
Trottier, K., Polivy, J., & Herman, G. P. (2009). Effects of resolving to change one's own behavior: Expectations vs. experience. *Behavior Therapy, 40*(2), 164-170.
Tucker, J. S., & Anders, S. L. (2001). Social control of health behaviors in marriage. *Journal of Applied Social Psychology, 31*(3), 467-485.
Tucker, J. S., & Mueller, J. 5. (2000). Spouses' social control of health behaviors: Use and effectiveness of specific strategies. *Personality and Social Psychology Bulletin, 26*(9), 1120-1130.
Turner, S. M., Holzman, A., & Jacob, R. C. (1983). Treatment of compulsive looking by imaginal thought-stpping. *Behavior Modification, 7*, 576-582.
Twentyman, C. T., Boland, R. & McFall, R. M. Heterosocial avoidance in college males. *Behavior Modification, 5*, 523-552.
Upper, D. (1974). Unsuccessful self-treatment of a case of "writer's block." *Journal of Applied Behavior Analysis, 7*, 497.

Van Eerde, W. (2000). Procrastination: Self-regulation in initiating aversive goals. *Applied Psychology: An International Review*, *49*(3), 372-389.

Van Lankveld, J. J. D. M. (1998). Bibliotherapy in the treatment of sexual dysfunctions: A meta-analysis. *Journal of Consulting and Clinical Psychology*, *66*, 702-708.

Varley, R., Webb, T. L., & Sheeran, P. (2011). Making self-help more helpful. A randomized controlled of the impact of augmenting self-help materials with implementations on promoting the effective self-management of anxiety symptoms. *Journal of Consulting and Clinical Psychology*, *79*(1), 123-128.

Vartanian, L. R., Herman, P., & Wansink, B. (2008). Are we aware of the external factors that influence our food intake? *Health Psychology*, *27*(5), 533-538.

Vassilopoulos, S. P. (2009). Adaptive and maladaptive self-focus: A pilot extension study with individuals high and low in fear of negative evaluation. *Behavior Therapy*, *40*(2), 181-189.

Vassilopoulos, S. P., & Watkins, E. (2009). Adaptive and maladaptive self focus: A pilot extension study with individuals high and low in fear of negative evaluation. *Behavior Therapy*, *40*, 181-189.

Velicer, W. F., IDiClemente, C. C., Rossi, R. S., & Prochaska, J. O. (1990). Relapse situations and self-efficacy: An integrative model. *Addictive Behaviors*, *15*, 271-283.

Vohs, K. D., Baumeister, R. F., Schmeichel, B. J., Twenge, J. M., Nelson, N. M., & Tice, D. M. (2008). Making choices impairs subsequent self-control: A limited resource account of decision making, self-regulation and active initiative. *Journal of Personality and Social Psychology*, *94*(5), 883-898.

Vohs, K. D., & Heatherton, T. F. (2000). Self-regulatory failure: A resource depletion approach. *Psychological Science*, *11*, 249-254.

Vygotsky, L. S. (1965). *Thought and language* (F. Hantmann & C. Vokar, Eds. and Trans.). Cambridge, MA: MIT Press.

Vygotsky, L. S. (1978). *Mind and society*. Cambridge, MA: Harvard University Press.

Wadden, T. A., Womble, L. C., Sarwer, D. B., Berkowitz, R. I., Clark, V. L., & Foster, C. D. (2003). Creat expectations: "I'm losing 2500 of my weight no matter what you say." *Journal of Consulting and Clinical Psychology*, *71*, 1084-1089.

Wagner, J., Burg, M., & Sirois, B. (2004). Social support and the transtheoretical model: Relationship of social support to smoking cessation stage, decisional balance, process use, and temptation. *Addictive Behaviors*, *29*(5), 1039-1043.

Wallace, I., & Pear, J. J. (1977). Self-control techniques of famous novelists. *Journal of Applied Behavior Analysis*, *10*, 515-525.

Walsh, R. (2011). Lifestyle and mental health. *American Psychologist*, *66*(7), 579-592.

Walters, G. D. (2000). Behavioral self-control training for problem drinkers: A meta-analysis of randomized control studies. *Behavior Therapy*, *31*, 135-149.

Wansink, B. (2006). *Mindless eating*. New York: Bantam.

Wansink, B., & Sobal, J. (2007). Mindless eating: The 200 daily food decisions we overlook. *Environment and Behavior*, *39*(1), 106-123.

Ward, P., & Carnes, M. (2002). Effects of posting self-set goals on collegiate football players' skill execution during practice and games. *Journal of Applied Behavior Analysis*, *35*, 1-12.

Watkins, L. (1991). *The critical standards used by college students in evaluating narrative and argumentative essays*. Unpublished master's thesis, University of Hawaii, Honolulu, HI.

Watson, D. L. (1993). *Psychology*. Pacific Crove, CA: Brooks/Cole.

Watson, D. L. (2001). *Learning skills for college and life*. Belmont, CA: Wadsworth.

Watson, D. L., & Friend, R. (1969). Measurement of social-evaluative anxiety. *Journal of Consulting and Clinical Psychology*, *33*, 448-457.

Watson, D. L., Tharp, R. G., & Krisberg, J. (1972). Case study of self-modification: Suppression of inflammatory scratching while awake and asleep. *Journal of Behavior Therapy and Experimental Psychiatry*, *3*, 213-215.

Watson, J. B., & Rayner, R. (1920). Conditioned emotional reactions. *Journal of Experimental Psychology*, *3*, 1-14.

Wegner, D. M. (1989). *White bears and other unwanted thoughts*. New York: Viking.

Wegner, D. M., & Cuiliano, T. (1983). On sending artifact in search of artifact: Reply to McDonald, Harris & Maher. *Journal of Personality and Social Psychology*, *44*, 290-293.

Weinder, B. (1995). *Judgments of responsibility*. New York: Guilford.

Weir, K. (2011, IDecember). Exercise and psychological interventions. *Monitor on Psychology*, pp. 49-52.

Weisz, C., & Bucher, B. (1980). Involving husbands in treatment of obesity-effects on weight loss, depression, and marital satisfaction. *Behavior Therapy*, *11*, 643-650.

Wenzlaff, R. M., Wegner, D. M., & Klein, S. B. (1991). The role of thought suppression in the bonding of thought and mood. *Journal of Personality and Social Psychology*, *60*, 500-508.

Wenzlaff, R. M., Wegner, D. M., & and Roper, I). W. (1988). Depression and mental control: The resurgence of unwanted negative thoughts. *Joumal of Personality and Social Psychology*, *55*, 882-892.

Wertsch, J. V. (Ed.). (1985). *Vygotsky and the social formation of mind*. Cambridge, MA: Harvard University Press.

Westover, S. A., & Lanyon, R. I. (1990). The maintenance of weight loss after behavioral treatment. *Behavior Modification*, *14*, 123-137.

Westra, H. A., IDozola, D. J. A., & Marcus, M. (2007). Expectancy, homework, compliance and initial change in cognitive-behavioral therapy for anxiety. *Journal of Consulting and Clinical Psychology*, *75*(3), 363-373.

Wiener, N. (1948). *Cybernetics: Control and communication in the animal and the machine*. Cambridge, MA: MIT Press.

Wiese, B. S. (2007). Successful pursuit of personal goals and subjective wellbeing. In B. R. Little, K. Salmela-Aro, & S. D. Phillips (Eds.), *Personal project pursuit* (pp. 30 1-322). Mahwah, NJ: Erlbaum.

Williams, C. C., McCregor, H. A., Zeldman, A., Freedman, Z. R., & Dcci, F. L. (2004). Testing a self-determination theory process model for promoting glycemic control through diabetes self-management. *Health Psychology*, *23*, 58-66.

Wilson, J. K., & Rapee, R. M. (2005). The interpretation of negative social events in social phobia: Changes during treatment and relationship to outcome. *Behaviour Research and Therapy*, *43*(#3), 373-389.

Wilson, T. D. (2009). Know thyself. *Perspective on Psychological Science*, *4*(4), 384-389.

Wilson, T. D., & LaFleur, S. J. (1995). Knowing what you'll do: Effects of analyzing reasons on self-prediction. *Journal of Personality and Social Psychology*, *68*, 21-35.

Wilson, T. 0., & Dunn, F. W. (2004). Self-knowledge: Its limits, value and potential for improvement. *Annual Review of Psychology*, *55*, 493-514.

Wine, J. D. (1980). Cognitive-attentiOnal theory of test anxiety. In I. C. Sarason (Ed.), *Test anxiety: Theory, research, and applications* (pp. 349-385). Hillsdale, NJ: Erlbaum.

Wing, R. R. (2000). Cross-cutting themes in maintenance of behavior change. *Health Psychology*, *19*, 84-88.

Wing, R. R., & Klein, M. L. (2002). Characteristics of successful weight maintainers. In C. C. Fairburn & K. D. Brownell (Eds.), *Eating disorders and obesity* (2nd ed., pp. 588-592). New York: Guilford Press.

Wing, R. R., Marcus, M. D., Epstein, L. H., & Kupfer, D. (1983). Mood and weight loss in a behavioral treatment program. *Journal of Consulting and Clinical Psychology*, *51*, 153-155.

Wing, R. R., Papandonatos, C., Fava, J. L., Con, A. A., Phelan, S., McCaffery, J., Wood, J. V., Perunovic, W. Q. F., & Lee, J. W. (2009). Positive self-statements: Power for some, peril for others. *Psychological Science*, *20*(7), 860-865.

Wing, R. R., Tate, D. F., Corn, A. A., Raynor, H. A., & . Fava, J. L. (2006). A Self-regulation program for maintenance of weight loss. *New England Journal of Medicine*, *355*, 1563-1571.

Wing, R. R., Tate, D. F., Corn, A. A., Raynor, H. A., Fave, J. L., & Machan, J. (2007). STOP regain: Are there negative effects of daily weighing? *Journal of Consulting and Clinical Psycbiology*, *75*(4), 652-656.

Wiser, S. L., Coldfried, M. R., Raue, P. J., & Vakoch, D. A. (1995). Cognitive-behavioral and psychodynamic therapies: A comparison of change processes. In W. IDryden (Ed.), *Research in counseling and psychotherapy: Practical applications* (pp. 133-161). London: Sage.

Wisocki, P. A. (1973). A covert reinprogram for the treatment of test anxiety: Brief report. *Behavior Therapy*, *4*, 264-266.

Witkiewitz, K., & Marlatt, C. A. (2004). Relapse prevention for alcohol and drug problems: That was Zen this is Tao. *American Psychologist*, *59*, 224-235.

Wolko, K. L., Hrycaiko, D. W., & Martin, C. L. (1993). A comparison of two self-management packages to standard coaching for improving practice performance of gymnasts. *Behavior Modification*, *17*, 209-223.

Wolpe, J. (1958). *Psychotherapy by reciprocal inhibition*. Stanford, CA: Stanford University Press.

Wolpe, J. (1981). The dichotomy between classically conditioned and cognitively learned anxiety. *Journal of Behavior Therapy and Experimental Psychiatry*, *12*, 35-42.

Wood, A. M., Froh, J. J. ' & Ceraghty, A. W. A. (2010). Cratitude and well-being: A review and theoretical integration. *Clinical Psychology Review*, *30*(7), 890-905.

Wood, J. V., Saltzberg, J. A., & Coldsamt, L. A. (1990). Does affect induce self-focused attention? *Journal of Personality and Social Psychology*, *58*, 899-908.

Wood, J. V., Saltzberg, J. A., Neale, J. M., Stone, A. A., & Rachmiel, T. B. (1990). Self-focused attention, coping responses, and distressed mood in everyday life. *Journal of Personality and Social Psychology*, *58*, 1027-1036.

Woody, S. R., & Rodriquez, B. F. (2000). Self-focused attention and social anxiety in social phobics and normal controls. *Cognitive Therapy and Research*, *24*, 473-488.

Woolfolk, R. L., Lehrer, P. M., McCann, B. S., & Rooney,

A. J. (1982). Effects of progressive relaxation and meditation on cognitive and somatic manifestations of daily stress. *BehavResearch and Therapy, 20*, 461-467.

Worthington, E. L. (1979). Behavioral self-control and the contract problem. *Teaching of Psychology, 6*, 91-94.

Wright, S. S. (2000). Looking at the self in a rose-colored mirror: Unrealistically positive self-views and academic performance. *Journal of Social and Clinical Psychology, 19*, 451-462.

Wrosch, C., Miller, G. E., Scheier, M., & Brun de Pointet, 5. (2007). Civing up on unattainable goals: Benefits for health? *Personality and Social Psychology Bulletin, 33*(12), 251-265.

Wrosch, C., Scheier, M. F., Miller, G. E., Schultz, R., & Carver, C. S. (2003). Adaptive self-regulation of unattaingoals: Coal disengagement, goal reengagement, and subjective wellbeing. *Personality and Social Psychology Bulletin, 29*(12), 1494-1508.

Wyer, R. S., Jr. (1997). *The automaticity of everyday life* (Advances in Social Cognition). Mahwah, NJ: Lawrence Erlbaum Associates.

Youdin, R., & Hemmes, N. 5. (1978). The urge to overeat: The initial link. *Journal of Behavior Therapy and Experimental Psycbdatry, 9*, 339-342.

Zemore, R. (1975). Systematic desensitization as a niethod of teaching a general anxiety-reducing skill. *Journal of Consulting and Clinical Psychology, 43*, 157-161.

Zimmerman, B. J. (1998). *Uses of self-management.* Address at the annual convention of the American Educational Research Association, San Diego.

Zimmerman, B. J. (2000). Attaining self-regulation: A social-cognitive perspective. In M. Boekaerts, P. R. Pintrich, & M. Zeidner (Eds.), *Handbook of self-regulation* (pp. 13-41). San Diego, CA: Academic Press.

Zimmerman, B. J. (2008). Coal setting. In ID. Shunk & B. J. Zimmerman (Eds.), *Motivation and self-regulated learning* (pp. 267-295). New York: Erlbaum.

Zimmerman, B. J., & Kitsantas, A. (1996). Self-regulated learning of a motoric skill: The role of goal setting and self-monitoring. *Journal of Applied Sport Psychology, 8*, 69-84.

Zimmerman, B. J., & Kitsantas, A. (1997). Developmental phases in self-regulation: Shifting from process to outcome goals. *Journal of Educational Psychology, 89*, 29-36.

Zimmerman, B. J., & Kitsantas, A. (2005). The hidden dimension of personal competence. In A. J. Elliot & C. S. IDweck (Eds.), *Handbook of competence and motivation* (pp. 509-526). New York: Guilford.

Zimmerman, B. J., Martinez-Pons, M. (1988) Construct validation of a strategy model of student self-regulated learning. *Journal of Educational Psychology, 80*(3), 284-290.

Zimmerman, B. J., & Schunk, D. H. (2001). *Self-regulated learning and academic achievement* (2nd ed). Mahwah, NJ: Erlbaum.

Zimmerman, B. J., & Schunk, D. H. (2011). Self-regulated learning and performance: An introduction and an overview. In B. J. Zimmerman & ID. H. Schunk (Eds.), *Handbook of self-regulation of learning and performance*. New York: Routledge.

Zimmerman, B. J., & Schunk, D. H. (2004). Self-regulating intellectual processes and outcomes: A social cognitive perspective. In ID. Y. IDai & R. J. Steinberg (Eds.), *Motivation, emotion and cognition: Integrative perspectives on intellectual function and development* (pp. 323-349). Mahwah, NJ: Erlbaum.

Zimmerman, J. (1975). If it's what's inside that counts, why not count it? 1. Self-recording of feelings and treatment by "self-implosion." *Psychological Record, 25*, 3-16.

Zitter, R. E., & Fremouw, W. J. (1978). Individual versus partner consequation for weight loss. *Behavior Therapy, 9*, 808-813.

찾아보기

[ㄱ]

간헐 강화 계획 … 287
간헐적 강화 … 165
감정 … 100
감지기 … 152
강도 모델 … 5
강화 … 160, 300
강화물 … 160
강화물 공유 … 296
거리 두기 … 228
격발 … 165
결과 … 15
계획 단계 … 78
계획 바꾸기 … 22
계획 수정하기 373
계획 전 단계 … 78
계획 조정하기 … 22
고위험 상황 … 392
고위험 상황 회피 … 343
고전적 조건형성 … 172
과잉 정당화 효과 … 319
과학습 … 414
관찰학습 … 174
구조적 문제해결 … 375
구조화된 일기 … 96
규칙 … 347
규칙 지배적 행동 … 158
그래프 그리기 … 133
그래프 활용하기 … 135
긍정적 자기기록 … 108
기록 유지 … 410
기록을 위한 온라인 사이트 … 118
기록의 효과 … 362
기분이 안 좋은 상태 … 393
기술 발달 태도 … 54
기저선 … 205
기준 세트 … 152
긴장 이완법 … 237

[ㄴ]

내재적 강화 … 315
내재적 동기 … 315
내적 강화물 … 309
노출 위계 … 263
논리적 재구조화 … 235, 236
느린 경과 … 383

[ㄷ]

단기 목표 … 81
단서 … 182
단서 통제 이완 … 244
대안 개발 … 344
대체행동 … 227
대체행동 고르기 … 377
덕의 기술 … 110
도움이 되지 않는 친구들 … 384
도전적인 상황 … 411
도피 … 162
도피학습 … 162
동조 … 400
두뇌 볼링 … 115
두 단계 과정 … 343
두통 일지 … 114
둔감화 … 252

[ㅁ]

만약 … 그렇다면 계획 … 68, 355
명상 … 236
명상법 … 237
모델링 … 173, 225, 254
목표 설정하기 … 81
목표행동 … 17
목표행동 수정 … 362
무의식적 행동 … 125
무조건 자극 … 172
문자로 보관된 기록 … 121
문제에 대한 접근방식 … 387
문제해결 … 371

[ㅂ]

반동성 … 123
반사 … 170
반응적 조건형성 … 171
반응적 행동 … 171
반응 할당 … 313
반추 … 228
변별자극 … 167
변별학습 … 167
변화를 위한 기법 … 382
변화를 위한 목표 구체화 … 42
변화의 5단계 … 78
변화의 득과 실 … 74
부적 강화물 … 161
부정적 자기기록 … 108
불안의 대체물 … 234
브레인스토밍 … 352
브레인스토밍으로 대안 마련하기 … 377
비교측정기 … 152
비현실적인 목표 … 383
빈도 … 104, 160

[ㅅ]

사고 … 100
사고 대체 … 201
사고의 단계 … 78
사전계획 … 41
사전약속 … 207, 319
사전처벌 … 319
사회적 구성주의 … 154
사회적 평가 불안 … 116
사회적 환경 조성하기 … 208
상상 강화물 … 309
상상 모델링 기법 … 256

상상 연습 … 250, 322
상세 사항 나열하기 … 376
상황 속 행동 … 43
상황에 대한 자동적 반응 … 16
새로운 계획을 실행하고 제대로 되는지 점검하기 … 377
새로운 행동 형성 … 343
선행사건 … 15, 166, 182
선행사건 재인식 … 192
선행사건 확인 … 182
선행사건 회피 … 190
선행통제 … 322
성공적인 자기수정 … 17
성과 유지를 위한 계획 … 406
소거 … 164, 316
소거에 대한 저항력 키우기 … 408
소비 행동 … 190
소셜미디어와 자기주도 행동 … 210
솔직한 조언 … 381
수반관계 … 161
수반성 … 161
스트레스 … 384
습관 … 16
습관 반전 치료 … 231
습관 전환 … 229
신념 … 186
신뢰도 … 128
실생활에서의 숙달 … 257
실수 … 389
실수에 대처하는 기술 … 354
실천 의도 … 248
실험 요구 … 205
심리사회적 시스템 … 175

[ㅇ]

알코올 … 385
양립 불가능한 반응 … 228
양면 가치 … 74
언어적 강화 … 310
연속적 강화 … 165
연쇄고리 풀기 … 195
연쇄수정 … 194
연습 … 225, 349
예기치 않은 유혹 … 394
외재적 강화 … 315
외재적 동기 … 315
외적 수반성 … 299
우울 … 115
유지 … 406
유지 단계 … 78
유혹에 대처하기 … 64
유혹에 대처하기 위한 문제해결의 사용 … 378
유혹에 대처하는 일곱 가지 전략 … 69
유혹이 될 수 있는 사회적 상황 … 393
음성하 언어 … 155
음주 … 393
의기소침 … 381
의미 있는 인생 만들기 … 424
의지력 … 4
이완 … 238
이완 지시문 … 240
인공두뇌학 … 152
일생에 걸친 프로젝트 … 416
일시정지 … 194

[ㅈ]

자극 일반화 … 206

자극 통제 … 168
자기강화 기법 … 302
자기계약 … 85
자기관찰 … 95
자기관찰의 반동적 효과 … 122
자기변화 … 380
자기변화 계획 … 19
자기보상 … 299, 300
자기수정 … 11
자기수정 목표 … 83
자기수정 시 공통적인 문제들 … 380
자기실험 … 204
자기조절 … 2
자기조절 기술 … 6
자기조절의 원리 … 159
자기조절 피로 … 5
자기조절 피로 피하기 … 65
자기조절 학습 … 31
자기주도 계획 … 127, 181
자기주도적 메시지 … 186
자기주도적 언어 … 156
자기주도적 진술 … 167
자기지시 … 2, 128, 186, 205
자기지시적 행복 … 419
자기진술 발견 … 186
자기집행 … 298
자기처벌 … 312, 317
자기초점 … 380
자기통제 … 4
자기통제의 3요소 … 310
자기통제 피로 … 385
자기통제 학습 … 299
자기패배적 사고 … 199
자기효능감 … 56
자동적 행동 … 168
자신감 … 409
자신에 대한 당위성 … 187
자연강화물 … 406
장기 목표 … 81
장기적 자기수정 … 414
장기 지연 결과 … 284
재발 … 389
재발 모형 … 390
재발 방지 … 388
전문적 도움 구하기 … 418
전이 … 406
전이 계획 … 411
전이의 원칙 … 412
전형적 사례 … 13
절제 위반 효과 … 391
점수 체계 … 304
점진적 이완 … 237
정서의 강도 평가 … 111
정적 강화물 … 160, 288
정체기 … 264
제동 걸기 … 398
조건에 대한 당위성 … 187
조건자극 … 171, 172, 178
조작적 행동 … 159
조절 이론 … 152
조형법 … 261, 324
좋은 계획의 요소 … 346
주의분산 … 227
준비 단계 … 78
중립자극 … 171
중재 계획 … 325
중재자 … 292
즉각적 강화 … 302
지속 시간 … 104
지연 강화 … 287
지지 집단 … 295
집단 수행 … 366

[ㅊ]

처벌 … 163
철회 … 205

[ㅌ]

타인 강화 … 408
타인에 대한 당위성 … 187
토큰 강화물 … 304
통제 제한 … 192
통합 호흡 … 238

[ㅍ]

프리맥 원리 … 290
피드백 … 349
피드포워드 … 153

[ㅎ]

하위 목표 … 81, 347
행동 … 100
행동 개발 … 248
행복을 증가시키는 활동 … 421
행복 체크리스트 … 426
활성기 … 152
회피 … 162
회피학습 … 162, 168
회피행동 … 162, 167, 287

[영문]

A-B-C 패턴 … 97
Marlatt의 재발 과정 모델 … 389

역자 소개

■ 정경미

연세대학교 및 동 대학원 심리학과 졸업
University of Hawaii 임상심리학 박사
John Hopkins University 및 University of North Carolina 박사후 과정
Columbia 의과대학교 임상강사
현재) 연세대학교 심리학과 교수

♣ 저 · 역서

응용행동분석(2010, 시그마프레스)
잘 안 자는 우리아이 다루기(2009, 시그마프레스)
잘 안 먹는 우리아이 다루기(2009, 시그마프레스)

■ 이승아

연세대학교 경영학과 학사
연세대학교 심리학과 석사(임상심리)
(주)짐마일로 이사
현재) 연세대학교 심리학과 박사과정

♣ 저 · 역서

잘 안 먹는 우리아이 다루기(2009, 시그마프레스)

■ 조성은

이화여자대학교 법학과 학사
연세대학교 심리학과 석사(임상심리)
이화여자대학교 심리학과 박사과정 수료
신촌 세브란스병원 정신과 임상심리 수련과정 수료
서울의료원 아토피클리닉 임상심리전문가
서울 해바라기아동센터 임상심리전문가

♣ 저 · 역서

잘 안 자는 우리아이 다루기(2009, 시그마프레스)

■ 최부열

연세대학교 심리학과 학사
연세대학교 심리학과 석사(임상심리)
서울아산병원 임상심리 수련과정 수료
현재) 서울아산병원 정신건강의학과 연구원

충동과 자기관리, 제10판

Self-Directed Behavior: Self-Modification for Personal Adjustment

발 행 일 | 2015년 9월 1일 초판 1쇄 발행
저 자 | David L. Watson · Roland G. Tharp
역 자 | 정경미 · 이승아 · 조성은 · 최부열
발 행 인 | 구본하
발 행 처 | 도서출판 **박학사**
주 소 | 서울시 마포구 월드컵북로5길 33 동아빌딩 2층
전 화 | (02)3142-3764~5
팩 스 | (02)3142-3766
웹 사 이 트 | www.pakhaksa.co.kr
등 록 번 호 | 제10-2230호

정가 22,000원 ISBN 978-89-98521-39-4